DRITTER ABSCHNITT

Maßnahmen der Kapitalherabsetzung

ERSTER UNTERABSCHNITT

Ordentliche Kapitalherabsetzung

Vorbemerkungen

Übersicht

Schrifttum

Berning Die Herabsetzung des Grundkapitals der AG nach geltendem Recht und ihre wirtschaftliche Bedeutung, 1934; *Brauer* Die Zulässigkeit der Ausgabe von sog. „Tracking Stocks“ durch Aktiengesellschaften nach deutschem Aktienrecht, AG 1993, 324; *Cichy/Heins* Tracking Stocks – Ein Gestaltungsmittel für deutsche Unternehmen (nicht nur) bei Börsengängen, AG 2010, 181; *Dötsch* Kapitalerhöhung und Kapitalherabsetzung – Auswirkungen auf die Einkommensermittlung und Eigenkapitalgliederung, DB 1981, 1994; *Ekkenga* Die Kapitalherabsetzung nach der neuen EG-Kapitalrichtlinie: Änderungen, Ergänzungen und Umsetzungsbedarf, Der Konzern 2007, 413; *Fabis*

Vereinfachte Kapitalherabsetzung bei AG und GmbH, MittRhNotK 1999, 169; *K A Fischer* Die Kapitalherabsetzung der Aktiengesellschaft und ihre Bedeutung für den Neuaufbau der deutschen Wirtschaft, Diss Gießen 1937; *Fuchs* Tracking Stock – Spartenaktien als Finanzierungsinstrument für deutsche Aktiengesellschaften, ZGR 2003, 167; *Geißler* Rechtliche und unternehmenspolitische Aspekte der vereinfachten Kapitalherabsetzung bei der AG, NZG 2000, 719; *Giewald* Die Kapitalherabsetzung bei Aktiengesellschaften und ihr Zweck, Diss Hamburg 1963; *v Godin* Die erfolgte Kapitalherabsetzung, ZHR 100 (1934) 221; *Gotthardt* Sicherheitsleistung für Forderungen pensionsberechtigter Arbeitnehmer bei Kapitalherabsetzung, BB 1990, 2419; *Grunewald* Der Ausschluss aus Gesellschaft und Verein, 1987; *Hartmann* Die rechtlichen und wirtschaftlichen Wirkungen der Kapitaländerung bei der Aktiengesellschaft, AG 1957, 57; *Heidinger* Die Euroumstellung der Aktiengesellschaft durch Kapitalherabsetzung, DNotZ 2000, 661; *Heine/Lechner* Die unentgeltliche Auskehrung von Sachwerten bei börsennotierten Aktiengesellschaften, AG 2005, 269; *Hillebrandt/Schremper* Analyse des Gleichbehandlungsgrundsatzes beim Rückkauf von Vorzugsaktien, BB 2001, 533; *Hirte* Genußscheine und Kapitalherabsetzung, ZIP 1991, 1461; *Hirte* Genüsse zum Versüßen vereinfachter Kapitalherabsetzungen, FS Claussen, 1997, 115; *Ihrig/Streit* Aktiengesellschaft und Euro – Handlungsbedarf und Möglichkeiten der Aktiengesellschaften anlässlich der Euro-Einführung zum 1.1.1999, NZG 1998, 201; *Jäger* Wege aus der Krise einer Aktiengesellschaft, NZG 1999, 238; *Krauel/Weng* Das Erfordernis von Sonderbeschlüssen stimmrechtsloser Vorzugsaktionäre bei Kapitalerhöhungen und Kapitalherabsetzungen, AG 2003, 561; *Krieger* Fehlerhafte Satzungsänderungen: Fallgruppen und Bestandskraft, ZHR 158 (1994) 35; *Krieger* Beschlusskontrolle bei Kapitalherabsetzungen, ZGR 2000, 885; *Kümpel* Die Kapitalherabsetzung im Börsenrecht und Depotgeschäft, WM 1980, 694; *Leist* Die Sanierung von Aktiengesellschaften, 1905; *Loos* Minderung von Anschaffungskosten oder der Buchwerte bei Kapitalherabsetzung, BB 1970, 72; *Lutter/Hommelhoff/Timm* Finanzierungsmaßnahmen zur Krisenabwehr in der Aktiengesellschaft, BB 1980, 737; *Maser* Die Neuregelung der sanierenden Kapitalherabsetzung bei der GmbH, GmbHR 1996, 22; *Natterer* Materielle Kontrolle von Kapitalherabsetzungsbeschlüssen?, Die Sachsenmilch-Rechtsprechung, AG 2001, 629; *Neuburger* Die Herabsetzung des Grundkapitals bei Aktiengesellschaften, 1911; *Oechsler* Die Änderung der Kapitalrichtlinie und der Rückerwerb eigener Aktien, ZHR 170 (2006) 72; *Pleister/Kindler* Kapitalmaßnahmen in der Insolvenz börsennotierter Gesellschaften, ZIP 2010, 503; *Reger/Stenzel* Der Kapitalschnitt auf Null als Mittel zur Sanierung von Unternehmen – Gesellschaftsrechtliche, börsenzulassungsrechtliche und kapitalmarktrechtliche Konsequenzen, NZG 2009, 1210; *H P Reuter* Die Umdeutung von „echten" Kapitalherabsetzungen in verdeckte Gewinnausschüttungen nach der Körperschaftsteuerreform, AG 1982, 306; *Reinisch* Der Ausschluss von Aktionären aus der Aktiengesellschaft, 1992; *Risse* Rückwirkung der Kapitalherabsetzung einer Aktiengesellschaft, BB 1968, 1012; *K Schmidt* Die sanierende Kapitalerhöhung im Recht der Aktiengesellschaft, GmbH und Personengesellschaft, ZGR 1982, 519; *K Schmidt* Die Umwandlung einer GmbH in eine AG zu Kapitaländerungszwecken, AG 1985, 150; *Schroeder* Die Kontrolle des Aktionärskreises in der REIT-Aktiengesellschaft, AG 2007, 531; *Schröer* Sicherheitsleistung für Ansprüche aus Dauerschuldverhältnissen bei Unternehmensumwandlungen, DB 1999, 317; *Senger/Vogelmann* Die Umwandlung von Vorzugsaktien in Stammaktien, AG 2002, 193; *Sethe* Kapitalmarktrechtliche Konsequenzen einer Kapitalherabsetzung, ZIP 2010, 1825; *Sieger/Hasselbach* „Tracking Stock" im deutschen Aktien- und Kapitalmarktrecht, AG 2001, 391; *Terbrack* Kapitalherabsetzende Maßnahmen bei Aktiengesellschaften, RNotZ 2003, 89; *Terbrack* Kapitalherabsetzung ohne Herabsetzung des Grundkapitals? Zur Wiedereinführung der Amortisation im Aktienrecht, DNotZ 2003, 734; *Tielmann* Die Einziehung von Stückaktien ohne Kapitalherabsetzung, DStR 2003, 1796; *Tonner* Zulässigkeit und Gestaltungsmöglichkeiten von Tracking Stocks nach deutschem Aktienrecht, IStR 2002, 317; *Vaupel/Reers* Kapitalerhöhungen bei börsennotierten Aktiengesellschaften in der Krise, AG 2010, 93; *Vollmer/Lorch* Der Schutz des aktienähnlichen Genusskapitals bei Kapitalveränderungen, ZBB 1992, 44; *von Büren/Brütsch* Die „Harmonikasanierung" – Sind Mitgliedschaft und Stimmrecht in der Aktiengesellschaft wirklich unentziehtbar?, FS Druey, 2002, S 637; *Weigand* Die Erhöhung und Herabsetzung des Grundkapitals, 1954; *Westhoff* Die Neueinteilung des Grundkapitals einer AG anläßlich der Neufestsetzung nach dem DM-Bilanzgesetz, DNotZ 1951, 108; *Wieneke/Fett* REIT AG – Aktienrechtliche Gestaltungsfragen, NZG 2007, 774; *Wieneke/Förl* Die Einziehung eigener Aktien nach § 237 Abs. 3 Nr. 3 AktG – Eine Lockerung des Grundsatzes der Vermögensbindung?, AG 2005, 189; *Wiese* Zur Sanierung durch Einziehung von Aktien, SozPr 1940, 502; *Wirth* Vereinfachte Kapitalherabsetzung zur Unternehmenssanierung, DB 1996, 867; *Zöllner/Winter* Folgen der Nichtigerklärung durchgeführter Kapitalerhöhungsbeschlüsse, ZHR 158 (1994) 59.

I. Systematischer Überblick

1. Die Funktion des Grundkapitals

Die Bedeutung der Vorschriften über die Kapitalherabsetzung erschließt sich nur, 1
wenn man sie im Zusammenhang mit der Funktion von Eigenkapital[1] im Allgemeinen und der des aktienrechtlichen Grundkapitals im Besonderen sieht. Die ökonomischen Funktionen des Eigenkapitals lassen sich folgendermaßen beschreiben: Um ein als Kapitalgesellschaft verfasstes Unternehmen errichten zu können, wird zunächst das gesellschaftsrechtlich vorgeschriebene Mindestkapital benötigt (Errichtungsfunktion). Das eingezahlte Eigenkapital dient gleichzeitig der Finanzierung des laufenden Geschäftsbetriebs (Finanzierungsfunktion) und stellt ein Risikopolster dar, um Verluste aus dem Geschäftsbetrieb aufzufangen und Gläubigern als Haftungsmasse zur Verfügung zu stehen (Haftungs- und Garantiefunktion). Eine solide Kapitalbasis schafft darüber hinaus für die Gläubiger eine Vertrauensbasis (Vertrauensfunktion). Weiterhin kommt dem von den einzelnen Gesellschaftern anteilig eingezahlten Eigenkapital die Funktion zu, Maßstab für die Verteilung der Gewinne und Verluste zu sein (Verteilungsfunktion, vgl § 60 Abs 1). Vor dem Hintergrund der somit zentralen Rolle des Eigenkapitals verwundert es nicht, dass das Eigenkapital Anknüpfungspunkt einer Reihe von Beschränkungen der Wirtschaftsaufsicht ist (aufsichtsrechtliche Steuerungsfunktion, vgl etwa die §§ 53c VAG, 10, 10a KWG zur Kapital- bzw Eigenmittelausstattung von Versicherungen, Kredit- und Finanzdienstleistungsinstituten).

Der Aktienrechtsgesetzgeber hat diese Funktionen aufgegriffen: Die Gesellschafter 2
stellen der AG das Eigenkapital unbefristet, unkündbar und zinsfrei zur Verfügung. Als Korrelat für die Marktteilnahme mit beschränkter Haftung wurde ein Mindestkapital sowie die Sicherung der **Kapitalaufbringung und Kapitalerhaltung** verankert[2], die die zentralen Elemente des Gläubigerschutzes im Kapitalgesellschaftsrecht darstellen. Zahlreiche Einzelvorschriften (insb §§ 26 f, 36 Abs 2, 36a, 37, 56 f, 62 ff, 71–71e, 188, 194, 199, 203, 278 Abs 3 AktG, §§ 266 Abs 3 A I, 252 ff HGB) sollen verhindern, dass das gezeichnete Kapital von vornherein nicht eingezahlt oder später an die Aktionäre zurückgezahlt wird. § 58 Abs 4 erlaubt nur die Auszahlung des ausgewiesenen Bilanzgewinns. Dadurch, dass das gezeichnete Kapital auf der Passivseite der Bilanz erscheint (§ 266 Abs 3 A I HGB), wird sichergestellt, dass eine Ausschüttung an die Aktionäre nur erfolgen kann, wenn das Nettovermögen der Gesellschaft das gezeichnete Kapital übersteigt. Die Kapitalherabsetzung bewirkt eine Reduzierung des Grundkapitals und damit eine Entlassung eines Teils des Gesellschaftsvermögens aus den Vorschriften zu dessen Bindung. Die Herabsetzung berührt damit die **Interessen der Gläubiger** der Gesellschaft, denen an der Erfüllung bestehender und künftiger Verbindlichkeiten gelegen ist. Betroffen sind zudem die **Belange der Gesellschafter**, deren Einbeziehung in die Entscheidungsfindung über Kapitalmaßnahmen ebenso sichergestellt werden muss wie ihre Gleichbehandlung untereinander. Diese beiden Schutzzwecke liegen den Vorschriften der §§ 222 ff zugrunde (s u 30 f).

---

[1] Zum Begriff des Eigenkapitals ausführlich *Wiedemann* § 182, 1 ff.

[2] Zur gegenwärtigen rechtspolitischen Debatte über die Zukunft dieser Regeln s u 104 ff.

2. Wirtschaftlicher Zweck und tatsächliche Bedeutung von Kapitalherabsetzungen

3 Die Kapitalherabsetzung kann zu sehr unterschiedlichen Zwecken erfolgen. Entsprechend ihrem Anlass kann man folgendermaßen differenzieren:

4 a) **Kapitalherabsetzungen in wirtschaftlich gesunden Zeiten.** Ist die Bilanz der Gesellschaft ausgeglichen, führt die ordentliche Kapitalherabsetzung dazu, dass bislang gebundenes Vermögen aus der Bindung der strengen Regeln zur Kapitalaufbringung und -erhaltung gelöst wird. Eine Kapitalherabsetzung in wirtschaftlich guten Zeiten wird dann in Betracht kommen, wenn die Gesellschaft zur Erfüllung des Gesellschaftszwecks langfristig einen geringeren Mittelbedarf hat[3]. Das Unternehmen kann die frei werdenden Mittel an die Aktionäre nach dem Verhältnis ihrer Beteiligung **ausschütten**[4]. Dabei kommt eine Barausschüttung[5] oder eine Sachausschüttung in Form von Wertpapieren in Betracht (zu Einzelheiten s § 222, 40, § 225, 77 f, § 237, 72, 75). Die Gesellschaft kann – wiederum unter Wahrung des Gleichbehandlungsgrundsatzes – den ihr durch die Kapitalherabsetzung eröffneten Handlungsspielraum auch dazu nutzen, Sacheinlagen zurückzugewähren oder ihre Aktionäre von rückständigen Einlagenpflichten zu befreien[6].

5 Die aus einer ordentlichen oder vereinfachten Kapitalherabsetzung frei werdenden Mittel können auch in die **Rücklagen** eingestellt werden[7]. Dies verschafft der Gesellschaft eine größere Liquidität, da Rücklagen leichter als das gebundene Grundkapital aufzulösen sind. Die AG kann deshalb auch leichter eine kontinuierliche Gewinnausschüttungspolitik sicherstellen.

6 Umgekehrt können gebundene Rücklagen in ausschüttungsfähige Mittel umgewandelt werden, indem die **Rücklagen** im Wege einer Kapitalerhöhung aus Gesellschaftsmitteln (§§ 207 ff) in Aktienkapital überführt und anschließend mittels einer ordentlichen Kapitalherabsetzung (§§ 222 ff) **ausgeschüttet** werden[8]. Der Vorteil dieser Lösung besteht darin, dass das Aktienkapital vor und nach der Maßnahme letztlich gleich hoch ist (auch wenn natürlich der Erhöhungs- und der Herabsetzungsbeschluss ins Handelsregister eingetragen werden), was sich im Hinblick auf das Standing der Gesellschaft bei Gläubigern als wichtiges Plus erweisen kann. Im Gegensatz dazu kommt es bei der – als Alternative zur Verfügung stehenden – Einziehung eigener Aktien im Wege der Einziehung im ordentlichen Verfahren (§ 237 Abs 1, 2) zu einer dauerhaften Herabsetzung des Kapitals[9].

7 Die Kapitalherabsetzung kann auch dazu genutzt werden, **Vorzugsaktien in Stammaktien** umzuwandeln, indem die Vorzugsaktien eingezogen werden und zugleich eine

---

[3] Vgl etwa die Ad-hoc-Mitteilungen der Fabasoft AG v 4.6.2010, der 313music JWP AG v 19.5.2010 und der BDI – BioDiesel International AG v 19.5.2010 – jeweils unter www.dgap.de.

[4] Zur geringen Bedeutung dieser Möglichkeit in der Praxis *Heine/Lechner* AG 2005, 269, 274.

[5] So der Beschluss der Hauptversammlungen der syzygy AG, Bad Homburg, v 4.6.2003 und der Sinner Schrader AG, Hamburg, v 28.1.2004. Spektakulär waren auch die Kapitalherabsetzungen der Martin Brinkmann AG im Jahre 1982 und der Pegulan-Werke AG im Jahre 1987, bei der 150 Mio DM bzw 95,8 Mio DM zurückgezahlt wurden, vgl KK/*Lutter*[2] Vor § 222, 10.

[6] Aufgrund von § 230 kommt für die bislang genannten Zwecke einer Kapitalherabsetzung nur die ordentliche Kapitalherabsetzung in Betracht.

[7] So geschehen bei der Feldmühle Nobel AG im Jahre 1986, vgl KK/*Lutter*[2] Vor § 222, 6.

[8] Dazu insb *Weiss* BB 2005, 2697 ff. Beispiele aus jüngster Zeit finden sich in der Ad-hoc-Mitteilung der BDI – BioDiesel International AG v 19.5.2010 unter www.dgap.de sowie in den Sachverhalten von OLG Frankfurt AG 2009, 631; OLG Hamburg AG 2010, 215.

[9] *Weiss* BB 2005, 2697, 2699 Fn 20.

Kapitalerhöhung mit Stammaktien unter Ausschluss des Bezugsrechts vorgenommen wird[10]. Die Zwangseinziehung kann dazu dienen, **Tracking Stock zu beseitigen**[11]. Zudem wird sie im Zusammenhang mit der Gestaltung der Satzung einer **REIT AG** diskutiert. Um die steuerlichen Vorteile zu erhalten, muss der Vorstand nämlich in der Lage sein, für den Erhalt eines dauerhaften Streubesitzes von mindestens 15 % zu sorgen und direkte Beteiligungen an der REIT AG, die 10 % übersteigen, zu verhindern[12]. Auch das Luftverkehrsnachweissicherungsgesetz[13] enthält eine vergleichbare Interessenlage, bei der es auf die Zusammensetzung des Aktionärskreises ankommt. Hier hat der Gesetzgeber jedoch nicht auf die aktienrechtliche Einziehung zurückgegriffen, sondern in § 5 des Gesetzes eine eigenständige Lösung geschaffen, die der Zwangseinziehung sehr nahe kommt.

Außerdem kann die Kapitalherabsetzung Mittel zu einer **Unternehmensspaltung** sein 8
(Fälle Varta und Löwenbräu aus den Jahren 1977 bzw 1982). Nachdem ein Teil des Vermögens auf eine Tochtergesellschaft übertragen wurde, senkt die Gesellschaft ihr Grundkapital; der dadurch frei werdende Betrag wird in Form von Wertpapieren der Tochtergesellschaften an die Aktionäre der Mutter ausgeschüttet[14]. Diese Möglichkeit wurde nicht durch die Schaffung der §§ 123 ff UmwG beseitigt, sondern ist weiterhin zulässig[15]. Hinzuweisen ist auch auf die Möglichkeit der Finanzierung durch Asset Backed Securities, die durch eine Kapitalherabsetzung begleitet wird[16].

Schließlich kann die Kapitalherabsetzung Mittel zur **Beseitigung einer rechtlich zwei-** 9
felhaften Kapitalerhöhung sein[17]. Sie kann dazu dienen, bei einer anstehenden Kapitalerhöhung ein rechnerisch glattes Bezugsverhältnis herzustellen[18]. Auch die Umstellung des Grundkapitals von DM auf Euro konnte im Wege einer Kapitalherabsetzung auf den nächst niedrigeren Eurobetrag erfolgen (§ 4 Abs 2 und 3 EGAktG). Vgl generell zur Umstellung auf den Euro §§ 3, 4 EGAktG[19].

b) Kapitalherabsetzung in der Unternehmenskrise. Liegt eine Unterbilanz vor, unter- 10
schreitet also der Wert des Aktivvermögens der Gesellschaft die Kapitalziffer des Grundkapitals, kann die Gesellschaft den Fehlbetrag dadurch beseitigen, dass sie das Kapital

---

10 Einzelheiten bei *Senger/Vogelmann* AG 2002, 193 ff; *Hillebrandt/Schremper* BB 2001, 533, 534.

11 Zu Einzelheiten *Cichy/Heins* AG 2010, 181, 190; *Fuchs* ZGR 2003, 167, 211 ff; *Tonner* IStR 2002, 317, 323.

12 Dazu *Schroeder* AG 2007, 531, 538 ff; *Wieneke/Fett* NZG 2007, 774, 776 f.

13 Gesetz zur Sicherung des Nachweises der Eigentümerstellung und der Kontrolle von Luftfahrtunternehmen für die Aufrechterhaltung der Luftverkehrsbetriebsgenehmigung und der Luftverkehrsrechte (Luftverkehrsnachweissicherungsgesetz – LuftNaSiG) vom 5.6.1997, BGBl I, 1322.

14 MK/*Oechsler*[2] § 222, 3; KK/*Lutter*[2] Vor § 222, 10; *ders* Zur Vorbereitung und Durchführung von Grundlagenbeschlüssen in Aktiengesellschaften, FS Fleck, 1988, 169 ff; *Timm* Die Aktiengesellschaft als Konzernspitze, 1980, 7 f; *Teichmann* Die Spaltung einer Aktiengesellschaft als gesetzgeberische Aufgabe, AG 1980, 85, 86 ff; *Gäbelein* Die Unternehmensspaltung, BB 1989, 1420 f.

15 RegE BR-Drucks 75/94, S 80 re Sp oben; Lutter/*Teichmann* UmwG[4] § 123, 15; zu den damit verbundenen Gefahren der Umgehung des Schutzes durch das UmwG *K Schmidt* Vermögensveräußerung aus der Personengesellschaft: ein Lehrstück am Rande des neuen Umwandlungsrechts, ZGR 1995, 675 f.

16 Einzelheiten bei MK/*Oechsler*[2] § 222, 4 mwN.

17 Dazu *Krieger* ZHR 158 (1994) 35, 52 f. Beispiel: Beschluss der Hauptversammlung der ELMOS Semiconductor AG, Dortmund, v 30.8.2001.

18 So der Beschluss der PROUT Aktiengesellschaft, Darmstadt, v 23.7.2004. S a das bei KK/*Lutter*[2] Vor § 222, 7, genannte Beispiel der Daimler-Benz AG aus dem Jahre 1986.

19 S a die Nachweise Vor § 222, 87 Fn 177; MK/*Oechsler*[2] § 222, 19; *Hüffer*[9] § 6, 4 ff.

herabsetzt. Sie passt dann ihr Grundkapital den tatsächlichen Verhältnissen an. Hierfür wird sie sich regelmäßig nicht einer ordentlichen, sondern einer **vereinfachten Kapitalherabsetzung** bedienen[20], denn diese bietet zwei entscheidende **Vorteile:** (1) Bei der einfachen Kapitalherabsetzung bedarf es keiner Sicherheitsleistung an die Gläubiger. Stattdessen werden die Gläubiger dadurch geschützt, dass alle Rücklagen bis auf ein Mindestmaß aufgebraucht sein müssen (§ 229 Abs 2), Zahlungen an die Aktionäre verboten sind (§ 230) und Dividendenzahlungen aus künftigen Gewinnen beschränkt sind (§ 233). Die vereinfachte Kapitalherabsetzung wird zumeist mit einer anschließenden Kapitalerhöhung verbunden. (2) Die vereinfachte Kapitalerhöhung kann mit Rückwirkung auf den letzten Jahresabschluss beschlossen werden (§ 235), so dass der zwischenzeitlich vorhandene und durch die Kapitalherabsetzung beseitigte Verlust gar nicht in Erscheinung tritt.

11 Sehr häufig ist eine Kapitalherabsetzung Voraussetzung, um überhaupt eine Kapitalerhöhung zum Zwecke der Sanierung der Gesellschaft vornehmen zu können (vgl § 228 Abs 1). Denn wenn eine Unterbilanz vorliegt, werden die Aktien der Gesellschaft **unter pari** notieren. Um überhaupt frisches Kapital zuführen zu können, müssen die jungen Aktien zumindest zu pari begeben werden (§§ 9, 182 Abs 3), was sich nur erreichen lässt, wenn die Kapitalziffer wieder an die tatsächlichen Vermögensverhältnisse angepasst wird. In diesen Fällen bietet sich die vereinfachte Kapitalherabsetzung an. Beteiligen sich neue Aktionäre an der Sanierung, werden sie ebenfalls ein Interesse an einem Kapitalschnitt haben, denn nur auf diese Weise wird gewährleistet, dass alle Aktionäre nach der Sanierung entsprechend ihrer Kapitalbeteiligung am künftigen wirtschaftlichen Erfolg des Unternehmens beteiligt werden und der neue Aktionär nicht faktisch den Misserfolg der bisherigen Aktionäre mitträgt.

12 Wie die §§ 228, 235 zeigen, können **eine Kapitalherabsetzung und eine Kapitalerhöhung** von der Hauptversammlung miteinander verbunden werden[21]. In diesem Fall kann das Kapital auch unter die Grenze des § 7, ggf sogar bis auf Null (§ 228), herabgesetzt werden, um es anschließend wieder zu erhöhen. Auch wenn beide Beschlussgegenstände zusammen behandelt werden, sind die jeweiligen Beschlussvoraussetzungen sowie die Regelungen über die Durchführung und über die Anmeldung und Eintragung der einzelnen Maßnahmen einzuhalten. Werden beide Beschlüsse gleichzeitig zum Handelsregister angemeldet, wird zunächst allein die Kapitalherabsetzung nach § 224 wirksam, denn die Wirksamkeit der Kapitalerhöhung setzt neben ihrer Anmeldung (§ 184) auch die Anmeldung ihrer Durchführung (§ 188) voraus und wird erst mit deren Eintragung wirksam (§ 189). Will eine Gesellschaft Kapitalherabsetzung und Kapitalerhöhung gleichzeitig wirksam werden lassen, muss sie folglich alle drei Anmeldungen miteinander verbinden. Von einer derartigen Verbindung ist auszugehen, wenn die Anmeldungen gleichzeitig vorgenommen werden. Der Registerrichter ist an sie gebunden[22].

13 Die Aktionäre können nach bislang herrschender Meinung anstelle einer notwendigen Kapitalerhöhung auch **freiwillige Zuzahlungen** leisten[23]. Will die Gesellschaft solche

---

[20] Beschluss der Hauptversammlung der InnoTec TSS AG, Düsseldorf, v 28.6.2002.

[21] Auch beim Debt-Equity-Swap wird diese Gestaltung diskutiert, vgl *Oelke/Wöhlert/Degen* Debt Mezzanine Swap – Königsweg für die Restrukturierungsfinanzierung?, BB 2010, 299; *Scheunemann/Hoffmann* Debt-Equity-Swap, DB 2009, 983; *Schmidt/Schlitt* Debt Equity Swap – Eine attraktive Form der Restrukturierung?, Der Konzern 2009, 279, 280 ff.

[22] KG JW 1930 2718 f; JW 1932, 1018, 1019; *Hüffer*[9] § 222, 4, § 227, 9; KK/*Lutter*[2] § 222, 30 aE.

[23] RGZ 80, 81, 85 f; *Hüffer*[9] § 222, 5; MK/*Oechsler*[2] § 222, 29; MünchHdBAG-

Zuzahlungen ermöglichen, muss sie den Beschluss über die Kapitalherabsetzung unter eine auflösende Bedingung stellen[24]. Jeder zuzahlende Aktionär lässt einen Teil der Bedingung eintreten, so dass die Kapitalherabsetzung nur insoweit wirksam wird, als keine Zuzahlungen erfolgt sind[25]. Allerdings sind wegen §§ 223, 224 nur Zuzahlungen zu berücksichtigen, die bis zum Zeitpunkt der Anmeldung des Beschlusses geleistet wurden (s u § 224, 6 mwN zur abweichenden hM). Die Gesellschaft muss den Grundsatz der Gleichbehandlung (§ 53a) beachten, die Zuzahlungsmöglichkeit also unter gleichen Bedingungen allen Aktionären anbieten.

Da § 54 Abs 1 eine Nachschusspflicht verbietet, müssen die Zuzahlungen tatsächlich **14**
freiwillig erfolgen. Kontrovers beurteilt wird die Frage, wann die Grenze von bloßer Freiwilligkeit zu einem mittelbaren wirtschaftlichen Zwang überschritten wird. Eine Ansicht bejaht einen mittelbaren Zwang dann, wenn die wirtschaftlichen Vorteile, die die Gesellschaft für die Zuzahlung gewährt, den Gegenwert der Zuzahlung übersteigen[26]. Wenn eine Kapitalherabsetzung um 5 Euro pro Aktie durch eine Zuzahlung von 4 Euro abgewendet werden kann, werde auf die Aktionäre ein mittelbarer Zwang zur Zuzahlung ausgeübt. Ein Aktionär, der derzeit keine Zuzahlung leisten kann oder will, müsse später, um seine Beteiligungsquote zu erhalten, neue Aktien im Wert von 5 Euro kaufen. Der Zuzahlende erhalte seine Beteiligungsquote dagegen bereits mit der Zahlung von 4 Euro. Ein wirtschaftlicher Zwang liegt nach dieser Ansicht auch dann vor, wenn die Gesellschaft Aktionären, die sich gegen die Zuzahlung entscheiden, ein schlechteres Zusammenlegungsverhältnis anbietet als den Zuzahlenden[27]. Die gewährten Vorteile müssten also exakt dem Wert der Zuzahlung entsprechen und dürfen diesen nicht übersteigen.

Lutter wendet ein, dass die den Altaktionären gewährte Möglichkeit der Zuzahlung **15**
ein Surrogat für die an sich notwendige Kapitalherabsetzung mit anschließender Kapitalerhöhung darstelle. Bei dieser stünde dem Aktionär ein selbstständig veräußerbares Bezugsrecht zu. Die dem Aktionär gewährte Möglichkeit der Zuzahlung lasse sich – anders als das Bezugsrecht – nicht veräußern. Um zu verhindern, dass der Aktionär **um sein Bezugsrecht gebracht** wird, hält *Lutter* daher eine Zuzahlung nur dann für zulässig, wenn das in dieser konkreten Situation an sich zu gewährende Bezugsrecht aus der Kapitalerhöhung den Wert „null" hätte[28]. Dieser Standpunkt überzeugt nicht, denn der Aktionär kann seine Aktien einschließlich der Chance der Zuzahlung veräußern, da dieses Recht dem jeweiligen Aktionär bis zur Eintragung der Kapitalherabsetzung zusteht (vgl § 401 BGB[29]). Im Übrigen verbleibt dem Aktionär bei der Zuzahlung das Mitgliedschaftsrecht, das andernfalls durch Zusammenlegung uU eingebüßt würde[30].

---

*Krieger*³ § 60, 14; *Schilling* Voraufl § 222, 20; *K Schmidt* ZGR 1982, 519, 526; Spindler-Stilz/*Marsch-Barner*² § 222, 11; abweichend nur KK/*Lutter*² § 222, 33 (dazu sogleich 15).

24 MK/*Oechsler*² § 222, 29; abweichend *v Godin* ZHR 100 (1934) 221, 236, wonach der Kapitalherabsetzungsbeschluss unbedingt sei und der Eintritt der Bedingung nur die Vernichtung der Einlage verhindere.

25 MK/*Oechsler*² § 222, 29.

26 *Hüffer*⁹ § 222, 5; KK/*Lutter*² § 54, 33; Spindler-Stilz/*Marsch-Barner*² § 222, 11.

27 RGZ 52, 287, 293 f; 80, 81, 85 f; Baumbach/*Hueck*¹³ Vor § 222, 4; *Hüffer*⁹ § 222, 5, § 54, 9; *Schilling* Voraufl § 222, 20; aA *Müller-Erzbach* Das private Recht der Mitgliedschaft, 1948, S 76.

28 KK/*Lutter*² § 222, 33.

29 Zur Übertragung des durch die Aktie verbrieften Mitgliedschaftsrechts nach §§ 398 ff, 413 BGB *Hüffer*⁹ § 68, 3 mwN.

30 MK/*Oechsler*² § 222, 29.

16 Auch *Oechsler* wendet sich gegen die bislang herrschende Meinung, will aber im Gegensatz zu *Lutter* die **Möglichkeit der Zuzahlung erleichtern.** Eine Gesellschaft, die sich in einer Krise befinde, dürfe ihren Aktionären durchaus einen kleinen Anreiz bieten, damit diese sich in der Gesellschaft erneut finanziell engagieren. Der von der Gesellschaft gewährte Vorteil müsse daher dem Wert der Zuzahlung nur „in etwa" entsprechen[31]. In der Tat wird es einer in der Krise befindlichen Gesellschaft schwerer fallen, frisches Kapital einzusammeln, und sie muss daher ohnehin auf dem Kapitalmarkt attraktive Konditionen anbieten, so dass die Refinanzierung teurer ausfallen wird als bei einem gesunden Unternehmen. In dieser Situation ergibt es Sinn, sich vor der Einwerbung von Mitteln bei Dritten zunächst bei den eigenen Aktionären um Zuzahlungen zu bemühen. Wenn sich ein Aktionär in der Krise finanziell beteiligt, muss die Gesellschaft ihn besser stellen als einen Aktionär, der die Kapitalherabsetzung hinnimmt und sich nicht an der gleichzeitigen Kapitalerhöhung beteiligen will. Daher erweist sich die bislang herrschende Ansicht, die eine Belohnung der Zuzahlenden ablehnt, als lebensfremd und läuft faktisch auf ein Verbot der Zuzahlung hinaus. Es muss daher als zulässig angesehen werden, freiwillig zuzahlenden Aktionären einen Vorteil einzuräumen.

17 Allerdings ist der von *Oechsler* mit der Formulierung „in etwa" vorgeschlagene Maßstab zu vage, um praktikabel zu sein. Hinzu kommt, dass diese Ansicht die Doppelrolle des zuzahlenden Aktionärs nicht berücksichtigt. Würde die Gesellschaft sich über den Kapitalmarkt refinanzieren, müssten alle Aktionäre die Kosten dieser Neuemission tragen, denn die durch eine Kapitalerhöhung eingeworbenen Mittel sind um diesen Betrag von vornherein gemindert. Die Kosten machen etwa 6 bis 9 % der Neuemission aus[32]. Wenn nun einzelne Aktionäre bereit sind, der Gesellschaft und damit allen Aktionären diese Kosten zu ersparen, verlassen sie ihre Rolle als Aktionäre und begeben sich in die Rolle eines Finanziers, für die sie Ersatz beanspruchen können. Der Wert des Gesellschaftsvermögens ist in beiden Varianten nach Durchführung der Maßnahmen nahezu gleich. Wirtschaftlich betrachtet steht jeder Aktionär vor der Wahl, ob er ausstehende Dritte für das Engagement zur Einwerbung neuer Mittel entlohnen will oder ob er sich selbst in diese Rolle begibt. Der zuzahlende Aktionär wird also nicht in seiner Rolle als bisheriger Aktionär belohnt, was in der Tat auf eine wirtschaftliche Nachschusspflicht hinausliefe, sondern er wird für seine Bereitschaft, *kostengünstiger* als der Markt neues Geld zur Verfügung zu stellen, entlohnt. Der einem zuzahlenden Aktionär gewährte Vorteil darf in seiner Höhe maximal den Kosten entsprechen, die der Gesellschaft entstünden, wenn sie diese Beträge über den Kapitalmarkt einwirbt (insb Kosten der Neuemission in Form von Honoraren an das emissionsbegleitende Institut und die Berater, Kosten der Zulassung der jungen Aktien).

18 In dem so gespannten Rahmen ist die Gewährung von Vorrechten bei der Gewinnverteilung über Vorzugsaktien zulässig. Die Verwaltung kann die eingesparten Kosten für die Einwerbung neuer Mittel anteilig an zuzahlende Aktionäre auskehren. Möglich ist beispielsweise auch eine Lösung, wonach dem Aktionär mit Zuzahlungsbereitschaft ein entsprechend besseres Verhältnis bei der Zusammenlegung von Aktien angeboten wird. Zulässig ist daher auch eine Kapitalherabsetzung der Aktien um einen bestimmten Betrag, der durch Zuzahlung eines etwas geringeren Betrags abgewendet werden kann (s zu dem Problem schon 14). Übersteigt der gewährte Vorteil oder der angedrohte Nachteil den hier aufgezeigten Rahmen der Zulässigkeit, ist der Beschluss nichtig, da eine Nachschusspflicht gegen das Wesen der Aktiengesellschaft verstößt[33].

---

31 MK/*Oechsler*² § 222, 29.
32 KK/*Lutter*² Vorb § 182, 23 mwN.
33 Auch wenn KK/*Lutter*² 222, 33 einer anderen Auffassung folgt, bejaht er diese Rechts-

c) **Ausschluss von Aktionären.** Bei der Einziehung von Aktien wird das Grundkapital um den Gesamtbetrag der eingezogenen Aktien herabgesetzt. Die Einziehung erfolgt entweder im Wege der zwangsweisen Einziehung, der Einziehung nach Erwerb durch die Gesellschaft oder der Einziehung durch unentgeltliche Überlassung[34]. Die Zwangseinziehung von Aktien führt zum Ausschluss der betroffenen Aktionäre, da die eingezogenen Aktien untergehen. Werden dagegen eigene Aktien der Gesellschaft eingezogen[35], bewirkt dies eine Kapitalherabsetzung ohne Ausschluss von Aktionären. **19**

d) **Zahlenmäßige Bedeutung von Kapitalherabsetzungen.** Die Angaben in der nachfolgenden Tabelle belegen, dass von der Kapitalherabsetzung in vereinfachter Form nach ihrer Einführung durch die NotVO von 1931 (s u 79) reger Gebrauch gemacht wurde. **20**

Tabelle 1: Kapitalherabsetzungen zwischen 1912 und 1934[36].

Jahr	AG	Kapitalherabsetzungen in Mio Mark/RM
1912	179	44,7
1913	165	64,3
1929	4.289	230,3
1930	4.272	311,7
1931	4.419	339,6
1932	4.045	2.249,1
1933	3.283	1.274,3
1934	2.397	1.038,5

folge, vgl KK/*Lutter*[2] § 222, 50. Ebenso *Hüffer*[9] § 222, 5, § 54, 9; aA *Schilling* Voraufl § 222, 20 (anfechtbar).

[34] So der Beschluss der PROUT Aktiengesellschaft, Darmstadt, v 23.7.2004.

[35] So der Beschluss der K + S Aktiengesellschaft, Kassel, v 5.4.2004.

[36] Angaben zur Anzahl der AG bei *Sethe* Die personalistische Kapitalgesellschaft mit Börsenzugang, 1996, S 563; Angaben zu den Kapitalherabsetzungen nach *K A Fischer* Kapitalherabsetzung, 1937, S 75.

21 Tabelle 2: Kapitalherabsetzungen zwischen 1952 und 1993[37]

Jahr	Anzahl AG	Kapital in Mio DM	Anzahl KGaA	Kapital in Mio DM	Anzahl der Kapital-herabsetzungen	Herabsetzung in Mio DM
1952[38]	2.449	13.746,8	–	–	17	26,7
1953	2.500	18.750,3	–	–	42	89,7
1954	2.530	20.201,4	–	–	32	70,4
1955	2.542	22.096,5	–	–	22	35,5
1956[39]	2.551	24.135,4	–	–	29	29,6
1957	2.529	26.088,6	–	–	25	70,6
1958	2.459	26.734,1	25	125,0	21	37,2
1959	2.357	26.915,5	22	139,4	17	75,0
1960	2.311	30.302,8	21	124,2	25	22,9
1961	2.334	34.035,7	21	134,7	17	27,9
1962	2.347	36.040,2	21	145,6	13	31,2
1963	2.524	39.105,8	24	237,5	15	81,1
1964	2.516	41.577,3	25	246,6	10	7,6
1965	2.482	45.659,6	26	288,1	36	260,5
1966	2.395	47.917,1	25	264,0	19	232,7
1967	2.327	49.385,4	24	285,7	22	122,1
1968	2.304	51.568,5	24	300,5	17	436,1
1969	2.292	54.592,7	25	328,6	19	111,5
1970	2.279	56.171,7	25	323,5	22	258,9
1971	2.268	60.240,0	27	322,4	13	38,6
1972	2.240	63.940,4	31	389,3	18	199,9
1973	2.227	66.879,9	33	418,3	21	53,1
1974	2.187	70.597,9	31	401,9	19	56,5
1975	2.164	75.690,1	25	657,9	29	119,3
1976	2.152	78.517,1	25	714,2	23	420,3
1977	2.119	81.742,0	30	1.838,8	28	453,2

[37] *Statistisches Bundesamt* (Hrsg), Statistisches Jahrbuch der Bundesrepublik Deutschland (alte Bundesländer) 1953, 228 f; 1954, 206 f; 1955, 190 f; 1956, 182 f; 1957, 194 f; 1958, 162 f; 1959, 158 f; 1960, 194 f; 1961, 196 f; 1962, 210 f; 1963, 208 f; 1964, 220 f; 1965, 224 f; 1966, 212 f; 1967, 200 f; 1968, 182 f; 1969, 180 f; 1970, 170 f; 1971, 172 f; 1972, 172 f; 1973, 204 f; 1974, 200 f; 1975, 203 f; 1976, 176 f; 1977, 112 f; 1978, 110 ff; 1979, 111 f; 1980, 112 f; 1981, 113 f; 1982, 112 + 1984, 115; 1983, 115 f; 1984, 115 f; 1985, 117 f; 1986, 116 f; 1987, 117 f; 1988, 116 f; 1989, 113 f; 1990, 125 f; 1991, 141 f; 1992, 140 f; 1994, 138 ff; 1995, 132 ff.

[38] 1952–1957: Angaben zu Anzahl und Grundkapital nicht nach AG und KGaA getrennt ausgewiesen.

[39] 1956–1957: Angaben zu Anzahl und Grundkapital nicht nach AG und KGaA getrennt ausgewiesen. Angaben ohne Berlin (West).

Fortsetzung von Tabelle 2

Jahr	Anzahl AG	Kapital in Mio DM	Anzahl KGaA	Kapital in Mio DM	Anzahl der Kapitalherabsetzungen	Herabsetzung in Mio DM
1978	2.113	84.284,0	28	1.830,2	22	359,8
1979	2.112	86.805,0	27	1.787,4	24	261,8
1980	2.113	90.178,0	28	1.842,7	20	1.013,2
1981[40]	2.117	93.906,1	31	1.855,9	14	256,0
1982	2.111	97.293,0	29	1.871,0	23	271,0
1983	2.087	100.994,0	31	2.235,0	33	1.857,0
1984	2.101	104.675,0	27	2.272,0	21	729,0
1985	2.114	108.331,0	27	2.667,0	27	961,0
1986	2.165	114.400,0	25	1.998,0	23	841,0
1987	2.238	117.680,0	24	1.965,0	30	1.179,0
1988	2.347	121.250,0	26	2.122,0	15	857,0
1989	2.481	134.111,0	27	2.016,0	22	1.064,0
1990	2.655	146.796,0	27	2.313,0	14	1.100,0
1991	2.776	151.766,0	30	2.339,0	21	569,0
1992[41]	3.189	171.370,0	30	2.444,0	32	1.071,0
1993[42]	2.906	145.027,0	28	2.244,0	41	10.103,0

Im Jahre 1993 wurde diese Statistik eingestellt, so dass jetzt nur noch die von der Bundesbank geführte Kapitalmarktstatistik herangezogen werden kann, die Auskunft gibt über Anzahl an Kapitalherabsetzungen und Auflösungen von Aktiengesellschaften. 22

[40] 1981–1982: *Statistisches Bundesamt* (Hrsg), Statistisches Jahrbuch der Bundesrepublik Deutschland (alte Bundesländer) 1982, 112; 1983, 115 f (vorläufige Angabe für Kapitalherabsetzungen; eine endgültige Angabe wurde später nicht abgedruckt); 1984, 115 f (Zahl der AG und KGaA und deren Kapital = endgültige Angaben).

[41] Gesamtdeutschland.

[42] Deutschland ohne Hessen.

23 Tabelle 3: Kapitalherabsetzungen und Auflösungen von Aktiengesellschaften[43]

Jahr	Nominalwert in Mio €	Zahl der Kapitalherabsetzungen und Auflösungen		
1980	563,44			
1981	231,62			
1982	218,32			
1983	460,67			
1984	436,64			
1985	483,17			
1986	519,98			
1987	595,66			
1988	634,51			
1989	291,95			
1990	749,60			
1991	197,40			
1992	481,60			
1993	400,30			
1994	698,90			
1995	1.090,60			
1996	1.243,50			
1997	858,00			
1998	607,40	Börsennotiert	Nicht Börsennotiert	Gesamt
1999	708,00	23	281	304
2000	1.745,00	25	194	219
2001	3.152,00	84	547	631
2002	2.224,00	74	573	647
2003	1.584,00	60	443	503
2004	2.286,00	21	174	195
2005	1.703,00	56	178	234
2006	3.761,00	48	104	152
2007	1.636,00	72	107	179
2008	1.306,00	96	48	144
2009	974,00	65	163	228

[43] Quelle: Deutsche Bundesbank, Statistische Beihefte, Kapitalmarktstatistik März und Juni 2004, Juni 2006, August 2009, jeweils S 46 (seit 1994 einschließlich ostdeutscher Gesellschaften). Die Angaben über die Zahl der Kapitalherabsetzungen von 1999 bis 2009 verdanke ich dem Deutschen Aktieninstitut.

3. Gesetzessystematik, Arten und Durchführung der Kapitalherabsetzung

Die Kapitalherabsetzung ist in einem eigenständigen Abschnitt des 6. Teils des 1. Buches des Aktiengesetzes geregelt. Das Gesetz unterscheidet drei Arten der Kapitalherabsetzung, die ordentliche Kapitalherabsetzung (§§ 222–228), die vereinfachte Kapitalherabsetzung (§§ 229–236) sowie die Kapitalherabsetzung durch Einziehung von Aktien (§§ 237–239). In § 240 schließlich werden die bilanziellen Folgen einer Kapitalherabsetzung geregelt. Allen drei Arten der Kapitalherabsetzung gemeinsam ist ihre Rechtsfolge, nämlich die Herabsetzung der Grundkapitalziffer (wenn man von dem in § 237 Abs 3 Nr 3 geregelten Fall absieht). Im Übrigen bestehen zahlreiche Unterschiede in der Funktionsweise und der jeweils verfolgten Zielsetzung: **24**

Mit der **ordentlichen Kapitalherabsetzung** (§§ 222–228) erfolgt eine Teilliquidation des Gesellschaftsvermögens. Ihr wesentliches Merkmal ist der Umstand, dass sie keinen Beschränkungen hinsichtlich des Zwecks der Kapitalherabsetzung unterliegt, so dass sie auch dazu dienen kann, das freigewordene Vermögen an die Aktionäre auszuzahlen (§ 222 Abs 3, 2. HS). Da dies die zur Verfügung stehende Haftungsmasse mindert, werden die Interessen der Gesellschaftsgläubiger in besonderer Weise geschützt (§ 225). Die ordentliche Kapitalherabsetzung kann durch Herabsetzung der Nennbeträge und – falls diese Herabsetzung nicht ausreicht – durch Zusammenlegung von Aktien erfolgen. Möglich ist auch eine Einziehung der Aktien nach § 237. Die in der Praxis geringe Bedeutung der ordentlichen Kapitalherabsetzung beruht auf dem Umstand, dass sie eine Sicherung der Gläubiger über § 225 iVm § 232 BGB erfordert, die Gesellschaft daher Teile des Vermögens als Sicherheit zur Verfügung stellen muss, was dieses Vermögen blockiert[44]. **25**

Die **vereinfachte Kapitalherabsetzung** (§§ 229–236) dient allein dem Zweck der Sanierung der Gesellschaft (§ 229 Abs 1), also dem Verlustausgleich, der Verlustdeckung oder der Auffüllung der Kapitalrücklage. Eine Rückzahlung von Eigenkapital an die Aktionäre ist verboten (§ 230), die Auszahlung von Gewinn nur unter engen Voraussetzungen erlaubt (§ 233). Ein verstärkter Gläubigerschutz erschien dem Gesetzgeber in diesem Fall nicht notwendig[45], weshalb § 229 Abs 3 auch nicht auf die Gläubigerschutzvorschrift des § 225 Bezug nimmt. Die vereinfachte Kapitalherabsetzung kann ebenfalls durch Herabsetzung der Nennbeträge und – falls diese Herabsetzung nicht ausreicht – durch Zusammenlegung von Aktien erfolgen. Zulässig ist weiterhin eine Einziehung der Aktien (§ 237). **26**

Die **Kapitalherabsetzung durch Einziehung von Aktien** (§§ 237–239) kann zwei Zielen dienen. Sie kann primär zum Zweck der Herabsetzung der Grundkapitalziffer erfolgen und ist in dieser Funktion eine weitere Variante der ordentlichen Kapitalherabsetzung (nicht aber der vereinfachten Kapitalherabsetzung, vgl § 229, 1). Von dieser unterscheidet sie sich dadurch, dass weder eine Herabsetzung des Nennbetrags der Aktien noch eine Zusammenlegung von Aktien stattfindet, sondern Aktien eingezogen werden und auf diese Weise das auf sie entfallende Kapital frei wird. Die Einziehung kann jedoch auch dazu genutzt werden, eine Veränderung der Aktionärsstruktur herbeizuführen, denn das eingezogene Mitgliedschaftsrecht wird vernichtet (§ 238 S 3) und der betroffene Aktionär damit aus der Gesellschaft ausgeschlossen. In einem solchen Fall steht nicht das Ziel einer Kapitalherabsetzung im Vordergrund. Die Kapitalreduktion bewirkt vielmehr nur die Freisetzung der benötigten Mittel, um den Ausgeschlossenen abzufinden. Die Einziehung von Aktien kann auf zwei Wegen erfolgen, nämlich durch den Erwerb von eigenen Aktien oder im Wege der Zwangseinziehung; Letztere ist aber nur erlaubt, wenn sie in der ursprünglichen Satzung oder durch Satzungsänderung vor **27**

---

[44] *Gotthardt* BB 1990, 2419.

[45] Zu Reformüberlegungen s u 110 aE.

Übernahme oder Zeichnung von Aktien angeordnet oder gestattet war (§ 237 Abs 1). Denn die Gesellschafter sollen vor Erwerb der Mitgliedschaft wissen, dass sie ihre mitgliedschaftliche Position uU gegen ihren Willen verlieren können. In der Praxis ist zunehmend zu beobachten, dass der Weg über § 71 Abs 1 Nr 8 gewählt wird und die Einziehung eigener Aktien nach § 71 Abs 1 Nr 6 iVm § 237 verdrängt.

28 Will man danach unterscheiden, wann Mittel abfließen, lässt sich der Abschnitt über die Kapitalherabsetzungen wie folgt systematisieren:

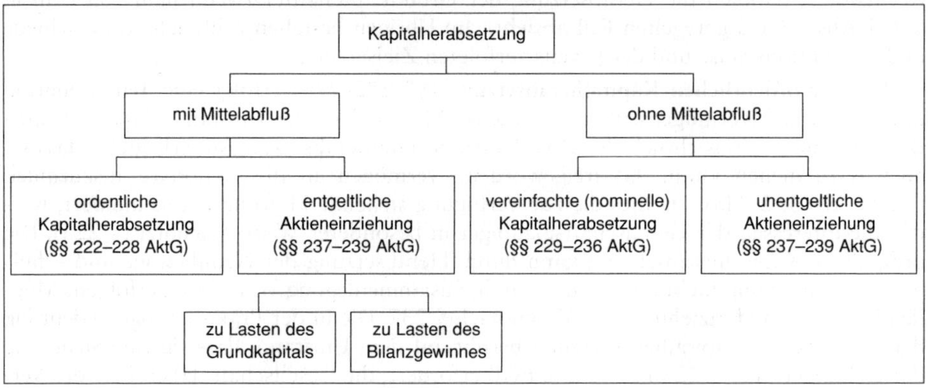

4. Squeeze-Out

29 Das Aktienrecht sieht mit dem **Squeeze-Out** (§§ 327a ff) einen weiteren[46] Fall des zwangsweisen Verlusts der Mitgliedschaft vor[47]. Zwangseinziehung und Squeeze-Out weisen als Gemeinsamkeit den Verlust der mitgliedschaftlichen Stellung des betroffenen Aktionärs auf. Sie unterscheiden sich aber in zwei grundlegenden Punkten: (1) Ein Squeeze-Out ist im Gegensatz zu § 237 Abs 1 nicht von einer vorherigen Zulassung in der Satzung abhängig. Vielmehr setzt ein Squeeze-Out voraus, dass die Hauptversammlung den Ausschluss der Kleinaktionäre auf Verlangen des Hauptaktionärs, der 95 % der Aktien der Gesellschaft innehaben muss, beschließt. Die Zulassung des Squeeze-Out ohne entsprechende Ermächtigung in der Satzung beruht auf der Erwägung, dass der Hauptaktionär ohnehin die unternehmerischen Entscheidungen treffen wird und sich die Beteiligung der anderen Aktionäre auf eine bloße Kapitalanlage reduziert hat. Der Hauptaktionär wird durch die Zwangseinziehung von dem Aufwand befreit, den das Vorhandensein der Kleinaktionäre bedeutet (vgl u 105). Wenn man die Kleinaktionäre für ihre Beteiligung angemessen entschädigt, überwiegen die Belange des Hauptaktionärs so deutlich, dass der Gesetzgeber den Squeeze-Out nicht von einer Satzungsregelung abhängig machen wollte[48]. (2) Im Gegensatz zur Zwangseinziehung nach § 237 stellt der Squeeze-Out **keine**

[46] Andere Fälle sind die Kaduzierung nach § 64 sowie der Ausschluss eines Aktionärs aus wichtigem Grund, dazu MünchHdBAG-*Krieger*[3] § 62, 35 f mwN auch zur aA.

[47] Eingeführt durch Art 7 Nr 2 des Gesetzes zur Regelung von öffentlichen Angeboten zum Erwerb von Wertpapieren und Unternehmensübernahmen v 20. 12. 2001, BGBl I 3822.

[48] Die Regelung der §§ 327a ff findet auf alle Aktiengesellschaften und Kommanditgesellschaften auf Aktien Anwendung; eine Begrenzung des Squeeze-Out auf börsennotierte Gesellschaften sieht das deutsche Recht nicht vor. Zur Kritik an dieser weiten Lösung s u 106 mwN.

Form der Kapitalherabsetzung dar, denn die Aktien gehen auf den Hauptaktionär über (§ 327e Abs 3 S 1), so dass die Höhe des Grundkapitals der Gesellschaft unverändert bleibt. Gleiches gilt für den übernahmerechtlichen Squeeze-Out (§§ 39a ff WpÜG). Trotz dieser beiden gravierenden Unterschiede wird der Squeeze-Out bei der gegenwärtig geführten Reformdebatte (s u 104 ff) regelmäßig im Zusammenhang mit der Reform der Zweiten gesellschaftsrechtlichen Richtlinie genannt, weil die geschilderte Gemeinsamkeit offenbar stärker in das Blickfeld gerückt ist als die Unterschiede.

5. Schutz der Gläubiger und der Aktionäre

Gläubiger haben keinerlei Einfluss darauf, ob die Gesellschaft eine Kapitalherabsetzung vornimmt oder nicht. Da das Kapital aber die **Haftungsgrundlage** der Gesellschaft bildet, sind ihre Interessen unmittelbar betroffen. Dies gilt vor allem dann, wenn die Kapitalherabsetzung der **Auszahlung von Kapital** oder dem Verzicht auf Einlageforderungen dient. Zudem sind ihre Ansprüche in späteren Jahren gefährdet, wenn die Gesellschaft aufgrund der Kapitalherabsetzung in der Lage ist, **Gewinne auszuschütten**, ohne dass das gebundene Vermögen wieder aufgefüllt wird. Um die Gläubiger angemessen abzusichern, ist bei einer Kapitalherabsetzung zum Zwecke der Ausschüttung oder des Einlagenverzichts nur eine ordentliche Kapitalherabsetzung erlaubt (§ 230), die mit weit reichenden Sicherungen für die Gläubiger einhergeht (§ 225 Abs 2, zu Reformüberlegungen s u 110 aE). Ein vergleichbarer Schutz besteht bei der entgeltlichen Einziehung von Aktien (§ 237 Abs 2 S 3), da auch hier **Kapital an die Aktionäre abfließt**. Verfolgt die Gesellschaft mit der Kapitalherabsetzung das Ziel einer Sanierung und Beseitigung einer Unterbilanz, entfällt der Gläubigerschutz nach § 225 Abs 2 (vgl § 229, 60). Zur Sicherung der Gläubiger muss gewährleistet sein, dass es zu keiner Auszahlung und damit auch nicht zum Abfluss von Haftungsmasse kommt (vgl das entsprechende Verbot in § 230). Zusätzlich musste der Gesetzgeber die **Rücklagenbildung** für das bei der Sanierung nicht benötigte frei werdende Kapital regeln (§ 232) und die **künftigen Gewinnausschüttungen begrenzen** (§ 233). Auch bei der Einziehung ist der Gläubigerschutz gewährleistet (s § 237, 91 ff, 119 ff). 30

Gefährdet sind auch die Belange der Minderheitsaktionäre, denen das notwendige Quorum fehlt, um eine Satzungsänderung zu verhindern. (1) Die Kapitalherabsetzung greift in ihre mitgliedschaftliche Position ein. Zu Recht sieht das Gesetz die vereinfachte Kapitalherabsetzung als subsidiär an und erlaubt sie erst, wenn andere Möglichkeiten der Verlustdeckung und Rücklagenauffüllung ausscheiden (vgl § 229 Abs 2). (2) Als noch dringender erweist sich der Schutz der Aktionäre, wenn die Gefahr besteht, dass sie durch eine Kapitalherabsetzung aus der Gesellschaft gedrängt werden, was bei einer Kapitalherabsetzung durch **Zusammenlegung von Aktien** möglich ist. Diese Zusammenlegung ist daher ultima ratio und nur unter Beachtung des Grundsatzes der Gleichbehandlung möglich (§ 222 Abs 4 bzw §§ 229 Abs 3, 222 Abs 4, s u § 222, 30, 52 ff). Verbindet die Gesellschaft die Kapitalherabsetzung nicht mit einer Kapitalerhöhung, bedarf diese Entscheidung einer sachlichen Rechtfertigung (zur materiellen Beschlusskontrolle s § 222, 29). (3) Stark gefährdet sind die Interessen der Aktionäre auch bei der **Zwangseinziehung von Aktien**. Ihr Schutz ist daher in § 237 Abs 1 S 2 besonders ausgeprägt (s u § 237, 32 ff). (4) Gleiches gilt für den Fall der **Auslosung**, der dann eine besondere Gefährdung anhaftet, wenn nur einzelne Aktionäre von ihr betroffen sein sollen. Hier ist eine materielle Beschlusskontrolle notwendig (s § 222, 33). 31

6. Kapitalherabsetzung als Satzungsänderung

32 Die drei Formen der Kapitalherabsetzung bewirken eine Veränderung der in der Satzung niedergelegten Grundkapitalziffer und der Aktiennennbeträge (§ 23 Abs 3 Nrn 3 und 4); sie stellen daher eine Satzungsänderung dar. Dies hat zur Folge, dass neben den Vorschriften der §§ 222 ff auch die **allgemeinen gesetzlichen Vorschriften über Satzungsänderungen** (§§ 179 – 181) zur Anwendung kommen[49]. Dies gilt insbesondere für § 181 Abs 1 S 2. Zu beachten ist weiterhin, dass das Gesetz nur statutarische Erschwerungen zulässt (§§ 222 Abs 1 S 2, 229 Abs 3, 237 Abs 2 S 1).

33 Enthält die **Satzung allgemeine Regelungen über Satzungsänderungen**, stellt sich die Frage, ob diese Regeln auch für spezielle Formen der Satzungsänderung, wie die Kapitalherabsetzung, anzuwenden sind. Dies ist durch Auslegung zu ermitteln. Dabei ist der Frage nachzugehen, ob die Gesellschafter im Zeitpunkt der Verabschiedung der Satzung den Fall der Sanierung vor Augen hatten. Dies wird man schwerlich annehmen können, da bei Gesellschaftsgründung regelmäßig alle Gesellschafter vom Erfolg des Unternehmens ausgehen dürften. Enthält die Satzungsregel, die eine Erschwerung von Satzungsänderungen vorsieht, daher keinen ausdrücklichen Hinweis, dass sie auch für Kapitalherabsetzungen gelten soll, sind derartige Klauseln nicht auf die Kapitalherabsetzung anzuwenden[50].

34 Mit dem Beschluss über die Kapitalherabsetzung wird zugleich der Wortlaut der Satzungsbestimmung, die die Höhe des Grundkapitals regelt, geändert[51]. Einer gesonderten Beschlussfassung hierüber bedarf es nicht[52]. Denn der Beschluss über die Kapitalherabsetzung ändert gerade den Wortlaut der in der Satzung enthaltenen Grundkapitalziffer (vgl § 124 Abs 2 S 2). Die Gegenauffassung[53], wonach es neben der Kapitalherabsetzung *stets* einer Anpassung des Satzungstextes bedürfe, erweist sich als künstlich und findet im Gesetzestext keinerlei Anhaltspunkt. Dies zeigt besonders deutlich das Beispiel der Herabsetzung des Grundkapitals einer Aktiengesellschaft, die Stückaktien ausgegeben hat. Hier reicht die Herabsetzung der Grundkapitalziffer aus[54]. Im Übrigen vertreten die Anhänger der herrschenden Meinung diesen Standpunkt auch nicht bei der Kapitalerhöhung, bei der sich dasselbe Problem stellen müsste[55]. Einer separaten Anpassung der in der Satzung enthaltenen Ziffer des Grundkapitals bedarf es nur dann, wenn die Hauptversammlung nur einen Höchstbetrag der Herabsetzung festgelegt und die genaue Höhe von der Erfüllung bestimmter Voraussetzungen abhängig gemacht hat (zur Bestimmbarkeit s § 222, 23). Gleiches gilt für den Fall eines bedingten Kapitalherabsetzungsbeschlusses (zB Abhängigkeit der genauen Höhe der Kapitalherabsetzung vom Betrag der geleisteten freiwilligen Zuzahlungen, s o 13 ff und § 222, 24).

35 Von der Herabsetzung des Betrags des Grundkapitals zu unterscheiden ist die Berichtigung des durch die Kapitalherabsetzung unrichtig gewordenen **übrigen Satzungstextes.**

---

49 *Hüffer*[9] § 222, 6; KK/*Lutter*[2] Vor § 222, 3; MK/*Oechsler*[2] § 222, 9.

50 *Hüffer*[9] § 222, 10; MK/*Oechsler*[2] § 222, 16; Spindler-Stilz/*Marsch-Barner*[2] § 222, 20; aA KK/*Lutter*[2] § 222, 3; *Schilling* Voraufl § 222, 6.

51 KK/*Lutter*[2] § 222, 19 (der zwischen der Änderung der Kapitalziffer und der Änderung des sonstigen Satzungstextes unterscheidet) sowie die hM zum GmbH-Recht, OLG Düsseldorf GmbHR 1968, 223; Ulmer/Habersack/Winter/*Casper* § 58, 31; Scholz/*Priester*[10] § 58, 36; aA MünchHdBAG-*Krieger*[3] § 60, 29.

52 *Schilling* Voraufl § 222, 6; aA *Hüffer*[9] § 222, 6; Spindler-Stilz/*Marsch-Barner*[2] § 222, 12, 25; *Terbrack* RNotZ 2003, 89, 91; *Tielmann* in Happ AktienR[3] 14.01, 9.

53 S vorige Fn.

54 Ebenso MünchHdBAG-*Krieger*[3] § 60, 51.

55 *Hüffer*[9] § 182, 3; KK/*Lutter*[2] § 182, 3.

Ein solcher Fall tritt bei der Herabsetzung von Nennbetragsaktien auf, da die in der Satzung enthaltenen Angaben zum Nennbetrag und ggf zur Zahl der Aktien (vgl § 23 Abs 3 Nr 4) durch die Herabsetzung bzw Zusammenlegung überholt sind[56]. Bei der Herabsetzung des Kapitals einer AG, die **Stückaktien** ausgegeben hat, erweist sich eine solche Anpassung nur als notwendig, wenn es zu einer Zusammenlegung von Aktien gekommen ist, da in diesem Fall die Angabe in der Satzung über die Zahl der Aktien korrigiert werden muss. Eine Anpassung des Satzungstextes ist auch bei der Kapitalherabsetzung durch **Einziehung** von Nennbetrags- und Stückaktien notwendig, da der Satzungstext wegen § 23 Abs 3 Nrn 3 und 4 unrichtig wird. Es handelt sich jeweils um eine bloße Änderung der Fassung. Die Befugnis zu einer derartigen Berichtigung kann die Hauptversammlung auf den Aufsichtsrat übertragen (§ 179 Abs 1 S 2)[57]. Handelt es sich um eine Einziehung von Stückaktien im vereinfachten Verfahren nach § 237 Abs 3 Nr 3, ist dessen Halbsatz 2 zu beachten, wonach dem Vorstand die Kompetenz zur Textanpassung übertragen werden kann.

7. Anwendungsbereich und Bedeutung der §§ 222–240

a) **Aktiengesellschaften.** Die §§ 222 bis 240 regeln die Herabsetzung des Grundkapitals der **Aktiengesellschaft.** **36**

b) **Europäische Aktiengesellschaften.** Für Kapitalmaßnahmen einer **Europäischen Aktiengesellschaft (SE)** gilt das nationale Recht des Staates, in dem die SE ihren Sitz hat (Art 5 SE-VO[58]). Da die EU die Kapitalmaßnahmen bereits mit der Kapitalrichtlinie[59] harmonisiert hatte, war keine neuerliche oder eigenständige Regelung dieses Bereichs in **37**

---

[56] Diese Fallgestaltung spricht MünchHdBAG-*Krieger*[2] § 60, 24, gerade nicht an, was KK/*Lutter*[2] 19, verkennt.

[57] *Hüffer*[9] § 222, 6; MK/*Oechsler*[2] § 222, 10; KK/*Lutter*[2] § 222, 19.

[58] Verordnung (EG) Nr 2157/2001 des Rates v 8.10.2001 über das Statut der Europäischen Gesellschaft (SE), ABl EG Nr L 294 v 10.11.2001, S 1.

[59] Zweite Richtlinie 77/91/EWG des Rates v 13.12.1976 zur Koordinierung der Schutzbestimmungen, die in den Mitgliedstaaten den Gesellschaften iSd Art 58 Abs 2 des Vertrages im Interesse der Gesellschafter sowie Dritter für die Gründung der Aktiengesellschaft sowie für die Erhaltung und Änderung ihres Kapitals vorgeschrieben sind, um diese Bestimmungen gleichwertig zu gestalten, ABl EG Nr L 26 v 31.1.1977, S 1; umgesetzt durch das Gesetz zur Durchführung der Zweiten Richtlinie des Rates der Europäischen Gemeinschaften zur Koordinierung des Gesellschaftsrechts, v 13.12.1978, BGBl I 1959. Sie wurde durch die Richtlinie 92/101/EWG zur Änderung der Zweiten gesellschaftsrechtlichen Richtlinie v 23.11.1992 (ABl EG Nr L 347 v 28.11.1992, S 64) geändert. Die in der Änderungsrichtlinie enthaltenen Beschränkungen des Erwerbs eigener Aktien der Muttergesellschaft durch deren Tochtergesellschaft(en) waren bereits geltendes Recht, so dass eine Umsetzung in deutsches Recht nicht erforderlich war. Mit jeder Aufnahme eines neuen Mitgliedstaats wurde zudem Art 1 der Richtlinie angepasst (zuletzt durch die Richtlinie 2006/99/EG anlässlich des Beitritts Bulgariens und Rumäniens). Die letzte inhaltliche Änderung erfolgte durch die Richtlinie 2006/68/EG des Europäischen Parlaments und des Rates v 6.9.2006 zur Änderung der Richtlinie 77/91/EWG des Rates in Bezug auf die Gründung von Aktiengesellschaften und die Erhaltung und Änderung ihres Kapitals, ABl EG Nr L 264 v 25.9.2006, S 32, mit der die Ergebnisse der SLIM-Initiative umgesetzt wurden. Zu dieser Änderung statt vieler *H P Westermann* ZHR 172 (2008) 144 mwN. Umfassende Schrifttumshinweise zur Richtlinie auch bei *Grundmann* Europäisches Gesellschaftsrecht, 2004, Vor 314.

der SE-VO notwendig[60]. Für die Herabsetzung des Grundkapitals einer in Deutschland ansässigen SE gelten somit die Vorschriften der §§ 222 ff, die ihrerseits im Lichte der Kapitalrichtlinie ausgelegt werden müssen. Die Verweisung auf das nationale Recht hat zur Folge, dass nicht nur die gesetzlichen Regelungen, sondern auch die von der Rechtsprechung entwickelten Grundsätze einbezogen sind[61].

38 Für den Fall, dass eine SE gegen Art 7 der SE-VO verstößt und ihren Sitz nicht in dem Mitgliedstaat hat, in dem sich ihre Hauptverwaltung befindet (vgl Art 64 SE-VO), wird die Frage diskutiert, ob es sich bei Art 5 SE-VO um eine Sachnormverweisung oder um eine Gesamtnormverweisung (Verweisung auch auf das Internationale Gesellschaftsrecht) handelt. Für eine Sachnormverweisung spricht schon der Wortlaut von Art 5 SE-VO, der sich deutlich von dem als Gesamtnormverweisung ausgestalteten Art 9 Abs 1c ii SE-VO unterscheidet. Art 5 SE-VO verfolgt den Zweck, auf die SE dasselbe Statut wie für die AG des nationalen Rechts anzuwenden, um eine Benachteiligung der SE ihr gegenüber zu verhindern. Bei der Gesamtnormverweisung könnte dieses Ziel – je nach Ausgestaltung des jeweiligen Internationalen Gesellschaftsrechts – nicht verwirklicht werden. Hinzu kommt, dass das Recht der Kapitalaufbringung und -erhaltung durch die Kapitalrichtlinie ohnehin harmonisiert ist und eine Gesamtnormverweisung vor diesem Hintergrund auch wenig Sinn machen würde[62].

39 c) **Kommanditgesellschaften auf Aktien.** Im Gegensatz zur AG kennt die **Kommanditgesellschaft auf Aktien** als Haftungsmasse nicht nur das von den Kommanditaktionären aufzubringende Grundkapital, sondern auch die vom Grundkapital zu trennenden Sondereinlagen der Komplementäre. Zur Erbringung von Sondereinlagen sind die Komplementäre allerdings nur dann berechtigt und verpflichtet, wenn die Satzung dies vorsieht (§ 281 Abs 2). Zusammengenommen bilden Grundkapital und Einlagen das Gesamtkapital der Gesellschaft[63]. Die Vorschriften über die Kapitalherabsetzung finden über § 278 Abs 3 nur auf die Herabsetzung des Grundkapitals der KGaA Anwendung[64]. Die Herabsetzung der Sondereinlage eines Komplementärs der KGaA unterliegt dagegen nicht den aktienrechtlichen Vorschriften. Vielmehr finden über die speziellen Vorgaben

---

[60] Zu Kapitalmaßnahmen generell *Fleischer* Die Finanzverfassung der Europäischen Gesellschaft, in Lutter/Hommelhoff, Die Europäische Gesellschaft, 2005, S 169; *Lutter* Die Aktien der S.E., in Lutter (Hrsg), Die Europäische Aktiengesellschaft² S 145; *Martens* Kapital und Kapitalschutz in der S.E., in Lutter (Hrsg), Die Europäische Aktiengesellschaft² S 167; *Mayer* in Manz/Mayer/Schröder Europäische Aktiengesellschaft², Art 5 SE-VO, 7 ff; MK/*Oechsler*² Art 5 SE-VO, 1 ff; *ders* Kapitalerhaltung in der Europäischen Gesellschaft (SE), NZG 2005, 449; *Theisen/Widmayer* Finanzierung und Kapitalausstattung, in Theisen/Wenz, Die Europäische Aktiengesellschaft, 2002, S 333; *H P Westermann* Die Finanzierung der S.E. (Kapitalerhöhung, Anleihen, Wandelschuldverschreibungen), in Lutter (Hrsg), Die Europäische Aktiengesellschaft² S 195; *Wiedemann* Satzung und Satzungsänderung, in Lutter (Hrsg), Die Europäische Aktiengesellschaft² S 39.

[61] Spindler/Stilz/*Casper*² Art 5 SE-VO, 2; MK/*Oechsler*² Art 5 SE-VO, 4; *Teichmann* Die Einführung der Europäischen Aktiengesellschaft, ZGR 2002, 383, 398 f.

[62] Für eine Sachnormverweisung auch Spindler/Stilz/*Casper*² Art. 5 SE-VO, 2; *Mayer* in Manz/Mayer/Schröder Europäische Aktiengesellschaft², Art 5 SE-VO, 6; MK/*Oechsler*² Art 5 SE-VO, 5; *Schwarz* Europäisches Gesellschaftsrecht, 2000, 577, 650 f; *Zang* Sitz und Verlegung des Sitzes einer europäischen Aktiengesellschaft mit Sitz in Deutschland, 2005, S 90 f.

[63] *Assmann/Sethe* Vor § 278, 68.

[64] Einzelheiten bei *Assmann/Sethe* § 278, 185 ff.

der §§ 281 Abs 2, 278 Abs 2 AktG iVm §§ 161 Abs 2, 105 Abs 3 HGB und §§ 705–707 BGB die Grundsätze des Personengesellschaftsrechts Anwendung[65].

d) **Investmentaktiengesellschaften.** Die Vorschriften der §§ 222 bis 240 finden keine Anwendung auf Investmentaktiengesellschaften (§ 99 Abs 1 InvG), da die §§ 104, 105 InvG spezielle Regelungen zur jederzeitigen Erhöhung und Herabsetzung des Kapitals enthalten. **40**

e) **Abspaltungen oder Ausgliederungen.** Sodann finden die Vorschriften der vereinfachten Kapitalherabsetzung Anwendung auf die von einer AG oder KGaA vorgenommene **Abspaltung** oder **Ausgliederung** (§ 145 UmwG). Die Bedeutung dieser Verweisung erschließt sich, wenn man die wirtschaftlichen Folgen dieser Umwandlungsvorgänge betrachtet. Bei der Abspaltung gibt die AG oder KGaA als übertragender Rechtsträger Vermögenswerte an einen oder mehrere andere Rechtsträger (übernehmender Rechtsträger) ab. Die Gegenleistung (Mitgliedschaftsrechte an der übernehmenden oder neu gegründeten Gesellschaft) fließt an die Aktionäre der AG oder KGaA. Die übertragende Gesellschaft selbst erhält damit keine Gegenleistung, so dass sich ihr Nettovermögen durch die Abspaltung vermindert. Ist diese Schmälerung des Vermögens so groß, dass eine Unterbilanz entsteht, wird eine Kapitalherabsetzung notwendig. Eine ordentliche Kapitalherabsetzung ist aufgrund der Gläubigerschutzvorschriften (vgl § 225) zeitaufwendig und bindet Ressourcen. Der Verweis auf die vereinfachte Kapitalherabsetzung schafft hier die notwendige Flexibilität, weshalb die Vorschrift für die Praxis von Bedeutung ist[66]. Anders ist die Ausgangslage bei einer Ausgliederung. Hier erhält die AG oder KGaA für die übertragenen Vermögenswerte eine Gegenleistung in Form von Anteilen der übernehmenden Gesellschaft. Damit kommt es lediglich zu einem Tausch von Aktiva bei der übertragenden Gesellschaft. Bedarf für eine Kapitalherabsetzung besteht deshalb nur dann, wenn bei den als Gegenleistung gewährten Anteilen sofort eine Teilwertabschreibung notwendig wird, weil die übernehmende Gesellschaft überschuldet ist. Bei einer derartigen Ausgangslage wird aber regelmäßig keine Ausgliederung erfolgen (vgl § 128 UmwG), so dass dem Verweis des § 145 UmwG insoweit kaum eine praktische Bedeutung zukommen dürfte[67]. **41**

Bei § 145 UmwG handelt es sich um eine **Rechtsfolgenverweisung**[68]. Aus diesem Grund kommt es nicht auf die Tatbestandsvoraussetzung des § 229 Abs 1 an, wonach die vereinfachte Kapitalherabsetzung nur zum Zwecke des Ausgleichs von Wertminderungen oder von sonstigen Verlusten oder zur Einstellung in die Kapitalrücklage erfolgen darf. Stattdessen verlangt § 145 UmwG, dass die Kapitalherabsetzung zur Durchführung der Abspaltung oder Ausgliederung „erforderlich“ sein muss. „Erforderlich“ ist sie dann, wenn bei der Abspaltung Vermögensgegenstände übertragen werden, dadurch bei dem übertragenden Rechtsträger eine Unterbilanz entsteht und diese nicht durch ungebun- **42**

---

65 Einzelheiten bei *Assmann/Sethe* § 278, 72, 188 ff, § 281, 14 ff.

66 Zudem schützt das in § 145 UmwG außerdem enthaltene Erfordernis einer separaten Handelsregistereintragung von Kapitalherabsetzung und Abspaltung die Gläubiger vor Überraschungen; Lutter/*Schwab* UmwG⁴ § 145, 7.

67 Weitergehend die Einschätzung von Lutter/*Schwab* UmwG⁴ § 145, 4 aE (Norm läuft „rechtspraktisch leer“), vgl aber sogleich 42 aE.

68 Einzelheiten bei *Priester* Kapitalschutz bei der übertragenden Gesellschaft in Spaltungsfällen, FS Schippel, 1996, 487, 491 ff; Kallmeyer/*Kallmeyer/Sickinger* UmwG⁴ § 145, 1, § 139, 1; Lutter/*Schwab* UmwG⁴ § 145, 8, 21.

dene Rücklagen aufgefangen werden kann[69]. Bei der Ausgliederung ist die Kapitalherabsetzung nur dann „erforderlich", wenn die als Gegenleistung gewährten Gesellschaftsanteile weniger wert sind als die übertragenen Vermögensteile und deshalb eine sofortige Teilwertabschreibung notwendig ist[70].

43 f) **GmbH.** Das GmbH-Recht enthält eine eigenständige Regelung der ordentlichen Kapitalherabsetzung in § 58 GmbHG und seit 1994 eine Regelung der vereinfachten Kapitalherabsetzung in §§ 58a–58f GmbHG. Diese Vorschriften sind denjenigen der §§ 229–236 AktG nachgebildet. Bei ihrer Auslegung wird auf das aktienrechtliche Vorbild zurückgegriffen[71], so dass die §§ 229 ff eine mittelbare Bedeutung im GmbH-Recht entfalten.

44 g) **Rechtsbeziehungen einer AG zu Dritten.** Die §§ 222 ff, 229 ff, 237 ff regeln nicht, welche Rechtsfolgen eine Kapitalherabsetzung auf die Rechte der Gläubiger der AG oder KGaA hat, **deren Rechtsposition an die Höhe des Grundkapitals der Gesellschaft gekoppelt ist.** Dem aus einer Wandelschuldverschreibung oder Optionsanleihe Berechtigten steht ein Anspruch auf den Bezug von Aktien der Gesellschaft zu. Der Inhaber von Gewinnschuldverschreibungen und Genussrechten hat Anspruch auf einen bestimmten Anteil des Unternehmensgewinns, der zumeist an dem Verhältnis von Grundkapital zu überlassenen Kapital ausgerichtet ist. Die Einzelheiten der Rechtsstellung dieser vier Gläubigergruppen werden regelmäßig in den Ausgabebedingungen festgelegt. Wird das Grundkapital der Gesellschaft erhöht, besteht die Gefahr einer Verwässerung des Umtausch-, Bezugs- oder Gewinnrechts. Dieser Gefahr begegnen die Ausgabebedingungen üblicherweise durch Anpassungsklauseln. Fehlt eine solche Anpassungsklausel, besteht heute weitgehende Einigkeit, dass zum Schutze der Gläubiger die Ausgabebedingungen entsprechend angepasst werden müssen[72]. Ob man dabei § 216 Abs 3 analog anwendet[73] oder – methodisch überzeugender – von einer ergänzenden Vertragsauslegung[74] ausgeht, kann vom Ergebnis her dahinstehen. Wird umgekehrt das Kapital der AG herabgesetzt, besteht die Gefahr, dass der Gläubiger ungerechtfertigt besser und die Aktionäre mithin schlechter gestellt werden. Eine Regelung dieses Falles fehlt in den Ausgabebedingungen recht häufig. Auch in diesem Fall müssen – diesmal zum Schutze der Aktionäre – die Anleihe- oder Optionsbedingungen angepasst werden[75]. Denn eine ergänzende Vertragsauslegung muss die Folgen von Kapitalveränderungen in beide Rich-

---

69 Einzelheiten bei Kallmeyer/*Kallmeyer/Sickinger* UmwG[4] § 145, 1; § 139, 2; Lutter/*Schwab* UmwG[4] § 145, 9 ff.

70 Kallmeyer/*Kallmeyer/Sickinger* UmwG[4] § 145, 1, § 139, 4; *Mayer* in Widmann/Mayer, UmwG, § 139, 17 f; s a Lutter/*Teichmann* UmwG[2] § 123, 12; aA Lutter/*Schwab* UmwG[4] § 145, 28, der bei der Ausgliederung das Tatbestandsmerkmal der „Erforderlichkeit" stets verneint. Dabei übersieht er, dass der Gesetzgeber – wie § 128 UmwG belegt – durchaus den Fall bedacht hat, dass die als Gegenleistung gewährten Anteile nicht dem vollen Wert des übertragenden Vermögens entsprechen.

71 Vgl statt vieler Scholz/*Priester*[10] Vor § 58a, 6.

72 MünchHdBAG-*Krieger*[3] § 63, 22 mwN; *Sethe* AG 1993, 351, 363.

73 KK/*Lutter*[2] § 221, 124 („Rechtsgedanke fruchtbar machen"); *Kallrath* Die Inhaltskontrolle der Wertpapierbedingungen von Wandel- und Optionsanleihen, Gewinnschuldverschreibungen und Genussscheinen, 1994, 164 ff, 169 f.

74 *Hüffer*[9] § 221, 63; MK/*Habersack*[2] § 221, 291; jetzt auch MünchHdBAG-*Krieger*[3] § 63, 22.

75 KK/*Lutter*[2] § 221, 136; *Hüffer*[9] § 221, 63 aE; MünchHdBAG-*Krieger*[3] § 63, 22; aA noch KK/*Lutter*[1] § 221, 50; *Schilling* Voraufl § 221, 6 aE.

tungen und damit zugunsten und zulasten beider Vertragsparteien berücksichtigen (zu Einzelheiten s u § 224, 15 ff).

Zum Teil sehen die Genussrechtsbedingungen vor, dass im Falle von Wertminderungen oder Verlusten das Genusskapital im selben Verhältnis sinken soll wie das Grundkapital. Bei einer solchen Gestaltung hat es die Hauptversammlung der AG in der Hand, durch eine Kapitalherabsetzung auch das Genussrechtskapital herabzusetzen. Es besteht die Gefahr, dass die Rechtsstellung der Genussrechtsinhaber ausgehöhlt wird, wenn die Hauptversammlung das Grundkapital stärker als zur Deckung der Verluste notwendig herabsetzt. Die Aktionäre werden dadurch geschützt, dass der überschüssige Betrag in die Kapitalrücklage eingestellt wird (§ 232). Einen vergleichbaren Schutz für die Genussrechtsinhaber vermisst man im Gesetz. Zum Teil wird deshalb vorgeschlagen, dass die Genussrechtsinhaber in einem solchen Fall an dem Kapitalherabsetzungsbeschluss zu beteiligen seien[76]. Diese Lösung ist aus zwei Gründen abzulehnen. Zum einen gewährleistet die Mitwirkung noch nicht, dass die Kapitalherabsetzung genau in dem Umfang erfolgt, der zur Verlustdeckung notwendig ist, denn die Verluste lassen sich oftmals nicht präzise genug vorhersagen (s u § 229, 22 f). Man müsste also zusätzlich eine § 232 vergleichbare Lösung für die Genussrechtinhaber finden. Zum anderen sind Genussrechtsinhaber lediglich schuldrechtlich mit der Gesellschaft verbunden. Die Einräumung einer Mitsprache bei der Beschlussfassung würde die Rechtsstellung der Genussrechtsinhaber grundlegend verändern. Die gesellschaftsrechtliche und die schuldrechtliche Ebene sollten nicht vermischt werden, da sonst gesellschaftsfremden Personen, die nur ihre Belange und nicht die der Gesellschaft im Auge haben, Einflussnahmemöglichkeiten auf die Geschicke der Gesellschaft eingeräumt würden. Aus diesem Grund ist auch die Lösung abzulehnen, die den Genussrechtinhabern zwar keine Mitsprache in der Hauptversammlung, wohl aber eine Anfechtungsbefugnis einräumen will[77]. Vorzugswürdig ist daher die Lösung, die den Genussrechtsinhabern einen schuldrechtlichen Ausgleichsanspruch und im Falle der schuldhaften Verletzung der Genussrechtsstellung einen Schadensersatzanspruch einräumt (zu Einzelheiten s u § 224, 17 ff). 45

8. Spezialgesetzliche Regelungen in Bezug auf Kapitalherabsetzungen

Um die Rettung von Finanzunternehmen zu erleichtern, wurde 2008 ein Maßnahmenpaket zur Stabilisierung des Finanzmarktes verabschiedet, das ua auch Regelungen zur Kapitalherabsetzung bei Finanzunternehmen enthält. So enthält § 7 Abs 6 FMStBG[78] eine **Regelung der erforderlichen Mehrheiten** für den Kapitalherabsetzungsbeschluss. Bei der Herabsetzung des Grundkapitals im Zusammenhang mit einer Rekapitalisierung eines Unternehmens des Finanzsektors gem § 7 FMStFG[79] bedarf der Beschluss einer 46

---

[76] *Hirte* ZIP 1991, 1461, 1462 f.

[77] *Vollmer/Lorch* ZBB 1992, 44, 45 f.

[78] Das Gesetz zur Beschleunigung und Vereinfachung des Erwerbs von Anteilen an sowie Risikopositionen von Unternehmen des Finanzsektors durch den Fonds „Finanzmarktstabilisierungsfonds – FMS“ (Finanzmarktstabilisierungsbeschleunigungsgesetz – FMStBG) wurde als Art 2 des Gesetzes zur Umsetzung eines Maßnahmenpakets zur Stabilisierung des Finanzmarktes (Finanzmarktstabilisierungsgesetz – FMStG) v 17.10.2008, BGBl I 1982, eingeführt.

[79] Das Gesetz zur Errichtung eines Finanzmarktstabilisierungsfonds (Finanzmarktstabilisierungsfondsgesetz – FMStFG) wurde als Art 1 des Gesetzes zur Umsetzung eines Maßnahmenpakets zur Stabilisierung des Finanzmarktes (Finanzmarktstabilisierungsgesetz – FMStG) v 17.10.2008, BGBl I 1982, eingeführt.

Mehrheit, die mindestens zwei Drittel der abgegebenen Stimmen *oder* des vertretenen Grundkapitals umfasst. Die einfache Mehrheit reicht, wenn die Hälfte des Grundkapitals vertreten ist[80].

47 § 5 Abs 2 Nr 5, Abs 4 FMStFV[81] sieht vor, dass den mit Maßnahmen nach §§ 7, 8 FMStFG geretteten Finanzunternehmen aufgegeben werden soll, keine Kapitalherabsetzung durchzuführen, es sei denn, zu Sanierungszwecken. Durch diese Vorgabe wird das Ziel der Verordnung, während der Laufzeit der Stabilisierungsmaßnahmen Ausschüttungen an die Gesellschafter zu verhindern, ergänzt. Insbesondere die ordentliche Kapitalherabsetzung, die auch dem Zwecke der Rückzahlung von Einlagen dienen kann (s o 4), ist deshalb ausgeschlossen.

9. Kapitalmarktrechtliche Folgefragen

48 a) **Ad-hoc-Publizität.** Mit der Ad-hoc-Publizität soll die informationelle Gleichbehandlung der Anleger sichergestellt und Insiderhandel verhindert werden. Zu diesem Zweck verpflichtet § 15 Abs 1 WpHG den Inlandsemittenten von Finanzinstrumenten, die börsennotiert sind oder deren Zulassung beantragt ist, Insiderinformationen unverzüglich zu veröffentlichen. Unter einer Insiderinformation iSv § 13 WpHG sind alle nicht öffentlich bekannten konkreten Informationen über den Emittenten oder die Insiderpapiere zu verstehen, die geeignet sind, im Falle ihres Bekanntwerdens den Kurs des Finanzinstruments erheblich zu beeinflussen. Eine solche Kurserheblichkeit ist dann gegeben, wenn ein verständiger Anleger die Information bei seiner Anlageentscheidung berücksichtigen würde. Dies wird bei Kapitalmaßnahmen regelmäßig zu bejahen sein[82].

49 Der Kapitalherabsetzung liegt ein mehrstufiger Entscheidungsprozess zugrunde, dessen letzte Stufe der eigentliche Beschluss der Hauptversammlung über die Herabsetzung ist. Die Einberufung der Hauptversammlung enthält auch die Beschlussgegenstände (§§ 121 Abs 3, 124 Abs 1), so dass die geplante Kapitalherabsetzung mit der Publikation der Einberufung öffentlich bekannt ist. Ab diesem Zeitpunkt verliert sie ihre Eigenschaft als Insiderinformation[83]. Eine separate Ad-hoc-Meldung neben der Einberufung und deren Publikation im Bundesanzeiger ist nicht erforderlich. Fraglich ist daher allein, ob eine solche Meldung im Vorfeld der Einberufung der Hauptversammlung notwendig ist. Vorstand und Aufsichtsrat haben zu den einzelnen Tagesordnungspunkten, bei denen die Hauptversammlung einen Beschluss fassen soll, Vorschläge zur Beschlussfassung zu unterbreiten (§ 124 Abs 3). Der Aufnahme der Kapitalherabsetzung auf die Tagesordnung der nächsten Hauptversammlung gehen damit ein Vorstands- und ein Aufsichtsratsbeschluss voraus[84]. Der Vorstandsbeschluss kann bereits eine Insiderinformation dar-

---

80 Kritisch zu diesen Erfordernissen etwa *Ziemons* NZG 2009, 369, 370 f.

81 Verordnung zur Durchführung des Finanzmarktstabilisierungsfondsgesetzes (Finanzmarktstabilisierungsfonds-Verordnung – FMStFV) v 20.10.2008, eBAnz 2008, AT123 V1; zuletzt geändert durch Art 2 Gesetzes v 17.7.2009. BGBl I 1980.

82 *BaFin* Emittentenleitfaden, Stand 28.4.2009, S 56; *Assmann* in Assmann/Schneider, WpHG[5], § 13, 68; *Busch* in Marsch-Barner/Schäfer, Handbuch börsennotierte AG[2], § 41, 12, § 46, 5; Fuchs/*Pfüller* WpHG, § 15, 184; *Pleister/Kindler* ZIP 2010, 503, 510; *Reger/Stenzel* NZG 2009, 1210, 1214; *Sethe* ZIP 2010, 1825, 1826.

83 Fuchs/*Pfüller* WpHG, § 15, 184; *Sethe* ZIP 2010, 1825, 1826.

84 Dies verkennt *Thomas* Delisting und Aktienrecht, 2009, S 488 f, der daher nur die Vorstandsentscheidung als ad-hoc-publizitätspflichtig ansieht. Wie hier Fuchs/*Pfüller* WpHG § 15, 185.

stellen, sofern die Zustimmung des Aufsichtsrats zu dem künftigen Ereignis oder Vorhaben hinreichend wahrscheinlich ist[85]. Allerdings kann der Vorstand den Befreiungstatbestand des §§ 15 Abs 3 WpHG, 6 S 1 Nr 2 WpAIV in Anspruch nehmen, da die Publikation des Vorhabens mit gleichzeitiger Ankündigung, dass die Zustimmung des Aufsichtsrats noch ausstehe, beim Publikum eher Verwirrung stiftet und daher die korrekte Bewertung des Finanzinstruments gefährdet[86]. Ad-hoc-publizitätspflichtig ist die Entscheidung daher erst mit Zustimmung des Aufsichtsrats[87]. Abschließend ist auf den Umstand hinzuweisen, dass der Zweck der §§ 234, 235 (Rückwirkung der bilanziellen Sanierung) darin besteht, den Kredit der Gesellschaft gegenüber Gläubigern dadurch zu erhöhen, dass auch die Vorjahresbilanz schon den sanierten Zustand der Gesellschaft widerspiegelt (s § 234, 2). Die kapitalmarktrechtliche Meldepflicht nach § 15 WpHG vereitelt diesen Zweck der Rückwirkung, da nun alle Marktteilnehmer von der Sanierung erfahren. Zwar kann man dem entgegenhalten, auch die Einberufung der Hauptversammlung sei öffentlich, weshalb Gläubiger die Sanierungssituation zur Kenntnis nehmen könnten. Es ist jedoch ein Unterschied, ob ein Gläubiger sich die Mühe machen muss, aktiv die Einberufung herauszusuchen und zu lesen oder ob man ihn im Wege der Ad-hoc-Meldung mit der Nase auf die Sanierungssituation stößt. Dies ist Teil des Preises, den Unternehmen für die Inanspruchnahme des Kapitalmarkts zahlen müssen.

b) **Directors' Dealings.** Gem § 15a WpHG müssen Personen mit Führungsaufgaben **50** bei einem Emittenten von Aktien, der börsennotiert ist oder die Börsenzulassung beantragt hat, Geschäfte in Aktien des Emittenten melden. Um Umgehungen zu verhindern, trifft die gleiche Verpflichtung die ihnen nahestehenden natürlichen oder juristischen Personen (§ 15a Abs 3 WpHG). Mit dieser Regelung soll Markttransparenz, informationelle Chancengleichheit der Anleger, Marktintegrität und eine informierte Transaktionsentscheidung der Anleger gewährleistet werden[88]. Von der Mitteilungspflicht erfasst werden „eigene Geschäfte" der mitteilungspflichtigen Person. Die Anleger sollen erfahren, ob eine Führungsperson Vertrauen in „ihr" Unternehmen hat und Aktien kauft oder ob sie sich von Aktien trennt. Es besteht daher Einigkeit, dass nur solche Geschäfte erfasst werden, die auf eigener Initiative der mitteilungspflichtigen Person[89] beruhen[90].

Eine Kapitalherabsetzung führt nur dann zu einem Verlust der Aktien bei der mittei- **51** lungspflichtigen Person, wenn es sich um einen Fall der Zusammenlegung von Aktien handelt und dabei eine Verwertung von Aktienspitzen erfolgt, die der mitteilungspflichtigen Person zustehen. Denkbar ist weiterhin der Fall, dass die mitteilungspflichtige Person von einer Einziehung ihrer Aktien betroffen ist. Beide Vorgänge beruhen nicht auf einem Willensentschluss der mitteilungspflichtigen Person *als Privatperson*, sondern auf einem Beschluss von Organen der AG. Dies gilt selbst dann, wenn die mitteilungspflichtige Person Großaktionär der Gesellschaft ist und daher in der Hauptversammlung über eine Mehrheit verfügt. Der Beschluss entfaltet daher gerade nicht die Indikatorwikung, die man mit § 15a WpHG dem Publikum zugänglich machen will[91].

---

[85] *Assmann* in Assmann/Schneider, WpHG[5], § 13, 28.

[86] *BaFin* Emittentenleitfaden, Stand 28.4.2009, S 58; *Assmann* in Assmann/Schneider, WpHG[5], § 13, 30, § 15, 143; Fuchs/*Pfüller* WpHG, § 15, 185.

[87] Fuchs/*Pfüller* WpHG, § 15, 185; *Sethe* ZIP 2010, 1825, 1826.

[88] Statt vieler *Sethe* in Assmann/Schneider, WpHG[5], § 15a, 10 ff.

[89] Erfasst sind dabei auch Geschäfte, die über Stellvertreter abgewickelt werden, *Sethe* in Assmann/Schneider, WpHG[5], § 15a, 86 ff.

[90] Fuchs/*Pfüller* WpHG, § 15a, 116 ff; *Sethe* in Assmann/Schneider, WpHG[5], § 15a, 77, 80.

[91] *Sethe* ZIP 2010, 1825, 1827.

52 c) **Mitteilung der Stimmrechtsanteile.** Personen, die Aktien eines börsennotierten Emittenten erwerben oder veräußern und dadurch die in § 21 WpHG genannten Schwellenwerte von 3 %, 5 %, 10 %, 15 %, 20 %, 25 %, 30 %, 50 % oder 75 % der Stimmrechte über- oder unterschreiten, sind meldepflichtig. Die AG ihrerseits muss diese Meldung der BaFin übermitteln und publizieren (§ 26 Abs 1, 2 WpHG). Die Vorschriften dienen vor allem der Funktionsfähigkeit der Kapitalmärkte und der informationellen Chancengleichheit der Anleger, die ein genaues Bild über die Beteiligungsverhältnisse erhalten und rechtzeitig von einem Anschleichen vor einer geplanten Übernahme Kenntnis erlangen sollen[92]. Neben dem Erwerb und der Veräußerung erfasst § 21 WpHG auch sonstige Vorgänge, die ein Über- oder Unterschreiten der Schwellenwerte bewirken. Es ist daher anerkannt, dass Kapitalmaßnahmen zu einer Meldepflicht eines Aktionärs führen, sofern sich dessen Anteil an der Gesamtzahl der Aktien durch die Kapitalmaßnahme verändert und dadurch die Meldeschwellen berührt werden[93]. Dabei ist zwischen den einzelnen Arten der Kapitalherabsetzung zu unterscheiden.

53 Die **ordentliche und die vereinfachte Kapitalherabsetzung** werden bei Nennbetragsaktien durch **Anpassung der Grundkapitalziffer und des Nennbetrags** der einzelnen Nennbetragsaktien (s § 222, 49 ff) durchgeführt; bei Stückaktien erfolgt lediglich die Herabsetzung der Grundkapitalziffer (s § 222, 48). Diese Maßnahmen wahren die Beteiligungsverhältnisse und lösen daher keine Meldepflicht nach § 21 WpHG aus. Erfolgt die ordentliche oder vereinfachte Kapitalherabsetzung dagegen durch **Zusammenlegung von Aktien**, ist zu differenzieren. Entstehen bei der Zusammenlegung keine Bruchteilsrechte (Aktienspitzen), werden die Beteiligungsverhältnisse gewahrt und es muss daher keine Meldung erfolgen (s § 222, 51). Wenn dagegen Aktienspitzen entstehen (s § 222, 52), die gem §§ 222 Abs 4 S 2, 226 verwertet werden, können sich die Beteiligungsverhältnisse durchaus ändern und der Aktionär ist verpflichtet, eine Meldung zu erstatten, sollte durch die Verwertung seiner Aktienspitzen seine Beteiligungsquote unter einen der Schwellenwerte sinken. Bis zur Verwertung kann der Aktionär das Stimmrecht aus den Spitzen weiterhin ausüben (str, vgl § 224, 12). Sobald die Spitzen gem § 226 zu neuen Mitgliedschaftsrechten zusammengelegt wurden (s u § 226, 31 ff), steht das Stimmrecht nur noch den Inhabern dieser neu geschaffenen Aktien zu. Der Inhaber der bisherigen Spitzen erhält den auf ihn entfallenden Anteil am Erlös der Veräußerung der neuen Aktien (§ 226 Abs 3). Für die Bestimmung des Zeitpunkts der Meldepflicht nach § 21 WpHG ist bedeutsam, dass die Zusammenlegung der Aktienspitzen zu neuen Mitgliedschaftsrechten durch rechtsgestaltende Entscheidung des Vorstands erfolgt, die ein einseitiges, nicht empfangsbedürftiges Rechtsgeschäft darstellt (s § 226, 31). Ein Aktionär, der von einer Zusammenlegung betroffen ist und daher ein Absinken seines Stimmanteils erwartet, muss sich – um seiner Meldepflicht genügen zu können – folglich bei der Gesellschaft erkundigen, wann die Zusammenlegung erfolgt[94]. Kauft er die durch Zusammenlegung neu geschaffenen Aktien und überschreitet dadurch wieder oder erstmals den Schwellenwert, löst dies ebenfalls eine Meldepflicht nach § 21 WpHG aus.

---

[92] Einzelheiten zu den vom Gesetzgeber mit den §§ 21 ff WpHG verbundenen Zwecken bei MK/*Bayer*[3] Anh § 22, § 21 WpHG, 1 f; Fuchs/*Dehlinger/Zimmermann* WpHG, Vor §§ 21 bis 30, 15 ff; *U H Schneider* in Assmann/Schneider, WpHG[5], Vor § 21, 18 ff.

[93] MK/*Bayer*[3] Anh § 22, § 21 WpHG, 26; Fuchs/*Dehlinger/Zimmermann* WpHG, § 21, 48 ff; *U H Schneider* in Assmann/Schneider, WpHG[5], § 21, 37 ff.

[94] *Sethe* ZIP 2010, 1825, 1828.

Bei einem **Kapitalschnitt**, also der Herabsetzung des Kapitals auf Null und der anschließenden Wiedererhöhung auf das gesetzliche Mindestkapital oder einen höheren Wert, erlöschen – mit Ausnahme des Bezugsrechts – alle mitgliedschaftlichen Rechte aus den alten Aktien (s § 228, 23). Sofern der bisherige Aktionär sein Bezugsrecht in entsprechendem Umfang ausübt, steht ihm nach dem Kapitalschnitt dieselbe Stimmrechtsquote zu wie zuvor. Da die Kapitalherabsetzung und die Kapitalerhöhung zeitgleich wirksam werden (§ 228, 23 f), könnte man argumentieren, es entstehe keine Meldepflicht, denn – sofern der Aktionär sein Bezugsrecht in vollem Umfang ausnutze – bliebe seine Beteiligungsquote erhalten. Gegen dieses auf den ersten Blick plausible Ergebnis wird zu Recht eingewandt, dass nicht nur die mitgliedschaftlichen Rechte erlöschen, sondern auch die Börsenzulassung der Aktien, die durch die Kapitalherabsetzung auf Null gerade vernichtet werden[95]. Die neuen Aktien werden nämlich – sieht man von dem gesetzlich geregelten Fall der Kapitalerhöhung aus Gesellschaftsmitteln (§ 33 Abs 4 EGAktG) ab – nicht kraft Gesetzes börsennotiert, sondern bedürfen gem § 69 BörsZulV der separaten Zulassung; sie ersetzen also nicht automatisch die alten Aktien. Damit endet schon aus diesem Grund für die alten Aktien die Mitteilungspflicht mit dem Wirksamwerden der Kapitalherabsetzung (Erledigung der Börsenzulassung iSv § 43 Abs 2 VwVfG[96]) und für die neuen Aktien beginnt sie erst mit deren Zulassung. Darüber hinaus stellt sich die Frage, ob für die jungen Aktien überhaupt gem § 69 BörsZulV eine Zulassung beantragt werden muss, denn die Norm setzt voraus, dass noch Aktien der gleichen Gattung zugelassen sind. Durch die Kapitalherabsetzung auf Null fehlt es aber gerade an diesem Tatbestandsmerkmal[97]. Folglich erlischt bei einem Kapitalschnitt die Börsenzulassung dieser Papiere und der Umstand, dass durch die Kapitalherabsetzung auf Null einer oder mehrere Schwellenwerte unterschritten wurden, ist nicht mehr meldepflichtig. Für dieses Ergebnis spricht auch der Umstand, dass eine zu § 21 Abs 1a WpHG spiegelbildliche Vorschrift nach Erlöschen der Börsenzulassung fehlt. Der Kapitalmarkt wird also allein[98] über § 15 WpHG im Vorfeld der Hauptversammlung informiert (s o 48 f). Dabei ist allerdings zu verlangen, dass der Markt in dieser Meldung auch über den Umstand in Kenntnis gesetzt wird, ob die Gesellschaft für die neuen Aktien eine Zulassung beantragen wird oder nicht, denn allein die Information über den Kapitalschnitt verschafft den Anlegern ein unzutreffendes Bild (zB für den Fall, dass sie nach dem Kapitalschnitt **54**

95 *Reger/Stenzel* NZG 2009, 1210, 1213; *Sethe* ZIP 2010, 1825, 1828.

96 *Reger/Stenzel* NZG 2009, 1210, 1213; ihnen folgend *Burgard* Mitteilungspflichten nach einem Delisting, FS Uwe H. Schneider 2011, 177, 183 Fn 21; *Pleister/Kindler* ZIP 2010, 503, 507; *Sethe* ZIP 2010, 1825, 1828. Generell zur Erledigung der Börsenzulassung kraft Gesetzes *Groß* und *Eckhold* in Marsch-Barner/Schäfer, Handbuch börsennotierte AG², § 9, 76 bzw § 63, 104.

97 Im Ergebnis auch *Thomas* Aktienrecht und Delisting, 2009, S 121; *Pleister/Kindler* ZIP 2010, 503, 507, 510.

98 Nach dem Ende der kapitalmarktrechtlichen Meldepflicht greifen bei einer Änderung der Beteiligungsverhältnisse die aktienrechtlichen Mitteilungspflichten der §§ 20, 21 AktG ein (vgl §§ 20 Abs 8, 21 Abs 5 AktG), sofern die dort genannten Voraussetzungen, insb das Über- oder Unterschreiten der Schwellenwerte, vorliegen (vgl die Kommentierung zu §§ 20, 21). Str ist, ob ein Delisting ohne gleichzeitige Veränderung der Beteiligungsverhältnisse als solches eine aktienrechtliche Mitteilungspflicht auslöst. Befürwortend *Burgard* Mitteilungspflichten nach einem Delisting, FS Uwe H. Schneider 2011, 177, 182 ff mwN; aA LG München I AG 2008, 904, 910; LG Hannover v 11.8.2009, 32 O 68/08 (unveröffentlicht, zit nach *Burgard* aaO).

Bezugsrechte erwerben)[99]. Erhöht der Emittent anschließend das Kapital wieder, muss ein Aktionär seine neue, einen Schwellenwert überschreitende Beteiligungsquote gemäß § 21 WpHG nur melden, wenn die neuen Aktien auf Antrag des Emittenten an der Börse zugelassen werden; es greift die Regelung zur erstmaligen Meldung nach § 21 Abs 1a WpHG ein.

55 Erfolgt die Kapitalherabsetzung in Form einer **Einziehung von Aktien** gem §§ 237 ff, können hiervon einzelne Aktien oder ganze Aktiengattungen betroffen sein. Die Einziehung vernichtet die Mitgliedschaftsrechte. Wird durch die Einziehung der Anteil eines Aktionärs unter eine der Meldeschwellen gedrückt, löst dies die Meldepflicht aus[100]. Umgekehrt kann die Einziehung aber auch eine Erhöhung des Stimmrechtsanteils verursachen, wenn beispielsweise die Gesellschaft eigene Aktien[101] einzieht, sich dadurch der Gesamtbestand verringert und damit der prozentuale Anteil einzelner Aktionäre über die Meldeschwellen erhöht[102]. Der Aktionär ist in dem Moment meldepflichtig, in dem die Einziehung Wirksamkeit erlangt. Dabei muss man wie folgt unterscheiden[103]: Erfolgt die Einziehung aufgrund eines Hauptversammlungsbeschlusses, wird sie gem § 238 S 1 wirksam, wenn **kumulativ** die **Eintragung des Kapitalherabsetzungsbeschlusses** in das Handelsregister und **die Einziehungshandlung** erfolgt sind. Die Einziehungshandlung kann der Eintragung des Einziehungsbeschlusses vorangehen oder nachfolgen; auf die Reihenfolge kommt es nicht an (s § 238, 6). Handelt es sich dagegen um eine **durch Satzung angeordnete** (und nicht nur gestattete) **Zwangseinziehung** (§ 237 Abs 6), greift § 238 S 2. An die Stelle des Hauptversammlungsbeschlusses tritt die Entscheidung des Vorstandes über die Einziehung (§ 237 Abs 6 S 2). Die Kapitalherabsetzung wird daher allein dadurch wirksam, dass der Vorstand die Einziehungshandlung vornimmt. Die Eintragung der Durchführung gem § 239 hat nur deklaratorische Bedeutung (s § 239, 2). Führt die Einziehung bei einem Aktionär zu einem Über- oder Unterschreiten einer Meldeschwelle, muss er die Veränderung melden, sobald er hiervon Kenntnis erlangt, also mit der für ihn verbindlichen (vgl § 17 Abs 4 WpAIV) Meldung der Gesellschaft nach § 26a WpHG (s u 57).

56 **d) Weitere Mitteilungspflichten des Emittenten.** Ein Inlandsemittent ist verpflichtet, den Erwerb eigener Aktien zu melden (§ 26 Abs 1 S 2 WpHG). Plant die Gesellschaft eine Einziehung gemäß § 237 und erwirbt deshalb eigene Aktien, löst dies also eine doppelte Meldepflicht aus. Der Erwerb ist nach § 26 WpHG und die geplante Kapitalmaßnahme (Kursrelevanz und hinreichende Durchführungswahrscheinlichkeit unterstellt) gemäß § 15 WpHG zu melden.

57 Gem § 26a WpHG besteht darüber hinaus die Pflicht, die **Gesamtzahl der Stimmrechte** zu melden, sofern es im letzten Monat zu einer Veränderung gekommen ist.

---

99 Ebenso *Thomas* Aktienrecht und Delisting, 2009, S 489. Er weist auf S 486 zu Recht darauf hin, dass diese Information auch in der Einberufung zur Hauptversammlung publiziert werden muss.

100 Fuchs/*Dehlinger/Zimmermann* WpHG, § 21, 53; *Sethe* ZIP 2010, 1825, 1828.

101 Der Erwerb eigener Aktien lässt die Berechnung des Gesamtbestands der Aktien (Nenner) trotz § 71b unberührt, vgl *Busch* in Marsch-Barner/Schäfer, Handbuch börsennotierte AG[2], § 46, 6; *U H Schneider* in Assmann/Schneider, WpHG[5], § 21, 59.

102 *Busch* in Marsch-Barner/Schäfer, Handbuch börsennotierte AG[2], § 46, 6; Fuchs/*Dehlinger/Zimmermann* WpHG, § 21, 53; *U H Schneider* in Assmann/Schneider, WpHG[5], § 21, 38.

103 Ebenso Fuchs/*Dehlinger/Zimmermann* WpHG, § 21, 53; *Sethe* ZIP 2010, 1825, 1829.

Erfolgte also eine Zusammenlegung von Aktien oder eine Einziehung, ist die neue Zahl der Stimmrechte, nicht aber auch der Grund für die Veränderung anzugeben[104].

Außerdem ist § 30b Abs 1 Nr 1 WpHG zu beachten, der bei der **Einberufung der Hauptversammlung** die Angabe über die Gesamtzahl der Stimmrechte verlangt. Hat eine Kapitalherabsetzung die Veränderung der Stimmrechte zur Folge, ist bei der Einberufung der nächsten Hauptversammlung also die Stimmrechtsgesamtzahl zu aktualisieren. 58

Liegen einzelne oder alle der beschriebenen Tatbestände der §§ 15 und 26, 30b WpHG vor, ist zudem ein jährliches Dokument nach § 10 WpPG zu veröffentlichen. Die geplante Kapitalherabsetzung ist gemäß § 30c WpHG zu publizieren. 59

Die Kapitalherabsetzung stellt eine Satzungsänderung dar (s Vor § 222, 32 ff). Gem § 30c WpHG sind geplante Satzungsänderungen unverzüglich zu publizieren, sobald das dafür zuständige Organ sich entschlossen hat, dem für die Entscheidung zuständigen Organ einen entsprechenden Antrag vorzulegen. Aus der Vorschrift wird geschlossen, dass der Vorstand mit seiner Entscheidung, der nächsten Hauptversammlung eine Kapitalherabsetzung vorzuschlagen, publizitätspflichtig werde; eine Befreiungsmöglichkeit – wie in § 15 Abs 3 WpHG – sei nicht vorgesehen[105]. Diese Sichtweise vermag nicht zu überzeugen. Wie bei § 15 WpHG aufgezeigt, bedarf die Tagesordnung und damit die Einberufung einer Beschlussfassung sowohl des Vorstands als auch des Aufsichtsrats. Da § 30c WpHG an die gesellschaftsrechtlichen Vorgaben anknüpft, sind die Voraussetzungen für einen „Änderungsentwurf" iSd Vorschrift erst erfüllt, wenn die Vorgabe von § 124 Abs 3 eingehalten wurde[106]. Die Meldepflicht nach § 30c WpHG wird daher erst bei einem Beschluss von Vorstand *und* Aufsichtsrat ausgelöst, so dass sich das aufgeworfene Problem einer § 15 Abs 3 WpHG vergleichbaren Befreiungsmöglichkeit nicht stellt. 60

e) **Börsenzulassung und Prospektpflicht.** Nach einer Nennwertherabsetzung oder Zusammenlegung bedürfen Aktien keiner Neuzulassung an der Börse; es ist nur die Notierung anzupassen[107]. 61

Die Kapitalherabsetzung als solche löst keine Prospektpflicht aus[108]. Geht sie dagegen mit einer Kapitalerhöhung einher, bei der junge Aktien öffentlich[109] angeboten werden, ist der Emittent zur Zulassung der Aktien (§ 69 BörsZulV)[110] und zur Prospektveröffentlichung (§ 3 WpPG) verpflichtet[111], es sei denn, eine der in § 4 Abs 2 WpPG genannten Ausnahmen greift ein. 62

---

104 *Busch* in Marsch-Barner/Schäfer, Handbuch börsennotierte AG², § 46, 6; *U H Schneider* in Assmann/Schneider, WpHG⁵, § 26a, 5.

105 *Mülbert* in Assmann/Schneider, WpHG⁵, § 30c, 13.

106 *Bosse* DB 2007, 39, 43; Fuchs/*Zimmermann* WpHG, § 30c, 4; *Mutter* AG 2007, R34; *Sethe* ZIP 2010, 1825, 1829.

107 *Busch* in Marsch-Barner/Schäfer, Handbuch börsennotierte AG², § 46, 5, § 47, 50; *Pleister/Kindler* ZIP 2010, 503, 507; *Reger/Stenzel* NZG 2009, 1210, 1212 f; *Sethe* ZIP 2010, 1825, 1829; aA noch *Schwark* BörsG, 2. Aufl, § 36, 37 (in der aktuellen Aufl nicht mehr angesprochen).

108 *Busch* in Marsch-Barner/Schäfer, Handbuch börsennotierte AG², § 47, 50.

109 Ausgenommen sind Angebote, die sich nur an die bisherigen Aktionäre richten, vgl *Vaupel/Reers* AG 2010, 93, 104 mit Kritik an dieser Praxis der BaFin.

110 *Heidelbach* in Schwark/Zimmer, Kapitalmarktrechts-Kommentar⁴ § 32 BörsG, 92. Zur Ausnahme beim Kapitalschnitt s o 54.

111 *Busch* in Marsch-Barner/Schäfer, Handbuch börsennotierte AG², § 47, 50. Generell zu §§ 3 Abs 3, 4 Abs 2 WpPG *Hamann* und *Gebhardt* in Schäfer/Hamann, Kapitalmarktgesetze², § 3, 31 bzw § 4, 18 ff; *Zeising* in Just/Voß/Ritz/Zeising, WpPG, 2009, § 3, 75 f, § 4, 27 ff.

63 f) **Pflichtangebot.** Verändert sich durch die Verwertung von Aktienspitzen gem § 226 oder durch Einziehung von Aktien gem § 237 der Gesamtbestand der Aktien und steigt dadurch der Anteil eines Aktionärs über die Grenze von § 29 WpÜG, löst dieser **passive Kontrollerwerb** grundsätzlich die Verpflichtung zur Abgabe eines Pflichtangebots nach § 35 Abs 2 S 1 WpÜG aus[112]. Es greift jedoch die **Befreiungsmöglichkeit** des § 37 Abs 2 WpÜG iVm § 9 Abs 1 Nr 5 WpÜG-AngVO[113], denn das Überschreiten der Angebotsschwelle beruht nicht auf einem aktiven Erwerb von Anteilen. Erlischt die Börsenzulassung infolge eines Kapitalschnitts (s o 54), besteht bei der anschließenden Kapitalerhöhung mangels Börsennotierung keine Angebotspflicht[114].

64 g) **Kapitalherabsetzung und Delisting.** Um eine möglichst große Breite und Tiefe des Marktes zu gewährleisten, sehen ausländische Börsenordnungen zT vor, dass der Emittent eine bestimmte Mindeststückzahl an Stimmrechten oder Aktien notieren muss. Wird diese unterschritten, erlischt die Zulassung automatisch. Um ein **„kaltes" Delisting** zu erreichen, kommt daher eine Zusammenlegung von Aktien in Betracht, da dies die Zahl der notierten Papiere unter die Mindestquote drückt (sog **„reverse-stock-split"**)[115]. Ein solches Vorgehen ist im deutschen Recht nicht praktikabel. Zum einen scheitert es bereits aus *gesellschaftsrechtlichen* Gründen, da die Zusammenlegung von Aktien nur unter den genannten engen Voraussetzungen überhaupt zulässig ist (s § 222, 52 f) und daher regelmäßig nur im Sanierungsfall zum Einsatz kommt[116]. Zum anderen sieht das deutsche *Börsenrecht* weder eine Mindest*stück*zahl an notierten Aktien noch ein automatisiertes Delisting beim Unterschreiten vor[117]. Vielmehr gibt es die Möglichkeit eines Widerrufs der Börsenzulassung (§ 39 BörsG), wenn ein ordnungsgemäßer Handel nicht mehr gewährleistet werden kann, was vom Einzelfall abhängt.

65 Fraglich ist, ob ein **„kaltes" Delisting** im Wege des Kapitalschnitts möglich und sinnvoll ist. Die Ausführungen zum Kapitalschnitt (s o 54) haben gezeigt, dass mit einer

---

112 *Busch* in Marsch-Barner/Schäfer, Handbuch börsennotierte AG², § 46, 6; *Krause/Pötzsch* in Assmann/Schneider/Pötzsch, WpÜG, 2005, § 35, 122 f; KK WpÜG/*Hasselbach*² § 35, 95; *Ekkenga/Hofschroer* DStR 2002, 768, 774; *Fleischer/Körber* BB 2001, 2589, 2594 f; *Harbarth* ZIP 2002, 321, 325; *R Koch* Passiver Kontrollerwerb und Pflichtangebot, ZIP 2008, 1260, 1263; *Letzel* BKR 2002, 293, 300; MK/*Schlitt*² § 35 WpÜG, 91, wobei einige der Autoren die Verringerung der Aktienzahl durch Zusammenlegung nicht thematisieren.

113 *Krause/Pötzsch* in Assmann/Schneider/Pötzsch, WpÜG, 2005, § 35, 124; *Busch* in Marsch-Barner/Schäfer, Handbuch börsennotierte AG², § 46, 6; KK WpÜG/*Versteegen*² § 37, 35 (allerdings nur für den Fall der Einziehung; der Fall der Verwertung von Aktienspitzen wird nicht angesprochen); MK/*Schlitt*² § 35 WpÜG, 91; *Sethe* ZIP 2010, 1825, 1830.

114 *Reger/Stenzel* NZG 2009, 1210, 1214; *Pleister/Kindler* ZIP 2010, 503, 510; *Sethe* ZIP 2010, 1825, 1830.

115 Zum Beispiel fordern die NASDAQ Global Select Market Continued Listing Requirements (June 2010) im Equity Standard, dass bei bereits zugelassenen Emittenten dauerhaft mindestens 400 Aktionäre und 750.000 gestreute Aktien existieren, vgl NASDAQ Equity Standard Listing Rules 5450(a) and 5450(b)(1), http://www.nasdaq.com/about/nasdaq_listing_req_fees.pdf. Werden diese Vorgaben unterschritten, erfolgt gemäß Rule 5800 das Delisting. Siehe dazu auch *Pluskat* Rechtsprobleme beim Going Private, 2002, S 23 f; *Zillmer* Going Private, 2003, S 61.

116 Ebenso *Ott* Der Rückzug von der Börse, 2005, S 346; *Thomas* Delisting und Aktienrecht, 2009, S 118 f.

117 *Pluskat* Rechtsprobleme beim Going Private, 2002, S 23 f; *Thomas* Delisting und Aktienrecht, 2009, S 119; *Zillmer* Going Private, 2003, S 61.

Herabsetzung des Grundkapitals auf Null und seiner anschließenden Wiedererhöhung eine Erledigung der Börsenzulassung der bisherigen Aktien verbunden ist. Gleichwohl wird der Kapitalschnitt in der Praxis kein taugliches Instrument für ein „kaltes" Delisting sein, da seine Voraussetzungen sehr hoch sind. Handelt es sich um einen Kapitalschnitt bei der ordentlichen Kapitalherabsetzung (§§ 222, 228)[118], sind die strengen Vorgaben der gläubigerschützenden Vorschrift des § 225 zu beachten. Wird der Kapitalschnitt bei einer vereinfachten Kapitalherabsetzung durchgeführt (§§ 229 Abs 3, 228), setzt diese eine Sanierungssituation voraus (§ 229 Abs 1). Vor diesem Hintergrund lassen sich daher andere Wege zu einem kalten Delisting (zB die Umwandlung) – deren Zulässigkeit hier aus Platzgründen nicht untersucht werden kann – wesentlich leichter verwirklichen.

Da mit dem Kapitalschnitt ein automatisches Erlöschen der Börsenzulassung der alten Aktien verbunden ist, stellt sich die Frage, ob die **Macrotron-Rechtsprechung** des BGH[119] auf diesen Fall **entsprechend anzuwenden** und die Gesellschaft und/oder der Mehrheitsaktionär folglich den Minderheitsaktionären ein „Pflichtangebot" zum Abkauf ihrer Aktien/Bezugsrechte unterbreiten muss. **66**

Erfolgt der Kapitalschnitt zum Zweck der Sanierung nach §§ 229 Abs 3 228, werden außergewöhnliche wirtschaftliche Umstände vorliegen und der Wert der bisherigen Beteiligung dürfte sich regelmäßig im Wert der Bezugsrechte erschöpfen. Diese sind zwar mit dem Stammrecht an der Börse zugelassen, werden aber nicht automatisch, sondern nur auf Antrag des Emittenten notiert (vgl § 85 der BörsO FFM)[120], so dass ein Aktionär, der das Bezugsrecht handeln will, hierfür keinen regulären Markt vorfindet. Übt er das Bezugsrecht aus, verfügt er anschließend über Aktien, die – anders als die bisherigen – nicht börsenzugelassen sind (wenn nicht die Gesellschaft eine Neuzulassung beantragt, s o 54). Auch insoweit wird ihm die Börse als Markt „entzogen". Noch deutlicher tritt seine Schutzbedürftigkeit zu Tage, wenn die Hauptversammlung auch das Bezugsrecht bei Vorliegen eines entsprechenden sachlichen Grundes entzieht. Diese Gesichtspunkte sprechen dafür, dass den Aktionären ein Abfindungsangebot zu unterbreiten ist. **67**

Allerdings begegnet dieses Ergebnis im Schrifttum erheblichen Bedenken[121]. Zum einen wird darauf hingewiesen, dass es eine Rettung der Gesellschaft erschwert. Welcher Investor will schon den bisherigen Aktionären eine Abfindung zahlen, um das Recht zu bekommen, die AG zu sanieren? Zum anderen zeige sich ein Wertungswiderspruch in folgendem Fall: Werde das Kapital nicht auf Null, sondern auf einen geringfügig höheren Betrag festgesetzt, bleibe die Börsennotierung erhalten und die Macrotron-Rechtsprechung fände keine Anwendung. Um diesem Dilemma zu entkommen, wird daher argumentiert, es liege gar kein Fall des Delisting vor, denn die Börsenzulassung erlösche kraft Gesetzes[122]. Dieses Argument überzeugt jedoch nicht, denn der Kapitalschnitt beruht auf einer Entscheidung der Hauptversammlung und nur die börsenrechtliche Rechtsfolge tritt kraft Gesetzes ein. **68**

Gegen die Notwendigkeit eines Pflichtangebots wird weiterhin eingewandt, es verstoße gegen § 230 S 1. Diese Vorschrift verbietet der Gesellschaft, die aus der Auflösung **69**

---

118 Diese Fallgestaltung übersieht *Thomas* Delisting und Aktienrecht, 2009, S 479 ff.

119 BGH NJW 2003, 1032, 1035. Das Urteil wirft allerdings eine ganze Reihe von Zweifelsfragen auf, vgl *Reger* in Bürgers/Körber § 119, 27 ff mwN.

120 *Heidelberg* in Schwark/Zimmer, Kapitalmarktrechts-Kommentar[4] § 32 BörsG, 16; *Vaupel/Reers* AG 2010, 93, 96 mwN.

121 *Reger/Stenzel* NZG 2009, 1210, 1213.

122 *Reger/Stenzel* NZG 2009, 1210, 1213.

der Rücklagen und der Kapitalherabsetzung gewonnenen Mittel dazu zu verwenden, an die Aktionäre Zahlungen zu leisten[123]. Dieses Verbot ist in der Tat weit auszulegen. Es erfasst den gesamten Buchgewinn, der durch die Kapitalherabsetzung und die nach § 229 Abs 2 vorgeschriebene Auflösung der Rücklagen entsteht, also 1. den Kapitalherabsetzungsbetrag, 2. die aufgelösten Teile der gesetzlichen Rücklage und der Kapitalrücklage, 3. die aufgelösten Gewinnrücklagen und 4. die aufgelösten Gewinnvorträge. Die Vorschrift dient dem Schutz der Kapitalerhaltung und ergänzt das allgemeine Ausschüttungsverbot des § 57. Diese Mittel dürfen folglich auch nicht dazu verwandt werden, den Aktionären ihre Bezugsrechte abzukaufen. Nicht von § 230 S 1 erfasst werden jedoch die neuen Mittel, die durch die Kapitalerhöhung gewonnen werden. Insoweit greift der Einwand unter Hinweis auf § 230 S 1 also zu kurz. In die Betrachtung sind folgende Gesichtspunkte einzubeziehen: Entscheidende Hürde eines Pflichtangebots der Gesellschaft dürfte § 71 Abs 2 S 2 sein. Danach ist ein Erwerb eigener Aktien nur zulässig, wenn die Gesellschaft im Zeitpunkt des Erwerbs eine Rücklage in Höhe der Aufwendungen für den Erwerb bilden könnte, ohne das Grundkapital oder eine nach Gesetz oder Satzung zu bildende Rücklage zu mindern, die nicht zur Zahlung an die Aktionäre verwandt werden darf. Über solche freien Mittel verfügt die Gesellschaft nach einer Sanierung gerade nicht, denn die aus der Kapitalerhöhung gewonnenen Mittel sind gebunden und alle anderen Rücklagen waren vor der Kapitalherabsetzung aufzulösen (§ 229 Abs 2). Allerdings sind auch Fälle denkbar, in denen trotz der Sanierungssituation genügend freie Mittel für ein Pflichtangebot vorhanden sein können, denn nicht aufzulösen waren die stillen Reserven und ein zum Zeitpunkt der Kapitalherabsetzung vorhandener Bestand an eigenen Aktien (s § 229, 41). Zudem könnte der Großaktionär, den der BGH – ob zu Recht oder Unrecht – auch als verpflichtet ansieht, ein Pflichtangebot abzugeben, die Mittel aufbringen. Damit erweist sich der Einwand des § 230 S 1 also als nicht überzeugend.

70 Entscheidendes Argument gegen die Anwendung der Macrotron-Rechtsprechung dürfte der Aspekt der fehlenden Schutzbedürftigkeit der Minderheitsaktionäre beim kalten Delisting durch einen Kapitalschnitt sein. Der Bundesgerichtshof will die Minderheit davor schützen, dass die Gesellschaft und der Mehrheitsaktionär den Minderheitsaktionären ohne Not und entschädigungslos die Börsenzulassung nehmen und auf diese Weise ihre Aktien entwerten können. Im Fall der Sanierung, bei der ein Kapitalschnitt notwendig ist, besteht das primäre Ziel des Hauptversammlungsbeschlusses aber gerade nicht in einem Delisting, sondern dieses ist notwendige Begleitfolge der Sanierungsbemühungen. Dies und der geringe Wert, den das Bezugsrecht der zu sanierenden Gesellschaft haben wird, sowie der Umstand, dass neue Investoren sicher nicht gefunden würden, wenn den alten Aktionären noch Abfindungen zu zahlen wären, spricht dafür, im Sanierungsfall gerade kein Pflichtangebot zu verlangen[124]. Die Aktionäre werden vor einer willkürlichen Anwendung der §§ 229 Abs 3, 228 ausreichend dadurch geschützt, dass sie das Fehlen einer echten Sanierungssituation im Wege der Anfechtungsklage gegen den Herabsetzungsbeschluss geltend machen können[125]. Verfehlt wäre es auch, aus der Treuepflicht abzuleiten, dass die Gesellschaft oder der Mehrheitsaktionär verpflichtet seien, wiederum für eine Börsenzulassung der neuen Aktien zu sorgen. Vor dem Hintergrund einer gerade erfolgten Sanierung ist dieser Schritt sorgfältig zu überlegen, denn der Börsengang kostet Geld und die Aktien müssen tatsächlich auch am Markt abgesetzt

---

123 *Thomas* Delisting und Aktienrecht, 2009, S 492 f.

124 *Thomas* Delisting und Aktienrecht, 2009, S 493; *Pleister/Kindler* ZIP 2010, 503, 507.

125 *Pleister/Kindler* ZIP 2010, 503, 507.

werden können, damit sich dieser Schritt lohnt. Ein Zwang zur Börsennotierung würde sicherlich die Sanierung behindern oder vereiteln.

Auch wenn das kalte Delisting im Wege eines Kapitalschnitts bei der ordentlichen Kapitalherabsetzung aufgrund besserer Alternativen keine nennenswerte praktische Bedeutung hat (s o 65), sei der Vollständigkeit halber der Frage nachgegangen, ob hier ein Pflichtangebot geschuldet ist. Da die Kapitalherabsetzung und damit auch der Kapitalschnitt nach bislang herrschender Meinung keiner sachlichen Rechtfertigung bedarf (§ 222, 28), könnte ein Großaktionär auf dem Wege einer ordentlichen Kapitalherabsetzung auf Null und anschließender Wiedererhöhung des Kapitals (§§ 222, 228) ein kaltes Delisting betreiben und dadurch die Rechtsstellung der Minderheit nachhaltig beeinträchtigen. Da die ordentliche Kapitalherabsetzung nicht einmal eine Sanierungssituation voraussetzt, sondern zu jedem Zweck erlaubt ist (§ 222 Abs 3), kann der Großaktionär auch in wirtschaftlich guten Zeiten die Minderheit aus der Gesellschaft drängen; die AG muss lediglich die Forderungen der Gläubiger nach § 225 sicherstellen. Solange Rechtsprechung und herrschende Meinung keinen Minderheitenschutz bei § 228 gewähren, ist dieser bei einem kalten Delisting durch einen Kapitalschnitt gemäß §§ 222, 228 notwendig. Gerade in diesem Fall ist eine Interessenlage gegeben, die derjenigen in der Macrotron-Entscheidung vergleichbar ist[126]. 71

II. Geschichtlicher Hintergrund

Schrifttum: *Anschütz/v Völderndorff* Kommentar zum Allgemeinen Deutschen Handelsgesetzbuch, Bd 2, 1870; *Ansmann* Wann wird bei der Kapitalherabsetzung in erleichterter Form die bedingte Genehmigung der Jahresbilanz und die Entlastung von Vorstand und Aufsichtsrat endgültig wirksam?, ZBlHR 1932, 223 f; *Berning* Die Herabsetzung des Grundkapitals der AG, 1934; *Brodmann* Erwerb eigener Aktien und Einziehung von Aktien, ZBlHR 1932, 49; *Byk* Kapitalherabsetzungen in erleichterter Form, 1932; *Enzensberger* Die Herabsetzung des Grundkapitals bei Aktiengesellschaften und die Aktieneinziehung, Diss Würzburg 1910; *Esser* Zu Artikel 248 HGB (Gesetz vom 18. Juli 1884) betreffend die Herabsetzung des Grundkapitals einer Aktiengesellschaft, Buschs Archiv 47 (1887) 307; *K A Fischer* Die Kapitalherabsetzung der Aktiengesellschaft und ihre Bedeutung für den Neuaufbau der deutschen Wirtschaft, Diss Gießen 1937; *Fischer* Herabsetzung des Grundkapitals, in Ehrenberg (Hrsg) Handbuch des gesamten Handelsrechts, 3. Bd, I. Abt. 1916, S 328; *Flechtheim* Zur Aktienrechtsnovelle, BankA 31 (1931/32), 27; *Geiger* Der Rückkauf eigener Aktien, Kapitalreduktion und Actienliberirung, Buschs Archiv 30 (1874) 10; *v Godin* Die erfolgte Kapitalherabsetzung, ZHR 100 (1934) 221; *Hachenburg/Pinner* Kapitalherabsetzung in erleichterter Form, JW 1931, 3037; *v Hahn* Commentar zum Allgemeinen Deutschen Handelsgesetzbuch, Bd 1, 2. Aufl 1871; *Hergenhahn* Die Herabsetzung des Grundkapitals, welche durch Zusammenlegung mehrerer Aktien erfolgt, Holdheim 1892, 54; *Herz* Art 248 HGB – Die Herabsetzung des Grundkapitals der Aktiengesellschaft und die Spitzen, Holdheim 1895, 249; *Keyßner* Theilweise Zurückzahlung des Grundkapitals an die Aktionäre. Art 248 HGB's, ZHR 20 (1875) 467; *Klausing* Reform des Aktienrechts, 1933; *ders* Gesetz über Aktiengesellschaften und Kommanditgesellschaften auf Aktien (Aktien-Gesetz), 1937; *K Lehmann*, Aktiengesellschaften Bd 2, 1904, S 611 ff; *Lehmann/Hirsch* Verordnung über Aktienrecht, 1931; *Kropff* Aktiengesetz, 1965; *Makower* Erleichterte Herabsetzung des Grundkapitals bei Aktiengesellschaften und Kommandit-Aktiengesellschaften, 1931; *Maßmann* Wann hat eine Aktiengesellschaft den Beschluß ihrer Generalversammlung auf Herabsetzung des Grundkapitals zur Eintragung zu bringen? (Art 248, 243, 245, 214 HGB), Holdheim 1893, 375; *Neuburger*, Die Herabsetzung des Grundkapitals bei Aktiengesellschaften, 1911; *Nord* Kapital-

[126] *Sethe* ZIP 2010, 1825, 1832. Dieser Fall wird nicht angesprochen bei *Thomas* Delisting und Aktienrecht, 2009, S 493.

rückzahlungen an Aktionäre, ZBlHR 1931, 176; *Neufeld* Bilanzierungserleichterungen – Durchführung der erleichterten Kapitalherabsetzung, JW 1932, 693; *Nörr* Zur Entwicklung des Aktien- und Konzernrechts während der Weimarer Republik, ZHR 150 (1986) 155; *Passow* Aktiengesellschaft, 2. Aufl 1922; *Quassowski* Die Vorschriften der Aktienrechtsnovelle über Publizität, eigene Aktien und Einziehung von Aktien, JW 1931, 2914; *Reisch* Actiencapitals-Herabsetzungen im allgemeinen und Actiencapitals-Amortisationen bei heimfälligen Unternehmen im besonderen, GrünhutZ 28, 717; *Rheinstrom* Das neue Aktienrecht, 1932; *Rosendorff* Das neue deutsche Aktienrecht – unter besonderer Berücksichtigung seiner Auswirkungen auf die Praxis des Aktienwesens, 2. Aufl, 1932, S 327 ff; *Schubert* (Hrsg) Entwurf eines Handelsgesetzbuchs für die Preußischen Staaten und Protokolle über die Berathungen mit kaufmännischen Sachverständigen und praktischen Juristen (1856), Nachdruck 1986; *ders* Akademie für Deutsches Recht 1933–1945, Protokolle der Ausschüsse, Bd 1: Ausschuß für Aktienrecht, 1986; *ders* Die Abschaffung des Konzessionssystems durch die Aktienrechtsnovelle von 1870, ZGR 1981, 285; *Schubert/Hommelhoff* (Hrsg) Die Aktienrechtsreform am Ende der Weimarer Republik, 1987; *Schubert/Schmiedel/Krampe* (Hrsg), Quellen zum Handelsgesetzbuch von 1897, Bd 1, 1986; *Schwarzkopf* Grundkapitalherabsetzung im Aktienrecht, 1908; *Simon* Fragen zur erleichterten Kapitalherabsetzung, BankA 31 (1931/32), 348; *Staub* Handelsgesetzbuch, 2. Aufl 1894; *ders* Handelsgesetzbuch, 6. und 7. Aufl 1900; *ders* (Hrsg) Handelsgesetzbuch, 9. Aufl 1912; *Ullmann* Kapitalherabsetzung in erleichterter Form, ZBlHR 1932, 4; *Weiß* Die Einziehung von Aktien aus dem Gewinn gemäß § 227 HGB, ZBlHR 1927, 396; *Wiethölter* Interessen und Organisation der Aktiengesellschaft im amerikanischen und deutschen Recht, Karlsruhe 1961.

1. Frühe Regelungen

72 Die Kapitalherabsetzung ist eine relativ junge aktienrechtliche Erscheinung. In der Zeit des **Oktroisystems** kannte man sie nicht[127]. Vielmehr taucht sie erst Mitte des 19. Jahrhunderts in den einzelnen aktienrechtlichen Kodifikationen auf. Hintergrund des vergleichsweise späten Einzugs dieses Rechtsinstituts in das Aktienrecht dürfte die Vorstellung gewesen sein, dass der Gesellschaft das Kapital zum Wirtschaften zur Verfügung gestellt wurde und diese es nutzen müsse. Zudem diente es den Gläubigern als Sicherheit. Mit diesen Vorstellungen vertrug sich die Idee einer Herabsetzung des Grundkapitals nicht. Deshalb **verboten** einzelne Aktienrechte die Rückzahlung von Einlagen an die Aktionäre, wie etwa § 17 des preußischen Gesetzes über Aktiengesellschaften v 9.11.1843. Auch s 12 des englischen Companies Act 1862 untersagte die Kapitalherabsetzung. Dieses Verbot wurde bereits durch ss 9 et seq des Companies Act 1867 aufgehoben und die Kapitalherabsetzung an enge Voraussetzungen geknüpft, die in ss 3 et seq des Companies Act 1877 weiter ausgebaut wurden. Die Kapitalherabsetzung bedurfte der gerichtlichen Bestätigung des für Liquidationen zuständigen Gerichts, die erst erteilt wurde, wenn alle Gläubiger entweder der Kapitalherabsetzung zugestimmt hatten oder Sicherheit für ihre Forderungen geleistet worden war. Obwohl das englische Recht zu diesem Zeitpunkt bereits vom System der Normativbedingungen ausging, unterlag dieser Vorgang obrigkeitlicher Beaufsichtigung. Einen vergleichbaren Weg wählten auch Schweden und Ungarn, wobei das ungarische Recht die Kriterien der Genehmigung weit weniger präzisierte als das englische Recht. Die meisten Staaten gingen bei der Kapitalherabsetzung relativ rasch zum System der Normativbedingungen über und stellten entsprechende gesetzliche Voraussetzungen und Haftungsfolgen auf.

---

[127] Hierzu und zum Folgenden *Lehmann* § 116 = S 611 ff.

2. Das Allgemeine Deutsche Handelsgesetzbuch und die Aktiennovellen

Der **preußische Entwurf**[128] von 1856 enthielt in Art 179 Abs 1 ein Verbot der Herabsetzung des im Gesellschaftsvertrag festgesetzten Grundkapitals[129]. Das **Allgemeine Deutsche Handelsgesetzbuch** (ADHGB)[130] übernahm zwar den Grundsatz, dass die Aktionäre ihre Einlagen nicht zurückverlangen können (Art 216 Abs 2 ADHGB), sah aber in Art 248 ADHGB eine Regelung der ordentlichen Kapitalherabsetzung vor. Diese wurde als Teilliquidation begriffen und fand sich dementsprechend am Ende des Abschnitts zur Auflösung der Gesellschaft. Art 248 Abs 1 ADHGB erlaubte die teilweise Zurückzahlung des Grundkapitals, wenn ein Beschluss der Generalversammlung gefasst wurde und eine staatliche Genehmigung vorlag. Da das ADHGB bis zur 1. Aktienrechtsnovelle von 1870 vom Konzessionssystem ausging, war dieser staatliche Vorbehalt nur konsequent. Vom Erfordernis der Genehmigung konnte der Landesgesetzgeber befreien, was vielfach geschah[131]. Dem Begriffsverständnis der Kapitalherabsetzung als Teilliquidation entsprach es, dass keine eigenständigen Gläubigerschutzvorschriften vorgesehen waren, sondern auf das Recht der Liquidation verwiesen wurde (Art 248 Abs 2, 245 Abs 3, Art 202 Abs 2 ADHGB). Der Beschluss über die Teilliquidation war zum Handelsregister anzumelden und anschließend drei Mal in den Gesellschaftsblättern bekannt zu machen (Art 248 Abs 2, 243 Abs 1 ADHGB). In dieser Bekanntmachung waren die Gläubiger aufzufordern, ihre Forderungen anzumelden (Art 248 Abs 2, 243 Abs 2 ADHGB). Die aus den Handelsbüchern ersichtlichen oder auf andere Weise bekannten Gläubiger waren durch gesonderte Mitteilung aufzufordern, sich bei der Gesellschaft zu melden. Forderungen von Gläubigern, die sich nicht gemeldet hatten, waren durch Hinterlegung des Forderungsbetrags zu sichern (Art 248 Abs 2, 245 Abs 3, Art 202 Abs 2 ADHGB). Gleiches galt für schwebende Geschäfte, es sei denn, die Verteilung des Gesellschaftsvermögens wurde ausgesetzt oder es wurden Sicherheiten bestellt (Art 248 Abs 2, 245 Abs 3, Art 202 Abs 2 und 3 ADHGB). Die Verteilung des Vermögens durfte erst nach Ablauf des Sperrjahres erfolgen, das mit dem Tag der dritten Bekanntmachung des Beschlusses über die Teilliquidation begann (Art 248 Abs 2, 245 Abs 2 ADHGB). Bei einem Verstoß gegen die Vorschriften über die Kapitalherabsetzung hafteten die Vorstandsmitglieder persönlich und gesamtschuldnerisch (Art 248 Abs 3 ADHGB). Art 203 ADHGB enthielt vergleichbare Regeln über die Herabsetzung des Grundkapitals einer KGaA, wobei allerdings das Sperrjahr bereits mit der Eintragung des Beschlusses über die Teilliquidation ins Handelsregister begann (Art 202 Abs 1 ADHGB). **73**

Die **1. Aktienrechtsnovelle** von 1870[132] brachte drei Neuerungen mit sich. Zum einen wurde das **Konzessionserfordernis** für den Beschluss zur Kapitalherabsetzung **abge-** **74**

---

[128] Königlich Preußische Regierung, Entwurf eines Handelsgesetzbuchs für die Preussischen Staaten nebst Motiven, Berlin 1857. Der Entwurf und die Protokolle über seine Beratung sind mit einer Einleitung wiedergegeben bei *Schubert* (Hrsg) Entwurf eines Handelsgesetzbuchs.

[129] *v Hahn* ADHGB² Art 248 Anm 1 = S 675.

[130] Das ADHGB wurde zunächst in den meisten deutschen Staaten jeweils als Einzelgesetz erlassen. Durch Gesetz v 5.6.1869, BGBl Ndt Bund 581, übernahm es der Norddeutsche Bund. Durch die Reichsgesetze v 16./22.4.1871 (RGBl S 63, 87) wurde es, in der Fassung der 1. Aktienrechtsnovelle, auch formell einheitliches Recht im ganzen Reichsgebiet. Vgl dazu *v Hahn* ADHGB², Einleitung § 14 f.

[131] Eine Auflistung der landesrechtlichen Befreiungen findet sich bei *Anschütz/v Völderndorff* ADHGB, Art 208 Anm II.

[132] Gesetz betr die Kommanditgesellschaften auf Aktien und die Aktiengesellschaften v 11.6.1870, BGBl Norddt Bund 631. Ausführlich hierzu *Schubert* ZGR 1981, 285; *Assmann* Einl 79 ff.

schafft. Des Weiteren wurde der **Wortlaut** des Art 248 ADHGB ergänzt. Es hieß nun, dass „eine theilweise Rückzahlung des Grundkapitals oder eine Herabsetzung desselben" eines Beschlusses der Generalversammlung bedürfe. Die Bedeutung der Verwendung des Wortes „oder" blieb unklar. Weiterhin wurde die Einziehung von Aktien (**Amortisation**) eingeführt: Während Art 215 Abs 3 S 1 ADHGB den Erwerb eigener Aktien für verboten erklärte, erlaubte Art 215 Abs 3 S 2 ADHGB ausnahmsweise eine Amortisation. Diese musste aber in der Ursprungssatzung zugelassen oder in einer Satzungsänderung für künftig auszugebende Aktien vorgesehen sein. Die mit einer Amortisation verbundenen Verfahrensfragen waren gesetzlich nicht geregelt. Auch wenn dies im Gesetzeswortlaut noch nicht zum Ausdruck kam, war bereits anerkannt, dass die Amortisation durch den Rückkauf von Aktien oder durch zwangsweise Einziehung bei einzelnen Aktionären erfolgen konnte[133].

75 Die 2. **Aktienrechtsnovelle** von 1884[134] überführte das Recht der **Amortisation** in eine eigenständige Vorschrift (Art 215d ADHGB) und verschärfte es. Denn man hatte erkannt, dass sowohl die Gläubiger vor einer Verringerung der Haftungsmasse als auch die Gesellschafter vor einer willkürlichen Einziehung ihres Mitgliedschaftsrechts geschützt werden mussten. Art 215d ADHGB enthielt nun ein erweitertes Verbot des Erwerbs und der Inpfandnahme eigener Aktien und Interimsscheine (Abs 1). Als Ausnahme von diesem Grundsatz wurde in Abs 2 eine Amortisation zugelassen, sofern die Voraussetzungen einer Kapitalherabsetzung (dh Generalversammlungsbeschluss, Anmeldung zum Handelsregister, Aufforderung der Gläubiger, Einhaltung des Sperrjahres und Eintragung der durchgeführten Kapitalherabsetzung ins Handelsregister) vorlagen. Damit schloss der Gesetzgeber die bis dahin bestehende Regelungslücke. Sofern die Voraussetzungen einer Kapitalherabsetzung nicht vorlagen, war die Amortisation nur erlaubt, wenn die Gesellschaft den Rückkauf der Aktien aus Bilanzgewinnen finanzieren konnte und die Amortisation in der Ursprungssatzung zugelassen oder in einer Satzungsänderung für künftig auszugebende Aktien vorgesehen war. Diese Verschärfung trug sowohl den Gläubigerinteressen als auch den Gesellschafterinteressen Rechnung. Mit der Neuregelung stellte der Gesetzgeber klar, dass beide der zuvor im Schrifttum anerkannten Formen der Amortisation (Erwerb eigener Aktien oder Einziehung von den Mitgliedern) zulässig waren.

76 Auch die Vorschriften über die **Kapitalherabsetzung** wurden verschärft: Eine Kapitalherabsetzung erforderte einen Beschluss der Hauptversammlung (Art 248 Abs 1 S 3 ADHGB), der nun eine Dreiviertelmehrheit benötigte, wobei die Satzung das Mehrheitserfordernis verschärfen konnte. Der Gesetzgeber ordnete somit die Kapitalherabsetzung – wenn auch nicht ausdrücklich – als eine Satzungsänderung ein[135]. Zudem mussten bei Vorhandensein mehrerer Aktiengattungen alle Gattungen zustimmen, die durch den Beschluss benachteiligt wurden (Art 248 Abs 1 S 4 ADHGB). Vorgeschrieben war nun, dass der Beschluss die Art der Kapitalherabsetzung und die zu ihrer Durchführung erforderlichen Maßregeln festsetzen musste (Art 248 Abs 1 S 2 ADHGB). Nach wie vor ungeregelt war die Frage, wie weit das Grundkapital herabgesetzt werden durfte, doch war in Rechtsprechung[136] und Schrifttum[137] anerkannt, dass die Kapitalherabsetzung durch

133 *v Hahn* ADHGB² Art 215 Anm 8 = S 623 f.

134 Gesetz betr die Kommanditgesellschaften auf Aktien und die Aktiengesellschaften v 18.7.1884 (RGBl S 123). S dazu generell *Assmann* Einl 89 ff.

135 *Staub* HGB², Art 248, 8.

136 ROHG 20, 93, 94 ff.

137 *Staub* HGB², Art 248, 3.

Herabsetzung des Nennbetrags der Aktien nur bis zur Grenze des gesetzlichen Mindestnennbetrags von 1.000 Mark pro Aktie (Art 207a Abs 1 ADHGB) bzw bei vinkulierten Aktien von 200 Mark (Art 207a Abs 3 ADHGB) erfolgen durfte. Weiterhin ungeklärt war auch die Frage, ob die Kapitalherabsetzung durch Zusammenlegung von Aktien erfolgen konnte. Denn ein Aktionär, der nicht über eine ausreichende Anzahl an Aktien verfügte, um diese zur neuen Aktiengröße zusammenzulegen, war faktisch gezwungen, so viele Aktien hinzu zu erwerben, bis die Zusammenlegung möglich war. Hierin sahen einige Autoren eine faktische Nachschusspflicht, die gegen das Verbot verstoße, dem Aktionär über die Einlagepflicht hinausgehende Pflichten aufzuerlegen (Art 219 Abs 1 ADHGB)[138]. Hiergegen wurde eingewandt, dass eine Kapitalherabsetzung immer dann ausgeschlossen sei, wenn durch die Kapitalherabsetzung der Nominalwert der Aktien unter den gesetzlichen Mindestnennbetrag von 1.000 Mark sinken würde. Das Reichsgericht erklärte die Zusammenlegung schließlich für zulässig[139].

3. Das Handelsgesetzbuch

Mit dem **Handelsgesetzbuch**[140] erfolgte keine grundlegende inhaltliche Umgestaltung der Regelungen zur **Amortisation** und Kapitalherabsetzung[141]. Vielmehr wurden sie lediglich sprachlich präzisiert. Der Gesetzgeber trennte die Frage, wann eine Amortisation zulässig ist, von der Art ihrer Durchführung (§ 227 HGB aF). Der Wortlaut belegte, dass die Amortisation zwei Zielen dienen konnte: der Kapitalherabsetzung und dem Ausschluss von Aktionären. Nicht geklärt war das Verhältnis von Amortisation und Kapitalherabsetzung. Während ein Teil des Schrifttums davon ausging, dass jede Amortisation zugleich eine Kapitalherabsetzung darstellte, vertraten andere, dass dieser Zusammenhang nicht zwingend sei und daher bei einer Amortisation aus dem Reingewinn die Aktien vernichtet würden, ohne dass das Grundkapital zu ändern sei[142]. Die **Kapitalherabsetzung,** nun in vier Vorschriften geregelt (§§ 288–291 HGB aF), konnte durch Herabsetzung des Nennbetrags der Aktien oder durch Verminderung der Zahl der Aktien erfolgen. Außerdem stellte der Gesetzgeber klar, dass er die zuvor streitige Zusammenlegung von Aktien für zulässig hielt (§ 290 HGB aF)[143]. 77

4. Die Entwicklung bis zum Aktiengesetz 1937

Die Entwicklung des Aktienrechts **nach dem Ersten Weltkrieg** ist vor allem durch die Diskussion um seine Reform gekennzeichnet[144]. Sie mündete 1930 in einen Gesetzesent- 78

---

138 Zum Streitstand insgesamt vgl *Staub* HGB², Art 248, 3.

139 RGZ 36, 134 ff; 37, 131; 38, 95, 98.

140 Gesetz v 10.5.1897, RGBl I 219, BGBl III 4100-1, abgedruckt bei *Schubert/Schmiedel/Krampe* S 717 ff.

141 Zu den Neuregelungen vgl *Enzensberger* Herabsetzung des Grundkapitals; *Esser* Buschs Archiv 47 (1887), 307 f; *Fischer* in Ehrenberg's HdB, S 328 ff; *Geiger* Buschs Archiv 30 (1874), 10 f; *Hergenhahn* Holdheim 1892, 54 ff; *Herz* Holdheim 1895, 249 ff; *Keyßner* ZHR 20 (1875) 467 f; *Maßmann* Holdheim 1893, 375 ff; *Neuburger* Herabsetzung des Grundkapitals; *Reisch* GrünhutZ 28, 717, 722 ff; *Passow* Aktiengesellschaft², S 221 ff; *Schwarzkopf* Kapitalherabsetzung; *Staub* HGB⁶/⁷, §§ 227, 288 ff; *Weiß* ZBlHR 1927, 396 ff.

142 Ein Überblick über den Meinungsstand findet sich bei *Staub* HGB⁶/⁷, § 227, 5 ff.

143 *Passow* Aktiengesellschaft², S 232 f; *Staub* HGB⁶/⁷, § 290 Einl.

144 Zu den einzelnen Stationen der Reformdiskussion *Assmann* Einl 129 ff; *Nörr* ZHR 150 (1986) 155 ff, jeweils mwN; *Wiethölter* Interessen, S 36 ff.

wurf[145], mit dem der Gesetzgeber an seiner bisherigen Einstellung, das geltende Recht habe sich bewährt, festhielt. Der Entwurf wurde 1931[146] revidiert, doch ließ die hereinbrechende Weltwirtschaftskrise keine Zeit, den Vorschlag zu beraten und zu verabschieden. Vielmehr wurden im Wege der Notverordnung v 19.9.1931[147] nur die dringendsten Vorhaben verwirklicht. Während die **Kapitalherabsetzung** unangetastet blieb[148], erfuhr die zuvor knappe Regelung zur **Amortisation** (§ 227 HGB aF) eine deutliche Ausweitung[149]. Abs 1 der Bestimmung trennte ausdrücklich zwischen der Zwangseinziehung und der freiwilligen Einziehung von Aktien nach vorherigem Erwerb durch die Gesellschaft. Abs 2 S 1 ordnete an, dass die Vorschriften über die Kapitalherabsetzung und damit zugleich die der Satzungsänderungen zu beachten sind. S 2 regelte drei Fälle der vereinfachten Einziehung. Eine solche lag vor, wenn die Aktien der Gesellschaft unentgeltlich zur Verfügung gestellt werden (Abs 2 S 2 Nr 1), wenn sie zulasten der jährlichen Bilanz oder des Reservefonds eingezogen werden (Abs 2 S 2 Nr 2) oder wenn es sich um eigene Aktien im Umfang von maximal 10 % des Gesamtkapitals handelt, die innerhalb der letzten 6 Monate erworben wurden (Abs 2 S 2 Nr 3). Die vereinfachte Einziehung bedurfte nicht der für Satzungsänderungen geltenden Drei-Viertel-Mehrheit, sondern konnte mit einfacher Mehrheit der Generalversammlung beschlossen werden (Abs 3 S 2). Durch die Einziehung ermäßigte sich das Grundkapital um den Gesamtnennbetrag der eingezogenen Aktien. Mit dieser Regelung klärte der Gesetzgeber den hierzu bestehenden Streit im Sinne der damals herrschenden Meinung[150]. Erfolgte eine vereinfachte Einziehung im Wege der Einziehung eigener Aktien, konnten Gläubiger der Gesellschaft innerhalb von drei Monaten Sicherheitsleistung für noch nicht fällige Forderungen verlangen (Abs 4). Abs 5 regelte die bilanziellen Folgen der Einziehung. Neu eingefügt wurde zudem eine persönliche Haftung der Vorstands- und Aufsichtsratsmitglieder, sofern sie gegen die Regeln über eigene Aktien und deren Einziehung verstießen (§ 227a HGB aF). Zudem wurde § 227 HGB aF als Schutzgesetz iSd § 823 Abs 2 BGB eingeordnet[151].

79 Eine weitere Notverordnung v 6.10.1931 führte die **Kapitalherabsetzung in erleichterter Form** ein[152]. Der Gesetzgeber suchte mit der Notverordnung die Auswirkungen der

---

145 Entwurf eines Gesetzes über Aktiengesellschaften und Kommanditgesellschaften auf Aktien nebst erläuternden Bemerkungen, veröffentlicht durch das Reichsjustizministerium, 1930.

146 Amtlicher Entwurf eines Gesetzes über Aktiengesellschaften und Kommanditgesellschaften auf Aktien sowie Entwurf eines Einführungsgesetzes, veröffentlicht auf Anordnung des Reichsjustizministeriums, 1931. Abgedruckt bei *Schubert/Hommelhoff*, S 849 ff. Auf S 907 ff sind auch die 1932 nachgereichten „Erläuternde(n) Bemerkungen des Reichsjustizministeriums zum Entwurf von 1931" wiedergegeben.

147 Verordnung des Reichspräsidenten über Aktienrecht, Bankenaufsicht und über eine Steueramnestie v 19.9.1931, am 21.9.1931 im Reichsgesetzblatt veröffentlicht (RGBl I 493, berichtigt am 25.10.1931, RGBl I 663); korrigiert durch die 4. NotVO v 8.12.1931; dazu ausführlich *Assmann* Einl 137 ff; *Lehmann/Hirsch* Verordnung über Aktienrecht, S 1 ff; *Rheinstrom* Aktienrecht, S 1 ff; *Brodmann* ZBlHR 1932, 49; *Nord* ZBlHR 1931, 176; *Quassowski* JW 1931, 2914 ff.

148 Zu ihr etwa *Berning* Herabsetzung; *v Godin* ZHR 100 (1934) 221 ff.

149 *Brodmann* ZBlHR 1932, 49, 53 ff. Diese Ausweitung ging inhaltlich auch noch einmal deutlich über die ohnehin schon weitgehenden Änderungen, die in § 57 des ersten Entwurfs von 1930 enthalten waren, hinaus, vgl *Rheinstrom* Aktienrecht, § 227, Vor Anm 1.

150 *Klausing* Reform, S 68; *Rheinstrom* Aktienrecht, § 227, 18 mwN. Der Streitstand findet sich bei Staub-*Pinner* HGB[9], § 227, 7 mwN.

151 *Rheinstrom* Aktienrecht, § 227, 23.

152 Geregelt im 5. Teil, Kap II der Dritten Verordnung des Reichspräsidenten zur Sicherung von Wirtschaft und Finanzen und zur Bekämpfung politischer Ausschreitungen

Weltwirtschaftskrise auf deutsche Aktiengesellschaften und Kommanditgesellschaften auf Aktien zu mildern. Sie war als vorübergehende Maßnahme gedacht und daher zunächst bis zum 30.6.1932 befristet (§ 1 Abs 2 NotVO). Die NotVO regelte drei Bereiche, nämlich den Schutz der Gläubiger, die Beschlussfassung und die Art der Durchführung der Kapitalherabsetzung.

- Die Regelung erlaubte die Kapitalherabsetzung zum Zwecke der Anpassung des „Vermögensstandes an die Wirtschaftsentwicklung" (§ 1 Abs 1 NotVO). Der wesentliche Unterschied zur bisher im HGB vorgesehenen (ordentlichen) Kapitalherabsetzung bestand darin, dass die durch die Kapitalherabsetzung gewonnenen Beträge nur zum Ausgleich von Wertminderungen des Vermögens der Gesellschaft, zur Deckung von Verlusten oder zur Einstellung in den gesetzlichen Reservefonds genutzt werden durften (§ 6 Abs 2 NotVO). Sie war deshalb nur zulässig, wenn zuvor die gesetzliche Rücklage, soweit sie den Betrag von 10 % des neuen Grundkapitals überstieg, und alle freien Rücklagen aufgelöst waren (§ 5 NotVO). Zudem waren Zahlungen an die Aktionäre verboten (§ 6 Abs 1 NotVO). Auch eine Befreiung der Aktionäre von offenen Einlageverpflichtungen war untersagt (§ 8 Abs 2 NotVO). Dividenden durften erst wieder gezahlt werden, wenn der Reservefonds auf 10 % des Grundkapitals aufgefüllt worden war (§ 7 NotVO). Innerhalb von zwei Jahren nach der erleichterten Kapitalherabsetzung durfte an die Aktionäre keine Dividende von mehr als 6 % ausgezahlt werden, es sei denn, den zum Zeitpunkt der Eintragung des Beschlusses über die Kapitalherabsetzung vorhandenen Gläubigern wurde Sicherheit geleistet (§ 9 NotVO). Soweit die Aktionäre zu Unrecht Zahlungen empfangen hatten, hafteten sie den Gläubigern für Verbindlichkeiten der Gesellschaft (§ 10 NotVO iVm § 217 HGB aF). Vorstand und Aufsichtsrat hafteten der Gesellschaft auf Ersatz (§ 10 NotVO iVm §§ 241, 249 HGB aF).
- Die Kapitalherabsetzung in erleichterter Form konnte durch Einziehung von Aktien, durch Herabsetzung des Nennbetrags der Aktien oder durch Zusammenlegung von Aktien erfolgen (§ 2 Abs 1 NotVO). Diese Möglichkeiten standen aber nicht gleichrangig zur Wahl, sondern unterlagen Einschränkungen: Soweit die Gesellschaft über Vorratsaktien oder eigene Aktien verfügte, konnte sie keine Herabsetzung des Nennbetrags vornehmen (§ 2 Abs 2 NotVO). Eine Zusammenlegung von Aktien durfte nur erfolgen, wenn andernfalls der Mindestnennbetrag der Aktien unterschritten worden wäre (§ 2 Abs 3 NotVO).
- Die Kapitalherabsetzung bedurfte grundsätzlich der Zustimmung der Generalversammlung (§ 3 NotVO) mit satzungsändernder Mehrheit[153]. Bei der Einziehung von Vorratsaktien oder eigenen Aktien genügte die einfache Mehrheit der abgegebenen Stimmen und des vertretenen Grundkapitals. Die Geschäftsleitung hatte die Notwendigkeit der Maßnahme zu erläutern (§ 4 NotVO).

---

v 6.10.1931 (RGBl I 537 – im Folgenden NotVO); zu dieser NotVO ergingen vier DurchführungsVO, vgl *Klausing* Reform, S 16. Zur NotVO *Ansmann* ZBlHR 1932, 223 f; *Byk* Kapitalherabsetzung; *Flechtheim* BankA 31 (1931/32), 27 ff; *Hachenburg/Pinner* JW 1931, 3037 ff; *Klausing* Reform, S 81 ff; *Lehmann/Hirsch* Verordnung über Aktienrecht, S 183 ff; *Makower* Erleichterte Herabsetzung des Grundkapitals; *Rosendorff* Das neue deutsche Aktienrecht, S 327 ff; *Neufeld* JW 1932, 693, 696 ff; *Ullmann* ZBlHR 1932, 4 ff; *Simon* BankA 31 (1931/32), 348 ff.

153 *Byk* Kapitalherabsetzung § 3 NotVO, Anm 7.

80 Nach umfangreichen Vorarbeiten[154] erfolgte mit dem Gesetz v 4.2.1937[155] die Neuordnung des Aktienrechts, wobei der Gesetzgeber sich weitgehend an die Entwürfe von 1930/31 hielt. Die §§ 175–194 regelten die ordentliche Kapitalherabsetzung (§§ 175–181), die Kapitalherabsetzung in erleichterter Form (§§ 182–191) und die Kapitalherabsetzung durch Einziehung von Aktien (§§ 192–194). Während die beiden Formen der Kapitalherabsetzung einerseits und die Einziehung von Aktien andererseits bislang als eigenständige Rechtsinstitute angesehen und in getrennten Abschnitten des Gesetzes geregelt worden waren[156], ordnete der Gesetzgeber nun auch die Einziehung als Unterfall der Kapitalherabsetzung ein.

81 Die Regelung der **ordentlichen Kapitalherabsetzung** knüpfte weitgehend wörtlich an die Vorgängerregelung der §§ 288 ff HGB aF an. Der Gesetzgeber verzichtete auf das Erfordernis des dreimaligen Gläubigeraufgebots und auf die Sonderbenachrichtigung bekannter Gläubiger durch den Vorstand. Stattdessen musste nun das Handelsregistergericht die Gläubiger in der Bekanntmachung der Eintragung des Kapitalherabsetzungsbeschlusses auf ihre Rechte hinweisen (§ 178 Abs 1 S 2). Die Sicherheitsleistung konnte nun selbst dann verlangt werden, wenn die Gesellschaft mit der Kapitalherabsetzung keine Zahlungen an die Aktionäre beabsichtigte (§ 178 Abs 3). Bestimmten, im Falle einer Insolvenz besonders gesicherten Gläubigern versagte das Gesetz das Recht auf Sicherheitsleistung (§ 178 Abs 1 S 3). Es handelte sich um Pfandbriefgläubiger der Hypotheken- und Schiffpfandbriefbanken (§§ 35 HypBankG, 35 SchiffsBankG, 77 Vers.- und BauspkAufsichtsG)[157], aber auch Steuergläubiger und Angestellte (wegen ihres Konkursvorrechts)[158]. Außerdem wurde das Sperrjahr halbiert (§ 178 Abs 2), da die modernen Kommunikationsmittel eine ausreichende Information der Gläubiger innerhalb dieser Zeitspanne gewährleisteten. Gemäß § 175 Abs 4 waren zur Durchführung der ordentlichen Kapitalherabsetzung allein die Herabsetzung des Nennbetrags der Aktien oder die Zusammenlegung von Aktien erlaubt, Letztere allerdings nur, wenn andernfalls der Mindestnennbetrag unterschritten wurde. Die Kraftloserklärung von nicht eingereichten Aktienurkunden im Falle der Zusammenlegung von Aktien regelte § 179. Das Gesetz stellte klar, dass die Kapitalherabsetzung bereits mit Eintragung des Beschlusses über die Kapitalherabsetzung wirksam war (§ 177). Um Sanierungen zu ermöglichen, erlaubte § 181 eine Herabsetzung unter den Mindestnennbetrag, wenn dieser durch eine zugleich beschlossene Kapitalerhöhung wieder erreicht wurde.

82 Die 1931 als vorübergehende Maßnahme eingeführte Kapitalherabsetzung in erleichterter Form wurde nun dauerhaft gesetzlich verankert und als **vereinfachte Kapitalherabsetzung** bezeichnet. Ihre Ausgestaltung lehnte sich sehr eng an die Regelung der NotVO an. So war die vereinfachte Kapitalherabsetzung nur zum Ausgleich von Wertminderungen des Vermögens der Gesellschaft, zur Deckung von sonstigen Verlusten oder zur Einstellung in die gesetzliche Rücklage zulässig (§§ 182 Abs 1 S 1, 184 S 2). Eine Unter-

---

[154] Dazu ausführlich *Schubert* Einleitung zu Bd I, in ders (Hrsg), Akademie für Deutsches Recht 1933–1945, S XX ff; *Assmann* Einl 151 ff.

[155] Gesetz über Aktiengesellschaften und Kommanditgesellschaften auf Aktien v 30.1.1937, verkündet am 4.2.1937 (RGBl I 107, berichtigt S 588, 1140). Der Text des AktG mit amtlicher Begründung ist abgedruckt bei *Klausing* Aktien-Gesetz; der Text idF von 1965 findet sich bei *Kropff* AktG 1965, S 581 ff. Zur Regelung der Kapitalherabsetzung *K A Fischer* Kapitalherabsetzung.

[156] So heute noch die Regelung im GmbH-Recht, vgl §§ 34, 58 GmbHG.

[157] Teichmann/*Koehler*[3] § 178, 1; Baumbach/*Hueck*[11] § 178, 2 E; *Ritter*[2] § 178, 3d.

[158] Baumbach/*Hueck*[11] § 178, 2 E.

bilanz wurde nicht vorausgesetzt[159]. Der Zweck der Herabsetzung war im Beschluss anzugeben (§ 182 Abs 1 S 2). Die bei der ordentlichen Kapitalherabsetzung vorgeschriebenen Maßnahmen des Gläubigerschutzes (§ 178)[160] waren nicht anzuwenden (§ 182 Abs 2). Die Interessen der Gläubiger wurden vielmehr dadurch geschützt, dass Zahlungen an die Aktionäre und eine Befreiung der Aktionäre von offenen Einlageverpflichtungen verboten waren (§ 184 S 1). Zudem stellte § 187 Abs 3 klar, dass die durch eine Kapitalherabsetzung frei werdenden Beträge auch nicht als Gewinn ausgeschüttet werden durften. Dividenden durften erst gezahlt werden, wenn die gesetzliche Rücklage wieder auf 10 % des Grundkapitals aufgefüllt worden war (§ 187 Abs 1). Zudem durfte innerhalb der ersten zwei Jahre nach der vereinfachten Kapitalherabsetzung keine Dividende von mehr als 4 % ausgezahlt werden, es sei denn, den zum Zeitpunkt der Eintragung des Beschlusses über die Kapitalherabsetzung vorhandenen Gläubigern wurde Sicherheit geleistet (§ 187 Abs 2). Stellte sich heraus, dass der durch die Kapitalherabsetzung gewonnene Betrag nicht vollständig für die Verlustdeckung benötigt wurde, war der Überschuss in die gesetzliche Rücklage einzustellen (§ 185). Um die Aktionäre vor voreiligen Kapitalherabsetzungen zu schützen[161], setzte § 183 voraus, dass vor einer Kapitalherabsetzung die gesetzliche Rücklage, soweit sie den Betrag von 10 % des nach der Herabsetzung verbleibenden Grundkapitals überstieg, und alle freien Rücklagen aufzulösen waren. Zum Schutz der Aktionäre, aber indirekt auch zum Schutz der Gläubiger[162], bestimmte § 186 weiter, dass eine Kapitalherabsetzung, die dem Zweck der Auffüllung der gesetzlichen Rücklage diente, nur bis zur Grenze von 10 % des Grundkapitals zulässig war. Denn andernfalls wäre es möglich gewesen, die Kapitalherabsetzung zur Bildung freier Rücklagen zu nutzen, die jederzeit aufgelöst werden konnten; die damit einhergehende Gefährdung der Gläubigerinteressen wollte der Gesetzgeber vermeiden[163]. Die §§ 188 ff bestimmten, dass eine vereinfachte Kapitalherabsetzung (und ggf gleichzeitige Kapitalerhöhung) mit Rückwirkung auf den letzten Jahresabschluss beschlossen werden konnte. Auf diese Weise traten unterjährig entstandene und durch eine Kapitalherabsetzung wieder beseitigte Verluste im nächsten Jahresabschluss gar nicht in Erscheinung. Damit berücksichtigte der Gesetzgeber, dass Gesellschaften gerade im Falle einer Sanierung in hohem Maße darauf angewiesen sind, jede weitere Gefährdung der Kreditwürdigkeit zu vermeiden[164]. Auf das Verfahren der vereinfachten Kapitalherabsetzung waren im Übrigen die Vorschriften über die ordentliche Kapitalherabsetzung anzuwenden (§ 182 Abs 2).

Die **Amortisation**, nun als Kapitalherabsetzung durch Einziehung von Aktien bezeichnet, wurde erstmals systematisch den Vorschriften über die Kapitalherabsetzung zugeordnet (§§ 192–194). Sie wurde als Vernichtung einzelner Aktienrechte unter Herabsetzung des Grundkapitals eingeordnet[165]; der zuvor bestehende Streit über das Zusammenspiel von Vernichtung der Aktienrechte und Herabsetzung des Grundkapitals (s o 77) war damit geklärt[166]. Die Amortisation unterscheidet sich von der Kapitalherabset- **83**

---

159 Amtliche Begründung, abgedruckt bei *Klausing* Aktien-Gesetz, S 162; sinngemäß auch Baumbach/*Hueck*[11] § 182, 1.

160 S o 81.

161 Amtliche Begründung, abgedruckt bei *Klausing* Aktien-Gesetz, S 163.

162 Die amtliche Begründung, abgedruckt bei *Klausing* Aktien-Gesetz, S 163, erwähnt allein den Gläubigerschutz, was wenig überzeugend ist. Vgl zur Nachfolgebestimmung des heutigen § 231 *Hüffer*[9] § 231, 1.

163 Amtliche Begründung, abgedruckt bei *Klausing* Aktien-Gesetz, S 163.

164 Amtliche Begründung, abgedruckt bei *Klausing* Aktien-Gesetz, S 163 f.

165 Baumbach/*Hueck*[11] Einführung zu §§ 192–194, 2; GK AktG/*Weipert*[1] § 192, 2.

166 S a KK/*Lutter*[2] § 237, 3.

zung im Wege einer Herabsetzung des Nennwerts oder durch Zusammenlegung von Aktien grundlegend, denn die Rechtsstellung des Aktionärs wird nicht nur inhaltlich verändert, sondern erlischt vollständig[167]. Die gesetzliche Regelung der Amortisation war sehr knapp gehalten, da sie nur deren wesentliche Voraussetzungen (§ 192), ihr Wirksamwerden (§ 193) und die Anmeldung ihrer Durchführung (§ 194) enthielt. Im Übrigen knüpfte der Gesetzgeber über eine Verweisung an die ordentliche Kapitalherabsetzung an (§ 192 Abs 2 S 1). Die Vorschriften über die vereinfachte Kapitalherabsetzung fanden hingegen keine Anwendung. Denn die Amortisation bewirkte eine Schwächung der Kapitalbasis der Gesellschaft durch einen tatsächlichen Mittelabfluss an die ausscheidenden Aktionäre. Daher war der – mit der vereinfachten Kapitalherabsetzung verbundene – verringerte Gläubigerschutz nicht ausreichend[168]. Aus diesem Grund stellte der Gesetzgeber auch ausdrücklich klar, dass bei der Amortisation die Rückzahlung der Einlagen an die Aktionäre erst erfolgen durfte, wenn eine sechsmonatige Sperrfrist abgelaufen war (§§ 192 Abs 2 S 2, 178 Abs 2).

84 Einen besonders geregelten Unterfall stellte die **vereinfachte Amortisation** dar. Sie war für den Fall vorgesehen, dass die Aktien der Gesellschaft unentgeltlich zur Verfügung gestellt wurden oder sie zulasten des Reingewinns oder der Rücklagen eingezogen wurden (§ 192 Abs 3 Nrn 1 und 2). Weitere Fälle der vereinfachten Amortisation waren nicht vorgesehen und konnten auch nicht durch Satzungsbestimmungen geschaffen werden[169]. Die vereinfachte Amortisation bedurfte eines Beschlusses der Hauptversammlung mit lediglich einfacher Mehrheit (§ 192 Abs 4). Zwar brachte die vereinfachte Amortisation keine Auszahlung von Einlagen an die Aktionäre mit sich, führte aber gleichwohl zu einer Herabsetzung der Grundkapitalziffer. Damit wäre faktisch die Auszahlung von Gewinnen erleichtert worden, da durch die vereinfachte Amortisation das gebundene Vermögen auf der Passivseite der Bilanz gemindert wurde. Um die deshalb bestehende Gläubigergefährdung zu beseitigen, verlangte der Gesetzgeber, dass ein dem Nennwert der eingezogenen Aktien gleichkommender Betrag in die gesetzliche Rücklage einzustellen war (§ 192 Abs 5). Wollte eine Gesellschaft diese Bindung des Kapitals vermeiden, konnte sie auch bei der vereinfachten Amortisation den Weg über § 192 Abs 2 gehen, der eine Anwendung der Gläubigerschutzvorschriften der ordentlichen Kapitalherabsetzung vorsah[170].

85 Sah die Satzung die Einziehung und die wesentlichen Bedingungen zu ihrer Ausübung vor („angeordnete Zwangseinziehung“), bedurfte es keines Hauptversammlungsbeschlusses mehr. Stattdessen war der Vorstand entscheidungsbefugt (§ 192 Abs 6). Beschränkte sich dagegen die Satzungsregelung darauf, eine Einziehung grundsätzlich für erlaubt zu erklären, ohne die näheren Einzelheiten festzulegen („gestattete Zwangseinziehung“), erforderte die Amortisation einen Hauptversammlungsbeschluss[171].

---

[167] GK AktG/*Weipert*[1] § 192, 2.

[168] Amtliche Begründung, abgedruckt bei *Klausing* Aktien-Gesetz, S 168; Baumbach/*Hueck*[11] § 192, 3 A.

[169] Baumbach/*Hueck*[11] § 192, 4 A; GK AktG/*Weipert*[1] § 192, 33.

[170] GK AktG/*Weipert*[1] § 192, 37 aE.

[171] Amtliche Begründung, abgedruckt bei *Klausing* Aktien-Gesetz, S 169; Baumbach/*Hueck*[11] § 192, 5.

5. **Das Aktiengesetz von 1965**

86 Mit dem Aktiengesetz von 1937 waren die wesentlichen Merkmale der Rechtsfigur und ihre Voraussetzungen endgültig ausgeformt und in den bis heute bestehenden systematischen Zusammenhang eingeordnet. Das Aktiengesetz von 1965[172] übernahm die Vorschriften über die ordentliche Kapitalherabsetzung, die vereinfachte Kapitalherabsetzung und die Kapitalherabsetzung durch Einziehung von Aktien weitgehend unverändert. Wenn Änderungen erfolgten, handelte es sich ganz überwiegend um sprachliche Korrekturen und redaktionelle Anpassungen an andere Vorschriften[173]. Bedeutende inhaltliche Änderungen finden sich zur vereinfachten Kapitalherabsetzung. Nach altem Recht setzte diese voraus, dass die gesetzliche Rücklage, soweit sie 10 % des Grundkapitals überstieg, sowie freie Rücklagen, die zum Ausgleich von Wertminderungen oder Deckung von sonstigen Verlusten bestimmt waren, aufgelöst wurden[174]. Nun wird verlangt, dass *alle* freien Rücklagen aufgelöst werden (§ 229 Abs 2 S 1 aE) und kein Gewinnvortrag mehr vorhanden ist. § 232 enthält eine weitere Änderung gegenüber der Vorläuferregelung. Diese sah vor, dass für die Sanierung nicht benötigte Beträge in die Kapitalrücklage einzustellen waren, wenn sich *im Nachhinein* herausstellte, dass der Betrag der Kapitalherabsetzung zu hoch bemessen war. Jetzt wurde auch der Fall erfasst, dass sich dies bereits bei der Aufstellung der Jahresbilanz für das laufende Geschäftsjahr ergibt (s § 232, 1). Zudem regelte der Gesetzgeber den Ausweis der Kapitalherabsetzung in der Gewinn- und Verlustrechnung in einem eigenen Abschnitt, der hinter die Klammer gezogen war. Die Vorschrift fand damit auf alle drei Formen der Kapitalherabsetzung Anwendung (s § 240, 1).

87 Das Recht der Kapitalherabsetzung erfuhr seit 1965 einige Änderungen[175]. Hervorzuheben sind die umfangreichen terminologischen Änderungen durch das Bilanzrichtliniengesetz (BiRiLiG)[176] sowie die Anpassungen, die durch die Einführung der nennwertlosen Stückaktien notwendig wurden[177].

---

172 Gesetz v 6.9.1965, BGBl I 1089; EGAktG, BGBl I 1185.

173 Ein Überblick über alle Änderungen findet sich bei *Kropff* AktG 1965, S 317 ff sowie nachfolgend jeweils zu Beginn der Kommentierung der einzelnen Vorschriften.

174 Zu § 183 AktG 1937 s o 82.

175 Auch insoweit erfolgt eine detaillierte Darstellung nachfolgend jeweils zu Beginn der Kommentierung der einzelnen Vorschriften.

176 Art 2 Nrn 42–50 des Gesetzes zur Durchführung der Vierten, Siebenten und Achten Richtlinie des Rates der Europäischen Gemeinschaften zur Koordinierung des Gesellschaftsrechts – Bilanzrichtlinien-Gesetz – v 19.12.1985, BGBl I 2355.

177 Art 1 Nrn 32–34 des Gesetzes über die Zulassung von Stückaktien v 25.3.1998, BGBl I 590. Zum Gesetz und zur Umstellung auf den Euro *Ekkenga* Vorzüge und Nachteile der nennwertlosen Aktie, WM 1997, 1645; *Funke* Wert ohne Nennwert – Zum Entwurf einer gesetzlichen Regelung über die Zulassung nennwertloser Aktien, AG 1997, 385; *Geiger* Das Stückaktiengesetz, Vorteile der nennwertlosen Aktie – nicht nur bei der Euro-Einführung, Versicherungswirtschaft 1997, 1768; *Heider* Einführung der nennwertlosen Aktie in Deutschland anläßlich der Umstellung des Gesellschaftsrechts auf den Euro, AG 1998, 1; *Ihrig/Streit* NZG 1998, 201; *Kopp* Stückaktie und Euro-Umstellung, BB 1998, 701; *Kolb/Pöller* Das Gesetz über die Zulassung von Stückaktien, DStR 1998, 855; *Schröer* Zur Einführung der unechten nennwertlosen Aktie aus Anlaß der Europäischen Währungsunion, ZIP 1997, 221; *ders* Vorschläge für Hauptversammlungsbeschlüsse zur Umstellung auf Stückaktie und Euro, ZIP 1998, 306; *Schürmann* Die Anpassung des Gesellschaftsrechts bei Einführung des Euro, DB 1997, 1381; *ders* Euro und Aktienrecht, NJW 1998, 3162; *Seibert* Gesellschaftsrecht und Euro, Die Umstellung von Nennkapital und Anteilen – Stückaktie, WM 1997, 1610; *ders* Die Umstellung des Gesellschaftsrechts auf den Euro, ZGR 1998, 1.

6. Reformüberlegungen

88 Das **System des festen Grundkapitals** steht derzeit auf dem Prüfstand. Indirekt wird damit auch über die Frage der Beibehaltung der Kapitalherabsetzung diskutiert (ausführlich u 110 ff). Einen zweiten Diskussionsansatz verfolgt man im schweizerischen Recht. Dort wird die Schaffung eines **Kapitalbandes** (ähnlich dem der Investmentaktiengesellschaft) erwogen[178]. Hierunter versteht man die Ermächtigung an den Vorstand, das Kapital der Gesellschaft innerhalb von drei Jahren um 50 % zu erhöhen oder zu reduzieren. In der Sache schafft man damit eine genehmigte Kapitalherabsetzung. Der deutsche Gesetzgeber hat sich dagegen nur zu einer **halbherzigen Reform** durchringen können, indem er § 71 Abs 1 Nr 8 und § 237 Abs 3 Nr 3 geschaffen hat (s jeweils dort). Letzterer ist systematisch fehlplatziert (s 237, 5) und erlaubt nur bei Stückaktien die Amortisation. Ersterer höhlt in der Praxis die § 237 ff aus. Will man den Aktiengesellschaften mehr Flexibilität bei der Kapitalbeschaffung einräumen, sollte man statt der zwei Regelungskomplexe (§ 71 und § 237) *ein* Kapitalband einführen, das es der Gesellschaft erlaubt, seine Kapitalstruktur an die wirtschaftlichen Notwendigkeiten anzupassen.

III. Europarechtlicher Hintergrund

1. Regelungsansatz der Kapitalrichtlinie

89 Betrachtet man die Anfänge der Harmonisierung des Gesellschaftsrechts in Europa in den 60er und 70er Jahren des letzten Jahrhunderts, so basieren die Richtlinien aus dieser Zeit vor allem auf dem deutschen Vorbild[179]. Denn die Bundesrepublik verfügte über das wohl modernste Aktienrecht unter den damaligen Mitgliedstaaten. Es verwundert daher nicht, dass die Vorschriften zur Kapitalherabsetzung in der Zweiten gesellschaftsrechtlichen Richtlinie von 1976 (sog Kapitalrichtlinie)[180] dem deutschen Recht so stark ähnelten, dass zur Umsetzung der Richtlinie nur eine einzige inhaltliche Änderung der §§ 222 ff notwendig wurde. In § 237 Abs 2 wurde ein neuer S 2 eingefügt, der bestimmte, dass in der Satzung oder in dem Beschluss der Hauptversammlung die Voraussetzungen für eine Zwangseinziehung und die Einzelheiten ihrer Durchführung festzulegen sind. Damit wurde Art 36 Abs 1 lit c der Richtlinie umgesetzt[181].

2. Richtlinienkonforme Auslegung

90 Auch wenn das deutsche Recht bereits vor Erlass der Richtlinie weitgehend dem späteren Richtlinienrecht entsprach und daher im Bereich der §§ 222 ff nahezu keine inhaltlichen Änderungen notwendig wurden, sind die entsprechenden nationalen Bestimmungen richtlinienkonform auszulegen[182]. Denn eine richtlinienkonforme Auslegung ist auch

---

178 *Böckli* SJZ 2008, 333, 334 f; *Gericke* Kapitalband: Flexibilität in Harmonie und Dissonanz, in Watter (Hrsg), Die „grosse" Schweizer Aktienrechtsrevision, 2010, S 113 ff; *Siffert/Zihler* Herabsetzung des Aktienkapitals unter besonderer Berücksichtigung der gestaffelten Kapitalherabsetzung, in Jusletter 29. Juni 2009, Rn 56 ff.

179 Dies gilt auch für die Zweite gesellschaftsrechtliche Richtlinie, auch wenn bei einzelnen Artikeln bereits britischer Einfluss spürbar ist, vgl *Grundmann* Europäisches Gesellschaftsrecht, 2004, 314 mwN.

180 Fundstelle s o 37 Fn 59.

181 Vgl den RegE, BT-Drucks 8/1678, S 7, 19 sowie den Bericht des Rechtsausschusses BT-Drucks 8/2251, S 13, der diese Einfügung unverändert übernahm.

182 Vgl etwa EuGH, Rs C-240/98, C-244/98, Slg 2000, I-4941 (Leitsatz 2), I-4955

dann geboten, wenn der Mitgliedstaat der Ansicht ist, dass sein Recht bereits den Vorgaben der Richtlinie entspricht und er deshalb auf eine gesonderte Umsetzung der Richtlinienbestimmungen in nationales Recht verzichtet. Bei der Auslegung der §§ 222 ff sind daher die einschlägigen Artikel der Richtlinie heranzuziehen.

Die Richtlinie gilt ihrem Anwendungsbereich nach allerdings nur für **Aktiengesellschaften** (Art 1[183]). Sie findet, da die SE-Verordnung an das harmonisierte Recht der Kapitalherabsetzung anknüpft (s o 37), auch auf die **Europäische Aktiengesellschaft** Anwendung. Bei der Auslegung der §§ 222 ff ist daher auch in Fallgestaltungen, die eine SE betreffen, eine richtlinienkonforme Auslegung geboten. Fraglich ist jedoch, ob eine solche Auslegung auch bei Sachverhalten vorzunehmen ist, bei denen es um eine Kapitalherabsetzung des Grundkapitals einer **Kommanditgesellschaft auf Aktien** geht. Hier wird man formal argumentieren und auf den engen Anwendungsbereich der Richtlinie verweisen können. Eine solche Vorgehensweise überzeugt jedoch nicht. Sie hätte – da § 278 Abs 3 pauschal auf das Erste Buch des AktG verweist – zur Folge, dass es zu einer gespaltenen Auslegung der §§ 222 ff käme, je nachdem, ob man diese Vorschriften auf eine AG oder eine KGaA anwendet. Aus dem Umstand, dass der deutsche Aktienrechtsgesetzgeber in § 278 Abs 3 die Kapitalvorschriften des Ersten Buchs vorbehaltslos[184] in Bezug nimmt, kann man daher ableiten, dass diese Inbezugnahme die Vorschriften in ihrer für die AG geltenden Auslegung meint. Der deutsche Gesetzgeber hat damit die Regelung der KGaA freiwillig dem harmonisierten Recht unterworfen. Bei der Kapitalrichtlinie ist zwar umstritten, ob ihre Regelungen nur Mindeststandards darstellen, über die der nationale Gesetzgeber hinausgehen darf, oder ob es sich um eine Harmonisierung handelt, die strengeres nationales Recht ausschließt[185]. Diese Frage ist vorliegend jedoch nicht berührt, da es dem nationalen Gesetzgeber unbenommen bleibt, außerhalb des Anwendungsbereichs der Kapitalrichtlinie liegende Rechtsformen nach den Vorgaben der Richtlinie zu regeln. Mithin ist bei der AG, der SE und der KGaA eine richtlinienkonforme Auslegung geboten. **91**

3. Textauszug aus der Kapitalrichtlinie

Die Kapitalherabsetzung ist in folgenden Vorschriften der Richtlinie[186] geregelt: **92**

Artikel 30 **93**

Jede Herabsetzung des gezeichneten Kapitals mit Ausnahme der durch eine gerichtliche Entscheidung angeordneten muss zumindest von der Hauptversammlung beschlossen werden, die vorbehaltlich der Artikel 36 und 37 nach den Vorschriften entscheidet, die in Artikel 40 über die Beschlussfähigkeit und die Mehrheitserfordernisse festgelegt sind. Dieser Beschluss ist nach den in den Rechtsvorschriften der einzelnen Mitgliedstaaten gemäß Artikel 3 der Richtlinie 68/151/EWG

(Nr 30) (Océano Grupo); EuGH Rs C-334/92, Slg 1993, I-6911 (Leitsatz 2), I-6932 (Rn 20 f) (Wagner Miret); KK/*Lutter*² Vor § 222, 2. Zur Bedeutung der richtlinienkonformen Auslegung *Sethe* Europarechtswidrige Kollusion von Gesetzgeber und Bankwirtschaft?, ZIP 1999, 1461, 1464 f mwN.

183 Zur Entwicklung dieser Vorschrift *Grundmann* Europäisches Gesellschaftsrecht, 2004, 317 mwN.

184 Zwar enthält die Vorschrift einen Vorbehalt („soweit sich aus dem Fehlen eines Vorstands nichts anderes ergibt"), doch betrifft dieser die Regelung der Kapitalherabsetzung gerade nicht.

185 Zum Streitstand *Grundmann* Europäisches Gesellschaftsrecht, 2004, 315 mwN.

186 Fundstelle s o 37 Fn 59.

vorgesehenen Verfahren offenzulegen. In der Mitteilung über die Einberufung der Hauptversammlung müssen zumindest der Zweck der Herabsetzung und das Verfahren für ihre Durchführung angegeben werden.

94 Artikel 31

Sind mehrere Gattungen von Aktien vorhanden, so ist der Beschluss der Hauptversammlung über die Herabsetzung des gezeichneten Kapitals von einer gesonderten Abstimmung zumindest jeder Gattung derjenigen Aktionäre abhängig, deren Rechte durch die Maßnahme berührt werden.

95 Artikel 32[187]

(1) Im Falle einer Herabsetzung des gezeichneten Kapitals haben zumindest die Gläubiger, deren Forderungen vor der Bekanntmachung der Entscheidung über die Herabsetzung entstanden sind, mindestens das Recht, eine Sicherheit für die im Zeitpunkt dieser Bekanntmachung noch nicht fälligen Forderungen zu erhalten. Die Mitgliedstaaten können dieses Recht nur dann ausschließen, wenn der Gläubiger bereits angemessene Sicherheiten hat oder wenn diese Sicherheiten in Anbetracht des Gesellschaftsvermögens nicht notwendig sind.

Die Mitgliedstaaten legen fest, unter welchen Bedingungen das in Unterabsatz 1 genannte Recht ausgeübt werden kann. Die Mitgliedstaaten sorgen in jedem Fall dafür, dass die Gläubiger das Recht haben, bei der zuständigen Verwaltungsbehörde oder dem zuständigen Gericht angemessene Sicherheiten zu beantragen, wenn sie glaubhaft machen können, dass die Befriedigung ihrer Forderungen durch die Herabsetzung des gezeichneten Kapitals gefährdet ist und sie von der Gesellschaft keine angemessenen Sicherheiten erhalten haben.

(2) Die Rechtsvorschriften der Mitgliedstaaten schreiben mindestens weiter vor, dass die Herabsetzung unwirksam ist oder dass keine Zahlungen zugunsten der Aktionäre geleistet werden dürfen, solange den Gläubigern nicht Genüge getan worden ist oder solange ein Gericht nicht entschieden hat, dass ihrem Antrag nicht entsprochen zu werden braucht.

(3) Dieser Artikel gilt auch, wenn die Herabsetzung des gezeichneten Kapitals durch einen vollständigen oder teilweisen Verzicht auf die Leistung von Einlagen der Aktionäre vorgenommen wird.

96 Artikel 33

(1) Die Mitgliedstaaten brauchen Artikel 32 nicht bei einer Herabsetzung des gezeichneten Kapitals anzuwenden, die zum Zweck hat, Verluste auszugleichen oder Beträge einer Rücklage zuzuführen, unter der Voraussetzung, dass infolge dieses Vorgangs der Betrag dieser Rücklage nicht 10 vH des herabgesetzten gezeichneten Kapitals übersteigt. Diese Rücklage darf außer im Falle der Herabsetzung des gezeichneten Kapitals nicht an die Aktionäre ausgeschüttet werden; sie darf ferner nur dazu verwendet werden, Verluste auszugleichen oder durch Umwandlung von Rücklagen das gezeichnete Kapital zu erhöhen, soweit die Mitgliedstaaten einen solchen Vorgang zulassen.

(2) Die Rechtsvorschriften der Mitgliedstaaten müssen in den Fällen des Absatzes 1 mindestens geeignete Maßnahmen vorschreiben, damit die aus der Herabsetzung des gezeichneten Kapitals gewonnenen Beträge nicht zu Zahlungen oder Ausschüttungen an die Aktionäre oder zur Befreiung der Aktionäre von der Verpflichtung zur Leistung ihrer Einlagen verwendet werden.

97 Artikel 34

Das gezeichnete Kapital darf nicht unter das nach Artikel 6 festgelegte Mindestkapital herabgesetzt werden. Jedoch können die Mitgliedstaaten eine derartige Herabsetzung zulassen, wenn sie zugleich vorschreiben, dass der Beschluss über die Herabsetzung nur dann wirksam wird, wenn das gezeichnete Kapital auf einen Betrag erhöht wird, der zumindest dem vorgeschriebenen Mindestbetrag entspricht.

---

[187] Abs 1 dieses Artikels wurde durch die Richtlinie 2006/68/EG (Fundstelle s 37 Fn 59) geändert. Eine Änderung von § 225 zur Umsetzung der Option von Art 32 Abs 1 UAbs 2 der Richtlinie ist nicht erfolgt, vgl Art 1 des Gesetzes zur Umsetzung der Aktionärsrichtlinie (ARUG) v 30.7.2009, BGBl I 2479.

Artikel 35 98

Lassen die Rechtsvorschriften eines Mitgliedstaats die vollständige oder teilweise Tilgung des gezeichneten Kapitals ohne dessen Herabsetzung zu, so verlangen sie mindestens die Beachtung folgender Voraussetzungen:

a) Sofern die Satzung oder der Errichtungsakt die Tilgung vorsieht, wird diese durch die Hauptversammlung beschlossen, die mindestens die allgemeinen Voraussetzungen über Anwesenheit und Mehrheit zu beachten hat. Sofern die Satzung oder der Errichtungsakt die Tilgung nicht vorsieht, wird diese durch die Hauptversammlung beschlossen, die mindestens die in Artikel 40 festgelegten Voraussetzungen über Anwesenheit und Mehrheit zu beachten hat. Der Beschluss ist nach den in den Rechtsvorschriften der einzelnen Mitgliedstaaten gemäß Artikel 3 der Richtlinie 68/151/EWG vorgesehenen Verfahren offenzulegen;

b) die Tilgung kann nur mit Mitteln erfolgen, die nach Artikel 15 Absatz 1 ausgeschüttet werden dürfen;

c) die Aktionäre, deren Aktien getilgt wurden, behalten ihre Rechte gegenüber der Gesellschaft mit Ausnahme der Rechte auf Rückgewähr der Einlagen und auf Teilnahme an der Ausschüttung einer ersten Dividende für nicht getilgte Aktien.

Artikel 36 99

(1) Gestatten die Rechtsvorschriften eines Mitgliedstaats, dass Gesellschaften ihr gezeichnetes Kapital durch Zwangseinziehung von Aktien herabsetzen, so verlangen sie mindestens die Beachtung folgender Voraussetzungen:

a) Die Zwangseinziehung ist vor der Zeichnung der einzuziehenden Aktien durch die Satzung oder den Errichtungsakt vorgeschrieben oder zugelassen;

b) sofern die Zwangseinziehung durch die Satzung oder den Errichtungsakt lediglich zugelassen ist, wird sie von der Hauptversammlung beschlossen, es sei denn, dass die betroffenen Aktionäre sie einstimmig genehmigt haben;

c) das Gesellschaftsorgan, das über die Zwangseinziehung beschließt, legt Bedingungen und Durchführung dieser Maßnahme fest, soweit dies nicht bereits in der Satzung oder im Errichtungsakt geschehen ist;

d) Artikel 32 ist anzuwenden, es sei denn, es handelt sich um voll eingezahlte Aktien, die der Gesellschaft unentgeltlich zur Verfügung gestellt oder die mit Hilfe von Mitteln, die nach Artikel 15 Absatz 1 ausgeschüttet werden dürfen, eingezogen werden; in diesen Fällen ist ein Betrag in Höhe des Nennbetrags oder, wenn ein Nennbetrag nicht vorhanden ist, des rechnerischen Wertes aller eingezogenen Aktien in eine Rücklage einzustellen. Diese Rücklage darf, außer im Falle der Herabsetzung des gezeichneten Kapitals, nicht an die Aktionäre ausgeschüttet werden; sie darf nur dazu verwendet werden, Verluste auszugleichen oder durch Umwandlung von Rücklagen das gezeichnete Kapital zu erhöhen, soweit die Mitgliedstaaten einen solchen Vorgang zulassen;

e) der Beschluss über die Zwangseinziehung wird nach den in den Rechtsvorschriften der einzelnen Mitgliedstaaten gemäß Artikel 3 der Richtlinie 68/151/EWG vorgesehenen Verfahren offengelegt.

(2) Artikel 30 Absatz 1 sowie die Artikel 31, 33 und 40 sind in den Fällen des Absatzes 1 nicht anzuwenden.

Artikel 37 100

(1) Im Fall der Herabsetzung des gezeichneten Kapitals durch Einziehung von Aktien, die von einer Gesellschaft oder einer im eigenen Namen, aber für Rechnung der Gesellschaft handelnden Person erworben worden sind, muss die Einziehung stets durch die Hauptversammlung beschlossen werden.

(2) Artikel 32 ist anzuwenden, es sei denn, es handelt sich um voll eingezahlte Aktien, die unentgeltlich oder mit Mitteln erworben werden, die nach Artikel 15 Absatz 1 ausgeschüttet werden dürfen; in diesen Fällen ist ein Betrag in Höhe des Nennbetrags oder, wenn ein Nennbetrag nicht vorhanden ist, des rechnerischen Wertes aller eingezogenen Aktien in eine Rücklage einzustellen.

Diese Rücklage darf, außer im Falle der Herabsetzung des gezeichneten Kapitals, nicht an die Aktionäre ausgeschüttet werden; sie darf nur dazu verwendet werden, Verluste auszugleichen oder durch Umwandlung von Rücklagen das gezeichnete Kapital zu erhöhen, soweit die Rechtsvorschriften der Mitgliedstaaten einen solchen Vorgang zulassen.

(3) Die Artikel 31, 33 und 40 sind in den Fällen des Absatzes 1 nicht anzuwenden.

101 Artikel 38

In den Fällen des Artikels 35, des Artikels 36 Absatz 1 Buchstabe b) und des Artikels 37 Absatz 1 ist, sofern mehrere Gattungen von Aktien vorhanden sind, der Beschluss der Hauptversammlung über die Bedingung des gezeichneten Kapitals oder über dessen Herabsetzung durch Einziehung von Aktien von einer gesonderten Abstimmung zumindest jeder Gattung derjenigen Aktionäre abhängig, deren Rechte durch die Maßnahmen berührt werden.

102 Artikel 39

Gestatten die Rechtsvorschriften eines Mitgliedstaats, dass Gesellschaften rückerwerbbare Aktien ausgeben, so verlangen sie für den Rückerwerb dieser Aktien mindestens die Beachtung folgender Voraussetzungen:

a) Der Rückerwerb muss vor der Zeichnung der rückerwerbbaren Aktien in der Satzung oder dem Errichtungsakt zugelassen sein;

b) diese Aktien müssen vollständig eingezahlt worden sein;

c) die Bedingungen und die Durchführung des Rückerwerbs sind in der Satzung oder dem Errichtungsakt festgelegt;

d) der Rückerwerb darf nur mit Hilfe von Mitteln erfolgen, die nach Artikel 15 Absatz 1 ausgeschüttet werden dürfen, oder mit Erträgen aus einer Ausgabe neuer Aktien, die zum Zwecke dieses Rückerwerbs ausgegeben werden;

e) ein Betrag in Höhe des Nennbetrags oder, wenn ein Nennbetrag nicht vorhanden ist, des rechnerischen Wertes aller zurück erworbenen Aktien ist in eine Rücklage einzustellen, die, außer im Falle der Herabsetzung des gezeichneten Kapitals, nicht an die Aktionäre ausgeschüttet werden darf; sie darf nur dazu verwendet werden, durch Umwandlung von Rücklagen das gezeichnete Kapital zu erhöhen;

f) Buchstabe e) ist nicht anzuwenden, sofern die Aktien mit Hilfe von Erträgen aus einer Ausgabe neuer Aktien zurück erworben werden, die zum Zweck dieses Rückerwerbs ausgegeben werden;

g) sofern als Folge des Rückerwerbs die Zahlung eines Mehrbetrags zugunsten der Aktionäre vorgesehen ist, darf dieser nur aus Mitteln entnommen werden, die entweder nach Artikel 15 Absatz 1 ausgeschüttet werden dürfen oder einer anderen als der unter Buchstabe e) genannten Rücklage entnommen werden, die, außer im Falle der Herabsetzung des gezeichneten Kapitals, nicht an die Aktionäre ausgeschüttet werden darf; diese Rücklage darf nur zum Zwecke einer Erhöhung des gezeichneten Kapitals durch Umwandlung von Rücklagen oder zur Deckung der in Artikel 3 Buchstabe j) genannten Kosten oder der Kosten für die Ausgabe von Aktien oder von Schuldverschreibungen oder für die Zahlung eines Mehrbetrags zugunsten der Inhaber von zurück zu erwerbenden Aktien oder Schuldverschreibungen verwendet werden;

h) der Rückerwerb ist nach den in den Rechtsvorschriften der einzelnen Mitgliedstaaten gemäß Artikel 3 der Richtlinie 68/151/EWG vorgesehenen Verfahren offenzulegen.

103 Artikel 40

(1) Die Rechtsvorschriften der Mitgliedstaaten schreiben vor, dass die in Artikel 29 Absätze 4 und 5 sowie den Artikeln 30, 31, 35 und 38 vorgesehenen Beschlüsse zumindest eine Mehrheit von nicht weniger als zwei Dritteln der Stimmen der vertretenen Wertpapiere oder des vertretenen gezeichneten Kapitals erfordern.

(2) Die Rechtsvorschriften der Mitgliedstaaten können jedoch vorschreiben, dass die einfache Mehrheit der in Absatz 1 bezeichneten Stimmen ausreicht, sofern mindestens die Hälfte des gezeichneten Kapitals vertreten ist.

4. Reformüberlegungen

Das gegenwärtige System der Kapitalaufbringung und -erhaltung ist Gegenstand zahlreicher Reformüberlegungen auf europäischer und auf mitgliedstaatlicher Ebene. Es wird vielfach als zu starr, zu teuer und unflexibel empfunden[188]. Da die Regelungen über die Kapitalherabsetzung durch die Zweite gesellschaftsrechtliche Richtlinie vorgegeben sind, kann eine Deregulierung dieser Bestimmungen auf nationaler Ebene nur erfolgen, wenn der Richtliniengeber entweder die Richtlinie selbst inhaltlich umgestaltet oder er den Mitgliedstaaten einen Gestaltungsspielraum eröffnet[189]. Die **Überprüfung der Kapitalrichtlinie** war deshalb ua Gegenstand der 1996 gestarteten Initiative zur Vereinfachung der Rechtsvorschriften im Binnenmarkt (Simpler Legislation for the Internal Market – **SLIM**), die sich in ihrer vierten Phase mit dem Gesellschaftsrecht befasste. In Bezug auf die Kapitalrichtlinie unterbreitete die Arbeitsgruppe unter Vorsitz von *Eddy Wymeersch* in ihrem Bericht insgesamt sechs Vorschläge, von denen der dritte den Bereich der Kapitalherabsetzung betraf[190]. Nach der gültigen Fassung von Art 36 der Richtlinie ist eine Zwangseinziehung nur möglich, wenn diese durch die Satzung oder eine spätere Satzungsänderung zugelassen ist. Sieht die Satzung keine Möglichkeit der Einziehung vor, kann diese nur im Wege der Satzungsänderung für junge Aktien eröffnet werden. Sollen auch bereits vor der Satzungsänderung emittierte Aktien erfasst werden, müssen die betroffenen Aktionäre der Einziehung zustimmen, was bei einer Publikumsaktiengesellschaft faktisch ausgeschlossen sein dürfte. Die Arbeitsgruppe hat vorgeschlagen, die Zwangseinziehung auch für den Fall zuzulassen, dass ein Aktionär mindestens 90 % aller Aktien der Gesellschaft hält und die ausstehenden Minderheitsaktionäre auskaufen will. Die Arbeitsgruppe befürwortete also eine Ausweitung der Möglichkeit einer Zwangseinziehung von Aktien durch die Einführung eines **Squeeze-Out**[191]. Der Vor- 104

---

188 Einzelheiten bei *Grundmann* Europäisches Gesellschaftsrecht, 2004, 320–322 mwN.

189 In Großbritannien war man beispielsweise bestrebt, die gesellschaftsrechtlichen Regelungen übersichtlicher, flexibler und einfacher auszugestalten. Die Regeln über die Kapitalherabsetzung bei den public companies wurden bei der Reform des Gesellschaftsrechts 2006 jedoch ausgeklammert, da dem nationalen Gesetzgeber aufgrund der strikten Richtlinienvorgaben ein entsprechender Regelungsauftrag fehlte, vgl *Department of Trade and Industry* White Paper: Modern Company Law For A Competitive Economy v 16.7.2002, para 10.4. Zum White Paper vgl etwa *Goddard* „Modernising Company Law“: The Government's White Paper, Modern Law Review 2003, 402–424.

190 Der Bericht der *Arbeitsgruppe* ist zu finden unter http://ec.europa.eu/internal_market/company/docs/official/6037de.pdf (abgerufen am 31.12.2010). Vgl dazu *Stühmer* SLIM – eine Schlankheitskur für das EU-Gesellschaftsrecht – Die Vorschläge der SLIM-Kommission zur Modifizierung der Zweiten Gesellschaftsrechtlichen Richtlinie, 2003; *Baldamus* Reform der Kapitalrichtlinie, 2002, S 116 ff; *Drygala* Die Vorschläge der SLIM-Arbeitsgruppe zur Vereinfachung des Europäischen Gesellschaftsrechts, AG 2001, 291; *Kallmeyer* SLIM – Schlankheitskur für das EU-Gesellschaftsrecht, AG 2001, 406; *van Hulle* Aktuelle Entwicklungen im europäischen Gesellschaftsrecht, EWS 2000, 521, 523 f; *Seibert* Gesellschaftsrechtliche Reformvorhaben in Deutschland und Europa, in Schmidt/Riegger (Hrsg), Gesellschaftsrecht 1999, 2000, S 323, 326 f.

191 Auf den Umstand, dass der Squeeze-Out keine Maßnahme der Kapitalherabsetzung ist und die auf europäischer Ebene geführte Reformdiskussion ihn daher eigentlich nicht in den zutreffenden Zusammenhang einordnet, wurde bereits hingewiesen (s o 29 aE). Denn die Kapitalrichtlinie regelt nach ihren Erwägungsgründen 2 und 3 nur Kapitalveränderungen, nicht aber Einzelheiten des Erwerbs oder Verlusts der Mitgliedschaft. An der sachlichen Berechtigung des Vorschlags (dazu im Detail sogleich 105 ff) ändert dies jedoch nichts.

schlag der Arbeitsgruppe mündete in einen Bericht der Kommission an das Europäische Parlament und den Rat. Die Kommission stimmte dem Vorschlag der Arbeitsgruppe zu[192].

105 Der Vorschlag der Arbeitsgruppe stieß auch in Deutschland zu Recht auf grundsätzliche Zustimmung[193]. Denn die verbleibenden Kleinaktionäre haben aufgrund ihrer geringen Beteiligung ohnehin **keinen unternehmerischen Einfluss** mehr inne; ihre Aktien stellen eine reine Kapitalanlage dar. Wenn sie für diese angemessen entschädigt werden, können sie aus der Gesellschaft gedrängt werden. Denn für den Hauptaktionär geht mit Kleinaktionären immer auch ein **gewisser Aufwand** einher. Man denke nur an die Kosten der Einberufung einer Hauptversammlung, an die Kosten, die eine Börsennotierung verursacht, an missbräuchliche Anfechtungsklagen und vieles mehr. Dieser Lasten kann sich der Hauptaktionär mit einem Squeeze-Out entledigen, ohne dass die Minderheitsaktionäre dadurch finanzielle Nachteile erleiden. Ein unzulässiger, weil verfassungswidriger Eingriff liegt hierin nicht[194], solange der Aktionär ausreichend abgefunden wird, denn es steht dem Gesetzgeber frei, die Grenzen der mitgliedschaftlichen Stellung zu regeln[195].

106 Allerdings fällt der Vorschlag der Arbeitsgruppe etwas weit aus, da er sich auf alle Aktiengesellschaften erstreckt. Ein Teil des Schrifttums[196] fordert eine **Begrenzung des Squeeze-Out auf börsennotierte Gesellschaften**, da bei geschlossenen Gesellschaften, die von vornherein eine Beteiligung von Minderheitsaktionären mit weniger als 10 % aufweisen, kein Bedürfnis für eine solche Regelung bestehe. In der Tat liegen bislang noch keine Erfahrungswerte vor, ob beispielsweise für den Hauptaktionär einer Familiengesellschaft Splitterbeteiligungen eher nützlich oder eher lästig sind. Hinzu kommt, dass gerade bei nichtbörsennotierten Gesellschaften der von Splitterbeteiligungen verursachte Aufwand deutlich geringer ist als bei börsennotierten. Kennen sich gar die Aktionäre persönlich und arbeiten seit längerem vertrauensvoll zusammen, bedarf es einer besonderen Rechtfertigung, einem von ihnen das Recht zum Ausschluss der anderen zu geben. Vor

---

192 Bericht der Kommission an das Europäische Parlament und den Rat v 4.2.2000 – Ergebnisse der vierten Phase der SLIM-Initiative, KOM(2000) 56 endg, S 6. Er ist zu finden unter http://europa.eu/comm/internal_market/simplification/docs/com2000-56/com2000-56_de.pdf (abgerufen am 31.12.2010).

193 *Kallmeyer* SLIM Schlankheitskur für das EU-Gesellschaftsrecht, AG 2001, 406, 408 f. Dies zeigt nicht zuletzt die 2001 (vgl oben 29 Fn 47) erfolgte Einführung der §§ 327a ff, mit denen der Squeeze-Out in Deutschland ermöglicht wurde.

194 BGH ZIP 2005, 2107 f; BGH AG 2006, 887; OLG Düsseldorf AG 2004, 207, 208 mwN; WM 2005, 1948, 1950 f; OLG Hamburg AG 2003, 441, 443; AG 2003, 696 f; NZG 2003, 978, 979; NZG 2005, 86; OLG Köln AG 2004, 39, 40 f; OLG Oldenburg AG 2002, 682; OLG Stuttgart AG 2004, 105, 108; *Fleischer* Das neue Recht des Squeeze out, ZGR 2002, 757, 764; *Fuhrmann* Das Freigabeverfahren bei Squeeze out-Beschlüssen, Der Konzern 2004, 1, 2; *Hüffer*[9] § 327a, 4 mwN; aA LG Wuppertal AG 2004, 161 f; *H Hanau* Der Bestandsschutz der Mitgliedschaft anlässlich der Einführung des „Squeeze Out“ im Aktienrecht, NZG 2002, 1040 ff.

195 BVerfG AG 2001, 42 – „Motometer“; AG 2007, 544; AG 2010, 160.

196 *Drygala* Die Vorschläge der SLIM-Arbeitsgruppe zur Vereinfachung des Europäischen Gesellschaftsrechts, AG 2001, 291, 298; *Fleischer* ZGR 2002, 757, 770 ff; *Habersack* Der Finanzplatz Deutschland und die Rechte der Aktionäre – Bemerkungen zur bevorstehenden Einführung des „Squeeze Out“, ZIP 2001, 1230, 1232 ff; *Hüffer*[9] § 327a, 4a; *Merkt* Zum Verhältnis von Kapitalmarktrecht und Gesellschaftsrecht in der Diskussion um die Corporate Governance, AG 2003, 126, 133; aA *DAV-Handelsrechtsausschuss* NZG 1999, 850, 852 li Sp.

einer Einbeziehung auch der nichtbörsennotierten Gesellschaften in einen Squeeze-Out sollte daher diese Frage näher untersucht werden.

Außerdem erweist sich der Vorschlag der Arbeitsgruppe als einseitig, da er nur die Stellung des Hauptaktionärs beleuchtet. Kleinaktionäre sind in einer Gesellschaft, die von einem Hauptaktionär mit 95 % der Stimmen dominiert wird, gleichsam gefangen. Aufgrund der geringen Anzahl an frei handelbaren Aktien wird ein regelmäßiger Börsenhandel nicht mehr stattfinden. Ihr Kapital ist in der Gesellschaft gebunden, obwohl sie es vielleicht in anderer Form investieren möchten. Wenn man schon die Möglichkeit eines Squeeze-Out einräumt, muss man komplementär auch die Rechte der Kleinaktionäre stärken und ihnen die **Möglichkeit eines Sell-Out**, also eines einseitigen Austrittsrechts, eröffnen. Dies bietet nicht zuletzt den Vorteil, dass es die Liquidität der Kapitalmärkte erhöht, da uU unrentable Splitterbeteiligungen abgebaut und die Kapitalien reinvestiert werden können. **107**

Kritisiert wurde auch, dass der Vorschlag der Arbeitsgruppe keine Aussage dazu enthält, ob bei der **Berechnung der 90 %-Grenze** auch von Tochtergesellschaften des Hauptaktionärs gehaltene Beteiligungen einbezogen werden[197]. Dies wird zu Recht gefordert, denn ansonsten würde man den Hauptaktionär zu dem Umweg zwingen, zunächst die Aktien der Tochter zu übernehmen, bevor er einen Squeeze-Out durchführen kann. **108**

Ab Herbst 2001 verfolgte die **High Level Group of Company Law Experts** unter Vorsitz von *Jaap Winter* die Vorschläge der SLIM-Arbeitsgruppe weiter. In ihrem **ersten Bericht** beleuchtete diese Kommission die Einführung eines Squeeze-Out und konsequenterweise[198] die eines Sell-Outs im Zusammenhang mit dem Übernahmerecht und befürwortete eine Regelung beider Bereiche auf europäischer Ebene[199]. **109**

In ihrem **zweiten Bericht**[200], dessen Auftrag sich nicht nur auf das Thema Unternehmensübernahmen erstreckte und dem eine umfangreiche Konsultation vorausging[201], ging die Winter-Kommission noch einen Schritt weiter und regte die generelle Einführung des Squeeze-Out und des Sell-Out für Publikumsgesellschaften an, ohne dass dazu vorher eine Unternehmensübernahme stattgefunden haben muss. Dabei wies die Winter-Kommission allerdings zu Recht[202] darauf hin, dass eine Erstreckung dieser Regel auf Gesellschaften mit geschlossenem Gesellschafterkreis zuvor einer näheren Untersuchung **110**

---

197 *Drygala* AG 2001, 291, 298.

198 S o 107.

199 Report of the High Level Group of Company Law Experts on Issues related to Takeover Bids v 10.1.2002, S 11 f, 54 ff, http://ec.europa.eu/internal_market/company/docs/takeoverbids/2002-01-hlg-report_en.pdf (abgerufen am 31.12.2010).

200 Report of the High Level Group of Company Law Experts on a Modern Regulatory Framework for Company Law in Europe v 4.11.2002, S 13, 15 (Punkt IV 9), 21 (Punkt VI 9), 85 f, 109 f, http://ec.europa.eu/internal_market/company/docs/modern/report_en.pdf (abgerufen am 31.12.2010). Dazu etwa *Drygala* Stand und Entwicklung des europäischen Gesellschaftsrechts, ZEuP 2004, 337 ff; *Habersack* Europäisches Gesellschaftsrecht im Wandel, NZG 2004, 1 ff; *Maul* Vorschläge der Expertengruppe zur Reform des EU-Gesellschaftsrechts, DB 2003, 27 ff; *Merkt* Der Kapitalschutz in Europa – ein rocher de bronze?, ZGR 2004, 305, 306; *Noack* Neue Entwicklungen im Aktienrecht und moderne Informationstechnologie 2003–2005, NZG 2004, 297 ff.

201 Dazu *Arbeitsgruppe Europäisches Gesellschaftsrecht* Stellungnahme v Juni 2002, ZIP 2002, 1310 ff; *Wiesner* Fundgrube der globalen Reformdebatte – Zum Endbericht der „Expertengruppe über Gesellschaftsrecht und Unternehmensführung“ (sog Winter-Gruppe), GmbHR 2002, R 457–R 459.

202 Zu den Argumenten s o 106.

bedarf[203]. Sodann beschäftigte sich die Winter-Kommission mit der Frage, ob man an den Kapitalaufbringungs- und Kapitalerhaltungsregeln festhalten sollte. Sie schlägt ein zweistufiges Vorgehen vor, bei dem man zunächst an den grundlegenden Vorgaben der Kapitalrichtlinie festhalten und diese in ihren Details reformieren sollte. Zu einem späteren Zeitpunkt soll ein alternatives Regelungsmodell entwickelt werden, bei dem auf das Mindestkapital verzichtet werde, die Aktionärsrechte aber beibehalten werden können[204]. Vor diesem Hintergrund schlug die Winter-Kommission drei Verbesserungen des Rechts der Kapitalherabsetzung in der Zweiten gesellschaftsrechtlichen Richtlinie vor. Das **Recht auf Sicherheitenbestellung** solle nicht nur bei Kapitalherabsetzungen gewährt werden, sondern **bei allen Umstrukturierungsmaßnahmen**[205]. Bei einer Kapitalherabsetzung solle der Gläubiger die **Beweislast** dafür tragen, dass die geplante Kapitalherabsetzung schädliche Auswirkungen für ihn haben kann und ihm deshalb ein Recht auf Bestellung angemessener Sicherheiten zusteht[206]. Diese Beweislast stelle sicher, dass kein Gläubiger eine Kapitalherabsetzung willkürlich in die Länge ziehen oder blockieren könne[207]. Für den Fall eines Festhaltens am System der Kapitalaufbringung und -erhaltung müsse man weiterhin darüber nachdenken, den Gläubigern nicht nur bei einer ordentlichen, sondern auch bei einer vereinfachten Kapitalherabsetzung das Recht auf **Einräumung von Sicherheiten** zuzugestehen. Zwar werde bei dieser Art der Kapitalherabsetzung kein Vermögen an die Aktionäre ausgeschüttet, doch erlaube diese Maßnahme künftige Ausschüttungen in einem Ausmaß, das vor der Kapitalherabsetzung nicht möglich war[208] (zur Kritik an den Vorschlägen s § 225, 8 ff).

111 Die Ergebnisse der High Level Group flossen in den **Aktionsplan der Kommission über die Modernisierung des Gesellschaftsrechts und Verbesserung der Corporate Governance in der Europäischen Union**[209] ein. Der Aktionsplan differenziert zwischen kurzfristigen, mittel- und langfristigen Maßnahmen. Die Kommission begrüßt die von der SLIM-Initiative und der High Level Group unterbreiteten Vorschläge zur Änderung der Kapitalrichtlinie. Diese Vorschläge ordnet sie den kurzfristig angestrebten Maßnah-

203 Report (Fn 200) S 21 (Punkt VI 9), 110.

204 Report (Fn 200) S 78–81.

205 Report (Fn 200) S 15 (Punkt IV 6), 21 (Punkt VI. 8.), 84, 109.

206 Report (Fn 200) S 15 (Punkt IV 6), 84.

207 Darüber hinaus ist zu bedenken, dass die Gläubiger oft durch die Sicherheitsleistung besser gestellt werden, so dass die Kapitalherabsetzung für sie einen windfall profit bedeutet. Kritisch zu dieser auch in der Schweiz bestehenden Problematik *Böckli* SJZ 2008, 333, 335.

208 Report (Fn 200) S 15 (Punkt IV 6), 84.

209 Mitteilung der Kommission an den Rat und das Europäische Parlament – Modernisierung des Gesellschaftsrechts und Verbesserung der Corporate Governance in der Europäischen Union – Aktionsplan v 21.5.2003, KOM(2003) 284 endgültig. Dazu etwa *DAV Handelsrechtsausschuss* Stellungnahme v 9.10.2003, ZIP 2003, 1909; eine erweiterte Fassung findet sich unter http://www.anwaltverein.de/03/05/2003/51-03.pdf (abgerufen am 22.3.2007); *Bundesverband der Deutschen Industrie, Bundesvereinigung der Deutschen Arbeitgebervereinigungen, Deutsches Aktieninstitut* Stellungnahme v 9.7.2003 zu finden unter http://www.jura.uni-duesseldorf.de/dozenten/noack/Texte/Sonstige/BDI.doc (abgerufen am 31.12.2010); Deutscher *Gewerkschaftsbund* Stellungnahme v 28.8.2004 zu finden unter http://www.dgb.de/themen/themen_ a_z/abisz_doks/a/aktionsplan.pdf (abgerufen am 22.3.2007); *Habersack* Europäisches Gesellschaftsrecht im Wandel, NZG 2004, 1; *van Hulle/Maul* Aktionsplan zur Modernisierung des Gesellschaftsrechts und Stärkung der Corporate Governance, ZGR 2004, 484; *Maul/Eggenhofer/Lanfermann* Aktionsplan der Europäischen Kommission zur Reform des Europäischen Gesellschaftsrechts, BB 2003, 1289; *Wiesner* Corporate Governance und kein Ende, ZIP 2003, 977.

men zu, die im Zeitraum von 2003 bis 2005 umgesetzt werden sollten[210]. Inzwischen wurden erste kurzfristige Maßnahmen in der Richtlinie 2006/68/EG[211] verabschiedet. Dazu gehört eine Änderung des Art 32, der Kapitalherabsetzungen betrifft. Sell-Out und Squeeze-Out wurden auf Vorschlag des Rechtsausschusses des Parlaments ausgeklammert, um die politische Einigung über die Richtlinie zu erleichtern[212].

Die von der High Level Group vorgeschlagene Prüfung einer **Regelungsalternative zum derzeitigen Kapitalerhaltungskonzept** der Zweiten Richtlinie wird dagegen zu den langfristigen Maßnahmen gezählt, die ab 2009 aufgegriffen werden sollen[213]. Dazu müsse nach Ansicht der Kommission zunächst geklärt werden, wie ein solches alternatives System aussehen könnte und ob es für Aktionäre und Dritte einen zuverlässigen Schutz biete[214]. Zu diesem Zweck hat die Kommission am 14.3.2006 eine Machbarkeitsstudie in Auftrag gegeben, die seit Januar 2008 vorliegt[215]. Die Diskussion ist voll entbrannt und das Für und Wider eines Abschieds vom System des gesetzlichen Garantiekapitals wird derzeit umfassend diskutiert[216]. **112**

210 Aktionsplan (Fn 209) S 20 f, 29. Zustimmend *DAV Handelsrechtsausschuss* (Fn 209), S 14; ebenso *Bundesverband der Deutschen Industrie, Bundesvereinigung der Deutschen Arbeitgebervereinigungen, Deutsches Aktieninstitut* (Fn 209), S 6.

211 Fundstelle oben 37 Fn 59. Dazu *Oechsler* ZHR 170 (2006) 72; *Ekkenga* Der Konzern 2007, 413 ff.

212 Bericht über den Vorschlag für eine Richtlinie des Europäischen Parlaments und des Rates zur Änderung der Richtlinie 77/91/EWG des Rates in Bezug auf die Gründung von Aktiengesellschaften und die Erhaltung und Änderung ihres Kapitals (KOM(2004) 730 – C6-0169/2004 – 2004/0256 (COD)) – Rechtsausschuss – v 28.2.2006, A6-0050/2006.

213 Aktionsplan (Fn 209) S 30. Ablehnend *DAV Handelsrechtsausschuss* (Fn 209), S 14; *Bundesverband der Deutschen Industrie, Bundesvereinigung der Deutschen Arbeitgebervereinigungen, Deutsches Aktieninstitut* (Fn 209), S 8 f; *Arbeitsgruppe Europäisches Gesellschaftsrecht* Stellungnahme v Juli 2003, ZIP 2003, 863, 871 f.

214 Dazu die in Fn 213 Genannten sowie – statt vieler – die Beiträge von *Merkt* ZGR 2004, 305; *Mülbert* Zukunft der Kapitalaufbringung/Kapitalerhaltung, Der Konzern 2004, 151; *Schön* Die Zukunft der Kapitalaufbringung/-erhaltung, Der Konzern 2004, 162 jeweils mwN.

215 http://ec.europa.eu/internal_market/company/capital/index_de.htm (abgerufen am 31.12.2010).

216 Vgl etwa *Armour* Share Capital and Creditor Protection: Efficient Rules for a Modern Company Law, 63 Mod. L. Rev. (2000) 355 ff; *Engert* Solvenzanforderungen als gesetzliche Ausschüttungssperre bei Kapitalgesellschaften, ZHR 170 (2006), 296 ff; *Enriques/Macey* Creditors Versus Capital Formation: The Case Against the European Legal Capital Rules, 86 Cornell L. Rev. 1165 (2001); *Kübler* The Rules of Capital Under Pressure of the Securities Markets, in Hopt/Wymeersch (Hrsg), Capital Markets and Company Law, 2003, 95 ff; *Lutter* Das (feste) Grundkapital der Aktiengesellschaft in Europa, in Lutter, Das Kapital der Aktiengsellschaft in Europa, 2006, 1 ff; *Marx* Der Solvenztest als Alternative zur Kapitalerhaltung in der Aktiengesellschaft, 2006; *Merkt* Der Kapitalschutz in Europa – ein rocher de bronze?, ZGR 2004, 305 ff; *Merkt* Creditor Protection and Capital Maintenance from a German Perspective, EBLR 15 (2004) 1045 ff; *Mülbert* Zukunft der Kapitalaufbringung/Kapitalerhaltung, Der Konzern 2004, 151; *Mülbert/Birke* Legal Capital – Is There a Case against the European Legal Capital Rules? EBOR 3 (2002), 695 ff; *Rickford* Reforming Capital, Report of the Interdisciplinary Group on Capital Maintenance, 15 EBLR (2004), 919 ff; *Wymeersch* Company Law in Europe and European Company Law, in Referate für den 1. Europäischen Juristentag, 2001, S 85 Rn 43. S a oben *Henze/Notz* Vor § 53a–75, 54 f.

§ 222
Voraussetzungen

(1) [1]Eine Herabsetzung des Grundkapitals kann nur mit einer Mehrheit beschlossen werden, die mindestens drei Viertel des bei der Beschlußfassung vertretenen Grundkapitals umfaßt. [2]Die Satzung kann eine größere Kapitalmehrheit und weitere Erfordernisse bestimmen.

(2) [1]Sind mehrere Gattungen von stimmberechtigten Aktien vorhanden, so bedarf der Beschluß der Hauptversammlung zu seiner Wirksamkeit der Zustimmung der Aktionäre jeder Gattung. [2]Über die Zustimmung haben die Aktionäre jeder Gattung einen Sonderbeschluß zu fassen. Für diesen gilt Absatz 1.

(3) In dem Beschluß ist festzusetzen, zu welchem Zweck die Herabsetzung stattfindet, namentlich ob Teile des Grundkapitals zurückgezahlt werden sollen.

(4) [1]Die Herabsetzung des Grundkapitals erfordert bei Gesellschaften mit Nennbetragsaktien die Herabsetzung des Nennbetrags der Aktien. [2]Soweit der auf die einzelne Aktie entfallende anteilige Betrag des herabgesetzten Grundkapitals den Mindestbetrag nach § 8 Abs. 2 Satz 1 oder Abs. 3 Satz 3 unterschreiten würde, erfolgt die Herabsetzung durch Zusammenlegung der Aktien. [3]Der Beschluß muß die Art der Herabsetzung angeben.

Übersicht

Schrifttum

s Vor § 222

I. Gesetzesgeschichte

Vorläufer des § 222 ist § 175 AktG 1937[1]. Dieser wurde mit einer Änderung in Abs 2, die auf den neu eingeführten § 138 zurückzuführen ist, wörtlich übernommen[2]. 1

Durch Art 1 Nr 17 des **Gesetzes für kleine Aktiengesellschaften und zur Deregulierung des Aktienrechts** v 2.8.1994, BGBl I 1961[3], wurde in Abs 2 S 1 das Wort „stimmberechtigt" eingefügt. Diese Änderung diente der Klarstellung. § 141 regelt abschließend die Beschlussgegenstände, bei denen die Vorzugsaktionäre stimmberechtigt sind. Die Vorschrift des § 141 geht damit den Regelungen über die Kapitalerhöhung und die Kapitalherabsetzung als lex specialis vor. Die damals herrschende Auffassung war daher der Ansicht, dass es zu einer Kapitalerhöhung und -herabsetzung, die die Vorzugsaktien nicht beeinträchtigen, keines Sonderbeschlusses der Vorzugsaktionäre bedurfte. Um dies auch im Wortlaut deutlich zu machen, wurde in § 182 Abs 2 S 1 und in § 222 Abs 2 S 1 jeweils das Wort „stimmberechtigt" eingefügt[4]. 2

Anlässlich der Europäischen Währungsunion und der damit verbundenen Umstellung auf den Euro führte der Gesetzgeber die nennwertlosen Stückaktien ein[5] und fasste deshalb Abs 4 neu. Eine Herabsetzung des Grundkapitals der Gesellschaft erfordert nur bei Nennbetragsaktien eine Anpassung auch der einzelnen Aktien und damit der mitgliedschaftlichen Stellung des Aktionärs. Denn die Summe der Nennbeträge der einzelnen Aktien muss der Kapitalziffer des Grundkapitals insgesamt entsprechen. Bei nennwertlosen Stückaktien wird demgegenüber von vornherein nur der Gesamtbetrag des Grundkapitals verändert. Da Stückaktien nur einen Anteil des Grundkapitals repräsentieren (vgl § 8 Abs 3 S 2), wirkt sich eine Kapitalherabsetzung nicht auf die einzelne Aktie aus. Folglich musste die Vorschrift des früheren Abs 4 Nr 1, die die Auswirkungen der Kapitalherabsetzung auf die Einzelaktie regelte, nun auf Nennbetragsaktien beschränkt werden. Diesem Zweck dient der neue Abs 4 S 1[6]. 3

Der zweite Regelungsgehalt des früheren Abs 4 bezog sich auf die Frage der Unterschreitung des Mindestnennbetrags der Aktien durch eine Kapitalherabsetzung. Da sowohl die Nennbetragsaktie als auch die Stückaktie einen Mindestbetrag von einem Euro aufweisen müssen (§ 8 Abs 2 S 1 und 2 sowie § 8 Abs 3 S 2 und 3), war eine Rege- 4

---

[1] Zur Geschichte der Kapitalherabsetzung im Allgemeinen s Vor § 222, 72 ff.

[2] *Kropff* AktG 1965, S 317.

[3] Dazu *Dehmer* Die kleine Aktiengesellschaft, WiB 1994, 753; *Hahn* „Kleine AG", eine rechtspolitische Idee zum unternehmerischen Erfolg, DB 1994, 1659; *Heckschen* Die „kleine AG" und Deregulierung des Aktienrechts – Eine kritische Bestandsaufnahme, DNotZ 1995, 275; *Lutter* Das neue „Gesetz für kleine Aktiengesellschaften und zur Deregulierung des Aktienrechts", AG 1994, 429; *Planck* Kleine AG als Rechtsform-Alternative zur GmbH, GmbHR 1994, 501; *Seibert* Gesetzentwurf – Kleine AG und Aktienrechtsderegulierung, ZIP 1994, 247; *Trölitzsch* Musterformulare für kleine Aktiengesellschaften, WiB 1994, 795 (I), 844 (II); *Wiesner* Zur Deregulierung des Aktienrechts, WM 1988, 1841.

[4] RegE, BT-Drucks 12/6721, S 10 (zu § 182 Abs 2), S 11 (zu § 222 Abs 2 S 1).

[5] Art 1 Nr 32 des Gesetzes über die Zulassung von Stückaktien v 25.3.1998, BGBl I 590. Zum Gesetz und zur Umstellung auf den Euro vgl die Nachweise Vor § 222, 87 Fn 177.

[6] Begründung des RegE zum StückAG, BT-Drucks 13/9573, S 18.

lung zur Unterschreitung des Mindestnennbetrags sowohl für Nennbetrags- wie für Stückaktien erforderlich. Deshalb wurde die Regelung des früheren Abs 4 Nr 2, der die Vermeidung einer Unterschreitung des Mindestnennbetrags durch eine Zusammenlegung von Aktien regelte, in Abs 4 S 2 nF übernommen und auf Stückaktien ausgedehnt[7].

5 Der frühere S 2 findet sich unverändert im heutigen S 3[8].

II. Normzweck

6 Die Vorschrift enthält die wesentlichen Voraussetzungen der ordentlichen Kapitalherabsetzung. Zunächst spricht sie die Notwendigkeit eines Hauptversammlungsbeschlusses aus. Sie regelt die Mehrheitserfordernisse (Abs 1), die Zustimmungserfordernisse (Abs 2) und die Anforderungen an den Inhalt des Beschlusses (Abs 3, Abs 4 S 3). Ihr Abs 4 S 2 schreibt die Wahrung der Mindestkapitalbeträge (§ 8 Abs 2 S 1 für Nennbetragsaktien und § 8 Abs 3 S 3 für Stückaktien) vor. In Bezug auf Nennbetragsaktien legt sie fest, dass eine Herabsetzung des Nennwerts der Aktien Vorrang vor einer Zusammenlegung von Aktien hat (Abs 4 S 1 und 2).

7 Eine ordentliche Kapitalherabsetzung ist zu jedem Zweck möglich und erlaubt damit auch die Verteilung von Gesellschaftsvermögen an die Aktionäre (§ 222 Abs 3 HS 2). Die Kapitalherabsetzung kommt in einem solchen Fall einer Teilauflösung der Gesellschaft gleich. Damit besteht die Notwendigkeit eines Schutzes der Gläubiger (vgl dazu die Kommentierung des § 225) und darüber hinaus auch der Aktionäre, da deren Mitgliedschaftsrechte berührt sind. Die in § 222 enthaltenen verfahrensrechtlichen Vorgaben dienen teils dem **Gläubiger-** und teils **dem Aktionärsschutz** oder **beidem**; die Gesellschaft kann ohne Einhaltung dieser Regeln, die eine Ausnahme vom Verbot der Einlagenrückgewähr (§ 57 Abs 1) darstellen[9], keine Verteilung von Gesellschaftsvermögen vornehmen[10]. Demgegenüber bezweckt Abs 4 S 2 ausschließlich den **Schutz der Mitgesellschafter** vor Aushöhlung ihrer Rechtsstellung, da die Herabsetzung des Mindestnennbetrags einen schonenderen Eingriff in die mitgliedschaftliche Stellung bedeutet als die Zusammenlegung von Aktien, durch die sich nämlich auch die Beteiligungsquoten verändern können (s u 52 ff)[11].

8 Aufgrund der in § 237 Abs 2 S 1 enthaltenen Verweisung findet die Vorschrift auch Anwendung auf die Kapitalherabsetzung durch Einziehung von Aktien. § 229 Abs 3 erklärt die Abs 1, 2 und 4 der Vorschrift für anwendbar auf die vereinfachte Kapitalherabsetzung.

III. Ablauf der ordentlichen Kapitalherabsetzung im Überblick

9 Die ordentliche Kapitalherabsetzung setzt folgende Schritte voraus:

- Eine Kapitalherabsetzung, die eine Satzungsänderung darstellt (s Vor § 222, 32), erfordert einen Hauptversammlungsbeschluss (Abs 1). Der Beschluss muss den genauen Betrag enthalten, um den das Grundkapital herabgesetzt wird (Abs 4 S 1). Weiterhin

---

[7] Begründung des RegE zum StückAG, BT-Drucks 13/9573, S 18.

[8] Begründung des RegE zum StückAG, BT-Drucks 13/9573, S 18.

[9] MK/*Oechsler*[2] 37; *Hüffer*[9] 20; KK/*Lutter*[2] § 224, 16 f.

[10] *Hüffer*[9] 1.

[11] MK/*Oechsler*[2] 6; *Hüffer*[9] 1.

muss der Zweck der Kapitalherabsetzung angegeben werden (Abs 3). Schließlich muss der Beschluss die Art und Weise der Kapitalherabsetzung (Herabsetzung des Nennbetrags der Aktien oder Zusammenlegung von Aktien oder Einziehung von Aktien) enthalten (Abs 4 S 3).

- Sofern mehrere Aktiengattungen vorhanden sind, müssen entsprechende Sonderbeschlüsse der einzelnen Aktiengattung herbeigeführt werden (Abs 2 und § 141).
- Vorstand und Aufsichtsrat müssen den Beschluss zum Handelsregister anmelden (§ 223). Dabei ist insbesondere § 181 Abs 1 S 2 zu beachten, wonach eine notarielle Bescheinigung darüber einzureichen ist, dass der geänderte Wortlaut der Satzung mit dem Beschluss der Hauptversammlung übereinstimmt und die übrigen unveränderten Bestimmungen der Satzung mit der dem Register vorliegenden letzten Fassung der Satzung übereinstimmen. Der Registerrichter prüft die Zulässigkeit und Gültigkeit des Beschlusses. Wie § 224 zeigt, kommt der Eintragung ins Handelsregister konstitutive Wirkung zu, denn erst mit seiner Eintragung wird der Beschluss wirksam. Das Registergericht muss den Beschluss bekannt machen und dabei die Gläubiger auf das Recht, Sicherheitsleistung zu verlangen, aufmerksam machen (§ 225 Abs 1 S 2). Mit der Bekanntmachung beginnt die Sperrfrist des § 225 Abs 2 S 1 zu laufen.
- Sodann erfolgt die Durchführung der Kapitalherabsetzung. Bei einer Reduzierung des Nennwerts erfolgt eine Berichtigung der Aktien und ggf eine Kraftloserklärung nach § 73. Sofern es sich um eine Kapitalherabsetzung durch Zusammenlegung von Aktien handelt, erfolgt diese nach dem in § 226 vorgesehenen Verfahren (§ 226).
- Ist die Kapitalherabsetzung durchgeführt, meldet der Vorstand die Durchführung zum Handelsregister an (§ 227). Die Eintragung hat lediglich deklaratorische Bedeutung. Die Anmeldung des Kapitalherabsetzungsbeschlusses (§ 223) und die seiner Durchführung (§ 227 Abs 1) können miteinander verbunden werden (§ 227 Abs 2). Dies wird sich regelmäßig dann anbieten, wenn kein Verfahren der Kraftloserklärung nach §§ 73, 226 erforderlich ist.
- In der Bilanz ist der Herabsetzungsbetrag vom gezeichneten Kapital (§ 266 Abs 3 A I HGB) abzuziehen. Die Kapitalherabsetzung führt zu einem Buchertrag; er ist in der Gewinn- und Verlustrechnung gesondert als Ertrag aus der Kapitalherabsetzung auszuweisen (§ 240 S 1). Im Anhang ist zu erläutern, ob und in welcher Höhe die aus der Kapitalherabsetzung und aus der Auflösung von Gewinnrücklagen gewonnenen Beträge zum Ausgleich von Wertminderungen, zur Deckung von sonstigen Verlusten oder zur Einstellung in die Kapitalrücklage verwandt wurden (§ 240 S 3).

IV. Kapitalherabsetzungsbeschluss (Abs 1)

1. Formelle Voraussetzungen

a) Satzungsänderung. Der Beschluss über eine Kapitalherabsetzung stellt eine Satzungsänderung dar. Es sind damit die Regelungen über Satzungsänderungen anzuwenden (Einzelheiten Vor § 222, 32 ff). Der Beschluss über die Herabsetzung des Grundkapitals ändert die in der Satzung enthaltene Festsetzung der Grundkapitalziffer; einer gesonderten Satzungsänderung bedarf es nur, wenn durch die Kapitalherabsetzung andere Bestimmungen der Satzung unrichtig geworden sind (s Vor § 222, 34 f). **10**

b) Zuständigkeit. Zuständig für den Beschluss über die Kapitalherabsetzung ist die Hauptversammlung (§§ 119 Abs 1 Nr 6, 222 Abs 1). Dies entspricht Art 30 der Kapitalrichtlinie (s Vor § 222, 93). Der Beschluss kann in einer ordentlichen oder einer außer- **11**

ordentlichen Hauptversammlung gefasst werden, denn eine Kapitalherabsetzung kann selbstverständlich auch **unterjährig** vorgenommen werden. Da der Beschluss zugleich eine Satzungsänderung darstellt (s Vor § 222, 32 ff), handelt es sich um eine ausschließliche Zuständigkeit; der Vorstand kann daher nicht zur Vornahme einer Kapitalherabsetzung ermächtigt werden (s a 23)[12]. Auch sonstige Personen haben kein Mitspracherecht, auch wenn sich eine Kapitalherabsetzung auf ihre Rechtsstellung auswirkt, wie etwa bei Inhabern von eigenkapitalähnlichen Genussrechten (zu Einzelheiten s Vor § 222, 44 f, § 224, 17 ff)[13].

12 c) **Einberufung.** Die Einberufung der Hauptversammlung richtet sich nach den Regeln der §§ 121 ff. Es gilt damit die Einberufungsfrist des § 123. Gemäß § 124 Abs 2 S 2 ist in der Einladung der genaue Wortlaut der vorgeschlagenen Satzungsänderung und damit die genaue Höhe der Herabsetzung des Grundkapitals bekannt zu machen[14]. Da der Beschluss sowohl die Angabe des Zwecks (Abs 3) als auch die Art der Kapitalherabsetzung festsetzen muss (Abs 4 S 3), sind diese ebenfalls in der Einladung bekannt zu geben[15]. Dies entspricht Art 30 S 3 der Kapitalrichtlinie (s Vor § 222, 93). Die Bekanntmachung der vorgeschlagenen Satzungsänderung in der Einladung bindet die Hauptversammlung nicht inhaltlich; sie kann daher beispielsweise auch auf Gegenantrag eine andere Höhe der Kapitalherabsetzung beschließen[16].

13 Der Betrag, um den die einzelnen Aktien herabgesetzt werden sollen und das Verhältnis der Zusammenlegung von Aktien können, müssen aber nicht in der Einladung enthalten sein[17]. Abs 4 S 3 verlangt nur, dass der Beschluss der Hauptversammlung die Art der Herabsetzung angibt, nicht aber die Einzelheiten der Durchführung. Auf den ersten Blick erstaunt diese eng am Wortlaut orientierte Auslegung, denn man könnte unter Hinweis auf den bezweckten Schutz der Aktionäre auch für eine weite Auslegung plädieren. Die Herabsetzung des Nennwerts der einzelnen Aktien und das Zusammenlegungsverhältnis lassen sich aus den Angaben über die Herabsetzung des Grundkapitals errechnen. Es besteht im Schrifttum Einigkeit, dass die Hauptversammlung darüber hinausgehende Einzelheiten der Durchführung einer Kapitalherabsetzung der Verwaltung überlassen kann[18]. Wenn die Art der Durchführung somit nicht notwendiger Inhalt des Beschlusses ist, muss sie auch nicht in der Einladung konkretisiert werden. Hiervon muss man jedoch für den Fall eine Ausnahme machen, dass die Hauptversammlung Einzelheiten der Durchführung festlegen will[19].

14 Börsennotierte Gesellschaften müssen die Vorgaben der §§ 15, § 30c WpHG beachten (s Vor § 222, 48 f, 54, 58).

15 d) **Stellungnahme und Erläuterungspflicht der Verwaltung.** Vorstand und Aufsichtsrat müssen zu der geplanten Kapitalherabsetzung in der Einladung Stellung nehmen und damit deren Notwendigkeit erläutern (§ 124 Abs 3). Dazu können sie eine Zwischenbilanz vorlegen, müssen dies aber nicht[20].

---

12 KGJ 14 A 19; KK/*Lutter*[2] 3; *Hüffer*[9] 8, 12; MK/*Oechsler*[2] 12; MünchHdBAG-*Krieger*[3] § 60, 20; *Schilling* Voraufl 8.

13 MK/*Oechsler*[2] 17, § 229, 10.

14 *Hüffer*[9] 8; KK/*Lutter*[2] 4; MK/*Oechsler*[2] 13.

15 *Hüffer*[9] 8; MK/*Oechsler*[2] 13.

16 LG München I, Urt v 29.11.2007, 5 HK O 16391/07, ZIP 2008, 562 (Leitsatz) = BeckRS 2008 02051 (Volltext).

17 OLG Hamburg HRR 1928 Nr 1214; Baumbach/*Hueck*[13] 2; *Ritter*[2] § 175, 5c; KK/*Lutter*[2] 4; aA *Godin/Wilhelmi*[4] 4.

18 *Hüffer*[9] 13; KK/*Lutter*[2] 21; MK/*Oechsler*[2] 19.

19 KK/*Lutter*[2] 4; *Hüffer*[9] 8; aA OLG Hamburg HRR 1928 Nr 1214.

20 *Schilling* Voraufl 7.

In der Hauptversammlung muss der Vorstand die Aktionäre ausreichend über den Vermögensstand der Gesellschaft informieren, damit diese auf solider Informationsbasis über die Kapitalherabsetzung entscheiden können[21]. Auch hierzu ist die Vorlage einer Zwischenbilanz hilfreich. 16

e) **Mehrheiten und weitere Erfordernisse.** Der Kapitalherabsetzungsbeschluss erfordert die einfache *Stimmen*mehrheit (relative Mehrheit) nach § 133 und die *Kapital*mehrheit von drei Vierteln des bei der Abstimmung vertretenen Grundkapitals nach § 222 Abs 1 S 1[22]. Bei der Regelung des Abs 1 S 1, die nur die notwendige *Kapital*mehrheit regelt, handelt es sich also um ein „weiteres Erfordernis“ iSd § 133 Abs 1 HS 2[23]. Die einfache Stimmenmehrheit berechnet sich wie folgt: Gemäß § 134 Abs 1 S 1 wird das Stimmrecht nach Aktiennennbeträgen, bei Stückaktien nach deren Zahl ausgeübt. Gezählt werden nur die gültig abgegebenen Stimmen[24]. Eine **einfache Mehrheit** liegt dann vor, wenn die Zahl der Ja-Stimmen die der Nein-Stimmen um mindestens eine übertrifft. Bei Stimmengleichheit ist der Antrag abgelehnt[25]. Enthaltungen werden nicht mitgezählt[26] und werden insbesondere nicht den Nein-Stimmen zugeschlagen[27]. Stimmen, die aus gesetzlichen Gründen (vgl §§ 20 Abs 7 S 1, 21 Abs 4 S 1, 71b, 140 Abs 1, 328 Abs 1 AktG, § 28 S 1 WpHG) bei der Beschlussfassung nicht mitzählen, bleiben außer Betracht[28]. 17

Darüber hinaus erfordert der Kapitalherabsetzungsbeschluss eine **Mehrheit von mindestens drei Vierteln des** bei der Beschlussfassung vertretenen **Grundkapitals** (zur Ausnahme des § 237 Abs 4 S 2 s § 237, 112). Mit dieser § 179 Abs 2 S 1 entsprechenden Regelung trägt das Gesetz dem satzungsändernden Charakter des Beschlusses Rechnung. Die Art 30, 40 Abs 1 der Kapitalrichtlinie (s Vor § 222, 93 und 103) erfordern nur eine Mehrheit von zwei Dritteln der bei der Beschlussfassung vertretenen Stimmen oder des vertretenen gezeichneten Kapitals, so dass das deutsche Recht hier strengere Anforderungen aufstellt. Bei der Berechnung der notwendigen Kapitalmehrheit kommt es auf das bei der konkreten Abstimmung mit Ja oder Nein stimmende Kapital an. Stimmenthaltungen werden ebenso wenig mitgezählt wie Kapital, das aus gesetzlichen (zB §§ 20 Abs 7 S 1, 140 Abs 1 AktG, § 28 S 1 WpHG) oder freiwilligen Gründen an der Beschlussfassung nicht mitwirkt[29]. Abzuziehen ist auch das Kapital von stimmrechtslosen Vorzugsaktien (wenn das Stimmrecht nicht wieder aufgelebt ist)[30]. 18

Regelmäßig wird eine Abstimmung, bei der drei Viertel des Grundkapitals zustimmen, auch das Erfordernis der einfachen Mehrheit erfüllen. Bedeutung erlangt das doppelte Mehrheitserfordernis nur dann, wenn die Mehrheiten ausnahmsweise unterschiedlich berechnet werden. Dies ist bei nicht voll eingezahlten Aktien (vgl § 134 Abs 2) der Fall. Möglich ist ein Auseinanderfallen auch bei Höchststimmrechten (§ 134 Abs 1 S 2)[31], 19

---

21 *Schilling* Voraufl 7.

22 Auf die Ausnahmeregelung des § 4 Abs 2 S 1 EGAktG ist heute mangels Praxisrelevanz nicht mehr einzugehen.

23 *Hüffer*⁹ 9, § 133, 13 f; MK/*Oechsler*² 14; im Ergebnis auch KK/*Lutter*² 4, der dies allerdings aus einem Umkehrschluss aus Art 5 Abs 2 EGAktG herleiten will, einer Norm, die die Abschaffung von Mehrstimmrechtsaktien regelt und die wegen ihres Ausnahmecharakters daher kaum verallgemeinerungsfähig sein dürfte.

24 RGZ 106, 258, 263.

25 *Hüffer*[9] § 133, 12.

26 RGZ 20, 140, 144; 82, 386, 388; BGHZ 129, 136, 153 = NJW 1995, 1739, 1743 „Girmes“; *Hüffer*[9] § 133, 12.

27 BGHZ 83, 35, 36 f = NJW 1982, 1585.

28 *Hüffer*[9] § 133, 17.

29 *Hüffer*[9] 9, § 179, 14.

30 KK/*Lutter*[2] 5, § 182, 8

31 Ebenso KK/*Zöllner*[2] § 179, 152.

denn bei der Berechnung der Kapitalmehrheit bleibt die Beschränkung der Stimmkraft durch das Höchststimmrecht außer Betracht (§ 134 Abs 1 S 6), so dass sich das Höchststimmrecht nur bei der Berechnung der einfachen Mehrheit auswirkt. Schließlich kann bei Mehrstimmrechtsaktien, die nach § 5 Abs 1 EGAktG fortgelten, eine unterschiedliche Berechnung der beiden erforderlichen Mehrheiten vorkommen.

20 Die **Satzung** kann sowohl hinsichtlich des Erfordernisses der einfachen Mehrheit als auch hinsichtlich der Kapitalmehrheit von drei Vierteln **abweichende Regelungen** treffen (s a Vor § 222, 33). Allerdings ist Abs 1 S 1 halb zwingend, so dass die Kapitalmehrheit nur erhöht, nicht aber herabgesetzt werden kann (Abs 1 S 2). Die Satzung kann als „weitere Erfordernisse" iSd § 133 Abs 1 HS 2 beispielsweise ein Mindestquorum auf der Hauptversammlung, die Zustimmung einer zweiten Hauptversammlung oder die Zustimmung bestimmter Aktionäre vorsehen[32]. Umstritten ist, ob die Satzung anstelle der relativen Mehrheit oder anstelle der Kapitalmehrheit **Einstimmigkeit** bzw Zustimmung von 100 % des Kapitals vorsehen kann[33]. Eine solche Regelung erweist sich dann als problematisch, wenn die Gesellschaft eine Vielzahl an Aktionären aufweist und es daher faktisch nie zu einer Einstimmigkeit kommen wird. In diesem Fall wirkt sich das Einstimmigkeitserfordernis als ein Verbot der Satzungsänderung aus. Eine Satzungsbestimmung, die die Satzung für unabänderlich erklärt, verstößt nach allgemeiner Ansicht gegen die § 23 Abs 5, 179 Abs 2[34]. Man wird daher in Bezug auf die Wirksamkeit des Einstimmigkeitsprinzips nach Gesellschaftstypen differenzieren müssen. Handelt es sich um eine Gesellschaft, deren Aktien sich in Streubesitz befinden, bewirkt das Einstimmigkeitserfordernis in jedem Fall einen faktischen Ausschluss der Satzungsänderung und damit der Kapitalherabsetzung. Eine solche Klausel verstößt gegen die §§ 23 Abs 5, 179 Abs 2 und wäre damit nichtig[35]. Sie kann jedoch gemäß § 140 BGB dahingehend umgedeutet werden, dass Einstimmigkeit der erschienenen Aktionäre erforderlich ist[36]. Handelt es sich dagegen um eine Aktiengesellschaft mit sehr kleinem Aktionärskreis (zB eine Familienaktiengesellschaft), ist eine Satzungsbestimmung mit Einstimmigkeitserfordernis aller vorhandenen Aktionäre zulässig[37]. In der Praxis bereitet diese Unterscheidung allerdings dann Schwierigkeiten, wenn eine Gesellschaft im Laufe der Zeit ihren Charakter von einer unternehmerisch geprägten Gesellschaft mit kleinem Aktionärskreis hin zu einer Publikumsgesellschaft wandelt. Achten die Gesellschafter hier nicht auf eine Anpassung des Satzungsinhalts an die geänderten tatsächlichen Verhältnisse, kann es im Einzelfall durchaus vorkommen, dass eine ursprünglich einmal wirksame Satzungsbestimmung durch den erfolgten tatsächlichen Wandel im Aktionärskreis nichtig wird.

21 Die Regelung über die Beschlusserfordernisse gelten **auch für die SE**[38]. Zwar erfordert eine Satzungsänderung bei der SE nach Art 59 Abs 1 SE-VO nur eine Zweidrittelmehr-

---

[32] So auch KK/*Lutter*[2] 11; MK/*Oechsler*[2] 18.

[33] Für die Zulässigkeit einer solchen Regelung *Wiedemann* § 179, 121.

[34] S *Wiedemann* § 179, 3 sowie *Godin/Wilhelmi*[4] § 179, 1; *Hüffer*[9] § 179, 3; KK/*Zöllner*[2] § 179, 2; MK/*Oechsler*[2] 15; *Schilling* Voraufl 4.

[35] *Hüffer*[9] 10, § 179, 3, 20; aA *Wiedemann* § 179, 121; KK/*Zöllner*[2] § 179, 156 („Einstimmigkeit ist möglich, aber unzweckmäßig").

[36] *Hüffer*[9] § 179, 3, 20. Ähnlich MK/*Oechsler*[2] 15, der aber auch für diesen Fall auf die konkrete Zusammensetzung des Aktionärskreises abstellen will und danach fragt, ob eine einstimmige Entscheidung überhaupt realistisch ist.

[37] MK/*Oechsler*[2] 15; K Schmidt/Lutter/*Veil*[2] 16. Bei strengeren Satzungsanforderungen plädiert auch Spindler-Stilz/*Marsch-Barner*[2] 21, für eine Differenzierung nach dem Zuschnitt der Gesellschaft.

[38] *Mayer* in Manz/Mayer/Schröder Europäische Aktiengesellschaft[2], Art 59 SE-VO, 18 f; MK/*Oechsler*[2] Art 5 SE-VO, 29.

heit. Die Regelung steht allerdings unter dem Vorbehalt, dass das anwendbare nationale Recht im Sitzstaat der SE keine größere Mehrheit vorsieht, was bei § 222 der Fall ist. Eine **spezialgesetzliche Regelung** für Finanzunternehmen, die staatliche Stützungsmaßnahmen in Anspruch genommen haben, findet sich in § 7 Abs 6 FMStBG (s Vor § 222, 46).

f) **Inhalt des Beschlusses.** Der Beschluss muss die **Höhe der Kapitalherabsetzung** angeben, also den neuen Wortlaut der Satzungsbestimmung, die die Höhe des Grundkapitals enthält. Notwendig ist eine genaue Bezifferung. Zwei Wege bieten sich an, nämlich entweder ein Beschluss, in dem der Herabsetzungsbetrag enthalten ist (zB „Das in § X der Satzung festgesetzte Grundkapital wird um 5 Mio € herabgesetzt"), oder in dem die alte und die neue Grundkapitalziffer genannt wird (zB „Das in § X der Satzung festgesetzte Grundkapital wird von 10 Mio € auf 5 Mio € herabgesetzt"). Zweckmäßig ist es, beide Wege zu kombinieren; dies gilt vor allem dann, wenn die Grundkapitalziffer – etwa aufgrund der Umstellung auf den Euro (vgl §§ 3, 4 EGAktG) – selbst keine glatte Zahl ist (zB „Das in § X der Satzung festgesetzte Grundkapital wird von 5.112.918,81 € um 3.112.918,81 € auf 2.000.000,00 € herabgesetzt"). Untergrenze einer Kapitalherabsetzung ist das gesetzliche Mindestkapital (§ 7). Sofern nicht die Voraussetzungen des § 228 vorliegen, ist eine Herabsetzung unter das Mindestgrundkapital nach § 241 Nr 3 nichtig[39]. **22**

Die Hauptversammlung darf die Höhe des Kapitalherabsetzungsbetrags nicht in das Ermessen des Vorstands stellen, da sie ausschließlich zuständig ist (s o 11)[40]. Ein solcher Beschluss wäre nach § 241 Nr 3 nichtig[41]. Zulässig ist es, wenn die Hauptversammlung einen Beschluss fasst, nach dem der genaue Betrag der Kapitalherabsetzung **bestimmbar** ist, und der die Kriterien und den Zeitraum seiner Bestimmung genau festlegt[42]. So kann beispielsweise die Hauptversammlung einen Beschluss fassen, der einen **Höchstbetrag** festlegt und dem Vorstand konkrete Vorgaben zur genauen Berechnung des Betrags macht und einen Zeitpunkt bestimmt, zu dem der Betrag feststehen muss (zB „Das Grundkapital wird um maximal 5 Mio € herabgesetzt; die genaue Höhe des Herabsetzungsbetrags bestimmt sich nach der Höhe der Unterbilanz, die innerhalb von 4 Wochen nach der Hauptversammlung aufzustellen ist"). In diesem Fall bedarf es einer Anpassung des Satzungstextes an den tatsächlichen Herabsetzungsbetrag (s Vor § 222, 34 f). Zur Frage der Anmeldung und Eintragung des Beschlusses s § 223, 13, 18. **23**

Stellt sich im Nachhinein heraus, dass die im Beschluss der Hauptversammlung enthaltenen Vorgaben für die Bestimmung des Kapitalherabsetzungsbetrags nicht vorliegen (zB es wird keine Unterbilanz festgestellt) oder wider Erwarten nicht eintreten, entfällt die Kapitalherabsetzung ganz[43]. Wurde beispielsweise ein bedingter Kapitalherabsetzungsbeschluss mit dem Inhalt gefasst „Das Grundkapital wird um den Betrag X herabgesetzt, es sei denn, die Aktionäre leisten freiwillig Zuzahlungen" (s Vor § 222, 13), so kann die Kapitalherabsetzung insoweit entfallen, als der zur Sanierung notwendige **24**

---

39 MK/*Oechsler*² 21, 30; KK/*Lutter*² 34; MünchHdBAG-*Krieger*³ § 60, 30.

40 RGZ 80, 81, 83 f; KGJ 16 Nr A 14, 22; *Hüffer*⁹ 12; KK/*Lutter*² 13; MK/*Oechsler*² 20; MünchHdBAG-*Krieger*³ § 60, 25; Ulmer/Habersack/Winter/*Casper* § 58, 27.

41 RGZ 26, 132, 134; *Hüffer*⁹ 12; KK/*Lutter*² 13; MK/*Oechsler*² 20; *Schilling* Voraufl 8; Ulmer/Habersack/Winter/*Casper* § 58, 27.

42 ROHG 19, 335; KGJ 16 Nr A 14, 22; *Hüffer*⁹ 12; MünchHdBAG-*Krieger*³ § 60, 25; KK/*Lutter*² 14 mwN; *Schilling* Voraufl 8.

43 RGZ 80, 81, 86; KGJ 16 A 14, 22; KK/*Lutter*² 15.

Betrag durch die Aktionäre aufgebracht wird. Die notwendige **Berichtigung** des **Satzungstextes** kann dem Aufsichtsrat übertragen werden (zu Einzelheiten s § 179 Abs 1 S 2 und Vor § 222, 34 f). Zur Anmeldung und Eintragung eines solchen Beschlusses s § 223, 13, 18.

25 Gemäß Abs 3 muss die Hauptversammlung in dem Kapitalherabsetzungsbeschluss den **Zweck der Kapitalherabsetzung** angeben (dazu u 41 ff). Abs 4 S 3 verlangt weiterhin die Angabe der **Art der Herabsetzung** (dazu u 60).

26 Neben diesen Pflichtangaben kann der Beschluss fakultative Angaben enthalten (s u 61). So kann er Einzelheiten der Durchführung der Kapitalherabsetzung festlegen und damit das dem Vorstand bei der *Umsetzung* des Beschlusses an sich zustehende Ermessen[44] einschränken[45].

2. Materielle Erfordernisse

27 **a) Notwendigkeit der sachlichen Rechtfertigung?** Im Anschluss an die Rechtsprechung des BGH, wonach ein Bezugsrechtsausschluss einer sachlichen Rechtfertigung bedarf[46], wird auch in Bezug auf die Kapitalherabsetzung die Ansicht vertreten, diese bedürfe einer **sachlichen Rechtfertigung**, da sie eine Teilliquidation und damit einen schweren Eingriff in das Mitgliedschaftsrecht darstelle[47]. Geteilt wird dieser Standpunkt naturgemäß auch von denjenigen, die eine sachliche Rechtfertigung für jede Mehrheitsentscheidung verlangen[48]. Zum Teil wird nach der Art der Kapitalherabsetzung differenziert. Werde lediglich der Nennbetrag der Aktien herabgesetzt, bleibe die Beteiligungsquote des Aktionärs unverändert, weshalb der Beschluss keiner sachlichen Rechtfertigung bedürfe. Gleiches gelte für den Fall, dass die durch die Kapitalherabsetzung frei werdenden Mittel an die Aktionäre ausgeschüttet würden. Komme es dagegen zu einer Zusammenlegung von Aktien, verändere sich die Beteiligungsquote, weshalb eine materielle Beschlusskontrolle notwendig sei[49].

---

[44] RGZ 80, 81, 84; *Hüffer*[9] 13; KK/*Lutter*[2] 21; MünchHdBAG-*Krieger*[3] § 60, 28.

[45] *Hüffer*[9] 13 mwN.

[46] BGHZ 71, 40, 46 = NJW 1978, 1316, 1317 „Kali + Salz"; BGHZ 83, 319, 321 = NJW 1982, 2444 „Holzmann"; BGHZ 120, 141, 145 f = NJW 1993, 400, 402 „Bankverein Bremen AG"; BGHZ 125, 239, 241 = NJW 1994, 1410 „Deutsche Bank"; dazu MünchHdBAG-*Krieger*[3] § 56, 75 ff; *Hüffer*[9] § 186, 25 ff mwN.

[47] OLG Dresden ZIP 1996, 1780, 1782 ff „Sachsenmilch"; LG Dresden ZIP 1995, 1596, 1599 ff „Sachsenmilch"; LG Dresden AG 1996, 36; AG Dresden AG 1995, 192; LG Hannover AG 1995, 285, 286 f „Brauhaus Wülfel" mit Anm *Trapp* WuB II A § 222 AktG 1.96.

[48] *Wiedemann* Rechtsethische Maßstäbe im Unternehmens- und Gesellschaftsrecht, ZGR 1980, 147, 157; *ders* Anm zu BGH JZ 1989, 443, JZ 1989, 447, 448 f; *Martens* Der Ausschluß des Bezugsrechts: BGHZ 33, S 175, FS Fischer, 1979, 437, 443 ff; *ders* Die GmbH und der Minderheitsschutz, GmbHR 1984, 265, 269 f; grundlegend aA *Mülbert* Aktiengesellschaft, Unternehmensgruppe und Kapitalmarkt, 1995, 303 ff; nach Einzelfällen differenzierend dagegen BGHZ 103, 184, 189 ff = NJW 1988, 1579, 1580 „Linotype"; *Lutter* Die Treupflicht des Aktionärs, ZHR 153 (1989) 446, 449 ff; *ders* Zur inhaltlichen Begründung von Mehrheitsentscheidungen, ZGR 1981, 171 ff; *Timm* Zur Sachkontrolle von Mehrheitsentscheidungen im Kapitalgesellschaftsrecht, ZGR 1987, 403 ff; MK/*Hüffer*[2] § 243, 47 ff, 63.

[49] *Grunewald* Ausschluss, S 295 ff; KK/*Lutter*[2] 44 ff; KK/*Zöllner*[1] Einl 55; s a *Zöllner* Die Schranken mitgliedschaftlicher Stimmrechtsmacht bei den privatrechtlichen Personenverbänden, 1963, S 350 ff.

Der BGH und die mittlerweile herrschende Ansicht im Schrifttum **lehnen** das Erfordernis einer **sachlichen Rechtfertigung dagegen ab**[50]. Die bloße Herabsetzung des Nennbetrags ändere an den Beteiligungsverhältnissen nichts und stelle daher keinen Eingriff in die Mitgliedschaft dar[51]. Anders sei dies im Falle der Zusammenlegung von Aktien, da hier der Verlust von Spitzen drohe. Da die Zusammenlegung jedoch nach Abs 4 S 2 subsidiär sei, habe bereits der Gesetzgeber den Aktionär ausreichend geschützt[52]. Da das Gesetz die ordentliche Kapitalherabsetzung zu jedem wirtschaftlichen Zweck erlaube und sie sogar für den Fall gestatte, dass das frei werdende Kapital an die Aktionäre ausgeschüttet wird, gehe der Gesetzgeber ganz offensichtlich von einem sehr weiten unternehmerischen Ermessen aus. Mit einem solchen Verständnis vertrage sich die Notwendigkeit einer materiellen Beschlusskontrolle gerade nicht[53]. Diese Überlegungen überzeugen nur bedingt. **28**

Zu Recht wird betont, dass der Aktionär keinen Nachteil erleidet, wenn die Kapitalherabsetzung durch Nennbetragsherabsetzung oder durch Zusammenlegung von Aktien erfolgt, wenn Letztere mit einer Kapitalerhöhung ohne Bezugsrechtsausschluss einhergeht, so dass er die ihm fehlenden Anteile hinzuerwerben kann. Der BGH hat offen gelassen, ob eine vereinfachte Kapitalherabsetzung, bei der nicht alle Schulden getilgt werden, einer sachlichen Rechtfertigung bedarf, wenn nicht zugleich eine Kapitalerhöhung stattfindet (s dazu § 229, 55)[54]. Diese Zweifel sind auch bei einer ordentlichen Kapitalherabsetzung für den Fall angebracht, dass Kleinaktionäre aufgrund der konkreten Aktienverteilung ihre Aktienteilrechte nicht durch Zukauf von Spitzen zu einem neuen Vollrecht ergänzen können; sie werden faktisch aus der Gesellschaft gedrängt. Eine bloße Missbrauchskontrolle erweist sich nicht als ausreichend[55]. Die Gesellschaft muss in einem solchen Fall vielmehr **sachlich begründen, warum sie die ordentliche Kapitalherabsetzung nicht mit einer Kapitalerhöhung verbindet**. Im Übrigen ist der Kleinaktionär auch nicht schutzlos einem Großaktionär ausgeliefert. Denn wird die Kapitalherabsetzung missbraucht, um sich Sondervorteile zu verschaffen, kann der Beschluss nach § 243 Abs 2 angefochten werden[56]. **29**

---

[50] BGHZ 138, 71, 76 f = NJW 1998, 2054, 2055 f „Sachsenmilch" mit zust Anm *Hüffer* WuB II A § 229 AktG 1.98; ebenso OLG Schleswig AG 2004, 155, 156 f; *Heine/Lechner* AG 2005, 269, 275; *Hüffer*[9] 14, § 243, 28 aE; K Schmidt/Lutter/*Veil*[2] 18 f; MK/*Oechsler*[2] 24 f, 45; MünchHdBAG-*Krieger*[3] § 60, 15; *Hefermehl* in Geßler/Hefermehl 11; *Dissars* MünchAnwaltsHdB-AktienR, § 36, 8; *Weiss* BB 2005, 2697, 2700; *Wirth* DB 1996, 867, 870 ff. S a BGHZ 142, 167, 169 = NJW 1999, 3197 „Hilgers" mit Anm *Hirte* WuB II A § 229 AktG 1.00; *Henze* Treupflichten der Gesellschafter im Kapitalgesellschaftsrecht, ZHR 162 (1998) 186, 194 f. *Natterer* AG 2001, 629, 632 ff bejaht das Erfordernis einer sachlichen Rechtfertigung, „wenn und soweit die Mitgliedschaft verletzt wird".

[51] BGHZ 138, 71, 75 f = NJW 1998, 2054, 2055 „Sachsenmilch"; *Hüffer*[9] 14.

[52] BGHZ 138, 71, 76 f = NJW 1998, 2054, 2055 „Sachsenmilch"; *Becker* in Bürgers/Körber 15; Heidel/*Terbrack*[3] 29; *Hüffer*[9] 14; MK/*Oechsler*[2] 24, 45. Vgl auch die zust Anm von *Hüffer* WuB II A § 229 AktG 1.98; *Dreher* EWiR 1999, 49, 50; *Mennicke* NZG 1998, 549, 550.

[53] So auch MK/*Oechsler*[2] 25.

[54] Dies bejahen *Geißler* NZG 2000, 719, 724; *Hüffer*[9] 14; *Krieger* ZGR 2000, 885, 896; *Natterer* AG 2001, 629, 633 ff; Spindler-Stilz/*Marsch-Barner*[2] 27; *Thümmel* BB 1998, 911, 912; *Busch* in Marsch-Barner/Schäfer, Handbuch börsennotierte AG[2], § 47, 12; krit *Wirth* DB 1996, 867, 871 f, der den Weg über die §§ 53a, 243 Abs 2 bevorzugt.

[55] MünchHdBAG-*Krieger*[3] § 60, 15; *ders* ZGR 2000, 885, 895; *Natterer* AG 2001, 629, 633 ff; aA aber K Schmidt/Lutter/*Veil*[2] 19 aE; *Wirth* DB 1996, 867, 872.

[56] Hierauf weist zu Recht MünchHdBAG-*Krieger*[3] § 60, 15 hin.

30 b) **Gleichbehandlungsgrundsatz.** Der Beschluss ist am Grundsatz der Gleichbehandlung (§ 53a) zu messen. Bereits die Kapitalrichtlinie[57] verweist in ihrem Erwägungsgrund Nr 5 und in ihrem Art 42 darauf, dass die Aktionäre bei der Kapitalherabsetzung gleich zu behandeln sind. Daher ist die Herabsetzung des Nennbetrags oder die Zusammenlegung von Aktien für alle Aktionäre gleichmäßig vorzunehmen[58]. Soll zulasten einzelner Aktionäre hiervon abgewichen werden, bedarf es deren Zustimmung[59]. Ein Verstoß gegen den Gleichbehandlungsgrundsatz kann im Wege der Anfechtungsklage geltend gemacht werden[60] (zur Beachtung des Gleichbehandlungsgrundsatzes bei der Ausschüttung von Sachwerten s § 225, 77).

31 c) **Zulässigkeit von Satzungsregelungen.** Streitig ist, ob die Satzung Regelungen enthalten darf, wonach im Falle einer Kapitalherabsetzung einzelne Aktionärsgruppen verschont werden oder umgekehrt vorrangig herangezogen werden können (zB Verschonung von Vorzugsaktien oder vorrangige Heranziehung der Aktien aus der letzten Kapitalerhöhung). Zum Teil werden solche Klauseln als **Verstoß gegen** § **53a** eingeordnet[61]. Dabei wird jedoch übersehen, dass gerade die Satzungsbestimmung einen sachlichen Grund für eine Differenzierung darstellen kann und eine unzulässige Ungleichbehandlung damit fehlt. Im Kern geht es also um die Frage, ob ein Verstoß gegen § 23 Abs 5 vorliegt. Wenn schon § 237 ausdrücklich Satzungsbestimmungen für zulässig erklärt, nach denen einzelne Aktionäre ihr Mitgliedschaftsrecht völlig einbüßen können, wird man Bestimmungen, die lediglich zu einer Einschränkung der Mitgliedschaft führen, erst recht[62] für **zulässig** halten müssen. Dies setzt aber voraus, dass die Einschränkung in der ursprünglichen Satzung enthalten war oder vor Emission der betroffenen Aktien in die Satzung aufgenommen wurde oder alle betroffenen Aktionäre der nachträglichen Aufnahme in die Satzung zugestimmt haben[63]. Die betroffenen Aktionäre haben ihre Mitgliedschaft dann von vornherein mit dieser Belastung erworben bzw der Belastung zugestimmt. Fehlt es an diesen Voraussetzungen, ist eine solche Satzungsbestimmung unzulässig.

32 Da allerdings die Ausübung der Satzungsbestimmung zu einem schwerwiegenden Eingriff in die Mitgliedschaft führt, muss sie den gleichen Beschränkungen unterliegen, die für § 237 Abs 1 gelten: Enthält bereits die Satzung eine Regelung darüber, unter welchen Voraussetzungen welche Aktionärsgruppe vorrangig zur Kapitalherabsetzung herangezogen werden kann (angeordnete Benachteiligung), bedarf es keiner **materiellen Beschlusskontrolle**[64]. Gestattet dagegen die Satzung nur die Benachteiligung einer oder mehrerer Aktionärsgruppen, ohne die genauen Voraussetzungen im Detail zu regeln, muss eine

---

57 Richtlinie 77/91/EWG, Fundstelle s Vor § 222, 37 Fn 59.

58 KK/*Lutter*[2] 43; *Hüffer*[9] 15; MK/*Oechsler*[2] 26; MünchHdBAG-*Krieger*[3] § 60, 17.

59 *Hüffer*[9] 15; MK/*Oechsler*[2] 26; MünchHdBAG-*Krieger*[3] § 60, 17.

60 RGZ 113, 152, 155 f; 118, 67, 72 f; *Schilling* Voraufl 19; KK/*Lutter*[2] 43; MünchHdBAG-*Krieger*[3] § 60, 30; *Hüffer*[9] 17 aE; MK/*Hüffer*[2] § 243, 67 f mwN.

61 *Hüffer*[9] 15; Spindler-Stilz/*Marsch-Barner*[2] 29; K Schmidt/Lutter/*Veil*[2] 21; vorsichtiger dagegen MK/*Oechsler*[2] 26.

62 Anders offenbar der Ansatz von MK/*Oechsler*[2] 26, der einen Umkehrschluss ziehen will („sieht das Gesetz allein die Zwangseinziehung vor"), der aber nicht begründet, warum gerade mildere Formen als die Einziehung der Mitgliedschaft strengeren Regelungen unterstehen sollen als die Einziehung selbst.

63 So im Ergebnis auch *Schilling* Voraufl 19.

64 Jeweils zu § 237 *Hüffer*[9] § 237, 11; MünchHdBAG-*Krieger*[3] § 62, 9, 11.

materielle Beschlusskontrolle stattfinden. Die Kapitalherabsetzung unter Benachteiligung der betroffenen Aktionäre muss also angemessen und erforderlich sein[65].

Eine Satzungsbestimmung über eine **Auslosung** von Aktien, deren Nennwert herabgesetzt oder die zusammengelegt werden sollen, stellt keinen Verstoß gegen § 53a dar, denn sie kann jeden Aktionär treffen[66]. Da eine derartige Satzungsbestimmung allerdings einzelnen Aktionären besondere Lasten aufbürdet, ist ihre Zulässigkeit umstritten[67]. Vor dem Hintergrund der soeben erläuterten Zulässigkeit von belastenden Satzungsbestimmungen (s o 32) kann sie ebenfalls nur unter den genannten engen Voraussetzungen zulässig sein: Eine solche Regelung muss in der ursprünglichen Satzung enthalten sein. Wird sie später eingefügt, muss dies vor der Emission der nun betroffenen Aktien erfolgt sein oder alle betroffenen Aktionäre müssen der Satzungsänderung zugestimmt haben. Fehlt eine Ermächtigung in der Satzung, ist der Beschluss nichtig (vgl § 237, 43). Unterwirft die Satzung nur einzelne Aktionärsgruppen der Auslosung, ohne im Detail festzulegen, welche dies sind, bedarf es einer **materiellen Beschlusskontrolle** des Hauptversammlungsbeschlusses zur Ausführung der Satzungsbestimmung. Fehlt es an der Angemessenheit oder Erforderlichkeit, ist ein entsprechender Beschluss anfechtbar (vgl § 237, 43). Wird eine Auslosung ohne Satzungsermächtigung beschlossen, ist der Beschluss nichtig. **33**

V. Sonderbeschlüsse (Abs 2)

1. Verschiedene stimmberechtigte Aktiengattungen

Bei Vorhandensein mehrerer stimmberechtigter Aktiengattungen (§ 11 S 2) fordert Abs 2 S 1 u 2 einen Sonderbeschluss jeder Aktiengattung iSd § 138. Dies entspricht Art 31 der Kapitalrichtlinie (s Vor § 222, 94). Abs 2 ist zwingend; der partielle Ausschluss des Stimmrechts durch Satzungsbestimmung ist wegen § 23 Abs 5 unzulässig[68]. Ein Sonderbeschluss ist selbst dann notwendig, wenn die konkrete Aktiengattung von der Kapitalherabsetzung gar nicht betroffen ist[69] (zum Meinungsstreit in Bezug auf die Notwendigkeit eines Sonderbeschlusses bei noch einzuziehenden Aktien s § 237, 83). Der **Sonderbeschluss** ist nach dem eindeutigen Wortlaut **stets erforderlich**, dh selbst dann, wenn zuvor die Hauptversammlung den Beschluss über die Kapitalherabsetzung einstimmig beschlossen hat[70]. Neben dem Gesetzeswortlaut spricht für diese Auffassung der Umstand, dass sich Mehrheiten im Laufe einer Hauptversammlung ändern können[71]. **34**

---

[65] So ausdrücklich für die ordentliche Kapitalherabsetzung MünchHdBAG-*Krieger*[3] § 60, 17.

[66] *Schilling* Voraufl 19. Dies verkennt *Hüffer*[9] 15.

[67] *Schilling* Voraufl 19 will die Satzungsregelung und die Auslosung ohne jede Einschränkung zulassen. MünchHdBAG-*Krieger*[3] § 60, 17, will die Auslosung zulassen, wenn dies sachlich gerechtfertigt sei. Unzulässig ist sie nach Ansicht von *Hüffer*[9] 15; MK/*Oechsler*[2] 26; Spindler-Stilz/*Marsch-Barner*[2] 29; K Schmidt/Lutter/*Veil*[2] 21.

[68] *Fuchs* ZGR 2003, 167, 190; *Hüffer*[9] § 139, 13; aA *Sieger/Hasselbach* AG 2001, 391, 394 f.

[69] *Hüffer*[9] 18; MK/*Oechsler*[2] 32; *Schilling* Voraufl 6.

[70] RGZ 148, 175, 178 ff; KGJ 35 A 162, 164; KK/*Lutter*[2] 6; *Fuchs* ZGR 2003, 167, 188; *Hüffer*[9] 18; *Schilling* Voraufl 6; MK/*Oechsler*[2] 32; MünchHdBAG-*Krieger*[3] § 56, 15; Spindler-Stilz/*Marsch-Barner*[2] 32; aA KG JW 1934, 174; zweifelnd auch *Werner* Die Beschlußfassung der Inhaber von stimmrechtslosen Vorzugsaktien, AG 1971, 69, 74 Fn 34.

[71] So auch MK/*Oechsler*[2] 32.

Zudem kommt dem Erfordernis separater Zustimmung eine Warnfunktion zu[72]. Schließlich bergen Kapitalmaßnahmen immer die Gefahr einer Benachteiligung von anderen Aktiengattungen, so dass auch schon deshalb eine Mitsprache aller denkbar Betroffenen notwendig erscheint[73]. Gerade dieser Gesichtspunkt spricht im Übrigen gegen die vorgeschlagene Abschaffung des Sonderbeschlusses[74].

35 Gemäß Abs 2 S 3 richten sich die **Mehrheitserfordernisse** nach Abs 1 (s o 10 ff). Es ist daher eine relative Mehrheit und eine Kapitalmehrheit von drei Vierteln erforderlich. Die Satzung kann erhöhte Anforderungen festlegen. Bestimmt sie für Abs 1 erhöhte Anforderungen, gelten diese im Zweifel auch für Sonderbeschlüsse nach Abs 2[75].

2. Vorzugsaktien

36 Das Erfordernis des Sonderbeschlusses nach Abs 2 bezieht sich nur auf stimmberechtigte Aktien. Denn die Regelung des § 141 geht § 222 Abs 2 als lex specialis vor[76]. Da es vereinzelt Gegenstimmen gegen diese Einordnung der Vorschrift gab[77], hat der Gesetzgeber den Vorrang des § 141 mit der Einfügung des Wortes „stimmberechtigten" in § 222 Abs 2 klargestellt[78]. Hat die Gesellschaft also **stimmrechtslose Vorzugsaktien** ausgegeben, ist auf diese § 141 anzuwenden.

37 Nach § 141 Abs 1 ist ein Beschluss der Vorzugsaktionäre nur erforderlich, wenn durch die Kapitalgesellschaft ein Vorzug aufgehoben oder beschränkt wird. Umstritten ist, wann genau eine Beschränkung des Vorzugs anzunehmen ist. Die herrschende Ansicht sieht nur die **unmittelbare Veränderung des Vorzugs** als Beschränkung iSd § 141 Abs 1 an, während lediglich mittelbare Veränderungen nicht gemeint seien[79]. Sie kann sich darauf stützen, dass mittelbare Veränderungen in § 141 Abs 2 genannt sind. Ein Teil des Schrifttums ist der Ansicht, dass eine Beschränkung bereits gegeben sei, wenn der **absolute Betrag des Vorzugs gemindert** sei. Habe der Vorzugsaktionär ein Vorrecht von 5 % und werde der Nennwert seiner Aktien herabgesetzt, vermindere sich dadurch auch sein Ertrag, mithin werde sein Vorzug beschränkt. Dabei wird insbesondere die Entscheidung des LG Frankfurt, das im Fall „co op" eine Kapitalherabsetzung von 38123:1 als lediglich mittelbare Beeinträchtigung angesehen hatte[80], kritisiert, weil der Dividendenanspruch damit auf 0,0026 % geschrumpft sei. Eine Beschränkung liege nur dann nicht vor, wenn bei einer Herabsetzung des Nennwerts aller Aktien der Vorzug im entspre-

---

72 *Fuchs* ZGR 2003, 167, 188.

73 *Fuchs* ZGR 2003, 167, 188 f unter Hinweis auf die Gesetzesmaterialien.

74 *Baums* (Hrsg), Bericht der Regierungskommission Corporate Governance, 2001, Rn 241; wie hier dagegen *Fuchs* ZGR 2003, 167, 190; *Tonner* Tracking Stocks, 2002, S 95 ff.

75 *Hüffer*[9] 18.

76 OLG Frankfurt DB 1993, 272 f; LG Frankfurt DB 1991, 1162; *Fuchs* ZGR 2003, 167, 187; *Frey/Hirte* DB 1989, 2465, 2468 f; KK/*Lutter*[2] 7; MK/*Oechsler*[2] 33; MünchHdBAG-*Krieger*[3] § 56, 16, § 60, 22.

77 KK/*Zöllner*[1] § 141, 24 aE.

78 Zum Gesetz über kleine Aktiengesellschaften s o 2 mwN. S a *Hüffer*[9] 18; *Krauel/Weng* AG 2003, 561, 563.

79 Generell MK/*Volhard*[2] § 141, 4; KK/*Zöllner*[2] § 141, 4; *Hüffer*[9] § 141, 4; *Kiem* Die Stellung der Vorzugsaktionäre bei Umwandlungsmaßnahmen, ZIP 1997, 1627; Spindler-Stilz/*Marsch-Barner*[2] 35; s a OLG Stuttgart AG 1993, 94; aA *Bezzenberger* Vorzugsaktien ohne Stimmrecht, 1991, 121 ff; speziell zur Kapitalherabsetzung LG Frankfurt DB 1991, 1162; KK/*Zöllner*[2] § 141, 18; *Bezzenberger* § 141, 23; *Godin/Wilhelmi*[4] § 141, 2; MK/*Volhard*[2] § 141, 10 f; *Werner* AG 1971, 69 f.

80 KK/*Lutter*[2] 8 unter Hinweis auf LG Frankfurt DB 1991, 1162.

chenden Verhältnis erhöht werde (zB Kapitalherabsetzung von 100 auf 50 wird kompensiert durch eine Verdoppelung des Vorzugs von 5 % auf 10 %). Eine andere Möglichkeit zur Vermeidung einer Beschränkung bestehe darin, nur Stammaktien herabzusetzen und Vorzugsaktien unangetastet zu lassen[81].

Im Ergebnis, nicht aber in der Begründung ist der herrschenden Meinung zu folgen. **38** Werden alle Aktien gleichermaßen herabgesetzt, bleibt bei der Gewinnverteilung das Verhältnis von Vorzugsaktien und Stammaktien gleich. In dem oben genannten Beispiel des Falles „co op" waren nämlich auch die übrigen (Stamm-)Aktionäre von der Kapitalherabsetzung betroffen und hatten eine Einbuße in gleicher Höhe hinzunehmen. Auch deren Dividendenanspruch ist auf 0,0026 % geschrumpft. Eine Beschränkung der Rechte der Vorzugsaktionäre liegt nur dann vor, wenn die **Relation bei der Gewinnverteilung** zwischen den Aktiengattungen zum Nachteil der Vorzugsaktionäre verändert wird. Die herrschende Ansicht kann sich im Übrigen auf die Gesetzgebungsgeschichte stützen. Der Gesetzgeber hat sich bewusst gegen ein gestuftes Stimmrecht der Vorzugsaktionäre entschieden[82]. Diese Entscheidung würde ignoriert, wollte man den Vorzugaktionären bei Kapitalherabsetzungen ein Stimmrecht einräumen. Im Schrifttum wird weiterhin argumentiert, eine Beschränkung des Vorzugs liege zumindest in dem Fall vor, in dem nach der Kapitalherabsetzung eine Kapitalerhöhung mit Bezugsrecht folge und der Vorzugsaktionär zukaufen müsse, um seinen Anteil am Gesamtgewinn zu halten[83]. Auch dieses Argument vermag nicht zu überzeugen, denn auch die Stammaktionäre müssen ihr Bezugsrecht ausüben, um sicherzustellen, dass sie ihren früheren Anteil am Gewinn erhalten. Eine Beschränkung iSd § 141 Abs 1 liegt daher nur vor, wenn bei der Gewinnverteilung die Relation zwischen den Vorzugsaktionären und den Stammaktionären zum Nachteil der Vorzugsaktionäre verändert wird. Verschlechtert sie sich bei einer Kapitalherabsetzung für beide Gattungen gleichermaßen, ist somit kein Sonderbeschluss nach § 141 Abs 1 erforderlich.

3. Fehlende Zustimmung und Beschlussmängel

Der Sonderbeschluss nach Abs 2 bzw nach § 141 ist Wirksamkeitserfordernis. Lehnen **39** die Vertreter einer Aktiengattung den Sonderbeschluss ab, ist damit die Kapitalerhöhung endgültig unwirksam. Steht die Beschlussfassung einer Aktiengattung noch aus, ist der Beschluss **schwebend unwirksam**[84]. Das Registergericht darf den Beschluss bis zur Entscheidung über den Sonderbeschluss nicht eintragen. Übersieht dies das Registergericht und trägt den Beschluss ein, kann der Sonderbeschluss noch nachgeholt werden. Wird dies versäumt und ist der Beschluss drei Jahre lang eingetragen, tritt Heilung analog § 242 Abs 2 S 1 ein[85]. Ist der Sonderbeschluss fehlerhaft, kann gegen ihn selbstständig (vgl § 138 S 2) mit der Anfechtungs- oder Nichtigkeitsklage vorgegangen werden[86].

---

81 KK/*Lutter*² 7; *Frey/Hirte* DB 1989, 2465, 2469.

82 Hierunter versteht man eine Abstufung nach Bedeutung der Beschlussgegenstände; bei einfachen Beschlussgegenständen besteht kein Stimmrecht, bei wichtigen besteht dagegen ein solches, vgl zum Ausschluss des gestuften Stimmrechts RegBegr bei *Kropff* AktG 1965, S 203.

83 MK/*Oechsler*² 34; KK/*Lutter*² 8.

84 RGZ 148, 175, 186 f; Baumbach/*Hueck*¹³ 7; *Hüffer*⁹ 19; *Schilling* Voraufl 6; KK/*Lutter*² 10; K Schmidt/Lutter/*Veil*² 25; MK/*Oechsler*² 36; MünchHdBAG-*Krieger*³ § 60, 22.

85 *Hüffer*⁹ 19; MK/*Oechsler*² 36; wohl auch KK/*Lutter*² 10, denn er verweist auf seine entsprechende Kommentierung bei § 182, 11, und *Schilling* Voraufl 22 aE.

86 *Hüffer*⁹ 19; MK/*Oechsler*² 36.

4. Zustimmung bei Sachausschüttungen

40 Sachausschüttungen sind grundsätzlich zulässig[87]. Sie können die Aktionäre jedoch in ihrer wirtschaftlichen Bewegungsfreiheit einengen und für sie aus anderen Gründen nachteilig sein. Dient eine Kapitalherabsetzung der Rückgewähr von Sacheinlagen oder anderer Formen der Sachausschüttung, müssen die vorgesehenen Empfänger der Sachausschüttung daher dem Beschluss zustimmen (zu Einzelheiten s § 225, 77, 237, 72, 75).

VI. Zweck der Kapitalherabsetzung (Abs 3)

1. Mögliche wirtschaftliche Zwecke

41 Nach Abs 3 ist der Zweck der Kapitalherabsetzung anzugeben. Mit dieser Regelung, die den Vorstand inhaltlich bindet, werden Gläubiger und Aktionäre geschützt[88]. Wie Abs 3 belegt, ist die ordentliche Kapitalherabsetzung zu jedem wirtschaftlichen Zweck zulässig. Erlaubt ist daher eine **Rückzahlung der Einlagen**, eine **Rückgewähr von Sacheinlagen** an Aktionäre oder ein Verteilen von **Mitgliedschaften an Tochtergesellschaften**; das Verbot der Einlagenrückgewähr (§ 57 Abs 1) greift nicht (s o 7). Auch können die Aktionäre durch eine Kapitalherabsetzung von ausstehenden **Einlagepflichten befreit** werden (vgl § 225 Abs 2 S 2), wobei die Kapitalherabsetzung nur die Voraussetzung dafür schafft; die eigentliche Befreiung erfolgt durch einen Erlassvertrag zwischen AG und Aktionär[89]. Erlaubt ist weiterhin eine Kapitalherabsetzung zur Bildung von **Rücklagen**, zur **Sanierung**, zur **Verlustdeckung** oder zur **Begradigung der Kapitalziffer** (zB nach Umstellung auf den Euro)[90]. Eine Auszahlung an die Aktionäre kann selbst dann vorgenommen werden, wenn ein Verlustvortrag vorhanden ist[91]. Möglich ist schließlich die Kombination einer Kapitalerhöhung aus Gesellschaftsmitteln mit einer anschließenden ordentlichen Kapitalherabsetzung, um gebundene Rücklagen ausschütten zu können (s Vor § 222, 6).

2. Konkretisierung des Zwecks

42 Damit der Vorstand hinsichtlich der Verwendung des Buchertrags gebunden wird, ist eine möglichst präzise Umschreibung des wirtschaftlichen Zwecks der Kapitalherabsetzung erforderlich. Eine allgemeine Umschreibung, wie „Anpassung an die wirtschaftlichen Verhältnisse der Gesellschaft" oder „Sanierung", ist ebenso wenig ausreichend[92] wie die abstrakte Beschreibung „Bildung von Rückstellungen", wenn an sich die Zahlung einer Dividende beabsichtigt war[93]. Der Zweck muss möglichst genau angegeben werden. Wenn also eine **Rückzahlung der Einlagen** an die Aktionäre geplant ist, muss auch deutlich gemacht werden, in welcher Weise die Rückzahlung erfolgen soll (zB Barzahlung, Befreiung von Verbindlichkeiten, Ausgabe von Wertpapieren an Tochterunter-

---

87 Statt vieler *Heine/Lechner* AG 2005, 269, 274 mwN.

88 MK/*Oechsler*[2] 37.

89 *Hüffer*[9] 20, § 224, 7; MK/*Oechsler*[2] 37; aA *Hefermehl* in Geßler/Hefermehl § 224, 10, § 225, 21.

90 *Hüffer*[9] 20; MK/*Oechsler*[2] 5. S a KG JW 1926, 2930, 2931; Baumbach/*Hueck*[13] 4; *Schilling* Voraufl 9.

91 *Hüffer*[9] 20.

92 KG JFG 10, 112, 113 f; *Hüffer*[9] 13; KK/*Lutter*[2] 16; MK/*Oechsler*[2] 39; MünchHdBAG-*Krieger*[3] § 60, 26.

93 Wie hier *Hüffer*[9] 13; aA RGZ 103, 367, 370.

nehmen, etc)[94]. Bei einer **Sanierung** ist deutlich zu machen, wozu genau der Betrag aus der Kapitalherabsetzung verwendet wird (Ausgleich von Verlusten in Höhe von …, Ausgleich von Wertminderungen bei …, etc).

Mit einer Kapitalherabsetzung können auch **mehrere Zwecke** verfolgt werden. In diesem Fall verlangt Abs 3 die Angabe aller verfolgten Zwecke. Stehen diese in einer Reihenfolge, ist die Priorität deutlich zu machen (zB Ausgleich von Verlusten in Höhe von …; Einstellen des Restbetrags in die Rücklagen)[95]. **43**

3. Fehlen und Unmöglichkeit der Zwecksetzung

Fehlt die konkrete Angabe des Zwecks der Kapitalherabsetzung im Beschluss, ist dieser nach § 243 Abs 1 anfechtbar, nicht aber nichtig iSd § 241 Nr 3[96]. Zwar dient die Angabe des Zwecks auch den Interessen der Gläubiger, doch ist dieser Schutz nur ein reflexartiger. Denn die Gläubiger müssen sogar eine Rückzahlung der frei werdenden Mittel an die Aktionäre hinnehmen. Ihr Schutz wird daher durch die Möglichkeit, Sicherheiten zu verlangen (§ 225 Abs 1 u 3), ausreichend gewährleistet. Vor diesem Hintergrund ist für § 241 Nr 3 kein Raum. Wird der Kapitalherabsetzungsbeschluss nicht angefochten und eingetragen, ist das Kapital herabgesetzt und der frei gewordene Buchertrag muss analog § 232 in die Kapitalrücklage eingestellt werden[97]. Über seine Verwendung muss die nächste Hauptversammlung mit den Mehrheiten nach Abs 1 und Abs 2 entscheiden[98]. **44**

War der im Kapitalherabsetzungsbeschluss angegebene Zweck erkennbar von vornherein nicht zu erreichen, ist der Beschluss anfechtbar[99]. Stellt sich die Unmöglichkeit der Zweckerreichung erst später heraus (zB die mit der Kapitalherabsetzung auszugleichenden Verluste treten wider Erwarten nicht ein), ist der Beschluss nicht anfechtbar. Der Buchertrag wird ebenfalls in die Kapitalrücklage eingestellt. Über seine Verwendung entscheidet die nächste Hauptversammlung[100]. Zur nachträglichen Änderung der Zweckbestimmung s § 224, 26 ff. **45**

VII. Durchführung der Kapitalherabsetzung (Abs 4)

1. Überblick

Abs 4 regelt die Frage, ob und wie sich die Herabsetzung des Grundkapitals auf die Aktien auswirkt. Es lassen sich vier Fragenkreise unterscheiden: (1) S 1 spricht zunächst die Frage an, ob überhaupt eine Anpassung der Aktien erfolgen muss (s dazu 48). (2) Sollte eine Anpassung der Aktien erforderlich sein, regeln die S 1 und 2 die Frage, auf welche Weise die Anpassung vorzunehmen ist (s dazu 49 ff). Das Gesetz umschreibt diese **46**

---

[94] MK/*Oechsler*[2] 39.

[95] MK/*Oechsler*[2] 38; KK/*Lutter*[2] 16; *Hüffer*[9] 20.

[96] KG JFG 10, 112, 115 f; Baumbach/*Hueck*[13] 7; *Godin/Wilhelmi*[4] 3; *Hüffer*[9] 17; MK/*Oechsler*[2] 40; KK/*Lutter*[2] 37; MünchHdBAG-*Krieger*[3] § 60, 30; aA Teichmann/*Koehler*[3] § 175, 5, § 195, 3b (allerdings ohne Begründung).

[97] KK/*Lutter*[2] 38; *Hüffer*[9] 17; MünchHdBAG-*Krieger*[3] § 60, 30; s a BGHZ 119, 305, 324 = NJW 1993, 57, 61 „Klöckner".

[98] Statt vieler *Hüffer*[9] 17; KK/*Lutter*[2] 38.

[99] LG Hannover AG 1995, 285 f „Brauhaus Wülfel" mit Anm *Trapp* WuB II A § 222 AktG 1.96; *Hüffer*[9] 17; MünchHdBAG-*Krieger*[3] § 60, 30; MK/*Oechsler*[2] 41; *Schilling* Voraufl 17.

[100] MK/*Oechsler*[2] 41 f. Abweichend noch RGZ 103, 367, 370 (frei verfügbare Rücklage).

Anpassung mit der unglücklichen Formulierung „Art der Herabsetzung". In Betracht kommen die Herabsetzung des Nennbetrags der Aktien, die Zusammenlegung von Aktien und die Einziehung von Aktien. (3) S 2 stellt außerdem klar, dass die Kapitalherabsetzung nicht zu einer Unterschreitung der Mindestnennbeträge führen darf (s dazu 58). (4) Schließlich regelt S 3 die notwendige Transparenz, indem er verlangt, dass der Kapitalherabsetzungsbeschluss die Angabe enthalten muss, auf welche Art und Weise das Kapital herabgesetzt werden soll (s dazu 60).

47 Für die Anwendung des Abs 4 ist es gleichgültig, ob Aktienurkunden ausgegeben wurden oder es sich um unverkörperte Mitgliedschaften handelt. Auch ist unerheblich, ob es sich um Namens- oder Inhaberaktien handelt[101].

2. Anpassungsnotwendigkeit

48 Sofern die Gesellschaft **Nennbetragsaktien** (§ 8 Abs 2) emittiert hat, muss die Summe der Nennwerte der Aktien dem Grundkapital entsprechen (§ 1 Abs 2). Wird nun das Grundkapital herabgesetzt, bedarf es der Korrektur der Nennbeträge der Aktien. Hat die Gesellschaft dagegen **Stückaktien** ausgegeben, haben diese keinen Nennwert, sondern repräsentieren eine Beteiligungsquote am Grundkapital (§ 8 Abs 3 S 1 und 2). Eine Anpassung der einzelnen Stückaktien ist daher von vornherein nicht erforderlich[102]. Diesen Unterschied zwischen Nennbetrags- und Stückaktien bringt Abs 4 S 1 dadurch zum Ausdruck, dass er allein die Durchführung der Kapitalherabsetzung bei Nennbetragsaktien regelt (s dazu 49 ff). In Bezug auf Stückaktien beschränkt sich die Vorschrift auf die Feststellung, dass der Mindestbetrag nach § 8 Abs 3 S 3 nicht unterschritten werden darf (s u 58).

3. Anpassung von Nennbetragsaktien

49 a) **Numerus clausus.** Die Anpassung von Nennbetragsaktien kann durch Herabsetzung des Nennbetrags der Aktien (Abs 4 S 1), durch Zusammenlegung von Aktien (Abs 4 S 2) oder durch Einziehung erfolgen. Die Einziehung[103] ist in Abs 4 nicht angesprochen, sondern wird speziell in §§ 237 bis 239 geregelt (s dort). Weitere Arten der Anpassung sind im Gesetz nicht vorgesehen und daher nicht zulässig[104].

50 b) **Herabsetzung des Nennbetrags.** Die Summe der Nennwerte der Aktien muss dem Grundkapital entsprechen (§ 1 Abs 2). Aufgrund der Herabsetzung des Grundkapitals muss deshalb auch der Nennbetrag der einzelnen Aktien angepasst werden. Die Herabsetzung darf nicht unter den gesetzlichen Mindestbetrag von einem Euro erfolgen (s u 58); höhere Nennbeträge müssen auf volle Euro lauten (§ 8 Abs 2 S 4). Die Anpassung des Nennbetrags berührt nur die nominelle Beteiligung, **nicht** dagegen die **Beteiligungsquote**, da alle Aktien gleichermaßen herabgesetzt werden[105]. Die Herabsetzung der Nennbeträge berührt im Übrigen auch nicht die Mitgliedschaft und die aus ihr folgenden Rechte. Zur Berichtigung inhaltlich unrichtig gewordener Aktienurkunden s § 226, 3 ff.

---

101 *Schilling* Voraufl 14; KK/*Lutter*² 29.

102 Begründung des RegE zum StückAG, BT-Drucks 13/9573, S 18 re Sp.

103 Diese betrifft sowohl Nennbetrags- als auch Stückaktien.

104 KK/*Lutter*² 20; *Hüffer*⁹ 21b; MünchHdBAG-*Krieger*³ § 60, 5.

105 KK/*Lutter*² 24; *Schilling* Voraufl 3; *Krieger* ZGR 2000, 885, 890.

c) **Zusammenlegung von Aktien.** Um zu erreichen, dass die Summe der Nennwerte der Aktien dem herabgesetzten Grundkapital entspricht, können Nennwertaktien zusammengelegt werden. Wird etwa das Grundkapital im Verhältnis 3:1 reduziert, werden drei Aktien zu einer neuen Aktie zusammengelegt. Die Zusammenlegung hat keinen Verlust mitgliedschaftlicher Rechte zur Folge[106]. Da alle Aktien zusammengelegt werden, verändert sich auch die **Beteiligungsquote** grundsätzlich (zur Ausnahme bei Aktienspitzen s u 52) **nicht**. Die ursprünglichen Aktien verlieren durch die Zusammenlegung nur ihre rechtliche Selbstständigkeit und werden Teilrechte der neuen Aktien. Bis zur Verwertung nach § 226 kann der Aktionär das Stimmrecht aus den Spitzen weiterhin ausüben (str, vgl § 224, 12). Zur Berichtigung inhaltlich unrichtig gewordener Aktienurkunden s § 226). 51

d) **Subsidiarität der Zusammenlegung.** Der Weg über eine Zusammenlegung von Aktien ist allerdings subsidiär zu einer Herabsetzung der Nennbeträge (Abs 4 S 2)[107]. Eine Zusammenlegung darf *erst und nur* erfolgen, wenn durch die Herabsetzung des Nennwerts der auf die einzelnen Aktien entfallende Betrag unter die gesetzliche Mindestgrenze von einem Euro (§ 8 Abs 2 S 1) absinken würde. Die **Subsidiarität der Zusammenlegung** dient dem Schutz der Kleinaktionäre[108]. Denn bei der Zusammenlegung entstehen Spitzen, wenn ein Kleinaktionär nicht über eine ausreichende Anzahl an Aktien verfügt, um diese zu einer neuen Aktie zusammenzulegen. Kleinaktionären fehlt mitunter auch das Kapital für den Zukauf weiterer Aktien, um die Entstehung von Spitzen zu verhindern. Wird beispielsweise das Kapital der Gesellschaft von 10 Mio € auf 2 Mio € reduziert, würden zehn alte Aktien zu zwei neuen Aktien vereint. Ein Kleinaktionär, der über 32 alte Aktien verfügt, könnte davon nur 30 zusammenlegen. Zwei Aktien unterfielen dem Verfahren des § 226 Abs 1 S 2. Der Aktionär büßt damit einen Teil seiner Stimmrechtsmacht und seines Dividendenanspruchs ein. Erfolgt statt der Zusammenlegung eine Reduktion des Nennbetrags von 5 € auf 1 €, verändert sich die Stimmrechtsmacht und der Dividendenanspruch des Kleinaktionärs nicht, da alle Aktionäre gleichermaßen von der Herabsetzung betroffen sind. Die Rechtsstellung des Aktionärs wird damit erhalten. Aus diesem Grund ist die Zusammenlegung von Aktien subsidiär zur Nennwertreduktion. 52

Der Grundsatz der Subsidiarität kann im Einzelfall bedeuten, dass die Gesellschaft **beide Wege** zur Durchführung der Kapitalherabsetzung miteinander **kombinieren** muss. Denn eine Zusammenlegung darf **erst erfolgen, wenn und soweit** die Herabsetzung der Nennbeträge nicht ausreichend ist, um ein Unterschreiten des gesetzlichen Mindestnennbetrags zu verhindern[109]. Um das Ziel zu erreichen, möglichst viele selbstständige Aktien zu erhalten, muss daher zunächst die größtmögliche Herabsetzung der Nennbeträge erfolgen, bevor dann eine Zusammenlegung durchgeführt wird[110]. Denn die Herabsetzung der Nennbeträge bewirkt kleinere Umtauschbeträge, so dass weniger häufig Spitzen auftreten. Dies zeigt das folgende Beispiel: Eine AG, die eine Million Aktien mit einem 53

---

106 *Hüffer*[9] 22; KK/*Lutter*[2] 24; *Schilling* Voraufl 3.

107 BGHZ 138, 71, 76 f = NJW 1998, 2054, 2055 „Sachsenmilch"; BGHZ 142, 167, 170 = NJW 1999, 3197 „Hilgers"; *Hüffer*[9] 21b; KK/*Lutter*[2] 25; MK/*Oechsler*[2] 43 ff.

108 RGZ 111, 26, 29; KK/*Lutter*[2] 25.

109 BGHZ 142, 167, 170 f = NJW 1999, 3197 „Hilgers"; MK/*Oechsler*[2] 49; Baumbach/*Hueck*[13] 5; KK/*Lutter*[2] 26 ff; *Hüffer*[9] 22 f; *Rottnauer* Anm zu BGHZ 142, 167, 170 f „Hilgers", NZG 1999, 1159 f. Vgl auch die nächste Fn.

110 KK/*Lutter*[2] 29; wohl auch MünchHdBAG-*Krieger*[3] § 60, 7. Missverständlich K Schmidt/Lutter/*Ziemons*[2] § 8, 10 („sollten" statt „müssen").

Nennwert von 10 € emittiert hat, muss aufgrund von starken Verlusten ihr Kapital von 10 Mio € auf 10.000 € reduzieren (Kapitalherabsetzung von 1.000:1), um es anschließend wieder erhöhen zu können (vgl § 228). Bei einer Zusammenlegung würde aus jeweils 1.000 Aktien eine neue Aktie entstehen. Wird jedoch zuvor der Nennwert der Aktien von 10 € auf einen Euro reduziert, verbessert sich das Umtauschverhältnis; nun ergeben 100 Aktien eine neue Aktie, so dass die Zahl der Spitzen deutlich geringer ausfallen wird. (Zur Fortsetzung des Grundsatzes der Subsidiarität bei der Durchführung der Kapitalherabsetzung s u § 226, 33 aE).

54 Die betroffenen Aktionäre können auf den ihnen durch das Subsidiaritätsprinzip gewährten **Schutz verzichten**[111]. So kann etwa der Großaktionär eine Zusammenlegung akzeptieren, während bei den Kleinaktionären nur eine Herabsetzung des Nennbetrags erfolgt. Die darin liegende Verletzung des Gleichheitsgrundsatzes wird durch die Zustimmung des Betroffenen sachlich gerechtfertigt[112]. Zu Recht wird außerdem vorgeschlagen, das **Subsidiaritätsprinzip teleologisch zu reduzieren** und nicht auf Fälle anzuwenden, in denen von vornherein feststeht, dass keine Spitzen entstehen werden[113]. Dies wird regelmäßig nur dann der Fall sein, wenn es sich um einen geschlossenen Gesellschafterkreis handelt und die genaue Höhe der Beteiligung der einzelnen Aktionäre bekannt ist bzw auf der Hauptversammlung offen gelegt wird, damit man vor dem Beschluss beurteilen kann, ob Spitzen entstehen können.

55 Mit der Subsidiarität der Zusammenlegung hat der Gesetzgeber den Schutz der Aktionäre ausreichend und **abschließend** geregelt. Ein weitergehender Schutz durch eine materielle Beschlusskontrolle ist nur in einem Ausnahmefall geboten (s o 27 ff). Wird das Subsidiaritätsprinzip verletzt, ist der Kapitalherabsetzungsbeschluss anfechtbar[114].

56 e) **Einziehung von Aktien.** Die **Einziehung** als dritte Form der Durchführung einer Kapitalherabsetzung führt im Gegensatz zu den beiden anderen Formen der Durchführung der Kapitalherabsetzung zu einer **Vernichtung der Mitgliedschaft.** Sie ist nur zulässig, wenn die Gesellschaft zuvor die zu vernichtenden Aktien erworben hat oder wenn die Einziehung bereits vor Übernahme der Aktien in der Satzung angeordnet oder gestattet war. Die Einziehung wird vom Subsidiaritätsprinzip nicht erfasst, sondern unterliegt eigenen in § 237 geregelten Schranken (s dort)[115].

57 f) **Auswirkungen auf die Aktienurkunden.** Durch die Herabsetzung der Nennbeträge, die mit der Eintragung in das Handelsregister wirksam wird (§ 224), werden ausgegebene Aktienurkunden von Nennbetragsaktien inhaltlich unrichtig. Die Urkunden müssen von der Verwaltung **umgetauscht** oder **korrigiert** werden. Bis zum Umtausch verkörpern die unrichtig gewordenen Urkunden weiterhin die Mitgliedschaft; dies ist etwa für die Legitimation nach § 75 oder § 123 Abs 2 und 3 bedeutsam[116]. Nicht eingereichte Nennbetragsaktien können nach der **Herabsetzung der Nennbeträge** gemäß §§ 73, 64 Abs 2 für kraftlos erklärt werden. Wurden bei der Kapitalherabsetzung Namens- oder Stückaktien **zusammengelegt**, findet nicht § 73, sondern § 226 Anwendung (vgl § 73 Abs 4)[117]. Ein **Rechtsscheinerwerb** der unrichtig gewordenen Aktien kraft guten Glaubens scheidet aus (s § 224, 14).

---

[111] *Schilling* Voraufl 16.

[112] *Schilling* Voraufl 16, 19.

[113] MK/*Oechsler*² 45.

[114] RGZ 111, 26, 29 f; *Schilling* Voraufl 16 aE; KK/*Lutter*² 43; MK/*Oechsler*² 53.

[115] Ebenso MK/*Oechsler*² 46.

[116] BGH AG 1992, 27, 28 f; OLG Hamburg AG 1991, 242, 243 mit zust Anm *Soehring* WuB II A § 222 AktG 1.91; KK/*Lutter*² 22.

[117] MK/*Oechsler*² 47, § 226, 35; *Hüffer*⁹, § 226, 2; MünchHdBAG-*Krieger*³ § 60, 51.

4. Wahrung der Mindestbeträge (Abs 4 S 2)

58 Handelt es sich um Nennbetragsaktien, darf die Herabsetzung der Nennwerte nur bis zur Grenze des § 8 Abs 2 S 1 von einem Euro erfolgen. Hat die Gesellschaft Stückaktien ausgegeben, darf die Herabsetzung des Grundkapitals nur insoweit erfolgen, als der auf eine Stückaktie entfallende Betrag einen Euro (vgl § 8 Abs 3 S 3) nicht unterschreitet. Eine darüber hinausgehende Herabsetzung des Grundkapitals kann daher sowohl bei Nennbetragsaktien als auch bei Stückaktien nur im Wege der Zusammenlegung erfolgen[118]. Die Vorschrift entspricht damit den Vorgaben des Art 34 der Kapitalrichtlinie (s Vor § 222, 97).

59 Wird das Mindestgrundkapital von 50.000 € bei der AG (§ 7) bzw 120.000 € bei der SE (Art 4 Abs 2 SE-VO) unterschritten, ohne dass die Voraussetzungen des § 228 vorliegen, ist der Beschluss nichtig (s o 22)[119]. Gleiches gilt für den Fall, dass der auf eine Nennbetragsaktie entfallende Nennbetrag bzw der auf eine Stückaktie entfallende Anteil am Grundkapital den gesetzlichen Mindestbetrag unterschreitet (§ 8 Abs 2 S 1 und Abs 3 S 3)[120]. Wird die Kapitalherabsetzung mit einer Kapitalerhöhung verbunden, müssen die Beschlüsse über die Herabsetzung und anschließende Erhöhung sowie deren Durchführung innerhalb von sechs Monaten eingetragen werden. Andernfalls sind alle Beschlüsse nichtig (§ 228 Abs 2).

5. Festlegung der Art der Durchführung im Kapitalherabsetzungsbeschluss

60 Abs 4 S 3 schreibt vor, dass die Hauptversammlung im Kapitalherabsetzungsbeschluss angeben muss, auf welche Art die Kapitalherabsetzung durchgeführt werden soll[121]. Mit diesem Beschlusserfordernis soll den Aktionären vor Augen geführt werden, wie in ihre Rechtsstellung eingegriffen wird[122]. Bei Nennbetragsaktien ist anzugeben, ob eine Herabsetzung des Nennbetrags der einzelnen Aktien, eine Zusammenlegung von Aktien oder eine Kombination aus beidem vorgenommen werden soll. Ist eine Einziehung geplant, ist dies ebenfalls anzugeben. Entsprechendes gilt für Stückaktien, allerdings mit dem Unterschied, dass hier nur eine Herabsetzung des Grundkapitals, nicht aber des Nennwerts einzelner Aktien in Betracht kommt. Fehlt die Angabe über die Art der Durchführung der Kapitalherabsetzung, ist der Beschluss anfechtbar, keineswegs aber nichtig[123]. Denn die Art der Durchführung berührt allein die Interessen der Gesellschafter, nicht aber die der Gläubiger oder der Öffentlichkeit, so dass es an den Voraussetzungen des § 241 Nr 3 fehlt. Hinzu kommt, dass aufgrund der gesetzlichen Vorgaben die Kapitalherabsetzung sehr wohl durchgeführt werden kann, denn die Vorgabe des Abs 4 S 2 bezüglich der Subsidiarität der Zusammenlegung bindet selbstverständlich auch die Verwaltung.

---

118 Begründung des RegE zum StückAG, BT-Drucks 13/9573, S 18 reSp.

119 *Hüffer*[9] 17; KK/*Lutter*[2] 34; MK/*Oechsler*[2] 21, 30; MünchHdBAG-*Krieger*[3] § 60, 30.

120 *Hüffer*[9] 17; MK/*Oechsler*[2] 30.

121 Zu Recht bemängelt KK/*Lutter*[2] 17, dass das Gesetz die Durchführung als Art der Kapitalherabsetzung bezeichnet, ein Begriff den man herkömmlich mit den verschiedenen Formen der Kapitalherabsetzung (ordentliche und vereinfachte Kapitalherabsetzung und Kapitalherabsetzung durch Einziehung) verbindet.

122 *Hüffer*[9] 22 aE.

123 KK/*Lutter*[2] 39 ff; *Hüffer*[9] 17; MK/*Oechsler*[2] 52; MünchHdBAG-*Krieger*[3] § 60, 30; Spindler-Stilz/*Marsch-Barner*[2] 31, 38; *Schlegelberger/Quassowski*[3] § 175, 12; *Ritter*[2] § 175, 5b; aA Baumbach/*Hueck*[13] 7; *Schilling* Voraufl 21; *Godin/Wilhelmi*[4] 8.

61 Die Hauptversammlung kann darüber hinaus freiwillig **weitere Vorgaben an die Verwaltung** machen (s o 26) und beispielsweise vorschreiben, wann die Anmeldung der Kapitalherabsetzung zu erfolgen hat (s § 224, 5), ob und innerhalb welcher Frist die unrichtig gewordenen Aktienurkunden umzutauschen oder zu berichtigen sind und ob die Frist für die Gläubigeranmeldung nach § 225 Abs 1 S 1 verlängert wird (s § 225, 33). Fehlen solche Vorgaben, ist der Vorstand grundsätzlich frei in seinen Entscheidungen[124]. Er muss die Maßnahmen zur Durchführung unverzüglich nach Wirksamwerden der Kapitalherabsetzung ergreifen (s u § 226, 12)[125].

6. Berichtigung des Satzungstextes

62 Durch den Beschluss über die Kapitalherabsetzung wird regelmäßig nicht nur der Betrag des Grundkapitals in der Satzung geändert. Vielmehr hat die Herabsetzung des Grundkapitals meist auch Auswirkungen auf andere Bestimmungen in der Satzung. Eine deshalb notwendige **Berichtigung** des **Satzungstextes** kann dem Aufsichtsrat übertragen werden (zu Einzelheiten s § 179 Abs 1 S 2 und Vor § 222, 34 f).

VIII. Mitwirkungspflichten kraft Treuepflicht

63 Die Aktionäre sind bei der Beschlussfassung über eine Kapitalherabsetzung in ihrer Entscheidung grundsätzlich frei. Allerdings kann sich im Einzelfall aus der **mitgliedschaftlichen Treuepflicht** eine Pflicht zur Zustimmung zu einer Kapitalherabsetzung ergeben[126]. Eine solche Pflicht zur Zustimmung setzt voraus, dass die ins Auge gefasste Maßnahme objektiv erforderlich und subjektiv zumutbar ist. Dies ist insbesondere dann der Fall, wenn ohne die Kapitalherabsetzung die Insolvenz des Unternehmens droht und der Aktionär aus eigennützigen Motiven die in sich schlüssige Sanierung ablehnt[127]. Voraussetzung ist, „dass bei Scheitern der Sanierungsmaßnahme der Zusammenbruch der Gesellschaft unvermeidlich und im Falle des Zusammenbruchs die Stellung des einzelnen Gesellschafters ungünstiger als bei einem Austritt aus der fortbestehenden Gesellschaft ist – bei der Aktiengesellschaft kommt insoweit lediglich eine Veräußerung der Aktien in Betracht –, die Durchführung der Sanierungsmaßnahme die Verfolgung des Gesellschaftszwecks nach objektiver Einschätzung nachhaltig sicherstellt und keine scho-

---

124 RGZ 80, 81, 84; *Hüffer*⁹ 13; KK/*Lutter*² 21; MünchHdBAG-*Krieger*³ § 60, 28; MK/*Oechsler*² 22.

125 BGH AG 1992, 27, 28 m insoweit krit Anm *Butzke* WuB II A § 226 AktG 1.92; MünchHdBAG-*Krieger*³ § 60, 52; KK/*Lutter*² § 226, 6; *Hüffer*⁹ § 226, 3.

126 BGH WM 1986, 1348 f; 1987, 841, 842 – jeweils zur Kapitalerhöhung bei der GmbH.

127 BGHZ 129, 136, 152 = NJW 1995, 1739, 1743 „Girmes"; MK/*Oechsler*² 27; KK/*Lutter*² 56; *Jäger* NZG 1999, 238, 240 ff; generell zu Treuepflichten etwa *Dreher* Treuepflichten zwischen den Aktionären und Verhaltenspflichten bei der Stimmrechtsbündelung, ZHR 157 (1993) 150; *Henze* Treupflichten der Gesellschafter im Kapitalgesellschaftsrecht, ZHR 162 (1998) 186; *Hennrichs* Treupflichten im Aktienrecht, AcP 195 (1995) 221, 271; *Henssler* Verhaltenspflichten bei der Ausübung von Aktienstimmrechten durch Bevollmächtigte, ZHR 157 (1993) 91; *ders* Die Haftung des Stimmrechtsvertreters, DZWir 1995, 430; *Lutter* Die Treupflicht des Aktionärs, ZHR 153 (1989) 446, 447; *Marsch-Barner* Treuepflichten zwischen Aktionären und Verhaltenspflichten bei der Stimmrechtsbündelung, ZHR 157 (1993) 172; *Timm* Treupflichten im Aktienrecht, WM 1991, 481.

nendere Sanierung möglich ist"[128]. Dass in einem solchen Fall dem einzelnen Aktionär die Zustimmung zuzumuten ist, ergibt sich schon daraus, dass er bereits aufgrund der Unternehmenskrise den wirtschaftlichen Wert seiner Beteiligung eingebüßt hat, so dass die Kapitalherabsetzung für ihn keinen zusätzlichen Nachteil bedeutet[129].

IX. Beteiligung Dritter bei der Entscheidung über Kapitalherabsetzungen

1. Genehmigungspflichten

In bestimmten aufsichtsrechtlich sensiblen Bereichen behält sich der Staat vor, Satzungsänderungen und damit auch Kapitalherabsetzungen von seiner Genehmigung abhängig zu machen. Solche Genehmigungserfordernisse sind vor allem im Bereich der Finanzdienstleistungen anzutreffen. So unterliegen Satzungsänderungen bei **Versicherungen** dem Genehmigungsvorbehalt nach §§ 13 Abs 1, 5 Abs 3 Nr 1 VAG. Auch die zum Schutze der Anleger vor der Insolvenz eines Kredit- oder Finanzdienstleistungsinstituts bestehende gesetzliche Einlagensicherung und Anlegerentschädigung sieht für **beliehene Entschädigungseinrichtungen** ein Genehmigungserfordernis vor (§ 7 Abs 1 S 3 EAEG)[130]. Mit der Übertragung der staatlichen Aufgabe auf die beliehene Einrichtung ist dieser Vorbehalt verbunden[131]. In Bezug auf die Beleihung von **privaten Zertifizierungsstellen** enthält § 4 Abs 1 Nr 2 HS 2 AltZertG[132] einen vergleichbaren Vorbehalt. Ein solcher findet sich auch in § 13 Abs 2 S 2 PflVG[133] iVm § 2 KfzUnfEntschV für die Satzung der **Verkehrsopferhilfe**[134]. 64

Bislang wurde die Auffassung vertreten, dass die Satzungsänderung schwebend unwirksam sei, bis die Genehmigung erteilt ist. Werde sie verweigert, sei die Satzungsänderung unwirksam[135]. Mit dem MoMiG strich der Gesetzgeber das Erfordernis, bei der Anmeldung der Gesellschaft den Nachweis der staatlichen Genehmigung vorzulegen, wenn die der Unternehmenszweck oder eine andere Satzungsbestimmung einer solchen bedarf (§ 37 Abs 4 Nr 5 aF)[136]. Eine Anpassung der übrigen aktienrechtlichen Bestimmungen, die die Vorlage einer staatlichen Genehmigung vorsahen (§ 181 Abs 1 S 3) oder 65

---

[128] BGHZ 129, 136, 153 = NJW 1995, 1739, 1743 „Girmes".

[129] Zur Frage der Haftung des Aktionärs wegen einer treuwidrigen Vereitelung der Kapitalherabsetzung *Geißler* NZG 2000, 719, 724 f.

[130] Zu beliehenen Entschädigungseinrichtungen und dem Genehmigungserfordernis *Sethe* in Assmann/Schütze, Handbuch des Kapitalanlagerechts³, § 25, 45 ff.

[131] Jeweils ergänzt durch § 2 der Verordnung über die Zuweisung von Aufgaben und Befugnissen einer Entschädigungseinrichtung an die Entschädigungseinrichtung des Bundesverbandes Öffentlicher Banken Deutschlands GmbH v 24.8.1998, BGBl I 2390 bzw der Verordnung über die Zuweisung von Aufgaben und Befugnissen einer Entschädigungseinrichtung an die Entschädigungseinrichtung deutscher Banken GmbH v 24.8.1998, BGBl I 2391.

[132] Gesetz über die Zertifizierung von Altersvorsorgeverträgen (Altersvorsorgeverträge-Zertifizierungsgesetz – AltZertG) v 26.6.2001, BGBl I 1310, 1322.

[133] Gesetz über die Pflichtversicherung für Kraftfahrzeughalter (Pflichtversicherungsgesetz – PflVG) in der Fassung der Bekanntmachung v 5.4.1965, BGBl I 213.

[134] Verordnung über den Entschädigungsfonds für Schäden aus Kraftfahrzeugunfällen v 14.12.1965, BGBl I 1965, 2093.

[135] MK/*Stein*² § 181, 44; *Hüffer*⁹ § 181, 14.

[136] Art 5 Nr 3 lit c des Gesetzes zur Modernisierung des GmbH-Rechts und zur Bekämpfung von Missbräuchen (MoMiG) v 23.10.2008, BGBl I 2026.

als Tatbestandsmerkmal enthielten (§ 217 Abs 2 S 5 aF, § 228 Abs 2 S 2 aF, § 234 Abs 3 S 2 aF), vergaß man. Der Bundesrat und ihm folgend der Rechtsausschuss[137] erkannten dies und der Gesetzgeber beseitigte dieses Versäumnis mit dem ARUG[138]. Die in der vorigen Randnummer genannten Vorschriften, die eine staatliche Genehmigung der Errichtung der Gesellschaft oder der Satzungsänderung vorsehen, blieben unverändert. Welche Rechtsfolgen der Gesetzgeber für den Fall vorsieht, dass die staatliche Genehmigung versagt wird, kann man den Gesetzgebungsmaterialien leider nicht entnehmen[139]. Dass der Gesetzgeber nur das Erfordernis der Vorlage der staatlichen Genehmigung abschaffte, die aufsichtsrechtlichen Genehmigungserfordernisse aber weiterbestehen ließ, kann daher nur bedeuten, dass die Genehmigung künftig **nicht mehr Wirksamkeitsvoraussetzung** für die Änderung der gesellschaftsrechtlichen Rechtslage ist[140]. Die Verzahnung von Aufsichtsrecht und Gesellschaftsrecht wurde abgeschafft. Die GmbH und auch die AG, deren Betrieb beispielsweise nach VAG genehmigungspflichtig ist, wird also wirksam errichtet; ihr kann aber später der Geschäftsbetrieb untersagt werden, wenn die aufsichtsrechtlichen Voraussetzungen der Geschäftsaufnahme fehlen. Gleiches muss auch für Satzungsänderungen und insbesondere Kapitalherabsetzungen gelten, wenn die Aufsicht zu dem Ergebnis kommt, dass diese den weiteren Geschäftsbetrieb oder andere aufsichtsrechtliche Erfordernisse gefährden.

66 Allerdings finden sich in zahlreichen öffentlich-rechtlichen Gesetzen zum Teil Bestimmungen, die eine Eintragung in ein Register vom Vorliegen bestimmter Voraussetzungen abhängig machen (zB § 43 Abs 1 KWG), wonach eine Eintragung in öffentliche Register nur erfolgen darf, wenn die Zulassung des Instituts durch die BaFin gem § 32 KWG nachgewiesen ist. Bei Versicherungsvereinen auf Gegenseitigkeit muss die aufsichtsrechtliche Genehmigung einer Auflösung gem § 43 Abs 2 VAG nachgewiesen werden, bevor die Auflösung eingetragen werden darf. In derartigen Fällen[141] gilt die alte Rechtslage fort, wonach die öffentlich-rechtliche Genehmigung Wirksamkeitsvoraussetzung ist. Der Registerrichter hat diese Voraussetzungen dann bei der Eintragung der Gründung oder Satzungsänderung zu prüfen. Für den Bereich der Kapitalherabsetzung besonders relevant sind erhöhte Mindestkapitalvorschriften des Aufsichtsrechts, deren Vorliegen vom Registerrichter zu berücksichtigen ist (zB §§ 2 Abs 4, 15 Abs 2 Nr 3 UBGG).

2. Anzeigepflichten

67 **Kapitalanlagegesellschaften** unterliegen sowohl der Kontrolle durch die BaFin als auch einer Kontrolle durch die Depotbank, die zum Schutze der Anleger das Verhalten der Investmentgesellschaft überwacht (§§ 20 ff InvG). Satzungsänderungen sind unverzüglich der BaFin anzuzeigen (§ 7 Abs 5 InvG[142]). Die Wirksamkeit der Satzungsänderung hängt von der Zustimmung der Depotbank ab (§ 26 Abs 1 Nr 5 InvG, vgl a § 68

---

137 Stellungnahme des Bundesrats zum RegE ARUG, BR-Drucks 847/1/08, S 10 f; Beschlussempfehlung und Bericht des Rechtsausschusses zum ARUG, BT-Drucks 16/13098, S 27 f, 58 (zu Nummer 24a) 59 (zu den Nummern 34b, 34c und 34d).

138 Art 1 Nrn 24a, 34a bis 34d des Gesetzes zur Umsetzung der Aktionärsrichtlinie (ARUG) v 30.7.2009, BGBl I 2479.

139 RegE MoMiG, BT Drucks. 16/6140, S 34 (zu Doppelbuchstabe cc).

140 So auch Lutter/Hommelhoff/*Bayer* GmbHG[17] § 8, 7; *Leitzen* GmbHR 2009, 480, 481.

141 Weitere Fälle bei *Leitzen* GmbHR 2009, 480, 481 ff.

142 Investmentgesetz (InvG) v 15.12.2003, BGBl I 2676.

Abs 1 S 1 InvG)[143]. Die Depotbank hat der Änderung zuzustimmen, wenn sie mit den Zielen und Vorgaben des InvG und mit den Vertragsbedingungen übereinstimmen. Ohne deren Zustimmung ist die Satzungsänderung unwirksam[144]. Stimmt die Depotbank einer Verfügung zu, obwohl dies nicht der Fall ist, berührt dies die Wirksamkeit der Verfügung oder Änderung nicht (§ 26 Abs 2 S 1 InvG). Für **Investmentaktiengesellschaften** gilt der Genehmigungsvorbehalt entsprechend (§ 99 Abs 3 S 1 InvG). Die Anzeigepflicht gegenüber der BaFin ist hier an das Unterschreiten bestimmter Schwellenwerte gekoppelt (§ 96 Abs 6 InvG).

Im Unterschied dazu sieht das Aufsichtsrecht bei **Kredit-** und **Finanzdienstleistungs-** **68**
instituten lediglich eine Anzeigepflicht vor, wenn das Kapital der Gesellschaft unter das aufsichtsrechtliche Mindestkapital fällt (§ 24 Abs 1 Nr 10 KWG). Über Satzungsänderungen hat der Prüfer der BaFin zu berichten (§ 5 Abs 1 Nr 1 PrüfbV[145]). **Unternehmensbeteiligungsgesellschaften** müssen jede Satzungsänderung anzeigen (§ 21 Abs 1 Nr 1 UBGG[146]). Die Verletzung der Anzeigepflicht hat **keine Auswirkungen** auf die Wirksamkeit der Kapitalherabsetzung der Aktiengesellschaft.

X. Aufhebung oder Änderung des Beschlusses

Wurde der Kapitalherabsetzungsbeschluss bereits in das Handelsregister eingetragen, **69**
ist er nach § 224 wirksam, so dass seine **Aufhebung** eine Satzungsänderung darstellt und daher die Anforderungen des § 222 erfüllen muss. Streitig ist, ob seine **Aufhebung vor Eintragung** ebenfalls diese Voraussetzungen erfüllen muss[147] oder ob hier eine einfache Mehrheit ausreicht[148]. Für das Erfordernis einer qualifizierten Mehrheit spricht sicherlich der Gedanke, dass der actus contrarius denselben Anforderungen genügen muss wie der ursprüngliche Beschluss. Allerdings würde man damit die eindeutige gesetzliche Anordnung der §§ 181 Abs 3, 224 ignorieren, wonach die Satzungsänderung erst mit Eintragung wirksam wird. Damit sind die Anforderungen an Satzungsänderungen nicht zu beachten. Die erhöhten Anforderungen an eine Satzungsänderung beruhen zudem auf der Erwägung, dass der bisherige Konsens über die Grundlagen der Gesellschaft verlassen wird und daher die Satzungsänderung einer besonderen Rechtfertigung bedarf, die

143 Diese Vorschrift geht auf § 31a Abs 2 S 1 KAGG zurück, der durch Art 4 Nr 35 des 3. Finanzmarktförderungsgesetzes v 24.3.1998, BGBl I 529, eingeführt wurde. Leider schweigen die Materialien zu der Frage der genauen Wirkung dieses Vorbehalts, vgl Begr RegE zum 3 FFG, BT-Druck 13/8933, S 120 sowie RegE zum InvG, BR-Drucks 609/03, S 195.

144 *Lindner-Figura* in Brinkhaus/Scherer KAGG, AuslInvG, § 31a, 3, 5.

145 Verordnung über die Prüfung der Jahresabschlüsse und Zwischenabschlüsse der Kreditinstitute und Finanzdienstleistungsinstitute und über die Prüfung nach § 12 Abs 1 Satz 3 des Gesetzes über Kapitalanlagegesellschaften sowie die darüber zu erstellenden Berichte (Prüfungsberichtsverordnung – PrüfbV) v 17.12.1998, BGBl I 3690.

146 Gesetz über Unternehmensbeteiligungsgesellschaften in der Fassung der Bekanntmachung v 9.9.1998, BGBl I 2765.

147 *Hüffer*[9] 16 (der allerdings damit seiner Kommentierung bei § 179, 40 widerspricht); K Schmidt/Lutter/*Veil*[2] 22; *Tielmann* in Happ AktienR[2] 14.01, 10; GK AktG/*Schilling*[2] § 195, 7a; GK AktG/*Barz*[3] § 119, 16; *Schlegelberger*/*Quassowski*[3] § 148, 5.

148 KK/*Zöllner*[2] § 179, 162; KK/*Lutter*[2] 55; Baumbach/*Hueck*[13] § 181, 4; *Godin*/*Wilhelmi*[4] § 181, 10; *Wiedemann* § 179, 183, § 181, 44; MK/*Oechsler*[2] 28; MünchHdBAG-*Krieger*[3] § 60, 37.

durch erhöhte Mehrheitserfordernisse sichergestellt werden soll. Die Aufhebung eines satzungsändernden Beschlusses führt demgegenüber eine Rückkehr zur bisherigen Fassung der Satzung herbei, die bereits von den Aktionären gebilligt war[149]. Auch überzeugt das Argument, die einfache Mehrheit dürfe nicht den Willen einer qualifizierten Mehrheit durchkreuzen, nicht, denn die frühere qualifizierte Mehrheit hat ihre Mehrheit gerade eingebüßt und ist nun die Minderheit. Im Ergebnis kann daher der satzungsändernde Beschluss vor seiner Eintragung ins Handelsregister mit einfacher Mehrheit aufgehoben werden.

70 Eine **Änderung** des Kapitalherabsetzungsbeschlusses unterliegt – sowohl vor als auch nach der Eintragung des Beschlusses in das Handelsregister – den gleichen Anforderungen wie seine ursprüngliche Verabschiedung (zu Einladung und Beschlusserfordernissen s o 12 ff), da es sich um eine (weitere) Satzungsänderung handelt[150]. Deshalb sind insbesondere die erhöhten Mehrheitserfordernisse zu beachten.

XI. Beschlussmängel

71 Wird bei der Kapitalherabsetzung das gesetzliche **Mindestgrundkapital** unterschritten, ohne dass zugleich eine Kapitalerhöhung beschlossen wird (§ 228), ist der Beschluss nach § 241 Nr 3 nichtig (s o 22, 59). Gleiches gilt für den Fall der Unterschreitung des auf eine Aktie entfallenden **Mindestbetrags von einem Euro** (s o 59)[151]. Nimmt die Gesellschaft einen **Kapitalschnitt** vor und werden die entsprechenden Beschlüsse und deren Durchführung nicht innerhalb von sechs Monaten eingetragen, sind sie nichtig (s o 59). Nichtig ist zudem ein Beschluss, bei dem die Hauptversammlung die Höhe der Kapitalherabsetzung in das **Ermessen des Vorstands** stellt (s o 23). Gleiches gilt für einen Beschluss, durch den unzulässiger wirtschaftlicher Zwang zur **Zuzahlung** ausgeübt wird (s Vor § 222, 18) oder in dem die gläubigerschützende Frist des § 225 Abs 1 S 1 (Sperrhalbjahr) verkürzt wird (s § 225, 34).

72 Eine Verletzung der Vorschriften über die **Einladung**, die **Beschlussformalitäten** (s o 12 f) sowie die nach Abs 1 vorgeschriebenen **Mehrheiten** (s o 17 ff) führt zur Anfechtbarkeit des Beschlusses[152]. Gleiches gilt für eine Verletzung des **Gleichhandlungsgrundsatzes** (s o 30). Zur Frage der Zulässigkeit der **Auslosung** s o 33.

73 Fehlt ein **Sonderbeschluss** nach Abs 2 oder nach § 141, ist der Kapitalherabsetzungsbeschluss schwebend unwirksam; bei Ablehnung durch eine Aktiengattung wird er endgültig unwirksam. Wurde ein Kapitalherabsetzungsbeschluss trotz fehlender Zustimmung aller Aktiengattungen eingetragen, tritt mit Ablauf von drei Jahren Heilung analog § 242 Abs 2 S 1 ein (s o 39). Ein Fall der schwebenden bzw endgültigen Unwirksamkeit wurde bislang auch angenommen, wenn die Kapitalherabsetzung einer staatlichen **Genehmigung** oder der Genehmigung einer Depotbank bedurfte und diese noch aussteht oder abgelehnt wurde; diese Rechtslage ist jedoch inzwischen überholt (s o 64 f). Die bloße Verletzung von aufsichtsrechtlichen Anzeigepflichten hat ebenfalls keine Auswirkungen auf die Wirksamkeit des Beschlusses (s o 68).

---

149 Gerade dieser Aspekt müsste die noch bestehenden Bedenken von MK/*Oechsler*² 28, ausräumen, eine einfache Mehrheit könne eine zentrale Kapitalmaßnahme verhindern.

150 *Hüffer*⁹ 16; KK/*Lutter*² 18, 55; MK/*Oechsler*² 28.

151 Der BGH AG 1992, 27, hat klargestellt, dass ein Verstoß gegen § 8 Abs 2 S 4 (Nennbeträge müssen auf *volle* Euro lauten) keine Nichtigkeit zur Folge hat.

152 KK/*Lutter*² 36.

Eine Anfechtbarkeit des Kapitalherabsetzungsbeschlusses ist auch in folgenden Fällen gegeben: Fehlen der konkreten Angabe des **Zwecks** der Kapitalherabsetzung (s o 44), Bestehen einer **anfänglichen erkennbaren Unmöglichkeit** des im Kapitalherabsetzungsbeschluss angegebenen Zwecks (s o 45), Verstoß gegen das **Subsidiaritätsprinzip** (s o 55) sowie Fehlen der Angabe über die Art der **Durchführung** der Kapitalherabsetzung (s o 60). 74

XII. Kapitalherabsetzung während der Liquidation und der Insolvenz

Eine Kapitalherabsetzung ist auch im Stadium der **Liquidation** möglich[153]. Allerdings ist § 272 neben § 225 zu beachten, damit der Gläubigerschutz nicht unterlaufen wird[154]. Wenn aber das Sperrjahr zu beachten ist, kann die Kapitalherabsetzung gerade nicht zu einer vorzeitigen Vermögensverteilung genutzt werden, was jedoch vom Schrifttum als Zweck einer Kapitalherabsetzung während der Liquidation angegeben wird[155]. Denkbar ist aber eine Kapitalherabsetzung mit anschließender Kapitalerhöhung, wenn sich die Gesellschafter zu einer Fortsetzung der Gesellschaft entschließen (§ 274). Auch kann im Einzelfall zur Erleichterung des Liquidationsverfahrens eine Einziehung von Aktien geboten sein[156]. 75

Auch im **Insolvenzverfahren** ist eine Kapitalherabsetzung zulässig[157]. Da während des Insolvenzverfahrens **Ausschüttungen** an die Aktionäre nicht erfolgen dürfen, ist nur eine Kapitalherabsetzung zum Zwecke der Sanierung zulässig. Möglich ist daher sowohl eine Kapitalherabsetzung mit anschließender Kapitalerhöhung als auch eine vereinfachte Kapitalherabsetzung[158]. Der BGH hat dies in der Sachsenmilch-Entscheidung klargestellt. Im konkreten Fall ließen sich die Voraussetzungen der gesetzlichen Vergleichsquote nicht anders erreichen. Die Gläubiger verzichteten außergerichtlich auf einen Teil ihrer Forderungen, bis das Vergleichsangebot den gesetzlichen Mindestvoraussetzungen entsprach. Anschließend übernahm ein Gläubiger die AG, um den steuerlichen Verlustvortrag von rund 250 Mio DM nutzen zu können. 76

---

153 LG Hannover AG 1995, 285 „Brauhaus Wülfel" mit zust Anm *Trapp* WuB II A § 222 AktG 1.96; Spindler-Stilz/*Marsch-Barner*[2] § 229, 31; *Wiedemann* § 179, 168 sowie *Hüffer*[9] 24, § 264, 16; K Schmidt/Lutter/*Veil*[2] 37; MK/*Hüffer*[2] § 264, 30; MünchHdBAG-*Krieger*[3] § 60, 18; ebenso die hM zur GmbH OLG Frankfurt NJW 1974, 463; Ulmer/Habersack/Winter/*Casper* § 58, 37; Scholz/*Priester*[10] § 58, 45; aA KK/*Lutter*[2] 52.

154 *Hüffer*[9] 24; MünchHdBAG-*Krieger*[3] § 60, 18; Spindler-Stilz/*Marsch-Barner*[2] 45; *Terbrack* RNotZ 2003, 89, 91.

155 MünchHdBAG-*Krieger*[3] § 60, 18. Deshalb hat KK/*Lutter*[2] 52, Recht, wenn er die diesbezügliche Diskussion als Scheinproblem kennzeichnet; s a MK/*Oechsler*[2] § 229, 30.

156 KK/*Lutter*[2] 52; MK/*Oechsler*[2] § 229, 30. S a BGH AG 2006, 887, wonach auch ein Squeeze Out während der Liquidation zulässig ist.

157 MK/*Oechsler*[2] § 229, 31; K Schmidt/Lutter/*Veil*[2] 38; Scholz/*K Schmidt*[10] Vor § 64, 109; aA Baumbach/*Hueck*[13] Vor § 179, 2 aE; *Wiedemann* § 179, 168 aE.

158 BGHZ 138, 71, 78 ff = NJW 1998, 2054, 2055 ff „Sachsenmilch"; *Hüffer*[9] 24; MK/*Hüffer*[2] § 264, 77; MK/*Oechsler*[2] § 229, 31; MünchHdBAG-*Krieger*[3] § 60, 18; Spindler-Stilz/*Marsch-Barner*[2] 45, § 229, 32; *Mennicke* Anm zu BGHZ 138, 71 „Sachsenmilch", NZG 1998, 549, 550; *Terbrack* RNotZ 2003, 89, 91; *Wirth* DB 1996, 867, 869 f; enger KK/*Lutter*[2] 53 (zulässig nur Kapitalherabsetzung mit anschließender Kapitalerhöhung).

§ 223
Anmeldung des Beschlusses

Der Vorstand und der Vorsitzende des Aufsichtsrats haben den Beschluß über die Herabsetzung des Grundkapitals zur Eintragung in das Handelsregister anzumelden.

Übersicht

Schrifttum

Bärmann Freiwillige Gerichtsbarkeit und Notarrecht, 1968, § 48 II; *Baums* Eintragung und Löschung von Gesellschafterbeschlüssen, 1981; *Bokelmann* Eintragung eines Beschlusses: Prüfungskompetenz des Registerrichters bei Nichtanfechtung, rechtsmissbräuchlicher Anfechtungsklage und bei Verschmelzung, DB 1994, 1341; *Böttcher/Ries* Formularpraxis des Handelsregisterrechts, 2003; *Brand* Das Prüfungsrecht und die Prüfungspflicht des Registerrichters, ZBlHR 1928, 97; *Gustavus* Handelsregister-Anmeldungen, 7. Aufl 2009; *Keidel* FamFG, 16. Aufl 2009; *Keidel/Krafka/Kühn* Registerrecht, 8. Aufl 2010; *Lutter* Die Eintragung anfechtbarer Hauptversammlungsbeschlüsse im Handelsregister, NJW 1969, 1873; *ders* Die entschlußschwache Hauptversammlung, FS Quack, 1991, 301; *Menold* Das materielle Prüfungsrecht des Handelsregisterrichters, Diss Tübingen 1966; *Säcker* Inhaltskontrolle von Satzungen mitbestimmter Unternehmen durch das Registergericht, FS Stimpel, 1985, 867; *Schrader* Die Prüfungspflicht des Registerrichters, Diss Greifswald 1929; *Weiss* Kombinierte Kapitalerhöhung aus Gesellschaftsmitteln mit nachfolgender ordentlicher Kapitalherabsetzung – ein Instrument flexiblen Eigenkapitalmanagements der Aktiengesellschaft, BB 2005, 2697; *Willer/Krafka* Die elektronische Einreichung von Handelsregisteranmeldungen aus Sicht der Registerpraxis, DNotZ 2006, 885; *Winkler* Anmeldung der Änderung der GmbH-Satzung, NJW 1980, 2683. Vgl auch die Schrifttumsnachweise Vor § 222.

I. Gesetzesgeschichte

1 Die Vorschrift entspricht sachlich § 176 AktG 1937[1]. Lediglich das Wort „Stellvertreter" findet keine Erwähnung mehr, denn die Zuständigkeit des Stellvertreters des Aufsichtsratsvorsitzenden ist nun in § 107 Abs 1 S 3 allgemein geregelt[2]. Die Vorschrift wurde seit 1965 nicht verändert. Sie hat aber indirekt weit reichende Änderungen durch die Einführung des elektronischen Handelsregisters zum 1.1.2007 erfahren[3].

[1] Zur Geschichte der Kapitalherabsetzung im Allgemeinen s Vor § 222, 73 ff.

[2] *Kropff* AktG 1965, S 317.

[3] Gesetz über das elektronische Handelsregister und Genossenschaftsregister sowie das Unternehmensregister (EHUG) v 10.11.2006, BGBl

II. Normzweck

Die Vorschrift regelt die **Anmeldung** der Kapitalherabsetzung zur Eintragung ins Handelsregister. Mit der Anmeldung wird dem Registergericht eine **vorgeschaltete Kontrolle** ermöglicht. Kommt das Registergericht zu dem Ergebnis, dass die Voraussetzungen der Kapitalherabsetzung vorliegen, wird es diese eingetragen. Die Eintragung hat **konstitutive Wirkung** (§ 224). Von der Anmeldung der Herabsetzung des Grundkapitals ist die Anmeldung und Eintragung der Durchführung dieser Herabsetzung zu unterscheiden (§ 227), der lediglich deklaratorische Wirkung zukommt. Beide Anmeldungen können miteinander verbunden werden (§ 227 Abs 2). **2**

Mit dem Beschluss über die Kapitalherabsetzung wird die Satzungsbestimmung geändert, in der die Höhe des Grundkapitals festgesetzt ist, so dass die Anmeldung der Kapitalherabsetzung gleichzeitig die Anmeldung der Änderung dieser Satzungsbestimmung bedeutet. Daher ist der Gesetzeswortlaut der Vorschrift missverständlich[4]. Anzumelden ist die Satzungsänderung, nicht der Beschluss über die Satzungsänderung. Dies zeigt ein Blick auf die parallele Vorschrift des § 181 Abs 1. Damit unterscheidet sich die ordentliche Kapitalherabsetzung von der regulären Kapitalerhöhung, bei der in der Tat nur der Beschluss anzumelden ist, da dort erst die Eintragung der Durchführung konstitutiv wirkt (§ 189). Musste aufgrund der Kapitalherabsetzung auch der übrige Satzungstext angepasst werden (s Vor § 222, 34 f), ist eine separate Anmeldung dieser Satzungsänderung(en) erforderlich (§ 181). Da für diese Textänderungen die Kapitalherabsetzung Voraussetzung ist, muss diese Anmeldung mit der der Kapitalherabsetzung nach § 223 verbunden werden. Hierfür spricht auch der Umstand, dass die konstitutive Wirkung der Eintragung der Satzungsänderung über die Kapitalherabsetzung die Vorlage einer berichtigten Satzung erfordert (§ 181 Abs 1 S 2)[5]. **3**

I 2553. Dazu etwa *Leuering/Simon* EHUG – Umfassende Transparenz von Unternehmensdaten, NJW Spezial 2006, 555; *Liebscher/Scharff* Das Gesetz über elektronische Handelsregister und Genossenschaftsregister sowie das Unternehmensregister, NJW 2006, 3745; *Meyding/Bödeker* Gesetzentwurf über elektronische Handelsregister und Genossenschaftsregister sowie das Unternehmensregister (EHUG-E) – Willkommen im Online-Zeitalter!, BB 2006, 1009; *Noack* Das EHUG ist beschlossen – elektronische Handels- und Unternehmensregister ab 2007, NZG 2006, 801; *Schmidt* Digitalisierung der Registerführung und Neuregelung der Unternehmenspublizität: Was bringt das EHUG?, DStR 2006, 2272; *Seibert/Decker* Das Gesetz über elektronische Handelsregister und Genossenschaftsregister sowie das Unternehmensregister (EHUG) – Der „Big Bang" im Recht der Unternehmenspublizität, DB 2006, 2446; *Willer/Krafka* DNotZ 2006, 885. Dem EHUG war die Einführung der §§ 39a, 42 Abs 4 BeurkG durch Art 8 Nrn 2, 3 des Gesetzes über die Verwendung elektronischer Kommunikationsformen in der Justiz (Justizkommunikationsgesetz – JKomG), BGBl 2005 I 837, vorausgegangen; dazu etwa *Gassen/Wegerhoff* Elektronischer Rechtsverkehr mit „SigNotar" und „StrADa", ZNotP 2005, 413; *Malzer* Elektronische Beglaubigung und Medientransfer durch den Notar nach dem Justizkommunikationsgesetz, DNotZ 2006, 9; *Püls* Notarielle Tätigkeit im Lichte des Justizkommunikationsgesetzes, NotBZ 2005, 305.

4 Ebenso KK/*Lutter*² 10.

5 *Hüffer*⁹ 1; wohl auch KK/*Lutter*² 6.

III. Anmeldung

1. Rechtsnatur und Zuständigkeit

4 Die Anmeldung zum Handelsregister ist Verfahrenshandlung und – je nach Einzelfall – auch Organisationsakt, aber kein Rechtsgeschäft[6]. Bedingungen und Befristungen sind daher ebenso unzulässig wie die Geltendmachung von Willensmängeln. Die Vorschriften über Rechtsgeschäfte finden jedoch Anwendung, soweit sie inhaltlich übertragbar sind. So ist es nach § 130 Abs 2 BGB unmaßgeblich, ob die anmeldende Person nach der Anmeldung geschäftsunfähig wird oder stirbt[7].

5 Für die Anmeldung ist das Amtsgericht (§§ 8 Abs 1 HGB, § 23a Abs 1 Nr 2, Abs 2 Nr 3 GVG, § 376 Abs 1 FamFG) **sachlich zuständig.** Die **örtliche Zuständigkeit** richtet sich nach dem Sitz der Gesellschaft (§ 14), wobei die Zuständigkeit auf das Amtsgericht am Sitz des Landgerichts konzentriert ist (§ 376 Abs 1 FamFG), sofern nicht das Landesrecht oder die Vereinbarung mehrerer Bundesländer eine abweichende örtliche Zuständigkeit begründet (§ 376 Abs 2 FamFG). Hat die Gesellschaft einen Doppelsitz[8], ist die Satzungsänderung bei jedem der zuständigen Amtsgerichte anzumelden[9]. Zweigniederlassungen der Gesellschaft werden nur noch beim Register am Sitz der Gesellschaft geführt (§ 13 Abs 1 HGB)[10]. Die Satzungsänderung muss daher nicht mehr in das Register der Zweigniederlassung eingetragen werden. Die früher in § 13c Abs 4 HGB aF enthaltene Verpflichtung, so viele Stücke der Anmeldung nebst Anlagen beizufügen, wie Zweigniederlassungen vorhanden sind, ist daher entfallen[11]. **Funktional zuständig** ist der Richter, bei bloßen Fassungsänderungen der Rechtspfleger (§ 17 Nr 1 lit b RPflG).

2. Anmeldende

6 Die Anmeldung erfolgt nicht in eigenem Namen, sondern **im Namen der Gesellschaft**[12], denn es handelt sich um eine auf Eintragung mit konstitutiver Wirkung gerichtete Anmeldung. Anmeldende ist in einem derartigen Falle daher die Gesellschaft selbst, vertreten durch ihre Organe. Bei Ablehnung der Eintragung ist sie beschwert und daher auch beschwerdeberechtigt (§ 59 Abs 2 FamFG). Weiterhin stellt sich die Frage, ob die anmeldenden Organmitglieder mit dem Namen der Firma unterzeichnen dürfen oder (unter Wahrung des Offenkundigkeitsgrundsatzes) nur mit ihrem eigenen Namen[13]. Weil

---

[6] BayObLGZ 1985, 82, 83, 87; *Hüffer*[9] 2 iVm § 36, 2; GK HGB/*Hüffer*[4] § 8, 42 f; Ulmer/*Ulmer* § 7, 19; aA KK/*Lutter*[2] 7; Lutter/Hommelhoff/*Bayer* GmbHG[17] § 7, 1 (jeweils Verfahrenshandlung); Schlegelberger/*Hildebrandt* HGB[5] § 12, 10 (Rechtsgeschäft).

[7] OLG Dresden OLGR 4, 22, 23; s *Röhricht* § 36, 29.

[8] Dazu *Brändel* § 5, 29 ff; *Hüffer*[9] § 5, 10.

[9] *Hüffer*[9] § 36, 2.

[10] Nach Art 61 Abs 6 EGHGB werden die Registerakten der auf der Grundlage der §§ 13 bis 13c HGB aF eingetragenen Zweigniederlassungen beim Gericht der Zweigniederlassung geschlossen. Es wird von Amts wegen der Vermerk eingetragen, dass die Eintragungen nur noch bei dem Gericht des Hauptsitzes fortgeführt werden.

[11] Art 1 Nr 4 des EHUG (s o 1 Fn 3).

[12] BGHZ 105, 324, 328 = NJW 1989, 295 – zur GmbH; *Wiedemann* § 181, 7; *Hefermehl/Bungeroth* in Geßler/Hefermehl § 181, 9; *Henn* HdB AktienR[7] 199, 478; *Hüffer*[9] 3, § 181, 4; MK/*Stein*[2] § 181, 9; KK/*Lutter*[2] § 184, 5 und wohl auch § 223, 5; KK/*Zöllner*[2] § 181, 3; Ulmer/Habersack/Winter/*Casper* § 78, 12; aA KGJ 41, 134, 135 – zur AG; *Wiedemann* Voraufl § 181, 1.

[13] Baumbach/*Hueck*[13] § 181, 2; *Hüffer*[9] § 181, 4; KK/*Zöllner*[2] § 181, 3; KK/*Lutter*[2] 4.

die Anmeldung notariell zu beglaubigen ist, kommt es auf die §§ 129 BGB, 39 bis 40 BeurkG an. Die öffentliche Beglaubigung bezeugt die Echtheit der Unterschrift oder des Handzeichens. Es ist anerkannt, dass bei einer Beglaubigung der Unterschrift eines Kaufmanns die Unterzeichnung mit dem Namen der Firma zulässig ist[14]. Auch bei Beglaubigungen darf der Vertreter nicht nur mit dem eigenen, sondern auch mit dem Namen des Vertretenen unterzeichnen[15]. Nicht zuletzt auch aus diesem Grund muss im Beglaubigungsvermerk die Person bezeichnet werden, die die Unterschrift vor dem Notar vollzogen oder anerkannt hat (§ 40 Abs 3 BeurkG)[16]. Dies genügt dem mit § 12 Abs 1 S 1 HGB verfolgten Zweck der beglaubigten Anmeldung. Daneben sah § 12 Abs 1, 2. Alt HGB aF auch die persönliche Zeichnung vor. Gemeint waren jedoch Fälle, in denen es dem Gesetz gerade auf eine persönliche Unterschrift ankam (vgl §§ 37 Abs 5 aF, 81 Abs 4 aF[17]). Eine solche Anordnung der persönlichen Zeichnung trifft § 223 gerade nicht, weshalb dies auch dafür spricht, dass die Anmeldenden mit dem Namen der Firma oder mit ihrem eigenen Namen unterzeichnen können. An diesem Ergebnis änderte im Übrigen auch die Ordnungsvorschrift des § 79 aF nichts. Zwar mussten danach die Anmeldenden deutlich machen, dass sie für die AG handeln und mit ihrem Namenszug unterschreiben. Allerdings war auch dort anerkannt, dass das Organmitglied den Namen des Vertretenen benutzen darf[18].

Die Anmeldung des Kapitalherabsetzungsbeschlusses erfolgt durch das **gesetzliche Vertretungsorgan** sowie den **Aufsichtsratsvorsitzenden** oder bei dessen Verhinderung seinen Stellvertreter (§ 107 Abs 1 S 3). Bei der AG ist zur Anmeldung also der Vorstand in vertretungsberechtigter Zahl (§ 78)[19] verpflichtet; bei der KGaA handeln die vertretungsberechtigten Komplementäre in entsprechender Zahl (§ 283 Nr 1). Sofern bei der Gesellschaft eine unechte Gesamtvertretung (§ 78 Abs 3) vorgesehen ist, darf auch ein Prokurist bei der Anmeldung mitwirken[20]. Denn bei der unechten Gesamtvertretung gilt gerade nicht die Beschränkung des § 49 Abs 1 HGB auf Geschäfte, die der Betrieb des Handelsgewerbes mit sich bringt[21]. Im Abwicklungsstadium treten die Abwickler an die Stelle des Vorstands (§ 269). Wie § 12 Abs 1 S 2 HGB zeigt, ist bei Beachtung der Form auch eine rechtsgeschäftliche Bevollmächtigung Dritter – auch eines Prokuristen – zulässig[22]. Damit unterscheidet sich die Vorschrift von § 184. Dort ist wegen der strafrecht- 7

---

14 MK/*Einsele*[5] § 129 BGB, 5; Staudinger/*Hertel* § 129 BGB, 66.

15 BGHZ 45, 193, 195 f = NJW 1966, 1069 f; RGZ 74, 69, 72 f; 81, 1, 2 f; Soergel/*Hefermehl*[13] § 126 BGB, 18; Palandt/*Ellenberger*[70] § 129 BGB, 9, § 126 BGB, 8; Larenz/*Wolf* BGB AT[9] § 27, 39; *Huhn/von Schuckmann* Beurkundungsgesetz und Dienstordnung für Notare[4] § 40, 9; *Winkler* Beurkundungsgesetz[16] § 40, 31; aA *Holzhauer* Die eigenhändige Unterschrift – Geschichte und Dogmatik des Schriftformerfordernisses im deutschen Recht, 1973, S 135 ff, 205. Zweifelnd auch MK/*Einsele*[5] § 129 BGB, 5.

16 *Winkler* Beurkundungsgesetz[16] § 40, 31.

17 Die Vorschriften wurden durch Art 9 Nrn 1 lit b, 6 des EHUG (o 1 Fn 3) gestrichen, da sich künftig ohnehin die Signatur nach dem Signaturgesetz durchsetzen werde und eingescannte Unterschriften keine Gewähr für die Überprüfung ihrer Echtheit böten, vgl RegBegr zum EHUG, BR-Drucks 942/05, S 116.

18 S *Habersack* § 79, 8 und MK/*Hefermehl-Spindler*[2] § 79, 3; KK/*Mertens*[2] § 79, 4; *Hüffer*[8] § 79, 3 mwN.

19 KG KGJ 41 A 134, 135; KK/*Lutter*[2] 2; *Hüffer*[9] 3; MK/*Oechsler*[2] 2.

20 KG JW 1938, 3121; KK/*Lutter*[2] 2; *Hüffer*[9] 3; *Wiedemann* § 181, 8.

21 Aus diesem Grund ermächtigt die Prokura gerade nicht zu Grundlagengeschäften und zu Anmeldungen zum Handelsregister, vgl BGHZ 116, 190, 193 = NJW 1992, 975 mit zust Anm *Joost* ZIP 1992, 463; Baumbach/*Hopt* HGB[34] § 49, 2.

22 KK/*Lutter*[2] 2; *Hüffer*[9] 3; MK/*Oechsler*[2] 2; *Terbrack* RNotZ 2003, 89, 96.

lichen Sanktion des § 399 Abs 1 Nr 4 eine Anmeldung durch Bevollmächtigte ausgeschlossen[23].

3. Pflicht zur Anmeldung

8 Die anmeldepflichtigen Personen sind der AG und den Aktionären gegenüber zur Anmeldung verpflichtet[24]. Auch wenn die Anmeldung eine Maßnahme der Geschäftsführung (§ 77) darstellt, haben die anmeldepflichtigen Personen keinen eigenen Ermessensspielraum oder gar das Recht, ihre Vorstellungen über die der Hauptversammlung zu setzen. Die Anmeldung hat unverzüglich zu erfolgen, es sei denn, die Hauptversammlung hat bestimmte Vorgaben beschlossen (s § 222, 61)[25]. Der Aufsichtsrat kann den Vorstand auf Anmeldung verklagen; ein Urteil wird nach § 894 ZPO vollstreckt[26]. Die unterlassene oder verspätete Anmeldung kann eine Schadensersatzpflicht nach §§ 93, 116 auslösen und die Abberufung nach §§ 84 Abs 3, 103 Abs 3 begründen[27].

9 Neben diese gesellschaftsrechtliche Pflicht tritt keine parallele öffentlich-rechtliche Pflicht zur Anmeldung, denn die Anmeldung kann nicht im Wege des Zwangsgelds durchgesetzt werden, wie § 407 Abs 2 zeigt, der damit auch die Vorschrift des § 14 HGB verdrängt. Diese gesetzliche Entscheidung beruht auf dem Umstand, dass die Anmeldung allein im Interesse der Gesellschaft erfolgt und Interessen der Allgemeinheit nicht berührt sind[28].

10 Erkennbar nichtige Beschlüsse sind nicht anzumelden[29]. Hat der Vorstand Zweifel an der Wirksamkeit, wird er die Satzungsänderung anmelden, aber den Registerrichter auf seine Zweifel aufmerksam machen. Anfechtbare Beschlüsse sind anzumelden[30]. Denn es ist offen, ob überhaupt eine Anfechtungsklage erhoben wird und wie diese ausgeht. Die Entscheidung darüber, ob die Kapitalherabsetzung eingetragen oder das Verfahren ausgesetzt wird (§ 21 Abs 1 FamFG), ist dem Registerrichter zu überlassen; seit Einführung des § 246a[31] wird sie regelmäßig davon abhängen, ob die Gesellschaft ein Freigabeverfahren angestrengt hat und wie dieses ausgeht. Meldet der Vorstand die Kapitalherabsetzung nicht an, sondern wartet er den Ausgang des Prozesses ab, handelt er auf eigenes Risiko[32].

4. Form, Inhalt und Anlagen

11 Die Anmeldung ist nach § 12 HGB **formgebunden.** Sie muss elektronisch in öffentlich beglaubigter Form (§ 12 Abs 1 S 1 HGB iVm §§ 129 Abs 1 BGB, 39a BeurkG) vor-

---

[23] KK/*Lutter*[2] 2, § 184, 5; *Hüffer*[9] 3.

[24] BGH AG 1992, 27, 28; KK/*Lutter*[2] 3; *Hüffer*[9] 3; MK/*Oechsler*[2] 3; etwas enger *Schilling* Voraufl 1 (der Gesellschaft verpflichtet).

[25] *Wiedemann* § 181, 9; *Hüffer*[9] 2; KK/*Lutter*[2] 3; s a *ders* FS Quack, 1991, 301, 314 ff. S a BGH AG 1992, 27, 28 liSp, der dies für die Durchführung feststellt.

[26] *Wiedemann* § 181, 9; KK/*Lutter*[2] 3.

[27] *Hüffer*[9] 3; MK/*Oechsler*[2] 3.

[28] Ebenso für § 181 *Wiedemann* § 181, 10.

[29] *Wiedemann* § 181, 9; KK/*Zöllner*[2] § 181, 26; KK/*Lutter*[2] 3; *Hüffer*[9] § 181, 5; MK/*Oechsler*[2] 3; *Volhard* Eigenverantwortlichkeit und Folgepflicht – Muß der Vorstand anfechtbare oder angefochtene Hauptversammlungsbeschlüsse ausführen und verteidigen?, ZGR 1996, 55, 59.

[30] *Wiedemann* § 181, 9; *Hüffer*[9] § 181, 5; MK/*Oechsler*[2] 3.

[31] Eingefügt durch Art 1 Nr 23 des Gesetzes zur Unternehmensintegrität und Modernisierung des Anfechtungsrechts (UMAG) v 22.9.2005, BGBl I 2802.

[32] *Wiedemann* § 181, 9; *Hüffer*[9] § 181, 5.

genommen werden. Diese kann durch notarielle Beurkundung ersetzt werden (§ 129 Abs 2 BGB). Die Anmeldepflichtigen müssen die Anmeldung nicht gleichzeitig vornehmen, so dass eine getrennte Beglaubigung zulässig ist[33]. Da § 12 Abs 2 HGB verlangt, dass die Dokumente in elektronischer Form einzureichen sind, verweist die Vorschrift auf die Beglaubigung in der Form des § 39a BeurkG.

Der Bundesgerichtshof hat entschieden, dass bei Anmeldungen von Satzungsänderungen, die einen der ins Handelsregister einzutragenden Gegenstände nach § 39 betreffen, eine bloße Bezugnahme auf die beigefügten Unterlagen nicht ausreicht. Vielmehr sind **die geänderten Gegenstände** zumindest **schlagwortartig** in der Anmeldung anzugeben[34]. Nicht erforderlich ist eine inhaltliche (wortgetreue) Wiedergabe der geänderten Satzungsbestimmungen. Zu den von § 39 erfassten Gegenständen zählt die Höhe des Grundkapitals, so dass diese Rechtsprechung auf § 223 anzuwenden ist (mögliche Formulierung: „Herabsetzung des Grundkapitals um …“). **12**

Um dem Registerrichter eine Prüfung zu ermöglichen, müssen die Anmeldenden die dafür **notwendigen Unterlagen** einreichen. Mit der Anmeldung ist daher eine beglaubigte Abschrift des notariellen[35] Protokolls (§ 130) über den Kapitalherabsetzungsbeschluss und ggf Sonderbeschlüsse nach § 222 Abs 2 oder § 141 in elektronischer Form einzureichen (§ 12 Abs 2 HGB). Sofern diese Unterlagen dem Registergericht bereits vorliegen (vgl §§ 130 Abs 5, 138 S 2), reicht eine Bezugnahme hierauf aus. Ist die Zustimmung von Aktionären nach § 180 erforderlich und ist sie nicht bereits in der Niederschrift des Hauptversammlungsbeschlusses enthalten, ist sie formfrei nachzuweisen, etwa durch Versicherung des Vorstands[36]. Stand die Kapitalherabsetzung unter einer Bedingung (zB freiwillige Zuzahlungen der Aktionäre), ist der Eintritt der Bedingung nachzuweisen[37]. Zudem ist der vollständige Satzungswortlaut und eine Bescheinigung des Notars nach § 181 Abs 1 S 2 beizufügen[38]. Wurde vom Aufsichtsrat eine Fassungsänderung nach § 179 Abs 1 S 2 vorgenommen, ist eine Niederschrift über den entsprechenden Beschluss des Aufsichtsrats beizufügen (§ 107 Abs 2). Außerdem muss der Hauptversammlungsbeschluss beigefügt werden, der den Aufsichtsrat zur Fassungsänderung ermächtigt, wenn die Ermächtigung nicht schon in der Satzung enthalten ist[39]. Die vom Schrifttum bejahte, im Gesetz aber nicht ausdrücklich niedergelegte Pflicht des Gerichts, einzureichende Unterlagen aufzubewahren[40], ist durch die Umstellung auf das elektronische Handelsregister entfallen[41]. **13**

---

33 *Hüffer*⁹ 3, § 36, 2; KK/*Lutter*² 5; MK/*Oechsler*² 2.

34 BGH WM 1987, 1100, 1101 – zur GmbH; ebenso *Wiedemann* § 181, 13; *Hüffer*⁹ § 181, 6.

35 Die Ausnahme des § 130 Abs 1 S 3 ist nicht einschlägig, da die Kapitalherabsetzung eine Mehrheit von drei Vierteln erfordert (s § 222, 17).

36 *Wiedemann* § 181 14; *Hüffer*⁹ § 181, 11; MK/*Stein*² § 181, 35; KK/*Zöllner*² § 181, 14; aA RGZ 136, 185, 192 – zur GmbH.

37 KK/*Lutter*² 6, 14; MK/*Oechsler*² 10; *Grunewald* Rückverlagerung von Entscheidungskompetenzen der Hauptversammlung auf den Vorstand, AG 1990, 133, 137; *Lutter* FS Quack, 1991, 301 ff. Mit dieser Auffassung widerspricht diese Ansicht allerdings ihren Ausführungen zur Eintragung eines solchen Beschlusses, s § 224, 6 mwN.

38 Dazu *Wiedemann* § 181, 15 ff; KK/*Lutter*² 6; MünchHdBAG-*Krieger*³ § 60, 31.

39 MK/*Stein*² § 181, 33; *Hüffer*⁹ § 181, 11; KK/*Zöllner*² § 181, 11.

40 *Hüffer*⁹ 4.

41 Vgl die Streichung aller vergleichbaren Aufbewahrungsvorschriften in den §§ 37 Abs 6, 188 Abs 5, 195 Abs 3, 201 Abs 4, 266 Abs 5 durch Art 9 Nrn 1 lit c, 9, 13 des EHUG (s o 1 Fn 3).

5. Zurückstellung und Rücknahme der Anmeldung

14 Das Recht und die **Pflicht zur Anmeldung entfallen**, sobald der Hauptversammlungsbeschluss aufgehoben wurde (zur Aufhebung des Beschlusses s § 222, 69)[42]. Wurde die Anmeldung bereits eingereicht, ist diese **zurückzunehmen**; die Rücknahme ist bis zur Eintragung der Satzungsänderung jederzeit und ohne Begründung möglich[43]. In Ausnahmefällen kann die noch nicht erfolgte Anmeldung **zurückgestellt** oder eine bereits erfolgte Anmeldung zurückgenommen werden, wenn der Beschluss über die Kapitalherabsetzung noch nicht aufgehoben wurde, dies aber sehr wahrscheinlich passieren wird, da bereits eine entsprechende Hauptversammlung geplant ist[44]. Rücknahmeberechtigt sind Personen, die auch anmeldeberechtigt sind[45]. Dies bedeutet keine Personenidentität, so dass nicht unbedingt die Personen, die die Anmeldung vorgenommen haben, diese auch zurücknehmen müssen[46]. Da Dritte keinen Anspruch auf Umsetzung eines Hauptversammlungsbeschlusses haben, steht ihnen daher auch kein Schadensersatzanspruch zu, wenn die Anmeldung zurückgenommen wird[47].

IV. Maßnahmen des Registergerichts

1. Prüfung der Voraussetzungen

15 a) **Prüfungspflicht.** Auch wenn das Gesetz dies – im Gegensatz zu § 38 Abs 1 – nicht ausdrücklich ausspricht, ist anerkannt, dass das Registergericht die Anmeldung in formeller und materieller Hinsicht auf ihre Rechtmäßigkeit überprüft[48]. Eine Zweckmäßigkeitsprüfung findet nicht statt[49]. Die Prüfungspflicht entfällt auch dann nicht, wenn eine öffentlich-rechtliche Genehmigung der Kapitalherabsetzung durch die BaFin (s § 222, 66) vorzulegen ist, denn die mit einem solchen Genehmigungsvorbehalt bezweckte Prüfung durch die BaFin verfolgt andere Zwecke[50].

16 Das Registergericht klärt zunächst seine Zuständigkeit, die Form, die Vollständigkeit und Ordnungsmäßigkeit der elektronisch eingereichten Unterlagen sowie die Befugnis der anmeldenden Personen und ggf deren Vollmacht. Sodann ist das Registergericht zur Prüfung der Rechtmäßigkeit der angemeldeten Satzungsänderung verpflichtet. Eine solche fehlt, wenn der Kapitalherabsetzungsbeschluss gegen Gesetz oder Satzung verstoßen hat. Das Gericht nimmt regelmäßig eine Plausibilitätsprüfung vor und wird nur bei Zweifeln eine genaue Untersuchung einleiten[51]. Dabei hat es von Amts wegen alle zur Feststellung der Tatsachen erforderlichen Ermittlungen vorzunehmen und die geeignet erscheinenden Beweise aufzunehmen (§ 29 FamFG).

17 b) **Mängel des Hauptversammlungsbeschlusses.** Die Entscheidung des Registerrichters hängt von der Art und Schwere des Mangels des Hauptversammlungsbeschlusses ab. Die mittlerweile ganz herrschende Meinung differenziert zwischen nichtigen, unwirksa-

---

42 MK/*Oechsler*[2] 3.

43 BGH NJW 1959, 1323; KG OLGR 43, 204, 205; *Bärmann* § 18; KK/*Lutter*[2] 8; *Hüffer*[9] 3; MK/*Oechsler*[2] 3.

44 KK/*Lutter*[2] 8.

45 *Hüffer*[9] 3 aE; KK/*Lutter*[2] 8; *Schilling* Voraufl § 224, 4.

46 KK/*Lutter*[2] 8; *Schilling* Voraufl § 224, 4.

47 *Schilling* Voraufl 1.

48 *Wiedemann* § 181, 21; KK/*Lutter*[2] 11; MK/*Oechsler*[2] 6; MünchHdBAG-*Krieger*[3] § 60, 32; *Schilling* Voraufl 3.

49 *Hüffer*[9] § 181, 12; MK/*Stein*[2] § 181, 39.

50 OLG Hamburg WM 1984, 1154, 1155; *Hüffer*[9] § 181, 12.

51 Ebenso OLG Karlsruhe DB 2002, 889; *Wiedemann* § 181, 22; *Hüffer*[9] § 181, 12.

men und anfechtbaren Beschlüssen[52]. Ist der Beschluss über die Kapitalherabsetzung **nichtig**, muss das Gericht die Eintragung ablehnen[53]. Dies gilt für den Fall der Unterschreitung des gesetzlichen Grundkapitals, des Mindestbetrags der Aktien und den Fall, in dem die Hauptversammlung die Höhe der Kapitalherabsetzung in das Ermessen des Vorstands stellt (s § 222, 71). Auch die fehlende Ermächtigung zur Auslosung zählt hierzu (s § 222, 33). Bestehen Meinungsverschiedenheiten über das Vorliegen eines Nichtigkeitsgrunds, setzt das Registergericht gemäß § 21 Abs 1, 381 FamFG das Verfahren aus, setzt ggf eine Frist zur Klageerhebung und wartet die Entscheidung des Prozessgerichts ab. Zu beachten ist § 246a, so dass die Gesellschaft ein Freigabeverfahren anstrengen kann. Hat das Prozessgericht bereits die Nichtigkeit festgestellt, ist das Registergericht daran gebunden (§§ 248 Abs 1 S 1, 249 Abs 1). Wurde die Klage abgewiesen, besteht dagegen keine Bindungswirkung[54], doch wird das Registergericht regelmäßig der Entscheidung des Prozessgerichts folgen.

Ein **endgültig unwirksamer** Beschluss ist nicht eintragungsfähig (zu den Fällen der Unwirksamkeit s § 222, 73)[55], denn die Eintragung eines solchen Beschlusses berührt Gläubigerinteressen. Ist der Beschluss **schwebend unwirksam** (s § 222, 73), gibt der Richter durch Zwischenverfügung die Beibringung der Zustimmung oder Genehmigung auf (§ 25 Abs 1 S 1 HRV)[56]. Gleiches muss für die Gestaltung gelten, in der die Hauptversammlung die Höhe der Kapitalherabsetzung **bestimmbar** festgelegt hat, die Bestimmung aber zum Zeitpunkt der Anmeldung noch nicht erfolgt ist[57]. Auch hier ist eine Zwischenverfügung zu erlassen. Hiergegen ließe sich einwenden, auch eine bedingte Kapitalerhöhung dürfe unmittelbar eingetragen werden[58]; jedoch überzeugt dieser Hinweis nicht. Denn es handelt sich um eine gesetzliche Ausnahme, die auf drei Fälle beschränkt ist (§ 192) und deren weiteres Schicksal genau festgeschrieben ist (§ 201). Steht endgültig fest, dass die Bestimmung der Höhe der Kapitalherabsetzung nicht erfolgen kann (s § 222, 23), darf sie nicht eingetragen werden. Dies gilt auch für den Fall, dass die Kapitalherabsetzung deshalb überflüssig wird, weil die Aktionäre den kompletten Betrag durch Zuzahlungen aufbringen (s § 222, 24)[59]. **18**

Ist der Beschluss **anfechtbar** (zu den Fällen der Anfechtbarkeit s § 222, 72 und 74) und ist noch keine Anfechtungsklage erhoben, wird das Registergericht die Monatsfrist abwarten, denn dies bedeutet für die Gesellschaft regelmäßig keinen Nachteil[60] (anders allerdings im Falle der Sanierung). **19**

---

[52] Statt vieler *Wiedemann* § 181, 21 ff mwN. Zu anderen Konzepten *Baums* S 70, 72, 93 f; *Müller* Zur Prüfungspflicht des Handelsregisterrichters und -rechtspflegers, RPfl 1970, 375, 378 f; *Säcker* FS Stimpel, 1985, 867, 885.

[53] KK/*Lutter*[2] 11; KK/*Zöllner*[2] § 181, 34; MK/*Oechsler*[2] 6; MünchHdBAG-*Krieger*[3] § 60, 32.

[54] *Hüffer*[9] § 181, 15.

[55] KG KGJ 35 A 162, 166; *Wiedemann* § 181, 24; MK/*Stein*[2] § 181, 42; KK/*Zöllner*[2] § 181, 33; KK/*Lutter*[2] 11; *Hüffer*[9] § 181, 14.

[56] KK/*Lutter*[2] 11; anders MK/*Oechsler*[2] 8 (Eintragungsantrag zurückzuweisen).

[57] KK/*Lutter*[2] 13; MK/*Oechsler*[2] 9; MünchHdBAG-*Krieger*[3] § 60, 32.

[58] So in der Tat *Ritter*[2] § 177, 1b; *Schlegelberger/Quassowski*[3] § 177, 3; *Schilling* Voraufl § 224, 5; *Hefermehl* in Geßler/Hefermehl 10. Die dabei als Beleg zitierten Entscheidungen KG KGJ A 3 und 28 A 216, 224 stützen diese Ansicht nicht, denn sie betreffen weder die Kapitalherabsetzung noch Bedingungen.

[59] KK/*Lutter*[2] 13 f iVm § 222, 15; MK/*Oechsler*[2] 10.

[60] *Hüffer*[9] § 243, 52; MK/*Oechsler*[2] 6; KK/*Lutter*[2] 12; Spindler-Stilz/*Marsch-Barner*[2] 8; aA *K Schmidt* § 243, 72 (in jedem Fall eintragen).

20 Ist die **Anfechtungsklage erhoben**, wird das Registergericht die Satzungsänderung nur eintragen, wenn die Klage offensichtlich unzulässig oder unbegründet ist[61]. Ist die Klage offensichtlich begründet, wird das Registergericht die Eintragung ablehnen. In allen anderen Fällen wird es das Verfahren nach § 21 Abs 1 FamFG aussetzen[62]. Die Gesellschaft hat die Möglichkeit, eine Freigabe der Eintragung über § 246a zu erreichen. Dies ist insbesondere dann von Bedeutung, wenn andernfalls eine dringend erforderliche Sanierung scheitern würde.

21 Wurde der **Anfechtungsklage rechtskräftig stattgegeben**, bindet dies das Registergericht (vgl § 248 Abs 1) und die Anmeldung ist zurückzuweisen[63]. War die Kapitalherabsetzung bereits in das Handelsregister eingetragen, ist das Urteil einzutragen (§ 248 Abs 1 S 3).

22 Ist dagegen die **Anfechtungsklage abgewiesen**, unterliegt das Registergericht keiner gesetzlich angeordneten Bindung und ist daher in seiner Entscheidung grundsätzlich frei[64]. Eine abweichende Sachentscheidung ist allerdings wenig wünschenswert. Sie wird regelmäßig nur dann überhaupt in Betracht kommen, wenn das Prozessgericht die Anfechtungsklage wegen der Versäumung der Klagefrist des § 246 Abs 1 als unzulässig abgewiesen hat. Ob die Eintragung vorzunehmen ist, wenn **die Frist für eine Anfechtungsklage abgelaufen ist**, ohne dass eine Klage erhoben wurde, ist sehr umstritten. Die herrschende Meinung im registerrechtlichen Schrifttum folgt einer eher formalen Betrachtungsweise und bejaht dies, denn der Mangel des Beschlusses kann von niemandem mehr geltend gemacht werden[65]. Im gesellschaftsrechtlichen Schrifttum wird dagegen zu Recht darauf hingewiesen, dass das Registergericht nicht bloße Vollzugsbehörde ist, sondern Aufgaben der Rechtsaufsicht wahrnimmt. Daher wird bei der Frage, ob anfechtbare Beschlüsse einzutragen sind, nach der Art und Schwere des Anfechtungsgrundes differenziert. Der Registerrichter hat die Anmeldung zurückzuweisen, wenn durch den Mangel des Beschlusses die **Interessen der Gläubiger, künftiger Aktionäre** oder der **öffentlichen Ordnung** verletzt werden. Daher darf die Kapitalherabsetzung nicht eingetragen werden, wenn gegen die Vorgaben des § 222 Abs 3 (s § 222, 74) verstoßen wird[66]. Bei **bloßen Verfahrensfehlern** (zB Einladungsmängeln, Zählfehlern, unzutreffender Ergebnisfeststellung) und Verstößen gegen dispositives Recht darf die Eintragung erfolgen[67]. Bei einer Verletzung der Vorgaben des § 222 Abs 1 (s § 222, 72) darf der Registerrichter also eintragen. Gleiches gilt für eine Verletzung des § 222 Abs 4 S 3 (s § 222, 74 aE). Einen

---

61 *Schilling* Voraufl 3. Zum Eintragungsverbot im Wege des einstweiligen Rechtsschutzes vgl *Wiedemann* § 181, 30 ff.

62 BGH WM 1990, 1372, 1377; *Boujong* Rechtsmissbräuchliche Aktionärsklagen vor dem Bundesgerichtshof, FS Kellermann, 1991, 1 ff; KK/*Lutter*[2] 12. So auch die Praxis der Registergerichte, vgl *Winter* Die Anfechtung eintragungsbedürftiger Strukturbeschlüsse de lege lata und de lege ferenda, FS Ulmer, 2003, 699, 701; *Hüffer*[9] § 243, 53.

63 *Hüffer*[9] § 243, 54.

64 *Wiedemann* § 181, 29; *Hüffer*[9] § 181, 17.

65 KG OLGR 34, 348; OLG Köln WM 1981, 1263 ff; Keidel/*Heinemann* FamFG[16], § 374, 59; MünchHdBAG-*Semler*[2] § 39, 74. So auch noch das frühere gesellschaftsrechtliche Schrifttum Baumbach/*Hueck*[13] § 243, 3; GK AktG/*Fischer*[2] § 148, 9; *Godin/Wilhelmi*[4] § 181, 7; *Ritter*[2] § 148, 2c jeweils mwN auch zur aA.

66 MünchHdBAG-*Krieger*[3] § 60, 32; KK/*Lutter*[2] 11, § 229, 43; MK/*Oechsler*[2] 8; Spindler-Stilz/*Marsch-Barner*[2] 8.

67 Grundlegend *Lutter* NJW 1969, 1873 ff; ihm folgend *Wiedemann* § 181, 25; K Schmidt/Lutter/*Veil*[2] 5; MK/*Hüffer*[2] § 243, 130; *Hüffer*[9] § 243, 56; KK/*Zöllner*[1] § 243, 38; KK/*Zöllner*[2] § 181, 36; Ulmer/Habersack/Winter/*Ulmer* § 54, 51, 53; weitergehend *Baums* S 57 f, 64 ff.

Grenzfall stellt die Verletzung von **materiellen Vorschriften zum Schutze der gegenwärtigen Aktionäre** dar. Solche Beschlüsse sind dann nicht einzutragen, wenn der Mangel evident ist[68]. Dies gilt etwa für die Verletzung des Gleichbehandlungsgrundsatzes (s § 222, 72) oder des Subsidiaritätsgrundsatzes (s § 222, 74).

2. Verfügung des Gerichts

Das Registergericht ist an den **Antrag gebunden** und kann daher weder über ihn hinausgehen noch hinter dem Antrag zurückbleiben[69]. Liegen die formellen oder materiellen Voraussetzungen nicht vor und handelt es sich um einen behebbaren Mangel, wird das Gericht eine Zwischenverfügung erlassen (§ 25 Abs 1 S 1 HRV). Liegen die formellen und materiellen Voraussetzungen vor, ergeht eine Eintragungsverfügung (§ 27 HRV)[70]. Der Urkundsbeamte der Geschäftsstelle führt sie aus und macht die Kapitalherabsetzung bekannt (§ 27 Abs 1 HRV) (s u 24 ff). Wird die Eintragung dagegen abgelehnt, steht der Gesellschaft[71] die Beschwerde beim Oberlandesgericht (§§ 119 Abs 1 Nr 1 lit b GVG, 58 ff FamFG) und ggf die Rechtsbeschwerde beim Bundesgerichtshof (§§ 133 GVG, 70 ff FamFG) zur Verfügung. Die Gesellschaft wird dabei durch den Vorstand in vertretungsberechtigter Zahl und den Vorsitzenden des Aufsichtsrats vertreten[72]. **23**

3. Eintragung und Bekanntmachung

a) **Eintragung in das Handelsregister.** Mit dem Begriff der Eintragung wird das Vermerken des Beschlussinhalts im Handelsregister bezeichnet, wobei zwischen ausdrücklicher und Bezug nehmender Eintragung zu unterscheiden ist. Die Kapitalherabsetzung ist ein Fall der **ausdrücklichen Eintragung.** Es reicht nicht die bloße Bezugnahme auf die eingereichten Unterlagen, sondern der wesentliche Inhalt der Satzungsänderung ist im Handelsregister einzutragen, da es sich bei der Kapitalherabsetzung um eine Veränderung der in § 181 Abs 2 iVm § 39 Abs 1 erwähnten Höhe des Grundkapitals handelt. Gemäß § 43 Nr 6 lit a HRV wird die Kapitalherabsetzung in Spalte 6 unter Bezugnahme auf die eingereichte Niederschrift vermerkt. Dabei reicht eine allgemeine Bezeichnung des Gegenstands der Änderung. Gemäß § 16 HRV wird in Spalte 3 die alte Grundkapitalziffer gerötet und die neue Ziffer eingetragen. In Spalte 7 sind der Tag der Eintragung, Verweise auf die Registerakten und sonstige Bemerkungen einzutragen (§ 43 Nr 7 HRV). **24**

Mit der Eintragung wird der Beschluss wirksam (§ 224, s dort). Das Grundkapital ist damit herabgesetzt. Gemäß § 242 Abs 1 heilt die Eintragung Beurkundungsmängel nach § 130 Abs 1, 2, 4. Nichtigkeitsgründe nach § 241 Nrn 1, 3 oder 4 werden gemäß § 242 Abs 2 geheilt, wenn der Beschluss drei Jahre im Handelsregister eingetragen ist. **25**

b) **Bekanntmachung.** Das Gericht macht die Eintragung gemäß § 10 HGB bekannt. Sie erfolgt nicht mehr im Wege des Abdrucks im Papier-Bundesanzeiger und in einer **26**

---

[68] S *Wiedemann* § 181, 25 aE; im Ergebnis auch Scholz/*Priester*[10] § 54, 44; anders MK/*Oechsler*[2] 6.

[69] KK/*Lutter*[2] 15; s a RGZ 85, 207 (zur Kapitalerhöhung).

[70] Zur str Frage, ob es sich um eine unanfechtbare verwaltungsinterne Maßnahme handelt *Wiedemann* § 181, 38 mwN; KK/*Lutter*[2] 18.

[71] S o 6 und BGH WM 1988, 1819, 1820 – zur GmbH; *Wiedemann* § 181, 36; KK/*Lutter*[2] 18, *Hüffer*[9] § 181, 18.

[72] *Hüffer*[9] 5 aE.

Tageszeitung, sondern in dem von der Landesjustizverwaltung bestimmten elektronischen Informations- und Kommunikationssystem, also unter www.handelsregister.de. Gemäß § 181 Abs 2 ist der Wortlaut der Satzungsänderung bekannt zu machen. Hatte die Kapitalherabsetzung Folgeänderungen auf weitere Satzungsbestimmungen, sind diese ebenfalls bekannt zu geben, dh bei Nennbetragsaktien sind die Veränderung des Nennbetrags und ggf ihrer Zahl, bei Stückaktien die Veränderung ihrer Zahl anzugeben (§§ 23 Abs 3 Nr 4, 181 Abs 2 S 2)[73]. Weiterhin sind die Gläubiger der Gesellschaft auf ihr Recht aufmerksam zu machen, Sicherheitsleistung verlangen zu können (§ 225 Abs 1 S 2, dazu § 225, 61).

27 Die Eintragungen im Handelsregister, deren Bekanntmachung und zum Handelsregister eingereichte Dokumente werden zusätzlich im **Unternehmensregister** veröffentlicht (§ 8b Abs 2 Nr 1 HGB).

28 Die Bekanntmachung ist kein Wirksamkeitserfordernis für die Kapitalherabsetzung[74]; sie ist bereits mit der Eintragung wirksam. Die Bekanntmachung ist für den Rechtsverkehr mit Dritten von Bedeutung; ihre Rechtsfolgen richten sich daher nach § 15 Abs 1 bis 3 HGB.

4. Rechtsmittel gegen fehlerhafte Eintragungen

29 Gegen fehlerhafte Eintragungen steht kein Rechtsmittel zur Verfügung (§ 383 Abs 3 FamFG). Vielmehr muss eine Löschung erfolgen (§ 398 FamFG)[75] (s a § 224, 33 ff).

5. Kosten

30 Die Eintragung in das Handelsregister ist kostenpflichtig (§ 79 Abs 1 KostO). Die Gebühr wird jedoch nicht nach dem Geschäftswert, also dem Herabsetzungsbetrag (§ 41a Abs 1 Nr 4 lit b KostO), sondern nach dem Aufwand erhoben. Sie bestimmt sich nach Ziff 2400 der nach § 79a KostO erlassenen Handelsregistergebührenverordnung[76].

---

[73] *Hüffer*[9] 6.

[74] OLG Celle AG 1989, 209, 211 (zur Satzungsänderung); *Wiedemann* § 181, 41; *Hüffer*[9] § 181, 22.

[75] Einzelheiten bei *Wiedemann* § 181, 52 ff; *Hüffer*[9] § 181, 29 ff – jeweils zu §§ 142 Abs 1, 144 Abs 2 FGG aF.

[76] Verordnung über Gebühren in Handels-, Partnerschafts- und Genossenschaftsregistersachen (Handelsregistergebührenverordnung – HRegGebV) v 30.9.2004, BGBl I 2562, zuletzt geändert durch Art 1 der Verordnung v 29.11.2010, BGBl I 1731.

§ 224
Wirksamwerden der Kapitalherabsetzung

Mit der Eintragung des Beschlusses über die Herabsetzung des Grundkapitals ist das Grundkapital herabgesetzt.

Übersicht

Schrifttum

Casper Die Heilung nichtiger Beschlüsse im Kapitalgesellschaftsrecht, 1998; *Habersack* Genußrechte und sorgfaltswidrige Geschäftsführung, ZHR 155 (1991) 389; *Hirte* Genußscheine und Kapitalherabsetzung, ZIP 1991, 1461; *A Hueck* Die Behandlung von Wandelschuldverschreibungen bei Änderung des Grundkapitals, DB 1963, 1347; *Meilicke* Wandelschuldverschreibungen bei Kapitalherabsetzung, BB 1963, 500; *Priester* Unwirksamkeit der Satzungsänderung bei Eintragungsfehlern?, BB 2002, 2613; *Sethe* Genußrechte: Rechtliche Rahmenbedingungen und Anlegerschutz, AG 1993, 293 (I), 351 (II); *Vollmer/Lorch* Der Schutz des aktienähnlichen Genusskapitals bei Kapitalveränderungen, ZBB 1992, 44; *Weiler* Auf und nieder, immer wieder – Teleologische Reduktion der Höchstgrenzen für bedingtes Kapital in § 192 III 1 AktG bei gleichzeitiger Kapitalherabsetzung?; NZG 2009, 46; *Wolff* Verträge zugunsten Dritter im Aktienrecht, FS Pinner, 1932, 656. Vgl auch die Schrifttumsnachweise Vor § 222 und bei § 223.

I. Gesetzesgeschichte

1 Die Vorschrift entspricht wörtlich § 177 AktG 1937[1]. Mit dieser Norm stellte der Gesetzgeber klar, zu welchem Zeitpunkt die Kapitalherabsetzung wirksam wird. Diese Frage war zuvor umstritten[2]. Die Vorschrift des § 224 ist seit 1965 unverändert.

II. Normzweck

2 § 224 bestimmt, dass die Eintragung der Kapitalherabsetzung **konstitutiv** wirkt (zum Ausbleiben der konstitutiven Wirkung s u 33 ff). Die Vorschrift dient der Rechtssicherheit, da eine Kapitalherabsetzung erst nach Abschluss der Prüfung durch das Registergericht (dazu § 223, 15 ff) wirksam wird. Sie unterscheidet sich von der Regelung des § 184 zur Kapitalerhöhung, die lediglich deklaratorisch wirkt[3]. Denn der Grundsatz der Sicherung der Kapitalaufbringung lässt ein Wirksamwerden der Kapitalerhöhung erst zu, wenn die Kapitalerhöhung effektiv durchgeführt ist. Bei der Kapitalherabsetzung besteht keine derartige Interessenlage, so dass der allgemeine Grundsatz, wonach Satzungsänderungen bereits mit Eintragung des Beschlusses wirksam werden (§ 181 Abs 3), zur Anwendung kommt. Wie der Vergleich von § 189 und § 227 zeigt, ist die Durchführung der Kapitalherabsetzung (Zusammenlegung der Mitgliedschaftsrechte), aber auch Umtausch, Abstempelung oder Kraftloserklärung der Aktienurkunden damit keine Voraussetzung, sondern nur Folge der Kapitalherabsetzung[4] (s a § 227, 3 ff).

III. Wirkung der Eintragung

1. Wirkung auf das Grundkapital

3 a) **Herabsetzung der Grundkapitalziffer.** Mit der Eintragung und damit dem Wirksamwerden der Kapitalherabsetzung ist das Grundkapital auf die neue, niedrigere Kapitalziffer herabgesetzt. Soweit das Gesetz an die Höhe des Grundkapitals anknüpft, ist nun das verminderte Kapital maßgebend. Dies gilt in Bezug auf die Berechnung der Kapitalmehrheit iSd §§ 179 Abs 2 S 1, 182 Abs 1 S 1, 193 Abs 1 S 1, 202 Abs 2 S 2, 222 Abs 1 und bei der Berechnung gesetzlicher Schwellenwerte (zB §§ 93 Abs 4 S 3, § 95 S 4, 147 Abs 2 S 2, 150 Abs 2, 3, 258 Abs 2 S 3). Hat die Gesellschaft bereits **genehmigtes oder bedingtes Kapital** im Handelsregister eingetragen, kann die spätere Kapitalherabsetzung dazu führen, dass der Höchstbetrag der §§ 192 Abs 3 S 1, 202 Abs 3 S 1 überschritten wird. Dies berührt jedoch die Wirksamkeit des zuvor[5] genehmigten oder bedingten Kapitals und dessen maximale Höhe nicht[6]. Die Höchstbeträge sind nur bei künftigen Beschlüssen über Maßnahmen der Kapitalbeschaffung zu beachten[7].

---

1 *Kropff* AktG 1965, S 317 f. Zur Geschichte der Kapitalherabsetzung im Allgemeinen s Vor § 222, 73 ff.

2 Dazu RGZ 101, 199, 202; GK AktG/*Weipert-Schilling*[2] § 177, 1 mwN; *Hefermehl* in Geßler/Hefermehl 1.

3 *Wiedemann* § 184, 4.

4 RGZ 101, 199, 201; KK/*Lutter*[2] 2; *Hüffer*[9] 1. Zur historischen Entwicklung *v Godin* ZHR 100 (1934) 221.

5 Nach Ansicht von *Weiler* NZG 2009, 46 ff gilt dies auch für den Fall, dass innerhalb derselben Hauptversammlung zunächst das genehmigte Kapital und dann die Kapitalherabsetzung beschlossen wird.

6 KK/*Lutter*[2] 18, § 192, 30; *Hüffer*[9] § 192, 23, § 202, 14; MünchHdBAG-*Krieger*[3] § 60, 33b.

7 KK/*Lutter*[2] 5 aE, 18.

b) **Rückwirkung, Bedingung und Befristung.** Da die Eintragung konstitutiv wirkt, ist ab dem Zeitpunkt ihrer Eintragung ipso iure der Gesamtbetrag des Grundkapitals herabgesetzt. Der Wortlaut des § 224 bringt zum Ausdruck, dass der ordentlichen Kapitalherabsetzung **keine Rückwirkung** für das abgelaufene Geschäftsjahr zugemessen werden kann[8] und zwar selbst dann nicht, wenn für dieses Jahr noch kein Abschluss aufgestellt wurde. Eine **Ausnahme** von diesem Grundsatz findet sich allein in § 234, der eine Rückwirkung bei der vereinfachten Kapitalherabsetzung erlaubt. **4**

Ebenfalls **nicht möglich** ist ein Hinausschieben der Wirkung der Kapitalherabsetzung im Wege einer **Bedingung** oder **Befristung**[9]. Zwar ist ein bedingter Kapitalherabsetzungsbeschluss erlaubt (s Vor § 222, 13 ff), doch bedarf seine Anmeldung eines Nachweises, ob die Bedingung eingetreten ist oder endgültig nicht mehr eintreten kann (s § 223, 13). Daher muss die Bedingung mit der Anmeldung eingetreten oder endgültig nicht eingetreten sein. Gegen diesen Standpunkt lässt sich auch nicht einwenden, wenn es eine bedingte Kapitalerhöhung gebe, müsse auch die bedingte Kapitalherabsetzung möglich sein[10] (zu rechtspolitischen Überlegungen in diese Richtung s Vor § 222, 88). Denn die bedingte Kapitalerhöhung ist eine Ausnahme, die nur unter sehr engen Voraussetzungen möglich ist[11]. Zudem belegt ein Vergleich der Regelungen in § 224 und in § 238 S 1, dass ein Hinausschieben der Wirksamkeit der ordentlichen Kapitalherabsetzung nicht möglich ist. Will die Gesellschaft erreichen, dass die Kapitalherabsetzung später wirksam wird, muss die Hauptversammlung Vorgaben hinsichtlich des Zeitpunkts machen, zu dem die Satzungsänderung angemeldet werden soll (s § 222, 61). Verstößt der Vorstand gegen eine solche Vorgabe, wird die Kapitalherabsetzung trotzdem mit der Eintragung wirksam[12]. **5**

c) **Ende der Zuzahlungsmöglichkeit.** Haben die Aktionäre eine bedingte Kapitalherabsetzung beschlossen, die durch Zuzahlungen der Aktionäre abgewendet werden kann, soll diese Möglichkeit nach herrschender Auffassung enden, sobald die Kapitalherabsetzung wirksam wird, also mit ihrer Eintragung[13]. Nach anderer Ansicht können Zuzahlungen sogar noch nach Eintragung der Kapitalherabsetzung geleistet werden[14]. Beide Auffassungen sind unzutreffend. Verlangt man – was die herrschende Meinung zutreffend tut – bei der Anmeldung der Kapitalherabsetzung, dass der Vorstand den Bedingungseintritt nachzuweisen hat (s § 223, 13, 18 mwN), muss dieser Zeitpunkt das Ende der Zuzahlungsmöglichkeit markieren. Andernfalls weiß der Registerrichter nicht, welcher Betrag zugezahlt wurde und um welchen Betrag er die Ziffer des Grundkapitals herabsetzen muss. Daher können Zuzahlungen zwischen Anmeldung und Eintragung keine Berücksichtigung mehr finden[15]. Dieser Gesichtspunkt spricht auch gegen die weitergehende Ansicht, wonach selbst nach der Eintragung noch Zuzahlungen möglich sein sollen. Denn Bedingungen oder Befristungen können an eine Kapitalherabsetzung immer **6**

---

[8] Baumbach/*Hueck*[13] 2; *Godin/Wilhelmi*[4] 5; *Hüffer*[9] 8; KK/*Lutter*[2] 3; MK/*Oechsler*[2] 3; MünchHdBAG-*Krieger*[3] § 60, 33; *Schilling* Voraufl 6.

[9] *Hüffer*[9] 8; KK/*Lutter*[2] 3; MünchHdBAG-*Krieger*[3] § 60, 33; *Schlegelberger/ Quassowski*[3] § 177, 10; wohl auch *Hefermehl* in Geßler/Hefermehl 4, 14.

[10] So aber KGJ 28 A 216, 224; Baumbach/ *Hueck*[13] 4; *Ritter*[2] § 177, 3; *Schilling* Voraufl 5.

[11] KK/*Lutter*[2] 4.

[12] KK/*Lutter*[2] 4.

[13] *Hüffer*[9] 7; *Godin/Wilhelmi*[4] 10; KK/*Lutter*[2] 8; MK/*Oechsler*[2] 2; Spindler-Stilz/*Marsch-Barner*[2] 10.

[14] Baumbach/*Hueck*[13] 4; *Schilling* Voraufl 5; im Ergebnis auch *Schlegelberger/Quassowski*[3] § 177, 3 (bis zum Ablauf der Frist für das Wahlrecht).

[15] Ebenso MK/*Oechsler*[2] § 223, 9 f, der damit aber seiner Aussage in § 224, 2 widerspricht.

nur im Zeitraum vor deren Anmeldung geknüpft werden. Andernfalls käme es zur Schaffung einer im Gesetz nicht vorgesehenen *bedingten* Kapitalherabsetzung. Da das Gesetz nur die bedingte Kapitalerhöhung kennt und auch diese schon einen nicht analogiefähigen Ausnahmefall darstellt, ist eine bedingte Kapitalherabsetzung nicht zulässig (s o 5 und § 223, 18).

7 d) **Buchungspflichten.** Das Wirksamwerden der Kapitalherabsetzung hat die Absenkung der Kapitalziffer zur Folge. Die Gesellschaft muss dies bei der Erstellung des nächsten Jahresabschlusses berücksichtigen. Da eine Kapitalherabsetzung auch unterjährig erfolgen kann (s § 222, 11), stellt sich die Frage, ob eine **Zwischenbilanz** zum Stichtag des Wirksamwerdens der Kapitalherabsetzung erforderlich ist. Dies wird zu Recht **verneint**[16], da die Publizität ausreichend durch die Handelsregistereintragung sichergestellt ist.

8 Daher muss allein die laufende **Buchführung** die Änderung der Grundkapitalziffer unverzüglich berücksichtigen[17]. Bestand der Zweck der Kapitalherabsetzung darin, die frei werdenden Mittel an die Aktionäre auszuzahlen oder von Einlagenpflichten zu befreien, ist der Betrag bis zum Ablauf des Sperrhalbjahres auf einem Sonderkonto zu buchen[18]. Diente die Kapitalherabsetzung dem Verlustausgleich, ist der Herabsetzungsbetrag auf dem Gewinn- und Verlustkonto gesondert (vgl § 240 S 1) zu buchen. Sollten Rücklagen gebildet werden, ist er auf dem Rücklagenkonto einzustellen.

2. Wirkung auf die Mitgliedschaftsrechte

9 a) **Herabsetzung des Nennbetrags.** Hat die Gesellschaft **Stückaktien** ausgegeben, verkörpern diese eine Beteiligung am Grundkapital (§ 8 Abs 3 S 1 und 2). Die Beteiligungsquote bleibt daher nach einer Herabsetzung der Grundkapitalziffer unverändert. Eine Anpassung der einzelnen Stückaktienurkunden ist nicht erforderlich (§ 222, 48)[19].

10 Hat die Gesellschaft dagegen **Nennbetragsaktien** ausgegeben, hat eine Herabsetzung der Grundkapitalziffer zur Folge, dass die Beteiligungsquote unverändert ist, da alle Aktien herabgesetzt wurden. Das Mitgliedschaftsrecht umfasst mit der Eintragung der Kapitalherabsetzung nur noch den herabgesetzten Nennbetrag. Das Stimmrecht, das Bezugsrecht und die Dividenden richten sich folglich nach diesem herabgesetzten Betrag. Die ausgegebenen Aktienurkunden werden inhaltlich unrichtig. Denn die Summe der Nennwerte der Aktien muss dem Grundkapital entsprechen (§ 1 Abs 2). Bis zur Berichtigung der Urkunden durch Austausch oder Abstempelung (Einzelheiten bei § 226, 12 ff) legitimieren die alten Urkunden weiterhin zur Ausübung der Mitgliedschaftsrechte[20].

11 b) **Zusammenlegung von Aktien.** Vergleichbar ist die Lage für den Fall, dass **Stückaktien** oder **Nennbetragsaktien** zusammengelegt werden. Die Zusammenlegung hat keinen Verlust mitgliedschaftlicher Rechte zur Folge[21]. Da alle Aktien zusammengelegt werden, verändert sich auch die Beteiligungsquote nicht. Die ursprünglichen Aktien verlieren durch die Zusammenlegung nur ihre rechtliche Selbstständigkeit und werden Teilrechte

---

16 KK/*Lutter*² 14.

17 *Hüffer*⁹ 2; MK/*Oechsler*² 13; KK/*Lutter*² 14.

18 Hierzu und zum Folgenden KK/*Lutter*² 14.

19 Begründung des RegE zum StückAG, BT-Drucks 13/9573, S 18 re Sp.

20 KK/*Lutter*² 10; MK/*Oechsler*² 16; Münch-HdBAG-*Krieger*³ § 60, 34; *Hefermehl* in Geßler/Hefermehl 11; *Siebel* NJW 1952, 330; *Kralik* DJ 1941, 245, 248; aA *Schlegelberger/Quassowski*³ § 177, 8.

21 OLG Hamburg AG 1991, 242, 243 mit zust Anm *Soehring* WuB II A § 222 AktG 1.91; *Hüffer*⁹ § 222, 22; KK/*Lutter*² § 222, 24.

der neuen Aktien. Die alten Aktienurkunden verbriefen damit nur noch einen Teil der Mitgliedschaft. Sie legitimieren zur Ausübung mitgliedschaftlicher Rechte. Bis zum Umtausch oder der Abstempelung ist zur Legitimation eine entsprechende Anzahl von Aktienurkunden vorzulegen (zB bei einer Kapitalherabsetzung von 10:1 sind zehn Aktienurkunden vorzulegen, um ein Bezugsrecht auszuüben)[22].

Durch die Kapitalherabsetzung im Wege der Zusammenlegung entstehen regelmäßig **12** Spitzen, die Bruchteilsrechte zur Folge haben (s das Beispiel bei § 222, 53). Den Inhabern solcher Spitzen ist es unbenommen, eine passende Anzahl weiterer Spitzen hinzu zu erwerben, um bei der späteren Zusammenlegung wieder ein Vollrecht zu erhalten[23] (s u § 226, 33). In der Zeitspanne zwischen dem Wirksamwerden der Kapitalherabsetzung und der Entscheidung über die Zusammenlegung der Spitzen zu neuen Mitgliedschaften (s u § 226, 31 ff) stellt sich die Frage, ob und welche **Rechte aus den Spitzen** abgeleitet werden können. Zweifellos sind die Inhaber solcher Spitzen Mitglieder der AG und dürfen an der Hauptversammlung teilnehmen und vom Rederecht Gebrauch machen. Auch in Bezug auf die Dividende ergeben sich regelmäßig keine Probleme, da diese teilbar ist. Umstritten ist dagegen, ob dem Aktionär aus diesen Bruchteilen das Stimmrecht zusteht. Die herrschende Meinung bejaht dies zu Recht, denn dies führt solange nicht zu Verwerfungen in der Mehrheitsbildung als man nur die Bruchteile zählt[24]. Konsequenterweise muss man dann auch dem Inhaber von Spitzen die Anfechtungsbefugnis zugestehen[25]. Diese Befugnis ist – anders als das Stimmrecht – nicht teilbar. Dennoch muss man sie Aktionären, die lediglich mit Spitzen beteiligt sind, für die kurze Periode zwischen Kapitalherabsetzung und ihrer Durchführung (§ 226) belassen. Andernfalls würden sie gänzlich ohne Rechtsschutz bleiben.

c) **Entstehen eines Rückzahlungsanspruchs, Erlass der Einlageverpflichtung.** Zum **13** Rückzahlungsanspruch der Aktionäre, zum Anspruch auf Abschluss eines Erlassvertrags und zu den sonstigen Folgen der Kapitalherabsetzung s § 225, 70 ff.

d) **Übertragung der Mitgliedschaft und der Spitzen.** Auch in der Zeitspanne zwischen **14** dem Wirksamwerden der Kapitalherabsetzung und der Berichtigung der Aktienurkunden bzw der Kraftloserklärung nach § 226 können die Aktien und eventuelle Spitzen nach den allgemeinen Regeln übertragen werden[26]. Nach einer Zusammenlegung verbriefen die Aktienurkunden dabei nur anteilige Mitgliedschaften. Ein **Rechtsscheinerwerb kraft guten Glaubens** an die Richtigkeit des Inhalts der Aktienurkunde scheidet aus, da die Aktienurkunden keine konstitutiven Wertpapiere darstellen[27]. Würde man den Rechtsscheinerwerb zulassen, hätte dies eine Aushöhlung der Kapitalaufbringungsvorschriften

---

22 BGH AG 1992, 27, 28 (zum Stimmrecht); KK/*Lutter*[2] 10; *Hüffer*[9] 5.

23 So im Fall OLG Hamburg AG 1991, 242, 243 mit zust Anm *Soehring* WuB II A § 222 AktG 1.91.

24 Bejahend OLG Hamburg AG 1991, 242, 244; zust *Decher* EWIR 1991, 327, 328; *Soehring* WuB II A § 222 AktG 1.91; *Hüffer*[9] 6; MünchHdBAG-*Krieger*[3] § 60, 35; Spindler-Stilz/*Marsch-Barner*[2] 8; K Schmidt/Lutter/*Veil*[2] 5; *Hefermehl* in Geßler/Hefermehl 11; *Siebel* NJW 1952, 330, 331; *Schilling* Voraufl § 226, 10. Der BGH AG 1992, 27, 29, hat diese Frage für Restgesellschaften bejaht, im Übrigen aber offen gelassen, zu letzterem krit *Butzke* WuB II A § 226 AktG 1.92. AA KK/*Lutter*[2] 12 und § 226, 6, 16; Baumbach/*Hueck*[13] § 226, 3.

25 Vgl vorige Fn.

26 BGH AG 1992, 27, 29 m Anm *Butzke* WuB II A § 226 AktG 1.92; KK/*Lutter*[2] 13; *Hüffer*[9] 6.

27 KK/*Lutter*[2] 13; KK/*Lutter*[2] Anh § 68, 10 ff, 13; MK/*Oechsler*[2] 17, 19; *Hüffer*[9] 6; *Kort* Aktien aus vernichteten Kapitalerhöhungen, ZGR 1994, 291, 304 f; krit. dagegen *Hueck*/*Canaris* Recht der Wertpapiere[12], S 219.

zur Folge, denn es würden Mitgliedschaften entstehen, auf die nie eine Einlage eingezahlt wurde. Zudem würden mehr Mitgliedschaften entstehen als in der Satzung festgesetzt sind.

3. Wirkung auf Rechte und Pflichten Dritter

15 **a) Überblick über den Schutz der Anleger.** Sehr häufig finden sich in der Praxis Gestaltungen, bei denen Dritten schuldrechtliche Ansprüche gegen die Gesellschaft eingeräumt werden, deren Höhe an bestimmte Kennzahlen des Unternehmens gebunden ist (zB Genussrechte, Wandelschuldverschreibungen, Obligationsanleihen). Anknüpfungspunkt sind regelmäßig die Dividende oder die Höhe des Grundkapitals, so dass Kapitalmaßnahmen zugleich eine Veränderung der wirtschaftlichen Ausgangslage für die Inhaber solcher Rechte bewirken. Häufig finden sich in den Bedingungen der Genussrechte, Wandelschuldverschreibungen und Obligationsanleihen Klauseln, die die Folgen einer Veränderung des Grundkapitals für die Rechte Dritter regeln. Dabei wird zumeist eine **Anpassung** an die veränderten Verhältnisse vorgesehen. Möglich ist aber auch der Ausschluss der Anpassung[28], wenn solche Veränderungen nach dem Willen der Parteien in den **Risikobereich einer Seite** fallen sollen.

16 Fehlen Vereinbarungen, stellt sich die Frage nach dem gesetzlichen Schutz der Rechte Dritter vor einer wirtschaftlichen Aushöhlung (s a Vor § 222, 44 f). Grundsätzlich fallen nachträgliche Veränderungen des Werts solcher Rechte durch eine Veränderung der wirtschaftlichen Rahmenbedingungen in den Risikobereich der Inhaber. Dies gilt insbesondere dann, wenn sie auch am Verlust der Gesellschaft beteiligt sind, denn Inhaber solcher Rechte übernehmen ein unternehmerisches Risiko. Zu diesem Risikobereich gehört auch die Geschäftsführung des Unternehmens, soweit sie sich innerhalb eines vertretbaren Spielraums unternehmerischen Ermessens hält[29].

17 Außerhalb des übernommenen Risikobereichs liegen dagegen nach heute herrschender Meinung sog **Grundlagenentscheidungen**[30]. Es handelt sich dabei um solche Beschlüsse, die die bisherige Unternehmensstruktur, den Unternehmensgegenstand sowie die Zusammensetzung des Eigenkapitals verändern. Hierzu zählen auch Veränderungen der Höhe des Grundkapitals. Die Beschlussfassung über Kapitalmaßnahmen erfolgt auf mitgliedschaftlicher Ebene, so dass den Inhabern von Genussrechten, Wandelschuldverschreibungen und Obligationsanleihen keine Mitwirkungsbefugnisse[31] oder Anfechtungs-

---

[28] *Hüffer*[9] 11; KK/*Lutter*[2] 19.

[29] Einzelheiten bei *Sethe* AG 1993, 351, 360 ff.

[30] *Ebeling* Beteiligungsfinanzierung personenbezogener Unternehmungen, 1988, S 172 ff; *Hirte* Genußscheine mit Eigenkapitalcharakter in der Aktiengesellschaft, ZIP 1988, 477, 486 f; *Koppensteiner* Ordentliche Kapitalerhöhungen und dividendenabhängige Ansprüche Dritter, ZHR 139 (1975) 191, 197 ff; *van Look* Zum Anlegerschutz bei Genußrechten in Recht und Praxis der Genußscheine, 1987, S 35, 45 f; *U H Schneider* Genußrechte an Konzernunternehmen, FS Goerdeler, 1987, S 511, 518 f; *Habersack* ZHR 155 (1991) 378, 389; *Rid-Niebler* Genußrechte als Instrument zur Eigenkapitalbeschaffung über den organisierten Kapitalmarkt für die GmbH, 1989, S 101 ff; *Zöllner* Die Anpassung dividendensatzbezogener Verpflichtungen von Kapitalgesellschaften bei effektiver Kapitalerhöhung, ZGR 1986, 288, 296 ff; Hachenburg/*Goerdeler/Müller*[8] Anh § 29 Rdn 13 ff; aA noch KK/*Lutter*[1] § 221, 70; *Schilling Voraufl* § 221, 12 und 6–8; *Winterfeld* Genußscheine – zivilrechtliche und steuerrechtliche Aspekte, Sparkasse 1983, 328, 330; zweifelnd dagegen schon *Godin/Wilhelmi*[4] § 221, 5.

[31] So aber *Hirte* ZIP 1991, 1461, 1462 f; zu Recht aA MK/*Oechsler*[2] § 229, 10.

rechte[32] zustehen. Dennoch treffen sie die wirtschaftlichen Auswirkungen dieser Entscheidungen, denn solche Maßnahmen können Einfluss auf die Gewinnverwendung oder den Substanzwert der Rechte Dritter haben. Wird beispielsweise der Gewinn zwischen Genussrechtsinhabern und Aktionären im Verhältnis der Kapitalanteile (Grundkapital einerseits und Genussrechtskapital andererseits) verteilt, führt eine Kapitalerhöhung dazu, dass die Aktionäre einen größeren Anteil am Unternehmenserfolg erhalten. Die Inhaber der Genussrechte vertrauen jedoch auf den status quo der Gesellschaft zum Zeitpunkt der Emission der Rechte[33]. Dass die Inhaber in diesem Vertrauen schutzwürdig sind, hat der Gesetzgeber in zahlreichen Einzelbestimmungen anerkannt (vgl § 13 Abs 3 KapErhG aF[34], §§ 347a, 353 Abs 1 S 1 AktG aF sowie §§ 216 Abs 3 AktG, 23 UmwG). Denn eine von der Gesellschaft bewirkte Verwässerung der Rechte Dritter geht über das normalerweise übernommene unternehmerische Risiko hinaus. Die Aktiengesellschaft ist in der Lage, als Vertragspartner einseitig die Bedingungen der Rechte Dritter zu verändern, so dass sich hier der Rechtsgedanke des § 162 BGB aufdrängt. Es hat sich daher zu Recht die Auffassung durchgesetzt, dass die Dritten auch über den in den genannten Normen erfassten Bereich hinaus vor Verwässerung zu schützen sind, soweit eine Grundlagenentscheidung eine Verwässerungsgefahr für die Rechte Dritter mit sich bringt. Die Parteien sind daher gehalten, den Vertragspartner vor einer anlagewidrigen Verwässerung seiner Rechtsposition zu bewahren (§§ 133, 157 oder § 242 BGB). Haben die Parteien diese Frage nicht ausdrücklich geregelt, ist daher im Wege der **ergänzenden Vertragsauslegung** zu klären, welchen Schutz die Parteien gewählt hätten[35]. Anlagewidrig sind alle Wertminderungen, die aufgrund einseitiger Maßnahmen der Gesellschaft erfolgen und nicht aufgrund der Vereinbarung oder des übernommenen unternehmerischen Risikos von den Dritten zu dulden sind. Führt die ergänzende Vertragsauslegung zu keinem Ergebnis, ist streitig, ob nun eine Anpassung kraft Gesetzes vorzunehmen ist[36]. Diese Frage erweist sich jedoch als theoretisch, da die Parteien bei der Ausgabe der genannten Rechte regelmäßig genaue wirtschaftliche Vorstellungen hegen, so dass Anhaltspunkte für den Parteiwillen vorliegen.

Während eine Kapitalerhöhung dazu führt, dass sich die Rechtsstellung der Dritten **18**
verschlechtert, weil sich die Gewinnberechtigung bzw das Umtauschverhältnis für die

---

[32] So *Vollmer/Lorch* ZBB 1992, 44, 45 f; zu Recht aA MK/*Oechsler*[2] § 229, 10.

[33] Ob dieses Vertrauen als Vertragsgrundlage zu schützen ist, war lange umstritten, zu Einzelheiten der Entwicklung *Sethe* AG 1993, 293, 304 f.

[34] Gesetz über die Kapitalerhöhung aus Gesellschaftsmitteln und über die Gewinn- und Verlustrechnung v 23.12.1959, BGBl I 789.

[35] Für eine ergänzende Vertragsauslegung BGHZ 119, 305, 324 ff = NJW 1993, 57, 61 „Klöckner"; *Casper* Optionsvertrag S 355 f; MK/*Habersack*[2] § 221, 291; MünchHdBAG-*Krieger*[3] § 60, 36; *Hüffer*[9] 12, § 221, 67; *ders* § 216 Abs 3 AktG: Sondernorm oder allgemeiner Rechtsgedanke?, FS Bezzenberger, 2000, 191, 207 f; *Koppensteiner* ZHR 139 (1975) 191, 196; *Rid-Niebler* Genußrechte, S 111; *Sethe* AG 1993, 351, 363 f; *Zöllner* ZGR 1986, 288, 305. Für Gesamtanalogie dagegen *Thielemann* Das Genußrecht als Mittel der Kapitalbeschaffung und der Anlegerschutz, 1988, S 143 ff, 165. Für eine Analogie zu § 216 AktG *Köhler* Kapitalerhöhung und vertragliche Gewinnbeteiligung, AG 1984, 197 ff; KK/*Lutter*[2] § 221, 136, 399 („der Rechtsgedanke ist anwendbar"). Für eine Entscheidung am Einzelfall, aber mit Vorrang der ergänzenden Vertragsauslegung K Schmidt/Lutter/*Veil*[2] 7. Für § 242 BGB *van Look* in Recht und Praxis der Genußscheine, 1987, S 35, 45; *Vollmer* Der Genußschein – ein Instrument für mittelständische Unternehmen zur Eigenkapitalbeschaffung an der Börse, ZGR 1983, 445, 465 f; *Emde* Der Genußschein als Finanzierungsinstrument, Diss Bochum 1987, S 157 ff.

[36] Zum Meinungsstand s *Hüffer*[9] 13 mwN.

Inhaber von Genussrechten, Wandelschuldverschreibungen und Obligationsanleihen nachteilig verändert, hat die Kapitalherabsetzung genau den gegenteiligen Effekt. Nun sind es die Aktionäre, deren Rechtsstellung nachteilig betroffen ist, weil die Dritten aus den ihnen eingeräumten Rechten mehr Vorteile ziehen als ohne die Kapitalherabsetzung. Auch in Bezug auf diese Konstellation herrscht mittlerweile Einigkeit, dass die Notwendigkeit einer ergänzenden Vertragsauslegung besteht, denn bei einer Herabsetzung des Grundkapitals dürfen die Inhaber von Genussrechten, Wandelschuldverschreibungen und Obligationsanleihen nicht unbillig besser gestellt werden als die Aktionäre[37].

19 **b) Wirkung auf Wandelschuldverschreibungen und Optionsanleihen.** Bei Wandelschuldverschreibungen und Optionsanleihen wirkt sich eine Kapitalherabsetzung dergestalt aus, dass sich die Umtausch- und Bezugsrechte zwar weiterhin auf die gleiche absolute Zahl an Aktien beziehen, mit diesen Aktien jedoch eine höhere Beteiligungsquote und damit ein höherer Wert vermittelt wird als vor der Kapitalherabsetzung. Fehlt eine Regelung in den Anleihebedingungen[38], muss im Wege der ergänzenden Vertragsauslegung bestimmt werden, ob die Parteien eine Anpassung der Bedingungen an die Veränderung des Grundkapitals gewollt hätten. Hiervon wird man regelmäßig ausgehen können. Denn genauso wie die Inhaber der Anleihen vor den Folgen einer Kapitalerhöhung geschützt werden wollen, die ihre Rechte verwässern, werden umgekehrt die Aktionäre eine Beeinträchtigung ihrer Rechtsstellung nicht hinnehmen[39].

20 Die Anpassung erfolgt durch eine Herabsetzung der Zahl der zu beziehenden Aktien. Möglicherweise entstehende Spitzen sind im Zweifel auszugleichen. Erfolgte die Kapitalherabsetzung zur Sanierung, wird man die Anpassung im gleichen Verhältnis vornehmen können. Diente die Kapitalherabsetzung dagegen der Rückzahlung von Einlagen oder der Befreiung von Einlagepflichten (vgl § 66 Abs 3), wird hierdurch der Gesellschaft Vermögen entzogen. Einer Anpassung der Umtausch- und Bezugsrechte bedarf es daher nur insoweit, als sich der Wert der Aktien, auf die der Dritte Anspruch hat, trotz Minderung des Vermögens der AG erhöht hat[40].

21 Hängt die Höhe der Verzinsung der Anleihen von der Dividende ab, ist ebenfalls eine Anpassung an die geänderten Verhältnisse vorzunehmen, es sei denn es handelt sich um Anleihen mit garantierter Verzinsung[41]. Denn diese Garantie hat gerade auch den Sinn, Vorsorge vor Veränderungen der Kapitalstruktur zu treffen[42].

---

[37] MK/*Habersack*[2] § 221, 309 ff; *Hüffer*[9] 10 ff; KK/*Lutter*[2] 19; MK/*Oechsler*[2] § 237, 27. S a OLG Düsseldorf WM 1991, 1375 zur Zulässigkeit vertraglicher Anpassungsregeln; dazu auch nachfolgend BGH WM 1992, 1902 m Anm *Werner* WuB II A § 229 AktG 1.93 sowie BGH ZIP 2006, 2171.

[38] Solche Klauseln unterliegen der AGB-Kontrolle; auf sie ist allerdings § 305 Abs 2 BGB nicht anwendbar, BGHZ 163, 311, 314 ff = NJW 2005, 2917 ff; *Kallrath* Die Inhaltskontrolle der Wertpapierbedingungen von Wandel- und Optionsanleihen, Gewinnschuldverschreibungen und Genußscheinen, 1994, S 41 ff. Abweichend *Assmann* Anleihebedingungen und AGB-Recht, WM 2005, 1053 ff; *Ekkenga* Wertpapier-Bedingungen als Gegenstand richterlicher AGB-Kontrolle?, ZHR 160 (1996) 59, 71 ff (statt der AGB-Kontrolle seien kapitalmarktrechtliche Regeln anzuwenden).

[39] KK/*Lutter*[2] 19, § 221, 136; *Koppensteiner* ZHR 139 (1975) 191, 197 ff; MK/*Oechsler*[2] 25; MünchHdBAG-*Krieger*[3] § 63, 22; wohl auch *Zöllner* ZGR 1986, 288 f; aA noch *Schilling* Voraufl § 221, 6; *A Hueck* DB 1963, 1347, 1349 f.

[40] MK/*Habersack*[2] § 221, 309 f; iE offenbar auch MK/*Oechsler*[2] 22; *Hüffer*[9] 12 aE.

[41] Weitergehend MünchHdBAG-*Krieger*[3] § 60, 36, der im Zweifel immer ein Festhalten an der ursprünglichen Verzinsung bejaht.

[42] MK/*Oechsler*[2] 22.

c) **Wirkung auf Genussrechte.** Genussrechte sehen regelmäßig Anpassungsklauseln vor, die einer AGB Kontrolle unterliegen[43]. Die Rechtsprechung hat es beispielsweise als zulässig angesehen, wenn die Ausgabebedingungen des aktienähnlichen Genussrechts für den Fall der Kapitalherabsetzung eine Reduzierung auch des Genussrechtskapitals im gleichen Verhältnis vorsehen[44], die ggf bis auf Null gehen kann[45]. Stellt sich später heraus, dass nicht die gesamten durch die Kapitalherabsetzung frei gewordenen Mittel benötigt werden, weil die befürchteten Verluste geringer ausfallen, ist das Genussrechtskapital nicht wieder aufzufüllen. Eine ergänzende Vertragsauslegung kann jedoch einen Anspruch auf Auszahlung eines prozentual entsprechenden Betrags an die Genussrechtsinhaber[46] ergeben. Wurden die Rechte der Genussrechtsinhaber schuldhaft verletzt, steht ihnen zudem Anspruch auf Schadensersatz aus § 280 BGB zu[47]. 22

Fehlt eine Anpassungsregelung in den Genussrechtsbedingungen[48], muss im Wege der ergänzenden Vertragsauslegung bestimmt werden, ob die Parteien eine Anpassung der Genussrechtsbedingungen an die Veränderung des Grundkapitals gewollt hätten. Dies wird regelmäßig der Fall sein, denn die Inhaber von Genussrechten dürfen aus den genannten Überlegungen ebenfalls nicht besser gestellt werden als die Aktionäre[49]. Handelt es sich um Genussrechte ohne Dividendengarantie oder gar um solche, denen die Funktion von Eigenkapital zukommt (aktienähnliche Genussrechte), wird die ergänzende Vertragsauslegung regelmäßig zu einer Anpassung der Genussrechtsbedingungen an die neue Kapitalstruktur kommen[50]. Erfolgte die Kapitalherabsetzung zur Einlagenrückgewähr oder zur Befreiung von Einlagenpflichten, bedarf es einer Anpassung der Gewinnberechtigung der Genussrechte nur insoweit, als sich der Wert der Aktien trotz Minderung des Vermögens der AG verändert hat[51]. Handelt es sich dagegen um Genussrechte mit Dividendengarantie (obligationenähnliche Genussrechte), hat diese Garantie gerade auch den Sinn, Vorsorge vor Veränderungen der Kapitalstruktur zu treffen. Bei einer Kapitalherabsetzung, insbesondere im Sanierungsfall, bleibt daher die Höhe der Dividende unverändert[52]. 23

d) **Wirkung auf den Ausgleich bei Beherrschungsverträgen.** Kapitalmaßnahmen können auch die Stellung außenstehender Aktionäre bei Beherrschungsverträgen betreffen (vgl § 304 Abs 2). Die soeben für Genussrechte, Wandelschuldverschreibungen und Obli- 24

---

[43] *Sethe* AG 1993, 351, 365. Vgl soeben 20 Fn 38 mwN.

[44] BGHZ 119, 305, 312 ff = NJW 1993, 57, 58 ff „Klöckner"; zustimmend *Hüffer*[9] 11; aA *Hirte* ZIP 1991, 1461, 1467.

[45] Kritisch hierzu und zum Folgenden MK/*Oechsler*[2] 24; *Sethe* AG 1993, 351, 365 f.

[46] BGHZ 119, 305, 322 ff = NJW 1993, 57, 61 f „Klöckner"; zustimmend *Hüffer*[9] 11.

[47] *Habersack* ZHR 155 (1991) 378, 388 ff; *van Look* in Recht und Praxis der Genußscheine, 1987, S 35, 37 ff; *Sethe* AG 1993, 351, 360 ff; Spindler-Stilz/*Marsch-Barner*[2] 14.

[48] Beispiele bei KK/*Lutter*[2] § 221, 371 ff.

[49] *Feddersen/Knauth* Eigenkapitalbildung durch Genußscheine[2], 1992, S 118 f; *Emde* Der Genußschein, S 179; *Rid-Niebler* Genußrechte, S 111 ff.

[50] Ebenso BGHZ 119, 305, 325 = NJW 1993, 57, 61 f „Klöckner"; *Frantzen* Genußscheine, 1993, S 267 ff; MK/*Oechsler*[2] 23; MünchHdBAG-*Krieger*[3] § 63, 70; *Sethe* AG 1993, 351, 365; iE auch MK/*Habersack*[2] § 221, 311; s a KK/*Lutter*[2] § 221, 399 („der Rechtsgedanke aus § 216 Abs 3 [*ist*] in entsprechender – umgekehrter – Weise anwendbar und führt ggf zur Anpassungspflicht").

[51] MK/*Habersack*[2] § 221, 311; wohl auch *Hüffer*[9] 12 aE.

[52] RGZ 147, 42, 48 f; *Hüffer*[9] 13; KK/*Lutter*[2] 20; MK/*Oechsler*[2] 23; im Ergebnis auch MünchHdBAG-*Krieger*[3] § 60, 36, der im Zweifel immer ein Festhalten an der ursprünglichen Verzinsung bejaht.

gationsanleihen getroffenen Überlegungen lassen sich sinngemäß übertragen[53]. Ist eine feste Dividende garantiert, die sich am Erfolg des herrschenden Unternehmens orientiert (§ 304 Abs 2 S 2 und 3), berührt weder die Kapitalherabsetzung des herrschenden Unternehmens noch die des abhängigen Unternehmens den Ausgleich[54]. Im Übrigen ist eine ergänzende Vertragsauslegung geboten, die das Ausmaß der Kapitalveränderung und seine Wirkungen auf die Stellung der außenstehenden Aktionäre berücksichtigt[55].

IV. Rückgängigmachung und Änderung der Kapitalherabsetzung

1. Rückgängigmachung

25 Die Eintragung bewirkt, dass das Kapital der Gesellschaft endgültig geändert ist. Eine Rücknahme der Anmeldung ist nicht mehr möglich; vielmehr hat sich der Eintragungsantrag mit der Eintragung erledigt (s § 223, 14)[56]. Will die Gesellschaft die Kapitalherabsetzung aufheben, muss sie folglich eine Kapitalerhöhung durchführen. Stellt sich etwa nach einer Kapitalherabsetzung zum Zwecke des Verlustausgleichs heraus, dass die erwarteten Verluste nicht eingetreten sind, kann die Gesellschaft die Kapitalherabsetzung nur im Wege der Kapitalerhöhung rückgängig machen[57]. Da die Gesellschaft die frei gewordenen Mittel in die Kapitalrücklage einstellen muss (s § 222, 45), kommt zum einen eine **Kapitalerhöhung aus Gesellschaftsmitteln** (§§ 207 ff) in Betracht. Möglich ist zum anderen eine **Kapitalerhöhung gegen Einlagen** (§§ 182 ff). Dazu muss die Gesellschaft die Rücklage in der Jahresbilanz auflösen, an die Aktionäre als Bilanzgewinn ausschütten und diese müssen den Betrag als Einlagen wieder einbringen. Weil es sich um ein **„Schütt-Aus-Hol-Zurück-Verfahren"** handelt, müssen dabei die Vorschriften über die Sacheinlage beachtet werden[58]. Durch die Neuregelung in § 27 Abs 3 und 4[59] wird das rechtliche Risiko für die Inferenten jedoch deutlich gesenkt[60].

2. Nachträgliche Zweckänderung

26 a) **Berichtigung eines anfechtbaren Beschlusses.** Enthält der Kapitalherabsetzungsbeschluss keine Angabe des Zwecks, ist er anfechtbar (§ 222, 74). Um diesen Mangel zu beseitigen, kann die Hauptversammlung den Zweck im Nachhinein festlegen. Die Vorgaben des § 222 sind zu beachten (s § 222, 70).

27 b) **Einführung eines weiteren Zwecks.** Ein Beschluss, mit dem der Kapitalherabsetzung ein weiterer Zweck gegeben wird, ist sowohl vor der Eintragung (s § 222, 70) als auch nach der Eintragung ins Handelsregister zulässig. Die Notwendigkeit einer Zweck-

---

53 Vgl im Einzelnen *Hasselbach/Hirte* § 304, 107 ff.

54 KK/*Lutter*[2] 21; *Hüffer*[9] § 304, 19; MK/*Oechsler*[2] 22.

55 Vgl dazu ausführlich *Hasselbach/Hirte* § 304, 108, 111. S a *Hüffer*[9] § 304, 19; *Emmerich* in Emmerich/Habersack Aktien- und GmbH-Konzernrecht[6] § 304, 73; iE auch KK/*Lutter*[2] 21.

56 KK/*Lutter*[2] 6.

57 KK/*Lutter*[2] 6; MK/*Oechsler*[2] 1.

58 BGHZ 113, 335, 342 = NJW 1991, 1754; BGHZ 135, 381, 384 = NJW 1997, 2516 – zur GmbH; *Hüffer*[9] 3, § 27, 9a, § 183, 3; s a *Lutter/Zöllner* Zur Anwendung der Regeln über die Sachkapitalerhöhung auf das Ausschüttungs-Rückhol-Verfahren, ZGR 1996, 164, 178 ff.

59 Art 1 Nr 1 des Gesetzes zur Umsetzung der Aktionärsrichtlinie (ARUG) v 30.7.2009, BGBl I 2479.

60 Zur Neuregelung etwa *Habersack* AG 2009, 564 ff mwN.

änderung nach Eintragung kann sich ergeben, wenn die durch die Kapitalherabsetzung frei werdenden Mittel nicht vollständig für den beabsichtigten Zweck benötigt werden. Für die Zulässigkeit einer Zweckänderung spricht schon der Umstand, dass sogar im ursprünglichen Kapitalherabsetzungsbeschluss eine alternative Zwecksetzung zulässig ist (s § 222, 43)[61]. Zudem kennt die ordentliche Kapitalherabsetzung keine § 232 vergleichbare Norm. Aufgrund der Tatsache, dass die Kapitalherabsetzung mit der Eintragung wirksam wird, stellt eine nachträgliche Änderung des Zwecks der Kapitalherabsetzung (§ 222 Abs 3) eine erneute Satzungsänderung dar. Daher sind die Vorgaben der §§ 222 ff zu beachten (s § 222, 70)[62].

Die halbjährige Sperrfrist des § 225 beginnt bereits mit der Eintragung der ursprünglichen Kapitalherabsetzung, denn bereits zu diesem Zeitpunkt hat das Registergericht die Gläubiger auf ihr Besicherungs- und Befriedigungsrecht hingewiesen (§ 225 Abs 1 S 2)[63]. **28**

c) **Austausch des Zwecks und Wechsel der Art der Kapitalherabsetzung**. Soll der Zweck der Kapitalherabsetzung insgesamt geändert werden, sind zwei Gestaltungen zu unterscheiden. Ohne weiteres zulässig ist es, innerhalb von § 222 den ursprünglichen Zweck gegen einen anderen auszutauschen (**isolierte Zweckänderung**)[64]. **29**

Möglich ist auch eine Umstellung von einer ordentlichen Kapitalherabsetzung zu einer vereinfachten Kapitalherabsetzung (**Änderung des Zwecks und damit der Art der Kapitalherabsetzung**). Denn es wäre ein sinnloser Umweg, wollte man die Gesellschaft erst zwingen, die ordentliche Kapitalherabsetzung durch eine Kapitalerhöhung rückgängig zu machen, um anschließend eine vereinfachte Kapitalherabsetzung durchzuführen. Der rückwirkende Wechsel der Art der Kapitalherabsetzung ist allerdings nur möglich, wenn die Vorgaben der §§ 230 ff eingehalten werden. Daher sind das Verbot von Zahlungen an die Aktionäre, das Ausschüttungsverbot (§ 233 Abs 1) und die Dividendenbeschränkung (§ 233 Abs 2) einzuhalten. Bereits geleistete Zahlungen sind zurückzuerstatten[65]. **30**

Die Frage nach der **Zulässigkeit des umgekehrten Wegs**, also eines Wechsels von einer vereinfachten Kapitalherabsetzung zu einer ordentlichen Kapitalherabsetzung, wird sich dann stellen, wenn die frei gewordenen Mittel nicht komplett für die Schuldendeckung benötigt werden. Für diesen Fall trifft jedoch § 232 eine abschließende Regelung, die nicht umgangen werden darf[66]. Zweck des § 232 ist es ua, überhöhten missbräuchlichen Verlustannahmen vorzubeugen. Gerade durch die Pflicht zur Einstellung überschüssiger frei gewordener Mittel in die Rücklage soll die durch § 150 bewirkte Bindung und damit eine Prävention erreicht werden (s § 232, 3). Der Wechsel von einer vereinfachten Kapitalherabsetzung zu einer ordentlichen Kapitalherabsetzung ist daher nicht möglich. **31**

d) **Besondere Mehrheitsanforderungen.** Grundsätzlich sind bei einem Beschluss über die nachträgliche Änderung des Zwecks der Kapitalherabsetzung die Vorgaben des § 222 zu beachten (s § 222, 70). Eine Besonderheit gilt für den Fall, dass der Zweck ursprünglich in der Auszahlung der frei werdenden Mittel an die Aktionäre bestand. Die Zweckänderung führt dazu, dass diese den mit der Eintragung der Kapitalherabsetzung erworbenen schuldrechtlichen Auszahlungsanspruch (s § 225, 70) verlieren. Dem Beschluss müssen daher ausnahmsweise alle Aktionäre zustimmen[67]. **32**

---

61 KK/*Lutter*² 7; MK/*Oechsler*² 6.
62 RGZ 103, 367, 370 f; KK/*Lutter*² 7, § 222, 18; *Schilling* Voraufl 4.
63 MK/*Oechsler*² 6.
64 MK/*Oechsler*² 7.
65 MK/*Oechsler*² 10.
66 MK/*Oechsler*² 11; aA KK/*Lutter*² § 229, 46, der neben §§ 230 Abs 1, 233 auch § 225 anwenden will.
67 MünchHdBAG-*Krieger*³ § 60, 37a; *Hüffer*⁹ 3.

V. Fehlerhafte Eintragung

1. Beschlussmängel

33 Wird eine Kapitalherabsetzung eingetragen, obwohl die Hauptversammlung **keinen derartigen Beschluss** gefasst hat, ist die Eintragung unwirksam[68]. Ist der Beschluss über die Kapitalherabsetzung **nichtig**, darf er nicht eingetragen werden (s § 223, 17). Eine dennoch erfolgte Eintragung bewirkt nicht die Wirksamkeit der Kapitalherabsetzung[69]. Liegen die Voraussetzungen des § 242 vor, kommt allerdings Heilung in Betracht (s dort). Das Registergericht kann die Satzungsänderung nach § 398 FamFG löschen; dies gilt nach § 242 Abs 2 S 3 für die dort geregelten Fälle selbst nach Eintritt der Heilung[70].

34 Auch in Fällen der **Unwirksamkeit** darf die Kapitalherabsetzung nicht eingetragen werden (s § 223, 18). Wird sie dennoch eingetragen, kann die Kapitalherabsetzung analog § 242 geheilt werden[71]. Für die Möglichkeit der Amtslöschung gilt das soeben Ausgeführte.

35 Wird ein **anfechtbarer** Kapitalherabsetzungsbeschluss eingetragen, tritt hierdurch keine Heilung ein[72]. Diese wird erst durch den fruchtlosen Ablauf der Anfechtungsfrist des § 246 Abs 1 bewirkt. Wurde hingegen rechtzeitig Anfechtungsklage erhoben und der Beschluss über die Kapitalherabsetzung für nichtig erklärt, beseitigt dies die mit der Eintragung zunächst vorläufig wirksam zustande gekommene Satzungsänderung rückwirkend (§ 248). Das Urteil ist einzutragen (§ 248 Abs 1 S 3).

2. Mängel des Eintragungsverfahrens

36 a) **Fehlerarten.** Unvollständige oder formell fehlerhafte Anmeldungen berühren die Wirksamkeit der Eintragung und damit der Kapitalherabsetzung grundsätzlich nicht (s a § 223, 29)[73]. Wurde bei der Anmeldung der Satzungswortlaut nicht beigefügt oder fehlte die notarielle Bescheinigung (§ 181 Abs 1 S 2), ist eine gleichwohl eingetragene Kapitalherabsetzung wirksam[74]. Fehlende Unterlagen hat das Registergericht nachzufordern. Auch ein Verstoß gegen die Formvorschrift des § 12 HGB berührt die Wirksamkeit der erfolgten Eintragung nicht. Dagegen führen schwere Fehler im Eintragungsverfahren zur Unwirksamkeit. Drei Fallgestaltungen sind zu unterscheiden:

37 b) **Fehlende Anmeldung.** Eine Eintragung ist schwebend unwirksam, wenn sie ohne eine Anmeldung oder nach Rücknahme der Anmeldung vorgenommen wurde[75]. Gleiches gilt für den Fall, dass die Anmeldung durch nicht vertretungsbefugte Personen erfolgte[76]. Die Anmeldung kann in diesem Fall nachgeholt und die schwebende Unwirksamkeit damit beseitigt werden[77]. Andernfalls ist die Eintragung unwirksam.

---

[68] *Hüffer*[9] 9; MK/*Oechsler*[2] 4.

[69] *Hüffer*[9] 9; MK/*Oechsler*[2] 4; MK/*Stein*[2] § 181, 84.

[70] Ausführlich zu den Voraussetzungen *Wiedemann* § 181, 53 ff.

[71] Umfassend dazu *Casper* S 268 ff sowie OLG Hamburg AG 1970, 230, 231; MK/*Oechsler*[2] 4; MK/*Stein*[2] § 181, 85; *Hüffer*[9] § 181, 27.

[72] *Hüffer*[9] 9; MK/*Oechsler*[2] 4; MK/*Stein*[2] § 181, 86.

[73] MK/*Stein*[2] § 181, 91; *Hüffer*[9] § 181, 28.

[74] MK/*Stein*[2] § 181, 91.

[75] *Wiedemann* § 181, 49; *Hüffer*[9] 9, § 181, 28; KK/*Zöllner*[2] § 181, 54; MK/*Stein*[2] § 181, 88; s a RGZ 132, 22, 25 – zur Genossenschaft.

[76] *Wiedemann* § 181, 49; *Casper S* 105 mwN; grundsätzlich aA Baums S 133 ff; aA auch *Hüffer*[9] § 181, 28; MK/*Stein*[2] § 181, 91, für den Fall, dass die Vollmacht der Anmeldenden fehlte.

[77] KGJ 28 A 228, 239; *Wiedemann* § 181, 49; MK/*Stein*[2] § 181, 88.

c) **Inhaltlich fehlerhafte Eintragung.** Weicht der Inhalt der Eintragung vom Inhalt der Anmeldung ab, soll dies nach herrschender Meinung ebenfalls zur Unwirksamkeit der Eintragung führen[78]. Gleiches soll gelten, wenn anstelle der notwendigen ausdrücklichen Eintragung der Kapitalherabsetzung (s § 223, 24) lediglich eine Bezug nehmende Eintragung erfolgt[79]. Dieser Standpunkt wird neuerdings zu Recht angezweifelt[80], denn die **fehlerhafte Eintragung** stellt **keinen so schwerwiegenden Mangel** dar, als dass er die Unwirksamkeit der (konstitutiv wirkenden) Eintragung begründet. Der genaue Inhalt der Satzungsänderung lässt sich ohne weiteres aus dem bei den Registerakten befindlichen Kapitalherabsetzungsbeschluss entnehmen. Eine Bezug nehmende anstelle einer ausdrücklichen Eintragung ist daher für den Rechtsverkehr nur lästig, keineswegs aber so gravierend, als dass dies eine Unwirksamkeit rechtfertigt. Schwerwiegender ist die inhaltlich fehlerhafte Eintragung. Für diese Konstellation sieht das Gesetz jedoch gerade die Rechtsfolgen des § 15 HGB vor, so dass der Geschäftsverkehr umfassend geschützt ist. Potentielle Aktionäre können sich ebenfalls auf § 15 HGB berufen. Die Kapitalherabsetzung wird daher trotz inhaltlich fehlerhafter Eintragung bzw lediglich Bezug nehmender Eintragung wirksam. Gestützt wird diese Ansicht durch einen Vergleich mit dem Gründungsrecht der AG und der GmbH. Hier nimmt die herrschende Meinung ohne weiteres an, dass die Gesellschaft trotz fehlerhafter Eintragung wirksam errichtet wurde[81]. Daher ist der Eintragungsfehler nach § 17 Abs 1 HRV von Amts wegen zu berichtigen. Die Gesellschaft kann die Berichtigung beantragen und gegen einen ablehnenden Beschluss Beschwerde einlegen[82]. **38**

d) **Eintragung durch unzuständiges Registergericht.** Wird die Eintragung durch ein unzuständiges Registergericht vorgenommen, ist sie unwirksam[83]. **39**

§ 225
Gläubigerschutz

(1) [1]Den Gläubigern, deren Forderungen begründet worden sind, bevor die Eintragung des Beschlusses bekanntgemacht worden ist, ist, wenn sie sich binnen sechs Monaten nach der Bekanntmachung zu diesem Zweck melden, Sicherheit zu leisten, soweit sie nicht Befriedigung verlangen können. [2]Die Gläubiger sind in der Bekanntmachung der Eintragung auf dieses Recht hinzuweisen. [3]Das Recht, Sicherheitsleistung zu verlangen, steht Gläubigern nicht zu, die im Fall des Insolvenzverfahrens ein Recht auf vorzugsweise Befriedigung aus einer Deckungsmasse haben, die nach gesetzlicher Vorschrift zu ihrem Schutz errichtet und staatlich überwacht ist.

(2) [1]Zahlungen an die Aktionäre dürfen auf Grund der Herabsetzung des Grundkapitals erst geleistet werden, nachdem seit der Bekanntmachung der Eintragung sechs

---

78 RG JW 1931, 2982, 2984 (zur Genossenschaft, insoweit nicht in RGZ 132, 22 enthalten); *Wiedemann* § 181, 50; *Casper* S 105; *Hüffer*[9] § 181, 28; Spindler-Stilz/*Marsch-Barner*[2] § 181, 49.

79 *Casper* S 105.

80 *Priester* BB 2002, 2613 ff; jetzt auch MK/*Stein*[2] § 181, 90.

81 *Röhricht* § 39, 9; *Hüffer*[9] § 39, 5; Ulmer/Habersack/Winter/*Ulmer* § 10, 18; Lutter/Hommelhoff/*Bayer* GmbHG[17] § 10, 10; Scholz/*Winter*/*Veil*[10] § 10, 18.

82 MK/*Stein*[2] § 181, 90; *Priester* BB 2002, 2613 – jeweils zu § 20 Abs 2 FGG aF.

83 *Casper* S 105; MK/*Stein*[2] § 181, 89.

Monate verstrichen sind und nachdem den Gläubigern, die sich rechtzeitig gemeldet haben, Befriedigung oder Sicherheit gewährt worden ist. [2]Auch eine Befreiung der Aktionäre von der Verpflichtung zur Leistung von Einlagen wird nicht vor dem bezeichneten Zeitpunkt und nicht vor Befriedigung oder Sicherstellung der Gläubiger wirksam, die sich rechtzeitig gemeldet haben.

(3 Das Recht der Gläubiger, Sicherheitsleistung zu verlangen, ist unabhängig davon, ob Zahlungen an die Aktionäre auf Grund der Herabsetzung des Grundkapitals geleistet werden.

Übersicht

Schrifttum

Engert Solvenzanforderungen als gesetzliche Ausschüttungssperre bei Kapitalgesellschaften, ZHR 170 (2006) 296; *Gotthardt* Sicherheitsleistung für Forderungen pensionsberechtigter Arbeitnehmer bei Kapitalherabsetzung, BB 1990, 2419; *Heine/Lechner* Die unentgeltliche Auskehrung von Sachwerten bei börsennotierten Aktiengesellschaften, AG 2005, 269; *Jäger* Sicherheitsleistung für Ansprüche aus

Dauerschuldverhältnissen bei Kapitalherabsetzung, Verschmelzung und Beendigung eines Unternehmensvertrags, DB 1996, 1069; *Krieger* Sicherheitsleistung für Versorgungsrechte?, FS Nirk, 1992, 551; *Rittner* Die Sicherheitsleistung bei der ordentlichen Kapitalherabsetzung, FS Oppenhoff, 1985, 317; *Sandhaus* Richtlinienvorschlag der Kommission zur Vereinfachung der Berichts- und Dokumentationspflichten bei Verschmelzungen und Spaltungen, NZG 2009, 41; *Senger/Vogelmann* Die Umwandlung von Vorzugsaktien in Stammaktien, AG 2002, 193; *Wiedemann/Küpper* Die Rechte des Pensions-Sicherungs-Vereins als Träger der Insolvenzsicherung vor einem Konkursverfahren und bei einer Kapitalherabsetzung, FS Pleyer, 1986, 445. Vgl auch die Schrifttumsnachweise Vor § 222 und bei § 223.

I. Gesetzesgeschichte

Von unwesentlichen sprachlichen Änderungen in Abs 1 abgesehen entspricht die Vorschrift § 178 AktG 1937[1]. Diese wiederum geht auf die inhaltlich leicht abweichende Regelung des § 289 Abs 2 bis 4 HGB aF zurück. Die Vorschrift ist seit 1965 inhaltlich unverändert; der Gesetzgeber passte sie lediglich an das neue Insolvenzrecht an, indem er in Abs 1 S 3 die Worte „des Konkurses" durch die Worte „des Insolvenzverfahrens" ersetzte[2]. 1

II. Normzweck

Die **zwingende** Vorschrift bezweckt den **Schutz der Gesellschaftsgläubiger**. Gerade weil die ordentliche Kapitalherabsetzung die Rückzahlung von Einlagen an die Aktionäre erlaubt, sind die Gläubiger besonders gefährdet. Zur Sicherung der Gläubiger gibt die Vorschrift allen Gläubigern unter den in Abs 1 S 1, Abs 3 genannten Voraussetzungen das Recht, **Sicherheitsleistung** zu verlangen, soweit sie nicht Befriedigung verlangen können. Damit die Gläubiger von ihrem Recht erfahren, sieht sie einen **Gläubigeraufruf** vor (Abs 1 S 2). Zudem ordnet sie an, dass Zahlungen an die Aktionäre oder der Erlass von Einlageforderungen nur nach Ablauf eines **Sperrhalbjahres** und nach Befriedigung der Gläubiger oder nach Sicherheitsleistung an die Gläubiger erfolgen darf (Abs 2). Mit diesen Vorkehrungen trägt das Gesetz dem Umstand Rechnung, dass das Verbot der Einlagenrückgewähr (§ 57 Abs 1 S 1, Abs 3) keine Anwendung findet. 2

Ein Teil des Schrifttums scheint Abs 1 als einen Vertrauensschutztatbestand zu begreifen[3]. Sicherlich vertrauen Personen, die mit der Gesellschaft in rechtsgeschäftlichen Kontakt treten, ab dem Vertragsschluss auf die Leistungsfähigkeit der Gesellschaft. Allerdings stellt die Vorschrift im Gegensatz zu anerkannten Vertrauensschutztatbeständen gerade nicht darauf ab, ob der Gläubiger auf einen bestimmten Vermögensstand der Gesellschaft vertraute oder im Zeitpunkt des Vertragsschlusses von einer beschlossenen, aber noch nicht bekannt gegebenen Kapitalherabsetzung wusste[4]. Dies sowie der Umstand, dass die Vorschrift sowohl vertragliche als auch außervertragliche Gläubiger schützt[5], sprechen klar gegen die Annahme eines Vertrauensschutzes. Denn deliktische Gläubiger haben ex ante gerade kein Vertrauen in die Leistungsfähigkeit der Gesellschaft, denn sie werden regelmäßig von dem Verhalten, das den deliktischen Tatbestand 3

---

1 *Kropff* AktG 1965, S 318. Zur Geschichte der Kapitalherabsetzung im Allgemeinen s Vor § 222, 73 ff.

2 Art 45 Nr 7 des Einführungsgesetzes zur Insolvenzordnung (EGInsO) v 5.10.1994, BGBl I 2911, in Kraft getreten zum 1.1.1999.

3 MK/*Oechsler*² 6, 7.

4 So aber MK/*Oechsler*² 6, der dabei eine Parallele zur Dogmatik des Vertrauenstatbestands von § 15 Abs 2 S 2 HGB zieht.

5 So auch MK/*Oechsler*² 5, 14.

erfüllt, überrascht. Ausschlaggebend für die Schaffung der Vorschrift ist daher allein der **objektive Schutz der Gläubiger** der Gesellschaft **vor einer Reduzierung von deren Vermögensbasis**[6]. Denn die Gläubiger können die Entwicklung des entstandenen Rechtsverhältnisses nicht mehr einseitig beeinflussen, während die Aktiengesellschaft dies noch kann, indem sie ihre Haftungsgrundlage durch eine Kapitalherabsetzung verschlechtert. Ein solcher Schutz ist insbesondere dann erforderlich, wenn Vermögen an die Aktionäre zurückgezahlt wird oder ausstehende Einlagen erlassen werden, denn durch die Schmälerung der Vermögensbasis der Gesellschaft erhöht sich das Risiko der Gläubiger.

4 Bei Vorhandensein einer Unterbilanz lässt sich die Leistung von Sicherheiten zumeist nicht verwirklichen, da genügend Mittel fehlen. In einem solchen Fall wird daher überwiegend die vereinfachte Kapitalherabsetzung genutzt, bei der § 225 nicht gilt (vgl § 229 Abs 3) und die Gläubiger auf andere Art gesichert werden (§§ 230 ff, s dort)[7]. Aber auch bei der Kapitalherabsetzung in wirtschaftlich gesunden Zeiten erweist sich das Erfordernis der Stellung von Sicherheiten als Belastung, denn die Sicherheitsleistung ist in erster Linie in Realsicherheiten zu erbringen (§ 232 Abs 1 BGB). Damit müssen uU wesentliche Teile des Gesellschaftsvermögens für Sicherheitsleistungen zur Verfügung gestellt werden. Dies ist die Hauptursache für die geringe praktische Bedeutung der ordentlichen Kapitalherabsetzung und für das Ausweichen auf die vereinfachte Kapitalherabsetzung.

5 Die Norm ist Ausdruck des **Prinzips, dass Gläubigern bei Strukturveränderungen Sicherheit zu leisten ist.** Dieses Prinzip fand sich zunächst im Recht der Liquidation und wurde mit dem Companies Act 1867 erstmals auch auf die Kapitalherabsetzung übertragen (s Vor § 222, 72). In Deutschland wurde die Kapitalherabsetzung als Teilliquidation begriffen, so dass auch der Gläubigerschutz in entsprechendem Zusammenhang geregelt war; erst später folgte die Verselbstständigung der Kapitalherabsetzung zu einem eigenen Rechtsinstitut und damit einer separaten Regelung auch des Gläubigerschutzes (s Vor § 222, 73 ff). Heute ist das Prinzip, dass Gläubigern Sicherheit zu leisten ist, im deutschen Recht (zu Reformüberlegungen auf EU-Ebene Vor § 222, 110) bei allen Strukturveränderungen anerkannt, so für die vereinfachte Kapitalherabsetzung (§ 233 Abs 2 S 2), die Liquidation (§ 272 Abs 3), die Beendigung eines Beherrschungs- oder Gewinnabführungsvertrags (§ 303 Abs 1 S 1), die Eingliederung (§ 321 Abs 1 S 1) sowie die Verschmelzung (§ 22 Abs 1 S 1 UmwG), die Spaltung (§§ 22, 125, 133 Abs 1 S 2 UmwG), die Vermögensübertragung (§§ 176 bis 179, 22 UmwG) und den Formwechsel (§§ 204, 22 UmwG). Allerdings ist kritisch darauf hinzuweisen, dass die zum Schutze der Gläubiger bei Strukturveränderungen ergangenen Vorschriften in den verschiedenen Gesetzen nicht deckungsgleich sind (s etwa u 34)[8], ohne dass dafür ein Grund ersichtlich ist.

6 Die Alternative zu einer Sicherheitsleistung wäre die sofortige Fälligstellung aller Ansprüche der Gläubiger für den Fall der Kapitalherabsetzung (eine solche Regelung für den Insolvenzfall findet sich in § 41 InsO). Aus dem Wortlaut der Vorschrift („soweit sie nicht Befriedigung verlangen können"), folgt, dass die Kapitalherabsetzung **kein derartiges Recht auf vorzeitige Befriedigung** gibt[9]. Denn ein solches Recht würde die Gesellschaft – im Vergleich zur Sicherheitsleistung – unverhältnismäßig belasten. Ein Recht auf vorzeitige Befriedigung steht einem Gläubiger daher nur zu, wenn er es mit der Gesell-

---

[6] KK/*Lutter*[2] 2, 6, 10.

[7] *Jäger* NZG 1999, 238, 239.

[8] Kritisch etwa *Naraschewski* GmbHR 1998, 356, 358 ff; s a *Rodewald* Vereinfachte „Kapitalherabsetzung" durch Verschmelzung von GmbH, GmbHR 1997, 19, 21. Dieser Mangel soll allerdings behoben werden, vgl den entsprechenden Vorschlag der EU-Kommission KOM(2008) 576 endg., NZG 2009, 50; dazu *Sandhaus* NZG 2009, 41 ff.

[9] S a ROHG 24, 245; RGZ 5, 7; 9, 11, 14.

schaft vertraglich vereinbart hat (zB bei Darlehensverträgen) oder wenn die Kapitalherabsetzung ausnahmsweise einen wichtigen Grund zur vorzeitigen Kündigung und damit Fälligstellung von Rückzahlungsansprüchen darstellt (s u 23)[10]. Im Übrigen ist auf § 321 BGB hinzuweisen, der bei synallagmatischen Verträgen einen Vorleistungspflichtigen vor Vermögensverschlechterungen des Vertragspartners schützt. Dessen Voraussetzungen werden aber nur im Sanierungsfall der Gesellschaft vorliegen.

Die drei Schutzinstrumentarien der Sicherheitsleistung, des Gläubigeraufrufs und des Sperrhalbjahres finden auch auf die Kapitalherabsetzung durch Einziehung Anwendung (§ 237 Abs 2 S 3, s § 237, 76, 91 ff). Sie gelten nicht für die vereinfachte Kapitalherabsetzung, da die §§ 230 bis 233 spezielle gläubigerschützende Regelungen vorsehen (s § 229, 60, § 230, 2 ff). 7

III. Europarechtlicher Hintergrund

§ 225 entspricht den Vorgaben der ursprünglichen Fassung des Art 32 der Kapitalrichtlinie. Diese Bestimmung wurde durch Art 1 Nr 9 der Richtlinie 2006/68/EG[11] geändert (s Vor § 222, 95, 111), die bis zum 15.4.2008 umzusetzen war. Die Gläubiger haben nach Richtlinie nun das Recht, bei der **zuständigen Verwaltungsbehörde** oder dem **zuständigen Gericht angemessene Sicherheiten zu beantragen**, wenn sie glaubhaft machen können, dass die Befriedigung ihrer Forderungen durch die Herabsetzung des gezeichneten Kapitals gefährdet ist und sie von der Gesellschaft keine angemessenen Sicherheiten erhalten haben (Art 32 Abs 1 UAbs 2). Diese Vorgabe erstreckt sich auf alle Arten der Kapitalherabsetzung. Sie beruht auf drei Erwägungen der Winter-Kommission (s ausführlich Vor § 222, 110)[12]. (1) Zum einen kann es Situationen geben, in denen die Gläubiger die ihnen eingeräumten Sicherheiten für nicht ausreichend halten. Sie hatten nach der ursprünglichen Fassung der Kapitalrichtlinie keine Möglichkeit, gegen die Art der Sicherheit, die die Gesellschaft ihnen einräumt, zu klagen. Da nicht alle Mitgliedstaaten diese Lücke von sich aus gefüllt haben, besteht insoweit Handlungsbedarf. Im deutschen Recht haben Gläubiger nach Abs 1 einen einklagbaren Anspruch auf Sicherheitsleistung (s u 13 ff, 53). Deshalb scheint dieser Aspekt der Reform des Art 32 für das deutsche Recht auf den ersten Blick keine Rolle zu spielen. Dieser Eindruck täuscht jedoch. Der Ausschlusstatbestand des Abs 1 S 3 ist zu eng formuliert, so dass es Gläubiger geben kann, deren Anspruch auf Sicherung ausgeschlossen ist, obwohl die Deckungsmasse nicht die gesamte Forderung abdeckt (s u 42 ff). Der deutsche Gesetzgeber hat bei der Umsetzung der Richtlinie jedoch keine Anpassung des § 225 Abs 1 S 3 vorgenommen[13]. 8

(2) Zum anderen betont die Winter-Kommission, dass gerade bei der vereinfachten Kapitalherabsetzung die **Sicherung** der Gläubiger oft **nicht ausreicht** (s dazu § 229, 7 f, § 230, 7 aE). Auch wenn bei der vereinfachten Kapitalherabsetzung keine Auszahlung von Vermögen an die Aktionäre erfolgen dürfe, sei es der Gesellschaft nach der Kapitalherabsetzung künftig leichter möglich, Dividenden auszuschütten, da erwirtschaftete Verluste nun abgebaut seien. Hierdurch könnten Gläubigerinteressen gefährdet sein (s Vor § 222, 110). Dieser Aspekt der Diskussion zielt allein auf die vereinfachte Kapitalherabsetzung. 9

---

[10] KK/*Lutter*[2] 23; *Schilling* Voraufl 6.

[11] Fundstelle Vor § 222, 37 Fn 59. Dazu *Oechsler* Die Änderung der Kapitalrichtlinie und der Rückerwerb eigener Aktien, ZHR 170 (2006) 72.

[12] Report (s Vor § 222, 110 Fn 200) S 15 (Punkt IV 6), 84.

[13] Vgl Art 1 des Gesetzes zur Umsetzung der Aktionärsrichtlinie (ARUG) v 30.7.2009, BGBl I 2479.

Er kann an dieser Stelle bei der Darstellung von § 225 daher außer Betracht bleiben (vgl statt dessen § 229, 7 f), denn bei der ordentlichen Kapitalherabsetzung können die Gläubiger nach Abs 1 S 1 eine angemessene Sicherung verlangen.

10 (3) Schließlich betont die Winter-Kommission, der Gläubiger solle die **Beweislast** dafür tragen, dass die geplante Kapitalherabsetzung schädliche Auswirkungen für ihn habe und ihm deshalb ein Recht auf Bestellung angemessener Sicherheiten zustehe[14]. Auf diese Weise werde sichergestellt, dass kein Gläubiger eine Kapitalherabsetzung willkürlich in die Länge ziehen oder blockieren könne. Die Erwägungen der Winter-Kommission berücksichtigen nicht, dass bei einer Blockade zwei Ebenen zu unterscheiden sind, nämlich die Beweislast für das Bestehen einer zu sichernden Forderung und die Beweislast für eine konkrete Gefährdung dieser Forderung durch die Kapitalherabsetzung. Ist die Forderung streitig, wird dies im Zuge des Prozesses um die Sicherheitsleistung inzident mitgeprüft. Dass ein solcher Prozess Zeit kostet, ist unter rechtsstaatlichen Gesichtspunkten hinzunehmen. Ist die Forderung dagegen unstreitig, kann der Gläubiger Sicherheit verlangen. Dabei muss der Gläubiger im deutschen Recht nicht nachweisen, dass ihm konkrete Nachteile drohen (s u 35 f), um die Sicherheitsleistung beanspruchen zu können. Allein aus Gründen der Beweislast ist also gar keine zeitliche Verzögerung zu befürchten.

11 Im Übrigen ist darauf hinzuweisen, dass die von der Winterkommission befürchtete Blockade der Kapitalherabsetzung im deutschen Recht schon deshalb nicht möglich ist, weil sie wirksam wird, sobald sie in das Handelsregister eingetragen ist (§ 224). Die Sicherheitsleistung ist erst anschließend fällig. Es besteht allein die Gefahr der Verzögerung der Auszahlungen bzw des Erlasses der Einlageforderungen, der hinzunehmen ist.

12 Nicht berücksichtigt hat die Winter-Kommission allerdings einen anderen Aspekt. Die deutsche Lösung beeinträchtigt die Liquidität der AG, wenn klar ist, dass die Kapitalherabsetzung zu **keiner Gefährdung der Forderung führen wird**. Setzt die AG beispielsweise ihr Kapital herab und erhöht es anschließend wieder (vgl § 228), steht sie nach diesen Kapitalmaßnahmen wirtschaftlich wesentlich besser da als zuvor. Dennoch steht dem Gläubiger das Recht auf Sicherheitsleistung zu (§ 225)[15]. Dies stellt zwar eine Beschneidung der Rechte und des wirtschaftlichen Bewegungsspielraums der AG dar, jedoch kann diese ohne Nachteile auf die vereinfachte Kapitalherabsetzung ausweichen, bei der § 225 keine Anwendung findet. Der deutsche Gesetzgeber hätte daher die Umsetzung der Richtlinie 2006/68/EG zum Anlass nehmen sollen, § 225 entsprechend einzuschränken (s u 35 und Fn 65).

IV. Anspruch auf Sicherheitsleistung (Abs 1 S 1)

1. Voraussetzungen im Überblick

13 Der Anspruch auf Sicherheitsleistung besteht für Gläubiger (s u 14), deren Forderung zum Zeitpunkt der Bekanntmachung der Eintragung der Kapitalherabsetzung gegen die Gesellschaft bereits begründet, aber noch nicht fällig oder durchsetzbar ist (s u 15 ff) und für die keine ausreichende Sicherheit besteht (s u 37 ff). Der Kreis der zu sichernden Forderungen ist damit durch einen Anfangszeitpunkt (Begründung) und einen Endzeitpunkt (Fälligkeit) beschrieben. Anspruchsberechtigt sind nur Gläubiger, die sich innerhalb von

---

[14] Report (s Vor § 222, 110 Fn 200) S 84.

[15] Die Gläubiger werden durch die Sicherheitsleistung daher unerwartet besser gestellt, so dass die Kapitalherabsetzung für sie einen windfall profit bedeutet. Kritisch zu dieser auch in der Schweiz bestehenden Problematik *Böckli* SJZ 2008, 333, 335.

sechs Monaten nach Bekanntmachung der Eintragung der Kapitalherabsetzung bei der Gesellschaft melden (s u 26 ff).

2. Forderungsgläubiger

Als Gläubiger, die Anspruch auf Sicherheitsleistung haben, erfasst die Vorschrift diejenigen, die gegen die Gesellschaft vertragliche und gesetzliche **Forderungen** (§ 241 Abs 1 BGB) haben. **14**

3. Erfasste Forderungen

a) **Art des Entstehungsgrundes.** Da die Art des Entstehungsgrundes unmaßgeblich ist, werden nicht nur Ansprüche in Geld, sondern auch Ansprüche auf Unterlassung, auf Eigentumsverschaffung[16] und aus Satzung (Anspruch auf Zahlung einer bereits entstandenen Dividende) erfasst. Auch Ansprüche aus Dauerschuldverhältnissen sind gemeint. **Dingliche Rechte** (zB Pfandrecht, Nießbrauch) und **Ansprüche aus dinglichen Rechten** (zB Ansprüche aus einer Hypothek) werden dagegen nicht geschützt, da es sich dabei zum einen nicht um Forderungen iSd § 225 Abs 1 handelt und sie zum anderen bereits ausreichend durch Aussonderungs- und Absonderungsrechte geschützt werden[17]. Erfasst werden aber Ansprüche auf **Änderung der dinglichen Rechtslage** (zB Ansprüche aus § 433 Abs 1 BGB auf Verschaffung des Eigentums) und **dinglich gesicherte schuldrechtliche Ansprüche** (zB aus einem dinglich gesicherten Darlehen)[18] (zur Frage, ob bei gesicherten Forderungen ein Anspruch auf Sicherheitsleistung besteht s u 49). **15**

b) **Stichtag.** Die Forderung muss vor der **Bekanntmachung der Eintragung** begründet worden sein. Maßgebend ist der Ablauf des nach § 10 S 1 HGB bestimmten Tages. Erfasst werden damit auch solche Forderungen, die erst nach der Beschlussfassung über die Kapitalherabsetzung oder gar nach deren Anmeldung zum Handelsregister aber noch vor Bekanntmachung der Eintragung begründet worden sind. **16**

Der Umstand, dass die Vorschrift des § 225 nicht das Vertrauen auf einen bestimmten Vermögensstand schützt, sondern einen objektiven Schutz der Gläubiger bezweckt (s o 2 f), wirkt sich auf zweierlei Weise aus. (1) Einem Gläubiger kann nicht die Kenntnis von der anstehenden Eintragung der Kapitalherabsetzung entgegengehalten werden[19]. Der Vertragspartner einer Aktiengesellschaft **handelt** in einem solchen Fall **keineswegs auf eigene Gefahr**[20]. Wollte man dies bejahen, würde man in den Tatbestand des § 225 doch ein subjektives Element hineinlesen und damit den Gesetzeszweck (s o 2) verkennen. Außerdem bestrafte man – obwohl gerade keine gesetzliche Erkundigungspflicht besteht – besonders aufmerksame Vertragspartner, während die Sorglosen den vollen Schutz des Gesetzes genießen dürften. (2) Der Umstand, dass die Vorschrift nicht ein bestimmtes Vertrauen schützt, wirkt sich allerdings nicht nur zugunsten, sondern auch zulasten der Gläubiger aus, denn er bedingt, dass § 15 Abs 2 S 2 HGB keine Anwendung findet[21]; § 225 ist insoweit lex specialis. Ein Gläubiger, dessen Forderung erst nach der Bekanntmachung der Kapitalherabsetzung begründet wurde, kann sich also nicht darauf berufen, **17**

---

[16] *Hüffer*[9] 2; KK/*Lutter*[2] 6, 21; Spindler-Stilz/*Marsch-Barner*[2] 5; K Schmidt/Lutter/*Veil*[2] 6; aA *Schilling* Voraufl 4.

[17] Unstr, statt vieler *Hüffer*[9] 2 aE; MK/*Oechsler*[2] 5.

[18] KK/*Lutter*[2] 21.

[19] KK/*Lutter*[2] 7; iE auch *Schilling* Voraufl 5.

[20] So aber MK/*Oechsler*[2] 6.

[21] *Hüffer*[9] 3; KK/*Lutter*[2] 7 aE; *Hirte* § 303, 16; im Ergebnis auch MK/*Oechsler*[2] 6, obwohl er subjektive Momente bei § 225 berücksichtigen will, soeben bei Fn 20 und oben 3.

die Kapitalherabsetzung sei erst innerhalb der letzten 15 Tage eingetragen worden und er habe keine Kenntnis von ihr gehabt.

18 c) **Begründung der Forderung.** Die Forderung ist in dem Moment begründet, in dem ihr **Rechtsgrund gelegt** wurde[22]. Vertragliche Ansprüche werden mit dem Vertragsschluss begründet[23]; ab diesem Zeitpunkt ist der Vertragspartner schutzwürdig (zum Schutzzweck der Norm s o 2). Bei (vor-)vertraglichen oder deliktischen **Schadensersatzansprüchen** muss das schadensbegründende Verhalten vor Bekanntmachung der Kapitalherabsetzung liegen. Unerheblich ist, ob der Schaden zu diesem Zeitpunkt bereits eingetreten ist oder genau beziffert werden kann[24].

19 d) **Bedingte oder befristete Forderungen.** Eine **Befristung**[25] oder auflösende **Bedingung**[26] der Forderung ist unschädlich. Umstritten ist, ob auch Forderungen erfasst werden, die unter einer aufschiebenden Bedingung stehen. Eine Ansicht lehnt dies ab, da noch nicht alle Voraussetzungen für die Entstehung des Anspruchs vorliegen[27]. Berücksichtigt man jedoch den Schutzzweck der Norm (s o 2), müssen auch aufschiebend bedingte Forderungen erfasst sein. Sobald die Voraussetzungen für das Entstehen einer Forderung gelegt sind und die weitere Entwicklung des Rechtsverhältnisses unabhängig vom Willen der Parteien verläuft, kann der Gläubiger sich nicht mehr gegen eine Veränderung des Risikos auf Seiten der Gesellschaft schützen. Er bedarf in einem solchen Fall einer Absicherung. Deshalb wird teilweise der Schutz auch **aufschiebend bedingter** Forderungen ohne jede Einschränkung bejaht oder jedenfalls dann, wenn der Bedingungseintritt nicht mehr einseitig vom Schuldner verhindert werden kann[28]. Andere verlangen, dass der Eintritt der Bedingung innerhalb des Sperrhalbjahres hinreichend wahrscheinlich sein muss[29], damit die Forderung überhaupt von § 225 geschützt ist. Beide Ansichten sind abzulehnen. Denn der wahrscheinliche Eintrittszeitpunkt und das Ausmaß der Wahrscheinlichkeit betreffen die Höhe des Risikos des Gläubigers. Aufschiebend bedingte Forderungen sind also stets zu berücksichtigen, wobei die Wahrscheinlichkeit des Eintritts der Bedingung allein bei der Bemessung der Höhe der Sicherheit einzubeziehen ist, die gegebenenfalls auf Null reduziert werden kann[30]. Gleiches muss im Übrigen entsprechend für **auflösend bedingte** Forderungen gelten[31].

---

22 Ebenso *Hüffer*[9] 3; KK/*Koppensteiner*[2] § 303, 8; Lutter/*Grunewald* UmwG[4] § 22, 7; MK/*Oechsler*[2] 7.

23 *Hüffer*[9] 3.

24 *Hüffer*[9] 3; KK/*Lutter*[2] 11; MK/*Oechsler*[2] 14.

25 Baumbach/*Hueck*[13] 4; KK/*Lutter*[2] 12; MünchHdBAG-*Krieger*[3] § 60, 41; Scholz/*Priester*[10] § 58, 56.

26 Statt vieler *Hüffer*[9] 3; Scholz/*Priester*[10] § 58, 56; aA allein *Schröer* Sicherheitsleistung für Ansprüche aus Dauerschuldverhältnissen bei Unternehmensumwandlungen, DB 1999, 317, 319.

27 *Schilling* Voraufl 3; *Würdinger* Voraufl § 321, 3; *Geßler* in Geßler/Hefermehl § 303, 8; KK/*Kraft*[2] § 347, 5 (anders noch 1. Aufl 3); Schmitt/Hörtnagl/*Stratz* UmwG[4], § 22, 7; *Wiedemann*/*Küpper* FS Pleyer, 1986, 445, 451.

28 Baumbach/*Hueck*[13] 4; *Godin*/*Wilhelmi*[4] 2; *Hefermehl* in Geßler/Hefermehl § 225, 3; MK/*Altmeppen*[2] § 303, 16; Lutter/*Grunewald* UmwG[4] § 22, 7; *Schlegelberger*/*Quassowski*[3] § 178, 1; *Vossius* in Widmann/Mayer UmwG, § 22, 20.

29 MK/*Oechsler*[2] 8; MünchHdBAG-*Krieger*[3] § 60, 41; Kallmeyer/*Marsch-Barner* UmwG[4] § 22, 3; Rowedder/*Zimmermann*[4] § 58, 27 („nicht unwahrscheinlich").

30 *Hüffer*[9] 3, 12; KK/*Lutter*[2] 10; K Schmidt/Lutter/*Veil*[2] 7, 16; Ulmer/Habersack/Winter/*Casper* § 58, 48, 50; Scholz/*Priester*[10] § 58, 56, 58; Lutter/Hommelhoff/*Lutter* GmbHG[17] § 58, 19 f. Ebenso MK/*Oechsler*[2] 30 und MünchHdBAG-*Krieger*[3] § 60, 41, die damit in Widerspruch zu ihrer Kommentierung in Rdn 8 bzw 41 treten, bei der anhand der Wahrscheinlichkeit beurteilt wird, ob die Forderung überhaupt zu berücksichtigen ist.

31 So schon *Schilling* Voraufl 14; KK/*Lutter*[2] 10.

e) **Forderungen aus Dauerschuldverhältnissen.** Ansprüche aus Dauerschuldverhältnissen sind ebenfalls erfasst. Auch bei ihnen kommt es auf den Vertragsschluss und nicht auf die Fälligkeit der Einzelleistungen an. Damit sind auch künftige, aus dem Dauerschuldverhältnis folgende Einzelansprüche geschützt. Die bislang herrschende Ansicht verlangt jedoch, dass die Einzelansprüche hinreichend konkret sind. Dies sei bei regelmäßig wiederkehrenden Leistungen (zB Mietzahlungen) der Fall, nicht aber bei Rahmenverträgen, bei denen die Einzelleistungen noch abgerufen werden müssten (zB offen gestaltete Abnahmepflicht bei Lieferverträgen)[32]. Würde man der herrschenden Meinung folgen, wäre bei Kreditbeziehungen wie folgt zu unterscheiden: Wurde ein Zahlungs-, Aval- oder Diskontkredit vereinbart, stellt das Kreditvolumen in voller Höhe eine zu sichernde Forderung dar. Wurde dagegen ein Kontokorrentkredit („offene Kreditlinie") vereinbart, ist die Forderung nur insoweit begründet, als der Kunde den Kredit zum Zeitpunkt der Bekanntmachung der Kapitalherabsetzung in Anspruch genommen hat. Gleiches gilt für den Fall, dass die Kontoüberziehung nur geduldet wurde. **20**

Gegen die Unterscheidung zwischen Dauerschuldverhältnissen mit wiederkehrenden Leistungen einerseits und Forderungen aus Verträgen, bei denen es zur Begründung der Einzelforderung noch einer Konkretisierung (zB in Form eines Abrufs des Gläubigers) bedarf, regt sich zu Recht Widerstand. Berücksichtigt man, dass § 225 Schadensersatzansprüche auch in den Fällen erfasst, in denen sie nur dem Grunde, nicht aber der Höhe nach feststehen (s o 18), wäre es inkonsequent, wollte man bei vertraglichen Ansprüchen etwas anderes vertreten. Der Gläubiger ist gleichermaßen schutzwürdig[33], da er keine andere Möglichkeit hat, seinen ihm aus dem Rahmenvertrag zustehenden Anspruch abzusichern. Nicht nur der Gläubiger würde durch die Ansicht der herrschenden Meinung in seiner Entscheidungsfreiheit, die ihm zustehende Leistung abzurufen, faktisch behindert. Auch die Aktiengesellschaft würde in ihrer „wirtschaftlichen Mobilität"[34], die mit der Kapitalherabsetzung gerade erhalten werden soll, eingeschränkt. Denn folgt man der herrschenden Meinung, würde das Interesse von Banken an der Sicherung der Kontokorrentkredite (s o 20) vernachlässigt und die Banken wären folglich gezwungen, die Kreditlinien zu kündigen. Schließlich ist darauf hinzuweisen, dass die Vertreter der herrschenden Ansicht mit der Einführung der genannten Unterscheidung offenbar bestrebt sind, das Ausmaß der Sicherheitsleistungen für die Gesellschaft überschaubar zu halten. Diese Frage ist aber nicht bei der Entstehung des Sicherungsanspruchs, sondern nur bei seiner Bemessung, also im Zusammenhang mit der so genannten Endloshaftung (dazu sogleich), zu berücksichtigen. Die herrschende Meinung verwechselt folglich die Frage des Bestehens eines Anspruchs auf Sicherheitsleistung mit der Frage nach dessen Höhe. Zudem wird schon durch die Frist von sechs Monaten, in denen Ansprüche anzumelden sind, eine Begrenzung bewirkt[35]. Zu beachten ist auch die Parallele zur Nachhaftung gemäß §§ 128, 160 HGB. Bei ihr wird ebenfalls auf die *Begründung* der Forderung abgestellt; dabei wird nicht zwischen Ansprüchen aus Dauerschuldverhältnissen mit wiederkehrenden Leistungen einerseits und Rahmenverträgen mit noch zu konkretisierenden Leistungen andererseits unterschieden; beide Arten sind erfasst[36]. Diese weite Auslegung **21**

---

[32] *Hüffer*[9] 4; KK/*Lutter*[2] 13; MK/*Oechsler*[2] 9; MünchHdBAG-*Krieger*[3] § 60, 41; Spindler-Stilz/*Marsch-Barner*[2] 8; *Schilling* Voraufl 4.

[33] MK/*Altmeppen*[2] § 303, 17; Lutter/*Grunewald* UmwG[4] § 22, 8.

[34] KK/*Lutter*[2] 10.

[35] *Schilling* Voraufl 3.

[36] BGHZ 142, 324, 329 = NJW 2000, 208, 209; Baumbach/*Hopt* HGB[34] § 128, 31; Schlegelberger/*K Schmidt* HGB[5] § 128, 51; GK HGB/*Habersack*[4] § 160, 10 iVm § 128, 63 ff, 65; *Stuhlfelner* in Heidelberger Komm[7] § 128, 11; *v. Gerkan* in Röhricht/Graf von Westphalen, HGB[2], § 128, 24; *Hillmann* in Ebenroth/Joost/Boujong[2] § 128, 48 f.

wird durch die Erwägung des Gesetzgebers gestützt, wonach eine Beschränkung der Nachhaftung auf einzelne Anspruchsarten unlösbare Abgrenzungsschwierigkeiten auslösen würde[37].

22 Soweit eine Forderung aus einem Dauerschuldverhältnis erfasst ist, stellt sich das Problem der so genannten **Endloshaftung**, denn Dauerschuldverhältnisse haben eine theoretisch unbegrenzte Laufzeit, solange keine Seite kündigt. Dies hätte zur Folge, dass die Aktiengesellschaft für die maximale Laufzeit des Vertrags eine extrem hohe Sicherheit zu leisten hätte. Zur Begrenzung der Leistungspflicht werden verschiedene Ansätze diskutiert. Ein Teil des Schrifttums will die vom BGH[38] zu § 159 HGB aF entwickelte Kündigungstheorie anwenden, so dass die Sicherheit nur für den Zeitraum bis zum erstmöglichen Kündigungstermin des Dauerschuldverhältnisses zu stellen ist[39]. Dieser Ansatz berücksichtigt jedoch die ökonomischen Erwartungen der Parteien nicht, die uU an einer über den nächsten Kündigungstermin hinausreichenden Rechtsbeziehung Interesse haben. Hinzu kommt, dass der Gesetzgeber sich bei dem parallelen Problem der Nachhaftung gerade nicht für diese Theorie entschieden, sondern die Fünfjahresfrist des § 160 Abs 1 S 1 HGB eingeführt hat. Vor diesem Hintergrund ist die Kündigungstheorie mittlerweile ganz überwiegend aufgegeben worden[40]. Ein Teil des Schrifttums legt nun entsprechend § 160 HGB bei der Bemessung der Sicherheit einen Zeitraum von fünf Jahren zugrunde[41]. Auch dieser Ansatz überzeugt nicht, denn näher liegender ist die Parallele zu anderen gläubigerschützenden Vorschriften bei Kapitalmaßnahmen und Umstrukturierungen im Kapitalgesellschaftsrecht. Der Gesetzgeber hat sich bei der Reform des § 347 Abs 1 S 2 AktG aF[42] und bei der Einführung des § 22 Abs 1 S 2 UmwG[43] gerade nicht auf starre Fristen festgelegt, sondern berücksichtigt das konkrete Sicherungsinteresse des Gläubigers. Dieses kann bei Langzeitverträgen durchaus auch über die Grenze von fünf Jahren hinausreichen. Die Wertung, dass es auf das konkrete Sicherungsinteresse ankommt, spiegelt sich auch in der in § 225 Abs 1 S 3 niedergelegten Ausnahme wider. Abzustellen ist daher auf das **im Einzelfall zu bestimmende Sicherungsinteresse des Gläubigers**[44]. Eine vermittelnde Meinung will zwar das konkrete Sicherungsinteresse zugrunde legen, sieht aber den Zeitraum von fünf Jahren analog § 160 Abs 1 S 1 HGB als Obergrenze an[45]. Einer solchen Einschränkung bedarf es jedoch nicht. Zum einen spre-

---

37 RegE zum Nachhaftungsbegrenzungsgesetz, BT-Drucks 12/1868, S 8.

38 BGHZ 70, 132 = NJW 1978, 636.

39 MK/*Oechsler*[2] 10; MK/*Altmeppen*[2] § 303, 31. Ausdrücklich offen gelassen von BGH NJW 1992, 505, 507.

40 BGHZ 142, 324, 331 = NJW 2000, 208, 210 mwN zum Schrifttum.

41 *Hirte* § 303, 17; *Emmerich* in Emmerich/Habersack Aktien- und GmbH-Konzernrecht[6] § 303, 13a ff; K Schmidt/Lutter/*Veil*[2] 8, unter Einbeziehung auch des § 26 HGB.

42 Eingefügt durch Art 1 Nr 9 des Gesetzes zur Durchführung der Dritten Richtlinie des Rates der Europäischen Gemeinschaften zur Koordinierung des Gesellschaftsrechts (Verschmelzungsrichtlinie-Gesetz) v 25.10.1982, BGBl I 1425.

43 Umwandlungsgesetz v 28.10.1994, BGBl I 3210.

44 BGH NJW 1996, 1539 f (Sicherheitsleistung bei 30jährigem Mietvertrag für die Dauer von 3 Jahren); OLG Frankfurt AG 2001, 139, 141; *Hüffer*[9] 4, § 303, 3; MünchHdBAG-*Krieger*[3] § 60, 41; *Jäger* DB 1996, 1069, 1070 f; *Schröer* DB 1999, 317, 322; Kallmeyer/*Marsch-Barner* UmwG[4] § 22, 12; Lutter/*Grunewald* UmwG[4] § 22, 8, 12; wohl auch KK/*Lutter*[2] 13 aE.

45 MünchHdBAG-*Krieger*[3] § 60, 41; *Habersack* Der persönliche Schutzbereich des § 303 AktG, FS Koppensteiner, 2001, 31, 38 f; *Jäger* DB 1996, 1069, 1070 f; so auch Spindler-Stilz/*Marsch-Barner*[2] 21, der zudem in seine Stellungnahme auch noch den ersten Kündigungstermin einfließen lässt; aA *Schröer* DB 1999, 317, 322.

chen die gegen eine Anwendung von § 160 HGB angeführten Argumente auch gegen dieses Vorgehen. Zum anderen ist der Nutzen eines solchen Vorgehens fraglich, bietet die Einzelfallbetrachtung doch ausreichend Spielraum, um die offenbar befürchtete Übersicherung des Gläubigers zu verhindern. Entschärft würde der Streit, wenn der Gesetzgeber die Vorgaben der RL 2006/68/EG umsetzen würde (s o 8 und u 35 und Fn 65).

Nach Ansicht von *Lutter* entfällt ein Anspruch auf Sicherheitsleistung der Forderungen aus einem Dauerschuldverhältnis, wenn der Gläubiger von seinem **Recht auf Kündigung aus wichtigem Grund** (§ 314 Abs 1 BGB) Gebrauch macht, weil er das Vertrauen in die Leistungsfähigkeit der Gesellschaft verloren hat[46]; der Gesellschaft stehe ein solches Recht nicht zu, da sie den wichtigen Grund selbst geschaffen habe[47]. Da der Gläubiger Anspruch auf Sicherheitsleistung hat, wird seinen Interessen ausreichend Rechnung getragen. Man wird daher eine außerordentliche Kündigung aufgrund der Kapitalherabsetzung nur dort zulassen können, wo der Gläubiger nachweist, dass er trotz der Sicherheitsleistung einen Vertrauensverlust erlitten hat, was kaum vorstellbar ist. 23

f) **Arbeitsentgelt, Pensionen, etc.** Ansprüche aus Dienst- und Arbeitsverhältnissen sowie Betriebsrenten und Pensionen sind erfasst[48]. Gleiches gilt für Pensionsanwartschaften, die nach § 1 BetrAVG unverfallbar sind[49]. Bei ihnen handelt es sich um aufschiebend bedingte Forderungen, die nach zutreffender Ansicht von § 225 geschützt sind (s o 19). Sie unterliegen jedoch dem Ausschlusstatbestand des Abs 1 S 3 (s u 44). 24

g) **Bestrittene Forderungen.** Gläubiger bestrittener Forderungen haben ebenfalls Anspruch auf Sicherheitsleistung[50]. Denn ansonsten könnte sich die AG durch bloßes Bestreiten des Anspruchs auf Sicherheitsleistung entziehen. Nur in Fällen offensichtlicher Unbegründetheit stellt das Verlangen der Gläubiger einen Rechtsmissbrauch dar, der zur Verweigerung der Sicherheitsleistung berechtigt. Eine solche Feststellung wird der Vorstand nicht leichtfertig treffen[51], denn ihm droht zum einen die Haftung nach § 93 und zum anderen die Haftung aus § 823 Abs 2 BGB, da § 225 ein **Schutzgesetz** darstellt (s u 60, 66)[52]. Verweigert der Vorstand in Bezug auf die streitige Forderung die Sicherheitsleistung, kann der Anspruch auf Sicherheitsleistung gerichtlich geklärt werden (s u 53)[53]. Dabei wird inzident die Berechtigung der Forderung mitgeprüft. 25

4. Meldung bei der Gesellschaft

a) **Materiell-rechtliche Ausschlussfrist.** Die Gläubiger, deren Forderungen vor der Bekanntmachung der Eintragung der Kapitalherabsetzung begründet wurden, müssen sich innerhalb von sechs Monaten nach der Bekanntmachung bei der AG melden, um Anspruch auf die Sicherheitsleistung zu haben. Die Frist stellt eine **materiell-rechtliche** 26

---

46 KK/*Lutter*² 13; aA MK/*Oechsler*² 10 aE. Zum Vertrauensverlust als Kündigungsgrund MK/*Gaier*⁵ § 314 BGB, 12.

47 KK/*Lutter*² 13 aE.

48 KK/*Lutter*² 14; MK/*Oechsler*² 11; Scholz/*Priester*¹⁰ § 58, 56; *Wiedemann/Küpper* FS Pleyer, 1986, 445, 451.

49 KK/*Lutter*² 14; Scholz/*Priester*¹⁰ § 58, 56; im Ergebnis auch K Schmidt/Lutter/*Veil*² 14; aA KK/*Kraft*² § 347, 6.

50 *Hüffer*⁹ 5; MK/*Oechsler*² 12; Ulmer/Habersack/Winter/*Casper* § 58, 51; Scholz/*Priester*¹⁰ § 58, 60.

51 Nach Ansicht von MünchHdBAG-*Krieger*³ § 60, 46, ist dies eine Entscheidung des Vorstands nach pflichtgemäßem Ermessen; so wohl auch *Schilling* Voraufl 13 (pflichtgemäße Prüfung).

52 Eine § 82 Abs 2 Nr 1 GmbHG vergleichbare strafrechtliche Sanktion fehlt im AktG.

53 KGJ 34 A 172, 173 f; *Hüffer*⁹ 5, 12; KK/*Lutter*² 33; MünchHdBAG-*Krieger*³ § 60, 45; *Schilling* Voraufl 8.

Ausschlussfrist dar, so dass mit Fristablauf der Anspruch auf Sicherheitsleistung (nicht derjenige auf Erfüllung der Forderung) erlischt. Dies gilt selbst für den Fall, dass der Gläubiger gar keine Kenntnis von der Bekanntmachung erlangt hat oder es ihm unmöglich war, die Frist einzuhalten[54]. Angesichts der Bedeutung der Kapitalherabsetzung für die Gesellschaft und der Belastung durch die zu leistenden Sicherheiten soll sie mit Ablauf der Frist Klarheit darüber haben, wie sie finanziell disponieren kann.

27 b) **Inhalt, Adressat und Form der Meldung.** Mit dem Tatbestandsmerkmal „melden" ist jede Äußerung gemeint, mit der ein Gläubiger deutlich macht, dass und in welcher Höhe er Sicherheitsleistung verlangt. Einer ausdrücklichen Verwendung des Wortes „Sicherheitsleistung" bedarf es nicht. Vielmehr ist die Erklärung auszulegen. Ein Kontakt des Gläubigers unter Hinweis auf die Bekanntmachung, unter Hinweis auf die Kapitalherabsetzung als solche oder zur Wahrung seiner Rechte ist im Zweifel als Meldung des Gläubigers anzusehen. Die zu sichernde Forderung ist so zu bezeichnen, dass dem Vorstand deren Identifikation und ggf Prüfung möglich ist.

28 Die Meldung stellt – genau wie etwa die Erhebung der Einrede der Verjährung[55] oder die Mahnung[56] – eine geschäftsähnliche Handlung dar[57]. Denn sie zielt auf den Eintritt eines tatsächlichen Erfolges und ihre Rechtsfolge tritt kraft Gesetzes und unabhängig von einem darauf gerichteten Willen des Betroffenen ein. Die Meldung ist an die Gesellschaft und nicht an das Registergericht zu richten; es genügt gemäß § 78 Abs 2 S 2 die Meldung an ein Vorstandsmitglied. Meldet sich der Gläubiger versehentlich beim Registergericht, hat dieses den Gläubiger auf die Fehlerhaftigkeit des Zugangs hinzuweisen. Zudem hat es die Meldung an die Gesellschaft weiterzuleiten[58].

29 Einer besonderen Form bedarf es nicht. Da jedoch die Beweislast für die Rechtzeitigkeit der Meldung beim Gläubiger liegt, empfiehlt sich deren Dokumentation.

30 c) **Fristberechnung.** Für die Rechtzeitigkeit der Meldung kommt es analog § 130 Abs 1 S 1 BGB auf den Zugang der Meldung bei der Gesellschaft an[59]. Die Fristberechnung richtet sich nach den §§ 186 ff BGB. Die **Frist beginnt** mit dem Ablauf des Tages, an dem die Bekanntmachung der Eintragung erfolgte (§ 10 S 1 HGB, § 187 Abs 1 BGB). Es kommt also nicht auf den Zeitpunkt der Eintragung selbst an. Während der Übergangsfrist des Art 61 Abs 4 EGHGB, der den Landesregierungen bis Ende 2008 erlaubte, zusätzlich verweisende oder vollständige Bekanntmachungen in Printmedien vorzuschreiben, begann die Frist mit der jeweils letzten Bekanntmachung zu laufen. Bei Printmedien kam es auf den Zeitpunkt von deren Auslieferung an. Das **Ende der Frist** bestimmt sich nach § 188 Abs 2, 1. Alt BGB. Der Fristablauf kann nicht gehemmt oder unterbrochen werden[60].

31 d) **Vorzeitige oder verspätete Meldung.** Die Frist wird auch dann gewahrt, wenn sich der Gläubiger bereits vor Fristbeginn, also vor der Bekanntmachung der Eintragung der Kapitalherabsetzung ins Handelsregister, bei der Gesellschaft meldet und Sicherheiten verlangt[61]. Denn die Ausschlussfrist hat nicht den Sinn, frühzeitige Meldungen zu unter-

---

54 *Hüffer*[9] 6; KK/*Lutter*[2] 15; MK/*Oechsler*[2] 15.

55 MK/*Grothe*[5] § 214 BGB, 4.

56 MK/*Ernst*[5] § 286 BGB, 46.

57 KK/*Lutter*[2] 17; *Hüffer*[9] 6; aA noch *Hefermehl* in Geßler/Hefermehl 5; *Schilling* Voraufl 11; *Schlegelberger/Quassowski*[3] § 178, 3.

58 Ebenso *Schilling* Voraufl 11.

59 *Hüffer*[9] 7.

60 *Hüffer*[9] 7.

61 *Godin/Wilhelmi*[4] 3; KK/*Lutter*[2] 18; K Schmidt/Lutter/*Veil*[2] 12; MK/*Oechsler*[2] 18; MünchHdBAG-*Krieger*[3] § 60, 47; Spindler-Stilz/*Marsch-Barner*[2] 12; aA *Schilling* Voraufl 9.

binden. Der Anspruch des Gläubigers auf Sicherheitsleistung entsteht auch in einem solchen Fall allerdings erst mit der Bekanntmachung der Kapitalherabsetzung.

Die materiell-rechtliche Ausschlussfrist (s o 26) läuft selbst dann, wenn das Registergericht gegen § 225 Abs 1 S 2 verstoßen und es versäumt hat, die Gläubiger auf ihren Anspruch auf Sicherheitsleistung hinzuweisen[62]. Einem geschädigten Gläubiger kann in einem solchen Fall ein Amtshaftungsanspruch zustehen, wenn er nachweist, dass er die Bekanntmachung tatsächlich zur Kenntnis genommen hat und ihr fehlerhafter Inhalt die Ursache für die Nicht-Wahrnehmung seines Rechts auf Sicherheitsleistung war. **32**

e) **Änderung der Frist.** Die Hauptversammlung kann im Kapitalherabsetzungsbeschluss die Frist zur Sicherheitsleistung über die gesetzliche Frist von sechs Monaten hinaus **verlängern**[63]. Der hiergegen erhobene Einwand, die Fristverlängerung gefährde die Interessen der Gläubiger, da eine Sanierung dann vielleicht nicht mehr rechtzeitig durchgeführt werde, überzeugt nicht. Die Gesellschafter werden die Fristverlängerung ohnehin nur beschließen, wenn die Kapitalherabsetzung nicht eilbedürftig ist, so vor allem bei der Rückzahlung von Einlagen oder der Befreiung von Einlagepflichten. Man muss die Gesellschaft daher nicht vor sich selbst schützen. Für die Gläubiger ist eine Fristverlängerung sogar günstiger. Die Interessen anderer Gläubiger mit Anspruch auf Sicherheitsleistung werden durch die Fristverlängerung nicht beeinträchtigt, da ihnen bereits gewährte Sicherheitsleistungen durch später für andere Gläubiger bestellte Sicherheiten nicht berührt werden. Einzig Neugläubiger könnten Nachteile erleiden. Sie sind jedoch von § 225 nicht geschützt. Auch sind keine öffentlichen Interessen ersichtlich, wonach die Kapitalherabsetzung zwingend innerhalb von sechs Monaten durchzuführen ist. **33**

Ausgeschlossen ist dagegen eine **Verkürzung** der Sechsmonatsfrist, da sie im Interesse der Gläubiger besteht. Ein entgegenstehender Hauptversammlungsbeschluss wäre nach § 241 Nr 3 nichtig[64]. **34**

5. Keine weiteren Erfordernisse

Die gesetzliche Regelung verlangt allein die Meldung des Gläubigers als Voraussetzung für einen Anspruch auf Sicherheitsleistung. Es ist daher unerheblich, ob die Forderung des Gläubigers durch die Kapitalherabsetzung konkret gefährdet wird. Eine Glaubhaftmachung der Gefährdung der Forderung ist – im Gegensatz zu § 22 Abs 1 S 2 UmwG – nicht notwendig. Dem Gesetzgeber kam es darauf an, **bereits bei einer abstrakten Gefahr** einen ausreichenden Gläubigerschutz vorzusehen. Deshalb steht der Gesellschaft keine Einrede zu, wonach die Kapitalherabsetzung die Erfüllung der Forderung ausnahmsweise nicht gefährde[65], wie etwa dann, wenn die Kapitalherabsetzung mit einer anschließenden Kapitalerhöhung verbunden wird (s o 10). Der Anspruch auf Sicherheitsleistung ist nur in den in Abs 1 S 3 genannten Fällen ausgeschlossen (dazu sogleich 42 ff). **35**

---

62 *Hüffer*[9] 14; KK/*Lutter*[2] 15; MK/*Oechsler*[2] 19; MünchHdBAG-*Krieger*[3] § 60, 47; *Hefermehl* in Geßler/Hefermehl 4.

63 *Hefermehl* in Geßler/Hefermehl 5; *Hüffer*[9] 7; KK/*Lutter*[2] 16; MK/*Oechsler*[2] 16; MünchHdBAG-*Krieger*[3] § 60, 47; aA noch *Godin/Wilhelmi*[4] 3; *Schilling* Voraufl 9.

64 Unstr, vgl *Hefermehl* in Geßler/Hefermehl 5; KK/*Lutter*[2] 16; MK/*Oechsler*[2] 17; MünchHdBAG-*Krieger*[3] § 60, 47.

65 *Hüffer*[9] 8; KK/*Lutter*[2] 20; MK/*Oechsler*[2] 22; anders aber *Senger/Vogelmann* AG 2002, 193, 200. Damit hat der deutsche Gesetzgeber die entsprechende Vorgabe der RL 2006/68/EG (Fundstelle Vor § 222, 37 Fn 59) nicht umgesetzt, kritisch deshalb auch *Hüffer*[9] 8; *Ekkenga* Der Konzern 2007, 413, 414 ff; *Sandhaus* NZG 2009, 41, 45.

36 Aus dem Gesagten folgt, dass es damit auch nicht auf den Zweck der Kapitalherabsetzung ankommen kann. Die Sicherheitsleistung ist auch dann zu stellen, wenn mit der Kapitalherabsetzung keine Rückzahlung von Einlagen oder die Befreiung von der Einlageschuld bezweckt wird. Dies stellt Abs 3 der Vorschrift ausdrücklich klar. Dass die Gesellschaft selbst in Fällen, in denen die Kapitalherabsetzung der Verlustdeckung oder Sanierung dient, eine Sicherheitsleistung erbringen muss, ist nicht unverhältnismäßig. Denn die Gesellschaft kann diese Rechtsfolge dadurch vermeiden, dass sie den Weg einer vereinfachten Kapitalherabsetzung (§§ 229 ff) beschreitet (s o 4 aE).

6. Gläubiger ohne Anspruch auf Sicherheitsleistung

37 a) **Überblick.** Der Anspruch auf Sicherheitsleistung steht nicht allen Gläubigern zu. Das Gesetz differenziert nach der Schutzbedürftigkeit. Ein Anspruch auf Sicherheitsleistung besteht nicht für dingliche Ansprüche (s o 15). Fällige Ansprüche sind ebenfalls ausgeschlossen, da der Gläubiger sich selbst schützen kann (s u 38 ff). Abs 1 S 3 nimmt eine Reihe von Gläubigern aus, denen im Insolvenzfalle der Gesellschaft staatlich beaufsichtigte Sicherungseinrichtungen zur Seite stehen (s u 42 ff). Schließlich steht Gläubigern kein Anspruch auf Sicherheitsleistung zu, wenn sie bereits angemessen gesichert sind (s u 49 ff).

38 b) **Fällige Ansprüche.** Ein Anspruch auf Sicherheitsleistung besteht nicht, wenn der Anspruch des Gläubigers fällig ist, dieser also die Erfüllung verlangen kann. Denn in diesem Falle fehlt ein Sicherungsbedürfnis. Die Fälligkeit ist in § 271 BGB geregelt. Eine Leistung ist sofort fällig, sofern sich nicht aus Gesetz, aus vertraglicher Abrede oder aus den Umständen ein Anderes ergibt. Dabei trifft den Schuldner die Darlegungs- und Beweislast für alle Umstände, die dem in § 271 Abs 1 geregelten Prinzip sofortiger Fälligkeit entgegenstehen[66].

39 Eine Forderung bleibt auch dann fällig, wenn sie aufgrund einer **peremptorischen (dauerhaften) Einrede** nicht durchsetzbar ist[67], zB aufgrund der Verjährung (§ 214 Abs 1 BGB), der Arglisteinrede (§ 853 BGB) oder der Bereicherungseinrede (§ 821 BGB). In diesen Fällen kann der Gläubiger keine Sicherheit nach § 225 Abs 1 verlangen. Dies ist nur konsequent, da er auch seinen Anspruch auf die Leistung nie durchsetzen kann und daher von vornherein kein Sicherungsbedürfnis besteht. Nicht ganz so eindeutig ist die Lage bei **dilatorischen (vorübergehenden) Einreden.** Beispiel hierfür sind das Zurückbehaltungsrecht (§ 273 BGB) und die Einrede der Leistung Zug um Zug (§ 320 BGB). Die Leistung bleibt fällig, ist aber momentan nicht durchsetzbar. Auch in einem solchen Fall steht dem Gläubiger keine Sicherheitsleistung zu, denn der Anspruch ist als solcher bereits fällig[68]. Zudem hat es der Gläubiger selbst in der Hand, die Durchsetzbarkeit herbeizuführen, indem er den Grund für die Geltendmachung des Zurückbehaltungsrechts bzw der Einrede der Leistung Zug um Zug beseitigt und sofort Leistung verlangt. Anders ist dagegen die Ausgangslage bei der Stundung, die auch als Beispiel für dilatorische Einreden gilt. Die Stundung bewirkt, dass die Fälligkeit hinausgeschoben wird[69], so dass der Gläubiger einen Anspruch auf Sicherheitsleistung hat.

40 Wird die Forderung **nach Ablauf des Sperrhalbjahres fällig,** muss die erhaltene Sicherheit nicht herausgegeben werden. Das Sicherungsbedürfnis entfällt erst mit Erfüllung der Forderung[70]. Wird die Forderung **während des Sperrhalbjahres fällig,** ist zu unterschei-

---

66 MK/*Krüger*^{4} § 271 BGB, 37.
67 KK/*Lutter*^{2} 22; MK/*Oechsler*^{2} 13.
68 Unklar *Hüffer*^{9} 9.
69 BGH NJW 1998, 2060, 2061; MK/*Krüger*^{4} § 271 BGB, 21.
70 MK/*Oechsler*^{2} 24.

den: (1) Hat der Gläubiger nach Bekanntmachung der Eintragung der Kapitalherabsetzung und vor Eintritt der Fälligkeit bereits eine Sicherheitsleistung erhalten, darf er diese bis zur Erfüllung der Forderung behalten[71]. Die bloße nachträglich eintretende Befriedigungsmöglichkeit beseitigt das ursprüngliche Bedürfnis für eine Sicherheitsleistung nicht rückwirkend[72]. (2) Hat sich der Gläubiger dagegen nach Bekanntmachung der Eintragung der Kapitalherabsetzung zunächst nicht gemeldet oder hat er lediglich die Sicherheitsleistung verlangt, aber noch nicht erhalten und wird nun der Anspruch innerhalb des Sperrhalbjahres noch fällig, besteht kein Anspruch auf Sicherheitsleistung, denn der Gläubiger kann seinen Anspruch sofort durchsetzen[73]. Hat der Gläubiger einer zunächst nicht fälligen Forderung Klage auf Sicherheitsleistung erhoben und wird der Anspruch während des Prozesses fällig, hat sich die Hauptsache erledigt; die Klage ist auf Erfüllung umzustellen, wenn die Gesellschaft auch die Forderung bestreitet[74].

Der Gläubiger fälliger Forderungen hat zwar keinen Anspruch auf Sicherheitsleistung, **41**
wird aber **durch Abs 2 geschützt**, wenn er sich rechtzeitig bei der Gesellschaft gemeldet hat. Die AG darf Zahlungen an die Aktionäre erst leisten bzw kann Einlageverpflichtungen erst erlassen, wenn sie seinen Anspruch befriedigt hat. Der Schutz aus Abs 2 kann im Wege des einstweiligen Rechtsschutzes durchgesetzt werden.

c) **Ausschluss des Anspruchs nach Abs 1 S 3.** Bevorrechtigten Gläubigern, die im Fall **42**
des Insolvenzverfahrens ein Recht auf vorzugsweise Befriedigung aus einer Deckungsmasse haben, die zu ihrem Schutz errichtet und staatlich überwacht ist, steht kein Anspruch auf Sicherheitsleistung zu. Hierunter fallen **Pfandbriefgläubiger** nach §§ 30 ff PfandBG sowie die **Versicherten von Lebensversicherungen, Krankenversicherungen und privaten Pflegepflichtversicherungen** (§§ 77 ff, §§ 124 ff VAG)[75].

Die Vorschrift ist entsprechend anzuwenden auf Fälle, in denen die Insolvenzsiche- **43**
rung nicht durch eine beim Schuldner (Aktiengesellschaft) gebildete Deckungsmasse erfolgt[76], sondern diese Deckungsmasse extern gebildet und staatlich überwacht wird. Denn der Schutz der Gläubiger ist in beiden Fällen gleichwertig. Von Abs 1 S 3 erfasst sind demnach auch folgende Gestaltungen:

Hat die AG im Rahmen der **betrieblichen Altersversorgung** Betriebsrenten zugesagt **44**
oder bestehen unverfallbare Betriebsrentenansprüche, sind diese im Insolvenzfalle nach §§ 7 ff BetrAVG gesichert. Die Sicherung ist gesetzlich vorgeschrieben, dient dem Schutz der Gläubiger und wird nach § 14 Abs 1 S 3 BetrAVG staatlich überwacht. Sieht man davon ab, dass die Deckungsmasse extern gebildet wird, erfüllt die Sicherung alle Voraussetzungen des Abs 1 S 3, der daher analog anzuwenden ist[77]. Der Umstand, dass

---

71 KK/*Lutter*² 22; MünchHdBAG-*Krieger*³ § 60, 42.

72 MK/*Oechsler*² 25; *Schilling* Voraufl 7.

73 KK/*Lutter*² 22; MünchHdBAG-*Krieger*³ § 60, 42; *Schilling* Voraufl 7.

74 MK/*Oechsler*² 23, 30.

75 S a BGHZ 90, 161, 165 f = NJW 1984, 1681 zum Begriff der Deckungsmasse.

76 *Gotthardt* BB 1990, 2419, 2422; *Krieger* FS Nirk, 1992, 551, 560; KK/*Lutter*² 28; aA *Rittner* FS Oppenhoff, 1985, 317, 327 – jeweils zu § 7 BetrAVG.

77 BAG AG 1997, 268, 269; *Gotthardt* BB 1990, 2419, 2421 ff; KK/*Lutter*² 28; MünchHdBAG-*Krieger*³ § 60, 43; *ders* FS Nirk, 1992, 551, 558 ff; MK/*Oechsler*² 28 f; K Schmidt/Lutter/*Veil*² 14; Spindler-Stilz/*Marsch-Barner*² 18; zweifelnd *Hüffer*⁹ 10; aA *Rittner* FS Oppenhoff, 1985, 317, 324 ff; *Wiedmann*/*Küpper* FS Pleyer, 1986, 445, 452 ff („der Rechtsgedanke von Abs 1 S 3 hat Gültigkeit"); wohl auch BAG RdA 2000, 235, 237 m krit Anm *Windbichler* (zu §§ 302, 303 AktG); *Hefermehl* in Geßler/Hefermehl, § 225, 11. S a BAG NZG 2010, 641, wo das BAG die Sicherheitsleistung mangels konkretem Sicherungsbedürfnis ablehnt (zu § 303 AktG).

die Sicherung erst 1974 und damit nach dem Inkrafttreten des § 225 eingeführt wurde[78], spricht nicht gegen die Anwendung des Abs 1 S 3.

45 Gläubiger, die Ersatzansprüche für Schäden aus Kfz-Unfällen geltend machen, steht ein Anspruch gegen den nach § 13 PflVG errichteten Entschädigungsfonds zu, wenn über das Vermögen des leistungspflichtigen Versicherers das Insolvenzverfahren eröffnet wurde (§ 12 Abs 1 Nr 4 PflVG). Die Aufgaben des Entschädigungsfonds werden vom Verein Verkehrsopferhilfe eV übernommen. Derartige Forderungen sind daher von der Ausnahme des Abs 1 S 3 erfasst. Gleiches gilt für Forderungen aus Lebensversicherungen, Krankenversicherungen und ggf Pensionskassen gegen den nach § 126 VAG errichteten Sicherungsfonds für den Fall der Insolvenz der Versicherung (vgl § 124 VAG).

46 Erfasst sind auch die **Kunden von Kreditinstituten und Finanzdienstleistungsinstituten**, die der gesetzlichen Basissicherung für den Fall der Insolvenz ihres Instituts unterfallen (§§ 3 Abs 1, 4 EAEG)[79].

47 Der Wortlaut von Abs 1 S 3 schließt den Anspruch auf Sicherheitsleistung in seiner Gesamtheit und nicht nur hinsichtlich der durch die Deckungsmasse gesicherten Teile aus[80]. Wie die Einführung des Sicherungsfonds im Bereich der Lebensversicherung (§ 126 Abs 1 VAG) zeigt[81], gewährleisten die §§ 77–79 VAG keinen absoluten Schutz des Kunden vor Verlusten im Falle einer Insolvenz seiner Versicherung. Daher ist die Berechtigung eines vollkommenen Ausschlusses der Sicherheitsleistung vor dem Hintergrund des Art 32 Abs 1 der Kapitalrichtlinie schon fraglich. Hinzu kommt, dass selbst nach Einführung des Sicherungsfonds für Versicherte und Versicherungsnehmer keineswegs ein vollständiger Schutz durch den Sicherungsfonds besteht (vgl § 125 Abs 5 VAG). Vergleichbar ist die Ausgangslage bei der Basissicherung der gesetzlichen Einlagensicherung und Anlegerentschädigung; gem § 4 Abs 2 EAEG sichert sie nur 100 % der Einlagen bis maximal 100.000 €[82] und 90 % der Verbindlichkeiten aus Wertpapiergeschäften bis max. 20.000 €. Der in § 225 Abs 1 S 3 enthaltene umfassende Ausschluss der Rechte der Gläubiger verstößt gegen den neu gefassten Art 32 der Kapitalrichtlinie (s o 8). Denn ein Ausschluss der Gläubiger darf nur erfolgen, *soweit* sie angemessen gesichert sind. Im Wege richtlinienkonformer Auslegung ist der Tatbestand des Abs 1 S 3 daher einschränkend auszulegen. Kunden können daher Sicherheit für solche Forderungen verlangen, die von der gesetzlichen Sicherung nicht abgedeckt sind[83] oder die gar nicht vom Anwendungsbereich des Gesetzes erfasst werden, wie zB Schadensersatzforderungen gegen Institute wegen Falschberatung. Der Gesetzgeber sollte daher bei der Umsetzung des Art 32 der Kapitalrichtlinie § 225 Abs 1 S 3 grundlegend reformieren, indem er die genannten Sicherungen mit externer Deckungsmasse aufnimmt und damit den Anwendungsbereich der Vorschrift klarstellt. Weiterhin ist der im derzeitigen Wortlaut enthaltene Totalausschluss der Gläubigerrechte durch Einfügung des Wortes „soweit" zu korrigieren.

---

[78] Gesetz zur Verbesserung der betrieblichen Altersversorgung (Betriebsrentengesetz – BetrAVG) v 19.12.1974, BGBl I 3610.

[79] Umfassend zur gesetzlichen Einlagensicherung und Anlegerentschädigung *Sethe* in Assmann/Schütze, Handbuch des Kapitalanlagerechts[3], § 25, 37 ff.

[80] So die bisherige Interpretation: Ausdrücklich *Hefermehl* in Geßler/Hefermehl 11; iE auch Baumbach/*Hueck*[13] 7; *Hüffer*[9] 10; KK/*Lutter*[2] 24; MK/*Oechsler*[2] 27.

[81] Art 1 Nr 27 des Gesetzes zur Änderung des Versicherungsaufsichtsgesetzes und anderer Gesetze v 15.12.2004, BGBl I 3416. Dazu *Präve* Der Sicherungsfonds für die Lebensversicherung, VersR 2005, 1023 ff.

[82] Die Erhöhung der Sicherungsobergrenze erfolgte durch Art 2 des Gesetzes zur Änderung des Einlagensicherungs- und Anlegerentschädigungsgesetzes und anderer Gesetze v 25.6.2009, BGBl I 1528.

[83] AA *Schlegelberger/Quassowski*[3] § 178, 4.

Die **freiwilligen Anschlussdeckungen**, die der Bundesverband deutscher Banken eV und der Verband der Öffentlichen Banken Deutschlands eV anbieten[84], stellen keine Sicherung dar, die nach gesetzlichen Vorschriften errichtet und staatlich überwacht ist. Daher unterfallen sie von vornherein nicht der Ausnahme des Abs 1 S 3. 48

d) **Berücksichtigung anderer Sicherheiten.** Hat ein Gläubiger bereits vor der Bekanntmachung der Eintragung der Kapitalherabsetzung eine ausreichende, §§ 232 ff BGB entsprechende Sicherheit erhalten, steht ihm aus Anlass der Kapitalherabsetzung nicht nochmals ein Anspruch auf Sicherheitsleistung zu[85]. Zwar findet sich diese Ausnahme nicht im Wortlaut, ergibt sich aber aus dem Sinn und Zweck der Regelung. Ansonsten könnte ein gut gesicherter Gläubiger anlässlich der Kapitalherabsetzung der Gesellschaft Liquidität entziehen[86]. Ein Anspruch auf Sicherheitsleistung ist auch dann ausgeschlossen, wenn eine bereits bestehende Sicherheit zwar nicht den Vorgaben des § 232 Abs 1 BGB entspricht, die Forderung aber nach Ansicht des Schuldners in voller Höhe gesichert ist[87]. Der Gläubiger kann in einem solchen Fall jedoch verlangen, dass die bestehende Sicherheit gegen eine solche ausgetauscht wird, die den Vorgaben des § 232 Abs 1 BGB genügt[88]. Hiergegen wird eingewandt, der Gläubiger habe schließlich die – nicht § 232 Abs 1 BGB entsprechende – Sicherheit akzeptiert; habe vor der Kapitalherabsetzung wenig Anlass bestanden, den Inhalt der Sicherungsverträge an § 232 Abs 1 BGB auszurichten, sei es schwer begründbar, warum dies nach der Kapitalherabsetzung anders sein solle[89]. Diese Argumentation übersieht, dass sich durch die Kapitalherabsetzung die wirtschaftliche Lage des Schuldners nachträglich verändert hat und damit auch die subjektive Einschätzung des Gläubigers in Bezug auf die Leistungsfähigkeit des Schuldners. Sicherlich dient jede Sicherheit dazu, das Insolvenzrisiko abzusichern[90], aber die Wahrscheinlichkeit einer Insolvenz erhöht sich durch eine Kapitalherabsetzung mitunter erheblich. Reduziert beispielsweise eine AG bei gleicher Geschäftstätigkeit ihr Kapital um 90 % auf das gesetzliche Mindestkapital, ist das Insolvenzrisiko gerade nicht mehr dasselbe wie vor der Kapitalherabsetzung. Daher kann der Gläubiger den Austausch der Sicherheiten verlangen. 49

e) **Sicherheitsleistung ohne Rechtsgrund.** Wurde dem Gläubiger eine Sicherheit gestellt, auf die er aus den in Rdn 42 ff, 49 genannten Gründen keinen Anspruch hatte und ist das Verhalten der Parteien auch nicht dahingehend auszulegen, dass sie unabhängig von § 225 eine vertragliche Sicherheitenbestellung vereinbaren wollten, ist die Sicherheitsleistung nach den Regeln der ungerechtfertigten Bereicherung zurückzugewähren[91]. 50

---

84 Dazu *Sethe* in Assmann/Schütze, Handbuch des Kapitalanlagerechts³, § 25, 49 ff.

85 Unstr, vgl MK/*Oechsler*² 26; KK/*Lutter*² 25 f; *Hüffer*⁹ 11.

86 Unstr, vgl KK/*Lutter*² 26 mwN.

87 Baumbach/*Hueck*¹³ 7; *Hüffer*⁹ 11; MünchHdBAG-*Krieger*³ § 60, 46; Ulmer/Habersack/Winter/*Casper* § 58, 50; Scholz/*Priester*¹⁰ § 58, 58; Spindler-Stilz/*Marsch-Barner*² 19; im Ergebnis auch KK/*Lutter*² 29, der dies mit einem individuellen Rechtsmissbrauch begründet; ebenso K Schmidt/Lutter/*Veil*² 15; aA allein *Rittner* FS Oppenhoff, 1985, 317, 326 ff.

88 *Hefermehl* in Geßler/Hefermehl, § 225, 8; *Hüffer*⁹ 11; KK/*Lutter*² 29 aE; *Schlegelberger/Quassowski*³ § 178, 5; aA aber MünchHdBAG-*Krieger*³ § 60, 45 Fn 94; MK/*Oechsler*² 26.

89 MK/*Oechsler*² 26.

90 So MK/*Oechsler*² 26.

91 KK/*Lutter*² 30; *Schilling* Voraufl 7.

7. Vertraglich gewährtes Recht auf Sicherheitsleistung

51 § 225 berührt nicht die bereits vor der Bekanntmachung der Kapitalherabsetzung aus anderen Gründen bestellten Sicherheiten (zB Hypotheken zur Absicherung eines Darlehens).

52 Die Gesellschaft kann mit einem Gläubiger vereinbaren, dass diesem für den speziellen Fall der Kapitalherabsetzung ein (weiteres) Recht auf Sicherheitsleistung auch dann zusteht, wenn die gesetzlichen Voraussetzungen des § 225 im konkreten Fall fehlen[92]. Eine solche Vereinbarung ist jedoch unwirksam, wenn sie zu einer Übersicherung des Gläubigers führt[93]. Reichen die Mittel der Gesellschaft nicht aus, allen Gläubigern Sicherheiten zu bestellen, haben die Gläubiger, denen ein Anspruch auf Sicherheitsleistung aus Gesetz zusteht, Vorrang vor denjenigen, denen ein solcher Anspruch gerade für den speziellen Fall der Kapitalherabsetzung aus Vertrag eingeräumt wird. Ein Gleichrang der Ansprüche oder gar ein Vorrang solcher vertraglichen Ansprüche auf Sicherheitsleistung verstieße gegen die Wertungen des § 225, dessen Ausnahmeregelungen gerade nach der Schutzbedürftigkeit differenzieren. Im Übrigen ist im Einzelfall zu prüfen, ob der Abschluss der Vereinbarung der Sicherheitsleistung einen Fall gezielter Gläubigerbenachteiligung darstellt[94].

8. Rechtsfolgen

53 a) **Klagbarer Anspruch auf Sicherheitsleistung.** Sofern die genannten Voraussetzungen vorliegen (s o 13 ff) und keine der Ausnahmen eingreift (s o 37 ff), hat ein Gläubiger gegen die Aktiengesellschaft einen klagbaren Anspruch auf Sicherheitsleistung[95] bzw auf Sicherheitsleistung Zug um Zug gegen Rückgewähr bestehender Sicherheiten (s o 49). Es handelt sich um einen gesetzlichen Anspruch, der mit dem Vorliegen aller Tatbestandsmerkmale ausgelöst wird und sofort fällig ist.

54 Im GmbH-Recht ist aufgrund des nicht eindeutigen Wortlauts von § 58 S 1 Nr 2 GmbHG die Frage umstritten, ob dem Gläubiger im Falle einer Kapitalherabsetzung ein klagbarer Anspruch auf Sicherheitsleistung[96] bzw Erfüllung der Forderung[97] zusteht oder ihm lediglich die Möglichkeit eingeräumt wird, bei fehlender Zustimmung die Kapitalherabsetzung zu verhindern[98] (vgl § 16 Abs 2 HGB). Demgegenüber ist sich das aktienrechtliche Schrifttum einig, dass von § 225 erfasste Gläubiger grundsätzlich Anspruch auf Sicherheitsleistung haben und dieser nur ausnahmsweise ausgeschlossen sein kann.

55 Die Forderung ist mit ihrem vollen Wert zu sichern. Befristete oder bedingte Forderungen sind zu bewerten (s o 19). Zu bestrittenen Forderungen s o 25. Erweist sich die Sicherheit ohne Verschulden des Gläubigers **nachträglich als unzureichend** (zB Schadensumfang bei Schadensersatzansprüchen), ist sie zu erhöhen[99]. Die **Darlegungs- und**

---

92 *Schlegelberger/Quassowski*[3] § 178, 7.

93 Zur Übersicherung vgl MK/*Armbrüster*[5] § 138 BGB, 98 ff.

94 Zu den engen Voraussetzungen dieser Fallgruppe MK/*Armbrüster*[5] § 138 BGB, 73, 97, 99.

95 KGJ 34 A 172, 173 f; *Hüffer*[9] 5, 12; KK/*Lutter*[2] 33; MünchHdBAG-*Krieger*[3] § 60, 46.

96 *Meyer-Landrut*/Miller/Niehus § 58, 20; *Roth/Altmeppen*[5] § 58, 21.

97 Heidelberger Komm/*Bartl/Schulze*[5] § 58, 12.

98 Baumbach/Hueck/*Zöllner* GmbHG[19] § 58, 26; Lutter/Hommelhoff/*Lutter* GmbHG[17] § 58, 20; Ulmer/Habersack/Winter/*Casper* § 58, 43; Rowedder/*Zimmermann*[4] § 58, 25; Scholz/*Priester*[10] § 58, 53.

99 *Hefermehl* in Geßler/Hefermehl 8; *Schilling* Voraufl 14.

Beweislast für das Vorliegen der Voraussetzungen des Abs 1 S 1 trifft den Gläubiger, die für die Ausnahmen die Gesellschaft. Bestreitet die Gesellschaft die zu sichernde Forderung, gelten ebenfalls die allgemeinen Beweislastregeln, dh der Gläubiger muss die Existenz der Forderung und die Gesellschaft die dagegen bestehenden Einwendungen und Einreden beweisen.

b) **Art der Sicherheitsleistung.** Die Art und Weise der Sicherheitsleistung richtet sich nach den §§ 232 bis 240 BGB. Die Aktiengesellschaft kann die Sicherheit also durch Hinterlegung von Geld oder Wertpapieren, durch die Verpfändung von Forderungen, die in das Bundesschuldbuch oder Landesschuldbuch eines Landes eingetragen sind, durch die Verpfändung beweglicher Sachen, durch die Bestellung von Schiffshypotheken an Schiffen oder Schiffsbauwerken, die in einem deutschen Schiffsregister oder Schiffsbauregister eingetragen sind, durch die Bestellung von Hypotheken an inländischen Grundstücken, durch die Verpfändung von Forderungen, für die eine Hypothek an einem inländischen Grundstück besteht, oder durch die Verpfändung von Grundschulden oder Rentenschulden an inländischen Grundstücken bewirken. Kann die Gesellschaft keine derartige Sicherheit aufbringen, ist ausnahmsweise eine Bürgschaft zulässig (§§ 232 Abs 2, 239 BGB). **56**

Innerhalb der in § 232 Abs 1 BGB genannten Sicherheiten steht der Gesellschaft ein **Wahlrecht** zu. Klagt der Gläubiger seinen Anspruch auf Sicherheitsleistung ein, kann er nicht auf eine bestimmte Art der Sicherheitsleistung klagen, sondern muss Sicherheitsleistung *nach Wahl des Schuldners* beantragen. Im Urteil ist der Gesellschaft die Art der Sicherheitsleistung freizustellen[100]. Übt die Aktiengesellschaft ihr Wahlrecht nicht aus, kann der vollstreckende Gläubiger der Gesellschaft analog § 264 Abs 1 HS 1 BGB eine Frist setzen. Lässt die Gesellschaft diese Frist ungenutzt verstreichen, geht das Wahlrecht auf den Gläubiger über[101]. **57**

c) **Vorzeitige Befriedigung anstelle der Sicherheitsleistung.** Die Gesellschaft kann anstelle der Gewährung einer Sicherheitsleistung den Gläubiger vorzeitig befriedigen, sofern die Voraussetzungen des § 271 Abs 2 BGB vorliegen[102]. Danach kann der Schuldner auch vor Fälligkeit leisten, es sei denn, aus der Parteivereinbarung oder aus den Umständen ergibt sich ein Anderes[103]. In einem solchen Fall kommt eine vorzeitige Leistung nur in Betracht, wenn der Gläubiger zustimmt[104]. Die Zulässigkeit der Erfüllung betrifft allein das Außenverhältnis der Gesellschaft zum Gläubiger. Davon zu trennen ist die Frage, ob der Vorstand im Innenverhältnis im Interesse der Gesellschaft handelt, wenn er statt der Sicherheitsleistung die sofortige Erfüllung wählt. Hier steht dem Vorstand ein pflichtgemäßes Ermessen zu. **58**

Ein Teil des GmbH-rechtlichen Schrifttums übersieht die **Trennung von Innen- und Außenverhältnis**. Die Zulässigkeit der vorzeitigen Erfüllung wird einzig vom pflichtgemäßen Ermessen der Geschäftsführung abhängig gemacht; dem Gläubiger stehe kein Recht zur Ablehnung der Leistung zu[105]. Damit aber werden die berechtigten Interessen des Gläubigers, die § 271 Abs 2 BGB schützt, vernachlässigt. Stellt beispielsweise die Aktiengesellschaft Fertighäuser her, könnte sie dem Bauherrn im Falle der Kapitalherabsetzung das Fertighaus vor dem fest vereinbarten Liefertermin anbieten. Ein Bauherr, **59**

---

100 MK/*Grothe*[5] § 232 BGB, 2.
101 MK/*Grothe*[5] § 232 BGB, 2.
102 Ebenso *Hüffer*[9] 12.
103 Einzelheiten bei MK/*Krüger*[5] § 271 BGB, 35 f.
104 So auch Baumbach/Hueck/*Zöllner* GmbHG[19] § 58, 32 für das GmbH-Recht.
105 Scholz/*Priester*[10] § 58, 57; Ulmer/Habersack/Winter/*Casper* § 58, 49.

dessen Fundamente noch nicht gegossen sind, würde nach dieser Ansicht durch die Ablehnung der vorzeitigen Lieferung sein Recht auf Sicherheitsleistung verlieren. Offenbar haben die Vertreter dieser Ansicht allein Geldschulden im Auge, bei denen kaum Situationen vorstellbar sind, in denen der Gläubiger ein berechtigtes Interesse an der Beibehaltung des Leistungstermins hat. Die Ansicht ist daher abzulehnen.

60 d) **Schutzgesetz iSd § 823 Abs 2 BGB.** § 225 Abs 1 S 1 ist Schutzgesetz iSd § 823 Abs 2 BGB[106]. Dies hat vor allem Bedeutung für den Fall einer unrechtmäßigen Verweigerung der Sicherheitsleistung[107] oder bei Vereitelung des Anspruchs auf Sicherheitsleistung durch die Organe der AG. Zu den weiteren Rechtsfolgen s im Übrigen unten 66.

V. Gläubigeraufruf (Abs 1 S 2)

61 In der Bekanntmachung der Eintragung der Kapitalherabsetzung hat das Registergericht die Gläubiger darauf hinzuweisen, dass ihnen das Recht auf Sicherheitsleistung zusteht (s § 223, 26). Darüber hinaus sollte das Registergericht in der Bekanntmachung auch die Voraussetzungen für diesen Anspruch erwähnen[108] und die Gläubiger darauf hinweisen, dass sie sich bei der Gesellschaft und nicht beim Registergericht melden müssen (s o 28).

62 Die Ausschlussfrist beginnt auch dann zu laufen, wenn das Gericht diesen Hinweis versäumt hat. Gläubiger, die aufgrund dieses Fehlers einen Schaden erleiden, können Amtshaftungsansprüche geltend machen (s o 32).

VI. Auszahlungsverbot und Unwirksamkeit eines Erlassvertrags (Abs 2)

1. Auszahlungsverbot (Abs 2 S 1)

63 a) **Sinn und Reichweite des Verbots.** Auszahlungen an die Aktionäre dürfen erst erfolgen, wenn seit der Bekanntmachung sechs Monate verstrichen sind (**Sperrhalbjahr**). Zudem muss die Gesellschaft zuvor allen Gläubigern, die sich rechtzeitig melden (s o 26 ff), Sicherheit leisten bzw ihre Forderungen befriedigen. Das Auszahlungsverbot flankiert zum einen den aus Abs 1 folgenden Schutz der Gläubiger. Könnte die AG den durch die Kapitalherabsetzung frei werdenden Betrag sofort auszahlen, wären die Ansprüche der Gläubiger auf Sicherheitsleistung gefährdet oder würden vereitelt. Zum anderen zielt das Auszahlungsverbot aber über den Schutzbereich des Abs 1 hinaus. Denn es schützt nicht nur Gläubiger, die Sicherheitsleistung fordern können, sondern erfasst seinem Wortlaut nach ausdrücklich auch alle Gläubiger, die Befriedigung verlangen können. Mithin sind auch Gläubiger geschützt, deren Ansprüche bereits fällig sind.

64 b) **Dauer des Verbots.** Das Auszahlungsverbot ist doppelt befristet. (1) Es besteht während des ersten halben Jahres (zur Fristberechnung s o 30) nach der Bekanntmachung der Eintragung der Kapitalherabsetzung absolut. In dieser Zeit haben Gläubiger Gelegenheit, sich bei der Aktiengesellschaft zu melden. Da sich bis zum Ablauf des Sperr-

---

[106] Baumbach/*Hueck*[13] 6; *Hüffer*[9] 18; MK/*Oechsler*[2] 4; K Schmidt/Lutter/*Veil*[2] 4; Spindler-Stilz/*Marsch-Barner*[2] 3; *Godin*/*Wilhelmi*[4] 5.

[107] MK/*Oechsler*[2] 25, 30.

[108] *Hüffer*[9] 14; KK/*Lutter*[2] 35.

halbjahres immer noch Gläubiger melden können, darf die Gesellschaft, auch wenn sie allen bekannten Gläubigern Sicherheiten gewährt hat, nicht vorzeitig mit der Auszahlung beginnen. (2) Das Auszahlungsverbot besteht auch nach Ablauf des Sperrhalbjahres solange fort, bis alle Gläubiger, die sich rechtzeitig gemeldet haben, Sicherheitsleistung erlangt haben oder befriedigt wurden. Zahlt der Vorstand dennoch aus, tut er dies auf eigenes Risiko, denn er unterliegt den in Rn 66 genannten Haftungsregeln.

c) **Umfang des Verbots.** Das Verbot erfasst ausdrücklich nur Auszahlungen. Bezweckte die Kapitalherabsetzung die Auffüllung der Rücklagen, ist diese sofort zulässig[109]. Das Verbot betrifft nur Mittel, die ohne die Kapitalherabsetzung nicht verfügbar gewesen wären. Es setzt also Kausalität zwischen der Kapitalherabsetzung und der Zahlung voraus. Innerhalb des so gezogenen Rahmens gilt es umfassend und betrifft daher nicht nur Zahlungen unmittelbar aus dem Buchertrag, der durch die Kapitalherabsetzung entstanden ist. Vielmehr gilt das Verbot auch für Zahlungen aus Rücklagen, die mit Mitteln aus der Kapitalherabsetzung gebildet wurden. Schließlich ist die Zahlung einer Dividende untersagt, wenn diese nur dadurch ermöglicht wurde, dass die Gesellschaft durch die Kapitalherabsetzung eine Unterbilanz beseitigt hat[110]. Hätte die Dividende dagegen auch ohne die Kapitalherabsetzung gezahlt werden können, greift das Auszahlungsverbot nicht ein[111]. Der Begriff der Zahlung wird weit verstanden und meint jede Art von Vermögensausschüttung, die die AG ihren Aktionären zukommen lässt. Es sind also auch Sachleistungen erfasst, wie zB die Ausgabe von Aktien einer mit Hilfe der Kapitalherabsetzung abgespalteten Tochtergesellschaft (dazu Vor § 222, 8). Vom Auszahlungsverbot nicht umfasst sind Zahlungen, die aufgrund eines Verkehrsgeschäfts zwischen der AG und einem Aktionär geflossen sind. Denn in diesem Fall steht der Aktionär der Gesellschaft nicht als Mitglied, sondern als Dritter gegenüber. 65

d) **Folgen eines Verstoßes gegen das Verbot; Schutzgesetz.** Ein Verstoß gegen die Ausschüttungssperre führt nicht zur Unwirksamkeit der Leistung[112]. Der Leistungsempfänger muss vielmehr alle während der Auszahlungssperre zu Unrecht erhaltenen Zahlungen nach § 62 Abs 1 an die Aktiengesellschaft zurückgewähren[113]. Zudem haften die Mitglieder der Verwaltung der Gesellschaft auf Schadensersatz gemäß §§ 93, 116 (s dort); die unrechtmäßige Verminderung des Gesellschaftsvermögens stellt eine Verletzung der Organpflichten dar. Gläubiger der Gesellschaft können sowohl den Rückzahlungsanspruch als auch den Schadensersatzanspruch unmittelbar gegen die Organmitglieder bzw die Aktionäre geltend machen, wenn sie von der Gesellschaft keine Befriedigung mehr erlangen können (§§ 93 Abs 5 S 1, 62 Abs 2 S 1). Dieser Anspruch steht ihnen nach dem Sinn und Zweck der Vorschrift auch dann zu, wenn sie keine Sicherheitsleistung erlangen können, weil die AG vorzeitig ihr Vermögen durch Auszahlungen an die Aktionäre vermindert hat[114]. Zudem stellt § 225 Abs 2 unstreitig ein **Schutzgesetz** iSd § 823 Abs 2 BGB dar, so dass die Gläubiger von der Verwaltung unmittelbar Schadensersatz verlangen können[115]. Auch kommt eine Haftung aus § 117 in Betracht. Stehen (weitere) Aus- 66

---

109 *Hefermehl* in Geßler/Hefermehl 15 aE.

110 OLG Hamburg HansRGZ 1936 (B), 110, 116; MK/*Oechsler*² 32, 35; MünchHdBAG-*Krieger*³ § 60, 48; KK/*Lutter*² 39.

111 Baumbach/*Hueck*¹³ 8; *Hefermehl* in Geßler/Hefermehl 16; *Hüffer*⁹ 15.

112 Statt vieler Spindler-Stilz/*Marsch-Barner*² § 225, 26.

113 Baumbach/*Hueck*¹³ 8; *Hüffer*⁹ 15; MK/*Oechsler*² 37; MünchHdBAG-*Krieger*³ § 60, 48.

114 KK/*Lutter*² 40.

115 *Hüffer*⁹ 18; KK/*Lutter*² 40; K Schmidt/Lutter/*Veil*² 4; MünchHdBAG-*Krieger*³ § 60, 48; Spindler-Stilz/*Marsch-Barner*² 3, 26.

zahlungen bevor, können die Gläubiger diese durch eine Klage auf Unterlassung[116] und im Wege des einstweiligen Rechtschutzes unterbinden.

2. Unwirksamkeit eines Erlassvertrags (Abs 2 S 2)

67 Besteht ein Zweck der Kapitalherabsetzung darin, Aktionäre von der Einlageverpflichtung zu befreien, ist ebenfalls ein Schutz der Gläubiger erforderlich. Abs 2 S 2 bestimmt daher, dass der zum Erlass der Einlageverpflichtung notwendige Erlassvertrag (§ 222, 41) erst wirksam wird, wenn das Sperrhalbjahr abgelaufen ist und die Forderungen aller Gläubiger, die sich rechtzeitig gemeldet haben (s o 26 ff), gesichert sind bzw fällige Forderungen erfüllt wurden. Abs 2 S 2 stellt also kein gesetzliches Verbot, sondern eine **Wirksamkeitsvoraussetzung** dar. Ein bereits geschlossener Erlassvertrag ist bis zum Eintritt der Voraussetzungen des Abs 2 S 2 schwebend unwirksam[117]. Die Einlagepflicht der Aktionäre besteht daher fort (vgl § 66 Abs 1 S 1). Einlagen sind von allen Aktionären gleichmäßig einzuziehen. Da der Erlassvertrag wirksam wird, sobald die Forderungen gesichert oder erfüllt sind, wäre es unverhältnismäßig, kurz zuvor noch alle ausstehenden Einlagen ohne Rücksicht auf die finanziellen Erfordernisse der konkreten Situation einzufordern. Die Einlagen sind daher nur in der Höhe einzufordern, in der sie für die Erfüllung bzw Sicherheitsleistung konkret benötigt werden[118]. Bei der Bemessung der Höhe der einzufordernden Einlagen bleiben Gläubiger außer Betracht, die sich nicht rechtzeitig gemeldet haben[119]. Ist die Höhe der noch benötigten Einlagen streitig, muss an sich der Einlagenschuldner beweisen, dass die Zahlung der Einlage nicht mehr erforderlich ist. Da ihm jedoch Einblicke in die Interna der Gesellschaft fehlen, hat er Anspruch darauf, dass diese ihm Auskunft über den Umfang der unbefriedigten oder nicht gesicherten Forderungen gibt[120].

VII. Sicherheitsleistung auch ohne konkrete Gefährdung (Abs 3)

68 Die Sicherheitsleistung nach Abs 1 ist auch dann zu stellen, wenn mit der Kapitalherabsetzung keine Rückzahlung von Einlagen oder die Befreiung von der Einlageschuld bezweckt wird (s o 36). Der Gesetzgeber hat damit klargestellt, dass der Zweck der Kapitalherabsetzung für die Reichweite des Gläubigerschutzes unerheblich ist[121]. Dient die Kapitalherabsetzung der Verlustdeckung oder Sanierung, kann die Gesellschaft die Verpflichtung zur Sicherheitsleistung dadurch vermeiden, dass sie den Weg einer vereinfachten Kapitalherabsetzung (§§ 229 ff) beschreitet (s o 4 aE, 36). Die klarstellende Regelung des Abs 3 ist systematisch falsch platziert. Sachlich gehört sie in den Regelungszusammenhang des Abs 1, erweckt aber aufgrund ihrer Stellung den Eindruck, als bezöge sie sich auch auf Abs 2, was aber unstreitig nicht der Fall ist.

---

116 MK/*Oechsler*² 37; *Schilling* Voraufl 16.

117 *Hüffer*⁹ 16; KK/*Lutter*² 41; MK/*Oechsler*² 36; MünchHdBAG-*Krieger*³ § 60, 49; K Schmidt/Lutter/*Veil*² 19.

118 MünchHdBAG-*Krieger*³ § 60, 49; KK/*Lutter*² 41.

119 *Hüffer*⁹ 16; MK/*Hüffer*² § 264, 22; KK/*Lutter*² 41.

120 *Schilling* Voraufl 17.

121 Dies war vor Erlass des AktG 1937 umstritten, vgl *Schlegelberger/Quassowski*³ § 178, 14; *Ritter*² § 178, 3b, 6.

VIII. Durchführung der Kapitalherabsetzung und Rechte der Aktionäre

1. Maßnahmen zur Durchführung der Kapitalherabsetzung

Die Gläubigerschutzvorschrift des § 225 sichert die Gläubiger und verhindert den vorzeitigen Mittelabfluss. Die Gesellschaft ist jedoch im Sperrhalbjahr nicht gehindert, die zur Durchführung der Kapitalherabsetzung notwendigen Schritte (zB Berichtigung der Aktienurkunden, Zusammenlegung von Aktien, Kraftloserklärung) zu ergreifen (dazu § 226, 12 ff). **69**

2. Anspruch auf Auszahlung

a) **Rückzahlung der Einlagen.** Bestand der Zweck der Kapitalherabsetzung in einer Rückzahlung der Einlagen, entsteht mit der Eintragung der Kapitalherabsetzung ein selbstständiger schuldrechtlicher Zahlungsanspruch der begünstigten Aktionäre gegen die AG. Dieser Anspruch ist allerdings befristet und bedingt, denn er wird erst nach Ablauf des Sperrhalbjahres fällig und hängt davon ab, dass zuvor die Gläubiger befriedigt werden bzw ihnen Sicherheit geleistet wird (§ 225 Abs 2 S 1)[122]. Ein weiterer Beschluss über die Auszahlung ist nicht erforderlich[123]. Da es sich bei der Auszahlung an die Aktionäre um einen Fall der Teilliquidation handelt, müssen Liquidationsvorrechte (zB bei Tracking Stocks) beachtet werden (vgl §§ 11 S 1, 271 Abs 2)[124]. **70**

b) **Rechte aus eigenen Aktien.** Besitzt die Gesellschaft eigene Aktien, ruhen die Mitgliedschaftsrechte (§ 71b). Die Gesellschaft hat daher keinen Anspruch auf Barauszahlung. Der auf diese Aktien entfallende Betrag ist kein Bilanzgewinn und kann daher nicht in die Gewinnrücklage (§ 272 Abs 3 HGB) eingestellt werden; vielmehr ist er in die Kapitalrücklage einzustellen (§ 272 Abs 2 Nr 4 HGB)[125]. **71**

c) **Unabwendbarkeit von § 57 Abs 1 S 1 und Abs 3 und Insolvenz der Gesellschaft.** Der Anspruch auf Rückzahlung der Einlage unterliegt nicht den Beschränkungen des § 57 Abs 1 S 1 und Abs 3. Der Gläubigerschutz wird durch § 225 sichergestellt. Daher ist die Kapitalherabsetzung selbst dann wirksam, wenn sich die Vermögenslage zwischen dem Kapitalherabsetzungsbeschluss, der Eintragung der Kapitalherabsetzung und dem Ablauf des Sperrhalbjahres verschlechtert hat[126]. Die Auszahlung darf selbst dann erfolgen, wenn zum Zeitpunkt des Ablaufs des Sperrhalbjahres die Unterbilanz vorliegt. Daher haben Gläubiger allen Grund, ihr Recht auf Sicherheitsleistung nach Abs 1 geltend zu machen. **72**

Wird die Gesellschaft zwischen der Bekanntmachung der Eintragung der Kapitalherabsetzung und dem Ablauf des Sperrhalbjahres insolvent, stellen die Forderungen der Aktionäre gewöhnliche Insolvenzforderungen dar. Sie rangieren allerdings hinter den Forderungen der Gläubiger, die sich innerhalb des Sperrhalbjahres gemeldet haben, die es aber nicht mehr geschafft haben, rechtzeitig eine Sicherheitsleistung zu erlangen[127]. **73**

---

122 KK/*Lutter*[2] 42, § 224, 15; MK/*Oechsler*[2] § 224, 14; MünchHdBAG-*Krieger*[3] § 60, 33a.

123 *Hüffer*[9] § 224, 7; Ulmer/Habersack/Winter/*Casper* § 58, 7; MünchHdBAG-*Krieger*[3] § 60, 50.

124 KK/*Lutter*[2] 42; im Ergebnis auch *Brauer* AG 1993, 324, 333.

125 KK/*Lutter*[2] 42.

126 *Godin/Wilhelmi*[4] § 224, 6; *Hefermehl* in Geßler/Hefermehl § 224, 9; KK/*Lutter*[2] 43, § 224, 16; MünchHdBAG-*Krieger*[3] § 60, 50; *Schilling* Voraufl 16; *Schlegelberger/Quassowski*[3] § 177, 6.

127 *Hefermehl* in Geßler/Hefermehl 17; KK/*Lutter*[2] 44; MK/*Oechsler*[2] 39.

Abs 2 S 1 enthält also ein materiell-rechtliches Privileg, das sich bis in das Insolvenzverfahren durchsetzt. Diese bereits unter der Geltung der Konkursordnung vertretene Lösung wird durch die Insolvenzrechtsreform, die Konkursvorrechte abschaffte, nicht obsolet. Denn mit der Einführung der Insolvenzverordnung wurden gerade nur allgemeine Konkursvorrechte (insb § 61 KO aF) abgeschafft[128]. Von einer Abschaffung spezieller aktienrechtlich veranlasster Vorrechte ist in den Materialien gerade keine Rede, obwohl § 225 AktG durch Art 45 Nr 7 EGInsO geändert wurde (s o 1)[129].

74 d) **Verzögerte Auszahlung und Auflösung von Rücklagen.** Verzögert sich die Auszahlung an die Aktionäre und endet das Geschäftsjahr, sind die noch nicht ausgezahlten Beträge in eine Sonderrücklage einzustellen, denn der Buchertrag aus der Kapitalherabsetzung ist kein Gewinn. Im neuen Geschäftsjahr können aus dieser Rücklage die Auszahlungen an die noch nicht befriedigten Aktionäre erfolgen, ohne dass es weiterer Beschlüsse bedürfte[130].

3. Erlass der Einlageforderung

75 Wurde mit der Kapitalherabsetzung ein Erlass von Resteinlagen bezweckt, bedarf es zu seiner Durchführung eines Erlassvertrags zwischen der Gesellschaft und den begünstigten Aktionären (s § 222, 41 mwN). Einen solchen Vertrag kann die Verwaltung wirksam erst nach Ablauf des Sperrhalbjahres und nach Befriedigung der Gläubiger abschließen (Abs 2 S 2). Liegen diese Voraussetzungen vor, steht dem Aktionär ein Anspruch auf Abschluss dieses Vertrags zu und zwar selbst dann, wenn bei der Gesellschaft zwischenzeitlich eine Unterbilanz eingetreten ist (s o 72). Der Erlassvertrag beruht regelmäßig auf einem Angebot der AG an die Aktionäre, das diese stillschweigend annehmen. Der Zugang der Annahme bei der AG ist nach § 151 S 2 BGB nicht erforderlich[131]. Wird ein Vertrag bereits vor Ablauf des Sperrhalbjahres und der Befriedigung der Gläubiger abgeschlossen, ist er gemäß Abs 2 S 2 schwebend unwirksam (s o 67).

4. Sachausschüttung

76 a) **Mögliche Formen der Sachausschüttung.** Die Kapitalherabsetzung kann dazu dienen, **Sacheinlagen** zurückzugewähren (s Vor § 222, 4, § 222, 40)[132]. Wie Abs 2 S 2 verdeutlicht, sind keineswegs nur Barausschüttungen zulässig. Auch § 222 Abs 3 enthält keine Beschränkung des Zwecks der Kapitalherabsetzung auf Barauszahlungen. Aus diesen Gründen ist es auch unstreitig, dass der Zweck der Kapitalherabsetzung in der Spaltung des Unternehmens bestehen kann. Dazu werden Teile des Vermögens der AG auf eine Tochtergesellschaft übertragen. Anschließend senkt die Gesellschaft ihr Grundkapital. Den dadurch frei werdenden Betrag schüttet die Muttergesellschaft in Form von Anteilen an der Tochtergesellschaft an ihre Aktionäre aus (s Vor § 222, 8). Solche Sachausschüttungen werden dem Grundsatz nach für zulässig erachtet[133], wenn folgende Voraussetzungen erfüllt sind:

---

[128] RegE InsO, BR-Drucks 1/92, S 90.
[129] RegE EGInsO, BR-Drucks 511/92, S 85.
[130] KK/*Lutter*² 45; MK/*Oechsler*² 38.
[131] KK/*Lutter*² 42.
[132] *Hüffer*⁹ § 222, 20; KK/*Lutter*² 47, § 222, 16.
[133] *Heine/Lechner* AG 2005, 269, 274; *Hüffer*⁹ § 222, 20; KK/*Lutter*² 47, § 222, 16; MK/*Oechsler*² § 222, 3.

b) **Zulässigkeit.** Während die Barausschüttung dazu führt, dass der Aktionär fungible Mittel erhält, führt die Rückgewähr von Sacheinlagen bzw die Ausschüttung in Form einer Beteiligung an der Tochtergesellschaft zu einer starken Bindung der wirtschaftlichen Bewegungsfreiheit der Aktionäre oder gar zu einer Nachteilszufügung. Hat beispielsweise ein Aktionär ein Grundstück eingebracht und ist dieses inzwischen durch die Produktion altlastenverseucht, könnte sich die AG dieses Grundstücks entledigen, indem die Mehrheit der Aktionäre eine Kapitalherabsetzung zum Zwecke der Sacheinlagenrückgewähr an den seinerzeit einbringenden Aktionär beschließt. Um den einzelnen Aktionär vor der Überwälzung derartiger Nachteile zu schützen, ist seine Zustimmung zu dem Kapitalherabsetzungsbeschluss erforderlich[134]. Gleiches gilt für den Fall, dass eine Beteiligung an einer Tochtergesellschaft ausgeschüttet werden soll. Handelt es sich bei der Tochter etwa um eine Immobilien-GbR, wird sein zuvor fungibles Vermögen nun teilweise gesamthänderisch gebunden und unterliegt zudem einer anderen Verwaltung. Eine derartige Ausschüttung ist daher nur zulässig, wenn der betroffene Aktionär zustimmt[135]. Wird nicht an alle Aktionäre das Gleiche ausgeschüttet, ist wegen § 53a die Zustimmung aller Aktionäre notwendig[136]. Erhält ein Teil der Aktionäre eine Sachwertausschüttung und ein Teil eine Barausschüttung, ist es zudem erforderlich, dass die zur Ausschüttung vorgesehenen Sachwerte bewertet werden, um die wirtschaftliche Gleichwertigkeit zu gewährleisten. Verzichten alle Aktionäre ausdrücklich auf die Bewertung, kann diese unterbleiben, da hierin zugleich die Zustimmung zu einer eventuellen Ungleichbehandlung liegt. **77**

Im Schrifttum wird weitergehend gefordert, dass unter dem Gesichtspunkt des Gläubigerschutzes jede Sachausschüttung nur zum Verkehrswert erfolgen dürfe[137] und stets eine Bewertung vorzunehmen sei[138]. Zur Begründung wird auf die Parallele zur Kapitalaufbringung verwiesen (§§ 27, 183, 194, 205)[139]. Diese Argumentation überzeugt nicht. Bei der Kapitalaufbringung ist die Überbewertung der Sacheinlage und damit die Aushöhlung der Kapitalaufbringung das zentrale Problem, weshalb eine Bewertung erforderlich ist. Anders ist dies bei der Ausschüttung von Sachwerten. Denn die Gesellschaft darf ohnehin eine Kapitalherabsetzung nur beschließen, wenn dadurch das Mindestkapital nicht unterschritten wird. Steht der Sachwert nur mit dem niedrigeren Buchwert in der Bilanz, schadet dies regelmäßig nicht, denn das der AG verbleibende Restvermögen muss mindestens dem Mindestgrundkapital entsprechen. Da die Gläubiger über § 225 Abs 1 und Abs 2 gesichert werden müssen[140], beeinträchtigt es ihre Interessen folglich nicht, wenn ein wertvoller Unternehmensbestandteil unter Wert an die Aktionäre verteilt wird (solange dies wegen § 53a gleichmäßig geschieht). Hierin unterscheidet sich die Sachausschüttung bei der Kapitalherabsetzung auch von der Sachdividende (§ 58 Abs 5). Denn bei dieser muss aus Gründen des Gläubigerschutzes die Schranke des § 150 Abs 2 beachtet werden; im Übrigen ist streitig, ob die Ausschüttung einer Sachdividende nur zum Verkehrswert erfolgen darf[141] oder auch zum Buchwert. Letzteres wird man für zulässig **78**

---

134 KK/*Lutter*² 50 sowie zur Sachdividende *Hüffer*⁹ § 58, 31 mwN.

135 KK/*Lutter*² 50; MK/*Oechsler*² 33.

136 Ebenso KK/*Lutter*² 51.

137 KK/*Lutter*² 52 f; *Heine/Lechner* AG 2005, 269, 274; Spindler-Stilz/*Marsch-Barner*² 25; iE auch MK/*Oechsler*² 33.

138 KK/*Lutter*² 52 f; MK/*Oechsler*² 33; Spindler-Stilz/*Marsch-Barner*² 25; aA *Heine/Lechner* AG 2005, 269, 275.

139 KK/*Lutter*² 52.

140 Ein Weg der Gläubigersicherung ist bei der Spaltung im Wege der Kapitalherabsetzung die Schuldübernahme durch die Tochtergesellschaft, MK/*Oechsler*² 34.

141 *Hüffer*⁹ § 58, 33; *Heine/Lechner* AG 2005, 269, 270; *Orth* Sachdividenden, WPg 2004, 777, 784; *Schnorbus* Die Sachdividende, ZIP 2003, 509, 516; *Müller* Die Änderungen im HGB und die Neuregelung der Sachdivi-

halten müssen, sofern für ausreichende Transparenz gesorgt ist[142]. In jedem Fall ist die Obergrenze der Bilanzgewinn (§§ 174, 57 Abs 3).

5. Rücklagenbildung

79 Bestand der Zweck der Kapitalherabsetzung in der Auffüllung der Rücklagen (s Vor § 222, 5, § 222, 41), sind die frei werdenden Mittel in die Kapitalrücklage einzustellen (§ 272 Abs 2 Nr 4 HGB)[143]. Sollen die Mittel zu einem späteren Zeitpunkt doch an die Aktionäre ausgeschüttet werden, ist dies nur unter Beachtung der Frist des Abs 2 S 1 und der §§ 57 Abs 3, 150 möglich; die Kapitalrücklage nach § 272 Abs 2 Nr 4 HGB ist insoweit aufzulösen und die Mittel in den Bilanzgewinn zu überführen[144]. Bei einer Unterbilanz können die Mittel folglich nicht ausgeschüttet werden.

§ 226
Kraftloserklärung von Aktien

(1) [1]Sollen zur Durchführung der Herabsetzung des Grundkapitals Aktien durch Umtausch, Abstempelung oder durch ein ähnliches Verfahren zusammengelegt werden, so kann die Gesellschaft die Aktien für kraftlos erklären, die trotz Aufforderung nicht bei ihr eingereicht worden sind. [2]Gleiches gilt für eingereichte Aktien, welche die zum Ersatz durch neue Aktien nötige Zahl nicht erreichen und der Gesellschaft nicht zur Verwertung für Rechnung der Beteiligten zur Verfügung gestellt sind.

(2) [1]Die Aufforderung, die Aktien einzureichen, hat die Kraftloserklärung anzudrohen. [2]Die Kraftloserklärung kann nur erfolgen, wenn die Aufforderung in der in § 64 Abs. 2 für die Nachfrist vorgeschriebenen Weise bekanntgemacht worden ist. [3]Die Kraftloserklärung geschieht durch Bekanntmachung in den Gesellschaftsblättern. [4]In der Bekanntmachung sind die für kraftlos erklärten Aktien so zu bezeichnen, daß sich aus der Bekanntmachung ohne weiteres ergibt, ob eine Aktie für kraftlos erklärt ist.

(3) [1]Die neuen Aktien, die an Stelle der für kraftlos erklärten Aktien auszugeben sind, hat die Gesellschaft unverzüglich für Rechnung der Beteiligten zum Börsenpreis und beim Fehlen eines Börsenpreises durch öffentliche Versteigerung zu verkaufen. [2]Ist von der Versteigerung am Sitz der Gesellschaft kein angemessener Erfolg zu erwarten, so sind die Aktien an einem geeigneten Ort zu verkaufen. [3]Zeit, Ort und Gegenstand der Versteigerung sind öffentlich bekanntzumachen. [4]Die Beteiligten sind besonders zu benachrichtigen; die Benachrichtigung kann unterbleiben, wenn sie untunlich ist. [5]Bekanntmachung und Benachrichtigung müssen mindestens zwei Wochen vor der Versteigerung ergehen. [6]Der Erlös ist den Beteiligten auszuzahlen oder, wenn ein Recht zur Hinterlegung besteht, zu hinterlegen.

---

dende durch das Transparenz- und Publizitätsgesetz, NZG 2002, 752, 758 f. Ausdrücklich offen gelassen in den Gesetzesmaterialien, BT-Drucks 14/8769, S 13.

142 MK/*Bayer*[3] § 58, 110; *Lutter/Leinekugel/Rödder* Die Sachdividende, ZGR 2002, 204, 215 ff; wohl auch *DAV Handelsrechtsausschuss* NZG 2002, 115, 116. Unter steuerlichen Gesichtspunkten differenzierend MK/*Kropff*[2] § 170, 55 f.

143 KK/*Lutter*[2] 46.

144 KK/*Lutter*[2] 46.

Übersicht

Schrifttum

Bork Mitgliedschaftsrechte unbekannter Aktionäre während des Zusammenlegungsverfahrens nach § 226 AktG, FS Claussen, 1997, 49; *Kralik* Der Umtausch und die Zusammenlegung von Aktien, DJ 1941, 235; *Siebel* Aktienspitzen, NJW 1952, 330; *Zöllner* Neustückelung des Grundkapitals und Neuverteilung von Einzahlungsquoten bei teileingezahlten Aktien der Versicherungsgesellschaften, AG 1985, 19. Vgl auch die Schrifttumsnachweise Vor § 222.

I. Gesetzesgeschichte

1 Die Norm stimmt weitgehend mit § 179 AktG 1937 überein[1]. In Abs 1 wurde das Wort „Ausführung" durch den Begriff „Durchführung" ersetzt, um die Vorschrift an den Sprachgebrauch des § 227 anzupassen. Abs 2 S 2 und S 3 sind präzisiert worden. Neu ist die Klarstellung in Abs 2 S 4. Schließlich ist auf die Klarstellung in § 72 Abs 3 hinzuweisen, die das Verhältnis zum Aufgebotsverfahren klärt. Im Jahre 2002 wurden in Abs 3 S 1 die Wörter „zum amtlichen Börsenpreis durch Vermittlung eines Kursmaklers" durch die Wörter „zum Börsenpreis" ersetzt[2].

II. Normzweck

2 Die Vorschrift soll verhindern, dass die Kapitalherabsetzung, die im Wege der **Zusammenlegung** (§ 222 Abs 4 S 2) erfolgt, an der fehlenden Mitwirkung der Aktionäre scheitert[3]. Nach der Zusammenlegung von Nennbetragsaktien sind die ausgegebenen Ak-

---

1 *Kropff* AktG 1965, S 318 f. Zur Geschichte der Kapitalherabsetzung im Allgemeinen s Vor § 222, 73 ff.

2 Art 7 Nr 1 des Gesetzes zur weiteren Fortentwicklung des Finanzplatzes Deutschland (Viertes Finanzmarktförderungsgesetz) v 21.6.2002, BGB I 2010.

3 BGH AG 1992, 27, 28; *Hüffer*[9] 1.

tienurkunden fehlerhaft und müssen umgetauscht, abgestempelt oder auf andere Art und Weise angepasst werden. Zu diesem Zweck fordert die Gesellschaft die Aktionäre zur Einreichung der Aktien auf (§ 226 Abs 2). Wirken die Aktionäre bei diesen Maßnahmen nicht mit, erlaubt die Norm der Gesellschaft, die nicht eingereichten Aktien **für kraftlos zu erklären** (Abs 1 S 1). Die Kraftloserklärung beseitigt nicht die Mitgliedschaft als solche, sondern bewirkt lediglich, dass die Aktienurkunde dieses nicht mehr verbrieft. Eine Kraftloserklärung ist auch dann möglich, wenn die Aktien zwar eingereicht wurden, die Aktienzahl aber nicht für eine Zusammenlegung zu einer neuen Aktie ausreicht und die Aktionäre der Gesellschaft nicht die Befugnis geben, diese Aktienspitzen zu verwerten (Abs 1 S 2). Das Verfahren der Kraftloserklärung bestimmt sich nach Abs 2. Die **Verwertung der neuen Aktien**, die an die Stelle der für kraftlos erklärten Papiere treten, regelt Abs 3.

III. Anwendungsbereich der Vorschrift

1. Überblick und Abgrenzung zu § 73

3 Die Kapitalherabsetzung kann im Wege der Herabsetzung des Nennbetrags (§ 222 Abs 4 S 1), durch Zusammenlegung von Aktien (§ 222 Abs 4 S 2) und im Wege der Einziehung (§§ 237 ff) erfolgen. Ob und welche Maßnahmen zur Durchführung der Kapitalherabsetzung notwendig sind, richtet sich ua danach, welche Aktienform die Gesellschaft ausgegeben hat:

4 a) **Stückaktien.** Hat sie **Stückaktien** ausgegeben, haben diese keinen Nennwert, sondern repräsentieren eine Beteiligungsquote am Grundkapital (§ 8 Abs 3 S 1 und 2). Nach einer Kapitalherabsetzung ist keine Anpassung der einzelnen Stückaktien erforderlich (s § 222, 48). Daher kommen **weder § 73 noch § 226**[4] zur Anwendung (s aber u 37).

5 b) **Nennbetragsaktien.** Die Summe der Nennwerte der Aktien muss dem Grundkapital entsprechen (§ 1 Abs 2). Sofern die Gesellschaft über **Nennbetragsaktien** (§ 8 Abs 2) verfügt, ist bei der Durchführung der Kapitalherabsetzung zwischen einer solchen durch Herabsetzung der Nennbeträge und einer solchen durch Zusammenlegung von Aktien zu unterscheiden.

6 Bei einer **Herabsetzung der Nennbeträge der Aktien** sind wiederum zwei Varianten denkbar. (1) Hat die Gesellschaft an die Aktionäre keine Einzelurkunden oder Mehrfachurkunden ausgegeben (vgl § 10 Abs 5), sondern lediglich eine **Globalurkunde** hinterlegt, ist nur diese zu ändern, wenn auf ihr die Stückenummern der Einzelaktien aufgelistet sind[5]. Handelt es sich um eine Globalurkunde, die selbst eine Stückenummer aufweist, führt die Gesellschaft ein Verzeichnis der dadurch verbrieften Aktien[6]. Dies ist zu aktualisieren. Einer Mitwirkung der Aktionäre bedarf es in beiden Fällen nicht, weshalb ihnen gegenüber auch keine Maßnahmen nach § 73 notwendig sind.

7 (2) Hat die Gesellschaft dagegen **Einzel- oder Mehrfachurkunden** ausgegeben, bedarf es einer Korrektur dieser inhaltlich fehlerhaft gewordenen Aktienurkunden. Sie müssen daher berichtigt, dh abgestempelt oder ausgetauscht werden. Zu diesem Zweck fordert die Gesellschaft die Aktionäre zur Vorlage der Urkunden vor (§ 73 Abs 2 S 1). Wirken Aktionäre nicht mit, kann die Gesellschaft deren Aktienurkunden im Zusammenwirken

---

[4] MünchHdBAG-*Krieger*[3] § 60, 51.
[5] MünchHdBAG-*Wiesner*[3] § 12, 20.
[6] MünchHdBAG-*Wiesner*[3] § 12, 20.

mit dem Registergericht nach § 73 Abs 1 S 2 für kraftlos erklären lassen[7]. Anstelle der eingezogenen Aktien gibt die Gesellschaft gemäß § 73 Abs 3 neue Urkunden aus. § 73 wird im Übrigen auch im Falle der Einziehung angewendet (s § 238, 23 ff). Eine Verwertung von Aktien bedarf es nicht[8].

War zur Kapitalherabsetzung eine **Zusammenlegung von Aktien** erforderlich (s § 222, 51 ff), sind ebenfalls zwei Fallgestaltungen zu unterscheiden. (1) Hat die Gesellschaft keine Aktienurkunden emittiert (§ 10 Abs 5), beschließt der Vorstand die Zusammenlegung konkreter Mitgliedschaftsrechte[9]. Es besteht aber keine Notwendigkeit für sonstige Durchführungsmaßnahmen nach § 226 gegenüber den Aktionären; die Gesellschaft muss lediglich die Globalurkunde berichtigen (s 6)[10]. (2) Sind einzelne Aktienurkunden oder Mehrfachurkunden ausgegeben, werden diese durch den Kapitalherabsetzungsbeschluss inhaltlich fehlerhaft. Um einen § 8 Abs 4 entsprechenden Zustand herzustellen, müssen nicht nur die Mitgliedschaftsrechte zusammengelegt, sondern auch die Aktienurkunden korrigiert oder ausgetauscht werden. Wirken die Aktionäre hierbei nicht mit, kann die Gesellschaft diese Aktien nach § 226 Abs 1 und 2 für kraftlos erklären lassen. Die Aktionäre verlieren dadurch ihre Mitgliedschaft. Die Vorschrift erfasst weiterhin den Fall, dass zwar die Aktien eingereicht werden, sie in der Summe aber nicht die Zahl erreichen, um sie zu einem Mitgliedschaftsrecht zusammenzulegen. Versäumen es die Aktionäre, der Gesellschaft für diesen Fall die Befugnis für eine Verwertung dieser Aktienspitzen zu geben, bedarf es ebenfalls der Kraftloserklärung (Abs 1 S 2). **8**

Zusammenfassend lässt sich damit feststellen, dass § 226 **ausschließlich** den Fall der **Kapitalherabsetzung durch Zusammenlegung von einzeln oder mehrfach verbrieften Nennbetragsaktien** betrifft, während für den Fall der Herabsetzung des Nennwerts oder für die Einziehung solcher Aktien § 73 maßgeblich ist (vgl § 73 Abs 4). Wird bei der Kapitalherabsetzung neben der Nennbetragsherabsetzung auch eine Zusammenlegung notwendig (§ 222, 53), sind das **Verfahren nach § 73 und das nach § 226 miteinander zu verbinden**[11]. **9**

Über § 229 Abs 3 findet § 226 auch auf die vereinfachte Kapitalherabsetzung durch Zusammenlegung von Aktien Anwendung. Die §§ 72, 73, 125, 248, 268 Abs 3 S 2 UmwG erklären die Vorschrift für anwendbar, wenn eine Verschmelzung, Spaltung bzw ein Formwechsel unter Beteiligung einer AG stattfindet. Schließlich wurde bei der Kapitalneufestsetzung[12] im Zuge der Währungsreform nach der deutschen Wiedervereinigung auf § 226 Bezug genommen (§§ 27, 56c Abs 1 DMBilG). **10**

2. Freiwillige Vereinigung von Aktien

Die Vorschrift ist **nicht (auch nicht entsprechend) anwendbar** auf Formen der Zusammenlegung von Aktien, die anderen Zwecken als der Kapitalherabsetzung dienen. Will die Gesellschaft beispielsweise die Zahl der Aktien vermindern, kann sie dies nur im Wege der Vereinigung von Aktien erreichen. Diese freiwillige Vereinigung stellt keinen Fall der „Zusammenlegung" dar, denn das Gesetz reserviert diesen Begriff für die Zusammenlegung von Aktien bei der Kapitalherabsetzung. Die freiwillige Vereinigung von Aktienrechten stellt eine Satzungsänderung dar und richtet sich folglich nach den §§ 179 ff. Sie kann, sofern nicht die Satzung eine entsprechende Ermächtigung enthält[13], **11**

---

[7] Statt vieler MK/*Oechsler*[2] 35.
[8] KK/*Lutter*[2] 2.
[9] KK/*Lutter*[2] 10.
[10] MünchHdBAG-*Krieger*[3] § 60, 60.
[11] K Schmidt/Lutter/*Veil*[2] 2.
[12] Dazu *Bork* FS Claussen, 49, 50 ff.
[13] Eine solche ist zulässig, *Schilling* Voraufl 1; KK/*Lutter*[2] 4.

nur mit Zustimmung aller betroffenen Aktionäre erfolgen, da in deren unentziehbare Rechte eingegriffen wird[14]. Wirken die Aktionäre an einer freiwilligen Zusammenlegung nicht mit, darf die Gesellschaft die nicht eingereichten Aktien keineswegs nach § 73 oder § 226 für kraftlos erklären und anschließend verwerten. Diese Befugnis hat sie nur in dem gesetzlich zugelassenen Fall[15]. Es spricht jedoch nichts dagegen, dass sich die Aktionäre in der ursprünglichen Satzung oder in dem Beschluss über die Satzungsänderung dem Verfahren nach § 226 unterwerfen. Andernfalls hätte die Gesellschaft keinerlei Möglichkeit, eine Berichtigung der Aktien zu erreichen.

IV. Zuständigkeit und Verfahren

12 Zuständig für die Durchführung der Kapitalherabsetzung und damit für die Zusammenlegung der Aktien sowie ggf für die Maßnahmen nach § 226 ist der Vorstand (§ 83 Abs 2). Es handelt sich um eine gesetzlich festgelegte Sonderkompetenz, denn normalerweise ist der Vorstand nicht befugt, in die Mitgliedschaftsrechte der Aktionäre einzugreifen[16]. Soweit der Kapitalherabsetzungsbeschluss Vorgaben für die Durchführung enthält, binden sie den Vorstand (s § 222, 26, 61). Fehlen solche Vorgaben oder sind sie lückenhaft, entscheidet der Vorstand nach pflichtgemäßem Ermessen[17]. Er ist zur **unverzüglichen (§ 121 Abs 1 S 1 BGB) Durchführung der Kapitalherabsetzung** verpflichtet, sofern nicht im Einzelfall aus sachlichen Gründen eine Ausnahme geboten ist (zB bei einer sog Restgesellschaft[18]). Eine rasche Entscheidung ist deshalb notwendig, weil die Gesellschaft und die Aktionäre wissen müssen, wem die Verwaltungsrechte (zB die Befugnis zur Anfechtung von Hauptversammlungsbeschlüssen) und die Vermögensrechte (insb die Dividende) zustehen.

13 Die Durchführung der Kapitalherabsetzung durch Zusammenlegung erfolgt in folgenden Schritten: Der Vorstand fordert die Aktionäre auf, die alten Aktienurkunden einzureichen und droht die Kraftloserklärung an (Abs 2 S 1). Reichen die Aktionäre daraufhin die erforderliche Anzahl an Aktien **zum Zwecke der Zusammenlegung** ein, entscheidet der Vorstand unmittelbar über die Zusammenlegung (s u 31 ff) und führt diese Entscheidung aus (s u 37 f). Aktionäre, die nicht über die erforderliche Anzahl an Aktien verfügen, die für eine Zusammenlegung notwendig ist, können die Aktien **zum Zwecke der Verwertung** einreichen. Die Gesellschaft legt diese freien Spitzen dann mit einer ausreichenden Zahl anderer Aktienspitzen zusammen und verwertet die neue Aktie für Rechnung der Beteiligten. Eine Kraftloserklärung ist in beiden Fällen nicht notwendig. In der freiwilligen Einreichung der Aktien liegt regelmäßig auch die Zustimmung zur Verwertung der Spitzen[19].

14 Folgen alle oder einzelne Aktionäre der Aufforderung dagegen nicht, wird der Vorstand ihnen gegenüber zunächst die Maßnahmen nach § 226 Abs 1 und 2 ergreifen und die fehlende Mitwirkung der Aktionäre ersetzen (dazu u 15 ff), um anschließend die Entscheidung über die Zusammenlegung konkreter Aktien zu treffen (s u 31 ff). Im letzten Schritt sind die Aktien sodann für Rechnung der Beteiligten zu verwerten (s u 39 ff).

---

[14] *Godin/Wilhelmi*[4] 2; KK/*Kraft*[2] § 8, 56; KK/*Lutter*[2] 4; *Schilling* Voraufl 1; *Schlegelberger/Quassowski*[3] § 8, 16; *Zöllner* AG 1985, 19, 21 ff.

[15] *Schilling* Voraufl 1.

[16] KK/*Lutter*[2] 7.

[17] RGZ 80, 81, 83 f; KK/*Lutter*[2] 6; *Hüffer*[9] 3; MünchHdBAG-*Krieger*[3] § 60, 52.

[18] BGH AG 1992, 27, 28 m Anm *Butzke* WuB II A § 226 AktG 1.92; *Hüffer*[9] 3.

[19] Spindler-Stilz/*Marsch-Barner*[2] 9.

V. Die Kraftloserklärung der Aktien (Abs 1 und 2)

1. Rechtliche Bedeutung

Eine Kraftloserklärung nach § 226 setzt voraus, dass die Kapitalherabsetzung wirksam ist (§ 224) und sie durch Zusammenlegung von Aktien erfolgen soll (s o 3 ff). Die Kraftloserklärung selbst lässt die **Mitgliedschaft unberührt.** Sie bewirkt lediglich, dass die Aktienurkunde das Mitgliedschaftsrecht nicht mehr verbrieft. Infolgedessen kommt bei unverbrieften Mitgliedschaftsrechten keine Kraftloserklärung in Betracht (s o 8). Dies ergibt sich nicht nur aus dem Sinn und Zweck der Vorschrift, sondern auch aus ihrem Wortlaut, der darauf abstellt, dass die Aktien „eingereicht" werden[20]. **15**

§ 226 ist **zwingend.** Daher kann die Satzung die Voraussetzungen der Kraftloserklärung weder ausschließen noch erschweren oder erleichtern (§ 23 Abs 5 S 1)[21]. Auch andere Druckmittel (zB die entschädigungslose Einziehung oder die Entziehung von Vermögens- oder Verwaltungsrechten) darf weder die Satzung vorsehen noch die Hauptversammlung mit Mehrheit beschließen[22]. Die Aktionäre können jedoch individuell auf einzelne oder alle Vorgaben des § 226 verzichten[23]. Eine solche Situation liegt auch vor, wenn alle Aktionäre in der Hauptversammlung präsent sind und einstimmig der Maßnahme zustimmen. **16**

2. Pflicht zur Kraftloserklärung

Nach dem Wortlaut von Abs 1 S 1 „kann" die Gesellschaft die Aktien für kraftlos erklären. Da der Vorstand jedoch zur Umsetzung des Kapitalherabsetzungsbeschlusses verpflichtet ist, steht ihm regelmäßig kein Ermessen zu. Vielmehr kann und muss er die nicht eingereichten und die nicht zur Verwertung freigegebenen Aktien für kraftlos erklären. Dies folgt auch daraus, dass der Vorstand verpflichtet ist, einen mit § 8 in Einklang stehenden Zustand herzustellen oder aufrechtzuerhalten[24]. Nur wenn außergewöhnliche Umstände vorliegen, wie zB bei einer Restgesellschaft, kann er von einer Kraftloserklärung Abstand nehmen[25]. **17**

3. Voraussetzungen der Kraftloserklärung

a) **Fallgruppen.** Eine Kraftloserklärung ist nur in zwei Fällen zulässig: (1) Nach Abs 1 S 1 ist die Kraftloserklärung möglich, wenn ein Aktionär trotz der Aufforderung innerhalb bestimmter Frist seine Aktien nicht bei der Gesellschaft einreicht. Der Grund für die Nichteinreichung ist unerheblich. Auch kommt es nicht darauf an, ob der Gesellschaft genügend Aktien zur Verfügung gestellt wurden, um aus ihnen eine neue Aktie zu bilden. (2) Nach Abs 1 S 2 ist die Kraftloserklärung weiterhin für den Fall vorgesehen, dass die **18**

---

[20] *Schilling* Voraufl 8; *Godin/Wilhelmi*[4] 7; KK/*Lutter*[2] 15.

[21] *Hüffer*[9] 7; MK/*Oechsler*[2] 2; Heidel/ *Terbrack*[3] 12; Spindler-Stilz/*Marsch-Barner*[2] 11; aA KK/*Lutter*[2] 18; *Schilling* Voraufl 14, die eine Erschwerung in der Satzung für zulässig halten.

[22] RGZ 37, 131 f; 38, 95, 99; *Hüffer*[9] 7; KK/*Lutter*[2] 18.

[23] *Hüffer*[9] 7; Spindler-Stilz/*Marsch-Barner*[2] 11.

[24] KK/*Lutter*[2] 19; *Godin/Wilhelmi*[4] 9; MK/*Oechsler*[2] 18; MünchHdBAG-*Krieger*[3] § 60, 57; Spindler-Stilz/*Marsch-Barner*[2] 11; aA *Schlegelberger/Quassowski*[3] § 179, 5. Kritisch auch *Butzke* WuB II A § 226 AktG 1.92.

[25] BGH AG 1992, 27, 28 m insoweit zust Anm *Butzke* WuB II A § 226 AktG 1.92; *Becker* in Bürgers/Körber 6.

Zahl der vom Aktionär eingereichten Aktienurkunden zu gering ist, um eine neue Aktie zu bilden (s o 32), und er der Gesellschaft nicht die Befugnis erteilt hat, die deshalb bestehenden Spitzen für seine Rechnung zu verwerten. Reicht ein Aktionär seine Aktien ohne weitere Erklärung ein, kann davon ausgegangen werden, dass er mit dem üblichen Verfahren, dh auch mit der Verwertung der Aktienspitzen, einverstanden ist (s o 13 aE). Nur wenn er ausdrücklich erklärt, dies nicht zu wollen, kommt also eine Kraftloserklärung gemäß Abs 1 S 2 zum Zuge[26].

19 b) **Inhalt der Aufforderung.** Die Kraftloserklärung setzt voraus, dass die Gesellschaft die Aktionäre in den Gesellschaftsblättern **zur Einreichung der Aktienurkunden aufgefordert** hat. Die Aufforderung muss eine bestimmte **Frist** zur Einreichung festlegen. Sofern der Kapitalherabsetzungsbeschluss keine Vorgaben enthält, wird die Frist vom Vorstand nach Maßgabe des § 64 Abs 2 festgesetzt.

20 Weiterhin muss die Aufforderung **eindeutig** die **Androhung** enthalten, dass nicht fristgerecht eingereichte Aktien für kraftlos erklärt werden. Nicht ausreichend ist der bloße Hinweis, man werde im Falle des Nichteinreichens nach dem Gesetz verfahren, weil der Aktionär den Inhalt des § 226 im Zweifel nicht kennt.

21 c) **Bekanntmachung der Aufforderung.** Die Aufforderung einschließlich der Frist und der Androhung muss gemäß Abs 2 S 2 i.V.m. § 64 Abs 2 dreimal **in den Gesellschaftsblättern** (s § 25) **bekannt gemacht** werden. Die erste Bekanntmachung muss mindestens drei Monate, die letzte mindestens einen Monat vor Fristablauf ergehen. Zwischen den einzelnen Bekanntmachungen muss ein Zeitraum von mindestens drei Wochen liegen. Die Gesellschaft kann, wenn sie Aktionäre namentlich kennt, auch im Wege von Rundschreiben die dreimalige Aufforderung erklären, wobei sie für den Zugang beweispflichtig ist[27]. Bei vinkulierten Aktien genügt gemäß § 64 Abs 2 S 4 anstelle der öffentlichen Bekanntgabe die einmalige Aufforderung an die einzelnen Aktionäre, ihre Aktien binnen Monatsfrist einzureichen (zu weiteren Einzelheiten s die Kommentierung zu § 64). Da dieser Weg einfacher ist, wird ihn die Gesellschaft regelmäßig bevorzugen.

4. Die eigentliche Kraftloserklärung

22 Die Kraftloserklärung ist ein **einseitiges Rechtsgeschäft**. Es wird durch eine nicht empfangsbedürftige Willenserklärung vorgenommen, die zu ihrer Wirksamkeit (lediglich) der einmaligen **Bekanntmachung in den Gesellschaftsblättern** bedarf (Abs 2 S 3). Der Gesetzeswortlaut ist eindeutig; eine Bekanntgabe gegenüber einzelnen oder allen Aktionären ist gerade nicht erforderlich und auch nicht ausreichend[28]. Denn die Kraftloserklärung beseitigt die Wertpapiereigenschaft der Aktienurkunden und hierüber muss der Rechtsverkehr insgesamt benachrichtigt werden. Daher ist die Bekanntmachung in den Gesellschaftsblättern auch bei vinkulierten Aktien erforderlich[29]. Die Sonderregelung des § 64 Abs 2 S 4 (dazu soeben 21) bezieht sich nur auf die Aufforderung zur Einreichung, nicht aber auch auf die anschließende Kraftloserklärung.

23 In der Bekanntmachung sind die für kraftlos erklärten Aktienurkunden so **genau zu bezeichnen**, dass sich aus ihr eindeutig ergibt, welche Aktienurkunden von der Kraft-

---

26 KK/*Lutter*² 14.
27 KK/*Lutter*² 20.
28 So aber *Kralik* DJ 1941, 245, 248 f; zu Recht aA die ganz hM, vgl statt vieler KK/*Lutter*² 16, 21.
29 *Godin/Wilhelmi*⁴ 12; *Hüffer*⁹ 11; MK/*Oechsler*² 17.

loserklärung erfasst sind (Abs 2 S 4). Zu diesem Zweck genügt die Angabe der **Seriennummer** oder eine **andere ausreichende Art** der eindeutigen Identifizierung der für kraftlos erklärten Wertpapiere.

Zur Kraftloserklärung bedarf es keiner besonderen „Verlustigerklärung" noch ist sie in der Kraftloserklärung enthalten[30]. Die Kraftloserklärung und sogar auch noch die anschließende Zusammenlegung lassen die Mitgliedschaft unberührt. Erst die Verwertung der Aktien führt zu ihrem Verlust. **24**

5. Rechtsfolgen

Die Rechtsfolge der Kraftloserklärung besteht darin, dass der Aktie ihre **Eigenschaft als Wertpapier genommen** wird. Sie verkörpert nicht mehr die Mitgliedschaft. Es handelt sich nur noch um ein Stück Papier, dessen Erwerb nicht (auch nicht im Wege des Rechtsscheins) zum Erwerb der Mitgliedschaft führen kann[31]. Den für kraftlos erklärten Aktienurkunden kommt allerdings noch die Funktion eines Nachweises der alten Mitgliedschaft zu (wichtig zB für die Empfangsberechtigung des auf diese Aktie entfallenden Verwertungserlöses). **25**

Die Kraftloserklärung der Urkunde lässt die eigentliche **Mitgliedschaft unberührt**[32]. Sie wird erst durch die nachfolgende Zusammenlegungsentscheidung betroffen (s u 34). In der Zeitspanne zwischen Kraftloserklärung der Aktienurkunden und Zusammenlegungsentscheidung sind die betroffenen Aktionäre also weiterhin Inhaber der Mitgliedschaft in Form von Teilrechten; sie können ihre Mitgliedschaftsrechte weiterhin ausüben (dazu im Einzelnen § 224, 12)[33]. In der Praxis ist die Zeitspanne bis zur Verwertung aber so gering, dass es regelmäßig auf diese Frage nicht ankommt. Zwischen der Kraftloserklärung und der Zusammenlegungsentscheidung können die Aktionäre ihre Rechtsstellung nur noch nach den §§ 413, 398 ff BGB übertragen[34]. **26**

Hat die Gesellschaft die nicht eingereichten Aktien bereits für kraftlos erklärt, aber noch nicht verwertet, kann ein davon betroffener Aktionär verlangen, dass die Gesellschaft seine alten Aktien in neue umtauscht; er muss nur Aktienurkunden in einer für das Umtauschverhältnis ausreichenden Zahl vorlegen[35]. Die Frist zur Einreichung der alten Aktien stellt also **keine Ausschlussfrist** dar. Sie dient lediglich dazu, der Gesellschaft die Kapitalherabsetzung auch ohne Mitwirkung der Aktionäre zu ermöglichen. Wenn ein Aktionär nach Ablauf der Frist doch noch freiwillig mitwirkt, wird dieses Ziel gerade erreicht[36]. **27**

6. Die Fehlerhaftigkeit der Kraftloserklärung

Die Kraftloserklärung leidet an einem **materiellen Mangel**, wenn die sachliche Voraussetzung eines wirksamen Kapitalherabsetzungsbeschlusses fehlt. War dieser also **nichtig oder (endgültig) unwirksam** (§ 222, 71 ff), schlägt dieser Mangel auf die Kraftlos- **28**

---

30 So aber *Godin/Wilhelmi*[4] 4, 7. Zu Recht aA KK/*Lutter*[2] 22.

31 KK/*Lutter*[2] 16.

32 OLG Koblenz NJW-RR 1993, 1062, 1063 = ZIP 1993, 772; zust *v. Gerkan* EWIR 1993, 739, 740; KK/*Lutter*[2] 16; missverständlich *Godin/Wilhelmi*[4] 4, die vom Verlust der subjektiven Berechtigung sprechen.

33 AA KK/*Lutter*[2] 16; *Hüffer*[9] 13, die vom Ruhen der Rechte ausgehen.

34 KK/*Lutter*[2] 16; teilweise aA *Schlegelberger/Quassowski*[3] § 179, 9.

35 RGZ 37, 131, 133; *Kralik* DJ 1941, 254, 249; KK/*Lutter*[2] 17; *Hüffer*[9] 13.

36 MK/*Oechsler*[2] 16; MünchHdBAG-*Krieger*[3] § 60, 58.

erklärung durch[37]. Der Vorstand hat gerade nicht die Kompetenz, einen fehlenden Hauptversammlungsbeschluss zu ersetzen, sondern soll nur wirksame Beschlüsse ausführen (§ 83 Abs 2)[38]. Der Mangel des Kapitalherabsetzungsbeschlusses wird im Wege der Anfechtungs- oder Nichtigkeitsklage geltend gemacht. Ist der Hauptversammlungsbeschluss **schwebend unwirksam** und wird er nach der Kraftloserklärung wirksam, stellt sich die Frage, ob die unwirksame Kraftloserklärung geheilt wird. Dies ist zu verneinen, denn ein Aktionär ist nicht verpflichtet, seine Aktien überhaupt einzureichen, solange die Kapitalherabsetzung nicht wirksam ist. Da er nicht wissen kann, wann der Kapitalherabsetzungsbeschluss wirksam wird, müsste er seine Aktien vorsorglich einreichen, was unzumutbar ist[39].

29 Die Kraftloserklärung leidet an einem **formellen Mangel**, wenn die Aufforderung an die Aktionäre nicht den gesetzlichen Vorgaben (s o 18 bis 21) entspricht[40]. Betroffene Aktionäre können dies im Wege der Feststellungsklage geltend machen[41]. Liegen formelle oder materielle Mängel vor, können die betroffenen Aktionäre gegen die anstehende Verwertung der Aktien auf Unterlassung klagen und ggf eine einstweilige Verfügung beantragen[42].

30 Die Mitgliedschaft wird bei einer fehlerhaften Kraftloserklärung weiterhin durch **die bisherigen Aktien verkörpert**, so dass die neuen Aktien unwirksam sind. Sie stellen ein Stück wertloses Papier dar. Auch ein **gutgläubiger Erwerber** wird nicht geschützt, da die Aktie ein deklaratorisches und kein konstitutives Wertpapier darstellt. Der erzeugte Rechtsschein muss hier zurücktreten[43]. Dass dies kein ungewöhnlicher Vorgang ist, zeigen die §§ 8 Abs 2 S 2, 10 Abs 4 S 1, 41 Abs 4 S 2, 191 S 2. Die Personen, die die neuen Aktien ausgegeben haben (dh die Vorstandsmitglieder), schulden den Erwerbern analog §§ 8 Abs 2 S 3, 10 Abs 4 S 2, 41 Abs 4 S 3, 191 S 3 als Gesamtschuldner Schadensersatz[44]. Daneben haftet die Gesellschaft aus § 31 BGB.

VI. Die Zusammenlegung der Aktien

1. Die Entscheidung über die Zusammenlegung

31 Die **Zusammenlegung** erfolgt durch eine Entscheidung des Vorstands. Dies gilt selbst dann, wenn ein Aktionär über genügend Teilrechte verfügt, die zu einem oder mehreren neuen Vollrechten erstarken könnten. Eine automatische Erstarkung wird bei § 741 BGB bejaht, wenn sich alle Bruchteile in einer Hand vereinigen[45]. Bei der Aktie muss jedoch aus Gründen der Rechtssicherheit ersichtlich sein, welche konkreten Teilrechte aus der Masse der Teilrechte zu welchem Mitgliedschaftsrecht vereint werden. Dies aber lässt sich nur durch eine ausdrückliche Entscheidung über die Zusammenlegung erreichen. Ein automatisches Erstarken einer ausreichenden Anzahl von Teilrechten zum Vollrecht

---

37 KK/*Lutter*[2] 24; *Hüffer*[9] 17; MünchHdBAG-*Krieger*[3] § 60, 58.
38 MK/*Oechsler*[2] 20.
39 MK/*Oechsler*[2] 20.
40 KK/*Lutter*[2] 24; *Hüffer*[9] 17; MünchHdBAG-*Krieger*[3] § 60, 58.
41 KK/*Lutter*[2] 24.
42 RGZ 27, 50, 52; *Hüffer*[9] 17.
43 BGH AG 1992, 27, 28; RGZ 54, 389, 395 – zur GmbH; Baumbach/*Hueck*[13] 9; KK/*Lutter*[2] 24; MünchHdBAG-*Krieger*[3] § 60, 58; MK/*Oechsler*[2] 21; aA noch RGZ 27, 50, 52; iE auch *Kort* ZGR 1994, 291, 303 ff.
44 Baumbach/*Hueck*[13] 9; *Hüffer*[9] 17; KK/*Lutter*[2] 24; MK/*Oechsler*[2] 21.
45 MK BGB/*K Schmidt*[4] § 741, 31; Bamberger-Roth/*Gehrlein*[2] § 749, 1.

ist also abzulehnen[46]. Der Vorstand bestimmt, welche konkreten Teilrechte (Aktien oder Aktienspitzen) jeweils zu einem neuen Mitgliedschaftsrecht zusammengelegt werden. Diese Entscheidung ist **eine nicht empfangsbedürftige Willenserklärung**[47]. Sie wird durch bloße Kundgabe (zB Aktenvermerk, Protokoll des Beschlusses, Berichtigung der Urkunden, Benachrichtigung der Aktionäre oder Ausgabe der berichtigten Aktien, Weitergabe der zusammengelegten Spitzen zur Verwertung) wirksam. Die Entscheidung ist unabhängig davon notwendig, ob die Aktienrechte **verbrieft sind oder nicht** (s o 6 und 8)[48]. In der Aufforderung zum Einreichen der Aktien (s o 19) liegt noch keine Kundgabe der Zusammenlegungsentscheidung[49]. Nicht ausreichend ist auch der Druck neuer Aktienurkunden[50].

Die Zusammenlegung kann selbst dann erfolgen, wenn die Zahl der eingereichten Aktien eines Aktionärs nicht ausreicht, um eine neue Aktie zu bilden (**Spitzen**). Handelt es sich etwa um eine Kapitalherabsetzung durch Zusammenlegung im Verhältnis 7:1, erhält ein Aktionär, der 100 Aktien besitzt, 14 neue Aktien; die verbleibenden 2 Aktien müssen daher mit einer ausreichenden Zahl Aktien anderer Aktionäre zusammengelegt werden. Denn eine **selbstständige Verwertung der Bruchteile** ist ausgeschlossen[51]. **32**

Gegen die Zusammenlegungsentscheidung steht den Aktionären kein Widerspruchsrecht zu[52]. Denn die Entscheidung erfolgt in Ausführung eines Hauptversammlungsbeschlusses, der den Vorstand zu dieser Maßnahme verpflichtet. Der Aktionär kann daher nur gegen den Hauptversammlungsbeschluss vorgehen. Allerdings ist der Vorstand zu einer möglichst **schonenden Gestaltung der Zusammenlegungsentscheidung** verpflichtet[53]: (1) Er muss daher seine Entscheidung so treffen, dass für einen Aktionär möglichst viele neue Mitgliedschaftsrechte entstehen[54]. Reichen beispielsweise bei einer Kapitalherabsetzung mit Zusammenlegung im Verhältnis 5:1 ein Aktionär sieben Aktien und zwei weitere Aktionäre jeweils vier Aktien ein, muss der Vorstand dem Aktionär, der mehr als die erforderliche Zahl Aktien einreicht, ein neues Mitgliedschaftsrecht zuteilen. Nur die entstehende Aktienspitze von zwei Aktien darf er sodann mit den Spitzen der anderen Aktionäre zusammenlegen. Es wäre unzulässig, wenn der Vorstand die insgesamt eingereichten 15 Aktien nimmt und drei neue Mitgliedschaftsrechte in Mitinhaberschaft bildet. (2) Aus der Pflicht zur schonenden Gestaltung der Mitgliedschaft folgt weiterhin, dass möglichst viele Aktienspitzen zu neuen Mitgliedschaftsrechten zusammenzulegen sind. Reichen also bei der Kapitalherabsetzung im Verhältnis 5:1 drei Aktionäre jeweils 7 Aktien ein, muss der Vorstand je ein neues Mitgliedschaftsrecht für die drei Aktionäre und ein Mitgliedschaftsrecht in Mitinhaberschaft schaffen. Nur die 21. Aktienspitze darf dann abgefunden werden. Es stellte einen Pflichtverstoß dar, wenn der Vorstand bei allen drei Aktionären jeweils zwei Aktienspitzen abfindet. Die Pflicht zur schonenden Gestaltung stellt die konsequente Fortsetzung des **Grundsatzes der Subsidiarität** (s o § 222, 52 ff) dar. Die Pflicht setzt allerdings voraus, dass der Vorstand erkennen kann, wem die Teilrechte gehören, die er zusammenlegt. Dies ist bei Namensaktien wegen § 67 **33**

[46] MK/*Oechsler*[2] 9; *Bork* FS Claussen, 1997, 49, 52 f; *Westhoff* DNotZ 1951, 108, 112 f; aA *Siebel* NJW 1952, 330, 330 f.

[47] *Bork* FS Claussen, 1997, 49, 52; *Hüffer*[9] 4; MK/*Oechsler*[2] 5; Spindler-Stilz/*Marsch-Barner*[2] 6; aA noch *Schilling* Voraufl 11 (empfangsbedürftig).

[48] *Hüffer*[9] 4 aE; KK/*Lutter*[2] 10; MK/*Oechsler*[2] 4.

[49] KK/*Lutter*[2] 7.

[50] KK/*Lutter*[2] 7; *Godin/Wilhelmi*[4] 5.

[51] KK/*Lutter*[2] 12; *Hüffer*[9] 5.

[52] KK/*Lutter*[2] 8.

[53] RGZ 62, 56, 62; KK/*Lutter*[2] 8, 12; MK/*Oechsler*[2] 3.

[54] KK/*Lutter*[2] 8.

Abs 2 regelmäßig der Fall, während der Vorstand bei nicht freiwillig eingereichten Inhaberaktien nicht zu erkennen vermag, wem die Teilrechte zustehen. Verstößt der Vorstand gegen die Pflicht zur schonenden Gestaltung der Zusammenlegung, handelt er pflichtwidrig (s u 50). In der Praxis werden Aktionäre Teilrechte hinzukaufen oder verkaufen, um jeweils die passende Anzahl von Aktien für eine Zusammenlegung ohne Spitzen zu erreichen. Dies ist rechtlich zulässig[55].

2. Rechtsfolgen der Zusammenlegungsentscheidung

34 Die Zusammenlegungsentscheidung verändert das Mitgliedschaftsrecht rechtsgestaltend. Teilrechte, gleichgültig, ob verbrieft oder nicht[56], werden zu neuen Mitgliedschaften vereint. Nach der Zusammenlegung können Rechte nur noch aus den neuen Mitgliedschaften ausgeübt werden. Die durch die Zusammenlegung entstandenen neuen Aktien gehören nicht der Gesellschaft[57]. Vielmehr stehen sie den Aktionären zu. Es ist wie folgt zu differenzieren:

35 Werden mehrere Aktien *eines* Aktionärs zu einem neuen Mitgliedschaftsrecht vereint, ist der Aktionär Alleininhaber dieses Mitgliedschaftsrechts. Ist der Aktionär bekannt, sind ihm die Aktien auszuhändigen bzw in sein Depot zu buchen. Er kann seine mitgliedschaftlichen Rechte aus den neuen Aktien selbst wahrnehmen[58]; ein Ruhen der mitgliedschaftlichen Rechte kommt nicht in Betracht[59]. Ist er unbekannt oder hat er die Aktienurkunden nicht freiwillig eingereicht, sind die neuen Aktien nach Abs 3 zu verwerten.

36 Werden dagegen Aktien(spitzen) *verschiedener* Aktionäre zu einer neuen Aktie zusammengelegt, werden die beteiligten Aktionäre zur anschließenden Verwertung Mitinhaber der neuen Aktien zu ideellen Bruchteilen im Verhältnis der eingebrachten Aktien (§§ 741 ff BGB). Eventuelle Belastungen einer Aktie (zB ein Pfandrecht) setzen sind an dem jeweiligen Bruchteil fort[60]. Bei der Bruchteilsgemeinschaft handelt es sich um eine Gemeinschaft iSd § 69. Gegen die Anwendung des § 69 wird eingewandt, der Gesetzgeber verpflichte in Abs 3 die Gesellschaft zur unverzüglichen Verwertung der Aktien und mache damit deutlich, dass er den Aktionären gerade keine Rechtsgemeinschaft zumuten wolle[61]. Dieser Einwand überzeugt jedoch nicht, denn die unverzügliche Verwertung wird zumindest auch deshalb angeordnet, um Kursverluste der Aktionäre zu verhindern[62]. Zudem kommt § 69 gerade eine Ordnungsfunktion zu, nämlich die Funktionsfähigkeit der Hauptversammlung sicherzustellen. Dies ist aber gerade auch im vorliegenden Fall geboten. Somit ist § 69 anzuwenden. Die Mitinhaber können daher die aus der Mitgliedschaft folgenden Verwaltungsrechte (insb Stimmrecht, Teilnahme- und Rederecht auf der Hauptversammlung sowie Anfechtungsrecht) und Vermögensrechte (insb Recht auf Dividende und Bezugsrecht) nicht mehr selbst ausüben[63], sondern müssten einen gemeinschaftlichen Vertreter bestellen (zu Einzelheiten s § 69)[64]. Da die Zeitspanne zwischen Kraftloserklärung und Verwertung regelmäßig sehr kurz ist, es in dieser Zeit

---

55 BGHZ 138, 71, 76 f = NJW 1998, 2054, 2055 f „Sachsenmilch"; MK/*Oechsler*² 9.

56 KK/*Lutter*² 10.

57 KK/*Lutter*² 23; Spindler-Stilz/*Marsch-Barner*² 17; aA Baumbach/*Hueck*¹³ 8 aE.

58 KK/*Lutter*² 6; MK/*Oechsler*² 10.

59 So aber wohl KK/*Lutter*² 16.

60 MK/*Oechsler*² 12; *Becker* in Bürgers/Körber 5.

61 *Bork* FS Claussen, 1997, 49, 56.

62 MK/*Oechsler*² 11.

63 Missverständlich MK/*Oechsler*² 11, der offenbar nur das Stimmrecht unter § 69 fallen lassen will, was nicht der gängigen Auslegung von § 69 entspricht, vgl *Hüffer*⁹ § 69, 5.

64 MK/*Oechsler*² 11, 22; aA MünchHdBAG-*Krieger*³ § 60, 59; KK/*Lutter*² 23; *Hüffer*⁹

praktisch nur um die Wahrnehmung von Bezugsrechten und Dividendenansprüchen geht und die Gesellschaft bei der Durchführung der Kapitalherabsetzung ohnehin zur Wahrung der Rechte der betroffenen Aktionäre verpflichtet ist, wird man davon ausgehen können, dass diese der Gesellschaft stillschweigend die Rolle des gemeinsamen Vertreters für die Vermögensrechte zuweisen. Die AG nimmt daher die Vermögensrechte der zu einer Bruchteilsgemeinschaft zusammengeschlossenen Aktionäre wahr[65], es denn, die Mehrheit der betroffenen Aktionäre (§ 745 Abs 1 BGB) hat für ihre Aktien einen anderen Willen kundgetan. Von einer stillschweigenden Bevollmächtigung im Hinblick auf die Verwaltungsrechte der Aktionäre wird man dagegen nicht ausgehen können, denn eine Bevollmächtigung des Vorstands riefe sicherlich Interessenkonflikte hervor. Bestellen die Aktionäre hierfür keinen gemeinsamen Vertreter, ruhen faktisch die Verwaltungsrechte[66]. Kommt es in der Zeitspanne darauf an, dass die Verwaltungsrechte ausgeübt werden, muss für unbekannte Aktionäre ein Pfleger bestellt werden[67].

3. Die Ausführung der Zusammenlegungsentscheidung

Sind **Stückaktien** ausgegeben, die nur einen Bruchteil des Grundkapitals repräsentieren, muss der Vorstand die Aktionäre nur über den auf die einzelne Aktie nun entfallenden Kapitalbetrag (§ 8 Abs 3 S 3) informieren[68]. **37**

Bei **Nennbetragsaktien** ist zu unterscheiden: Ist nur eine **Globalurkunde** vorhanden, hat die Gesellschaft entsprechende Umbuchungen vorzunehmen und die Aktionäre über den Nennbetrag ihrer Aktien zu informieren[69]. Sind dagegen **Einzelurkunden mit Nennbetrag** ausgegeben, hat der Vorstand nach der Kundgabe der Zusammenlegungsentscheidung die Einzelaktienurkunden zu berichtigen bzw gegen neue auszutauschen. Neben Berichtigung und Austausch sind auch andere Verfahren zulässig, sofern sie den gleichen Zweck erreichen und die notwendige Rechtssicherheit gewährleisten[70]. Entwertete Aktienurkunden sind von der Gesellschaft einzubehalten und zu vernichten. Einer separaten Kraftloserklärung bedarf es für diese Papiere nicht. An ihnen kann kein Rechtsscheinerwerb stattfinden[71]. Ein Erwerber ist daher auf Schadensersatzansprüche beschränkt. **38**

Zu den kapitalmarktrechtlichen Folgen der Zusammenlegung vgl Vor § 222, 48 ff.

VII. Verwertung (Abs 3)

1. Zweck und Anwendungsbereich

Die Regelung über die Verwertung dient dem Schutz der Aktionäre, um ihnen zumindest den Wert der bisherigen Beteiligung zu erhalten. Abs 3 knüpft an die Regelung zur Kraftloserklärung an. Er ist daher anzuwenden auf Aktien, die nicht eingereicht und des- **39**

13, Spindler-Stilz/*Marsch-Barner*[2] 18; *Westhoff* DNotZ 1951, 108, 113, die vom weitgehenden Ruhen der Rechte ausgehen. Ebenso KK/*Lutter*[2] 16 (in Bezug auf den Zeitpunkt der Kraftloserklärung).

[65] So auch (allerdings mit anderer Begründung) *Hüffer*[9] 13; MünchHdBAG-*Krieger*[3] § 60, 59.

[66] Im Ergebnis auch *Hüffer*[9] 13; MünchHdBAG-*Krieger*[3] § 60, 53; KK/*Lutter*[2] 23.

[67] OLG Hamburg AG 1991, 242, 243; siehe auch OLG Frankfurt AG 1988, 304, 305. Im Ergebnis auch BGH AG 1992, 27 ff m Anm *Butzke* WuB II A § 226 AktG 1.92; *Bork* FS Claussen, 1997, 49, 58 ff.

[68] *Hüffer*[9] 5.

[69] *Hüffer*[9] 5; MK/*Oechsler*[2] 6 aE.

[70] *Hüffer*[9] 5; Baumbach/*Hueck*[13] 3.

[71] MK/*Oechsler*[2] 6.

halb für kraftlos erklärt wurden (Abs 1 S 1). Im Ergebnis ist bei der Verwertung also zunächst danach zu unterscheiden, ob die Aktionäre die Aktien freiwillig zum Zwecke der Zusammenlegung eingereicht haben oder nicht. Sie ist weiterhin anzuwenden auf Aktien, die zwar freiwillig eingereicht wurden, die aber nicht die nötige Zahl von Teilrechten umfassen, um sie zu einem neuen Mitgliedschaftsrecht zusammenzulegen, und bei denen der betroffene Aktionär der Verwertung durch die AG nicht zugestimmt hat (Abs 1 S 2).

40 a) **Freiwillig eingereichte Aktien.** Haben die Aktionäre die Aktien **freiwillig eingereicht und der Gesellschaft die Befugnis zur Verwertung von Spitzen erteilt,** ist Abs 3 nicht anzuwenden, denn er betrifft nur den Fall, dass die Aktionäre die Aktien nicht einreichen bzw sie der Gesellschaft nicht zur Verwertung zur Verfügung stellen[72]. Sofern durch die Zusammenlegung einer ausreichenden Anzahl an Teilrechten Alleineigentum an Aktien entsteht, sind diese dem Aktionär auszuhändigen bzw in sein Depot zu buchen (s o 35). Werden die Teilrechte verschiedener Aktionäre zu neuen Aktien zusammengelegt, sind die §§ 741 ff BGB anzuwenden, sofern die Aktionäre keine andere Art der Auseinandersetzung vereinbaren[73]. Die Aktien werden freihändig verkauft. Hierzu ist der Vorstand der AG ermächtigt, sofern die Betroffenen keine anderweitige Weisung geben. Es handelt sich um ein Auftragsverhältnis[74]. Der Vorstand handelt jedenfalls auch dann pflichtgemäß, wenn er nach Abs 3 verfährt[75]. Die durch die Zusammenlegung entstandenen Bruchteilsgemeinschaften der bisherigen Aktionäre werden nicht bereits durch die Verwertung der Aktien aufgelöst, sondern erst durch Verteilung des Verwertungserlöses unter den betroffenen (Alt-)Aktionären (§ 753 Abs 1 S 1 BGB)[76].

41 b) **Übrige Fälle.** Haben die Aktionäre die Aktien **nicht eingereicht oder haben sie nicht die Befugnis zur Verwertung von Spitzen gegeben,** kommt es zur Kraftloserklärung und anschließenden Zusammenlegung. Soweit durch die Zusammenlegung von Teilrechten neue Aktien im Alleineigentum eines Aktionärs entstanden sind, sind diese dem Aktionär auszuhändigen bzw in sein Depot zu buchen. Eine solche Vorgehensweise wird bei Namenaktien möglich, da der Vorstand hier nach § 67 Abs 2 erkennen kann, wem die zusammenzulegenden Teilrechte jeweils zustanden (s o 33). Eine Verwertung ist in diesen Fällen nicht angezeigt, da der Vorstand in die Rechtsstellung der Aktionäre nur eingreifen darf, soweit dies zwingend erforderlich ist. Der Anwendungsbereich von Abs 3 S 1 ist insoweit telelogisch zu reduzieren. Soweit durch die Zusammenlegung dagegen Bruchteilsgemeinschaften entstanden sind, oder die Eigentumsverhältnisse nicht erkennbar sind, werden die neuen Aktien zugunsten der Betroffenen verwertet, es sei denn, diese geben der AG nach der Zusammenlegung zu erkennen, dass sie keine Verwertung wünschen, sondern die Mitinhaberschaft aufrechterhalten wollen[77].

42 c) **Nicht verwertbare Spitzen.** Soweit nach der Zusammenlegung *aller* Teilrechte **einzelne Spitzen** übrig bleiben, werden die betroffenen Aktionäre bar abgefunden, denn die Teilrechte lassen sich nicht nach Abs 3 verwerten[78].

---

72 *Hüffer*[9] 14; MK/*Oechsler*[2] 31; MünchHdBAG-*Krieger*[3] § 60, 55.

73 *Hüffer*[9] 5; KK/*Lutter*[2] 9; MK/*Oechsler*[2] 13, 31.

74 Im Ergebnis auch MK/*Oechsler*[2] 31.

75 KK/*Lutter*[2] 27.

76 KK/*Lutter*[2] 9; *Hüffer*[9] 5; wohl auch MK/*Oechsler*[2] 13; aA *Godin/Wilhelmi*[4] 4, 5.

77 MK/*Oechsler*[2] 24.

78 Baumbach/*Hueck*[13] 8; *Hüffer*[9] 15; MK/*Oechsler*[2] 27 aE.

2. Die Verwertung

Soweit die neuen Aktien in den Anwendungsbereich des Abs 3 fallen (dazu soeben 39 ff), sind sie **unverzüglich** für Rechnung der betroffenen Aktionäre zum Börsenpreis (§ 24 BörsenG) oder beim Fehlen eines solchen Preises durch öffentliche Versteigerung (§§ 383 ff BGB) zu verkaufen. Die Vorschrift will sicherstellen, dass die Aktionäre keine Kursverluste durch ein Zuwarten des Vorstands erleiden. Eine **andere Art der Verwertung** ist nur zulässig, wenn die betroffenen Aktionäre zustimmen[79]. Der Vorstand wird in einem **auftragsähnlichen gesetzlichen Schuldverhältnis** für Rechnung der Aktionäre tätig. Die §§ 662 ff BGB sind entsprechend anzuwenden. Die Gesellschaft kann Aufwendungsersatz nach § 670 BGB verlangen und schuldet ihrerseits Rechnungslegung (§ 666 BGB)[80]. Eine evtl Versteigerung findet am Sitz der Gesellschaft statt. Ist dort kein angemessener Erfolg, dh ein möglichst hoher Verkaufserlös[81], zu erwarten, darf die Versteigerung auch an einem anderen, geeigneten Ort erfolgen (Abs 3 S 2). Zeit, Ort und Gegenstand der Versteigerung sind **öffentlich bekannt zu machen** (Abs 3 S 3). Die Beteiligten sind besonders zu benachrichtigen; die Benachrichtigung kann jedoch unterbleiben, wenn sie untunlich ist (Abs 3 S 4). Dies ist nicht bereits dann der Fall, wenn durch die unterlassene Benachrichtigung Zeit erspart wird[82]. Untunlich ist die Benachrichtigung beispielsweise dann, wenn sie im Vergleich zum zu erwartenden Erlös der Verwertung unverhältnismäßig hohe Kosten verursacht oder eine Benachrichtigung bereits einmal gescheitert ist. Die öffentliche Bekanntmachung und die Benachrichtigung der betroffenen Aktionäre müssen mindestens zwei Wochen vor der Versteigerung ergehen (Abs 3 S 5). **43**

Wurde aus den Teilrechten mehrerer Altaktionäre eine neue Aktie zusammengelegt und wollen diese keine Mitinhaberschaft auf Dauer (s o 41), ist die Aktie zu verwerten und es steht **keinem der Beteiligten ein Bezugsrecht auf die neuen Aktien** zu. Denn zum Entstehen der neuen Aktie haben mehrere Beteiligte beigetragen, die denknotwendig kein Bezugsrecht auf eine einzige Aktie haben können. Ein bevorzugter Erwerb durch einen Aktionär kommt nur dann in Betracht, wenn die übrigen Beteiligten dem zustimmen[83]. Zum Teil wird vertreten, ein Bezugsrecht könne auch dann angenommen werden, wenn die Aktie einen Börsenpreis habe, der Aktionär seine Bereitschaft erkläre, diesen zu zahlen und sachliche Gründe für eine bevorzugte Veräußerung an diesen Aktionär sprächen, so dass ein Abweichen von § 53a gerechtfertigt sei[84]. Solch eine Gestaltung erscheint jedoch nur schwer vorstellbar. **44**

Mit der Verwertung der neuen Aktien gehen die Mitgliedschaften der betroffenen Aktionäre auf die neuen Aktionäre (Erwerber) über[85]. Der Erlös ist den bisherigen Aktionären auszuzahlen; Abs 3 S 6 ist eine eigenständige Anspruchsgrundlage, so dass es keines Rückgriffs auf § 667 BGB bedarf[86]. Bestand eine Bruchteilsgemeinschaft an den Aktien, ist der Erlös im Verhältnis der Bruchteile auszuzahlen. Um die **Empfangszuständigkeit** festzustellen, kann die AG verlangen, dass die Betroffenen die alten Aktienurkun- **45**

---

79 Statt vieler KK/*Lutter*² 25.

80 *Hüffer*⁹ 15; KK/*Lutter*² 25; MünchHdBAG-*Krieger*³ § 60, 59.

81 MK/*Oechsler*² 28.

82 MK/*Oechsler*² 29.

83 MK/*Oechsler*² 34.

84 MK/*Oechsler*² 34.

85 *T Bezzenberger* WuB II A § 226 AktG 1.93 mwN; *Siebel* NJW 1952, 330; aA OLG Koblenz NJW-RR 1993, 1062, 1063 = ZIP 1993, 772, das vom Erlöschen der alten Mitgliedschaft ausgeht. An deren Stelle träten neue, nicht zurückwirkende Mitgliedschaftsrechte der Erwerber der neuen Aktien.

86 So im Ergebnis auch Heidel/*Terbrack*³ 22; aA MK/*Oechsler*² 30; *Becker* in Bürgers/Körber 13; Spindler-Stilz/*Marsch-Barner*² 23; (jeweils ohne nähere Begründung).

den vorlegen (soweit sie dies nicht bereits nach der Aufforderung iSd Abs 2 S 1 getan haben)[87]. Die Auszahlung des Erlöses unterliegt nicht der Schranke des § 225 Abs 2 S 1, denn es handelt sich nicht um ehemaliges gebundenes Vermögen[88]. Steht der Gesellschaft ein Aufwendungsersatzanspruch zu, kann sie aufrechnen[89].

46 Ist ein Aktionär oder sein Aufenthalt unbekannt oder befindet er sich in Annahmeverzug (§ 372 BGB), ist **der Erlös** oder der nach erklärter Aufrechnung (s 45) geminderte Betrag zu **hinterlegen** (Abs 3 S 6). Hierbei handelt es sich nicht nur um ein Recht, sondern um eine Pflicht des Vorstands, wie der eindeutige Wortlaut der Vorschrift („ist") belegt[90]. Streitig ist, ob die Gesellschaft auf das Recht zur Rücknahme (§ 376 Abs 2 Nr 1 BGB) verzichten muss[91]. Da das Gesetz der AG nicht vorschreibt, die endgültige Erfüllungswirkung (§ 378 BGB) gegenüber anspruchsberechtigten Aktionären herbeizuführen, darf die AG abwarten, ob der Anspruch verjährt, und kann das Geld dann zurücknehmen.

47 Die Verwertung wird durch ein zwischenzeitlich eröffnetes **Insolvenzverfahren** nicht berührt. Der Insolvenzverwalter hat die Durchführung der Kapitalherabsetzung zu Ende zu führen[92].

VIII. Ansprüche der Aktionäre

1. Anspruch auf Zusammenlegung

48 Ab dem Zeitpunkt des Wirksamwerdens der Kapitalherabsetzung (§ 224) haben die Aktionäre einen **klagbaren Anspruch** auf Zusammenlegung[93], denn die Verkehrsfähigkeit der Aktien ist bis zur Durchführung der Kapitalherabsetzung beeinträchtigt. (Zur rechtlichen Stellung der Aktionäre zwischen Kapitalherabsetzung und Wirksamwerden s § 224, 9 ff). Dieser Anspruch korrespondiert mit der Pflicht des Vorstands zur unverzüglichen Durchführung der Kapitalherabsetzung (s o 12).

2. Anspruch auf Aktienurkunden und Erlös

49 Den Aktionären steht weiterhin ein Anspruch auf Aushändigung der berichtigten oder neuen Aktienurkunden (s o 35, 40) sowie auf Auszahlung des Erlöses aus nach Abs 3 verwerteten Aktien zu (s o 45).

3. Schadensersatzansprüche

50 Verletzt der Vorstand die **Pflicht zur unverzüglichen Durchführung** der Kapitalherabsetzung, hat er den Verzögerungsschaden, soweit es sich um einen Schaden des Aktionärs und nicht der Gesellschaft handelt, zu ersetzen (§§ 662 iVm §§ 280, 286 BGB)[94]. Verletzt der Vorstand die **Pflicht zur schonenden Gestaltung der Zusammenlegung**, stehen

---

[87] MünchHdBAG-*Krieger*[3] § 60, 59; MK/*Oechsler*[2] 30.

[88] MK/*Oechsler*[2] 30; KK/*Lutter*[2] 25.

[89] MK/*Oechsler*[2] 30; MünchHdBAG-*Krieger*[3] § 60, 59.

[90] MK/*Oechsler*[2] 30; *Hüffer*[9] 16; KK/*Lutter*[2] 25.

[91] So offenbar KK/*Lutter*[2] 25; aA Baumbach/*Hueck*[13] 8; MK/*Oechsler*[2] 30; *Hüffer*[9] 16; Spindler-Stilz/*Marsch-Barner*[2] 23; wohl auch MünchHdBAG-*Krieger*[3] § 60, 59.

[92] KK/*Lutter*[2] 25; *Hüffer*[9] 15.

[93] *Hüffer*[9] 6; KK/*Lutter*[2] 6; MK/*Oechsler*[2] 7.

[94] Ebenso MK/*Oechsler*[2] 7.

den Aktionären Schadensersatzansprüche zu. Denn wie Abs 1 S 2 und Abs 3 S 1 zeigen, wird der Vorstand kraft Gesetzes „für Rechnung“ der Aktionäre tätig. Die Regeln des Auftragsrechts sind entsprechend anzuwenden[95]. Den Vorstand trifft damit eine Interessenwahrungspflicht, deren Verletzung Ansprüche aus §§ 662, 280 Abs 1 BGB begründet. Verletzt der Vorstand seine **Pflicht zur unverzüglichen Verwertung** der Aktien, schuldet er ebenfalls Schadensersatz (§§ 662 iVm §§ 280, 286 BGB)[96], wenn der Aktionär durch das Zuwarten einen Schaden erleidet (zB in Form eines Kursrückgangs). Die hM begreift Abs 3 zudem als Schutzgesetz iSd § 823 Abs 2 BGB[97].

§ 227
Anmeldung der Durchführung

(1) Der Vorstand hat die Durchführung der Herabsetzung des Grundkapitals zur Eintragung in das Handelsregister anzumelden.

(2) Anmeldung und Eintragung der Durchführung der Herabsetzung des Grundkapitals können mit Anmeldung und Eintragung des Beschlusses über die Herabsetzung verbunden werden.

Übersicht

Schrifttum

Vgl die Schrifttumsnachweise Vor § 222 und bei § 223.

I. Gesetzesgeschichte

Die Vorschrift weicht von § 180 AktG 1937 insofern ab, als der Vorsitzende des Aufsichtsrats oder dessen Stellvertreter bei der Anmeldung nicht mehr mitzuwirken brauchen[1]. Auf ihre Mitwirkung wurde verzichtet, weil die Eintragung der Durchführung nur deklaratorische Wirkung hat und der Anmeldung daher im Gegensatz zu § 223 (s o § 223, 2) eine geringere Bedeutung zukommt. Die Norm ist seit 1965 unverändert. Sie hat aber indirekt weit reichende Änderungen durch die Einführung des elektronischen Handelsregisters zum 1.1.2007 erfahren (vgl die Nachweise bei § 223, 1). 1

95 So auch KK/*Lutter*² 25; MK/*Oechsler*² 26 (in Bezug auf Abs 3).
96 *Hüffer*⁹ 14.
97 *Hüffer*⁹ 14; MK/*Oechsler*² 25.

1 *Kropff* AktG 1965, S 319. Zur Geschichte der Kapitalherabsetzung im Allgemeinen s Vor § 222, 73 ff.

II. Regelungszweck

2 Die Anmeldung der Durchführung der Kapitalherabsetzung schließt das Verfahren der Kapitalherabsetzung ab. Die Eintragung ins Handelsregister dient der Kundgabe dieses Abschlusses und hat lediglich **deklaratorischen Charakter**[2]. Denn die Kapitalherabsetzung wird bereits mit der Eintragung nach § 224 wirksam. Bei der Kapitalherabsetzung durch Zusammenlegung kommt lediglich das Verfahren nach § 226 hinzu. Auch bei diesem kommt es jedoch nicht auf eine Eintragung ins Register an; vielmehr sieht § 226 eigenständige Publizitätsvorgaben für eine Kraftloserklärung vor (s § 226, 21–24). Die praktische Bedeutung des § 227 ist daher gering.

III. Die Anmeldung der Durchführung (Abs 1)

1. Der Begriff der Durchführung

3 Da das Grundkapital gemäß § 224 mit der Eintragung des Herabsetzungsbeschlusses herabgesetzt ist, können unter Durchführung der Kapitalherabsetzung nur die Rechtswirkungen und -handlungen verstanden werden, die Folgen der Kapitalherabsetzung sind und die der Eintragung des Kapitalherabsetzungsbeschlusses zeitlich nachfolgen. Wann die Kapitalherabsetzung durchgeführt ist, hängt von der Art der Kapitalherabsetzung ab. (1) Handelt es sich um eine Gesellschaft mit **Stückaktien**, ist die Kapitalherabsetzung durchgeführt, sobald der Herabsetzungsbeschluss nach § 224 eingetragen und damit wirksam ist. Die Anmeldung und Eintragung nach §§ 223, 224 und nach § 227 können miteinander verbunden werden (zu Abs 2 s u 8 ff). (2) Gleiches gilt bei einer Gesellschaft mit Nennbetragsaktien, wenn sie eine **Herabsetzung der Aktiennennbeträge** beschlossen hat. Denn mit der Herabsetzung des Grundkapitals sind ipso iure auch die Nennwerte der einzelnen Aktien herabgesetzt und der Inhalt und Umfang des neuen Aktienrechts ist festgestellt. (3) Nur im Falle der **Kapitalherabsetzung durch Zusammenlegung von Nennwertaktien** sind weitere Durchführungsmaßnahmen notwendig. Denn mit dem Wirksamwerden des Herabsetzungsbeschlusses wird das Grundkapital zwar herabgesetzt, die Summe der Nennwerte der Aktien entspricht jedoch nicht mehr dem nun reduzierten Grundkapital. Dies muss durch eine Zusammenlegung der Anteilsrechte nach § 226 korrigiert werden (s § 226, 31 ff). Dazu wiederum bedarf es der Einreichung der nun unrichtigen Aktienurkunden oder deren Kraftloserklärung. Mit der anschließenden Entscheidung über die Zusammenlegung der Aktien (dh der Mitgliedschaften, nicht der Aktienurkunden) ist die Kapitalherabsetzung durchgeführt; die Kraftloserklärung allein reicht nicht[3].

4 **Nicht mehr zur Durchführung** zu rechnen sind dagegen die anschließende **Berichtigung** und Aushändigung der alten Aktienurkunden oder deren **Austausch** gegen neue Aktienurkunden[4]. Auch die **Verwertung** der Aktien (s § 226, 39 ff) und die **Auszahlung** des Erlöses an die Beteiligten gehören nicht zur Durchführung der Kapitalherabsetzung[5]. Gleiches gilt für Maßnahmen zum **Schutze der Gläubiger**, insbesondere die Befriedigung oder Sicherstellung der Gläubiger und die Einhaltung des Sperrhalbjahres[6]. Der Vollzug

[2] *Hüffer*[9] 1; KK/*Lutter*[2] 2.
[3] *Godin/Wilhelmi*[4] 2; *Hüffer*[9] 2; KK/*Lutter*[2] 3; anders wohl KG KGJ 34 A 145, 148.
[4] KG KGJ 34 A 146, 148; KK/*Lutter*[2] 4; MünchHdBAG-*Krieger*[3] § 60, 63; anders noch *Kralik* DJ 1941, 245, 249.
[5] KK/*Lutter*[2] 4; *Hüffer*[9] 3.
[6] KK/*Lutter*[2] 4.

dieser Vorschriften ist zwar eine Pflicht der Gesellschaft. Die Ansprüche der Gläubiger auf Gläubigerschutz werden aber nicht dadurch berührt, dass die Gesellschaft die Zusammenlegung und damit die Kapitalherabsetzung durchführt, dies zum Handelsregister anmeldet und die Durchführung eingetragen wird. Deshalb kann auch ein Gläubiger nicht beim Registergericht der Eintragung der Durchführung mit der Begründung widersprechen, dass die Gläubigerschutzbestimmungen nicht durchgeführt seien. Die Gesellschaft muss auch nicht mit der Anmeldung und Eintragung bis zur Feststellung des nächsten **Jahresabschlusses** warten. In diesem ist die Kapitalherabsetzung zu berücksichtigen, indem nur das herabgesetzte Kapital auf der Passivseite eingetragen wird. Es handelt sich dabei aber nur um eine Folge des Wirksamwerdens, nicht um die Durchführung der Kapitalherabsetzung[7].

Von der Durchführung der Kapitalherabsetzung zu unterscheiden ist auch die **Ausführung des eigentlichen Zweckes der Kapitalherabsetzung**[8]. Ist Zweck der Kapitalherab- 5
setzung die Beseitigung einer Unterbilanz oder die Vornahme von Abschreibungen oder die Bildung einer freien Rücklage, so sind lediglich die nötigen Buchungen auf den verschiedenen Konten vorzunehmen. Sie können sofort ausgeführt werden. Erfolgt die Kapitalherabsetzung zum Zwecke teilweiser Rückzahlung des Grundkapitals an die Aktionäre oder ihrer teilweisen Befreiung von der Einlagepflicht, so kann der Zweck der Kapitalherabsetzung erst ausgeführt werden, wenn die Gläubigerschutzmaßregeln durchgeführt sind und das Sperrhalbjahr abgelaufen ist (§ 225 Abs 2). Das Ausstehen dieser Ausführungsmaßnahmen hindert aber die Anmeldung und Eintragung der Durchführung der Kapitalherabsetzung nicht.

2. Anmeldepflichtige Personen und Anmeldezeitraum

Der Vorstand ist in **vertretungsberechtigter Zahl** (§ 78) verpflichtet, die Anmeldung 6
im Namen der AG vorzunehmen. (Zur Form der Anmeldung vgl § 223, 11). Die Pflicht besteht, sobald die Kapitalherabsetzung durchgeführt ist. Eine besondere Frist für die Anmeldung bestimmt das Gesetz nicht. Eine unterlassene Anmeldung stellt zudem eine Pflichtwidrigkeit gegenüber der Gesellschaft dar, die einen Grund für eine Abberufung des Vorstands bilden kann. Die Mitglieder des Vorstandes und des Aufsichtsrats, wenn Letztere es an der nötigen Überwachung fehlen ließen, haften der Gesellschaft für den durch die Unterlassung der Anmeldung etwa entstandenen Schaden (§§ 93, 116)[9]. Ein Schaden ist freilich kaum denkbar. Denn sind die alten Aktien eingereicht, besteht kein besonderes Interesse an der Beschleunigung der Anmeldung. Gleiches gilt für den Fall der Kraftloserklärung. Dritte, auch die Gläubiger, können keinen unmittelbaren Schadensersatzanspruch aufgrund einer verzögerten Anmeldung geltend machen, da es sich bei § 227 nicht um ein Schutzgesetz im Sinne des § 823 Abs 2 BGB handelt[10]. Das einzige direkte Druckmittel steht somit dem Registerrichter zu, der den Vorstand durch **Zwangsgelder** zur Anmeldung anhalten kann (§ 14 HGB iVm § 407 Abs 1 HS 2)[11].

3. Die Prüfung durch den Registerrichter

Der Registerrichter prüft, ob die Kapitalherabsetzung durchgeführt wurde. Er hat 7
sich also zu vergewissern, ob die unter den Mindestnennbetrag herabgesetzten Aktien

---

[7] KK/*Lutter*[2] 4.
[8] KK/*Lutter*[2] 4; *Hüffer*[9] 3.
[9] *Hüffer*[9] 5.
[10] *Hüffer*[9] 5.
[11] *Godin/Wilhelmi*[4] 2; KK/*Lutter*[2] 5; *Kralik* DJ 1941, 245, 248.

durch Zusammenlegung wieder den Vorgaben des § 8 Abs 2 entsprechen und ob die Summe der Nennbeträge der Ziffer des herabgesetzten Grundkapitals entspricht (§ 8 Abs 4)[12]. Hierbei reicht eine Plausibilitätsprüfung aus. Nur sofern Zweifel bestehen, hat der Vorstand alle zur Prüfung notwendigen Nachweise vorzulegen[13]. Dem Registerrichter steht dagegen nicht die Befugnis zu, die Einhaltung der Gläubigerschutzvorschriften zu prüfen. Sie haben mit der Durchführung nichts zu tun. Die Durchführung der Kapitalherabsetzung kann daher schon vor Ablauf des Sperrhalbjahres eingetragen werden[14]. Liegen die Eintragungsvoraussetzungen vor, trägt der Registerrichter gemäß § 43 Nr 6 lit a HRV ein[15], dass die Kapitalherabsetzung durchgeführt ist, und gibt dies gemäß § 10 HGB bekannt (s o § 223, 24 ff).

IV. Die Verbindung gemäß Abs 2

8 Gemäß Abs 2 kann die Anmeldung der Durchführung der Kapitalherabsetzung nach § 227 mit der Anmeldung der Herabsetzung des Grundkapitals nach § 223 verbunden werden[16]. Dies hat den Vorteil der Kostenersparnis (s u 11). Die Verbindung beider Anmeldungen ist selbstverständlich nur möglich, wenn zur Zeit der Anmeldung die Kapitalherabsetzung auch bereits durchgeführt wurde. Daraus ergibt sich, dass – anders als der weite Wortlaut vermuten lässt – eine solche Verbindung der Anmeldungen nur bei der Kapitalherabsetzung durch **Nennwertherabsetzung** möglich ist. Bei Kapitalherabsetzung durch Zusammenlegung muss hingegen zunächst der Kapitalherabsetzungsbeschluss eingetragen werden, denn die nachfolgend notwendige Zusammenlegung und die ggf nötige Kraftloserklärung können nur erfolgen, wenn die Kapitalherabsetzung durch Eintragung (§ 224) wirksam geworden ist. Eine Verbindung beider Anmeldungen ist bei der **Kapitalherabsetzung durch Zusammenlegung daher nicht möglich**[17].

9 Ob die Verbindung beider Anmeldungen neben der Kostenersparnis (s u 11) weitere Rechtsfolgen hat, ist streitig. Ein Teil des Schrifttums geht davon aus, dass die Verbindung dazu führt, dass nur **ein Antrag** vorliege. In Bezug auf die Voraussetzungen der Anmeldungen setze sich dann die jeweils strengere Vorschrift durch. Dies habe zur Folge, dass bei einer Verbindung der Anmeldung nach § 223 und § 227 auch der Vorsitzende des Aufsichtsrats mitwirken müsse[18]. In der Verbindung der Anmeldungen sei der konkludente Antrag auf gleichzeitige Eintragung zu sehen[19]; eines ausdrücklichen Antrags auf gleichzeitige Eintragung bedürfe es nicht. Die Gegenposition geht davon aus, dass es sich weiterhin um **zwei getrennte Anträge** handelt, wie auch der Wortlaut des Abs 2 zeige. Jeder Antrag müsse daher die für ihn geltenden Voraussetzungen, insbesondere die Anmeldeberechtigung und -verpflichtung, erfüllen[20]. Ein Antrag auf gleichzeitige Eintra-

---

[12] KG JW 1926, 2932; KK/*Lutter*[2] 6.

[13] *Hüffer*[9] 6.

[14] KG JW 26 2932; anders bei der GmbH, vgl § 58 Ziff 3 und 4 GmbHG und KG 34 A 172.

[15] *Hüffer*[9] 7; Spindler-Stilz/*Marsch-Barner*[2] 7; aA K Schmidt/Lutter/*Veil*[2] 5, der meint, auch in Spalte 3 müsse die Durchführung eingetragen werden.

[16] Weiterhin ist eine Verbindung mit der Anmeldung der Satzungsänderung gem § 181 möglich, s Vor § 222, 32 ff und *Hüffer*[9] 1; Spindler-Stilz/*Marsch-Barner*[2] 1.

[17] Unstr Spindler-Stilz/*Marsch-Barner*[2] 4.

[18] *Becker* in Bürgers/Körber 7; Heidel/*Terbrack*[3] 9; KK/*Lutter*[2] 7; MünchHdBAG-*Krieger*[3] § 60, 62.

[19] KK/*Lutter*[2] 7.

[20] *Hüffer*[9] 8; MK/*Oechsler*[2] 7; Schmidt/Lutter/*Veil*[2] 7; Spindler-Stilz/*Marsch-Barner*[2] 2. Inkonsequent dagegen *Becker* in Bürgers/Körber 7 und 9, der von getrennten Anträgen ausgeht, aber bei einer Verbindung auch für § 227 die Mitwirkung des Aufsichtsratsvorsitzenden fordert.

gung müsse daher ausdrücklich gestellt werden[21]; diese letzte Konsequenz erscheint jedoch nicht nachvollziehbar, denn bei dem vergleichbaren Fall einer Verbindung von Kapitalherabsetzung und Kapitalerhöhung sehen die Anhänger dieser Ansicht im Stellen von drei Eintragungsanträgen einen *konkludenten* Antrag auf gleichzeitige Eintragung[22]. Im Ergebnis kommt es hierauf jedoch nicht an, denn der Streit dürfte keine nennenswerten praktischen Auswirkungen haben. Beide Ansichten fordern die Einhaltung der jeweiligen Anmeldungsvoraussetzungen, die eine, indem sie auf getrennten Anträgen besteht, die andere, indem sich das jeweils strengere Recht durchsetzt. Beide Ansichten gehen davon aus, dass der Vorteil der Kostenersparnis bei Verbindung beider Anmeldungen erhalten bleibt. In der Praxis behandelt der Registerrichter beide Anmeldungen regelmäßig schon aus Zweckmäßigkeitserwägungen heraus zusammen und wird, wenn die Voraussetzungen vorliegen, stets beide Eintragungen vornehmen. Unterschiede können sich nur dann ergeben, wenn die Voraussetzungen einer Anmeldung fehlen. Fehlen die Voraussetzungen der Anmeldung nach § 223 kann der Registerrichter die Eintragung nach § 227 ohnehin nicht vornehmen, da die eine Anmeldung die andere voraussetzt. Der Registerrichter wird in diesem Fall zunächst keine der beiden Eintragungen vornehmen, bis die Voraussetzungen des § 223 erfüllt sind. Dann aber wird er beide Vorgänge eintragen. Unterschiede ergeben sich daher nur für den Fall, dass die Anmeldung nach § 227 unvollständig sein sollte, was höchst unwahrscheinlich ist, denn diese Norm stellt gerade geringe Anforderungen auf als § 223.

V. Verbindung von Herabsetzung und Erhöhung des Grundkapitals

Wird das Grundkapital gleichzeitig herabgesetzt und wieder erhöht, so muss (1) die **10**
Eintragung des Herabsetzungsbeschlusses, (2) die Eintragung des Erhöhungsbeschlusses und (3) die Eintragung der Durchführung der Kapitalerhöhung gleichzeitig erfolgen, damit die Eintragungen den gefassten Beschlüssen und ihrem Zwecke entsprechen. Die Eintragung der Durchführung der Kapitalerhöhung ist notwendig, weil die Kapitalerhöhung, anders als die Kapitalherabsetzung, nicht schon mit der Eintragung des Beschlusses, sondern erst mit der Eintragung der Durchführung der Erhöhung wirksam wird (§ 189). Nur die lediglich deklaratorisch wirkende Eintragung der Durchführung der Kapitalherabsetzung und folglich auch deren Anmeldung können später erfolgen. Die Anmeldung der Vorgänge muss demnach so erfolgen, dass der Kapitalherabsetzungsbeschluss (§ 224), der Kapitalerhöhungsbeschluss (§ 184) und die Durchführung der Kapitalerhöhung (§ 189) gleichzeitig eingetragen werden können. Zweckmäßigerweise werden die Anmeldungen deshalb erst nach der Durchführung der Kapitalerhöhung vorgenommen. Sind beide Beschlüsse gleichzeitig gefasst, so ist im Zweifel anzunehmen, dass der eine Beschluss nicht ohne den anderen bestehen soll. Dann hat der Registerrichter beide Beschlüsse und die Anmeldung der Durchführung der Kapitalerhöhung gleichzeitig einzutragen[23]. Ausdrücklich vorgeschrieben ist dies allerdings nur, wenn durch einen Beschluss das Grundkapital unter den Mindestnennbetrag herabgesetzt und dieser durch eine gleichzeitig beschlossene Kapitalerhöhung wieder erhöht wird (§ 228 Abs 1, Abs 2 S 3). Aber auch in anderen Fällen erscheint es jedenfalls zweckmäßig, in dieser Weise zu verfahren. Würde zunächst nur der Kapitalherabsetzungs- oder der Kapital-

---

[21] *Hüffer*[9] 8; Spindler-Stilz/*Marsch-Barner*[2] 2.

[22] *Hüffer*[9] 9; *Becker* in Bürgers/Körber 10; Spindler-Stilz/*Marsch-Barner*[2] 8.

[23] KG JW 1930, 2718 (zur GmbH); Baumbach/*Hueck*[13] 4; *Hüffer*[9] 9; KK/*Lutter*[2] 8.

erhöhungsbeschluss mit oder ohne Durchführung der Erhöhung eingetragen, so würden die Eintragungen in das Handelsregister vorübergehend Anlass zu einer irrtümlichen Auffassung über die Kapitalverhältnisse der Gesellschaft geben.

VI. Kosten

11 Die Eintragung in das Handelsregister ist kostenpflichtig (§ 79 Abs 1 KostO). Die Gebühr wird jedoch nicht nach dem Geschäftswert (§ 41a Abs 1 Nr 4 lit b KostO), sondern nach dem Aufwand erhoben. Sie bestimmt sich nach Ziff 2400 der nach § 79a KostO erlassenen Handelsregistergebührenverordnung[24]. Zwar erwähnt diese ausdrücklich nur die Durchführung der Kapitalerhöhung, doch wird man sie entsprechend auf die Durchführung der Kapitalherabsetzung anwenden müssen[25]. Werden die Eintragung nach § 224 und die nach § 227 verbunden, fällt die Gebühr nur einmal an[26].

§ 228
Herabsetzung unter den Mindestnennbetrag

(1) Das Grundkapital kann unter den in § 7 bestimmten Mindestnennbetrag herabgesetzt werden, wenn dieser durch eine Kapitalerhöhung wieder erreicht wird, die zugleich mit der Kapitalherabsetzung beschlossen ist und bei der Sacheinlagen nicht festgesetzt sind.

(2) [1]Die Beschlüsse sind nichtig, wenn sie und die Durchführung der Erhöhung nicht binnen sechs Monaten nach der Beschlußfassung in das Handelsregister eingetragen worden sind. [2]Der Lauf der Frist ist gehemmt, solange eine Anfechtungs- oder Nichtigkeitsklage rechtshängig ist. [3]Die Beschlüsse und die Durchführung der Erhöhung des Grundkapitals sollen nur zusammen in das Handelsregister eingetragen werden.

Übersicht

[24] Verordnung über Gebühren in Handels-, Partnerschafts- und Genossenschaftsregistersachen (Handelsregistergebührenverordnung – HRegGebV) v 30.9.2004, BGBl I 2562, zuletzt geändert durch Art 1 der Verordnung v 29.11.2010, BGBl I 1731.

[25] *Becker* in Bürgers/Körber 8; *Hüffer*[9] 10.

[26] *Hüffer*[9] 10.

Schrifttum

Hommelhoff Zum vorläufigen Bestand fehlerhafter Strukturänderungen in Kapitalgesellschaften, ZHR 158 (1994), 11; *Lutter/Hommelhoff/Timm* Finanzierungsmaßnahmen zur Krisenabwehr in der Aktiengesellschaft, BB 1980, 737; *Pleister/Kindler* Kapitalmaßnahmen in der Insolvenz börsennotierter Gesellschaften, ZIP 2010, 503; *Priester* „Squeeze out" durch Herabsetzung des Stammkapitals auf Null?, DNotZ 2003, 592; *Reger/Stenzel* Der Kapitalschnitt auf Null als Mittel zur Sanierung von Unternehmen – Gesellschaftsrechtliche, börsenzulassungsrechtliche und kapitalmarktrechtliche Konsequenzen, NZG 2009, 1210; *K Schmidt* Die sanierende Kapitalerhöhung im Recht der Aktiengesellschaft, GmbH und Personengesellschaft, ZGR 1982, 519; *Sethe* Kapitalmarktrechtliche Konsequenzen einer Kapitalherabsetzung, ZIP 2010, 1825; *Terbrack* Kapitalherabsetzende Maßnahmen bei Aktiengesellschaften, RNotZ 2003, 89. Vgl auch die Schrifttumsnachweise Vor § 222.

I. Gesetzesgeschichte

Die Vorschrift entspricht mit geringen sprachlichen Änderungen § 181 AktG 1937[1]. **1**
Nach den §§ 288–291 HGB von 1897 war es zweifelhaft, ob eine Kapitalherabsetzung unter den gesetzlichen Mindestnennbetrag zulässig war, wenn gleichzeitig das Kapital wieder so weit erhöht wurde, dass der Mindestnennbetrag wieder erreicht war[2]. Für die Kapitalherabsetzung in erleichterter Form ließ § 8 der Ersten DurchführungsVO[3] sie ausdrücklich zu. § 181 AktG 1937 sprach dann die Zulässigkeit auch für die ordentliche Kapitalherabsetzung aus. Kraft Verweises gilt sie seitdem auch für die vereinfachte Kapitalherabsetzung und für die Kapitalherabsetzung durch Einziehung von Aktien (§§ 229 Abs 3, 237 Abs 2 S 1).

Mit dem ARUG änderte der Gesetzgeber Abs 2 S 2, indem er die Worte „oder eine zur Kapitalherabsetzung oder Kapitalerhöhung beantragte staatliche Genehmigung noch nicht erteilt ist" strich[4]. Es handelt sich um eine Folgeänderung zum MoMiG. Mit diesem Gesetz wollte der Gesetzgeber Kapitalmaßnahmen sowohl bei der GmbH wie bei der AG beschleunigen und strich deshalb das in § 37 Abs 4 Nr 5 AktG enthaltene Erfordernis, evtl notwendige staatliche Genehmigungen von Kapitalmaßnahmen nachzuweisen[5]. Eine Anpassung der übrigen aktienrechtlichen Bestimmungen, die die Vorlage einer staatlichen Genehmigung vorsahen (§ 181 Abs 1 S 3) oder als Tatbestandsmerkmal enthielten (ua § 228 Abs 2 S 2, 234 Abs 3 S 2), vergaß man. Der Bundesrat und ihm folgend der Rechtsausschuss beseitigten dieses Versäumnis mit dem ARUG[6] (zu den übrigen Rechtsfolgen dieser Änderung s § 222, 65). **2**

---

1 *Kropff* AktG 1965, S 319 f. Zur Geschichte der Kapitalherabsetzung im Allgemeinen s Vor § 222, 73 ff.

2 Für die Zulässigkeit KG JW 1932, 1018 (LS).

3 Erste DurchfVO v 18.2.1932, RGBl I 75, zur VO v 6.10.1931, RGBl I 556; dazu generell Vor § 222, 78 ff.

4 Art 1 Nr 34b des Gesetzes zur Umsetzung der Aktionärsrichtlinie (ARUG) v 30.7.2009, BGBl I 2479.

5 Art 5 Nr 3 lit c des Gesetzes zur Modernisierung des GmbH-Rechts und zur Bekämpfung von Missbräuchen (MoMiG) v 23.10.2008, BGBl I 2026.

6 Stellungnahme des Bundesrats zum RegE ARUG, BR-Drucks 847/1/08, S 10 f; Beschlussempfehlung und Bericht des Rechtsausschusses zum ARUG, BT-Drucks 16/13098, S 27 f, 59.

II. Zweck und Reichweite der Vorschrift

1. Zweck der Kapitalerhaltung

3 Die Vorschrift, deren Regelung auf Art 34 S 2 Kapitalrichtlinie beruht (s Vor § 222, 97), dient der **Kapitalerhaltung.** Da die Aktionäre den Gläubigern nicht persönlich haften (§ 1 Abs 1 S 2), schreibt das Gesetz den Erhalt eines Mindestvermögens vor. Bei einer Kapitalherabsetzung darf daher das vorgeschriebene Mindestgrundkapital von 50.000 € bei AG und KGaA (§ 7) nicht unterschritten werden, es sei denn, es wird durch eine gleichzeitige Kapitalerhöhung wieder aufgefüllt. Denn in diesem Fall liegt keine Gefährdung der Gläubigerinteressen vor[7]. § 228 stellt also eine Ausnahme zu § 7 dar. Der Ausnahmecharakter wird durch die engen Verfahrensvorgaben in Abs 2 unterstrichen, der längerfristiges Unterschreiten des Mindestkapitals verhindern soll[8]. Aus dieser Vorschrift ergibt sich zudem, dass eine Gesellschaft verhindert werden soll, die keine Mitglieder mehr hat, da die Kapitalherabsetzung auf Null zum Erlöschen der bisherigen Mitgliedschaft führt (s u 23). Die Vorschrift gilt gemäß Art 5 SE-VO auch für die SE, so dass das Mindestgrundkapital unter die Mindestgrenze von 120.000 € (Art 4 Abs 2 SE-VO) herabgesetzt werden darf, wenn zugleich eine § 228 entsprechende Kapitalerhöhung beschlossen wird[9].

2. Zulässige Ziele

4 Durch die Zulassung der Kapitalherabsetzung bei gleichzeitiger Wiedererhöhung des Grundkapitals sollte nach Ansicht des Aktienrechtsgesetzgebers 1937 die **Sanierung** notleidender Aktiengesellschaften gefördert werden[10]. Nach ihrem Wortlaut gilt die Vorschrift aber auch, wenn die Kapitalherabsetzung nicht zum Zwecke der Sanierung, sondern mit einem **anderen Ziel** erfolgt, etwa um den bisherigen Aktionären einen Teil des Grundkapitals zurückzuzahlen oder sie von ihren Einlagepflichten zu befreien und andere Aktionäre mit neuen Einlagen in die Gesellschaft aufzunehmen. Ein Grund, das Gesetz im Sinne der amtlichen Begründung über seinen Wortlaut hinaus einzuschränken und die Kapitalherabsetzung unter den Mindestnennbetrag nur zum Zwecke der Sanierung zuzulassen, ist nicht ersichtlich[11]. Die mit der Norm angestrebte Kapitalerhaltung wird nicht dadurch beeinträchtigt, dass die Gesellschaft mit der Kapitalherabsetzung ein anderes Ziel als die Sanierung verfolgt. Allerdings wird bei einer Kapitalrückzahlung zunächst der Gesellschaft Kapital entzogen, aber es wird durch eine gleichzeitige Kapitalerhöhung der Gesellschaft auch wieder Kapital zugeführt. Der etwaigen Gefährdung der Gläubiger, die durch eine Kapitalrückzahlung (oder eine Befreiung von Aktionären von der Einlagepflicht) eintreten könnte, wird durch die Gläubigerschutzvorschriften (§ 225), die auch hier gelten, vorgebeugt. Freilich wird auch durch die Kapitalrückzahlung nach Erfüllung der Schutzvorschriften der Gesellschaft Kapital entzogen, während die Bareinzahlungen auf das neue Kapital nicht alsbald in vollem Umfange, sondern nur in Höhe der vorgeschriebenen Teilzahlungen (ein Viertel des Nennbetrages und das etwaige Aufgeld) geleistet werden müssen (§§ 188 Abs 2 S 1 iVm §§ 36 Abs 2, 36a Abs 1, 37 Abs 1).

---

7 KK/*Lutter*² 2.

8 *Hüffer*⁹ 1.

9 *Mayer* in Manz/Mayer/Schröder Europäische Aktiengesellschaft², Art 5 SE-VO, 72; MK/*Oechsler*² Art 5, 34.

10 Deutscher Reichsanzeiger und Preußischer Staatsanzeiger v 4.2.1937, Nr 28, 1. Beilage, S 4.

11 Im Ergebnis ebenso KK/*Lutter*² 2; *Hüffer*⁹ 1.

Aber wenn der Gesetzgeber dies für ausreichend hielt und die sich meldenden Gläubiger geschützt sind, besteht kein Anlass, § 228 im Falle der Kapitalrückzahlung nicht für anwendbar zu halten.

3. Zwingender Charakter der Norm

Die Kapitalherabsetzung unter den Mindestbetrag des Grundkapitals ist nur zulässig, wenn Kapitalherabsetzung und Kapitalerhöhung gleichzeitig beschlossen werden. Die Vorschrift ist, genau wie § 7 bzw Art 4 Abs 2 SE-VO, zwingend. **5**

III. Die Voraussetzungen der Ausnahme

1. Formelle Voraussetzungen

a) **Beschlüsse einer Hauptversammlung.** Das Tatbestandsmerkmal „zugleich" verdeutlicht, dass in *einer* Hauptversammlung – wenn auch in zwei gesonderten Beschlüssen – die Kapitalherabsetzung und die Kapitalerhöhung beschlossen werden müssen. Der Gesetzgeber will dadurch erreichen, dass die Beschlüsse auf einem einheitlichen Finanzierungskonzept beruhen[12]. Dem **Erfordernis der Gleichzeitigkeit** ist nicht genügt, wenn die Beschlüsse in verschiedenen Hauptversammlungen getroffen werden. Für diese Auslegung spricht auch Abs 2 S 1 und 3, wo jeweils von „die Beschlüsse" die Rede ist. Ist zuerst die Herabsetzung und erst in einer späteren Hauptversammlung die erforderliche Erhöhung beschlossen worden, sind beide Beschlüsse nach § 139 BGB nichtig (s u 13), denn die Kapitalerhöhung trifft auf eine zuvor erfolgte nichtige Kapitalherabsetzung (§ 241 Nr 3)[13]. Es hilft nur eine Neuvornahme beider Beschlüsse in einer Hauptversammlung[14]. Das Tatbestandsmerkmal der Gleichzeitigkeit betrifft nur die Beschlüsse selbst, nicht aber deren Wirksamwerden[15]. **6**

b) **Herabsetzung auf Null.** Fraglich ist, ob § 228 nur eine Ausnahme zu § 7 oder auch eine solche zu § 1 Abs 2 darstellt. Im ersten Fall müsste auch nach der Herabsetzung unter den Mindestnennbetrag ein Aktienkapital im Umfang von wenigstens einer Aktie[16] übrig bleiben, so dass die Herabsetzung allenfalls bis auf den Betrag von einem Euro möglich wäre[17]. Dies wird heute zu Recht als bloßer Formalismus begriffen, der die Kapitalherabsetzung nur unnötig erschwert, denn die Kapitalherabsetzung bewirkt das Entstehen von Teilrechten an der Aktie, die zugunsten aller Aktionäre verwertet werden müssten. Dies ist abzulehnen. Das Grundkapital kann daher bis auf Null herabgesetzt werden[18], zumal den Aktionären das Bezugsrecht verbleibt, das ihnen eine weitere Beteiligung an der AG ermöglicht. **7**

---

12 MK/*Oechsler*² 4.

13 Ebenso *Godin-Wilhelmi*⁴ 4; KK/*Lutter*² 3; *Hüffer*⁹ 4.

14 *Schlegelberger/Quassowski*³ § 181, 2; *Godin/Wilhelmi*⁴ 2; Baumbach/*Hueck*¹³ 73; KK/*Lutter*² 3.

15 KK/*Lutter*² 3.

16 *Hüffer*⁹ § 1, 13.

17 So wohl *Wiedemann* Voraufl § 262, 49, wobei dem Streit damals eine etwas größere Bedeutung zukam, da der Mindestnennbetrag 50 DM betrug.

18 BGHZ 119, 305, 319 f = NJW 1993, 57, 60 „Klöckner"; BGHZ 142, 167, 169 f = NJW 1999, 3197 „Hilgers" mit zust Anm *Hirte* WuB II A § 229 AktG 1.00; LG Koblenz AG 1996, 282; *Becker* in Bürgers/Körber 1; *Hüffer*⁹ 2; KK/*Lutter*² 4; *Krieger* ZGR 2000, 885, 897 f; MK/*Oechsler*² 3; Spindler-Stilz/*Marsch-Barner*² 3; K Schmidt/Lutter/*Veil*² 2.

8 c) **Höhe des neuen Grundkapitals.** Die gleichzeitig beschlossene Kapitalerhöhung muss so groß sein, dass durch sie der gesetzliche Mindestnennbetrag wieder erreicht wird. Es ist nicht nötig, dass das Kapital wieder bis zur früheren Grundkapitalziffer aufgefüllt wird, sollte dies höher als das Mindestgrundkapital gewesen sein[19]. Für Gesellschaften, die ihr Grundkapital noch nicht auf Euro umgestellt haben, ist die Sonderregelung des § 3 Abs 5 EGAktG zu beachten.

9 d) **Nur Geldeinlagen.** Zulässig ist die Kapitalherabsetzung unter den Mindestnennbetrag nur, wenn bei der gleichzeitig beschlossenen Kapitalerhöhung eine Sacheinlage nicht bedungen ist, die Kapitalerhöhung also durch Geldeinlagen erfolgt. Der Ausgleich durch neue Kapitaleinlagen soll nur in einer Weise geschehen, bei der keine Gefahr einer Überbewertung besteht, wie sie bei jeder Sacheinlage möglich und auch durch eine Prüfung durch besondere Prüfer nicht ganz ausgeschlossen ist. Eine Sacheinlage liegt insbesondere vor, wenn Gläubiger ihre Forderungen gegen die Gesellschaft einbringen und dafür neue Aktien erhalten. Diese Art der Sanierung ist nicht möglich, wenn zunächst das Grundkapital unter den Mindestnennbetrag herabgesetzt werden soll. Zweifelhaft kann sein, ob eine Sacheinlage nicht neben einer Geldeinlage zulässig ist, wenn Letztere allein genügt, den Mindestnennbetrag des Grundkapitals wieder zu erreichen. Da der Zweck der Vorschrift in der Wiederauffüllung des Grundkapitals auf den Mindestnennbetrag durch Geldeinlagen besteht, müssen – soweit das Mindestgrundkapital durch Bareinlagen aufgefüllt wird – darüber hinaus auch Sacheinlagen zulässig sein[20].

10 e) **Kein bedingtes oder genehmigtes Kapital.** Der Ausgleich für eine ordentliche oder eine vereinfachte Kapitalherabsetzung unter den Betrag des Mindestgrundkapitals kann nur durch eine unbedingte und unbefristete Kapitalerhöhung stattfinden. Er kann deshalb nur durch eine Kapitalerhöhung gegen Einlagen (§ 182) geschaffen werden. Nicht zulässig sind dagegen eine bedingte Kapitalerhöhung (§ 192), eine Kapitalerhöhung im Wege des genehmigten Kapitals (§ 202) oder aus Gesellschaftsmitteln (§ 207)[21]. Denn sie bieten keine Gewähr dafür, dass das Grundkapital nicht wenigstens vorübergehend unter den Mindestnennbetrag herabsinkt. Dass diese Formen der Kapitalerhöhung unzulässig sind, wird auch durch den Wortlaut von Abs 2 S 1 gestützt, der von der Eintragung der Durchführung der Kapitalerhöhung spricht. Eine solche gibt es beim genehmigten Kapital und der bedingten Kapitalerhöhung nicht.

2. Materielle Erfordernisse

11 Der Beschluss über die Kapitalherabsetzung bedarf keiner **sachlichen Rechtfertigung** (s § 222, 27 ff mwN). Für die Kapitalerhöhung gelten die allgemeinen Regeln, so dass insbesondere die Vorgaben zur sachlichen Rechtfertigung eines Ausschlusses des Bezugsrechts der bisherigen Aktionäre zu beachten sind. Die bisherigen Aktionäre haben daher die Möglichkeit, sich an den Chancen und Risiken einer Sanierung zu beteiligen. Ein Bezugsrechtsausschluss nach einer Kapitalherabsetzung auf Null stellt jedoch den denkbar schwersten Eingriff in die Mitgliedschaft dar, denn im Gegensatz zur „normalen" Kapitalherabsetzung verbleiben den aus ihrer Mitgliedschaft verdrängten Aktionären bei der Kapitalherabsetzung auf Null nicht einmal mehr Aktienspitzen, die für ihre Rechnung verwertet werden könnten. Es handelt sich der Sache nach also um einen entschädi-

---

19 *Hüffer*[9] 2; KK/*Lutter*[2] 5.

20 Baumbach/*Hueck*[13] 2; *Hüffer*[9] 3; KK/*Lutter*[2] 7; MK/*Oechsler*[2] 7.

21 *Godin/Wilhelmi*[4] 2; KK/*Lutter*[2] 8; MK/*Oechsler*[2] 8.

gungslosen Ausschluss aus der Gesellschaft[22]. Ein völliger Ausschluss des Bezugsrechts kann daher nur unter besonderen Umständen in Frage kommen, nämlich wenn das Unternehmen zur langfristigen Gesundung **zwingend** und **ohne Alternative** auf die Hilfe eines starken Partners angewiesen ist, dem eine Beteiligung am Unternehmen wichtig ist, und feststeht, dass die Aktien der Aktionäre ohne Sanierung mit Bezugsrechtsausschluss ohnehin wertlos wären[23]. Sind diese Kriterien nicht erfüllt, muss zum Schutze der bisherigen Kleinaktionäre zumindest ein teilweises Bezugsrecht vorgesehen werden.

Die neuen Aktien müssen zum **Mindestnennbetrag** emittiert werden, um das Entstehen unverhältnismäßig großer Spitzen zu verhindern und möglichst vielen Altaktionären die Chance zu geben, ihr Bezugsrecht zu nutzen[24]. Diese Verpflichtung beruht auf demselben Gedanken, der auch der Subsidiarität der Zusammenlegung nach § 222 Abs 4 S 2 zugrunde liegt[25]. Um die Beteiligungsquote der Altaktionäre möglichst weitgehend zu erhalten, muss das Entstehen von Aktienspitzen nach Möglichkeit vermieden werden. Die Verpflichtung der Gesellschaft reicht jedoch nicht soweit, dass sie zu diesem Zwecke nun auf Stückaktien umstellen müsste[26]. Der Bundesgerichtshof hatte bislang nicht über die Frage zu entscheiden, ob der Kapitalerhöhungsbetrag so bemessen sein muss, dass alle Altaktionäre eine realistische Chance haben, sich wieder an der AG zu beteiligen. Dies wird man bejahen und der Gesellschaft die Darlegung sachlicher Gründe auferlegen müssen, wenn sie hinter diesem Betrag zurück bleibt[27] (zu den Rechtsfolgen eines fehlerhaften Bezugsrechtsausschlusses s 14). 12

3. Folgen eines Verstoßes

Beschlüsse, die gegen die Vorschriften des Abs 1 verstoßen, sind **nichtig** und nicht nur anfechtbar. Denn sie verletzen Vorschriften, die im öffentlichen Interesse gegeben sind (§ 241 Nr 3)[28]. Die Nichtigkeit des Kapitalherabsetzungsbeschlusses hat auch die Nichtigkeit des Kapitalerhöhungsbeschlusses zur Folge (§ 139 BGB)[29]. Der Gesetzgeber wollte, wie das Merkmal „zugleich" verdeutlicht, gerade erreichen, dass beide Beschlüsse auf einem einheitlichen Finanzierungskonzept beruhen, so dass sie einander inhaltlich bedingen[30]. Beide Beschlüsse sind daher stets aufeinander bezogen, selbst wenn dies nicht ausdrücklich im Beschlusswortlaut zum Ausdruck kommt[31]. Zudem belegt Abs 2 S 1, dass die Nichtigkeit auch die Kapitalerhöhung erfasst, denn die Eintragung der Kapitalerhöhung setzt eine *wirksame* Kapitalherabsetzung voraus[32]. Der Registerrichter darf die 13

---

22 Ebenso *Krieger* ZGR 2000, 885, 900; *Priester* DNotZ 2003, 592, 595 f.

23 LG Heidelberg AG 1989, 447; 448; *Krieger* ZGR 2000, 885, 896; KK/*Lutter*² 12; MK/*Oechsler*² 5; *Priester* DNotZ 2003, 592, 598; großzügiger *Hüffer*⁹ § 186, 31 mwN.

24 BGHZ 142, 167, 170 = NJW 1999, 3197 f „Hilgers" mit zust Anm *Hirte* WuB II A § 229 AktG 1.0; LG Koblenz AG 1996, 282; MK/*Oechsler*² 5; zum faktischen Bezugsrechtsausschluss *Hüffer*⁹ § 186, 43; *Krieger* ZGR 2000, 885, 894, 902.

25 *Krieger* ZGR 2000, 885, 903 f; aA BGHZ 142, 167, 170 = NJW 1999, 3197 f „Hilgers", der dieses Ergebnis auf die gesellschaftsrechtliche Treuepflicht stützt.

26 *Krieger* ZGR 2000, 885, 905.

27 *Krieger* ZGR 2000, 885, 906.

28 MK/*Oechsler*² 9.

29 KG JW 1930, 2718 f; JW 1932, 1018 f; *Hüffer*⁹ 4; KK/*Lutter*² 13; K Schmidt/Lutter/*Veil*² 3; aA MK/*Oechsler*² 9, Spindler-Stilz/*Marsch-Barner*² 7.

30 Dies erkennt MK/*Oechsler*² 4, verneint aber dennoch § 139 BGB aaO 9.

31 Dies verkennt *Becker* in Bürgers/Körber 5, der für die Anwendung des § 139 BGB gerade die ausdrückliche Bezugnahme verlangt.

32 *Hüffer*⁹ 4; KK/*Lutter*² 13.

nichtigen Beschlüsse nicht eintragen. Tut er dies trotzdem, ist eine **Heilung** der Nichtigkeit nach § 242 Abs 2 möglich; die Nichtigkeit kann nicht mehr geltend gemacht werden, wenn die Beschlüsse in das Handelsregister eingetragen und seitdem drei Jahre verflossen sind. Mit der Heilung des Kapitalherabsetzungsbeschlusses wird auch der Beschluss über die Kapitalerhöhung geheilt[33]. Eine Löschung der Beschlüsse kann vor Ablauf der Dreijahresfrist (aber in seltenen Ausnahmefällen auch danach[34]) nur noch von Amts wegen durch das Registergericht angeordnet werden (§ 242 Abs 2 S 3).

14 Schließt die Gesellschaft **fehlerhaft das Bezugsrecht aus**, führt dies bei einer (isolierten) Kapitalerhöhung zur bloßen Anfechtbarkeit des Hauptversammlungsbeschlusses[35]. Fraglich ist, ob dies auch für den Fall der Wiederauffüllung des Kapitals nach § 228 gelten kann. Denn ohne Bezugsrecht werden die Altaktionäre faktisch aus der Gesellschaft ausgeschlossen, so dass es sich nicht nur um eine Verwässerung der Mitgliedschaft, sondern um einen Eingriff in den Kernbereich der Mitgliedschaft und deren Totalverlust handelt. Deshalb geht eine neuere Ansicht davon aus, dass ein solcher Beschluss nicht nur anfechtbar, sondern **unwirksam** ist und deshalb auch nicht eingetragen werden dürfe[36]. Dem ist zu Recht entgegengehalten worden, dass sich die Interessenlage des ausgeschlossenen Aktionärs nicht wesentlich von der eines Aktionärs bei einer gewöhnlichen Kapitalerhöhung mit Bezugsrechtsausschluss unterscheide und es daher bei der Anfechtungsklage bleiben muss[37].

4. Kapitalmarktrechtliche Folgen

15 Setzt die Gesellschaft ihr Kapital herab und erhöht es anschließend wieder, ist der Emittent verpflichtet, für die neuen Aktien gem § 69 BörsZulV eine Zulassung zu beantragen; der Vorgang löst grundsätzlich eine Prospektpflicht aus (s Vor § 222, 54, 62). Handelt es sich um einen Kapitalschnitt, also eine Kapitalherabsetzung auf Null mit anschließender Kapitalerhöhung, greift § 69 BörsZulV nicht ein, da durch die Herabsetzung auf Null die Börsenzulassung der alten Aktien erlischt und es der Gesellschaft frei steht, ob sie für die neuen Aktien eine Zulassung beantragt (s Vor § 222, 54, 62).

IV. Die Frist für die Eintragung (Abs 2 S 1)

1. Die Bedeutung der Frist

16 Die Beschlüsse sind nichtig, wenn sie und die Durchführung der Erhöhung nicht binnen sechs Monaten nach der Beschlussfassung in das Handelsregister eingetragen worden sind (Abs 2 S 1). Die rechtzeitige Eintragung ist Wirksamkeitsvoraussetzung, so dass die gesetzliche Terminologie unscharf ist. Dogmatisch handelt es sich nicht um einen Fall der Nichtigkeit, sondern bis zum Ablauf der Frist um einen Fall der schwebenden Unwirksamkeit, danach um einen solchen der endgültigen **Unwirksamkeit**[38]. Da der Gesetzgeber die sog Nichtigkeit erst mit Fristablauf eintreten lässt, misst er ihr ex nunc-

---

[33] *Hüffer*[9] 4.
[34] *Casper S* 149 ff, 233 ff; zu eng daher die Formulierung von KK/*Lutter*[2] 13; *Hüffer*[9] 4.
[35] Statt vieler *Hüffer*[9] § 186, 42.
[36] *Priester* DNotZ 2003, 592, 599 ff.
[37] BGH NZG 2005, 551, 553.
[38] *Hüffer*[9] 5, § 241, 7; MK/*Hüffer*[2] § 241, 17, 24; KK/*Zöllner*[1] § 241, 14; MK/*Oechsler*[2] § 234, 17; andere Terminologie bei *K Schmidt* § 241, 16, 109, der zunächst Unwirksamkeit und mit Fristablauf Nichtigkeit annimmt. Grundlegend aA *Baums* ZHR 142 (1978) 582 ff.

Wirkung zu, so dass die Rechtsfolge der der endgültigen Unwirksamkeit entspricht[39]. Letztere könnte nur im Wege der allgemeinen Feststellungsklage geltend gemacht werden, welche nur Wirkung inter partes entfaltet. Demgegenüber sind mit der Nichtigkeitsklage nach § 249 die weitreichenderen Urteilswirkungen des §§ 249 Abs 1 S 1, 248 Abs 1 S 1 verbunden, so dass die gesetzliche Einordnung des § 228 Abs 2 als Fall der Nichtigkeit sich unter diesem Aspekt als sinnvoll erweist, da auf diese Weise § 249 Anwendung findet[40]. Im Folgenden wird daher der Begriff der Nichtigkeit verwendet.

Typischerweise schreibt das Gesetz keine Frist vor, in der die Kapitalherabsetzungs- und Kapitalerhöhungsbeschlüsse oder die Durchführung derselben ins Handelsregister einzutragen sind. Demgegenüber sieht die Vorschrift des Abs 2 S 1 ausnahmsweise die Nichtigkeit vor, wenn die Beschlüsse nicht innerhalb der Frist eingetragen wurden. Damit will sie sicherstellen, dass der gegen § 7 verstoßende Zustand rasch beseitigt wird. Diesem Zweck dient auch die Vorgabe des Abs 2 S 3, wonach die Beschlüsse gleichzeitig eingetragen werden sollen. Diese Vorschrift soll gewährleisten, dass die Kapitalherabsetzung und die Kapitalerhöhung **gleichzeitig** wirksam werden, um zu verhindern, dass – auch nicht vorübergehend – das Grundkapital unter den Mindestnennbetrag sinkt[41] und keine Gesellschaft ohne Mitgliedschaften entsteht (s u 23). **17**

2. Fristbeginn und Fristende

Die Frist ist eine **Ausschlussfrist**. Sie beginnt mit der Fassung der Beschlüsse, wenn die Hauptversammlung länger als einen Tag dauert und sie an verschiedenen Tagen gefasst sind, mit der Fassung des ersten Beschlusses. Für die Fristberechnung gelten die §§ 187 Abs 1, 188 Abs 2 Var 1 BGB, dh die Frist beginnt am Tag nach der Hauptversammlung bzw Fassung des ersten der beiden Beschlüsse zu laufen. Beide Beschlüsse müssen innerhalb von 6 Monaten eingetragen sein. Es kommt also nicht auf die rechtzeitige Antragstellung, sondern die rechtzeitige Eintragung an, so dass die Gesellschaft die Zeitspanne, die der Registerrichter zur Prüfung benötigt, einkalkulieren muss[42]. **18**

3. Hemmung der Frist (Abs 2 S 2)

Der Lauf der Frist ist gehemmt, solange eine **Anfechtungs- oder Nichtigkeitsklage** gegen den Kapitalherabsetzungs- *oder* den Kapitalerhöhungsbeschluss rechtshängig ist (Abs 2 S 2). Die Vorschrift will verhindern, dass durch Anfechtungs- und Nichtigkeitsklagen, insbesondere solche schikanöser Art, die Frist versäumt wird. Unter Anfechtungs- und Nichtigkeitsklagen sind die typischen Klagen des Aktienrechts (§§ 246, 249) zu verstehen. Eine gewöhnliche Feststellungsklage hemmt die Frist nicht. Die Hemmung beginnt mit der Rechtshängigkeit und endet mit deren Ende, also mit Rücknahme der Klage, Rechtskraft des Urteils etc[43]. Mit dem **Begriff der Hemmung** greift das Gesetz auf das Verjährungsrecht zurück: In die Frist wird die Zeit nicht eingerechnet, die durch die Klage in Anspruch genommen wird (§ 209 BGB). Die Frist beginnt dagegen nicht mit Wegfall des Hindernisses neu zu laufen, da es sich gerade nicht um eine Unterbrechung der Frist (§ 212 BGB) handelt. **19**

---

39 Ebenso *Hüffer*[9] § 241, 7 („iE unschädlich").
40 *Hüffer*[9] § 249, 3; MK/*Hüffer*[2] § 249, 3 mwN.
41 KK/*Lutter*[2] 20; *Becker* in Bürgers/Körber 10.
42 Unstr vgl *Hüffer*[9] 5.
43 KK/*Lutter*[2] 16; zu eng *Godin/Wilhelmi*[4] 6.

4. Rechtsfolgen

20 Werden während der 6-Monatsfrist nicht alle drei Eintragungen (Kapitalherabsetzungsbeschluss, Kapitalerhöhungsbeschluss und Durchführung der Kapitalerhöhung) eingetragen, tritt kraft Gesetzes die ex tunc wirkende Nichtigkeit (zur dogmatischen Unschärfe dieses Begriffs o 16) beider Beschlüsse ein. Die Nichtigkeit erfasst auch alle Durchführungsmaßnahmen, so eine etwaige Zusammenlegung der alten Aktien, die Kraftloserklärung von solchen und die Zeichnung neuer Aktien[44]. Bereits geleistete Einlagen können zurückgefordert werden (§§ 812 ff BGB). Sie kann sowohl von der Gesellschaft als auch von den bisherigen und den neuen Aktionären, wie von Dritten in derselben Weise geltend gemacht werden wie die Nichtigkeit anderer Gesellschafterbeschlüsse.

21 Eine **Wiedereinsetzung in den vorigen Stand** gegen eine Fristversäumung oder die Möglichkeit einer **Fristverlängerung** durch das Registergericht ist **nicht möglich**. Bei Versäumung der Frist ist nur eine Wiederholung der Beschlüsse möglich. Es muss somit innerhalb von sechs Monaten seit der Beschlussfassung alles geschehen, was zur Eintragung der beiden Beschlüsse und der Durchführung des Erhöhungsbeschlusses notwendig ist. Beruht die Fristversäumung auf einem vorwerfbaren Verhalten des Registerrichters, kommt ein **Amtshaftungsanspruch** in Betracht[45].

22 Gemäß § 242 Abs 3 wird die Nichtigkeit **geheilt**, wenn die Kapitalherabsetzung und die Kapitalerhöhung zwar erst nach Ablauf der 6-Monatsfrist eingetragen worden sind, seit der Eintragung aber 3 Jahre verstrichen sind[46]. Die 3-Jahresfrist verlängert sich, wenn eine Klage auf Feststellung der Nichtigkeit schwebt, bis zu deren Erledigung (§ 242 Abs 2 S 2). Eine Amtslöschung ist nach § 398 FamFG möglich (§ 242 Abs 2 S 3).

V. Die Eintragung (Abs 2 S 3)

23 Die Beschlüsse und die Durchführung der Erhöhung des Grundkapitals sollen nur zusammen in das Handelsregister eingetragen werden (Abs 2 S 3). Der Satz enthält nur eine **Sollvorschrift**. Da die Kapitalherabsetzung unter den Mindestbetrag nur zulässig ist, wenn durch eine gleichzeitig beschlossene Kapitalerhöhung der Mindestnennbetrag wieder erreicht wird, ergibt sich daraus das Bedürfnis der gleichzeitigen Eintragung beider Beschlüsse und der Durchführung der Kapitalerhöhung von selbst. Geschieht die Eintragung entgegen der Sollvorschrift nacheinander, so hat dies weder die Nichtigkeit der Beschlüsse noch die der Eintragung zur Folge[47]. Von diesem Grundsatz wird allerdings eine Ausnahme zu machen sein. Würde bei einer Kapitalherabsetzung auf Null allein die Kapitalherabsetzung eingetragen, käme eine Gesellschaft ohne Mitgliedschaften zustande, da die Eintragung der Kapitalherabsetzung auf Null das **Erlöschen der bisherigen Mitgliedschaftsrechte** (mit Ausnahme des Bezugsrechts) zur Folge hat[48]. Auch aus diesem Grunde sieht das Gesetz die zwingende Wiedererhöhung des Kapitals vor, da es

---

44 *Hüffer*[9] 5; KK/*Lutter*[2] 19.

45 *Becker* in Bürgers/Körber 8; *Hüffer*[9] 5; MK/*Oechsler*[2] 11, § 223, 7.

46 *Hüffer*[9] 5.

47 KK/*Lutter*[2] 20; *Hüffer*[9] 8.

48 *Priester* DNotZ 2003, 592, 595 f; *Priester* ZIP 2010, 497, 500 (zu § 58a Abs 4 GmbHG); *Thomas* Aktienrecht und Delisting, 2009, S 120. Das schweizerische Recht ging zunächst von einem fortbestehenden Stimmrecht aus, vgl BGE 86 II 78, 83; BGE 121 III 420, 428. Als Reaktion auf die an dieser Rechtsprechung geäußerten Kritik, vgl etwa *von Büren/Brütsch* FS Druey, 2002, 637, 643 ff, hat der Gesetzgeber mit Art 732a OR klargestellt, dass die Mitgliedschaftsrechte untergehen, den Aktionären aber ein zwingendes Bezugsrecht zusteht.

keine AG ohne Mitglieder geben kann. Daher wird einer **isolierten Eintragung der Kapitalherabsetzung** im Falle des § 228 die Wirksamkeit zu versagen sein[49].

Auch wenn es sich bei Abs 2 S 2 um eine bloße Sollvorschrift handelt, **bindet sie den Registerrichter.** Stellt die Gesellschaft nur einen oder zwei Eintragungsanträge, muss dieser unter Hinweis auf Abs 2 S 3 durch eine Zwischenverfügung die Eintragung ablehnen und die Gesellschaft auf das Erfordernis der Gleichzeitigkeit hinweisen[50]. Holt die Gesellschaft den/die fehlenden Anträge nicht (rechtzeitig) nach, hat der Richter die Eintragung endgültig abzulehnen, denn beide Beschlüsse sind nun aufgrund des Fristablaufs nichtig[51]. Werden die drei Anträge rechtzeitig gestellt, ist der Richter aufgrund von Abs 2 S 3, aber auch aufgrund der Bindung an den Antrag zur gleichzeitigen Eintragung verpflichtet[52]. 24

VI. Geltung der allgemeinen Vorschriften

Im Übrigen gelten die allgemeinen Vorschriften über die Kapitalherabsetzung und über die Kapitalerhöhung, soweit sich nicht aus der Verbindung von Kapitalherabsetzung und Kapitalerhöhung sinngemäß etwas anderes ergibt. Insbesondere sind auch die **Gläubigerschutzvorschriften** zu befolgen, selbst wenn die Herabsetzung durch die Kapitalerhöhung wieder ausgeglichen wird. Solange das neue Kapital nicht voll einbezahlt ist, ist vom Standpunkt der Gläubiger aus der Ausgleich noch nicht erreicht, auch wenn die Durchführung der Erhöhung schon erfolgt sein kann, da diese gerade keine Volleinzahlung erfordert (s o 4). 25

Für die Anmeldung des Kapitalerhöhungsbeschlusses und seine Durchführung gelten sinngemäß die gewöhnlichen **Vorschriften über die Kapitalerhöhung,** insbesondere über die der Anmeldung der Durchführung beizufügenden Beilagen, §§ 184, 188. Eine Angabe darüber, welche Einlagen auf das *bisherige* Grundkapital rückständig sind und warum sie nicht geleistet werden können (§ 184 Abs 2), wird entbehrlich sein, wenn Zweck der Kapitalherabsetzung Rückzahlung eines Teiles des bisherigen Grundkapitals oder Befreiung der Aktionäre von der Einlagepflicht ist. 26

---

49 *Krieger* ZGR 2000, 885, 898 Fn 37; *Priester* DNotZ 2003, 592, 595 f.

50 KK/*Lutter*² 21.

51 MK/*Oechsler*² 11.

52 KG JW 1930, 2718 f; KK/*Lutter*² 21.

ZWEITER UNTERABSCHNITT

Vereinfachte Kapitalherabsetzung

§ 229
Voraussetzungen

(1) [1]Eine Herabsetzung des Grundkapitals, die dazu dienen soll, Wertminderungen auszugleichen, sonstige Verluste zu decken oder Beträge in die Kapitalrücklage einzustellen, kann in vereinfachter Form vorgenommen werden. [2]Im Beschluß ist festzusetzen, daß die Herabsetzung zu diesen Zwecken stattfindet.

(2) [1]Die vereinfachte Kapitalherabsetzung ist nur zulässig, nachdem der Teil der gesetzlichen Rücklage und der Kapitalrücklage, um den diese zusammen über zehn vom Hundert des nach der Herabsetzung verbleibenden Grundkapitals hinausgehen, sowie die Gewinnrücklagen vorweg aufgelöst sind. [2]Sie ist nicht zulässig, solange ein Gewinnvortrag vorhanden ist.

(3) § 222 Abs. 1, 2 und 4, §§ 223, 224, 226 bis 228 über die ordentliche Kapitalherabsetzung gelten sinngemäß.

Übersicht

Schrifttum

Ansmann Wann wird bei der Kapitalherabsetzung in erleichterter Form die bedingte Genehmigung der Jahresbilanz und die Entlastung von Vorstand und Aufsichtsrat endgültig wirksam?, ZBlHR 1932, 223 f; *Fabis* Vereinfachte Kapitalherabsetzung bei AG und GmbH, MittRhNotK 1999, 169; *Geißler* Rechtliche und unternehmenspolitische Aspekte der vereinfachten Kapitalherabsetzung bei der AG, NZG 2000, 719; *Jäger* Wege aus der Krise einer Aktiengesellschaft, NZG 1999, 238; *Hefermehl* Vereinfachte Kapitalherabsetzung, SozPraxis 1938, 383; *Hirte* Genüsse zum Versüßen vereinfachter Kapitalherabsetzungen, FS Claussen, 1997, 115; *Lutter/Hommelhoff/Timm* Finanzierungsmaßnahmen zur Krisenabwehr in der Aktiengesellschaft, BB 1980, 737; *Neufeld* Bilanzierungserleichterungen – Durchführung der erleichterten Kapitalherabsetzung, JW 1932, 693; *Priester* Kapitalschutz bei der übertragenden Gesellschaft in Spaltungsfällen, FS Schippel, 1996, 487; *Reger/Stenzel* Der Kapitalschnitt auf Null als Mittel zur Sanierung von Unternehmen – Gesellschaftsrechtliche, börsenzulassungsrechtliche und kapitalmarktrechtliche Konsequenzen, NZG 2009, 1210; *Risse* Rückwirkung der Kapitalherabsetzung einer Aktiengesellschaft, BB 1968, 1012; *K Schmidt* Die sanierende Kapitalerhöhung im Recht der Aktiengesellschaft, GmbH und Personengesellschaft, ZGR 1982, 519; *K Schmidt* Die Umwandlung einer GmbH in eine AG zu Kapitaländerungszwecken, AG 1985, 150; *Terbrack* Kapitalherabsetzende Maßnahmen bei Aktiengesellschaften, RNotZ 2003, 89; *Ullmann* Kapitalherabsetzung in erleichterter Form, ZBlHR 1932, 4; *Wirth* Vereinfachte Kapitalherabsetzung zur Unternehmenssanierung, DB 1996, 867. S a die Schrifttumsnachweise Vor § 222.

I. Gesetzesgeschichte

1 Die Kapitalherabsetzung in vereinfachter Form wurde erstmals, damals mit der Bezeichnung „Kapitalherabsetzung in erleichterter Form“, durch die **Notverordnung** des Reichspräsidenten vom 6.10.1931 unter dem Eindruck der damaligen Wirtschaftskrise zugelassen und durch mehrere Durchführungsverordnungen geregelt (s Vor § 222, 79). Das Aktiengesetz von 1937 hat die ursprünglich befristete Regelung dauerhaft übernommen. Dies galt allerdings nicht für die Möglichkeit der vereinfachten Kapitalherabsetzung durch Einziehung von Aktien, die auch im Aktiengesetz von 1965 nicht vorgesehen ist[1]; § 229 Abs 3 nimmt nur § 222 in Bezug, nicht aber §§ 237 ff. Die vereinfachte Kapitalherabsetzung kann also nur durch Herabsetzung des Nennbetrags oder durch Zusammenlegung von Aktien (§ 222 Abs 4) erfolgen, nicht aber durch Einziehung. Eine solche ist nur unter den in § 237 Abs 3 bis 5 genannten Voraussetzungen möglich.

2 Nicht übernommen sind die Vorschriften der NotVO, nach denen in erster Linie **eigene oder zur Verfügung der Gesellschaft stehende Aktien** einzuziehen und dadurch die Kapitalherabsetzung vorzunehmen war, ehe zur Kapitalherabsetzung durch Nennwertherabsetzung oder Zusammenlegung geschritten wurde. Der Besitz eigener Aktien der Gesellschaft ist kein Hindernis für die vereinfachte Kapitalherabsetzung. Unter Umständen kann der Besitz eigener Aktien der Gesellschaft einen Weg bieten, sich durch deren Veräußerung Barmittel zum Betrieb des Unternehmens zu verschaffen, ohne zu einer Kapitalerhöhung oder einer Kreditaufnahme schreiten zu müssen. Die Einziehung eigener Aktien wird häufig kein geeignetes Mittel sein, die Gesellschaft rentabler zu gestalten und die vereinfachte Kapitalherabsetzung entbehrlich zu machen. Sie kann aber mit ihr einhergehen, um die Grundkapitalziffer zu vermindern und damit die Verteilung von Reingewinn zu ermöglichen.

[1] Kritisch deshalb *Risse* BB 1968, 1012, 1013.

§ 229 fasst die §§ 182 und 183 AktG 1937 zusammen[2]. § 182 wurde unverändert in Abs 1 und 3 überführt, während § 183 AktG 1937 sich jetzt in Abs 2 findet und in drei Punkten geändert wurde. (1) Die vereinfachte Kapitalherabsetzung ist jetzt erst zulässig, wenn vorher **alle freien Rücklagen** (früher nur die zum Ausgleich von Wertminderungen und zur Deckung von sonstigen Verlusten bestimmten) aufgelöst sind. Diese Änderung steht in Zusammenhang mit der Änderung des § 150. Dort wird die gesetzliche Rücklage zu Lasten aller freien Rücklagen geschont. Das muss erst recht für das Grundkapital gelten. (2) § 183 S 2 AktG 1937, der die Möglichkeit einer ministeriellen **Ausnahmegenehmigung** aus grundsätzlichen Erwägungen vorsah, wurde gestrichen. (3) Neu eingeführt wurde Abs 2 S 2, wonach auch ein **Gewinnvortrag** zur Verlustdeckung oder Einstellung in die freie Rücklage verwendet werden muss, bevor zu diesen Zwecken das Grundkapital in vereinfachter Form herabgesetzt werden darf. 3

§ 229 wurde 1985 durch BiRiLiG[3] **geändert**: (1) In Abs 1 S 1 wurden die Worte „gesetzliche Rücklage" durch „Kapitalrücklage" ersetzt, so dass die aus einer vereinfachten Kapitalherabsetzung frei werdenden Beträge nicht mehr in die gesetzliche Rücklage eingestellt werden können. (2) Abs 2 S 1 wurde neu gefasst. Beide Änderungen sind darauf zurückzuführen, dass das Agio nicht mehr Teil der gesetzlichen Rücklage ist und nun in die so genannte Kapitalrücklage (§ 272 Abs 2 HGB) zu buchen war. Für die Berechnung gesetzlicher Grenzwerte und damit auch für Abs 2 S 1 sollte dies jedoch keine Veränderung mit sich bringen, weshalb nun gesetzliche Rücklage und Kapitalrücklage zusammengerechnet werden[4]. (3) Der Begriff der „freien Rücklage" wurde durch den der „Gewinnrücklage" ersetzt, ohne dass damit eine inhaltliche Änderung einhergehen sollte[5]. 4

II. Bedeutung der Vorschrift

§ 229 dient der Umsetzung von Art 33 Kapitalrichtlinie (s Vor § 222, 96). Sie gilt über § 278 Abs 3 auch für die **KGaA**. Die Regelung über die vereinfachte Kapitalherabsetzung und über die dabei zu beachtenden Beschlusserfordernisse gelten auch für die **SE**[6]. Zwar erfordert eine Satzungsänderung bei der SE nach Art 59 Abs 1 SE-VO nur eine Zweidrittelmehrheit. Die Regelung steht allerdings unter dem Vorbehalt, dass das anwendbare nationale Recht im Sitzstaat der SE keine größere Mehrheit vorsieht, was bei §§ 229 Abs 3, 222 der Fall ist. 5

Die vereinfachte Kapitalherabsetzung darf **nur zum Zwecke** der Verlustdeckung und der (begrenzten vgl § 231) Einstellung in die Kapitalrücklage erfolgen (und das auch nur, wenn eine **Sanierung** nicht durch die Auflösung von Rücklagen und Verwendung eines Gewinnvortrags erreicht werden kann, Abs 2). Die vereinfachte Kapitalherabsetzung bezweckt und bewirkt also eine bloße Buchsanierung[7]. Demgegenüber kann die ordentliche Kapitalherabsetzung jedem denkbaren Zweck dienen. Die **„Vereinfachung"** der 6

---

[2] Hierzu und zum Folgenden *Kropff* AktG 1965, S 320 f. Zur Geschichte der Kapitalherabsetzung im Allgemeinen s Vor § 222, 72 ff.

[3] Art 2 Nr 42 des Gesetzes zur Durchführung der Vierten, Siebenten und Achten Richtlinie des Rates der Europäischen Gemeinschaften zur Koordinierung des Gesellschaftsrechts – Bilanzrichtlinien-Gesetz – v 19.12.1985, BGBl I 2355.

[4] RegE BiRiLiG, BT-Drucks 10/317, S 106.

[5] Beschlussempfehlung und Bericht des Rechtsausschusses, BT-Drucks 10/4268, S 46, 127.

[6] *Mayer* in Manz/Mayer/Schröder Europäische Aktiengesellschaft[2], Art 59 SE-VO, 19; MK/*Oechsler*[2] Art 5, 29.

[7] So ausdrücklich *Hüffer*[9] 2; Spindler-Stilz/*Marsch-Barner*[2] 1.

Kapitalherabsetzung besteht darin, dass die bei der ordentlichen Kapitalherabsetzung geltende Gläubigerschutzvorschrift des § 225 nicht anzuwenden ist, die sich zumeist deshalb als zu hohe Hürde erweist, weil die Mittel der Gesellschaft für eine Sicherung der Gläubiger nicht mehr ausreichen. Der Gläubigerschutz bei der vereinfachten Kapitalherabsetzung wird durch die §§ 229 Abs 2, 230 bis 233 erreicht (s dort), die sicherstellen, dass die frei werdenden Mittel nur zur Sanierung und nicht zur Ausschüttung an die Aktionäre verwendet werden. Die §§ 229 bis 232 bilden eine Einheit, was bei ihrer Auslegung zu berücksichtigen ist. Die ordentliche und die vereinfachte Kapitalherabsetzung unterscheiden sich hinsichtlich der Voraussetzungen und zT hinsichtlich der Rechtsfolgen. Aufgrund dessen ist eine **Vermischung beider Arten der Kapitalherabsetzung** unzulässig (s u 61).

7 Der **Umfang des Gläubigerschutzes** bei der vereinfachten Kapitalherabsetzung ist im Vergleich zu § 225 geringer, denn die §§ 230 ff hindern nur eine Ausschüttung an die Gesellschafter. Eine individuelle Absicherung kann kein Gläubiger verlangen. Dies beruht auf der Erwägung, dass die Sanierung der Gesellschaft für Gläubiger insgesamt nützlich oder zumindest nicht nachteilig ist. Betrachtet man die individuelle Gläubigerposition, vermag diese gesetzgeberische Entscheidung jedoch nicht restlos zu überzeugen, denn es sind durchaus Fälle denkbar, in denen einzelne Gläubiger benachteiligt werden. Während das Grundkapital gebunden ist und damit bei einer Vollstreckung oder Insolvenz allen Gläubigern zur Verfügung steht, gilt dies nicht für die Kapitalrücklage. Wird diese später zum Ausgleich von Verlusten genutzt (§ 150 Abs 3 Nr 1), kann es durchaus zu einer Konkurrenz einzelner Gläubiger kommen. Allerdings muss man bedenken, dass wirtschaftlich nicht erst die Kapitalherabsetzung die Interessen der Gläubiger beeinträchtigt, sondern bereits die vorher eingetretenen Verluste. In dem Bestreben, eine Sanierung zu erleichtern, hatte der Aktienrechtsgesetzgeber 1965 damit einen akzeptablen Kompromiss zwischen den Interessen einzelner Gläubiger und der Möglichkeit einer Sanierung getroffen[8].

8 Die Winter-Kommission (s ausführlich Vor § 222, 110)[9] hat im Zusammenhang mit der Reform der Kapitalrichtlinie darauf hingewiesen, dass gerade bei der vereinfachten Kapitalherabsetzung die **Sicherung** der Gläubiger oft **nicht ausreicht** (s dazu auch § 230, 7 aE). Zwar dürfe bei der vereinfachten Kapitalherabsetzung keine Auszahlung von Vermögen an die Aktionäre erfolgen; jedoch sei es der Gesellschaft nach der Kapitalherabsetzung künftig leichter möglich, Dividenden auszuschütten, da erwirtschaftete Verluste nun abgebaut seien. Steht dem Gläubiger eine langfristige Forderung zu, kann er seine Interessen nach der derzeitigen Fassung der §§ 229 ff nicht schützen; seine Interessen sind gefährdet. Ua aus diesem Grund wurde daher Art 32 der Kapitalrichtlinie durch Art 1 Nr 9 der Richtlinie 2006/68/EG[10] geändert (s Vor § 222, 95, 111). Die Gläubiger haben nach Richtlinie nun das Recht, bei der **zuständigen Verwaltungsbehörde** oder dem **zuständigen Gericht angemessene Sicherheiten zu beantragen**, wenn sie glaubhaft machen können, dass die Befriedigung ihrer Forderungen durch die Herabsetzung des gezeichneten Kapitals gefährdet ist und sie von der Gesellschaft keine angemessenen Sicherheiten erhalten haben (Art 32 Abs 1 UAbs 2). Diese Vorgabe erstreckt sich auf alle Arten der Kapitalherabsetzung und damit auch auf die vereinfachte Kapitalherabsetzung.

---

[8] MK/*Oechsler*[2] 4; Heidel/*Terbrack*[3] 3; im Ergebnis auch Spindler-Stilz/*Marsch-Barner*[2] 1.

[9] Report (s Vor § 222, 110 Fn 200) S 15 (Punkt IV 6), 84.

[10] Fundstelle Vor § 222, 37 Fn 59. Dazu *Oechsler* ZHR 170 (2006) 72 ff; *Ekkenga* Der Konzern 2007, 413 ff.

Der deutsche Gesetzgeber hat bei der Umsetzung der Richtlinie jedoch keine Anpassung der §§ 229 ff vorgenommen[11].

Auch wenn die Kapitalherabsetzung mit anschließender Kapitalerhöhung der Sanie- 9
rung dient, ist zu beachten, dass dieses Instrument bei **akut gefährdeten Gesellschaften** aus **zeitlichen** Gründen nicht geeignet ist[12]. Eine bestehende Zahlungsunfähigkeit oder Überschuldung ist innerhalb der Dreiwochenfrist des § 15a Abs 1 InsO zu überwinden. Die gesetzliche Mindestfrist zwischen der Einberufung und dem Zusammentritt der Hauptversammlung beträgt jedoch bereits 30 Tage (§ 123 Abs 1). Hinzu kommen die vor der Einberufung regelmäßig notwendigen Vorbereitungsmaßnahmen. Eine Frist von zwei bis drei Monaten zwischen dem Entschluss zur Einberufung und der eigentlichen Hauptversammlung scheint daher realistisch. Auch in **finanzieller** Hinsicht ist die vereinfachte Kapitalherabsetzung allein nicht geeignet, die Gesellschaft zu sanieren[13]. Denn zur Liquiditätssicherung wird zumeist zusätzliches Kapital benötigt (zur Verbindung der vereinfachten Kapitalherabsetzung mit einer Kapitalerhöhung s u 59). Die vereinfachte Kapitalherabsetzung bewirkt jedoch nur eine Anpassung der Grundkapitalziffer an den Vermögensstand der Gesellschaft. Ihr Ziel ist daher allein die rechnerische Beseitigung von Verlusten in der Bilanz. Sie stellt also eine Buchsanierung dar. Die vereinfachte Kapitalherabsetzung kann jedoch Voraussetzung dafür sein, dass Gläubiger überhaupt bereit sind, zusätzliches Kapital zur Verfügung zu stellen. Denn diese wollen nicht, dass ihr Kapital zur Deckung alter Verluste dient, sondern an den Chancen des Neuanfangs teilhat. Die vereinfachte Kapitalherabsetzung ist daher nicht der, wohl aber ein Baustein zu einer erfolgreichen Sanierung. Ihre **Verbindung mit einer Kapitalerhöhung** ist daher in der Praxis sehr wichtig. Durch die Möglichkeit der Rückwirkung eines solchen Kapitalschnitts (§§ 234, 235) müssen die zwischenzeitlich bestehenden Verluste in der Bilanz nicht offen gelegt werden, was für ein sanierungsbedürftiges Unternehmen im Hinblick auf seine Kreditwürdigkeit bedeutsam ist.

Nach § 145 UmwG ist die vereinfachte Kapitalherabsetzung auch bei der **Abspaltung** 10
möglich (zu Einzelheiten s Vor § 222, 41).

Die Kapitalherabsetzung verringert die Schwellen der gesetzlichen **Ausschüttungssper-** 11
ren. Infolge der herabgesetzten Grundkapitalziffer auf der Passivseite der Bilanz (§ 266 Abs 3 A I HGB) kann eher ein Bilanzgewinn (§ 57 Abs 3) entstehen. Zudem können nach § 150 Abs 3 und 4 eher Reserven aufgelöst werden.

Möglich ist eine vereinfachte Kapitalherabsetzung auch während des Liquidations- 12
verfahrens (dazu ausführlich § 222, 75), zB wenn die Gesellschaft einen Fortsetzungsbeschluss gefasst hat. Möglich ist die Kapitalherabsetzung auch während der Insolvenz, etwa um eine Sanierung in die Wege zu leiten (dazu ausführlich § 222, 76).

III. Ablauf der vereinfachten Kapitalherabsetzung im Überblick

Vor dem Kapitalherabsetzungsbeschluss sind gem Abs 2 die gesetzlichen Rücklagen 13
und die Kapitalrücklagen bis auf den Betrag aufzulösen, der 10 % des herabgesetzten Grundkapitals entspricht. Gewinnrücklagen und Gewinnvorträge sind in vollem Umfang aufzulösen (s u 33 ff).

---

[11] Vgl Art 1 des Gesetzes zur Umsetzung der Aktionärsrichtlinie (ARUG) v 30.7.2009, BGBl I 2479.

[12] Ebenso die Einschätzung von *Geißler* NZG 2000, 719, 720.

[13] So auch *Geißler* NZG 2000, 719, 720.

14 Eine Kapitalherabsetzung, die eine Satzungsänderung darstellt (s Vor § 222, 32), erfordert nach Abs 3 iVm § 222 Abs 1 S 1 einen Hauptversammlungsbeschluss (s u 50 ff). Der Beschluss muss den genauen Betrag enthalten, um den das Grundkapital herabgesetzt wird (Abs 3 iVm § 222 Abs 4 S 1). Anzugeben sind weiterhin der Umstand, dass es sich um eine vereinfachte Kapitalherabsetzung handelt (s u 30), und der Zweck der Kapitalherabsetzung (Abs 1 S 2, dazu u 31 f). Schließlich muss der Beschluss die Art und Weise der Kapitalherabsetzung (Herabsetzung des Nennbetrags der Aktien oder Zusammenlegung von Aktien) enthalten (Abs 3 iVm § 222 Abs 4 S 3, s u 53).

15 Sofern mehrere Aktiengattungen vorhanden sind, müssen entsprechende Sonderbeschlüsse der einzelnen Aktiengattung herbeigeführt werden (Abs 3 iVm § 222 Abs 2 und § 141, s u 51).

16 Vorstand und Aufsichtsrat müssen den Beschluss zum Handelsregister anmelden (Abs 3 iVm § 223, s u 57). Die Wirksamkeit bestimmt sich nach § 224 (s u 58).

17 Sodann erfolgt die Durchführung der Kapitalherabsetzung (s u 58). Bei einer Reduzierung des Nennwerts erfolgt eine Berichtigung der Aktien und ggf eine Kraftloserklärung nach § 73. Sofern es sich um eine Kapitalherabsetzung durch Zusammenlegung von Aktien handelt, erfolgt diese nach dem in § 226 vorgesehenen Verfahren.

18 Ist die Kapitalherabsetzung durchgeführt, meldet der Vorstand die Durchführung zum Handelsregister an (§ 227, s u 58). Die Eintragung hat lediglich deklaratorische Bedeutung. Die Anmeldung des Kapitalherabsetzungsbeschlusses (§ 223) und die seiner Durchführung (§ 227 Abs 1) können miteinander verbunden werden (§ 227 Abs 2). Dies wird sich regelmäßig dann anbieten, wenn kein Verfahren der Kraftloserklärung nach §§ 73, 226 erforderlich ist.

19 In der Bilanz ist der Herabsetzungsbetrag vom gezeichneten Kapital (§ 266 Abs 3 A I HGB) abzuziehen. Die Kapitalherabsetzung führt zu einem Buchertrag; er ist in der Gewinn- und Verlustrechnung gesondert als Ertrag aus der Kapitalherabsetzung auszuweisen (§ 240 S 1, s dort). Im Anhang ist zu erläutern, ob und in welcher Höhe die aus der Kapitalherabsetzung und aus der Auflösung von Gewinnrücklagen gewonnenen Beträge zum Ausgleich von Wertminderungen, zur Deckung von sonstigen Verlusten oder zur Einstellung in die Kapitalrücklage verwandt wurden (§ 240 S 3, s dort).

IV. Der Zweck der vereinfachten Kapitalherabsetzung (Abs 1)

1. Die Zweckbegrenzung (Abs 1 S 1)

20 Nach Abs 1 ist die vereinfachte Kapitalherabsetzung lediglich zum **Zwecke der Sanierung** zulässig. Das Gesetz erlaubt die vereinfachte Kapitalherabsetzung nur dazu, (1) Wertminderungen auszugleichen und sonstige Verluste zu decken oder (2) unter den engen Voraussetzungen des § 231 Beträge in die Kapitalrücklage einzustellen. Letzteres ist in der Praxis selten[14]. Beide Zwecke können nebeneinander verfolgt werden (s u 29). Der Katalog möglicher Zwecke der vereinfachten Kapitalherabsetzung ist **abschließend**. Dies ist der Preis für die Vereinfachung des Gläubigerschutzes[15]. Soll die Kapitalherabsetzung anderen Zwecken, etwa der Rückzahlung nicht verwertbaren oder nicht mehr erforderlichen Kapitals dienen, so ist dies nur in der Form der ordentlichen Kapitalherabsetzung oder durch Einziehung von Aktien, und zwar nur unter Einhaltung der Gläubigerschutzvorschriften des § 225, möglich.

---

[14] Spindler-Stilz/*Marsch-Barner*[2] 1.

[15] MK/*Oechsler*[2] 8.

2. **Wertminderungen und sonstige Verluste**

a) **Begrifflichkeiten.** Das Gesetz verwendet die im kapitalgesellschaftsrechtlichen Sprachgebrauch ungewöhnlichen Begriffe der „Wertminderungen" und „sonstigen Verluste", wobei Letztere den Oberbegriff darstellen und auch Wertminderungen umfassen[16]. Das Bilanzrecht bezeichnet negative Ergebnisse ansonsten als „Jahresfehlbetrag", „Bilanzverlust" und „Verlustvortrag". Die besondere Wortwahl des Abs 1 bezeichnet daher nur die Tatsache, dass ein negatives Ergebnis der Gesellschaft vorliegt. Der Begriff der Wertminderungen ist ebenfalls untechnisch zu verstehen und meint insbesondere nicht Wertberichtigungen oder Abschreibungen[17]. Gleichzeitig verdeutlicht die spezielle Wortwahl aber auch, dass es unerheblich ist, welche Ursache seinerseits dem Verlust oder der Wertminderung genau zugrunde liegt[18]. Es genügt, dass aus irgendwelchen Gründen **Wertminderungen** in den Vermögensbeständen, sei es Anlage- oder Betriebsvermögen, entstanden sind. Die sonstigen **Verluste** können etwa durch Zahlungsunfähigkeit von Schuldnern, Wegfall von Aktionären überhaupt oder Nichtigkeit von Aktienzeichnungen wegen Geschäftsunfähigkeit der Zeichner oder mangelnder Vertretungsbefugnis für sie handelnder Personen, durch Untreue von Vorstandsmitgliedern und Angestellten, durch missglückte Geschäfte, durch Bürgschaften und dergleichen eingetreten sein. Auch frühere zu hohe Bewertungen des Vermögens, zB bei einer Verschmelzung, können zu einer vereinfachten Kapitalherabsetzung Anlass geben. 21

b) **Feststellung der Verluste.** Die Verluste müssen zum Zeitpunkt der Beschlussfassung über die Kapitalherabsetzung bestehen. Die Formulierung „sonstige Verluste" anstelle der bilanzrechtlichen Begriffe verdeutlicht, dass es **keines förmlich festgestellten Bilanzverlustes** (§§ 264, 266 Abs 3 A. V., 268 Abs 1 HGB, 158 Abs 1 S 1 Nr 5 AktG) in einer Sonderbilanz bedarf, um eine vereinfachte Kapitalherabsetzung durchzuführen[19]. Wie der Wortlaut von § 232 zeigt, reicht die ernstliche *Annahme* von Verlusten aus. Weiterhin ergibt sich daraus, dass die vereinfachte Kapitalherabsetzung auch vor der Feststellung des Jahresabschlusses des letzten abgelaufenen Geschäftsjahres beschlossen werden kann. Die vereinfachte Kapitalherabsetzung setzt nicht einmal voraus, dass der letzte Jahresabschluss überhaupt einen Verlust aufwies. Es genügen vielmehr Wertminderungen und Verluste jeder Art, auch solche aus früherer Zeit, soweit sie noch nicht ausgeglichen sind (Verlustvorträge früherer Jahre). Ausreichend ist, dass sie ernstlich eine Kapitalherabsetzung rechtfertigen. Auch ein erst im Entstehen begriffener, voraussichtlich eintretender Verlust kann bei Ermittlung des Herabsetzungsbedarfs berücksichtigt werden (vgl § 249 Abs 1 S 1 HGB). Dem entspricht § 18 InsO, der bereits bei drohender Zahlungsunfähigkeit einen Insolvenzantrag zulässt; in diesem Fall muss es der Hauptversammlung möglich sein, einer sich ankündigenden Insolvenz rechtzeitig durch einen Kapitalschnitt zu begegnen. Für die Feststellung der Verluste genügt umgekehrt auch ein förmlich festgestellter Bilanzverlust (§§ 172, 173) nicht, denn der Bilanzstichtag liegt – da die Erstellung der Bilanz eine gewisse Dauer beansprucht – schon einige Zeit zurück. Wurden in der Zwischenzeit Gewinne erzielt, kann sich die Notwendigkeit einer Kapitalherabsetzung bereits wieder erledigt haben. Die Feststellung eines Verlustes muss also weder durch eine förmliche Bilanz erfolgen, noch reicht allein eine solche aus, um einen Verlust anzunehmen[20]. 22

---

16 Statt vieler *Geißler* NZG 2000, 719, 720 f.

17 Spindler-Stilz/*Marsch-Barner*[2] 5.

18 *Geißler* NZG 2000, 719, 721; Spindler-Stilz/*Marsch-Barner*[2] 5.

19 Unstr, vgl KK/*Lutter*[2] 11; *Hirte* FS Claussen, 1997, 115, 118; *Lutter/Hommelhoff/Timm* BB 1980, 737, 740.

20 *Geißler* NZG 2000, 719, 721; KK/*Lutter*[2] 11.

23 c) **Höhe der Verluste und Umfang der Kapitalherabsetzung.** Der Vorstand kann deshalb nur eine **annähernde, vielfach schätzungsweise Feststellung** der Höhe der Verluste und – sofern ihr Eintritt nicht mit letzter Gewissheit feststeht – deren Wahrscheinlichkeit vornehmen[21]. Maßgeblich ist die ex-ante-Perspektive. Wird der Verlust zu groß geschätzt und das Kapital daher weiter herabgesetzt als notwendig, ordnet das Gesetz die Einstellung des für die Kapitalherabsetzung tatsächlich nicht erforderlichen Betrages in die Kapitalrücklage an (§ 232). Das Gesetz rechnet also nicht damit, dass sich der Umfang der Verluste im Vorhinein exakt ermitteln lässt. Es erklärt deshalb auch eine über den Bedarf hinausgehende Kapitalherabsetzung nicht für unwirksam oder nichtig. Eine Fehleinschätzung des Bedarfs für eine vereinfachte Kapitalherabsetzung stellt also keine Gesetzesverletzung dar. Eine solche würde nur vorliegen, wenn der Vorstand bei der Bemessung des Betrages der Kapitalherabsetzung unter Außerachtlassung aller kaufmännischen Grundsätze **unvertretbar oder rein willkürlich** vorgegangen wäre. Ein so zustande gekommener Beschluss wäre anfechtbar[22].

24 Vorstand und Aufsichtsrat sind daher (lediglich) zur **sorgfältigen Prüfung** und **Feststellung der Verluste** verpflichtet[23]. In den meisten Fällen wird der letzte Jahresabschluss dabei den Ausgangspunkt für die Feststellung der Verluste und die Frage der Auflösung der Rücklagen bilden. Er muss deshalb vom Vorstand bei der Vorbereitung des Herabsetzungsbeschlusses pflichtgemäß herangezogen werden. Daneben sind aber auch die seit Ablauf des letzten Jahres eingetretenen Änderungen und die Geschäftsergebnisse des neuen Jahres zu berücksichtigen. In der Regel wird die Aufstellung eines **Zwischenabschlusses** geboten sein; dieser muss aber weder geprüft noch testiert werden[24]. Er bedarf keiner gesonderten Feststellung und ist nicht Bestandteil des späteren Kapitalherabsetzungsbeschlusses[25]. Soll durch die Kapitalherabsetzung die Ausschüttung von Gewinn ermöglicht werden, hat der Vorstand sorgfältig zu ermitteln, wie weit das Kapital herabgesetzt werden muss, damit die Gesellschaft wieder Gewinne verteilen kann (s aber auch § 233). Den Vorstand trifft (zum Ausnahmefall s u 55) **keine förmliche Berichtspflicht**; er muss aber auf Nachfrage der Hauptversammlung Auskunft über seine Feststellungen zu Grund und Höhe der Verluste geben[26]. Versäumt er dies, ist der Beschluss über die Kapitalherabsetzung anfechtbar.

25 Die eingetretenen oder wahrscheinlich drohenden Verluste müssen weder ein bestimmtes Ausmaß erreichen, noch müssen sie endgültig sein[27]. Sie müssen nur so hoch sein, dass sie unter kaufmännischen Gesichtspunkten eine dauerhafte Veränderung des Grundkapitals rechtfertigen und dürfen nicht alsbald wieder ausgeglichen sein[28]. Da eine vereinfachte Kapitalherabsetzung nur zulässig ist, wenn andere Möglichkeiten zur Errei-

---

[21] OLG Frankfurt AG 1989, 207, 208 m zust Anm *Stützle* WuB II A § 229 AktG 1.90; KK/*Lutter*[2] 13 f; Spindler-Stilz/*Marsch-Barner*[2] 7.

[22] RGZ 72, 33, 37 f; OLG Frankfurt AG 1989, 207, 208 m zust Anm *Stützle* WuB II A § 229 AktG 1.90; s a LG Hamburg AG 2006, 512; KK/*Lutter*[2] 15 aE; MünchHdBAG-*Krieger*[3] § 61, 18; Spindler-Stilz/*Marsch-Barner*[2] 7; *Weipert* EWiR 1989, 737; *Decher* EWiR 1991, 943, 944.

[23] Baumbach/*Hueck*[13] 3; KK/*Lutter*[2] 13; MK/*Oechsler*[2] 22; *Hirte* FS Claussen, 1997, 115, 118.

[24] MünchHdBAG-*Krieger*[3] § 61, 6; *Hirte* FS Claussen, 1997, 115, 118.

[25] MünchHdBAG-*Krieger*[3] § 61, 6.

[26] KK/*Lutter*[2] 15; MK/*Oechsler*[2] 25; wohl auch BGHZ 138, 71, 81 = NJW 1998, 2054, 2055 „Sachsenmilch", wobei nach dem Sachverhalt unklar ist, welche Fragen der Aktionäre unbeantwortet blieben.

[27] KK/*Lutter*[2] 14; MünchHdBAG-*Krieger*[3] § 61, 6; Spindler-Stilz/*Marsch-Barner*[2] 7.

[28] *Geißler* NZG 2000, 719, 721.

chung des verfolgten Zwecks nicht zur Verfügung stehen (s u 33), wird man eine Kapitalherabsetzung nicht zulassen können, wenn die Verluste lediglich minimal sind[29]. Eine förmliche Feststellung, dass ein Teil des Grundkapitals verloren ist (**Unterbilanz**), ist nicht erforderlich[30]. Aus dem Umstand, dass die Kapitalherabsetzung nach Abs 2 erst zulässig ist, nachdem Gewinnvorträge aufgelöst und der dann verbleibende Verlust durch Gewinnrücklagen und durch gesetzliche Rücklage und Kapitalrücklage von mehr als 10 % des Grundkapitals nicht gedeckt ist, folgt aber, dass regelmäßig eine solche Situation vorliegen wird[31].

Die Höhe der Kapitalherabsetzung darf den Betrag der mit der notwendigen Sorgfalt festgestellten Verluste nach Abzug der Rücklagen nicht überschreiten[32]. Wird der Betrag der Verluste zu hoch geschätzt, ist der überschüssige Betrag in die Kapitalrücklage einzustellen (s o 23). **26**

3. Auffüllung der Kapitalrücklage

Sofern die vereinfachte Kapitalherabsetzung dazu dient, Beträge in die **Kapitalrücklage** einzustellen, muss die Kapitalrücklage (zusammen mit der gesetzlichen Rücklage) unter den in § 150 Abs 2 bestimmten Betrag abgesunken und deren Ergänzung aus den in § 150 Abs 2 vorgesehenen Quellen nicht zu erwarten sein. Die vereinfachte Kapitalherabsetzung darf bis zu dem Betrag beschlossen werden, der notwendig ist, um die Kapitalrücklage (unter Hinzurechnung der gesetzlichen Rücklage) wieder auf 10 % des Grundkapitals aufzufüllen[33]. Die Kapitalherabsetzung dient in diesem Fall nicht dem Ausgleich konkreter Verluste, sondern der **Bilanzoptik** und der **Vorsorge**[34]. Im Gegensatz zur Kapitalherabsetzung zum Ausgleich von Wertminderungen erfordert eine solche zur Auffüllung der Kapitalrücklage also keine konkreten Verluste[35]. Bilanztechnisch bewirkt die vereinfachte Kapitalherabsetzung eine **Umbuchung auf der Passivseite**; der Herabsetzungsbetrag wird dem Grundkapitalkonto (§ 266 Abs 3 A I HGB) entnommen und die Kapitalrücklage wird entsprechend aufgestockt. Der wirtschaftliche Sinn dieser Maßnahme liegt in einer Verbesserung der Bilanzoptik. Es ist für die Gesellschaft auch im Interesse ihres Ansehens und Kredits von Vorteil, eine gesetzliche Rücklage zu haben, über die sie für die dazu vorgesehenen Zwecke jederzeit verfügen kann. Kann sie etwaige neue oder zu erwartende Verluste aus einer so aufgefüllten gesetzlichen Rücklage decken, so kann das für sie vorteilhafter sein, als wenn sie einen Verlust in dem künftigen Jahresabschluss oder zu ungünstiger Zeit in einer dann notwendigen Kapitalherabsetzung bekanntgeben müsste. Zu beachten ist, dass die vereinfachte Kapitalherabsetzung zum Zwecke der Rücklagenbildung nur in den **Grenzen des § 231** zulässig ist. Eine Kapitalherabsetzung ist also unzulässig, wenn die Summe aus gesetzlicher Rücklage und Kapitalrücklage bereits 10 Prozent des **herabgesetzten** Grundkapitals beträgt. Ein gegen § 231 verstoßender Beschluss ist nur anfechtbar, nicht nichtig, weil die Vorschrift vor allem den **27**

---

29 KK/*Lutter*[2] 17; *Becker* in Bürgers/Körber 7; im Ergebnis auch *Hüffer*[9] 8; weiter dagegen MünchHdBAG-*Krieger*[3] § 61, 6; Spindler-Stilz/*Marsch-Barner*[2] 7 aE; K Schmidt/Lutter/*Veil*[2] 6, die den Zusammenhang zur Erforderlichkeit der Kapitalherabsetzung nicht herstellen.

30 OLG Frankfurt AG 1989, 207, 208 m zust Anm *Stützle* WuB II A § 229 AktG 1.90; KK/*Lutter*[2] 12; MK/*Oechsler*[2] 21; Spindler-Stilz/*Marsch-Barner*[2] 8; *Wirth* DB 1996, 867, 868.

31 *Hirte* FS Claussen, 1997, 115, 118 f.

32 KK/*Lutter*[2] 16.

33 KK/*Lutter*[2] 18.

34 *Geißler* NZG 2000, 719, 721; *Hüffer*[9] 9; KK/*Lutter*[2] 18.

35 Spindler-Stilz/*Marsch-Barner*[2] 9.

Aktionärsinteressen dient[36]. Wird der Beschluss nicht angefochten, führt der Verstoß gegen § 231 S 1 zu dem scheinbar widersprüchlichen Ergebnis, dass die überschießenden Beträge in die Kapitalrücklage einzustellen sind. Dies folgt jedoch nicht aus § 231, sondern ergibt sich aus der nun gebotenen Anwendung des § 232[37].

28 Zum Zwecke der Bildung von **satzungsmäßigen** oder **anderen Gewinnrücklagen** darf die vereinfachte Kapitalherabsetzung nicht benutzt werden. Denn dies würde es indirekt ermöglichen, auf Kosten des Grundkapitals Zahlungen an die Aktionäre zu leisten oder sie von ihren Einlageverpflichtungen zu befreien (vgl auch § 230).

4. Die Verbindung beider Zwecke

29 Beide Zwecke können nebeneinander verfolgt werden[38]. Die für jeden Teilzweck zu beachtenden allgemeinen und besonderen Voraussetzungen sind einzuhalten. Die Hauptversammlung muss unter Beachtung von Abs 2 und § 231 ausdrücklich oder zumindest bestimmbar festlegen, welcher Teil der Kapitalherabsetzung auf den Verlustausgleich und welcher auf die Auffüllung der Kapitalrücklage entfallen soll[39]. Dies zeigt auch § 230 S 3. Eine Ermächtigung an den Vorstand, dies später festzulegen, ist unzulässig[40]. Gleiches gilt für einen Beschluss, wonach über die Verwendung eine künftige Hauptversammlung entscheiden soll.

5. Festsetzung der Art und des Zwecks der Kapitalherabsetzung im Herabsetzungsbeschluss (Abs 1 S 2)

30 Die Hauptversammlung muss im Herabsetzungsbeschluss (s u 50 ff) festlegen, dass es sich **um eine vereinfachte Kapitalherabsetzung handelt**. Enthält der Beschluss keine derartige Bestimmung, so haben Vorstand und Registerrichter die Kapitalherabsetzung als gewöhnliche durchzuführen und § 225 anzuwenden[41]. Ist die Kapitalherabsetzung als vereinfachte beschlossen, so müssen die für diese geltenden besonderen Gläubigerschutzvorschriften (§§ 229–233) eingehalten werden.

31 Im Beschluss ist weiterhin festzusetzen, dass und zu welchem der in Abs 1 S 1 erlaubten beiden Zwecke die Herabsetzung erfolgt (Abs 1 S 2). Die Angabe des Zwecks muss **ausdrücklich und konkret** erfolgen[42], so dass die Aktionäre und Gläubiger in die Lage versetzt werden, nachzuprüfen, ob die Herabsetzung auch zu dem angegebenen Zwecke ausgeführt worden ist. Die Verwaltung darf die Beträge, die aus der Kapitalherabsetzung gewonnen werden, **nur zu dem im Beschluss angegebenen Zwecke** verwenden (§ 230 S 3). Auch aus diesem Grunde ist die Angabe des Zweckes nötig. Zweckmäßig ist es, die gesetzlichen Formulierungen „zum Ausgleich von Wertminderungen" oder „zur Einstellung in die Kapitalrücklage" zu verwenden. Es genügt nicht, dass als Zweck angegeben wird: „vereinfachte Kapitalherabsetzung" oder „Anpassung des Grundkapitals an den veränderten Vermögensstand"[43]. Da das Gesetz die Festlegung des Zwecks/der Zwecke

---

36 MK/*Oechsler*[2] 12.

37 MK/*Oechsler*[2] 12.

38 *Hüffer*[9] 6; KK/*Lutter*[2] 20; MünchHdBAG-*Krieger*[3] § 61, 5; Spindler-Stilz/*Marsch-Barner*[2] 4.

39 KK/*Lutter*[2] 20; MK/*Oechsler*[2] 14; Spindler-Stilz/*Marsch-Barner*[2] 4; *Fabis* MittRhNotK 1999, 169, 173; *Terbrack* RNotZ 2003, 89, 100 f.

40 KK/*Lutter*[2] 20, 22; MK/*Oechsler*[2] 13 f; Spindler-Stilz/*Marsch-Barner*[2] 10; aA noch *Schilling* Voraufl 3.

41 *Godin/Wilhelmi*[4] 8; KK/*Lutter*[2] 22, 45; MK/*Oechsler*[2] 16 f; *Hüffer*[9] 18.

42 *Hüffer*[9] 10, 18; Spindler-Stilz/*Marsch-Barner*[2] 10.

43 *Hüffer*[9] 10; KK/*Lutter*[2] 21.

der Kapitalherabsetzung **im Hauptversammlungsbeschluss zwingend** vorschreibt, kann die Zweckbestimmung nicht der Verwaltung überlassen werden (s o 29). Genauso wenig kann der Verwaltung überantwortet werden, ob sie die Kapitalherabsetzung überhaupt durchführen will. Die Kapitalherabsetzung ist keine Angelegenheit der gewöhnlichen Geschäftsführung; sie gehört daher zwingend in die Zuständigkeit der Hauptversammlung. Fehlt die Festsetzung des Zwecks im Hauptversammlungsbeschluss, ist dieser **anfechtbar**. Auch ohne Anfechtung muss das Registergericht die Eintragung in das Handelsregister ablehnen (s u 57). Wird der Beschluss dennoch eingetragen, ist nach hM die Kapitalherabsetzung als ordentliche durchzuführen[44], wobei die frei werdenden Mittel auf einem Sonderkonto zu buchen seien und die nächste Hauptversammlung mit satzungsändernder Mehrheit über die Verwendung entscheiden müsse[45]. Hiergegen wird zu Recht eingewandt, dass diese Rechtsfolge unverhältnismäßig sei. Wenn feststehe, dass die Hauptversammlung eine vereinfachte Kapitalherabsetzung beschlossen habe, reiche es völlig aus, wenn die Mittel auf einem Sonderkonto gebucht würden und die nächste Hauptversammlung mit satzungsändernder Mehrheit *einen der nach § 229 zulässigen* Zwecke festlege[46]. In der Tat ist nicht einzusehen, warum in diesem Fall die Kapitalherabsetzung als ordentliche durchzuführen sein sollte.

Der angegebene Zweck der Kapitalherabsetzung darf **nicht nur vorgeschützt** sein, um eine wirtschaftlich gar nicht gebotene Kapitalherabsetzung zu beschließen. Es kann also nicht jede Wertminderung oder jeder Verlust zum Anlass einer vereinfachten Kapitalherabsetzung genommen werden. Die Veränderungen müssen vielmehr derart sein, dass sie nach kaufmännischen Grundsätzen eine dauernde Veränderung der Grundkapitalziffer rechtfertigen. Wertminderung und Verluste, die nach der Gesamtlage des Unternehmens unbedeutend sind, oder voraussichtlich bald ausgeglichen werden können, dürfen nicht als Vorwand für eine Kapitalherabsetzung verwendet werden. Es darf auch keine bewusst willkürliche Unterbewertung der Aktiven oder Überbewertung der Passiven vorgenommen werden, um die Notwendigkeit des Herabsetzungsbeschlusses in der Hauptversammlung zu begründen. Wird gegen diese Vorgabe verstoßen, begründet dies die Anfechtbarkeit des Beschlusses, nicht aber seine Nichtigkeit. Ob eine Kapitalherabsetzung zu dem in Abs 1 S 1 vorgesehenen Zweck erforderlich ist, ist im Wege der Prüfung durch die zuständigen Gesellschaftsorgane aufgrund pflichtmäßigen Ermessens festzustellen. Es ist auch darauf zu achten, dass durch die Herabsetzung tatsächlich ein Ausgleich erfolgt, dass die Herabsetzung also nicht zu niedrig ist. Eine von vornherein erkennbar zu hohe Kapitalherabsetzung führt andererseits zur Bildung überflüssiger Rücklagen und schmälert damit unter Umständen den Gewinn der Aktionäre. Ein solcher Beschluss wäre daher anfechtbar[47]. **32**

V. Voraussetzungen (Abs 2)

1. Zweck des Abs 2

Abs 2 dient zum einen dem **Gläubigerschutz**. Eine teilweise Aufhebung der Bindung des Grundkapitals sowie dessen Umwandlung in eine gebundene (die gesetzliche) Rücklage wird untersagt, solange die Wertminderungen und sonstigen Verluste aus der bestehenden gesetzlichen Rücklage und der Kapitalrücklage ausgeglichen werden können. **33**

[44] *Hefermehl* in Geßler/Hefermehl 8; *Hüffer*[9] 18, 23; KK/*Lutter*[2] 42.
[45] So ausdrücklich KK/*Lutter*[2] 45.
[46] MK/*Oechsler*[2] 16.
[47] KK/*Lutter*[2] 38.

Zum anderen soll die Norm im **Interesse der Aktionäre** unnötige Kapitalherabsetzungen und die Umwandlung von Grundkapital in gesetzliche Rücklagen vermeiden. Denn sowohl bei der Nennwertherabsetzung als auch bei der Zusammenlegung verändert sich der Inhalt des Aktienrechts zuungunsten der Aktionäre. (Allerdings muss mit der Kapitalherabsetzung nicht notwendig eine Verminderung des wirtschaftlichen Wertes der Aktien verbunden sein. Dieser kann sich durch die Kapitalherabsetzung auch erhöhen, wenn sie zu einer Sanierung der Aktiengesellschaft, insbesondere zu einer Wiederherstellung der Rentabilität des Unternehmens führt und die Ausschüttung von Gewinn dadurch ermöglicht, dass das Grundkapital auf der Passivseite der Bilanz vermindert wird). Bei der Zusammenlegung können sie ihre Beteiligung an der Gesellschaft ganz verlieren, wenn sie nicht die zur Bildung eines neuen Aktienrechts erforderliche Zahl alter Aktien besitzen. Aber selbst wenn dies nicht der Fall sein sollte, unterliegen die Aktionäre mit ihrer Restmitgliedschaft zumindest den Beschränkungen aus § 233. Hieraus ergibt sich ein Interesse der Aktionäre, dass eine vereinfachte Kapitalherabsetzung nur durchgeführt werden soll, wenn sie zum angestrebten Zweck **erforderlich** ist, also andere gleichwertige Möglichkeiten zur Erreichung des angestrebten Zwecks nicht zur Verfügung stehen (s a 25)[48]. Um die möglichen Nachteile für die Aktionäre zu vermeiden, beschränkt Abs 2 deshalb die Zulässigkeit der vereinfachten Kapitalherabsetzung. Die Gesellschaft muss zur Verlustdeckung und Sanierung zunächst die gesetzliche Rücklage und die Kapitalrücklage teilweise und die Gewinnrücklage und Gewinnvorträge ganz auflösen (s u 35 ff). Erst wenn nach Nutzung dieser Möglichkeiten noch ein Verlust oder eine sonstige Wertminderung besteht, ist eine Kapitalherabsetzung zulässig. Die ordentliche Kapitalherabsetzung kennt keine derartige Beschränkung.

34 Will die Gesellschaft die Rücklagen nicht in der vorgeschriebenen Weise verwenden, insbesondere die gesetzliche Rücklage nicht ermäßigen, woran sie ein Interesse haben kann, muss sie von der vereinfachten Kapitalherabsetzung absehen. Es bleibt ihr dann der Weg der ordentlichen Kapitalherabsetzung, für welche die Beschränkungen des Abs 2 nicht gelten (wohl aber die des § 225).

2. Auflösung der die Mindestreserve übersteigender Eigenkapitalposten

35 a) **Auflösung der gesetzlichen Rücklage und der Kapitalrücklage.** Die vereinfachte Kapitalherabsetzung ist nur zulässig, nachdem der Teil der gesetzlichen Rücklage und der Kapitalrücklage vorweg aufgelöst wurde, der **zusammen** 10 % des nach der Herabsetzung verbleibenden Grundkapitals übersteigt (Abs 2 S 1 Alt 1). Bis zu 10 % des Grundkapitals sollen die gesetzliche Rücklage und die Kapitalrücklage auch im Falle der vereinfachten Kapitalherabsetzung bestehen bleiben, weil Rücklagen in dieser Höhe einer gesunden Wirtschaftsführung entsprechen. Der Gesetzgeber hat mit dieser Vorgabe klargestellt, dass es der AG überlassen bleibt, ob sie zur Verlustdeckung nach § 150 Abs 3 ihre Reserven angreift oder ob sie sich zu einer Kapitalherabsetzung entschließt[49]. Die Begriffe der gesetzlichen Rücklage und der Kapitalrücklage sind dieselben wie in § 150 AktG und §§ 266 Abs 3 A II, A III Nr 1, 272 Abs 2 HGB.

36 Bei der Berechnung der 10-Prozent-Grenze ist zu unterstellen, dass das Grundkapital bereits herabgesetzt wurde. Hierin liegt eine Verstärkung der Schutzwirkung der Vorschrift. Es reicht gerade nicht aus, die Rücklagen bis auf den Betrag von 10 % des bishe-

---

[48] KK/*Lutter*² 23; *Hüffer*⁹ 11; Spindler-Stilz/*Marsch-Barner*² 11.

[49] MK/*Oechsler*² 33, 35.

rigen Grundkapitals aufzulösen; maßgebend ist der sich nach der Herabsetzung ergebende Betrag. Eine Herabsetzung auf 10 % ist auch dann vorzunehmen, wenn die Satzung eine Regelung iSd § 150 Abs 2 enthält, wonach die gesetzliche Rücklage zu einem höheren Prozentsatz als 10 % zu dotieren ist. Denn § 229 Abs 2 nimmt nur auf die gesetzliche Obergrenze von 10 % Bezug, so dass allein dieser Prozentsatz maßgebend ist; satzungsmäßige Rücklagen sind also vollständig aufzulösen[50]. Bei der Berechnung bleibt eine gleichzeitig durchgeführte Kapitalerhöhung außer Betracht[51]. Wird das Grundkapital unter den Betrag des Mindestgrundkapitals (§ 7 AktG bzw Art 4 Abs 2 SE-VO) herabgesetzt, ist für die Berechnung dennoch das Mindestgrundkapital maßgeblich, wie § 231 S 2 zeigt[52]. Anhaltspunkte dafür, dass der Gesetzgeber Abs 2 und § 231 S 2 anders behandelt wissen wollte, sind nicht ersichtlich.

Die Auflösung der Rücklagen ist nicht an die Voraussetzungen des § 150 Abs 4 gebunden; daher braucht auch kein förmlich festgestellter Jahresabschluss vorzuliegen, der den Verlustvortrag oder Jahresfehlbetrag ausweist (s o 24)[53]. **37**

b) **Auflösung der Gewinnrücklagen.** Nach dem Wortlaut von Abs 2 sind die Gewinnrücklagen vorweg aufzulösen. Die Anknüpfung an den Begriff der Gewinnrücklage stellt offensichtlich ein Redaktionsversehen dar: Der Begriff ist in § 266 Abs 3 A III HGB definiert und meint die gesetzliche Rücklage (Nr 1), die Rücklagen für eigene Anteile (Nr 2), die satzungsmäßigen Rücklagen (Nr 3 und andere Gewinnrücklagen (Nr 4). Da aber die gesetzliche Rücklage durch Abs 2 speziell geregelt wird (s o 35 ff), kann sie schon einmal nicht gemeint sein. Gleiches gilt für die Rücklage für eigene Anteile, denn sie darf wegen § 272 Abs 4 S 2 HGB nicht aufgelöst werden[54]. Würde man eine Auflösung erlauben, wären die eigenen Anteile nicht mehr bilanzneutral zu verbuchen und stellten Aktivvermögen der Gesellschaft dar; dies aber gefährdet die Kapitalerhaltung. Von Abs 2 erfasst sind dagegen die **anderen Gewinnrücklagen**[55]. Fraglich ist, ob auch die **satzungsmäßigen Rücklagen** gemeint sind. § 231 S 1 erwähnt nur die anderen und nicht die satzungsmäßigen Rücklagen, woraus man schließen könnte, dass Letztere nicht aufzulösen seien. Der jetzige Wortlaut wurde durch das BiRiLiG geschaffen, das nur eine Änderung der Terminologie, nicht aber eine Änderung der materiellen Rechtslage herbeiführen wollte (s o 4 mwN). Da nach altem Recht auch satzungsmäßige Rücklagen aufzulösen waren, hat sich hieran nichts geändert[56]. Zum Verfahren der Auflösung satzungsmäßiger Rücklagen s u 45. **38**

Soweit die Gewinnrücklagen von Abs 2 erfasst werden, sind sie **in vollem Umfang** aufzulösen. Eine Beschränkung auf 10 %, wie bei der gesetzlichen Rücklage und der Kapitalrücklage, besteht nicht. Der Zweck, zu dem diese Rücklagen gebildet wurden, **39**

---

[50] Spindler-Stilz/*Marsch-Barner*[2] 16; *Adler/Düring/Schmaltz*[6] § 231 AktG, 14; anders noch *Schilling* Voraufl 6.

[51] Baumbach/*Hueck*[13] 4; *Hüffer*[9] 13; MK/*Oechsler*[2] 36; Spindler-Stilz/*Marsch-Barner*[2] 12.

[52] *Hüffer*[9] 13; MK/*Oechsler*[2] 36; KK/*Lutter*[2] 33; MünchHdBAG-*Krieger*[3] § 61, 8; Spindler-Stilz/*Marsch-Barner*[2] 12; aA noch *Schlegelberger/Quassowski*[3] § 183, 5; *Hefermehl* in Geßler/Hefermehl 12; *Schilling* Voraufl 8; KK/*Lutter*[1] 21, § 231, 4; wohl auch Baumbach/*Hueck*[13] 4.

[53] *Hüffer*[9] 13; KK/*Lutter*[2] 34; *Lutter/Hommelhoff/Timm* BB 1980, 737, 740 f; MK/*Oechsler*[2] 44; MünchHdBAG-*Krieger*[3] § 61, 10; aA *Godin/Wilhelmi*[4] 5.

[54] *Hüffer*[9] 14; KK/*Lutter*[2] 27; MK/*Oechsler*[2] 39; MünchHdBAG-*Krieger*[3] § 61, 9.

[55] *Hüffer*[9] 14; KK/*Lutter*[2] 27.

[56] *Hüffer*[9] 14; KK/*Lutter*[2] 27; MK/*Oechsler*[2] 40; MünchHdBAG-*Krieger*[3] § 61, 9; Spindler-Stilz/*Marsch-Barner*[2] 16.

spielt bei der Frage des Bestehens der Auflösungspflicht ebenfalls keine Rolle. Daher ist beispielsweise eine Dividendenrücklage ebenso aufzulösen wie eine Rücklage zum Erwerb von Beteiligungen[57].

40 c) **Verwendung eines Gewinnvortrags.** Die vereinfachte Kapitalherabsetzung ist auch nicht zulässig, solange ein Gewinnvortrag (§ 266 Abs 3 A IV HGB) vorhanden ist (Abs 2 S 2). Das bedeutet, dass ein vorhandener Gewinnvortrag vollständig für die in Abs 1 aufgeführten Zwecke verwendet werden muss, bevor das Kapital in vereinfachter Form herabgesetzt werden darf. Das ist folgerichtig, denn der Gewinnvortrag bedeutet wirtschaftlich dasselbe wie eine Gewinnrücklage. Zur Beschlussfassung über die Verwendung des Gewinnvortrags s u 45.

41 d) **Sonstige Reserven.** Der Katalog in Abs 2 ist abschließend. Nicht aufzulösen sind daher die **stillen Reserven**[58]. Dies ergab der Umkehrschluss aus § 230 aF, der die aufzulösenden Rücklagen ausdrücklich als „offene" bezeichnete. Da das BiRiLiG an dieser Rechtslage nichts ändern wollte (s o 4 mwN), gilt dies weiterhin. Auch **Rückstellungen** gemäß §§ 249, 266 Abs 3 B HGB fallen nicht unter den Auflösungszwang des Abs 2; dasselbe galt vor dem BilMoG für den früheren **Sonderposten mit Rücklagenanteil** gem § 247 Abs 3, 273 HGB aF[59]. Allerdings ist der Vorstand im Rahmen seiner Pflicht zur ordnungsgemäßen Geschäftsführung verpflichtet, zu überprüfen, ob die Rückstellungen noch benötigt werden[60]. **Eigene Aktien** sind nicht einzuziehen oder zu veräußern (s a 2)[61].

42 e) **Weitere Grenzen neben Abs 2.** Die Kapitalherabsetzung darf, sofern nicht zugleich eine Kapitalerhöhung beschlossen wird, nur bis zur Grenze des **gesetzlichen Mindestgrundkapitals** in § 7 bzw Art 4 Abs 2 SE-VO erfolgen. Soll die Kapitalherabsetzung dem Zweck dienen, Beträge in die Kapitalrücklage einzustellen, ist neben Abs 2 die **Grenze des § 231** (zu Einzelheiten s dort) zu beachten. Betragen die gesetzliche Rücklage und die Kapitalrücklage bereits 10 % des Grundkapitals oder mehr, so kann die vereinfachte Kapitalherabsetzung nicht zu dem Zwecke erfolgen, Beträge in die gesetzliche Rücklage einzustellen[62]. Gleiches gilt, falls durch die Auflösung der anderen Rücklagen und Gewinnvorträge die Schwelle 10 % des Grundkapitals erreicht wird. Die Herabsetzung kann in diesen Fällen nur zum Ausgleich von Wertminderungen oder zur Deckung sonstiger Verluste beschlossen werden, und dies auch nur, wenn die gesetzliche Rücklage bis auf 10 % des Grundkapitals aufgelöst wird. Zum Erfordernis einer **sachlichen Rechtfertigung** der Kapitalherabsetzung s u 55 f).

3. Berechnung des Umfangs der Kapitalherabsetzung und Buchungen

43 a) **Kapitalherabsetzung zum Verlustausgleich.** „Vorweg" hat die Auflösung der Rücklagen zu erfolgen. Das bedeutet, dass zunächst einmal ermittelt werden muss, ob und welcher Kapitalherabsetzungsbedarf noch erforderlich ist, wenn die als Voraussetzung der vereinfachten Kapitalherabsetzung vorgeschriebene Auflösung der Rücklagen gesche-

---

57 KK/*Lutter*[2] 28.

58 OLG Frankfurt AG 1989, 207, 208 m zust Anm *Stützle* WuB II A § 229 AktG 1.90; *Hüffer*[9] 11; MK/*Oechsler*[2] 45; Spindler-Stilz/*Marsch-Barner*[2] 19; differenzierend KK/*Lutter*[2] 31.

59 *Hüffer*[9] 11; MK/*Oechsler*[2] 45; Spindler-Stilz/*Marsch-Barner*[2] 19.

60 KK/*Lutter*[2] 29.

61 MünchHdBAG-*Krieger*[3] § 61, 9; KK/*Lutter*[2] 27 aE; *Hüffer*[9] 11; MK/*Oechsler*[2] 39 aE; Spindler-Stilz/*Marsch-Barner*[2] 19.

62 KK/*Lutter*[2] 24 aE; Spindler-Stilz/*Marsch-Barner*[2] 24.

hen ist. Es ist folgende Berechnung durchzuführen: Zunächst ist der Betrag der Wertminderungen und der sonstigen Verluste, die ausgeglichen werden sollen, zu bestimmen. Da Verluste sich nicht exakt feststellen lassen, ist es ausreichend, dass der Betrag mit der Sorgfalt eines ordentlichen Kaufmanns ermittelt wird (s 23 f, 64 und § 232). Sodann ist festzustellen, in welcher Höhe Kapitalrücklagen und gesetzliche Rücklagen (soweit sie 10 % des bisherigen Grundkapitals übersteigen) zur Verfügung stehen. Decken diese die Verluste und Wertminderungen ab, besteht kein Bedarf für die Kapitalherabsetzung, so dass sie nach Abs 2 untersagt ist. Übersteigen die Verluste und Wertminderungen dagegen die Rücklagen, besteht in dieser Höhe Bedarf für eine Kapitalherabsetzung. In einem weiteren Schritt ist dann noch zu berücksichtigen, dass sich die Auflösung der gesetzlichen Rücklage und der Kapitalrücklage nach dem herabgesetzten Grundkapital bestimmt. Diese Berechnung muss der Hauptversammlung auf **Nachfrage offen gelegt** werden[63]. Hat sie auf Grundlage zutreffender Informationen die Kapitalherabsetzung beschlossen, so ist der Zweck der Vorschrift, eine zu hohe oder unnötige Kapitalherabsetzung zu vermeiden, erreicht.

b) **Kapitalherabsetzung zur Auffüllung der Kapitalrücklage.** Soll die Kapitalherabsetzung der Auffüllung einer zu geringen Kapitalrücklage dienen, ist zunächst zu berechnen, wie es sich auswirkt, wenn die Gewinnrücklagen aufgelöst und der Kapitalrücklage zugeführt werden. Nur wenn anschließend die Kapitalrücklage (zusammen mit der gesetzlichen Rücklage) noch unter der Schwelle von 10 % des herabgesetzten Grundkapitals liegt, ist eine Kapitalherabsetzung zulässig (s o 42). **44**

c) **Buchungen.** Die Auflösung der Rücklagen erfolgt durch entsprechende Umbuchungen. § 150 Abs 4, der eine besondere Bilanz fordert, findet keine Anwendung (s o 37). Die Buchungen veranlasst der Vorstand. Allerdings ist die Auflösung satzungsmäßiger Rücklagen und die Verwendung eines Gewinnvortrags einem gesonderten Beschluss der Hauptversammlung vorbehalten[64]. Der dort notwendige Hauptversammlungsbeschluss wird in derselben Hauptversammlung wie die Kapitalherabsetzung gefasst, muss dieser aber vorangehen[65]. Wird er abgelehnt, ist die Kapitalherabsetzung von der Tagesordnung zu nehmen[66]. **45**

Die Auflösung der Rücklagen ist in den Büchern der Gesellschaft durch Berichtigung der Rücklagenkonten kenntlich zu machen und in der nächsten Gewinn- und Verlustrechnung zu berücksichtigen. Eine unterjährige besondere Kapitalherabsetzungsbilanz ist vom Gesetz nicht gefordert[67]. Die aufgelösten Rücklagen müssen zweckentsprechend verwandt werden (§ 230 S 2 und 3). **46**

4. Kapitalschnitt

Die Verbindung einer **Kapitalherabsetzung mit einer Kapitalerhöhung** befreit die Gesellschaft nicht von der Einhaltung der Vorschriften des Abs 2. Sie schützt vor allem die Aktionäre und dieser Schutz wird nicht durch eine gleichzeitige Kapitalerhöhung ent- **47**

---

63 KK/*Lutter*² 15.

64 MK/*Oechsler*² 43; Spindler-Stilz/*Marsch-Barner*² 20; zweifelnd in Bezug auf die Auflösung des Gewinnvortrags *Busch* in Marsch-Barner/Schäfer, Handbuch börsennotierte AG², § 48, 10; anders noch *Schilling* Voraufl 12 (Auflösung ohne förmlichen Beschluss möglich).

65 *Hüffer*⁹ 12; KK/*Lutter*² 32.

66 KK/*Lutter*² 32; aA Spindler-Stilz/*Marsch-Barner*² 20 (lediglich „sollte").

67 KK/*Lutter*² 36; MünchHdBAG-*Krieger*³ § 61, 11.

behrlich. Bei der **Berechnung der 10-Prozent-Schwelle** ist von dem herabgesetzten und nicht von dem anschließend wieder erhöhten Kapital auszugehen. Wird das Kapital zunächst unter den gesetzlichen Mindestbetrag herabgesetzt, ist für die Berechnung der 10-Prozent-Schwelle das gesetzliche Mindestkapital maßgeblich (s o 36).

5. Zwingende Natur des Abs 2, Anfechtbarkeit

48 Die Vorschrift des Abs 2 ist **zwingend**; weder die Satzung noch die Hauptversammlung können also die Gesellschaft von der Einhaltung der gesetzlichen Beschränkungen entbinden. Ein gegen die Vorschriften verstoßender Hauptversammlungsbeschluss ist nicht nichtig, sondern nur anfechtbar, da er überwiegend im Interesse der Aktionäre gegebene Bestimmungen verletzt[68]. Der Registerrichter muss die Eintragung ablehnen, wenn Anfechtungsklage erhoben wurde; ist die Anfechtungsfrist ohne Klageerhebung abgelaufen, kann er die Eintragung ablehnen (s § 223, 22)[69].

VI. Anwendung der Vorschriften über die ordentliche Kapitalherabsetzung (Abs 3)

1. Die Anwendung der §§ 222–224, 226–228

49 a) **Allgemeines.** Abs 2 erklärt die § 222 Abs 1, 2 und 4, §§ 223, 224, 226-228 über die ordentliche Kapitalherabsetzung für sinngemäß anwendbar. Das **Verfahren der vereinfachten Kapitalherabsetzung** ist daher – mit Ausnahme des § 225 – das gleiche wie bei der ordentlichen Kapitalherabsetzung (s § 222, 9). In Abs 3 nicht erwähnt wird auch § 222 Abs 3; eine Bezugnahme auf diese Vorschrift war unnötig, denn ihr Inhalt findet sich in Abs 1 S 2 (s o 30 ff).

50 b) **Der Hauptversammlungsbeschluss.** Die vereinfachte Kapitalherabsetzung stellt eine Satzungsänderung dar und wird durch die Hauptversammlung beschlossen. Bei der Einberufung der Hauptversammlung ist der Wortlaut des zu fassenden Beschlusses in die Bekanntmachung der Tagesordnung aufzunehmen (§ 124 Abs 2 S 2). Der Vorstand ist auf Nachfrage verpflichtet, der Hauptversammlung die Feststellung der Verluste und die Berechnung der Höhe des Herabsetzungsbetrags zu erläutern (s o 24, 43)[70]. Es bedarf einer **Kapitalmehrheit** von mindestens drei Vierteln des bei der Beschlussfassung vertretenen Grundkapitals sowie der einfachen Stimmenmehrheit. Die Satzung kann diese Kapitalmehrheit durch eine größere, nicht aber durch eine geringere Mehrheit ersetzen und weitere Erfordernisse bestimmen (s § 222, 10 ff; s a Vor § 222, 46 zu den besonderen Mehrheitserfordernissen für Finanzunternehmen, die staatliche Stützungsmaßnahmen in Anspruch genommen haben). Sie kann in diesem Rahmen für die vereinfachte Kapitalerhöhung auch andere Erfordernisse aufstellen als für die ordentliche Kapitalherabsetzung oder für die Kapitalherabsetzung durch Einziehung von Aktien. So kann sie bestimmen, dass nur für die vereinfachte Kapitalherabsetzung eine größere Kapitalmehrheit erforderlich ist, oder dass die vereinfachte Kapitalherabsetzung unter einen bestimmten Betrag des Grundkapitals einer erhöhten Mehrheit bedarf oder dass – über die gesetzlichen Vorgaben hinaus – Gläubigerschutzbestimmungen einzuhalten sind. Jedoch empfehlen sich solche Erschwerungen nicht, da sie eine dringend notwendige Kapitalherabsetzung auch

---

68 Ebenso Baumbach/*Hueck*[13] 4; *Hüffer*[9] 12; aA *Godin/Wilhelmi*[4] 7.

69 *Hüffer*[9] 20.

70 KK/*Lutter*[2] 15.

verhindern können. Da das Gesetz nur erhöhte Anforderungen an den Hauptversammlungsbeschluss erlaubt, ist eine Herabsetzung der Mehrheiten oder gar die Schaffung einer im Gesetz nicht vorgesehenen **genehmigten Kapitalherabsetzung** nicht zulässig (zu Reformüberlegungen s Vor § 222, 88)[71].

Die Vorschriften des § 222 Abs 2 über die getrennte Abstimmung bei Vorhandensein **mehrerer Gattungen** von Aktien gelten ebenfalls für die vereinfachte Kapitalherabsetzung (s § 222, 34 ff). Ein Sonderbeschluss ist selbst dann notwendig, wenn die Hauptversammlung die Kapitalherabsetzung einstimmig beschlossen hat (s § 222, 34 mwN)[72]. Die entsprechende Anwendung des § 222 Abs 4 bedeutet, dass die vereinfachte Kapitalherabsetzung, wie die ordentliche, nur durch Herabsetzung des Nennbetrages der Aktien oder durch Zusammenlegung der Aktien erfolgen kann, und dass Letztere nur zulässig ist, soweit der Mindestnennbetrag der Aktien unterschritten wird (s § 222, 46 ff), um die Mitgliedschaftsrechte der Aktionäre möglichst weitgehend zu schonen[73]. Den Inhaber von **Genussrechten, Wandelschuldverschreibungen** und **Optionsanleihen** steht kein Mitentscheidungs- oder Anfechtungsrecht zu (zu Einzelheiten s Vor § 222, 44 f, § 224, 15 ff)[74]. 51

Wie bei der ordentlichen Kapitalherabsetzung ist es zulässig, die vereinfachte Kapitalherabsetzung **bedingt zu beschließen**. Die Hauptversammlung kann daher die vereinfachte Kapitalherabsetzung davon abhängig machen, dass der Verlust nicht durch freiwillige Zuzahlungen gedeckt wird. Sie kann seine genaue Höhe daran knüpfen, welchen Verlust ein Sachverständiger feststellt (s Vor § 222, 13 ff)[75]. 52

Für die Bekanntmachung des Tagesordnungspunkts (vgl § 124 Abs 3) und später für den **Inhalt des Beschlusses** sind folgende Vorgaben zu beachten[76]: (1) Er muss erkennen lassen, dass es sich um eine vereinfachte Kapitalherabsetzung handelt (s o 30) und (2) zu welchem der erlaubten Zwecke sie erfolgt (s o 31 f). Nur dann ist für den Registerrichter erkennbar, ob die Gläubigerschutzvorschriften des § 225 gelten und ob in der Bekanntmachung der Eintragung die Gläubiger auf das Recht auf Sicherheitsleistung hinzuweisen sind. (3) Entsprechend anwendbar ist auch § 222 Abs 4 S 3: Der Beschluss muss die **Art der Herabsetzung** angeben, also ob die Kapitalherabsetzung durch Herabsetzung des Nennwertes oder durch Zusammenlegung oder teils durch die eine, teils durch die andere Art geschehen soll[77]. In Bezug auf die Inhalte des Beschlusses gilt das Gleiche wie bei der ordentlichen Kapitalherabsetzung. (4) Der Beschluss muss die Höhe der Kapitalherabsetzung beziffern oder – für den Fall des bedingten Beschlusses (s o 52) bestimmbar festlegen (zB einen Höchstbetrag)[78]. In letzterem Fall sollte zweckmäßigerweise dem Aufsichtsrat die Befugnis zur Anpassung der Satzung übertragen werden (§ 179 Abs 1 S 2). (5) Soll die Kapitalherabsetzung mit einer Kapitalerhöhung kombiniert werden, ist dies ebenfalls anzugeben. (6) Erfolgt eine Kapitalherabsetzung auf Null, ist bei börsennotierten Gesellschaften auf den Umstand hinzuweisen, dass die Börsennotierung der bisherigen Aktien endet. Zudem muss sich die Verwaltung äußern, ob sie für die neuen Aktien eine Zulassung beantragt (s Vor § 222, 54)[79]. 53

Soll die Kapitalherabsetzung teils durch Herabsetzung des Nennwerts oder Zusammenlegung, teils durch Einziehung von Aktien (§§ 237 ff) erfolgen, was an sich zulässig 54

---

71 KK/*Lutter*² 6.
72 KK/*Lutter*² 7.
73 KK/*Lutter*² 5.
74 Ebenso MK/*Oechsler*² 10.
75 KK/*Lutter*² 6.
76 S a *Werner* § 124, 47.
77 *Hüffer*⁹ 19.
78 Spindler-Stilz/*Marsch-Barner*² 23; Heidel/*Terbrack*³ 31.
79 *Thomas* Aktienrecht und Delisting, 2009, S 486.

ist, so sind die Vorschriften über die vereinfachte Kapitalherabsetzung mit ihren Erleichterungen auch nicht teilweise anwendbar[80]. Es müssen vielmehr die Vorschriften über die Einziehung von Aktien befolgt werden (zu Einzelheiten s § 237 Abs 3–5).

55 c) **Sachliche Rechtfertigung.** Der BGH hat in der „Sachsenmilch"-Entscheidung, die eine ordentliche Kapitalherabsetzung betraf, offen gelassen, ob eine vereinfachte Kapitalherabsetzung, bei der nicht alle Schulden getilgt werden, einer sachlichen Rechtfertigung bedarf, wenn nicht zugleich eine Kapitalerhöhung stattfindet[81]. Erfolgt die vereinfachte Kapitalherabsetzung durch Herabsetzung des Nennbetrags, werden die Mitgliedschaftsrechte der Aktionäre nicht geschmälert, so dass es keiner sachlichen Rechtfertigung der Kapitalherabsetzung bedarf (s § 222, 28 f). Gleiches gilt für den Fall, dass die Gesellschaft die vereinfachte Kapitalherabsetzung in Form der Zusammenlegung mit einer Kapitalerhöhung verbindet. Den Aktionären steht dann ein Bezugsrecht auf die neuen Aktien zu, so dass sie ihre Aktienteilrechte durch Zukauf von Spitzen zu einem neuen Vollrecht ergänzen können (s § 222, 28 f). Beschließt die Gesellschaft dagegen die vereinfachte Kapitalherabsetzung durch Zusammenlegung von Aktien ohne gleichzeitige Wiedererhöhung des Kapitals (**isolierte Kapitalherabsetzung**), können Kleinaktionäre faktisch aus der Gesellschaft gedrängt werden. Dies ist vor allem dann wahrscheinlich, wenn sie aufgrund der tatsächlichen Verteilung der Aktien keine Möglichkeit zum Zukauf von Aktienspitzen haben. Die Gesellschaft muss daher bei der **vereinfachten Kapitalherabsetzung durch Zusammenlegung von Aktien sachlich begründen**, warum sie die Kapitalherabsetzung nicht mit einer angemessenen Wiedererhöhung des Grundkapitals verbindet[82]. Konsequenterweise wird man in diesem Fall auch einen Bericht des Vorstands analog § 186 Abs 4 fordern müssen[83].

56 Ein Teil des Schrifttums verlangt eine sachliche Rechtfertigung nur für den Fall, dass die Kapitalherabsetzung von vornherein nicht ausreicht, um den Verlust zu decken[84]. Zwar kann man in einer solchen Konstellation zu Recht vermuten, dass die vereinfachte Kapitalherabsetzung von der Aktienmehrheit nur vorgeschützt wird, um die Kleinaktionäre aus der Gesellschaft zu drängen. Ein Schutz begrenzt auf diesen Fall erweist sich jedoch nicht als ausreichend. Denn selbst wenn die Verluste durch die Kapitalherabsetzung vollständig gedeckt werden, erleiden die Kleinaktionäre bei der Zusammenlegung von Aktien eine Beeinträchtigung ihrer Rechtsstellung, wenn die vereinfachte Kapitalherabsetzung ohne gleichzeitige Kapitalerhöhung durchgeführt wird. Daher ist bei **jeder vereinfachten Kapitalherabsetzung durch Zusammenlegung sachlich zu rechtfertigen**, warum keine gleichzeitige Kapitalerhöhung mit Bezugsrecht stattfindet. Diese hohe Hürde ist nicht zuletzt deshalb geboten, weil ausscheidende Aktionäre keinen Schutz genießen, sollte sich im Nachhinein herausstellen, dass die angenommenen Verluste geringer ausfallen (s § 232, 11)

57 d) **Anmeldung und Durchführung der Kapitalherabsetzung.** Die Bestimmung des § 223 über die Anmeldung des Beschlusses ist sinngemäß anzuwenden. Der Vorstand der

---

[80] KK/*Lutter*[2] 8; MK/*Oechsler*[2] 18.

[81] BGHZ 138, 71, 76 f = NJW 1998, 2054, 2056 „Sachsenmilch".

[82] *Busch* in Marsch-Barner/Schäfer, Handbuch börsennotierte AG[2], § 48, 15, § 47, 12; KK/*Lutter*[2] 17; MK/*Oechsler*[2] 29; MünchHdBAG-*Krieger*[3] § 60, 15; *Becker* in Bürgers/Körber § 222, 15; *Geißler* NZG 2000, 719, 724; *Krieger* ZGR 2000, 885, 895; *Natterer* AG 2001, 631, 633 ff; *Thümmel* BB 1998, 911, 912; wohl auch Spindler-Stilz/*Marsch-Barner*[2] 21 f.

[83] AA Spindler-Stilz/*Marsch-Barner*[2] 22, der dies nicht für zwingend, sondern nur für zweckmäßig hält.

[84] *Hüffer*[9] § 222, 14; Heidel/*Terbrack*[3] § 222, 31; K Schmidt/Lutter/*Veil*[2] 4.

AG bzw die vertretungsbefugten Komplementäre der KGaA – jeweils in vertretungsberechtiger Zahl – und der Vorsitzende des Aufsichtsrats melden daher den Kapitalherabsetzungsbeschluss zum Handelsregister an (zu Einzelheiten s § 223, 7). Der **Registerrichter** hat die Voraussetzungen der Eintragung auf ihre **Plausibilität** hin zu überprüfen. Dient die vereinfachte Kapitalherabsetzung der Deckung von Verlusten, hat der Registerrichter zu prüfen, ob in Höhe des Herabsetzungsbetrags ein Verlust in vertretbarer Weise und mit der notwendigen Sorgfalt ermittelt wurde[85]. Weiterhin hat er das Vorliegen der Voraussetzungen des Abs 2 festzustellen, da diese *auch* im Interesse der Gläubiger bestehen. Dazu kann er die letzte Bilanz oder eine erstellte Zwischenbilanz heranziehen. Erlaubt diese keine ausreichende Information, kann er von den Anmeldenden weitere Unterlagen und Auskünfte verlangen[86]. Wurde gegen Abs 2 verstoßen oder fehlt die Zweckbestimmung, ist die Eintragung abzulehnen, da diese Vorgaben auch die Interessen der Gläubiger schützen. Dies gilt auch dann, wenn keine Anfechtungsklage erhoben wurde (s § 223, 22; zu den Folgen einer dennoch erfolgten Eintragung s o 31)[87]. Sollen Beträge in die Kapitalrücklage eingestellt werden, ist zudem die Einhaltung des § 231 zu prüfen[88].

Die vereinfachte Kapitalherabsetzung wird gemäß Abs 3 iVm § 224 mit ihrer Eintragung wirksam. Das Gericht macht die Eintragung gemäß § 10 HGB bekannt. Da § 225 für die vereinfachte Kapitalherabsetzung nicht gilt, unterbleibt allerdings in der Bekanntmachung über die Eintragung der Hinweis, dass die Gläubiger, soweit sie nicht Befriedigung verlangen können, Sicherheitsleistung begehren können (s § 223, 26 und § 225, 61). Die Durchführung erfolgt durch Herabsetzung des Nennwerts und soweit erforderlich durch Zusammenlegung von Aktien. § 226 über die Kraftloserklärung und Zusammenlegung von Aktien ist anzuwenden. Sodann sind die entsprechenden Buchungen durchzuführen (s dazu § 240) und gemäß § 227 die Durchführung der Kapitalherabsetzung anzumelden[89]. 58

e) **Verbindung mit einer Kapitalerhöhung.** Anzuwenden ist auch § 228 über Herabsetzung unter den Mindestnennbetrag. Somit ist auch bei der vereinfachten Kapitalherabsetzung eine Herabsetzung auf Null möglich, wenn es anschließend wieder bis zur Höhe des gesetzlichen Mindestkapitals aufgefüllt wird. Durch die Kapitalherabsetzung werden die Voraussetzungen dafür geschaffen, dass anschließend die neuen Aktien nicht unter pari emittiert werden müssen. Die Verbindung von Kapitalherabsetzung und anschließender Kapitalerhöhung bietet sich nicht zuletzt auch wegen der in §§ 234, 235 vorgesehenen Erleichterung einer **Rückwirkung** des Kapitalschnitts an. (Zur Kapitalherabsetzung während der Liquidation und Insolvenz ausführlich § 222, 75 f). 59

2. Keine Anwendung des § 225

Die Gläubigerschutzbestimmungen des § 225 sind nicht anwendbar. Die Befreiung von ihnen bildete auch einen besonderen Anlass zur Einführung der Kapitalherabsetzung in erleichterter Form durch die NotVO vom 6.10.1931 (s o 1). Insbesondere die Vorschrift des dreimaligen Gläubigeraufrufs barg oft eine psychologische Hemmschwelle für die Gesellschaften, von der vor der NotVO allein gegebenen Möglichkeit der ordentlichen Kapitalherabsetzung mit dem Zwang zur Anwendung der Gläubigerschutzvorschriften Gebrauch zu machen. Der Gläubigeraufruf war geeignet, die Gläubiger und 60

85 *Hüffer*[9] 20; KK/*Lutter*[2] 43.
86 *Hüffer*[9] 20; KK/*Lutter*[2] 43.
87 KK/*Lutter*[2] 43; *Lutter* NJW 1969, 1873 ff.
88 Spindler-Stilz/*Marsch-Barner*[2] 28; KK/*Lutter*[2] 43.
89 KK/*Lutter*[2] 44.

Dritte, aber auch die Aktionäre zu beunruhigen. Er hielt deshalb oft von der gebotenen Kapitalherabsetzung ab. Auch die bei der ordentlichen Kapitalherabsetzung vorgeschriebene Sicherheitsleistung für die sich meldenden Gläubiger wird gerade notleidenden Gesellschaften kaum möglich sein und deshalb ein Hindernis bilden, von der Herabsetzungsmöglichkeit Gebrauch zu machen. Diese Sicherheitsmaßregeln sind entbehrlich, wenn keine Rückzahlungen an die Aktionäre erfolgen. Die in § 229 Abs 2 und in den §§ 230, 232, 233 enthaltenen Gläubigerschutzvorschriften sind nach Ansicht des Gesetzgebers ausreichend (zur Kritik an diesen Vorstellungen s o 7 f).

61 Teilweise wird vertreten, die Gesellschaft könne freiwillig die Vorgaben des § 225 einhalten mit der Folge, dass dann die für die vereinfachte Kapitalherabsetzung geltende Beschränkung des § 233 Abs 2 S 1 nicht anwendbar sei[90]. Diese Ansicht ist abzulehnen[91], denn bei der vereinfachten Kapitalherabsetzung erfolgt kein Gläubigeraufruf nach § 225 Abs 1 S 2; es ist also nicht gewährleistet, dass alle Gläubiger Kenntnis von der Kapitalherabsetzung haben. Im Übrigen spricht gegen ein solches Vorgehen auch die Gesetzessystematik, die von einer klaren Trennung beider Arten der Kapitalherabsetzung ausgeht und gerade keine Zwischenlösungen vorsieht oder zulässt.

VII. Rechtsfolgen eines fehlerhaften Beschlusses

62 Enthält der Beschluss keinen Hinweis darauf, dass es sich **um eine vereinfachte Kapitalherabsetzung handelt,** haben Vorstand und Registerrichter die Kapitalherabsetzung als ordentliche durchzuführen und § 225 anzuwenden (s o 30).

63 Der Beschluss ist nach § 241 Nr 3 nichtig, wenn er zu keinem der in § 229 zugelassenen Zwecke erfolgt, denn die Zweckbegrenzung ist gläubigerschützend[92]. Fehlt die nach Abs 1 S 2 notwendige **Zweckbestimmung**[93], ist der Beschluss anfechtbar (s o 31). Auch ohne Anfechtung muss das Registergericht die Eintragung in das Handelsregister ablehnen (s o 57). Wird der Beschluss dennoch eingetragen, ist die Kapitalherabsetzung entgegen der hM als vereinfachte durchzuführen. Die frei werdenden Mittel sind auf einem Sonderkonto zu buchen. Die nächste Hauptversammlung entscheidet mit satzungsändernder Mehrheit über seine Verwendung im Rahmen der nach § 229 zulässigen Zwecke (s o 31).

64 Erfolgte die Kapitalherabsetzung, um Verluste zu decken, lag aber erkennbar **kein Verlust** vor oder war dieser zum Zeitpunkt der Beschlussfassung absehbar geringer als der Kapitalherabsetzungsbetrag, ist der Hauptversammlungsbeschluss lediglich anfechtbar (s o 23, 32 aE)[94], denn Interessen der Gläubiger werden nicht berührt, da diese durch die §§ 230, 232, 233 geschützt werden. Anfechtbar ist der Beschluss auch, wenn die Einschätzung der Verwaltung über den Verlust unter keinem Gesichtspunkt kaufmännisch zu rechtfertigen ist und daher **willkürlich** erscheint (s o 23, 32)[95]. Beruhte dagegen eine Verlustprognose auf einer zutreffenden Einschätzung der Lage und stellt sich später heraus, dass die Verluste geringer ausfallen, ist der Beschluss nicht anfechtbar[96]; vielmehr ist der Buchertrag gemäß § 232 in die Kapitalrücklage einzustellen.

---

90 So KK/*Lutter*[2] 46; *Godin/Wilhelmi*[4] 8.

91 Ebenso MK/*Oechsler*[2] 9.

92 MK/*Oechsler*[2] 14; *Becker* in Bürgers/Körber 10, 21; ohne nähere Begründung aA Spindler-Stilz/*Marsch-Barner*[2] 33.

93 *Hüffer*[9] 23; KK/*Lutter*[2] 42.

94 *Hüffer*[9] 23; KK/*Lutter*[2] 38; MünchHdBAG-*Krieger*[3] § 61, 18; Spindler-Stilz/*Marsch-Barner*[2] 34.

95 RGZ 72, 33, 37 f; RGZ 120, 363, 367; KK/*Lutter*[2] 15, 39; *Hüffer*[9] 16.

96 OLG Frankfurt AG 1989, 207, 208 m zust Anm *Stützle* WuB II A § 229 AktG 1.90; KK/*Lutter*[2] 40.

Anfechtbar ist der Beschluss weiterhin, wenn der Beschluss auf unzureichender **Informationsgrundlage** beruht, weil der Vorstand zu Unrecht eine Auskunft über seine Feststellungen zu Grund und Höhe der Verluste verweigert hat (s o 24) oder seine ausnahmsweise bestehende Berichtspflicht (s o 55) nicht erfüllte. **65**

Wird gegen **Abs 2 verstoßen**, stellt dies ebenfalls nur einen Anfechtungsgrund dar und begründet nicht die Nichtigkeit des Beschlusses (s o 48)[97]. Denn Abs 2 dient auch, aber nicht in erster Linie dem Schutze der Gläubiger. Der Registerrichter kann die Eintragung selbst dann ablehnen, wenn keine Anfechtungsklage erhoben wurde (s o 48)[98]. Im Falle eines **Verstoßes gegen § 231** ist der Beschluss ebenfalls anfechtbar (s o 27)[99]. Gläubigerinteressen sind nicht betroffen, da die Auflösung der Kapitalrücklage nur im Wege des § 150 Abs 4 erfolgen darf. **66**

Den Inhaber von **Genussrechten, Wandelschuldverschreibungen** und **Optionsanleihen** steht kein Anfechtungsrecht zu (zu Einzelheiten s Vor § 222, 44 f, § 224, 17 ff). **67**

§ 230
Verbot von Zahlungen an die Aktionäre

[1]Die Beträge, die aus der Auflösung der Kapital- oder Gewinnrücklagen und aus der Kapitalherabsetzung gewonnen werden, dürfen nicht zu Zahlungen an die Aktionäre und nicht dazu verwandt werden, die Aktionäre von der Verpflichtung zur Leistung von Einlagen zu befreien. [2]Sie dürfen nur verwandt werden, um Wertminderungen auszugleichen, sonstige Verluste zu decken und Beträge in die Kapitalrücklage oder in die gesetzliche Rücklage einzustellen. [3]Auch eine Verwendung zu einem dieser Zwecke ist nur zulässig, soweit sie im Beschluß als Zweck der Herabsetzung angegeben ist.

Übersicht

Schrifttum

Vgl die Schrifttumsnachweise Vor § 222 und bei § 229.

---

97 Baumbach/*Hueck*[13] 4; *Hüffer*[9] 23; KK/*Lutter*[2] 37; MK/*Oechsler*[2] 47; MünchHdBAG-*Krieger*[3] § 61, 18; Spindler-Stilz/*Marsch-Barner*[2] 36; teilweise aA *Godin/Wilhelmi*[4] 7.

98 *Hüffer*[9] 20.

99 *Hüffer*[9] 23; KK/*Lutter*[2] 43; Spindler-Stilz/*Marsch-Barner*[2] 35.

I. Gesetzesgeschichte

1 Die Vorschrift entspricht, abgesehen von sprachlichen Änderungen, § 184 AktG 1937[1]. Sie wurde 1985 durch BiRiLiG[2] **geändert**, um sie den Formulierungen in § 229 anzupassen: Die Worte „offene Rücklagen" wurden durch „Kapital- und Gewinnrücklagen" ersetzt. In S 2 wurde nach dem Wort „Beträge" die Worte „in die Kapitalrücklage" eingefügt.

II. Zweck der Vorschrift

2 § 230 S 1 soll zusammen mit den §§ 232, 233 den **Gläubigerschutz** gewährleisten, nachdem die Vorschrift des § 225 bei der vereinfachten Kapitalherabsetzung nicht anwendbar ist[3]. Während § 229 Abs 1 vorschreibt, dass die vereinfachte Kapitalherabsetzung nur für die Zwecke beschlossen wird, für die sie bestimmt und zulässig ist, nämlich um Wertminderungen auszugleichen, sonstige Verluste zu decken oder Beträge in die Kapitalrücklage einzustellen, dient § 230 dem Gläubigerschutz im Stadium der Durchführung des Kapitalherabsetzungsbeschlusses. Die frei werdenden Mittel dürfen nicht zu Zahlungen an die Aktionäre oder zu deren Befreiung von der Einlagepflicht verwendet werden. Sätze 2 und 3 dienen dem **Gläubiger- und dem Aktionärsschutz**[4]. Die Verwaltung darf die frei werdenden Beträge nur zu dem in § 229 Abs 1 vorgesehenen und im Kapitalherabsetzungsbeschluss niedergelegten Zweck verwenden.

3 Der Schutz des Satzes 1 ist sehr weitreichend, denn er erfasst auch diejenigen frei werdenden Mittel, die letztendlich nicht zur Verlustdeckung benötigt werden, weil die Verluste geringer ausfallen als erwartet. S 1 stellt aber keinen Fall der Überregulierung dar, denn die Vorschrift will einen Anreiz setzen, dass die Verwaltung Verluste von vornherein realistisch einschätzt und nicht absichtlich zu groß bemisst, um Ausschüttungen an die Aktionäre vornehmen zu können. Zudem will die Vorschrift Manipulationen vorbeugen, indem sie auch die nach § 229 Abs 2 aufgelösten Rücklagen einbezieht. Denn ansonsten könnte die Verwaltung den Betrag der Kapitalherabsetzung zur Verlustdeckung nutzen und die aufgelösten Rücklagen an die Gesellschafter verteilen[5].

4 Die Vorschrift enthält ein Gebot und ein Verbot, das die Gesellschaft nach Eintritt der Wirksamkeit der Kapitalherabsetzung zu befolgen hat. Die Vorgaben des § 230 stellen **zwingendes** Recht dar. Widersprechende Bestimmungen der Satzung oder des Herabsetzungsbeschlusses, durch welche die Schutzbestimmungen des Paragraphen aufgehoben oder eingeschränkt werden, sind **nichtig**, da sie gegen ein im Interesse der Gläubiger erlassenes Gesetz verstoßen (§ 241 Nr 3)[6].

---

[1] *Kropff* AktG 1965, S 321. Zur Geschichte der Kapitalherabsetzung im Allgemeinen s Vor § 222, 72 ff.

[2] Art 2 Nr 43 des Gesetzes zur Durchführung der Vierten, Siebenten und Achten Richtlinie des Rates der Europäischen Gemeinschaften zur Koordinierung des Gesellschaftsrechts – Bilanzrichtlinien-Gesetz – v 19.12.1985, BGBl I 2355.

[3] *Hüffer*[9] 1.

[4] MK/*Oechsler*[2] 11; Spindler-Stilz/*Marsch-Barner*[2] 1; aA *Hüffer*[9] 1, 7 (nur Aktionärsschutz).

[5] KK/*Lutter*[2] 6.

[6] *Godin/Wilhelmi*[4] 5.

III. Die verbotene Verwendung (S 1)

1. Die Reichweite des Verbots

Die Beträge, die aus der Auflösung der Rücklagen und aus der Kapitalherabsetzung gewonnen werden, dürfen **nicht zu Zahlungen an die Aktionäre** und nicht dazu verwendet werden, die Aktionäre von der **Verpflichtung zur Leistung von Einlagen zu befreien**. Die Vorschrift dient dem Schutz der Kapitalerhaltung und ergänzt das allgemeine Ausschüttungsverbot des § 57. Die Bindung nach S 1 erfasst den **gesamten Buchgewinn**, der durch die Kapitalherabsetzung und die nach § 229 Abs 2 vorgeschriebene Auflösung der Rücklagen entsteht, also 1. den Kapitalherabsetzungsbetrag, 2. die aufgelösten Teile der gesetzlichen Rücklage und der Kapitalrücklage, 3. die aufgelösten Gewinnrücklagen und 4. die aufgelösten Gewinnvorträge. Letztere sind im Wortlaut von S 1 nicht ausdrücklich erwähnt, werden aber selbstverständlich miterfasst[7], da die Vorschrift § 229 Abs 2 flankiert, der sie ausdrücklich regelt. Sonstige Maßnahmen, die anlässlich der Kapitalherabsetzung ergriffen werden, die aber nicht unter § 229 Abs 2 fallen, wie etwa die Auflösung stiller Reserven oder der Verlauf eigener Aktien, unterliegen nicht der Bindung nach § 230[8]. 5

Erfasst werden jedoch nur **tatsächlich aufgelöste** Rücklagen und Gewinnvorträge; die Beträge müssen also umgebucht worden sein[9]. Für den unwahrscheinlichen Fall eines Verstoßes gegen die Vorschrift des § 229 Abs 2, der weder angefochten noch vom Registerrichter beanstandet wird (s o § 229, 48), bedeutet dies für die Durchführung der Kapitalherabsetzung, dass die nicht aufgelösten Rücklagen und Gewinnvorträge auch nicht unter § 230 S 1 fallen. Hierfür spricht der Wortlaut der Vorschrift „Auflösung ... gewonnen werden". Zudem käme es zu Wertungswidersprüchen, wenn der Kapitalherabsetzungsbeschluss unanfechtbar wäre und dennoch die nicht aufgelösten Rücklagen zeitlich unbegrenzt gebunden wären. Nicht aufgelöste Rücklagen und Gewinnvorträge unterliegen daher nicht § 230, sondern weiterhin den allgemeinen für sie geltenden Schranken[10]. 6

Das Verbot gilt **sachlich unbeschränkt**[11]. Es erfasst die frei werdenden Mittel, selbst wenn der geschätzte Verlust später geringer ausfällt und nicht alle Mittel zur Verlustdeckung benötigt werden. Es erfasst aber auch den Fall, dass die Mittel gesetzeswidrig gar nicht zur Verlustdeckung benutzt werden[12]. Verboten ist auch die Zahlung einer Dividende aus gebundenen Mitteln. Nicht erfasst werden dagegen im normalen Geschäftsbetrieb erwirtschaftete Gewinne, für die allein die Schranke des § 233 gilt[13]. Nimmt man § 230 wörtlich, gilt das Verbot für die werbende Gesellschaft **zeitlich unbeschränkt**[14]; es ist jedoch im Zusammenhang mit § 232 zu sehen. Aus dem Zusammenspiel beider Vorschriften lassen sich vier Schlussfolgerungen ableiten: (1) § 230 geht in jedem Fall weiter als das Verbot des § 225 Abs 2, der die Zahlung und Befreiung nur so lange verbietet, bis das Sperrhalbjahr abgelaufen ist, und den Gläubigern, die sich rechtzeitig gemeldet haben, Befriedigung oder Sicherheit gewährt worden ist. (2) Das Verbot des § 230 S 1 kommt wegen seiner Bedingungslosigkeit und Fristlosigkeit auch denjenigen zugute, die erst nach der Kapitalherabsetzung Gläubiger der AG geworden sind. (3) Es 7

---

7 *Hüffer*[9] 2; KK/*Lutter*[2] 10; MK/*Oechsler*[2] 6.
8 MK/*Oechsler*[2] 3.
9 *Hüffer*[9] 2; KK/*Lutter*[2] 11.
10 KK/*Lutter*[2] 11; MK/*Oechsler*[2] 4.
11 *Hüffer*[9] 3.
12 KK/*Lutter*[2] 12.
13 *Becker* in Bürgers/Körber 4; Spindler-Stilz/*Marsch-Barner*[2] 3.
14 *Hüffer*[9] 3; *Becker* in Bürgers/Körber 3.

gilt ab dem Moment, indem die Kapitalherabsetzung beschlossen wurde; es erfasst folglich jeden nachfolgenden Jahresabschluss. (4) Ein zeitliches Ende sieht das Gesetz nicht vor. Dieses ergibt sich allerdings aus § 232. Werden aus der Auflösung von Rücklagen und Gewinnvorträgen oder der Kapitalherabsetzung frei werdende Mittel nicht benötigt, sind sie nach § 232 in die Kapitalrücklage einzustellen. Ab diesem Zeitpunkt greifen die allgemeinen Beschränkungen des § 150 Abs 3 und 4[15]. Die Mittel können daher auch zur Deckung anderer, nicht von § 232 erfasster Verluste eingesetzt werden. In einem solchen Fall greift allein die Schranke des § 233 Abs 2 S 1.

2. Vom Verbot erfasste Zahlungen

8 Verboten sind Zahlungen an die Aktionäre, dh solche Zahlungen, die ihnen in ihrer **Eigenschaft als Aktionäre** geleistet werden[16]. Nicht verboten sind Zahlungen, die aufgrund von Rechtsverhältnissen nichtgesellschaftsrechtlicher Art, zB für Warenlieferungen oder Dienstleistungen, bewirkt werden (gewöhnliche Austauschgeschäfte)[17]. Handelt es sich um Zahlungen auf gesellschaftsrechtlicher Grundlage, so trifft das Verbot **unmittelbare und mittelbare Zahlungen**, seien es Kapital-(Einlage-)rückzahlungen oder Gewinnzahlungen, Letztere soweit sie dadurch möglich werden, dass die durch die Auflösung der Rücklagen und die Kapitalherabsetzung frei werdenden Beträge nicht zu dem in § 229 Abs 1 bezeichneten Zwecke verwendet werden. Erfasst ist auch die Ausgabe von Gratisaktien und dem Aktionär gewährte marktunübliche Vergütungen für Waren oder Dienstleistungen[18]. Das Verbot gilt auch, wenn in späteren Bilanzjahren solche Zahlungen geleistet werden sollen[19]. Auch freie Rücklagen, die später als Gewinn ausgeschüttet werden können, dürfen aus den durch die Kapitalherabsetzung gewonnenen Beträgen nicht gebildet werden. Das Verbot gilt auch dann, wenn die Beschränkungen des § 233 eingehalten werden[20]. Seinem Ziele entsprechend, einen Missbrauch der vereinfachten Kapitalherabsetzung zu verhindern, ist das **Verbot weit auszulegen**[21].

9 Unter Zahlungen sind nicht nur Geldleistungen zu verstehen. Das Verbot ist auch verletzt, wenn **Sachleistungen** bewirkt oder Forderungen der Gesellschaft gegen den Aktionär aus Drittgeschäften erlassen werden und dadurch im Ergebnis eine Rückzahlung bewirkt wird[22].

3. Befreiung von der Einlagepflicht

10 Dass die gewonnenen Beträge auch nicht zur Befreiung der Aktionäre von Einlageverpflichtungen verwendet werden dürfen, ist die notwendige Ergänzung des Zahlungsverbotes. § 230 S 1 stellt ein gesetzliches Verbot iSd § 134 BGB dar. Entsprechende Vereinbarungen der Gesellschaft mit den Aktionären sind nichtig. Die Einlageverpflichtung bleibt somit in voller Höhe bestehen, obwohl als Folge der Kapitalherabsetzung die Aktienurkunde auf einen geringeren Betrag lauten kann als der Einlagepflicht entspricht. Hierin zeigt sich ein wesentlicher Unterschied gegenüber der ordentlichen Kapitalherabsetzung, deren Zweck auf Rückzahlung eines Teiles des Grundkapitals und Befreiung der Aktionäre von der Einlagepflicht gerichtet sein kann.

---

15 MK/*Oechsler*[2] 9, § 232, 13; Spindler-Stilz/*Marsch-Barner*[2] 4; Heidel/*Terbrack*[3] § 232, 2; aA offenbar KK/*Lutter*[2] 12.
16 KK/*Lutter*[2] 16.
17 *Hüffer*[9] 3; KK/*Lutter*[2] 16 aE; K Schmidt/Lutter/*Veil*[2] 3.
18 KK/*Lutter*[2] 16.
19 MK/*Oechsler*[2] 8.
20 MünchHdBAG-*Krieger*[3] § 61, 20.
21 Ebenso MK/*Oechsler*[2] 8; Spindler-Stilz/*Marsch-Barner*[2] 3.
22 Baumbach/*Hueck*[13] 3.

4. Rechtsfolgen eines Verstoßes

Der gesetzlichen Vorschrift zuwiderlaufende Zahlungen an die Aktionäre sind verbotene **Zahlungen im Sinne des § 62**[23]. Sie begründen die Haftung der Empfänger gegenüber der Gesellschaft und den Gesellschaftsgläubigern. Die Haftung besteht nicht, soweit die Aktionäre die Beträge in gutem Glauben als Gewinnanteile oder Zinsen erhalten haben (§ 62 Abs 1 S 2). Die verbotenen Zahlungen begründen auch eine Schadensersatzpflicht von Vorstand und Aufsichtsrat nach §§ 93, 116[24]. Befreiungen der Aktionäre von der Einlagepflicht, die gegen § 230 verstoßen, sind nach **§ 134 BGB** nichtig[25]. 11

Wird die gläubigerschützende Vorschrift des § 230 S 1 bei Aufstellung des Jahresabschlusses verletzt, indem die Buchgewinne als Gewinn ausgewiesen werden, ist der Jahresabschluss nach § 256 Abs 1 Nr 1 nichtig[26]. Ein darauf beruhender Gewinnverwendungsbeschluss ist nach § 241 Nr 3 und § 253 nichtig[27]. 12

IV. Die vorgeschriebene und zweckgerechte Verwendung (S 2 und S 3)

1. Inhalt des Gebotes nach S 2

Die durch die Auflösung der Rücklagen und aus der Kapitalherabsetzung gewonnenen Beträge dürfen nach S 2 nur zum Ausgleich von Wertminderungen, zur Deckung von sonstigen Verlusten und zur Einstellung von Beträgen in die Kapitalrücklage verwendet werden. Die Vorschrift stellt klar, zu welchem Zwecke der sich aus der Auflösung der Rücklagen und der Kapitalherabsetzung ergebende Buchgewinn zu verwenden ist, und verbietet, ihn zu irgendeinem anderen Zwecke zu verwenden. Sie ergänzt die Regelung des § 229 Abs 2 und unterwirft die frei werdenden Mittel einer § 150 Abs 3 und 4 vergleichbaren Bindung. 13

Die Mittel dürfen nur verwendet werden 1. zu den Abschreibungen, die durch Wertminderungen veranlasst sind, 2. zur Deckung sonstiger Verluste jeder Art, zB von solchen aus einzelnen unvorteilhaften Geschäften, aber auch zur Deckung eines bilanzmäßigen Jahresverlustes oder eines Verlustvortrages früherer Jahre, oder eines in der Entwicklung begriffenen Verlustes, 3. zur Einstellung in die Kapitalrücklage und gesetzliche Rücklage, soweit dies nicht durch § 231 verboten ist. Erweisen sich die angenommenen Verluste als geringer, ist der überschüssige Betrag nach § 232 zu verwenden. 14

2. Angabe im Herabsetzungsbeschluss (S 3)

Auch eine Verwendung der aus der Auflösung der Rücklagen und der Kapitalherabsetzung gewonnenen Beträge zu einem oder mehreren der in § 229 Abs 1 genannten Zwecke ist nach S 3 nur zulässig, soweit sie im Beschluss als Zweck der Herabsetzung angegeben sind. Der gewonnene Betrag darf nur zu diesem Zwecke verwendet werden. Der Verwaltung steht kein Ermessensspielraum zu (s o § 229, 29). 15

---

[23] *Geißler* NZG 2000, 719, 723; KK/*Lutter*[2] 17; MK/*Oechsler*[2] 10.

[24] KK/*Lutter*[2] 17.

[25] KK/*Lutter*[2] 17; MK/*Oechsler*[2] 10.

[26] *Becker* in Bürgers/Körber 6; *Hüffer*[9] 4; KK/*Lutter*[2] 15; MünchHdBAG-*Krieger*[3] § 61, 21; MK/*Oechsler*[2] 10; K Schmidt/Lutter/*Veil*[2] 4.

[27] *Becker* in Bürgers/Körber 6; *Hüffer*[9] 4; MünchHdBAG-*Krieger*[3] § 61, 21; MK/*Oechsler*[2] 10.

3. Rechtsfolgen eines Verstoßes

16 Verwendet die Verwaltung die Buchgewinne zu einem anderen als dem von der Hauptversammlung beschlossenen Zweck und ist dieser Zweck an sich erlaubt, verletzt die Verwaltung ihre Pflichten aus S 2 und 3. Dies begründet eine Schadensersatzpflicht von Vorstand und Aufsichtsrat nach §§ 93, 116[28]. Eine zweckwidrige Verwendung macht den Jahresabschluss fehlerhaft. Da S 2 und 3 jedoch überwiegend die Belange der Aktionäre schützen, ist der Abschluss aber weder nichtig (§ 256) noch anfechtbar (§ 257 Abs 1 S 2)[29]. Liegt jedoch nicht nur ein Verstoß gegen S 2 und/oder 3 vor, sondern zugleich ein solcher gegen S 1, tritt die Nichtigkeitsfolge ein (s o 12)[30].

§ 231
Beschränkte Einstellung in die Kapitalrücklage und in die gesetzliche Rücklage

[1]Die Einstellung der Beträge, die aus der Auflösung von anderen Gewinnrücklagen gewonnen werden, in die gesetzliche Rücklage und der Beträge, die aus der Kapitalherabsetzung gewonnen werden, in die Kapitalrücklage ist nur zulässig, soweit die Kapitalrücklage und die gesetzliche Rücklage zusammen zehn vom Hundert des Grundkapitals nicht übersteigen. [2]Als Grundkapital gilt dabei der Nennbetrag, der sich durch die Herabsetzung ergibt, mindestens aber der in § 7 bestimmte Mindestnennbetrag. [3]Bei der Bemessung der zulässigen Höhe bleiben Beträge, die in der Zeit nach der Beschlußfassung über die Kapitalherabsetzung in die Kapitalrücklage einzustellen sind, auch dann außer Betracht, wenn ihre Zahlung auf einem Beschluß beruht, der zugleich mit dem Beschluß über die Kapitalherabsetzung gefaßt wird.

Übersicht

Schrifttum

Vaupel/Reers Kapitalerhöhungen bei börsennotierten Aktiengesellschaften in der Krise, AG 2010, 93; vgl im Übrigen die Schrifttumsnachweise Vor § 222 und bei § 229.

I. Gesetzesgeschichte

1 Die Vorschrift entsprach, abgesehen von sprachlichen Änderungen, § 186 AktG 1937[1]. Sie wurde bewusst vor § 232 (früher § 185) eingefügt, die Reihenfolge der beiden Paragraphen also vertauscht, um dadurch deutlicher zum Ausdruck zu bringen, dass das

---

28 *Hüffer*[9] 7; KK/*Lutter*[2] 20; MK/*Oechsler*[2] 11, 13.

29 *Becker* in Bürgers/Körber 10; *Hüffer*[9] 7; MünchHdBAG-*Krieger*[3] § 61, 21; MK/*Oechsler*[2] 11, 13.

30 *Hüffer*[9] 7; KK/*Lutter*[2] 21.

1 *Kropff* AktG 1965, S 321. Zur Geschichte der Kapitalherabsetzung im Allgemeinen s Vor § 222, 72 ff.

Verbot des § 231 S 1 nicht für den Fall des § 232 gilt[2]. Was § 231 nämlich verbietet, gebietet § 232 gerade. Dieser scheinbare Widerspruch ergibt sich daraus, dass § 231 bei den *vor* der Kapitalherabsetzung anzustellenden Berechnungen zu beachten ist, während § 232 dem Fall Rechnung trägt, dass sich *nach* der Kapitalherabsetzung ein niedrigerer als der angenommene Verlust herausstellt.

Die Vorschrift wurde 1985 durch BiRiLiG[3] **geändert**, um sie den Formulierungen in § 229 anzupassen. Die sprachliche Qualität der Norm wurde dabei nicht gerade verbessert[4]. **2**

II. Zweck der Vorschrift

Die Vorschrift regelt den Fall, dass die vereinfachte Kapitalherabsetzung dazu dient, Beträge in die Kapitalrücklage einzustellen. Sie erfasst also nicht den Fall, dass die Kapitalherabsetzung zur Verlustdeckung erfolgt[5]. § 231 bezweckt den **Schutz der Aktionäre**[6] und will verhindern, dass das Kapital herabgesetzt wird, um die Rücklagen über den durch § 150 Abs 2 vorgeschriebenen Satz von 10 % des Grundkapitals hinaus aufzufüllen. Denn der damit verbundene Eingriff in die Mitgliedschaft wäre unverhältnismäßig[7]. Allerdings kann es durchaus Situationen geben, in denen die Höchstgrenze sanierungsfeindlich ist, weshalb eine Abschaffung der Grenze vorgeschlagen wurde[8]. **3**

III. Höchstbetrag der Rücklagendotierung (S 1)

S 1 der Vorschrift begrenzt die Rücklagendotierung. Eine Kapitalherabsetzung zur Auffüllung von gesetzlicher Rücklage und Kapitalrücklage ist nur zulässig, soweit diese zusammen nicht bereits zehn von Hundert des Grundkapitals erreichen. Die Grenze von 10 % ist auch dann maßgeblich, wenn die Satzung gem § 150 Abs 2 einen höheren Prozentsatz für Rücklagen vorsieht (s § 229, 36). Die Vorschrift ist schon bei Ermittlung der Höhe der erforderlichen Kapitalherabsetzung zu berücksichtigen und von der Hauptversammlung bei ihrer Beschlussfassung über die Kapitalherabsetzung zu beachten (s § 229, 42). Der Regelungsgehalt der Norm erschließt sich nicht auf den ersten Blick. Sie enthält **drei Vorgaben:** (1) Erreichen bereits vor der Kapitalherabsetzung die gesetzliche Rücklage und die Kapitalrücklage zusammen 10 % des herabgesetzten Grundkapitals, ist die Kapitalherabsetzung zum Zwecke der Rücklagendotierung von vornherein ausgeschlossen[9]. (2) Erreichen die gesetzliche Rücklage und die Kapitalrücklage diese Schwelle nicht, ist zu prüfen, ob die nach § 229 Abs 2 vorzunehmende Auflösung der anderen Rücklagen und Gewinnvorträge dazu führt, dass die Schwelle erreicht wird. Auch in diesem Fall ist die Kapitalherabsetzung zum Zwecke der Rücklagendotierung nicht möglich[10]. (3) Wird auch auf diese Weise die Schwelle nicht erreicht, ist die Kapi- **4**

---

2 *Kropff* AktG 1965, S 321.
3 Art 2 Nr 44 des Gesetzes zur Durchführung der Vierten, Siebenten und Achten Richtlinie des Rates der Europäischen Gemeinschaften zur Koordinierung des Gesellschaftsrechts – Bilanzrichtlinien-Gesetz – v 19.12.1985, BGBl I 2355.
4 Kritisch auch *Hüffer*[9] 1.
5 *Becker* in Bürgers/Körber 1; MK/*Oechsler*[2] 5.
6 *Hüffer*[9] 1; KK/*Lutter*[2] 4.
7 Heidel/*Terbrack*[3] 1; *Hüffer*[9] 1; KK/*Lutter*[2] 3 f; MK/*Oechsler*[2] 1; Spindler-Stilz/*Marsch-Barner*[2] 1; K Schmidt/Lutter/*Veil*[2] 1.
8 *Vaupel/Reers* AG 2010, 93, 103 f.
9 MK/*Oechsler*[2] 6.
10 Spindler-Stilz/*Marsch-Barner*[2] 1.

talherabsetzung zum Zwecke der Rücklagendotierung in dem **Umfang** zulässig, um den die gesetzlichen Rücklagen und die Kapitalrücklage (nach Auflösung der anderen Rücklagen und Gewinnvorträge) die 10 %-Schwelle unterschreiten[11]. Maßgeblicher Zeitpunkt für die Berechnung ist die Beschlussfassung der Hauptversammlung; auf den Zeitpunkt der Eintragung des Beschlusses kommt es nicht an[12]. Die Beträge, die aus der Auflösung von anderen Rücklagen gewonnen werden, sind in die gesetzliche Rücklage, die Beträge aus der Kapitalherabsetzung in die Kapitalrücklage zu buchen. S 1 begrenzt die Rücklagendotierung **nur im Zusammenhang mit einer vereinfachten Kapitalherabsetzung**; werden andere Gewinnrücklagen im Rahmen der regulären Gewinnverwendung aufgelöst und in die gesetzliche Rücklage gebucht, greift die Schranke des § 231 nicht ein[13].

5 Der Wortlaut der Vorschrift „andere Gewinnrücklagen" ist ungenau. Ebenso wie bei § 229 (s § 229, 38) liegt ein Redaktionsversehen vor. Gemeint sind natürlich nicht nur die Rücklagen nach § 266 Abs 3 A III Nr 4 HGB, sondern auch die **satzungsmäßigen Rücklagen** (§ 266 Abs 3 A III Nr 3 HGB). Würde man sie nicht erfassen, ergäbe sich gegenüber dem früheren Recht eine Änderung, die der Gesetzgeber des BiRiLiG gerade nicht beabsichtigt hatte (s § 229, 4 mwN). Die satzungsmäßigen Rücklagen sind daher ebenfalls aufzulösen und in die gesetzliche Rücklage zu buchen, bevor eine Kapitalherabsetzung erlaubt ist[14].

IV. Höhe des Grundkapitals (S 2)

6 Als Grundkapital gilt der Nennbetrag, der sich durch die Herabsetzung ergibt, mindestens aber der in § 7 bestimmte Mindestnennbetrag. Entsprechendes gilt über § 278 Abs 3 für die KGaA. Bei der SE beträgt das Mindestgrundkapital 120.000 € (Art 4 Abs 2 SE-VO). Der Höchstsatz von 10 % bemisst sich nach dem Grundkapital, das sich *nach* der Herabsetzung ergibt[15].

7 Die gesetzliche Rücklage und die Kapitalrücklage sollen eine gewisse Mindesthöhe nicht unterschreiten, wie auch § 150 Abs 2 belegt. Aus diesem Grund bestimmt § 231 S 2, dass der in § 7 bestimmte Mindestnennbetrag des Grundkapitals für die Berechnung der 10 % auch dann maßgebend ist, wenn an sich das Grundkapital durch die Herabsetzung tatsächlich unter die gesetzliche Mindestgrenze sinkt, um anschließend wieder erhöht zu werden (s § 229, 36, 47 mwN auch zur früher vertretenen aA). Die zulässige Rücklage ist also so hoch, als wäre das Kapital nur bis zum gesetzlichen Mindestgrundkapital herabgesetzt worden.

V. Die außer Betracht bleibenden Beträge (S 3)

8 Bei Bemessung der zulässigen Höhe von 10 % bleiben Beträge, die in der Zeit nach der Beschlussfassung über die Kapitalherabsetzung nach § 150 Abs 2 in die Kapitalrücklage einzustellen sind, auch dann außer Betracht, wenn ihre Zahlung auf einem Beschluss beruht, der zugleich mit dem Beschluss über die Kapitalherabsetzung gefasst wird. Diese Bestimmung zielt einmal auf den Fall ab, dass gleichzeitig mit der Kapitalherabsetzung

---

11 *Hüffer*⁹ 3; MK/*Oechsler*² 6.

12 *Hüffer*⁹ 3; Spindler-Stilz/*Marsch-Barner*² 7.

13 Spindler-Stilz/*Marsch-Barner*² 3.

14 *Hüffer*⁹ 4; MK/*Oechsler*² 4; enger offenbar Spindler-Stilz/*Marsch-Barner*² 3, der die satzungsmäßigen Rücklagen nicht erwähnt.

15 *Hüffer*⁹ 5; KK/*Lutter*² 5.

eine Kapitalerhöhung oder die Ausgabe von Wandelschuldverschreibungen zu einem Ausgabekurs über pari beschlossen wird. Weiterhin gemeint ist der Fall, dass in Verbindung mit der Kapitalherabsetzung Vorzugsrechte an Aktionäre gegen Zuzahlungen gewährt werden. Das Aufgeld (Agio) und die Zuzahlungen sind in die Kapitalrücklage einzustellen (§ 272 Abs 2 Nr 1 HGB). Diese Beträge sollen bei der Berechnung der zulässigen Höhe der Kapitalrücklage außer Betracht bleiben, obwohl es sich um Maßnahmen im Zusammenhang mit der Kapitalherabsetzung handelt. Im Umkehrschluss lässt sich aus S 3 ableiten, dass alle anderen Maßnahmen, die nicht in sachlichem Zusammenhang mit der Kapitalherabsetzung stehen, folglich zu berücksichtigen sind. Dies gilt zunächst für zeitlich **frühere Maßnahmen**, also solche, die vor der Hauptversammlung, in der die Kapitalherabsetzung beschlossen wurde, ergriffen wurden[16]. Einzubeziehen sind aber auch Zuweisungen an die Rücklagen in der gleichen Hauptversammlung, sofern diese nicht in unmittelbarem sachlichen Zusammenhang mit dem Kapitalschnitt stehen. Wird also in der gleichen Hauptversammlung die Bilanz festgestellt (§ 173) und enthält diese Zuweisungen an die Kapitalrücklage, werden diese nach § 231 einberechnet[17]. Auf die Reihenfolge der Beschlussgegenstände in der Hauptversammlung kommt es nicht an. Andernfalls ließe sich der Schutz des § 231 leicht aushebeln.

VI. Rechtsfolgen eines Verstoßes

Ein Kapitalherabsetzungsbeschluss verstößt gegen § 231, wenn der Herabsetzungsbetrag zuzüglich der nach § 229 Abs 2 aufzulösenden Rücklagen höher als nötig ist, um die Kapitalrücklage und die gesetzliche Rücklage auf 10 % des nach der Herabsetzung verbleibenden Grundkapitals aufzufüllen. Da die Vorschrift – anders als § 232 – dem Schutz der Aktionäre dient, kommt nur Anfechtbarkeit des Kapitalherabsetzungsbeschlusses in Betracht (s § 229, 64), nicht seine Nichtigkeit (§ 241)[18]. Anfechtbar ist der Beschluss aber auch nur dann, wenn der Verstoß im Zeitpunkt der Beschlussfassung erkennbar war. Stellt sich erst nachträglich heraus, dass die Herabsetzung unnötig hoch war, so kommt eine Anfechtung nicht in Frage (s § 229, 64). In diesem Fall greift § 232 ein. War der Fehler dagegen von vornherein erkennbar, ist der Beschluss anfechtbar. Wird er ausnahmsweise nicht angefochten (oder vom Registerrichter beanstandet), ist nun der überschießende Betrag analog § 232 in die Kapitalrücklage einzustellen (ausführlich s u § 232, 14 f). Ein gegen § 231 verstoßender Jahresabschluss ist nichtig (§ 256 Abs 1 Nr 4), sofern nicht analog § 232 verfahren worden ist[19]. 9

---

[16] KK/*Lutter*[2] 6.
[17] KK/*Lutter*[2] 6.
[18] Baumbach/*Hueck*[13] 3; *Godin/Wilhelmi*[4] 3; *Hüffer*[9] 7; KK/*Lutter*[2] 7; Spindler-Stilz/*Marsch-Barner*[2] 8.
[19] *Adler/Düring/Schmaltz*[6] § 231 AktG, 24; *Hüffer*[9] 7; Spindler-Stilz/*Marsch-Barner*[2] 8.

§ 232
Einstellung von Beträgen in die Kapitalrücklage bei zu hoch angenommenen Verlusten

Ergibt sich bei Aufstellung der Jahresbilanz für das Geschäftsjahr, in dem der Beschluß über die Kapitalherabsetzung gefaßt wurde, oder für eines der beiden folgenden Geschäftsjahre, daß Wertminderungen und sonstige Verluste in der bei der Beschlußfassung angenommenen Höhe tatsächlich nicht eingetreten oder ausgeglichen waren, so ist der Unterschiedsbetrag in die Kapitalrücklage einzustellen.

Übersicht

Schrifttum

Vgl die Schrifttumsnachweise Vor § 222 und bei § 229.

I. Gesetzesgeschichte

1 Die Vorschrift wurde gegenüber der Vorläufernorm des § 185 AktG 1937 erweitert. Sie erfasst nun nicht nur den Fall, dass sich in den beiden folgenden Geschäftsjahren herausstellt, dass die Wertminderungen oder Verluste sich als zu hoch herausstellen, sondern auch den Fall, dass dies bereits im laufenden Geschäftsjahr festgestellt wird[1]. Zur Klarstellung wurde zudem die Reihenfolge der Regelungen des § 231 (früher § 186) und des § 232 (früher § 185) vertauscht (s § 231, 1). Die **Vorschrift des § 231 findet auf § 232 demnach keine Anwendung**[2]. Hierfür spricht auch der Sinn und Zweck des § 232 (dazu sogleich), der vereitelt würde, wenn überschüssige Beträge nur bis zur 10 Prozent Schwelle in die Kapitalrücklage eingestellt und darüber hinaus ausgeschüttet werden dürften. Die Vorschrift wurde 1985 durch BiRiLiG[3] **geändert**, um sie den Formulierungen in § 229 anzupassen („Kapitalrücklage" statt „gesetzliche Rücklage").

II. Zweck und Adressat der Vorschrift

2 Die Vorschrift betrifft nur die Kapitalherabsetzung zum Zwecke des Ausgleichs von Wertminderungen oder Verlusten, nicht aber auch zur Dotierung der Kapitalrücklage (zur analogen Anwendung s u 14 ff). Die Norm trägt der Tatsache Rechnung, dass die

[1] *Kropff* AktG 1965, S 322. Zur Geschichte der Kapitalherabsetzung im Allgemeinen s Vor § 222, 72 ff.

[2] Heidel/*Terbrack*[3] 4; *Hüffer*[9] 6; MünchHdBAG-*Krieger*[3] § 61, 22; MK/*Oechsler*[2] 4; Spindler-Stilz/*Marsch-Barner*[2] 3.

[3] Art 2 Nr 45 des Gesetzes zur Durchführung der Vierten, Siebenten und Achten Richtlinie des Rates der Europäischen Gemeinschaften zur Koordinierung des Gesellschaftsrechts – Bilanzrichtlinien-Gesetz – v 19.12.1985, BGBl I 2355.

Ermittlung der Höhe der erforderlichen Kapitalherabsetzung auf einer Prognoseentscheidung beruht, denn der Vermögensstand der Gesellschaft lässt sich im Zeitpunkt der Beschlussfassung über die Kapitalherabsetzung oft nicht genau feststellen. Zwar bestünde die Möglichkeit, die Kapitalherabsetzung bedingt zu beschließen (s Vor § 222, 13 ff und § 222, 23) und im Beschluss anzuordnen, dass die Herabsetzung nur bis zu einem bestimmten Betrage erfolgen soll, dh nur eine Höchstgrenze festzusetzen und die endgültige Höhe erst nachträglich zu bestimmen. Dann kann jedoch der Herabsetzungsbeschluss auch erst zu dem Zeitpunkt angemeldet werden, zu dem der Betrag endgültig feststeht. Der damit verbundene zeitliche Nachteil wird vermieden, wenn der Betrag der Herabsetzung sofort festgelegt wird. Fehleinschätzungen werden dann durch die Vorschrift des § 232 berichtigt. Weiterhin berücksichtigt § 232 den Umstand, dass eine vereinfachte Kapitalherabsetzung auch dazu dienen kann, drohende Verluste auszugleichen. Stellen sich diese später als geringer heraus, muss der überschüssige Buchgewinn zum Schutze der Gläubiger gebunden sein, damit er nicht an die Aktionäre verteilt werden kann. In allen Fällen, in denen sich die Kapitalherabsetzung zu den im Gesetz und Herabsetzungsbeschluss angegebenen Zwecken ganz oder teilweise als nicht erforderlich erweist, legt die Norm den mit der **Aufstellung der Jahresbilanzen betrauten Organen** die Verpflichtung auf, die nicht benötigten Beträge in die Kapitalrücklage einzustellen. Zudem enthält die Vorschrift ein **präventives Element**, denn überhöhte Verlustannahmen können nicht dazu genutzt werden, § 57 zu umgehen und Ausschüttungen zu ermöglichen, da überschüssige Beträge in jedem Fall in die Kapitalrücklage einzustellen sind[4].

§ 232 ergänzt also die Vorschriften des § 229 Abs 1 und des § 230 über die Zulässig- **3**
keit der vereinfachten Kapitalherabsetzung und die Verwendung der aus ihr gewonnenen Beträge. Er soll – ebenso wie § 230 – gewährleisten, dass die gewonnenen Beträge nur zu den in § 229 und § 230 bezeichneten Zwecken verwendet werden, und dass die zu diesen Zwecken nicht benötigten Beträge nicht von der Bindung zugunsten der Gesellschaftsgläubiger befreit werden. Die Vorschrift bezweckt daher vor allem[5] den **Schutz der Gläubiger**[6]. Die Kapitalherabsetzung kann zwar nicht mehr rückgängig gemacht werden, nachdem sie einmal wirksam geworden ist. Durch die Einstellung in die Kapitalrücklage wird aber erreicht, dass das Kapital weiter zur Sicherung der Gesellschaftsgläubiger insofern gebunden ist, als es künftig nur zum Ausgleich von Wertminderungen, zur Deckung von sonstigen Verlusten oder zur Kapitalerhöhung aus Gesellschaftsmitteln verwendet werden darf (vgl § 150 Abs 3 und 4)[7].

III. Voraussetzungen für die Einstellung in die Kapitalrücklage

1. Die beiden Anwendungsfälle

Die Einstellung in die Kapitalrücklage hat in zwei Fällen zu geschehen: (1) wenn **4**
Wertminderungen und sonstige Verluste in der bei der Beschlussfassung angenommenen Höhe tatsächlich nicht eingetreten sind oder (2) wenn sie zwar eingetreten waren, aber zwischenzeitlich wieder ausgeglichen sind. Der erste Fall liegt vor, wenn tatsächlich Wertminderungen oder sonstige Verluste überhaupt nicht oder in geringerer Höhe entstanden waren, wenn also ein solcher Eintritt zu Unrecht als geschehen angenommen

[4] MK/*Oechsler*[2] 2; Spindler-Stilz/*Marsch-Barner*[2] 2; Heidel/*Terbrack*[3] 3.

[5] S a unten 10.

[6] BGHZ 119, 305, 322 = NJW 1993, 57, 61 „Klöckner“; *Hüffer*[9] 1; MK/*Oechsler*[2] 1.

[7] MünchHdBAG-*Hoffmann-Becking*[2] § 43, 5.

wurde. Dies würde zB zutreffen, wenn der wirkliche Wert sich nicht vermindert hätte, die Annahme der Wertminderung somit auf einer falschen Auffassung über die wirklichen Werte beruhte, oder wenn zu Unrecht angenommen wurde, dass ein Schuldner zahlungsunfähig sei. Der zweite Fall könnte gegeben sein, wenn zwar eine Wertminderung eingetreten war, aber (im Zeitpunkt des Herabsetzungsbeschlusses, s u 6) wieder eine Werterhöhung erfolgt oder ein Vermögensstück zu einem höheren Preise veräußert worden ist, oder wenn ein zahlungsunfähiger Schuldner wieder zahlungsfähig geworden ist. Die Begriffe „eingetreten" und „ausgeglichen" meinen, dass der Verlust bzw sein Ausgleich im Jahresabschluss tatsächlich bilanziert werden; es reicht nicht aus, dass er nur prognostiziert wird[8].

5 Auszugehen ist dabei nicht von der Wertminderung eines einzelnen Gegenstandes oder einem Einzelverlust oder einer Ausgleichung in dieser Richtung. Wie der Wortlaut der Vorschrift belegt (nicht „angenommene Verluste", sondern „Verluste in der angenommenen Höhe"), sind vielmehr die Wertminderungen und Verluste und deren Ausgleichung in ihrer Einwirkung auf den **Vermögensstand in seiner Gesamtheit** ins Auge zu fassen. Sind einzelne Wertminderungen und Verluste und deren Ausgleichung zu hoch, andere zu gering angenommen, so hat ein gegenseitiger Ausgleich stattzufinden[9]. Einzubeziehen sind daher alle Bilanzposten. Nur soweit dabei sich eine unrichtige Vorstellung über den Vermögensstand im Ganzen ergab und deshalb ein zu hoher Herabsetzungsbedarf angenommen wurde, muss eine Einstellung in die Kapitalrücklage erfolgen[10].

6 Anlässlich der Aufstellung des Jahresabschlusses für das laufende Geschäftsjahr und die beiden folgenden Geschäftsjahre ist jeweils eine fiktive Bilanz zu erstellen. Für sie maßgebend ist der **Zeitpunkt der Beschlussfassung über die Kapitalherabsetzung.** Stellt sich heraus, dass die bei der Beschlussfassung über die Kapitalherabsetzung angenommenen Verluste zu hoch waren oder ausgeglichen wurden, sind überschüssige Beträge in die Kapitalrücklage einzustellen[11]. Nicht zu beachten sind dagegen Verluste oder Gewinne, die zeitlich nach der Beschlussfassung über die Kapitalherabsetzung eingetreten sind; diese Veränderungen begründen weder eine Verpflichtung zu einer Einstellung in die Kapitalrücklage, noch können sie umgekehrt die Gesellschaft von der Verpflichtung zur Einstellung befreien. **Nachträglich entstandene** Verluste und Gewinne sind so zu behandeln, wie wenn keine Kapitalherabsetzung stattgefunden hätte[12]. Solche Verluste sind wie jeder andere Verlust zu decken, schmälern also die künftigen Gewinne und können Anlass für eine weitere Kapitalherabsetzung sein; nachträgliche Ausgleichungen sind nicht der Kapitalrücklage zuzuweisen, sondern können den verteilbaren Gewinn erhöhen; insoweit greift allein die Schranke des § 233[13].

2. Maßgeblicher Zeitraum

7 Die Einstellung des Unterschiedsbetrags in die Kapitalrücklage hat nur zu erfolgen, wenn sich die Unrichtigkeit anlässlich der Aufstellung der Jahresbilanz für das Geschäftsjahr des Herabsetzungsbeschlusses (Zeitpunkt der Eintragung ist unmaßgeblich) oder für die zwei folgenden Geschäftsjahre ergibt. Stellt sie sich erst später heraus, so muss eine

---

[8] MK/*Oechsler*[2] 9; Heidel/*Terbrack*[3] 11.

[9] *Hüffer*[9] 3; KK/*Lutter*[2] 5; MK/*Oechsler*[2] 6; MünchHdBAG-*Krieger*[3] § 61, 23; *Hirte* FS Claussen, 1997, 115, 121 f; teilweise aA *Adler/Düring/Schmaltz*[6] § 232 AktG, 10.

[10] KK/*Lutter*[2] 5.

[11] *Godin/Wilhelmi*[4] 4; Baumbach/*Hueck*[13] 3; KK/*Lutter*[2] 6; MünchHdBAG-*Krieger*[3] § 61, 24.

[12] Baumbach/*Hueck*[13] 3; *Hüffer*[9] 4; KK/*Lutter*[2] 6; MK/*Oechsler*[2] 6 f.

[13] KK/*Lutter*[2] 7.

Einstellung in die Kapitalrücklage nicht erfolgen. Sie kann aber unter den gleichen Voraussetzungen geschehen, unter denen auch sonst freiwillige Einstellungen über die gesetzliche Verpflichtung hinaus zulässig sind.

Ergibt sich die Unrichtigkeit erst bei der Aufstellung der Jahresbilanz für das erste oder zweite Geschäftsjahr, so hat die Einstellung nur in die Bilanz dieses Jahres zu erfolgen. Die Bilanz vorangegangener Jahre bleibt unberührt[14]. Auch können aufgrund der früheren Bilanz erfolgte Zahlungen nicht zurückgefordert werden. **8**

Unter Aufstellung der Jahresbilanz verstehen die §§ 170 ff diejenige Tätigkeit des Vorstandes und Aufsichtsrats, die der Feststellung des Jahresabschlusses vorhergeht, also die die Feststellung vorbereitende Tätigkeit. Vorstand und Aufsichtsrat haben schon bei dieser Aufstellung der Bilanz für die Berichtigung von Fehlern durch entsprechende Einstellung von Rücklagen in den Bilanzentwurf zu sorgen. Im Sinne von § 232 ist aber „unter Aufstellung der Jahresbilanz" auch die Feststellung der Bilanz selbst durch den Vorstand und Aufsichtsrat oder durch die Hauptversammlung (§§ 172, 173) zu verstehen. Denn bei dieser Feststellung ist die Richtigkeit des Bilanzentwurfs, insbesondere auch die Notwendigkeit von Einstellungen in die Kapitalrücklage zu prüfen. Erst durch die Feststellung des Jahresabschlusses wird die Bilanz zur Grundlage für das weitere Leben der Gesellschaft, insbesondere auch für die Geschäftsführung des Vorstandes, und für die Gewinnverteilung. Hat der Jahresabschluss aus irgendeinem Grunde keinen Bestand, weil er nichtig oder mit Erfolg angefochten ist, und stellt sich bei erneuter Aufstellung und Feststellung derselben erst die Unrichtigkeit der dem Kapitalherabsetzungsbeschluss zugrunde liegenden Annahmen über Verluste und deren Ausgleich heraus, so muss ebenfalls die Einstellung in die Kapitalrücklage erfolgen. **9**

3. Die Rechtsfolgen

Der Unterschiedsbetrag ist in die Kapitalrücklage (§ 266 Abs 3 A II HGB) einzustellen und als außerordentlicher Ertrag aus Kapitalherabsetzung auszuweisen[15]. In der GuV ist der Betrag gesondert auszuweisen (§ 240 S 2). Die Einstellung in die Kapitalrücklage darf nicht deshalb unterbleiben, weil die Rücklage bereits 10 % des Grundkapitals erreicht oder übersteigt, da § 232 der entsprechenden Regelung des § 231 vorgeht (s o 1). § 231 steht nicht entgegen. Diese Vorschrift ist überwiegend im Interesse der Aktionäre erlassen, während § 232 die Gläubiger dagegen schützen will, dass Grundkapital an die Aktionäre ausgeschüttet wird. Die Vorschrift des § 232 geht daher vor (vgl auch § 231, 1). Sie muss unter allen Umständen eingehalten werden. Ihre Einhaltung kommt aber auch den **Aktionären zugute**. Sie bietet ihnen einen gewissen Ersatz für die mit der Herabsetzung des Grundkapitals einhergehende Minderung ihrer Aktionärsrechte. **10**

Allerdings kommt dieser Ersatz nur den noch vorhandenen und den neuen Aktionären zugute, während diejenigen Aktionäre, die aufgrund der Kapitalherabsetzung durch Zusammenlegung von Aktien ausgeschieden sind, leer ausgehen. Wurde keine vertragliche Abrede zu ihrem Schutze getroffen, was nur höchst selten der Fall sein dürfte, da in einer Sanierungssituation die Verhandlungsmacht der bisherigen Aktionäre gering ist[16], stellt sich die Frage, ob und ggf wie die wegen der Kapitalherabsetzung **ausgeschiedenen Aktionäre an dem unerwarteten Überschuss zu beteiligen** sind. Eine Kapitaler- **11**

---

[14] *Hüffer*[9] 5; Spindler-Stilz/*Marsch-Barner*[2] 6.

[15] *Hüffer*[9] 6; Spindler-Stilz/*Marsch-Barner*[2] 8.

[16] Dies verkennt *Hirte* FS Claussen, 1997, 115, 123 ff, der zum Abschluss einer solchen Vereinbarung rät.

höhung aus Gesellschaftsmitteln kommt nicht in Betracht, denn die neuen Aktien stehen gerade nur den in der Gesellschaft verbliebenen Aktionären zu (§ 212). Zur Lösung könnte man die Rechtsprechung des BGH im Klöckner-Urteil heranziehen, der Genussrechtsinhabern einen Anspruch auf schuldrechtliche Teilhabe an dem Überschussbetrag zuerkannt hat (s § 224, 22)[17]. Würde man auch Aktionären einen solchen Anspruch gewähren, träte dieser in Konflikt zum Gläubigerschutz, denn bei einer vereinfachten Kapitalherabsetzung soll es gerade nicht zu einer Ausschüttung an die Aktionäre – auch nicht an Ehemalige – kommen. Das Kapital soll gebunden bleiben, um die Reduktion des Grundkapitals soweit als möglich zu kompensieren. In diesem Fall müssen daher auch die Interessen der ehemaligen Aktionäre als Eigenkapitalgeber hinter denen der Gläubiger zurücktreten[18]. Sie werden ausreichend geschützt, da die vereinfachte Kapitalherabsetzung durch Zusammenlegung von Aktien einer sachlichen Rechtfertigung bedarf, wenn sie ohne gleichzeitige Kapitalerhöhung erfolgt (s § 229, 55 f)[19]. Ansonsten können sie über das Bezugsrecht ihren Anteil an der Gesellschaft halten und profitieren damit auch von der Kapitalrücklage. Ausgeschiedenen Altaktionären steht allein bei einer schuldhaften Fehleinschätzung der Verlusthöhe ein Schadensersatzanspruch gegen die Gesellschaft zu (s § 224, 22), wobei diese beim Vorstand Regress nehmen kann.

IV. Folgen eines Verstoßes

12 Erfolgt die Einstellung in die Kapitalrücklage nicht nach der angegebenen Vorschrift, so ist der Jahresabschluss nichtig; denn er verletzt eine Vorschrift, die überwiegend im Interesse der Gläubiger gegeben ist (§ 256 Abs 1 Nr 1 und 4)[20]. Der auf ihm beruhende Gewinnverteilungsbeschluss ist gem § 253 Abs 1 nichtig[21]. Die Nichtigkeit kann durch Fristablauf geheilt werden (§§ 256 Abs 6, 253 Abs 1 S 2).

13 Die aufgrund eines nach § 232 nichtigen Jahresabschlusses ausgeführten Zahlungen an die Aktionäre begründen Erstattungsansprüche der Gesellschaft und der Gläubiger nach § 62 und Schadensersatzansprüche gegen Vorstand und Aufsichtsrat nach §§ 93, 116[22].

V. Analoge Anwendung

14 Die Vorschrift erfasst ihrem Wortlaut nach nur Fallgestaltungen, bei denen sich *im Nachhinein* herausstellt, dass der für die Verlustdeckung notwendige Betrag zu hoch geschätzt wurde. Sie wird aber zu Recht auch auf den Fall analog angewendet, dass die Verwaltung *von vornherein erkennbar* die Verluste zu hoch schätzt und der Beschluss wirksam wird. An sich ist ein solcher Kapitalherabsetzungsbeschluss anfechtbar. Wird er ausnahmsweise aber nicht angefochten (oder vom Registerrichter beanstandet), haben die Aktionäre faktisch auf den Schutz ihrer Rechtsstellung verzichtet; um in dieser Situation den Gläubigerschutz sicherzustellen und zu verhindern, dass der Überschussbetrag

---

[17] So die Überlegungen von *Hirte* FS Claussen, 1997, 115, 126 f, der aber den Fall untersucht, dass bereits bei der Kapitalherabsetzung über die Höhe der Verluste gestritten wird.

[18] Im Ergebnis auch *Hüffer*[9] 8.

[19] MK/*Oechsler*[2] 16.

[20] *Godin/Wilhelmi*[4] 3; Baumbach/*Hueck*[13] 4; *Hüffer*[9] 7; MK/*Oechsler*[2] 14; Spindler-Stilz/*Marsch-Barner*[2] 9.

[21] *Hüffer*[9] 7; Spindler-Stilz/*Marsch-Barner*[2] 9.

[22] *Hüffer*[9] 7; Spindler-Stilz/*Marsch-Barner*[2] 9.

ausgeschüttet wird, ist er analog § 232 in die Kapitalrücklage einzustellen[23]. Die teilweise[24] aus Gründen des Aktionärsschutzes diskutierte Pflicht zu einer Rückgängigmachung der Kapitalherabsetzung durch den actus contrarius, also eine Kapitalerhöhung aus Gesellschaftsmitteln, ist nicht praktikabel[25], da sie die Gesellschaft faktisch auf längere Zeit lähmt. Wenn die Aktionäre schon den Kapitalherabsetzungsbeschluss nicht anfechten, werden sie sich schwer tun, eine Hauptversammlung einzuberufen, um eine Kapitalerhöhung zu beschließen. Zudem ist die Kapitalerhöhung aus Gesellschaftsmitteln wegen § 212 auch nicht geeignet, anlässlich der Kapitalherabsetzung durch Zusammenlegung von Aktien ausgeschiedenen Aktionären zu helfen. Schließlich ist zu bedenken, dass sich neue sanierungswillige Gesellschafter nur schwer finden lassen werden, wenn das Risiko besteht, eine soeben erlangte Aktienmehrheit später wieder zu verlieren.

Die Analogie kommt nicht nur bei Kapitalherabsetzungen zum Zwecke des Verlust- **15**
ausgleichs, sondern auch bei solchen zum Zweck der Dotierung der Rücklagen zum Tragen[26]. Die angeführten Gründe gelten sinngemäß.

Schließlich kommt die Vorschrift zur Anwendung, wenn für erwartete Verluste aus **16**
Mitteln der Kapitalherabsetzung Rückstellungen gebildet wurden, diese aber nicht mehr benötigt werden, weil die Verluste nicht eintreten[27]. Zum Schutz von Genussrechtsinhabern s Vor § 222, 44 f, § 224, 22.

§ 233
Gewinnausschüttung. Gläubigerschutz

(1) [1]Gewinn darf nicht ausgeschüttet werden, bevor die gesetzliche Rücklage und die Kapitalrücklage zusammen zehn vom Hundert des Grundkapitals erreicht haben. [2]Als Grundkapital gilt dabei der Nennbetrag, der sich durch die Herabsetzung ergibt, mindestens aber der in § 7 bestimmte Mindestnennbetrag.

(2) [1]Die Zahlung eines Gewinnanteils von mehr als vier vom Hundert ist erst für ein Geschäftsjahr zulässig, das später als zwei Jahre nach der Beschlußfassung über die Kapitalherabsetzung beginnt. [2]Dies gilt nicht, wenn die Gläubiger, deren Forderungen vor der Bekanntmachung der Eintragung des Beschlusses begründet worden waren, befriedigt oder sichergestellt sind, soweit sie sich binnen sechs Monaten nach der Bekanntmachung des Jahresabschlusses, auf Grund dessen die Gewinnverteilung beschlossen ist, zu diesem Zweck gemeldet haben. [3]Einer Sicherstellung der Gläubiger bedarf es nicht, die im Fall des Insolvenzverfahrens ein Recht auf vorzugsweise Befriedigung aus einer Deckungsmasse haben, die nach gesetzlicher Vorschrift zu ihrem Schutz errichtet und staatlich überwacht ist. [4]Die Gläubiger sind in der Bekanntmachung nach § 325 Abs. 2 des Handelsgesetzbuchs auf die Befriedigung oder Sicherstellung hinzuweisen.

---

[23] *Adler/Düring/Schmaltz*[6] § 232 AktG, 4; *Becker* in Bürgers/Körber 7 f; Heidel/*Terbrack*[3] 6, 14; *Hüffer*[9] 8; KK/*Lutter*[2] 4, 12; MK/*Oechsler*[2] 10; MünchHdBAG-*Krieger*[3] § 61, 26; K Schmidt/Lutter/*Veil*[2] 6; Spindler-Stilz/*Marsch-Barner*[2] 10.

[24] *Hirte* FS Claussen, 1997, 115, 123.

[25] Im Ergebnis auch *Hüffer*[9] 8.

[26] *Becker* in Bürgers/Körber § 231, 7; Heidel/*Terbrack*[3] 6, 15, § 231, 9; *Hüffer*[9] 8, § 231, 7; KK/*Lutter*[2] § 231, 7; MK/*Oechsler*[2] 11, § 231, 10; MünchHdBAG-*Krieger*[3] § 61, 27; K Schmidt/Lutter/*Veil*[2] § 231, 4; Spindler-Stilz/*Marsch-Barner*[2] § 231, 8.

[27] BGHZ 119, 305, 321 f = NJW 1993, 57, 61 „Klöckner"; *Hüffer*[9] 8; MK/*Oechsler*[2] 12; Spindler-Stilz/*Marsch-Barner*[2] 10.

(3) Die Beträge, die aus der Auflösung von Kapital- und Gewinnrücklagen und aus der Kapitalherabsetzung gewonnen sind, dürfen auch nach diesen Vorschriften nicht als Gewinn ausgeschüttet werden.

Übersicht

Schrifttum

Vgl die Schrifttumsnachweise Vor § 222 und bei § 229.

I. Gesetzesgeschichte

1 Die Vorschrift entsprach § 187 AktG 1937. Aus rechtsstaatlichen Gründen wurde allerdings die in Abs 2 enthaltene Ermächtigung, wonach der Reichswirtschaftsminister im Einvernehmen mit dem Reichsminister der Justiz einen höheren Dividendensatz als 4 % festsetzen konnte, gestrichen[1]. 1985 passte der Gesetzgeber des BiRiLiG[2] sie an die neuen Formulierungen in § 229 und im geänderten HGB an. 1994 erfolgte die Anpassung von Abs 2 S 3 an die Formulierungen des neuen Insolvenzrechts[3]. Schließlich wurde 2006 in Abs 2 S 4 der Verweis auf „§ 325 Abs 1 Satz 2 oder Abs 2 Satz 1“ durch „§ 325 Abs 2“ ersetzt[4].

II. Zweck der Vorschrift

2 Die Vorschrift enthält die zentrale **Gläubigerschutzbestimmung** für die vereinfachte Kapitalherabsetzung. Sie ist einerseits enger, andererseits weiter als § 230. Während § 230 allgemein Zahlungen aus den aufgelösten Rücklagen und Gewinnvorträgen an die Aktionäre verbietet, gleichgültig, ob es sich um Rückzahlung von Einlagen oder um Ausschüttung von Gewinn handelt, beschränkt § 233 Abs 1 und 2 nur die Ausschüttung von Gewinn. Sie stellt aber gerade nicht darauf ab, woher der Gewinn stammt, greift also

---

[1] *Kropff* AktG 1965, S 322. Zur Geschichte der Kapitalherabsetzung im Allgemeinen s Vor § 222, 72 ff.

[2] Art 2 Nr 46 des Gesetzes zur Durchführung der Vierten, Siebenten und Achten Richtlinie des Rates der Europäischen Gemeinschaften zur Koordinierung des Gesellschaftsrechts – Bilanzrichtlinien-Gesetz – v 19.12.1985, BGBl I 2355.

[3] Art 47 Nr 8 des Einführungsgesetzes zur Insolvenzordnung (EGInsO) v 5.10.1994, BGBl I 2911, in Kraft getreten zum 1.1.1999.

[4] Art 9 Nr 11 des Gesetzes über das elektronische Handelsregister und Genossenschaftsregister sowie das Unternehmensregister (EHUG) v 10.11.2006, BGBl I 2553.

auch dann ein, wenn er nicht durch die Kapitalherabsetzung entstanden oder rechnerisch möglich geworden ist, sondern erst später entstanden ist[5]. Aus § 233 ergibt sich eine dreifache Beschränkung der Gewinnausschüttung: (1) Unzulässig ist nach Abs 1 eine Ausschüttung, ehe die Kapitalrücklage und gesetzliche Rücklage zusammen 10 % des nach § 233 Abs 1 S 2 maßgebenden Grundkapitals betragen. (2) Werden die Rücklagen bereits in den ersten beiden Jahren nach der Kapitalherabsetzung auf diesen Wert aufgefüllt, beschränkt Abs 2 die Ausschüttung auf 4 %, es sei denn, dass die Gesellschaft bestimmte Gläubigerschutzbestimmungen erfüllt, die inhaltlich den Vorgaben des § 225 entsprechen. Mit dieser Regelung gibt der Gesetzgeber zu erkennen, dass er im Falle der Ausschüttung von über 4 % davon ausgeht, dass tatsächlich kein Sanierungsfall vorlag und daher an sich die Gläubigerschutzvorschriften der ordentlichen Kapitalherabsetzung anzuwenden gewesen wären[6]. (3) Abs 3 stellt klar, dass neben den in Abs 1 und 2 enthaltenen Gläubigerschutzbestimmungen § 230 gilt, der bestimmt, dass die aus der Kapitalherabsetzung und der Auflösung der Rücklagen gewonnenen Beträge nicht zu Zahlungen an die Aktionäre, auch nicht in Form von Gewinnen, verwendet werden dürfen. Die Vorschrift stellt einen Kompromiss zwischen den Interessen der Gläubiger und denen der Aktionäre dar[7]: Da die Gläubiger nicht in den Genuss des umfangreichen Schutzes des § 225 kommen, müssen die Aktionäre eine Beschränkung der Gewinnzahlungen hinnehmen. Sie stehen sich damit aber immer noch besser als ohne die Kapitalherabsetzung, denn diese ermöglicht einen Jahresüberschuss, der ohne die Reduktion des Grundkapitals nicht oder nicht in dieser Höhe entstanden wäre.

III. Das Verbot der Gewinnausschüttung vor Auffüllung der Rücklagen (Abs 1)

1. Inhalt des Verbots (S 1)

Gewinn darf erst ausgeschüttet werden, wenn die Kapitalrücklage und die gesetzliche Rücklage wieder auf zusammen 10 % des Grundkapitals aufgefüllt worden sind; als Grundkapital gilt dabei der Nennbetrag, der sich durch die Herabsetzung ergibt, mindestens aber der in § 7 (bzw bei der SE der in Art 4 Abs 2 SE-VO) bestimmte Mindestbetrag. Die **zwingende Ausschüttungssperre** des § 233 Abs 1 will im Interesse der Gläubiger dafür sorgen, dass die gesetzliche Rücklage möglichst bald wieder auf die nach § 150 Abs 2 anzustrebende Höhe gebracht wird. **3**

Mit Gewinnausschüttung ist jede Zahlung der Gesellschaft an ihre Gesellschafter gemeint, denen keine Gegenleistung gegenübersteht[8]. Von der Beschränkung der Zahlung des Gewinnanteils nach Abs 1 wie nach Abs 2 sind dementsprechend nur **Zahlungen an Aktionäre als Gewinn auf ihre Aktien** betroffen, nicht dagegen Zahlungen an Inhaber von Schuldverschreibungen oder sonstige Beteiligte am Gewinn (zB stille Gesellschafter), mögen die Zahlungen auch in einem Anteil am Reingewinn bestehen. Das gleiche gilt in Bezug auf Genussrechte[9], soweit sie an den *festgestellten* Gewinn der Gesellschaft gekoppelt sind. Richten sie sich dagegen nach dem *ausgeschütteten* Gewinn, werden die Genussrechte faktisch von dem Verbot des Absatzes 1 erfasst[10]. **4**

---

[5] KK/*Lutter*² 3.
[6] MK/*Oechsler*² 2.
[7] KK/*Lutter*² 3.
[8] MK/*Oechsler*² 5.
[9] Enger noch *Schilling* Voraufl 4, der aktienähnliche Genussscheine ausnahm.
[10] *Hüffer*⁹ 3; KK/*Lutter*² 8.

5 Das Verbot erfasst auch die vertragliche Pflicht zur Gewinnabführung aufgrund eines **Gewinnabführungsvertrags**[11]. Hieran ändert auch der Umstand nichts, dass der aus dem Gewinnabführungsvertrag Berechtigte den Pflichten zur Rücklagenbildung und Verlustübernahme nach §§ 300 Abs 1 Nr 1, 302 unterliegt[12]. Denn die Vorschrift des § 300 Abs 1 Nr 1 ersetzt allein die Vorschrift des § 150 Abs 2. Da § 233 Abs 1 aber § 150 Abs 2 vorgeht, muss dies auch im Verhältnis zu § 300 gelten. Zudem stellt § 233 nicht auf das Ausmaß der Gläubigergefährdung ab, so dass es gerade nicht darauf ankommen kann, dass die Gläubiger bei einem Gewinnabführungsvertrag nicht gefährdet werden[13]. Nicht dem Abs 1 unterliegen dagegen **Gewinngemeinschaften** (§ 292 Abs 1 Nr 1) und **Teilgewinnabführungsverträge** (§ 292 Abs 1 Nr 2), sofern die Gesellschaft aufgrund dieses Vertrags eine angemessene Gegenleistung erhält[14]. Die Vorschrift verbietet allein der Gesellschaft, Zahlungen an ihre Gesellschafter zu leisten; sie erfasst daher keine **Zahlungen** an die Gesellschafter, die **von dritter Seite** erfolgen (zB Zahlungen des herrschenden Unternehmens aufgrund einer Dividendengarantie nach § 304 Abs 2 S 2)[15].

6 Auf welche Weise die 10 %-Schwelle erreicht wird, ist gleichgültig. Die Bestimmung des § 231 S 3, dass nach der Kapitalherabsetzung in die Kapitalrücklage eingestellte Beträge bei der Bemessung der zulässigen Höhe außer Betracht bleiben, ist im Falle des § 233 Abs 1 nicht anwendbar.

7 § 233 Abs 1 sagt nur, dass Gewinn nicht ausgeschüttet werden darf, bevor die gesetzliche Rücklage und die Kapitalrücklage zusammen 10 % des Grundkapitals erreicht haben. Damit ist nicht gesagt, dass aller Reingewinn diesen **Rücklagen zugeführt werden muss**, bis die Grenze überschritten ist. Unterbleibt eine Zuführung an sich vorhandener Gewinne (zB, indem der Gewinn in die Gewinnrücklagen eingestellt, zu einer Kapitalerhöhung aus Gesellschaftsmitteln genutzt oder auf neue Rechnung vorgetragen wird), wird die Zulässigkeit der Gewinnausschüttung an die Aktionäre faktisch auf ein späteres Jahr verschoben[16].

8 Das Verbot der Gewinnzahlung des Abs 1 gilt **ohne Ausnahme**. Es ist auch nicht, wie im Falle des Abs 2 eine Befreiung dadurch möglich, dass den Gesellschaftsgläubigern Befriedigung oder Sicherheit gewährt wird[17]. Es wirkt deshalb auch zugunsten derjenigen Personen, die erst nach der Kapitalherabsetzung Gläubiger der Gesellschaft geworden sind.

2. Beginn und Ende des Verbots

9 Hier wie im Falle des Abs 2 muss eine Kapitalherabsetzung erfolgen, dh sie muss im Sinne des § 224 durch Eintragung des Herabsetzungsbeschlusses **wirksam** geworden sein[18]. Eine bloße Auflösung der Rücklagen nach § 229 Abs 2 als Vorbereitung der Kapitalherabsetzung genügt noch nicht. Andererseits kommt es auch nicht darauf an, ob die Kapitalherabsetzung bereits durchgeführt worden ist. Nach dem maßgebenden Zeitpunkt des Wirksamwerdens kann eine Gewinnausschüttung weder wirksam beschlossen, noch darf sie ausgeführt werden. **War die Ausschüttung schon** vor dem Beschluss über

---

11 *Godin/Wilhelmi*[4] 3; KK/*Lutter*[2] 9; *Hefermehl* in Geßler/Hefermehl 9; *Hüffer*[9] 3.

12 Anders aber MünchHdBAG-*Krieger*[3] § 61, 30; MK/*Oechsler*[2] 6; *Geißler* NZG 2000, 719, 723.

13 So aber MK/*Oechsler*[2] 6.

14 KK/*Lutter*[2] 9; MK/*Oechsler*[2] 5.

15 RGZ 147, 42; *Hüffer*[9] 3; KK/*Lutter*[2] 18; MünchHdBAG-*Krieger*[3] § 61, 30.

16 *Hüffer*[9] 2; KK/*Lutter*[2] 6; MK/*Oechsler*[2] 9.

17 Baumbach/*Hueck*[13] 2; *Hüffer*[9] 2; KK/*Lutter*[2] 10; MK/*Oechsler*[2] 12.

18 *Godin/Wilhelmi*[4] 2; KK/*Lutter*[2] 7; MK/*Oechsler*[2] 10.

die Kapitalherabsetzung ordnungsgemäß **beschlossen**, so darf und muss die Zahlung auch noch nachher ausgeführt werden. Denn mit der Fassung des nicht an eine Bedingung geknüpften Gewinnverteilungsbeschlusses hat der Aktionär bereits einen unentziehbaren Anspruch auf den Gewinnanteil erworben. Der Anspruch ist zu einem gewöhnlichen Gläubigerrecht geworden und damit aus der Herrschaftsmacht der Gesellschaft ausgeschieden[19]. Wird die Gewinnausschüttung **zwischen Fassung des Herabsetzungsbeschlusses und seiner Eintragung** bzw bei der bedingten Kapitalherabsetzung bis zum Eintritt der Bedingung beschlossen, liegt uU kein Sanierungsfall und damit ein Verstoß gegen § 229 Abs 1 vor, so dass der Kapitalherabsetzungsbeschluss anfechtbar ist. Der Vorstand ist in einem solchen Fall verpflichtet, den Beschluss anzufechten, denn er muss die Rechtmäßigkeit des Handelns der Gesellschaft sicherstellen. Unterbleibt die Anfechtung, kann die Rechtwidrigkeit der Kapitalherabsetzung nicht mehr geltend gemacht werden[20]; der Vorstand begeht allerdings eine Pflichtverletzung. Davon zu trennen ist die Anschlussfrage, ob die zwischen der Kapitalherabsetzung und deren Eintragung beschlossene Ausschüttung rechtmäßig ist. Eine Anfechtbarkeit des Gewinnverwendungsbeschlusses wird man nicht annehmen können, weil Abs 1 – anders als Abs 2 – das Verbot gerade nicht ausdrücklich ab dem Zeitpunkt der Beschlussfassung über die Kapitalherabsetzung aufstellt und damit als Wirksamkeitszeitpunkt nur die Eintragung der Kapitalherabsetzung verbleibt, weshalb auch kein Umgehungsfall vorliegt[21].

Das Verbot des Absatzes 1 **endet**, sobald die Rücklagen die vorgeschriebene Höhe **10**
erlangt haben. Dabei ist es ausreichend, wenn sie den Schwellenwert von 10 % **gleichzeitig** mit dem entsprechenden Gewinnverwendungsbeschluss erreichen[22]. Sinken die Rücklagen später wieder unter den gesetzlichen Wert, **lebt das Verbot des Absatzes 1 nicht wieder auf**[23].

3. Berechnung der Quote

Mit der Kapitalrücklage und der gesetzlichen Rücklage sind die Bilanzposten des **11**
§ 266 Abs 3 A II, III Nr 1 HGB gemeint. Der Begriff der Kapitalrücklage umfasst alle vier Arten der in § 272 Abs 2 HGB genannten Rücklagen. Insoweit erweist sich der Wortlaut der Vorschrift jedoch als unscharf. Sie dient der Auffüllung der nach § 150 Abs 2 genannten Rücklagen. Dort sind jedoch Zuzahlungen, die die Gesellschafter auf das Eigenkapital leisten (§ 272 Abs 2 Nr 4 HGB), nicht erfasst, so dass folglich Gleiches auch für § 233 Abs 1 gelten muss[24]. Da die Regelung des § 233 **zwingend** ist, kann die Satzung die Quote von 10 % weder herauf- noch herabsetzen[25]. Sieht allerdings die **Satzung** nach § 150 Abs 2 vor, dass die Einstellungen in die Kapitalrücklage und gesetzliche Rücklage aus dem Reingewinn gemacht werden müssen, bis ein höherer Wert als 10 % des Grundkapitals erreicht ist, so ist diese Vorgabe der Satzung zu beachten. Sie stellt in der Sache keine Änderung der Quote aus § 233 Abs 1 dar, sondern bildet eine zusätzliche, aufgrund von § 150 Abs 2 zu beachtende Schranke der Gewinnausschüttung[26]. Wäre eine solche Satzungsbestimmung auf Dauer unbeachtlich[27], könnte die Gesellschaft

---

19 RGZ 22, 113 f; 37, 62, 64; KK/*Lutter*[2] 7.
20 MK/*Oechsler*[2] 10.
21 MK/*Oechsler*[2] 10; aA KK/*Lutter*[2] 7; *Hüffer*[9] 5; MünchHdBAG-*Krieger*[3] § 61, 31; Spindler-Stilz/*Marsch-Barner*[2] 8, die im Einzelfall eine Nichtigkeit wegen Gesetzesumgehung annehmen.
22 KK/*Lutter*[2] 5.
23 *Hüffer*[9] 5; KK/*Lutter*[2] 5; MK/*Oechsler*[2] 11.
24 *Hüffer*[9] 4; MK/*Oechsler*[2] 7.
25 MK/*Oechsler*[2] 8; Spindler-Stilz/*Marsch-Barner*[2] 7.
26 AA *Schilling* Voraufl 2.
27 So ausdrücklich *Hüffer*[9] 4.

nach einer vereinfachten Kapitalherabsetzung nie mehr von der in § 150 Abs 2 eröffneten Satzungsregelung Gebrauch machen bzw müsste die höhere Rücklagendotierung erneut als Satzungsänderung beschließen. Dies wäre mit dem ausdrücklichen Wortlaut unvereinbar bzw stellte einen unnötigen Formalismus dar.

12 Die Vorschrift des Satzes 2 stimmt mit § 231 S 2 überein (s § 231, 6 f). Es kommt nur auf die Grundkapitalziffer an, die sich aufgrund der Kapitalherabsetzung ergibt. Weder eine gleichzeitige noch eine spätere Kapitalerhöhung kommt für die Anwendung des § 233 Abs 1 in Betracht. Jedoch kann die Kapitalerhöhung insofern von Bedeutung sein, als sich künftig nach dem erhöhten Kapital die gesetzlich oder satzungsmäßig vorgeschriebenen Rücklagen aus dem jährlichen Reingewinn bestimmen (§ 150 Abs 2). Die Auffüllung muss mindestens auf 10 % des in § 7 bestimmten gesetzlichen Mindestnennbetrags erfolgen. Ob das für die Bemessung der Rücklage maßgebende Grundkapital im Zeitpunkt der Ausschüttung bereits einbezahlt war, ist für die Wirksamkeit des Verbotes unerheblich.

IV. Die Begrenzung der Gewinnausschüttung (Abs 2)

1. Umfang der Begrenzung

13 Abs 2 verbietet die Zahlung eines Gewinnanteils von mehr als 4 % für das Jahr, in dem die Kapitalherabsetzung beschlossen wird, und für die beiden folgenden Geschäftsjahre. Hat die Gesellschaft mehr als 4 % Gewinn erzielt, ist der darüber hinausgehende Betrag in die Gewinnrücklage einzustellen (vgl § 58 Abs 2 und 3)[28]. **Anknüpfungspunkt für die Berechnung** des Prozentsatzes ist **die Grundkapitalziffer**. Maßgebend ist dabei die Höhe des Grundkapitals in dem jeweiligen Geschäftsjahr und nicht nur das Grundkapital, wie es sich durch die Kapitalherabsetzung ergibt[29]; insofern unterscheidet sich Abs 2 von Abs 1. Es sind also auch etwaige nachfolgende Kapitalerhöhungen bei Berechnung der jeweils zulässigen Dividende zu berücksichtigen. Dadurch erhöht sich das Maß möglicher Ausschüttungen. Dies ist konsequent, denn die Vorschrift will den Gläubigerschutz stärken und gleichzeitig die Aktionäre nicht über Gebühr einschränken. Durch die nachfolgende Kapitalerhöhung wird die wirtschaftliche Basis der Gesellschaft und damit der Gläubigerschutz verbessert, so dass parallel dazu auch die Aktionäre in den Genuss einer etwas höheren Ausschüttung kommen dürfen[30].

14 Durch die Anknüpfung an die Grundkapitalziffer ist es unerheblich, ob auf einzelne Aktien mehr als 4 % entfällt (Vorzugsaktien, vgl § 139), auf andere weniger. Denn die Vorschrift will nur größere Ausschüttungen zum Nachteil der Gläubiger verhüten, so dass es gleichgültig ist, wie der insgesamt auszuschüttende Gewinn auf die verschiedenen Aktiengattungen verteilt wird[31]. Die Beschränkung gilt auch für den Gläubiger eines Gewinnabführungsvertrags (s o 5)[32].

---

28 KK/*Lutter*² 15.
29 MK/*Oechsler*² 13; Spindler-Stilz/*Marsch-Barner*² 10.
30 MK/*Oechsler*² 13; KK/*Lutter*² 11.
31 MK/*Oechsler*² 14; Spindler-Stilz/*Marsch-Barner*² 10.
32 KK/*Lutter*² 11.

2. Dauer der Begrenzung

Die Ausschüttungsbeschränkung gilt für das im Zeitpunkt der Beschlussfassung gerade laufende und die beiden folgenden Geschäftsjahre. Wurde die Kapitalherabsetzung beispielsweise 2008 beschlossen, greift die Begrenzung für die Jahre 2008, 2009 und 2010 ein, so dass erst 2011 wieder ein Gewinn von über 4 % ausgeschüttet werden darf. Dies gilt unabhängig davon, ob der Kapitalherabsetzung nach §§ 234, 235 eine Rückwirkung zukommt oder nicht[33]. Maßgebend ist die zur Zeit der Fassung des Kapitalherabsetzungsbeschlusses geltende Festlegung des Geschäftsjahres. Eine Änderung des Geschäftsjahres nach der Fassung des Herabsetzungsbeschlusses kann daran nichts mehr ändern, mag die Änderung aus sachlichen Gründen oder deshalb geschehen sein, um die Vorschrift des Abs 2 zu umgehen. 15

3. Beginn der Begrenzung

Für die Ermittlung der drei Geschäftsjahre, in denen Ausschüttungen beschränkt sind, ist der Zeitpunkt der Fassung des Kapitalherabsetzungsbeschlusses ausschlaggebend und nicht der Tag, an dem er nach § 224 wirksam geworden ist[34]. Dieser Tag ist aber deshalb von Bedeutung, weil ohne Wirksamkeit des Beschlusses die Beschränkung überhaupt nicht eingreifen kann. Beide Zeitpunkte dürften regelmäßig in dasselbe Geschäftsjahr fallen. Ist dies ausnahmsweise einmal nicht der Fall, kommt es nach dem Wortlaut auf den Zeitpunkt des Beschlusses an, wie folgendes Beispiel verdeutlicht: Wurde der Kapitalherabsetzungsbeschluss am Ende des Geschäftsjahres 2008 gefasst und Anfang des Geschäftsjahres 2009 eingetragen, greift die Ausschüttungsbegrenzung für die Geschäftsjahre 2008, 2009 und 2010. 16

Wurde die Kapitalherabsetzung eingetragen und ist damit wirksam, erfasst die Ausschüttungsbegrenzung **fortan alle Zahlungen** an die Aktionäre, gleichgültig, wann der zugrundeliegende Gewinnverwendungsbeschluss gefasst wurde. Hat die Gesellschaft also vor der Kapitalherabsetzung einen Gewinnverwendungsbeschluss gefasst, der noch nicht ausgeführt wurde, bewirkt § 233 Abs 2 S 1, dass der Vorstand nun bei der Ausführung dieses Beschlusses an die Begrenzung auf 4 % gebunden ist. Die Vorschrift entfaltet eine rechtsgestaltende Wirkung, die den bereits entstandenen, aber noch nicht erfüllten Anspruch des Aktionärs der Höhe nach begrenzt[35]. Da die Vorschrift nur *Zahlungen* verbietet, gilt sie nicht für bereits erfüllte Ansprüche. Eine Rückforderung von Dividenden, die im laufenden Geschäftsjahr bereits *vor* dem Kapitalherabsetzungsbeschluss ausgeschüttet worden sind, ist daher nicht möglich. 17

Kontrovers wird die Frage diskutiert, ob die Ausschüttungsbegrenzung auch für Dividenden gilt, die die Gesellschaft **zwischen der Beschlussfassung über die Kapitalherabsetzung und deren Wirksamwerden** beschließt *und* auszahlt. *Schilling* erstreckt sie auch auf diesen Fall, weil eine solche Gewinnausschüttung gegen den Zweck der Kapitalherabsetzung verstoße. Sobald der Herabsetzungsbeschluss gefasst sei, müssten dem Abs 2 zuwiderlaufende Gewinnausschüttungen unterbleiben[36]. Die herrschende Gegenansicht[37] 18

---

[33] *Hüffer*[9] 7; KK/*Lutter*[2] 12; Spindler-Stilz/*Marsch-Barner*[2] 11.

[34] *Hüffer*[9] 7; KK/*Lutter*[2] 12; Spindler-Stilz/*Marsch-Barner*[2] 11.

[35] KK/*Lutter*[2] 13; *Hüffer*[9] 7; MK/*Oechsler*[2] 15; MünchHdBAG-*Krieger*[3] § 61, 33; Spindler-Stilz/*Marsch-Barner*[2] 11.

[36] *Schilling* Voraufl 7.

[37] *Godin/Wilhelmi*[4] 6; KK/*Lutter*[2] 13; *Hüffer*[9] 7; MK/*Oechsler*[2] 15; MünchHdBAG-*Krieger*[3] § 61, 33; Spindler-Stilz/*Marsch-Barner*[2] 11.

meint, die Gesellschaft sei berechtigt, auch nach Fassung des Kapitalherabsetzungsbeschlusses eine höhere Dividende zu beschließen und auszuzahlen, solange die Kapitalherabsetzung noch nicht eingetragen und damit wirksam sei. Denn § 233 Abs 2 S 1 greife erst mit dem Wirksamwerden ein, so dass zuvor erfolgte Zahlungen nicht mehr berührt würden. Zunächst ist festzustellen, dass diese Diskussion ein wenig praxisfern anmutet, denn die vereinfachte Kapitalherabsetzung erfolgt regelmäßig in einer Situation, in der die wirtschaftliche Lage der Gesellschaft so schlecht ist, dass sich die Frage nach einer höheren Gewinnausschüttung nicht stellt. Wird dennoch eine solche beschlossen, dürfte der Kapitalherabsetzungsbeschluss anfechtbar sein, weil kein Sanierungsfall vorlag (s o 9).

19 Sieht man hiervon jedoch einmal ab, stößt man auf einen recht eindeutigen Wortlaut der Vorschrift. Sie stellt gerade nicht auf den Zeitpunkt ab, in dem die Kapitalherabsetzung wirksam wird, sondern auf denjenigen, in dem die Kapitalherabsetzung beschlossen wurde[38]. Diese Wortwahl macht nur Sinn, wenn der Gesetzgeber nach einem Hauptversammlungsbeschluss über die Kapitalherabsetzung jede Ausschüttung über 4 % bereits für das laufende Geschäftsjahr unterbinden wollte. Die Gegenansicht hätte zur Folge, dass die Gewinnbeschränkung nur für zwei Geschäftsjahre gelten würde, wenn die Gesellschaft sich entsprechend „geschickt" verhält und noch rasch vor der Anmeldung der Kapitalherabsetzung Zahlungen beschließt und ausführt. Mit dem bezweckten Gläubigerschutz ist dies nicht vereinbar. Es ist dem Vorstand daher ab dem Moment des Kapitalherabsetzungsbeschlusses auch für das laufende Geschäftsjahr untersagt, Dividenden von mehr als 4 % auszuzahlen, selbst wenn die beschlossene Kapitalherabsetzung noch nicht eingetragen und damit wirksam ist. Die Pflicht, Auszahlungen über 4 % zu unterlassen, geht Hand in Hand mit der Verpflichtung, rasch für die Eintragung der Kapitalherabsetzung zu sorgen (s o § 223, 8), so dass die Kapitalherabsetzung auch schnell wirksam wird und die in 16 f beschriebene rechtsgestaltende Wirkung eintritt. Für die kurze Zeitspanne zwischen Kapitalherabsetzung und seiner Eintragung ist der Auszahlungsanspruch aufgrund von § 233 Abs 2 S 1 **gesetzlich gehemmt**. Nur für den Fall, dass die Kapitalherabsetzung fehlerhaft ist und die Eintragung daher später endgültig abgelehnt wird, dürfte der Vorstand für das laufende Geschäftsjahr auch höhere Dividenden auszahlen, da die Hemmung in diesem Fall endet. Im Ergebnis kommt § 233 Abs 2 S 1 damit eine rechtshemmende (ab dem Kapitalherabsetzungsbeschluss) und eine rechtsgestaltende Funktion (mit Eintragung des Kapitalherabsetzungsbeschlusses) zu. Missachtet die Verwaltung diese Vorgaben, sind die zu viel gezahlten Dividenden von den Aktionären nach § 62 zurückzuzahlen. Soweit bereits ausgezahlte Dividenden wegen § 62 Abs 1 S 2 nicht zurückgefordert werden können oder aus tatsächlichen Gründen uneinbringlich sind, haftet die Verwaltung nach §§ 93, 116.

4. Ausnahme von der Begrenzung (Abs 2 S 2 bis 4)

20 Die Gewinnbeschränkung des Absatzes 2 gilt nicht, wenn die Gläubiger, deren Forderungen vor der Bekanntmachung der Eintragung des Beschlusses begründet worden waren, befriedigt oder sichergestellt sind, soweit sie sich binnen sechs Monaten nach der Bekanntmachung des Jahresabschlusses, aufgrund dessen die Gewinnverteilung beschlossen worden ist, zu diesem Zwecke gemeldet haben (Abs 2 S 2). Da die Vorschrift dem Schutze der Gläubiger dient, besteht ein Grund für die Gewinnbeschränkung nicht, wenn

---

[38] Dies erkennen auch die Vertreter der Gegenansicht noch an.

die Gläubiger befriedigt oder sichergestellt sind. Das Gesetz befreit deshalb die Gesellschaft von der Gewinnbeschränkung, wenn die Befriedigung oder Sicherstellung der Gläubiger in ähnlicher Weise erfolgt, wie sie für die ordentliche Kapitalherabsetzung vorgeschrieben sind. Das Gesetz schließt sich dabei an die entsprechenden Vorschriften des § 225 an (zu Einzelheiten s dort). Wie bei der ordentlichen Kapitalherabsetzung sind die Gläubiger auf das Recht, Befriedigung oder Sicherstellung zu verlangen, hinzuweisen; der Hinweis hat in der Bekanntmachung des Jahresabschlusses durch den Vorstand zu erfolgen (§ 325 Abs 2 HGB, 233 Abs 2 S 4).

Macht die Gesellschaft von der Ausnahme des Abs 2 S 2 Gebrauch, so kann sie sofort **21** die Verteilung eines höheren Gewinns als 4 % beschließen. Sie darf jedoch den Gewinn, soweit er 4 % übersteigt, erst an die Aktionäre auszahlen, wenn die Meldefrist abgelaufen ist, und die Gläubiger, die sich rechtzeitig gemeldet haben, befriedigt oder sichergestellt sind. Den Teil des Gewinns, der 4 % nicht übersteigt, darf die Gesellschaft sofort ausschütten.

Einer Sicherstellung solcher Gläubiger bedarf es nicht, die im Falle einer Insolvenz ein **22** Recht auf vorzugsweise Befriedigung aus einer nach gesetzlicher Vorschrift zu ihrem Schutz errichteten und staatlich überwachten Deckungsmasse haben (Abs 2 S 3). Die Vorschrift stimmt mit § 225 Abs 1 S 3 überein (s § 225, 42 ff).

V. Das Ausschüttungsverbot des Abs 3 iVm § 230 S 1

Die Beträge, die aus der Auflösung Kapitalrücklage oder der gesetzlichen Rücklage **23** und aus der Kapitalherabsetzung gewonnen wurden, dürfen auch nach § 233 Abs 1 und Abs 2 nicht als Gewinn ausgeschüttet werden (Abs 3 iVm § 230 S 1). Die Vorschrift bringt die selbstständige Geltung der Vorschriften der Absätze 1 und 2 einerseits und des § 230 andererseits zum Ausdruck. Diese Vorschriften gelten nebeneinander. Auch wenn die Gewinnbeschränkungen der Absätze 1 und 2 nicht mehr bestehen, weil die Rücklagen aufgefüllt und seit der Kapitalherabsetzung drei Jahre vergangen sind, gilt das Verbot der Verwendung der Beträge aus der Auflösung der Rücklagen und aus der Kapitalherabsetzung zu Zahlungen an die Aktionäre oder deren Befreiung von der Einlagepflicht weiter.

VI. Rechtsfolgen eines Verstoßes

Da die Vorschrift dem Schutz der Gesellschaftsgläubiger dient, sind Hauptversamm- **24** lungsbeschlüsse, die entgegen den Vorschriften der Abs 1 und 2 die Ausschüttung von Gewinn oder entgegen Abs 3 die Verwendung der Beträge aus der Auflösung der Rücklagen und aus der Kapitalherabsetzung anordnen, nichtig (§ 241 Nr 3)[39]. Ein auf einem solchen Jahresabschluss beruhender Gewinnverwendungsbeschluss ist nach § 253 Abs 1 nichtig[40]. Die Mitglieder der Verwaltung, die solche Zahlungen anordnen oder zulassen, haften nach §§ 93, 116. Die Aktionäre, die die Zahlungen erlangt haben, sind im Rahmen des § 62 zur Erstattung verpflichtet[41].

---

[39] KK/*Lutter*[2] 17; MK/*Oechsler*[2] 9, 16; MünchHdBAG-*Krieger*[3] § 61, 35.

[40] KK/*Lutter*[2] 17; MK/*Oechsler*[2] 9, 16.

[41] KK/*Lutter*[2] 17; MK/*Oechsler*[2] 9, 16.

§ 234
Rückwirkung der Kapitalherabsetzung

(1) Im Jahresabschluß für das letzte vor der Beschlußfassung über die Kapitalherabsetzung abgelaufene Geschäftsjahr können das gezeichnete Kapital sowie die Kapital- und Gewinnrücklagen in der Höhe ausgewiesen werden, in der sie nach der Kapitalherabsetzung bestehen sollen.

(2) [1]In diesem Fall beschließt die Hauptversammlung über die Feststellung des Jahresabschlusses. [2]Der Beschluß soll zugleich mit dem Beschluß über die Kapitalherabsetzung gefaßt werden.

(3) [1]Die Beschlüsse sind nichtig, wenn der Beschluß über die Kapitalherabsetzung nicht binnen drei Monaten nach der Beschlußfassung in das Handelsregister eingetragen worden ist. [2]Der Lauf der Frist ist gehemmt, solange eine Anfechtungs- oder Nichtigkeitsklage rechtshängig ist.

Übersicht

Schrifttum

Vgl die Schrifttumsnachweise Vor § 222 und bei § 229.

I. Gesetzesgeschichte

1 § 234 stimmt, von sprachlichen Änderungen abgesehen, mit § 188 AktG 1937 überein. § 188 Abs 2 S 3 wurde als überflüssig gestrichen, da es als selbstverständlich galt, dass das Verfahren zur Aufstellung und Feststellung des Jahresabschlusses auch im Falle des § 234 gilt[1]. Das BiRiLiG hat eine sprachliche Anpassung vorgenommen, indem die Begriffe „Grundkapital" durch „gezeichnetes Kapital" und „offene Rücklagen" durch „Kapital- und Gewinnrücklagen" ersetzt wurden[2]. Mit dem ARUG[3] änderte der Gesetz-

[1] *Kropff* AktG 1965, S 323. Zur Geschichte der Kapitalherabsetzung im Allgemeinen s Vor § 222, 72 ff.

[2] Art 2 Nr 47 des Gesetzes zur Durchführung der Vierten, Siebenten und Achten Richtlinie des Rates der Europäischen Gemeinschaften zur Koordinierung des Gesellschaftsrechts – Bilanzrichtlinien-Gesetz – v 19.12.1985, BGBl I 2355.

[3] Art 1 Nr 34c des Gesetzes zur Umsetzung der Aktionärsrichtlinie (ARUG) v 30.7.2009, BGBl I 2479.

geber Abs 3 S 2, indem er die Worte „oder eine zur Kapitalherabsetzung beantragte staatliche Genehmigung noch nicht erteilt ist“ strich (zu den Gründen der Änderung s § 228, 2; zu ihren übrigen Rechtsfolgen s § 222, 65).

II. Zweck und Reichweite der Vorschrift

2 Die Vorschriften der §§ 234 bis 236 regeln die Rückwirkung der vereinfachten Kapitalherabsetzung auf einen vor der Beschlussfassung liegenden Zeitpunkt. Grundsätzlich kann eine Veränderung der Grundkapitalziffer, sei es durch Erhöhung, sei es durch Herabsetzung des Grundkapitals nur in die Zukunft, nicht in die Vergangenheit wirken. Nach Einführung der Kapitalherabsetzung in erleichterter Form (s § 229, 1) empfand die Praxis es als störend, dass – trotz der beschlossenen Kapitalherabsetzung – die Bilanz des letzten Geschäftsjahres unter Zugrundelegung der früheren höheren Kapitalziffer aufgestellt werden musste. Dies hatte zur Folge, dass eine durch die Kapitalherabsetzung bereits erfolgte Sanierung nicht in den Jahresabschluss einfloss. Vielmehr wurde die gerade beseitigte Unterbilanz durch Veröffentlichung der letzten Bilanz noch offenbart; dies wiederum **schmälerte – trotz der erfolgreichen Sanierung – den Kredit der Gesellschaft.** Deshalb erschien es sinnvoll, eine gleichzeitig mit der Kapitalherabsetzung beschlossene Kapitalerhöhung in der Bilanz des letzten Jahres zu berücksichtigen. Diesem Bedürfnis nach Rückwirkung tragen die §§ 234, 235 Rechnung. Sie stellen damit eine Durchbrechung des Stichtagsprinzips (§ 252 Abs 1 Nr 3 HGB) dar. Die §§ 236 und 240 begegnen den Gefahren, die für die Gesellschaft und für Gläubiger sowie potentielle Aktionäre mit dieser ausnahmsweise zulässigen Art der Bilanzierung verbunden sind.

3 Da es sich um eine **Ausnahmevorschrift** handelt, gilt sie nur für die vereinfachte Kapitalherabsetzung; sie ist nicht auszudehnen auf die ordentliche Kapitalherabsetzung oder die Kapitalherabsetzung durch Einziehung von Aktien, auch wenn diese nicht zu einer Rückzahlung der Einlagen führen[4]. Es steht der Anwendung der Vorschrift nicht entgegen, dass das Unternehmen im abgelaufenen Geschäftsjahr noch in der Rechtsform der GmbH organisiert war[5].

III. Die Rückwirkung (Abs 1)

1. Rückwirkung für das letzte Geschäftsjahr

4 Die Rückwirkung der Kapitalherabsetzung kann nur in Bezug auf den Jahresabschluss beschlossen werden, der das letzte vor der Beschlussfassung über die Kapitalherabsetzung abgelaufene Geschäftsjahr betrifft. Eine Rückwirkung auf ein noch weiter zurückliegendes Geschäftsjahr ist nicht möglich[6].

2. Von der Rückwirkung betroffene Bilanzposten

5 Die rückwirkende Bilanzierung ist nur für die Bilanzposten „Gezeichnetes Kapital“ (§ 266 Abs 3 A I HGB) und die Kapital- und Gewinnrücklagen (§ 266 Abs 3 A II, III

---

4 Spindler-Stilz/*Marsch-Barner*[2] 4; MK/*Oechsler*[2] 3.

5 *K Schmidt* AG 1985, 150, 156 f; Münch-HdBAG-*Krieger*[3] § 61, 36; Hüffer[9] 2 aE.

6 KK/*Lutter*[2] 21; MK/*Oechsler*[2] 5; *Reger/Stenzel* NZG 2009, 1210, 1212.

HGB) zulässig. Für alle übrigen Bilanzpositionen verbleibt es beim Stichtagsprinzip des § 252 Abs 1 Nr 3 HGB[7].

3. Rückwirkung nur für den Jahresabschluss

6 Die Vorschrift enthält nur eine Ausnahmeregelung im Hinblick auf den Jahresabschluss. Sie regelt dagegen **nicht die Wirksamkeit der Kapitalherabsetzung**, so dass diese erst gem §§ 229 Abs 3, 224 mit Eintragung in das Handelsregister wirksam wird[8]. Dies ist namentlich für das Stimmrecht der Aktionäre von Bedeutung.

4. Befugnis der Hauptversammlung

7 § 234 Abs 1 gibt der Gesellschaft nur die Befugnis, im Jahresabschluss für das letzte vor der Beschlussfassung über die Kapitalherabsetzung abgelaufene Geschäftsjahr Grundkapital und Rücklagen in der Höhe auszuweisen, wie sie nach der Kapitalherabsetzung bestehen sollen. Eine **Verpflichtung**, in dieser Weise zu verfahren, **besteht nicht**[9]. Auch stellt das Gesetz nicht auf die Voraussetzung ab, dass der Verlust in dem Jahr entstanden sein muss, auf das sich die Rückwirkung bezieht. Aus diesen beiden Aspekten ergeben sich folgende Konsequenzen: (1) Die Gesellschaft kann von der Rückwirkung absehen, wenn es ihr zweckmäßig erscheint, die Feststellung des Jahresabschlusses und damit auch eine evtl Gewinnverteilung für das letzte abgelaufene Geschäftsjahr noch unter Zugrundelegung des bisherigen Grundkapitals vorzunehmen (zB wenn der Verlust erst durch ein Ereignis im laufenden Jahr eingetreten ist). Denn auch wenn eine vereinfachte Kapitalherabsetzung im laufenden Geschäftsjahr beabsichtigt ist, bleibt eine Gewinnverteilung für das vergangene Geschäftsjahr noch möglich (beachte aber die Ausschüttungssperre des § 233 Abs 2 S 1, § 233, 13 ff), sofern sich trotz Wertminderungen und Verlusten, die durch die vereinfachte Kapitalherabsetzung ausgeglichen werden sollen, für das letzte Geschäftsjahr ein Gewinn ergibt. (2) Auch wenn der durch die Kapitalherabsetzung auszugleichende Verlust im laufenden Geschäftsjahr eingetreten ist, darf die Gesellschaft eine Rückwirkung vornehmen. Die dadurch für das vorherige Geschäftsjahr entstehenden Buchgewinne sind einer gebundenen Sonderrücklage zuzuweisen[10].

8 Von der Befugnis des § 234 (und der des § 235) kann nur Gebrauch gemacht werden, wenn die Höhe der Kapitalherabsetzung (oder -erhöhung) feststeht, nicht wenn sie noch von einer Bedingung abhängt. Denn die Bilanz kann nur von einer feststehenden Grundkapitalziffer ausgehen. Auch die in § 240 vorgeschriebene gesonderte Ausweisung der Erträge aus der Kapitalherabsetzung und deren Verwendung ist nicht möglich, solange nicht ihre Höhe feststeht.

---

[7] KK/*Lutter*[2] 23; *Hüffer*[9] 3; Spindler-Stilz/*Marsch-Barner*[2] 5.

[8] *Hüffer*[9] 2; *K Schmidt* AG 1985, 150, 156.

[9] MünchHdBAG-*Krieger*[3] § 61, 36; Spindler-Stilz/*Marsch-Barner*[2] 3; MK/*Oechsler*[2] 6.

[10] KK/*Lutter*[2] 23.

IV. Die Feststellung des Jahresabschlusses durch die Hauptversammlung (Abs 2)

1. Zuständigkeit (Abs 2 S 1)

Die Vorschrift weist den Beschluss über die Feststellung eines Jahresabschlusses mit Rückwirkung **zwingend** der Hauptversammlung zu (Abs 2 S 1) und verdrängt damit die Regelung der §§ 172, 173. Weder die Satzung noch die Hauptversammlung können dieses Recht auf ein anderes Organ übertragen[11]. Hierfür spricht nicht zuletzt der enge Zusammenhang von Kapitalherabsetzung und rückwirkendem Jahresabschluss, die deshalb vom selben Organ beschlossen werden sollen[12]. Die Hauptversammlung ist daher – auch ohne Vorlage (vgl § 173) durch die Verwaltung – für die Beschlussfassung zuständig[13]. Über die Vorfrage, ob die Gesellschaft von der Kompetenz nach Abs 1 Gebrauch machen will oder nicht, entscheiden dagegen Vorstand und Aufsichtsrat nach pflichtgemäßem Ermessen[14]. Aus diesem Zusammenspiel der Kompetenzen ergeben sich folgende Varianten: 9

(1) Entschließen sich Vorstand und Aufsichtsrat, den Jahresabschluss gem § 172 selbst festzustellen, so ist die Hauptversammlung an den einmal festgestellten Jahresabschluss gebunden, soweit er nicht aus anderen Gründen nichtig ist. Die Befugnis des Abs 1 besteht somit nur, solange der Jahresabschluss noch nicht mit bindender Wirkung für die Gesellschaft festgestellt ist[15]. Die Hauptversammlung kann den Jahresabschluss nicht mehr ändern. (2) Hat die Hauptversammlung gem § 173 bereits den Jahresabschluss festgestellt, ist dieser ebenfalls bindend und kann nachträglich nicht mehr mit einer Rückwirkung versehen werden[16]. (3) Überlässt die Verwaltung gem § 173 Abs 1 der Hauptversammlung die Beschlussfassung, kann diese frei entscheiden, ob sie den Jahresabschluss mit oder ohne Rückwirkung feststellt[17]. Soweit die Hauptversammlung dabei vom vorgelegten Jahresabschluss abweicht, ist gem § 173 Abs 3 eine Nachprüfung erforderlich[18]. (4) Der Vorstand kann jedoch auch ohne förmlichen Vorlagebeschluss iSd § 173 der Hauptversammlung den Entwurf eines Jahresabschlusses vorlegen, weil er will, dass die Hauptversammlung ihn mit Rückwirkung beschließt. Folgt die Hauptversammlung dem Ansinnen des Vorstands nicht und lehnt die Rückwirkung ab, kann sie den Jahresabschluss nicht feststellen, da es an einer Vorlage nach § 173 Abs 1 fehlt[19]. In diesem Fall gilt wieder die allgemeine Kompetenzverteilung nach §§ 172, 173 und das dort vorgesehene Verfahren; dem Jahresabschluss kommt keine Rückwirkung zu. (5) Solange noch keine der zuvor geschilderten Varianten gewählt worden ist, steht der Hauptversammlung das Recht zu, die Verwaltung anzuweisen, für das abgelaufene Geschäftsjahr einen nach § 234 feststellungsfähigen Jahresabschluss mit Rückwirkung vorzulegen[20]. Um zu erreichen, dass die Verwaltung eine entsprechende Vorlage macht, kann die Hauptversammlung im Notfall die Beschlussfassung über die Kapitalherabsetzung vertagen. Ignoriert die Verwaltung das Ansinnen der Hauptversammlung und stellt einen Jahresabschluss nach § 172 fest, dem naturgemäß keine Rückwirkung zukommen kann, 10

---

11 KK/*Lutter*² 13.

12 Spindler-Stilz/*Marsch-Barner*² 6; MK/*Oechsler*² 7.

13 *Hüffer*⁹ 4; KK/*Lutter*² 8 ff, 13; MünchHdBAG-*Krieger*³ § 61, 37.

14 *Hüffer*⁹ 4.

15 KK/*Lutter*² 7; MK/*Oechsler*² 9.

16 *Hüffer*⁹ 4.

17 KK/*Lutter*² 9; MK/*Oechsler*² 10.

18 *Hüffer*⁹ 5; KK/*Lutter*² 9.

19 *Hüffer*⁹ 5; MünchHdBAG-*Krieger*³ § 61, 37; KK/*Lutter*² 10; MK/*Oechsler*² 11 iVm 8; aA wohl *Godin/Wilhelmi*⁴ 4.

20 *Hüffer*⁹ 5; KK/*Lutter*² 11; Spindler-Stilz/*Marsch-Barner*² 6; *Godin/Wilhelmi*⁴ 4.

ist dieser zwar wirksam. Allerdings handelt die Verwaltung pflichtwidrig und haftet für evtl Schäden nach §§ 93, 116[21].

11 In den Fällen (3) bis (5) hat die Verwaltung der Hauptversammlung, die über die Kapitalherabsetzung zu beschließen hat, den Entwurf eines Jahresabschlusses vorzulegen, in dem das herabgesetzte Grundkapital und die Rücklagen so eingesetzt sind, wie sie sich auf Grund der Durchführung der Kapitalherabsetzung darstellen. Da die freien Rücklagen vor der Kapitalherabsetzung aufgelöst werden müssen (§ 229 Abs 2), kann nur die gesetzliche Rücklage eingesetzt werden, und zwar in der nach § 231 zulässigen Höhe von 10% des herabgesetzten Grundkapitals.

2. Gleichzeitige Beschlussfassung (Abs 2 S 2)

12 Der Beschluss über die Kapitalherabsetzung soll „zugleich" mit demjenigen über die Feststellung des Jahresabschlusses gefasst werden (Abs 2 S 2). „Zugleich" bedeutet auf derselben Hauptversammlung[22]. Eine solche gleichzeitige Beschlussfassung ist wegen des Zusammenhanges der beiden Beschlüsse zweckmäßig. Die Hauptversammlung soll sich bei Fassung des Herabsetzungsbeschlusses über seine Einwirkung auf die Feststellung des letzten Jahresabschlusses und die sich daraus ergebenden Folgen klar werden. Es handelt sich um eine Sollvorschrift. Die Verletzung von Soll-Vorschriften stellt in der Regel einen Anfechtungsgrund dar[23], es sei denn, es handelt sich um eine bloße Ordnungsvorschrift[24]. Um eine solche handelt es sich bei Abs 2 S 2, denn der Schutz der Gläubiger wird bereits über dessen Abs 3 sichergestellt. Dies hat folgende Auswirkungen:

13 a) Die Hauptversammlung beschließt die Kapitalherabsetzung. Der Jahresabschluss für das letzte Geschäftsjahr liegt noch nicht vor. Unbedenklich kann in einer weiteren Hauptversammlung der Jahresabschluss mit der Rückwirkung des Abs 1 festgestellt werden[25]. Dabei ist die Frist des Abs 3 zu beachten.

14 b) Wird Jahresabschluss rückwirkend mit der herabgesetzten Kapitalziffer festgestellt, bevor die Kapitalherabsetzung beschlossen ist, wird die Feststellung des Jahresabschlusses durch das Wirksamwerden der Kapitalherabsetzung bedingt[26]. Wird die Kapitalherabsetzung nicht wirksam, ist der Jahresabschluss nach § 234 Abs 3 nichtig (s u 17 ff).

15 c) Der Jahresabschluss ist von Vorstand und Aufsichtsrat gemäß § 172 mit der alten Kapitalziffer festgestellt, die Hauptversammlung zu seiner Entgegennahme (§ 175) aber noch nicht einberufen. Wenn inzwischen die Kapitalherabsetzung beschlossen worden ist, so kann die Verwaltung die Feststellung des Jahresabschlusses aufheben und ihn mit der herabgesetzten Kapitalziffer der Hauptversammlung zur Feststellung gemäß Abs 2 mit der Rückwirkung des Abs 1 vorlegen. Erst mit der Einberufung der Hauptversammlung zur Entgegennahme des festgestellten Jahresabschlusses ist die Verwaltung an die Feststellung gebunden[27].

---

21 *Hüffer*[9] 5; KK/*Lutter*[2] 11; MK/*Oechsler*[2] 9.

22 *Geißler* NZG 2000, 719, 721; *Hüffer*[9] 6; KK/*Lutter*[2] 14.

23 RGZ 68, 232, 233; RGZ 170, 83, 97; *Godin/Wilhelmi*[4] 243, 4; *Hüffer*[9] § 243, 7.

24 RGZ 170, 83, 97; *Hüffer*[9] § 243, 7. Abweichend KK/*Zöllner*[1] § 243, 63 f, der das Regel-/Ausnahmeverhältnis umdreht.

25 MünchHdBAG-*Krieger*[3] § 61, 38; KK/*Lutter*[2] 14; Spindler-Stilz/*Marsch-Barner*[2] 10; aA LG Frankfurt aM DB 2003, 2541, 2542.

26 Spindler-Stilz/*Marsch-Barner*[2] 10; MünchHdBAG-*Krieger*[3] § 61, 38; MK/*Oechsler*[2] 13; KK/*Lutter*[2] 14; *Lutter* FS Quack 1991, 301 ff; aA *Hüffer*[9] 6; Baumbach/*Hueck*[13] 3 (Kapitalherabsetzung wirksam, Feststellung des Jahresabschlusses anfechtbar); aA auch *Schilling* Voraufl 7 (Jahresabschluss nichtig).

27 Spindler-Stilz/*Marsch-Barner*[2] 8.

Die Kompetenzzuweisung an die Hauptversammlung in Abs 2 ändert nichts daran, dass für die Vorbereitung des Jahresabschlusses, dessen Prüfung durch den Aufsichtsrat und das weitere Verfahren die allgemeinen Vorschriften entsprechend gelten. **16**

V. Nichtigkeit bei Nichteintragung binnen 3 Monaten (Abs 3)

1. Die Frist

Die Beschlüsse sind ex nunc nichtig[28], wenn der Beschluss über die Kapitalherabsetzung nicht binnen drei Monaten nach der Kapitalherabsetzung in das Handelsregister eingetragen worden ist (Abs 3 S 1). Zweck der Vorschrift ist, bald Klarheit darüber zu schaffen, wie sich die Kapitalhöhe der Gesellschaft und der für ihre weitere Existenz zugrunde zu legende Jahresabschluss gestalten. Die Nichtigkeit beider Beschlüsse rechtfertigt sich aus ihrem engen Zusammenhang. Berücksichtigt der Jahresabschluss die Kapitalherabsetzung, so ist er unhaltbar, wenn die Kapitalherabsetzung später nicht wirksam wird, was erst durch die Eintragung des Kapitalherabsetzungsbeschlusses ins Handelsregister geschieht (§ 224). Es soll also gewährleistet werden, dass die im Jahresabschluss vorgenommene Rückwirkung auch durch eine wirksame Kapitalherabsetzung gedeckt ist und eine Täuschung der Gläubiger vermieden wird. Die Bestimmung ist – ebenso wie die parallele Vorschrift des § 235 Abs 2 – dem § 228 Abs 2 nachgebildet. Im Unterschied zu § 228 Abs 2 beträgt die Frist bei § 234 Abs 2 und § 235 Abs 2 jedoch nur drei Monate, damit im Hinblick auf den Jahresabschluss schnell Klarheit herrscht. **17**

Die Frist stellt eine **Ausschlussfrist** dar. Es kommt also nicht auf die rechtzeitige Antragstellung, sondern die rechtzeitige Eintragung an, so dass die Gesellschaft die Zeitspanne, die der Registerrichter zur Prüfung benötigt, einkalkulieren muss[29]. Für die Fristberechnung gilt § 187 Abs 1, 188 Abs 2 Var 1 BGB. Die **Frist beginnt** daher an dem auf die Hauptversammlung folgenden Tag zu laufen[30]. Dauert die Hauptversammlung länger als einen Tag und werden die Beschlüsse an verschiedenen Tagen gefasst, beginnt sie mit der Fassung des ersten Beschlusses. Werden die Beschlüsse auf verschiedenen Hauptversammlungen gefasst, beginnt die Frist nach dem Gesetzeswortlaut mit dem Beschluss über die Kapitalherabsetzung. Wird jedoch der **Beschluss über den Jahresabschluss isoliert vorgezogen** (s o 14), setzt dies ebenfalls die Dreimonatsfrist in Gang[31]. Andernfalls würde die aus dem unzutreffenden Jahresabschluss folgende Ungewissheit, ob die Kapitalherabsetzung noch folgt oder nicht, entgegen dem Zweck des § 234 zu lang andauern. **18**

2. Hemmung der Frist

Der Lauf der Frist ist gehemmt (§ 209 BGB), so lange eine Anfechtungs- oder Nichtigkeitsklage rechtshängig ist. Die Vorschrift stimmt mit § 228 Abs 2 S 2 überein, so dass auf die dortige Kommentierung verwiesen werden kann (§ 228, 19 ff). **19**

---

28 S u Fn 32.

29 Unstr vgl *Hüffer*⁹ 7.

30 *Becker* in Bürgers/Körber 14; aA offenbar *Hüffer*⁹ 7 (Tag der Hauptversammlung).

31 MK/*Oechsler*² 14; KK/*Lutter*² 16; Spindler-Stilz/*Marsch-Barner*² 12; *Becker* in Bürgers/Körber 14.

3. Rechtsfolge der Nichteintragung binnen 3 Monaten

20 Das Gesetz ordnet als Rechtsfolge eines Fristverstoßes die Nichtigkeit der Beschlüsse über die Feststellung des Jahresabschlusses und über die Kapitalherabsetzung an. Die Verwendung des Begriffs der Nichtigkeit ist unscharf[32], da es sich in der Sache um einen Fall der Unwirksamkeit handelt. Das Gesetz ordnet die Nichtigkeit für beide Beschlüsse an. Um dem Zweck der Norm zu genügen, dh eine Täuschung der Gläubiger zu vermeiden, würde es jedoch ausreichen, wenn nur die Feststellung des Jahresabschlusses nichtig ist. Wegen ihres engen Zusammenhangs verfügt das Gesetz trotzdem die Nichtigkeit beider Beschlüsse. Es kann aber im Interesse der Gesellschaft liegen, dass die Kapitalherabsetzung und ggf eine gleichzeitige Kapitalerhöhung auf alle Fälle wirksam werden sollen, auch wenn die Rückwirkung auf den letzten Jahresabschluss nicht eintritt. Stellt die Hauptversammlung dies in dem Beschluss klar, tritt die Nichtigkeit des Herabsetzungsbeschlusses trotz Fristablaufs nicht ein. Nichtig ist in diesem Falle nur der Jahresabschluss[33].

21 Um die Nichtigkeit zu vermeiden, ist nur erforderlich, dass der Kapitalherabsetzungsbeschluss rechtzeitig eingetragen wird; auf seine „Durchführung" kommt es nicht an.

22 Die Nichtigkeit bezieht sich nur auf die in § 234 erwähnten Beschlüsse (Jahresabschluss und Kapitalherabsetzungsbeschluss), nicht aber ohne weiteres auf alle gleichzeitig gefassten anderen Beschlüsse, zB Entlastungsbeschlüsse. Deren Nichtigkeit hängt davon ab, ob sie mit den erstgenannten in unlösbarem Zusammenhang stehen, ob also die einen nicht ohne die anderen Beschlüsse gefasst worden wären[34].

23 Eine **Wiedereinsetzung in den vorigen Stand** gegen eine Fristversäumung oder die Möglichkeit einer **Fristverlängerung** durch das Registergericht ist **nicht möglich**. Bei Versäumung der Frist ist nur eine Wiederholung der Beschlüsse möglich. Beruht die Fristversäumung auf einem vorwerfbaren Verhalten des Registerrichters, kommt ein **Amtshaftungsanspruch** wegen der Kosten für eine erneute Hauptversammlung und ggf weiterer Schäden in Betracht[35].

24 Ist die Frist abgelaufen, so hat der Registerrichter die Eintragung des Kapitalherabsetzungsbeschlusses abzulehnen. Durch eine trotzdem erfolgte Eintragung und Zeitablauf tritt **Heilung** des Kapitalherabsetzungsbeschlusses ein (§ 242 Abs 3; vgl auch § 228, 22). Die Heilung erfasst auch die Nichtigkeit des Jahresabschlusses[36]. Da der Jahresabschluss mit Rückwirkung kraft Gesetzes nur durch die Eintragung des Kapitalherabsetzungsbeschlusses wirksam wird, darf er nicht vor dieser Eintragung **bekannt gemacht** werden (§ 236).

VI. Verbindung mit einer Kapitalerhöhung

25 Wird mit der Kapitalherabsetzung eine Kapitalerhöhung verbunden, so gilt § 235.

---

[32] Ausführlich zur dogmatisch unscharfen Bezeichnung der Rechtsfolge als Nichtigkeit s § 228, 16. Ebenso MK/*Oechsler*[2] 17; Spindler-Stilz/*Marsch-Barner*[2] 15; *Becker* in Bürgers/Körber 16; widersprüchlich KK/*Lutter*[2] 15 (ex tunc) und 19 (Eintritt der Rechtsfolge mit Fristablauf).

[33] *Becker* in Bürgers/Körber 16; *Hüffer*[9] 9; KK/*Lutter*[2] 17; MK/*Oechsler*[2] 17; MünchHdBAG-*Krieger*[3] § 61, 39; Spindler-Stilz/*Marsch-Barner*[2] 15.

[34] KK/*Lutter*[2] 18.

[35] *Becker* in Bürgers/Körber 15; *Hüffer*[9] 7; MK/*Oechsler*[2] 15.

[36] *Hüffer*[9] 10; KK/*Lutter*[2] 20; MünchHdBAG-*Krieger*[3] § 61, 39; MK/*Oechsler*[2] 18.

§ 235
Rückwirkung einer gleichzeitigen Kapitalerhöhung

(1) [1]Wird im Fall des § 234 zugleich mit der Kapitalherabsetzung eine Erhöhung des Grundkapitals beschlossen, so kann auch die Kapitalerhöhung in dem Jahresabschluß als vollzogen berücksichtigt werden. [2]Die Beschlußfassung ist nur zulässig, wenn die neuen Aktien gezeichnet, keine Sacheinlagen festgesetzt sind und wenn auf jede Aktie die Einzahlung geleistet ist, die nach § 188 Abs. 2 zur Zeit der Anmeldung der Durchführung der Kapitalerhöhung bewirkt sein muß. [3]Die Zeichnung und die Einzahlung sind dem Notar nachzuweisen, der den Beschluß über die Erhöhung des Grundkapitals beurkundet.

(2) [1]Sämtliche Beschlüsse sind nichtig, wenn die Beschlüsse über die Kapitalherabsetzung und die Kapitalerhöhung und die Durchführung der Erhöhung nicht binnen drei Monaten nach der Beschlußfassung in das Handelsregister eingetragen worden sind. [2]Der Lauf der Frist ist gehemmt, solange eine Anfechtungs- oder Nichtigkeitsklage rechtshängig ist. [3]Die Beschlüsse und die Durchführung der Erhöhung des Grundkapitals sollen nur zusammen in das Handelsregister eingetragen werden.

Übersicht

Schrifttum

Fendel Zur Tilgungswirkung von Voreinzahlungen auf künftige Kapitalerhöhungen in Sanierungsfällen, NZI 2007, 381; *Reger/Stenzel* Der Kapitalschnitt auf Null als Mittel zur Sanierung von Unternehmen – Gesellschaftsrechtliche, börsenzulassungsrechtliche und kapitalmarktrechtliche Konsequenzen, NZG 2009, 1210. Vgl im Übrigen die Schrifttumsnachweise Vor § 222 und bei § 229.

I. Gesetzesgeschichte

§ 235 entspricht mit sprachlichen Änderungen dem § 189 AktG 1937[1]. 1969 passte der Gesetzgeber Abs 1 S 3 an das BeurkG an, indem er die Zuständigkeit des Richters entfallen ließ[2]. Das BiRiLiG[3] ließ die Vorschrift unverändert. Mit dem ARUG[4] änderte **1**

---

[1] *Kropff* AktG 1965, S 323. Zur Geschichte der Kapitalherabsetzung im Allgemeinen s Vor § 222, 72 ff.

[2] § 56 Abs 1 Nr 7 des Beurkundungsgesetzes v 28.8.1969, BGBl I 1513.

[3] Art 2 Nrn 42–50 des Gesetzes zur Durchführung der Vierten, Siebenten und Achten Richtlinie des Rates der Europäischen Gemeinschaften zur Koordinierung des Gesellschaftsrechts – Bilanzrichtlinien-Gesetz – v 19.12.1985, BGBl I 2355.

[4] Art 1 Nr 34d des Gesetzes zur Umsetzung der Aktionärsrichtlinie (ARUG) v 30.7.2009, BGBl I 2479.

der Gesetzgeber Abs 3 S 2, indem er die Worte „oder eine zur Kapitalherabsetzung oder Kapitalerhöhung beantragte staatliche Genehmigung noch nicht erteilt ist" strich (zu den Gründen der Änderung s § 228, 2; zu ihren übrigen Rechtsfolgen s § 222, 65).

II. Zweck der Vorschrift

2 Die Vorschrift ergänzt § 234 um die Möglichkeit, die vereinfachte Kapitalherabsetzung mit einer Kapitalerhöhung zu kombinieren. Auch in diesem Fall besteht regelmäßig das Bedürfnis, dass in der Bilanz über das vor der Beschlussfassung abgelaufene Geschäftsjahr das Grundkapital in der Höhe erscheint, wie es sich nach den Sanierungsmaßnahmen darstellt (s § 234, 2). Diesem Anliegen trägt Abs 1 S 1 Rechnung. Abs 1 S 2 will einen Missbrauch der Befugnis des Satzes 1 verhüten und gewährleisten, dass die Kapitalerhöhung, die bereits in der Bilanz für das abgelaufene Geschäftsjahr erscheint, auch tatsächlich verwirklicht wird.

3 Abs 2 erklärt die Beschlüsse über Kapitalherabsetzung, Kapitalerhöhung und Jahresabschluss für nichtig, wenn die Beschlüsse über die Kapitalherabsetzung und die Kapitalerhöhung sowie die Durchführung der Kapitalerhöhung nicht binnen drei Monaten nach der Beschlussfassung in das Handelsregister eingetragen worden sind. Bei der Vorschrift handelt es sich um eine Ausnahme, denn das Gesetz schreibt regelmäßig keine Frist vor, in der die Kapitalherabsetzungs- und Kapitalerhöhungsbeschlüsse oder deren Durchführung ins Handelsregister einzutragen sind. Sie will gewährleisten, dass kein unzutreffender Jahresabschluss Bestand hat. Die Vorgabe des Abs 2 S 3, wonach die Beschlüsse gleichzeitig eingetragen werden sollen, stellt sicher, dass kein unzutreffender Eindruck aufgrund aus dem Zusammenhang gerissener Einzeleintragungen im Handelsregister entstehen kann.

III. Wahlweise Rückwirkung auch der Kapitalerhöhung (Abs 1)

1. Bedeutung (Abs 1 S 1)

4 Wird im Falle des § 234 zugleich mit der Kapitalherabsetzung eine Erhöhung des Grundkapitals beschlossen, so kann auch die Kapitalerhöhung in dem Jahresabschluss als vollzogen berücksichtigt werden (Abs 1 S 1). Die Vorschrift, die ausdrücklich den Tatbestand des § 234 voraussetzt, gibt der Gesellschaft also die Befugnis, die Kapitalerhöhung bereits im Jahresabschluss für das letzte, vor der Beschlussfassung über eine Kapitalerhöhung abgelaufene Geschäftsjahr als vollzogen zu behandeln. Sie stellt damit – wie § 234 – eine **Durchbrechung des Stichtagsprinzips** dar. § 235 betrifft also nur die Bilanzierung der Kapitalerhöhung, nicht aber deren Wirksamwerden, das sich nach den für Kapitalmaßnahmen geltenden Vorschriften (§§ 189, 224) richtet und daher die Eintragung der Kapitalerhöhung erfordert[5]. Erst zu diesem Zeitpunkt entstehen daher die Aktienrechte der einzelnen Aktionäre, vor allem ihr Stimmrecht.

5 Die Vorschrift **räumt der AG das Recht** ein, eine Rückwirkung vorzusehen, **verpflichtet sie aber nicht** dazu[6]. Der Gesellschaft stehen damit folgende drei Handlungsmöglichkeiten offen. (1) Sie kann eine vereinfachte Kapitalherabsetzung mit gleichzeitiger Kapi-

---

[5] *Hüffer*[9] 2; *Jäger* NZG 1999, 238, 240; KK/*Lutter*[2] 4; Spindler-Stilz/*Marsch-Barner*[2] 3; MK/*Oechsler*[2] 1, 2.

[6] *Hüffer*[9] 3; MünchHdBAG-*Krieger*[3] § 61, 40; Spindler-Stilz/*Marsch-Barner*[2] 4; MK/*Oechsler*[2] 4.

talerhöhung beschließen, aber die Möglichkeit der Rückwirkung nicht nutzen. Beide Maßnahmen werden daher erst in dem Jahresabschluss des Geschäftsjahres berücksichtigt, in dem sie wirksam werden. (2) Die Hauptversammlung kann beschließen, dass nur der Kapitalherabsetzung, nicht aber der Kapitalerhöhung Rückwirkung zukommen soll. Es sind nur die Voraussetzungen des § 234 zu beachten. (3) Sowohl die Kapitalherabsetzung als auch die Kapitalerhöhung sollen Rückwirkung entfalten. In diesem Fall sind die Voraussetzungen der §§ 234, 235 zu beachten. Unzulässig wäre es dagegen, nur die Kapitalerhöhung mit Rückwirkung zu versehen, da dies den Gläubigern ein unzutreffendes Bild vermitteln würde[7].

2. Reichweite der Rückwirkung

Macht die Gesellschaft von der Befugnis des § 235 Gebrauch, so muss der Jahres- **6**
abschluss das Grundkapital so ausweisen, wie es sich nach Kapitalherabsetzung *und* Kapitalerhöhung ergibt. Das durch Kapitalherabsetzung und Kapitalerhöhung geänderte Grundkapital ist unter den Passiven als gezeichnetes Kapital (§ 266 Abs 3 A I HGB) zu buchen. Nicht eingeforderte Einlagen sind davon offen abzusetzen (§ 272 Abs 1 S 3 HS 1). Der verbleibende Betrag ist als Posten „Eingefordertes Kapital" in der Hauptspalte der Passivseite auszuweisen (§ 272 Abs 1 S 3 HS 2). Der eingeforderte, aber noch nicht eingezahlte Betrag ist unter den Forderungen gesondert aufzuführen und entsprechend zu bezeichnen (§ 272 Abs 1 S 3 HS 3). Wenn ein Agio vorgesehen ist, muss dieses in der Kapitalrücklage verbucht werden (§§ 266 Abs 3 A II, 272 Abs 2 Nr 1 HGB).

Die Rücklagen sind so aufzunehmen, wie sie sich aufgrund der Kapitalherabsetzung **7**
und der Wiedererhöhung darstellen. Dabei kann im Einzelfall eine Erhöhung der gesetzlichen Rücklage über die in § 231 vorgesehene Grenze von 10 % des herabgesetzten Grundkapitals vorgenommen werden, wenn bei der Kapitalerhöhung ein Aufgeld vorgesehen ist. Die Bekanntmachung der Abschlüsse darf erst erfolgen, nachdem die Beschlüsse über die Kapitalherabsetzung und die Kapitalerhöhung sowie die Durchführung der Kapitalerhöhung ins Handelsregister eingetragen sind (§ 236). Wie im Falle des § 234 ist die Rückbeziehung nur möglich, wenn der Jahresabschluss von der Hauptversammlung festgestellt wird (§ 234 Abs 2). Der Feststellungsbeschluss soll gleichzeitig mit dem Beschluss der Hauptversammlung über die Kapitalerhöhung gefasst werden (§ 234 Abs 2 S 2).

Ist in der Zeit zwischen dem Bilanzstichtag und dem Herabsetzungs- und Wiederer- **8**
höhungsbeschluss eine (weitere) Kapitalerhöhung durchgeführt worden, so muss sie in dem Jahresabschluss rückwirkend als vollzogen berücksichtigt werden, weil sich sonst ein falsches Kapitalbild ergeben würde.

3. Voraussetzungen (Abs 1 S 2)

a) Beschlussfassung. Unter **Beschlussfassung** versteht S 2 die in S 1 genannten drei **9**
Beschlüsse über die Kapitalherabsetzung und -erhöhung sowie die Feststellung des Jahresabschlusses mit Rückwirkung auf den Zeitpunkt des letzten Jahresabschlusses (vgl § 234 Rn 4 ff). Alle drei Beschlüsse sollen im Falle der Rückwirkung gleichzeitig gefasst werden, also in einer Hauptversammlung (§ 234 Abs 2 S 2, s § 234, 12 ff)[8]. Die Voraussetzungen des § 234 sind kumulativ zu beachten, so dass eine Rückwirkung der Kapi-

---

[7] KK/*Lutter*² 3; Spindler-Stilz/*Marsch-Barner*² 5; MK/*Oechsler*² 4.

[8] KK/*Lutter*² 7; Spindler-Stilz/*Marsch-Barner*² 7; MK/*Oechsler*² 6.

talerhöhung nur zulässig ist, wenn auch für die Kapitalherabsetzung eine solche vorgesehen ist (s o 5 mwN). Dabei steht es der Anwendung der Vorschrift nicht entgegen, dass das Unternehmen im abgelaufenen Geschäftsjahr noch in der Rechtsform der GmbH organisiert war[9].

10 **b) Ordentliche Kapitalerhöhung mit Geldeinlagen (Abs 1 S 2).** Die Beschlussfassung über die Rückwirkung auch der Kapitalerhöhung ist nur zulässig, wenn die neuen Aktien gezeichnet sind, keine Sacheinlagen festgesetzt wurden, und wenn auf jede Aktie die Einzahlung geleistet ist, die nach § 188 Abs 2 zur Zeit der Anmeldung der Durchführung der Kapitalerhöhung bewirkt sein muss (Abs 1 S 2). Der Umstand, dass die Zeichnung und Mindesteinzahlung sofort erfolgen müssen, verdeutlicht, dass **nur eine Kapitalerhöhung gegen Einlagen** und keine bedingte (§§ 192 ff) oder genehmigte Kapitalerhöhung (§§ 202 ff) oder Kapitalerhöhung aus Gesellschaftsmitteln (§§ 207 ff) in Betracht kommt[10]. Eine Sachkapitalerhöhung ist ebenfalls ausgeschlossen. Damit will der Gesetzgeber zum einen eine problemlose und rasche Kapitalzufuhr sicherstellen[11] und zum anderen der Gefahr einer Überbewertung von Sacheinlagen begegnen, die aufgrund der Möglichkeit der bilanziellen Rückwirkung als groß eingeschätzt wird[12]. Dadurch wird insbesondere der Einbringung von Rückzahlungsansprüchen aus Darlehen ein Riegel vorgeschoben[13].

11 Damit das Kapital, das die Bilanz ausweist, tatsächlich zur Verfügung steht, müssen schon im Zeitpunkt der Beschlussfassung die neuen Aktien gezeichnet und die Einzahlungen geleistet sein, die nach § 188 Abs 2 zur Zeit der Anmeldung der Durchführung der Kapitalerhöhung bewirkt sein müssen. Es muss also abweichend von der gewöhnlichen Kapitalerhöhung schon vor der Beschlussfassung dasjenige geleistet sein, das zur Durchführung der Kapitalerhöhung gehört. Im Interesse der Kapitalsicherung und der Verhütung einer Schädigung Dritter wird im Falle des § 235 schon vor der Beschlussfassung die für den Zeichner verbindliche Zeichnung zugelassen und verlangt. Dass die Zeichnung für den Zeichner verbindlich sein muss, ergibt sich daraus, dass andernfalls die Vorschrift keinen praktischen Wert hätte. Es müssen also **Zeichnungsverträge** (§ 185) geschlossen werden, wobei diese unter der Bedingung stehen[14] und klarstellend auch ausdrücklich unter eine solche Bedingung gestellt werden können[15], dass die Kapitalerhöhung auch wirksam wird. Allerdings gilt auch im Falle des § 235 der § 187 Abs 2, dh gegenüber der Gesellschaft sind etwaige Zusicherungen auf den Bezug von Aktien vor dem Beschluss über die Erhöhung des Grundkapitals unwirksam. Scheitert die Kapitalerhöhung, ist die Zeichnung nach den vereinbarten vertraglichen Regeln oder ggf nach den §§ 812 ff BGB rückabzuwickeln[16].

12 Weiterhin ist der Beschluss über die Kapitalerhöhung mit Rückwirkung nur zulässig, wenn auf jede Aktie die Einzahlung geleistet ist, die vor der Anmeldung der Durchführung bewirkt sein muss. Die Norm nimmt damit Bezug auf die §§ 188 Abs 2, 36 Abs 2, 36a Abs 1, 37 Abs 1. Es sind also **mindestens 25 % des geringsten Ausgabebetrags**

---

[9] *K Schmidt* AG 1985, 150, 156 f; MünchHdBAG-*Krieger*[3] § 61, 40; *Hüffer*[9] 4; Spindler-Stilz/*Marsch-Barner*[2] 4.

[10] MünchHdBAG-*Krieger*[3] § 61, 41; *Lutter/Hommelhoff/Timm* BB 1980, 737, 741, 744; Spindler-Stilz/*Marsch-Barner*[2] 8; MK/*Oechsler*[2] 7.

[11] *Hüffer*[9] 5; Spindler-Stilz/*Marsch-Barner*[2] 10.

[12] So ausdrücklich MK/*Oechsler*[2] 9; Spindler-Stilz/*Marsch-Barner*[2] 10.

[13] OLG Düsseldorf ZIP 1991, 161, 163 f; MK/*Oechsler*[2] 9.

[14] *Hüffer*[9] 5; KK/*Lutter*[2] 9; Spindler-Stilz/*Marsch-Barner*[2] 9; MK/*Oechsler*[2] 8.

[15] KK/*Lutter*[2] 9.

[16] *Hüffer*[9] 5; Spindler-Stilz/*Marsch-Barner*[2] 9.

zzgl Agio einzuzahlen. Hat der Vorstand mehr als die Mindesteinlage eingefordert, ist auch dieses Mehr zu leisten[17]. Der Zeichner ist vorleistungspflichtig und erbringt seine Zahlung als Vorschuss auf die künftige Einlagepflicht[18]. Damit verlangt § 235 Abs 1 S 2 ausdrücklich eine Vorleistung auf die Einlageschuld, deren Zulässigkeit bei der regulären Kapitalerhöhung jahrzehntelang umstritten war[19]. Die Voreinzahlung hat **zur freien Verfügung der Gesellschaft** zu erfolgen, so dass der Zeichner keine Bedingungen an die Zahlung knüpfen darf[20]. Die Einlagesumme darf also insbesondere nicht zunächst als Kredit gewährt und dann umgewidmet werden[21]. Die Einzahlung ist an keine besonderen Fristen gebunden und darf daher sowohl vor als auch nach der Hauptversammlung erfolgen. Der Zeichner muss bei seiner Einzahlung/Überweisung deren Zweck eindeutig angeben (zB „Vorausleistung der Einlage auf die Kapitalerhöhung"). Die Einzahlung auf ein Sperr- oder Sonderkonto ist nicht notwendig. Vielmehr kann der Betrag wegen des Sanierungszwecks sofort für Zwecke der Gesellschaft genutzt werden[22]. Dies gilt nicht nur für die Mindesteinlage, sondern auch für den darüber hinaus vom Vorstand eingeforderten Betrag[23]. Der Vorstand muss bei der Anmeldung versichern, dass der Betrag zur freien Verfügung der Gesellschaft stand und er nicht an den Inferenten zurückgeflossen ist[24]. Die früher verlangte Versicherung, dass der Betrag zum Zeitpunkt der Anmeldung zumindest wertmäßig im Gesellschaftsvermögen noch vorhanden ist, wird heute zu Recht nicht einmal bei der regulären Kapitalerhöhung verlangt[25], so dass sie erst recht nicht bei einer solchen zu Sanierungszwecken notwendig ist[26].

c) **Nachweis der Voraussetzungen (Abs 1 S 3).** Der **Nachweis** der Zeichnung und der **13**
Einzahlung ist dem Notar zu erbringen, der den Beschluss über die Erhöhung des Grundkapitals beurkundet (Abs 1 S 3). Da Abs 1 S 2 schon die Beschlussfassung selbst von der Zeichnung und Einzahlung abhängig macht, ist es folgerichtig, dass dem beurkundenden Notar die tatsächliche Erfüllung dieser Vorgaben nachzuweisen ist. Der Nachweis muss zeitlich vor der Beurkundung erfolgen, wobei dies auch außerhalb der Hauptversamm-

[17] BGHZ 118, 83, 88; OLG Düsseldorf ZIP 1981, 847, 856; *Hüffer*[9] 6; MünchHdBAG-*Krieger*[3] § 61, 41; KK/*Lutter*[2] 10.

[18] BGHZ 118, 83, 90 f; *Henze* ZHR 154 (1990) 105, 124; KK/*Lutter*[2] 10; Spindler-Stilz/*Marsch-Barner*[2] 11; MK/*Oechsler*[2] 10.

[19] Die Diskussion bis zur grundlegenden Entscheidung BGH NJW 2007, 515 ist beschrieben bei *Fendel* NZI 2007, 381 ff.

[20] Anders noch *Schilling* Voraufl 3, wonach die Aktienzeichner sich dadurch sichern könnten, dass sie die Hinterlegung der einzuzahlenden Beträge bei einem Treuhänder vereinbaren, der sie der Gesellschaft zur Verfügung zu stellen hat, wenn die Kapitalerhöhung wirksam geworden ist.

[21] BGHZ 118, 83, 88 ff; OLG Düsseldorf ZIP 1991, 161, 162 f; *Brandes* WM 1994, 2177, 2180; *Henze* ZHR 154 (1990) 105, 125; KK/*Lutter*[2] 10; Spindler-Stilz/*Marsch-Barner*[2] 11; *Uhlenbruck* ZIP 1980, 515 f.

[22] *Hüffer*[9] 7; KK/*Lutter*[2] 10.

[23] OLG Düsseldorf ZIP 1981, 847, 856; *Becker* in Bürgers/Körber 9; Heidel/*Terbrack*[3] 14; *Hüffer*[9] 7; MK/*Oechsler*[2] 11; Spindler-Stilz/*Marsch-Barner*[2] 11; aA *Lutter/Hommelhoff/Timm* BB 1980, 737, 744 f (nur die Mindesteinlage).

[24] BGHZ 150, 197, 199 ff; OLG Düsseldorf ZIP 1981, 847, 856; *Lutter/Hommelhoff/Timm* BB 1980, 737, 744 f; ihnen zustimmend *K Schmidt* ZGR 1982, 519, 528 ff; *Hüffer*[9] 7; KK/*Lutter*[2] 10; MK/*Oechsler*[2] 11.

[25] BGHZ 150, 197, 199 ff; *Becker* in Bürgers/Körber 9; anders noch *Hüffer* ZGR 1993, 474, 482 ff; *Schneider/Verhoeven* ZIP 1982, 644, 647 f.

[26] *Becker* in Bürgers/Körber 9; Heidel/*Terbrack*[3] 14; Spindler-Stilz/*Marsch-Barner*[2] 11; MK/*Oechsler*[2] 11; anders noch *Hüffer*[9] 7, wobei dies auf einem Versehen beruhen dürfte, da die in Bezug genommene Stelle (aaO § 188, 6) bereits die neuere Entwicklung beschreibt. Offen gelassen von BGH ZIP 1982, 923, 928 f.

lung erfolgen kann[27]. In welcher Weise der Nachweis zu erbringen ist, entscheidet der Notar nach pflichtgemäßem Ermessen[28]. Er kann Nachweis durch öffentliche Urkunden fordern. Wenn kein ernstlicher Zweifel besteht, kann auch die Vorlage privatschriftlicher Urkunden, der Zeichnungsscheine oder schriftlicher Bescheinigungen des Vorstandes über die Einzahlung, ausreichen. Bei Einzahlung durch Gutschrift auf ein Bankkonto kann Vorlegung einer schriftlichen Bestätigung der Bank gefordert werden (§§ 188 Abs 2, 37 Abs 1 S 3). Wird der Nachweis nicht erbracht, so hat der Notar die Beurkundung abzulehnen[29]. Beurkundet er die Beschlussfassung trotzdem, begeht er zwar eine Amtspflichtverletzung. Dies berührt jedoch die Wirksamkeit des Beschlusses nicht (s u 15 aE)[30].

14 Der Nachweis der Voraussetzungen gem Abs 1 S 3 befreit die Gesellschaft nicht davon, bei der Anmeldung der Durchführung der Kapitalerhöhung die nach § 188 Abs 2 und 3 erforderlichen Nachweise vorzulegen.

2. Rechtsfolgen des Fehlens von Rückwirkungsvoraussetzungen

15 Wird der Jahresabschluss mit Rückwirkung festgestellt, obwohl die Voraussetzungen des Abs 1 S 1 oder S 2 nicht vorlagen, waren also entweder Sacheinlagen festgesetzt, oder waren die neuen Aktien noch nicht gezeichnet oder die Einzahlungen nicht geleistet, so verstößt der Beschluss über die Feststellung des Jahresabschlusses gegen eine überwiegend im Interesse der Gläubiger erlassene Vorschrift und ist deshalb nichtig (§ 256 Abs 1 Nr 1)[31]. Denn durch die Vorschrift des Satzes 2 soll eine Täuschung Dritter, insbesondere der Gläubiger über den Kapitalstand der Gesellschaft verhindert werden. Dagegen ist Abs 1 S 3 nur eine Ordnungsvorschrift; ein Verstoß gegen sie begründet weder Nichtigkeit noch Anfechtbarkeit.

IV. Nichtigkeit (Abs 2 S 1 und 2)

16 Werden der Kapitalherabsetzungsbeschluss, der Erhöhungsbeschluss und dessen Durchführung nicht binnen drei Monaten nach der Beschlussfassung in das Handelsregister eingetragen, so sind alle Beschlüsse (Kapitalerhöhung, Kapitalherabsetzung und Feststellung des Jahresabschlusses für das letzte Geschäftsjahr) nichtig. Die Vorschriften des Abs 2 sind dem § 228 Abs 2 und dem § 234 Abs 3 nachgebildet, so dass wegen des Zwecks der Bestimmung, der Fristberechnung und der Hemmung auf die entsprechende Kommentierung (s § 234, 17 ff) verwiesen werden kann. Im Unterschied zu § 234 Abs 3 S 1 muss bei § 235 Abs 2 S 1 aber nicht nur der Kapitalherabsetzungsbeschluss, sondern auch der Kapitalerhöhungsbeschluss und dessen Durchführung eingetragen werden. Erfolgte dies nicht fristgerecht, muss der Jahresabschluss ohne Rückwirkung neu festgestellt werden. Da auch die Kapitalerhöhung nichtig ist, sind die etwa geleisteten Einlagen zurückzuerstatten. Nach Ablauf der Frist darf das Registergericht die Beschlüsse nicht mehr eintragen. Werden sie trotzdem eingetragen, kommt gem § 242 Abs 2 und 3 eine Heilung in Betracht. Es besteht Einigkeit, dass die Heilung auch den Jahresabschluss erfasst[32].

---

[27] *Hüffer*[9] 8.

[28] MünchHdBAG-*Krieger*[3] § 61, 41; KK/*Lutter*[2] 11; Spindler-Stilz/*Marsch-Barner*[2] 12; MK/*Oechsler*[2] 12.

[29] *Hüffer*[9] 8; KK/*Lutter*[2] 11.

[30] *Becker* in Bürgers/Körber 10; *Hüffer*[9] 8; MK/*Oechsler*[2] 12; MünchHdBAG-*Krieger*[3] § 61, 41; KK/*Lutter*[2] 11; Spindler-Stilz/*Marsch-Barner*[2] 12.

[31] *Becker* in Bürgers/Körber 11; KK/*Lutter*[2] 13; Spindler-Stilz/*Marsch-Barner*[2] 13.

[32] *Hüffer*[9] 11; Spindler-Stilz/*Marsch-Barner*[2] 17; MK/*Oechsler*[2] 17.

V. Gleichzeitige Eintragung (Abs 2 S 3)

Wegen des Zusammenhanges der Beschlüsse und der Durchführung der Kapitalerhöhung ordnet Abs 2 S 3 an, dass die Eintragung zusammen erfolgen soll. Es handelt sich nur um eine Ordnungsvorschrift. Die Beschlüsse sind deshalb weder nichtig noch anfechtbar[33], wenn die Eintragung zu verschiedener Zeit erfolgt, sofern nur die Dreimonatsfrist des Abs 3 S 1 eingehalten ist. **17**

§ 236
Offenlegung

Die Offenlegung des Jahresabschlusses nach § 325 des Handelsgesetzbuchs darf im Fall des § 234 erst nach Eintragung des Beschlusses über die Kapitalherabsetzung, im Fall des § 235 erst ergehen, nachdem die Beschlüsse über die Kapitalherabsetzung und Kapitalerhöhung und die Durchführung der Kapitalerhöhung eingetragen worden sind.

Übersicht

Schrifttum

Vgl die Schrifttumsnachweise Vor § 222 und bei § 229.

I. Gesetzesgeschichte

§ 236 wurde unverändert aus dem Aktiengesetz 1937 (§ 191) übernommen[1]. Das BiRiLiG[2] ersetzte in der Überschrift und dem Text der Vorschrift den Begriff „Bekanntmachung“ durch „Offenlegung“ und den Verweis auf „§ 177 Abs 2“ durch „§ 325 des Handelsgesetzbuchs“. **1**

II. Zweck der Vorschrift

Macht die Gesellschaft von der Befugnis der §§ 234, 235 Gebrauch, Grundkapital und Rücklagen, wie sie sich aus einer Kapitalherabsetzung oder aus einer gleichzeitig beschlossenen Kapitalherabsetzung und Kapitalerhöhung ergeben, bereits im Jahresab- **2**

---

33 *Hüffer*[9] 13; MünchHdBAG-*Krieger*[3] § 61, 42; KK/*Lutter*[2] 16; Spindler-Stilz/*Marsch-Barner*[2] 18; MK/*Oechsler*[2] 20.

1 *Kropff* AktG 1965, S 323 f. Zur Geschichte der Kapitalherabsetzung im Allgemeinen s Vor § 222, 72 ff.

2 Art 2 Nrn 48 des Gesetzes zur Durchführung der Vierten, Siebenten und Achten Richtlinie des Rates der Europäischen Gemeinschaften zur Koordinierung des Gesellschaftsrechts – Bilanzrichtlinien-Gesetz – v 19.12.1985, BGBl I 2355.

schluss für das vor der Beschlussfassung abgelaufene Geschäftsjahr auszuweisen, so hängt die Wirksamkeit des Beschlusses über die Feststellung des Jahresabschlusses davon ab, ob die Kapitalherabsetzung und die Kapitalerhöhung wirksam werden. Dies ist aber mit der Eintragung der Beschlüsse und der Durchführung der Kapitalerhöhung der Fall (§§ 189, 224). Bis dahin ist der Beschluss über die Feststellung des Jahresabschlusses schwebend unwirksam. Würde der Jahresabschluss nach § 325 Abs 1 S 2 HGB unverzüglich, dh alsbald nach seiner Feststellung, öffentlich bekannt gemacht, würde der unrichtige Eindruck eines schon wirksamen Jahresabschlusses erweckt werden[3], obwohl die Fristen nach §§ 234 Abs 3, 235 Abs 2 noch laufen. Zugleich verhindert die Vorschrift, dass ein Jahresabschluss publiziert wird, der uU kurze Zeit später nichtig wird (§§ 234 Abs 3, 235 Abs 2), wenn die Kapitalherabsetzung und ggf die Kapitalerhöhung nicht wirksam werden. Aus diesen Gründen macht § 236 eine Ausnahme von der Vorschrift des § 325 HGB.

III. Die Regelung und Rechtsfolgen eines Verstoßes

3 Die Bekanntmachung des Jahresabschlusses darf in den Fällen der §§ 234, 235 erst erfolgen, nachdem die erforderlichen Eintragungen in das Handelsregister stattgefunden haben, dann ist sie aber unverzüglich vorzunehmen[4]. Die Bekanntmachung darf nicht erfolgen, wenn die Beschlüsse wegen Versäumung der Dreimonatsfrist der §§ 234 Abs 3, 235 Abs 2 nichtig sind.

4 Die Vorschrift ist ein Schutzgesetz iSd § 823 Abs 2 BGB[5]. Die Gesellschaft haftet für Fehlverhalten ihrer Leitungsorgane über § 31 BGB. Ein Haftungsfall kann eintreten, wenn der Rückbezug der Kapitalmaßnahme misslingt und ein Gläubiger oder ein Aktionär im Vertrauen auf die Wirksamkeit des (wegen §§ 234 Abs 3, 235 Abs 2 nichtigen) Jahresabschlusses einen Schaden erleidet[6]. Eine Haftung kommt aber nur in Betracht, wenn der Jahresabschluss sich später als nichtig erweist. Wird er dagegen wirksam, haben die Gläubiger lediglich zu früh von ihm erfahren, was als solches keine Haftung auslöst[7], zumal die übrigen Bilanzposten außer gezeichnetem Kapital und Rücklagen mit und ohne Rückwirkung gleich ausfallen[8]. Gegen Vorstands- und Aufsichtsratsmitglieder steht der Gesellschaft die Möglichkeit eines Regresses nach §§ 93, 116 offen, wenn diese schuldhaft ihre Pflichten im Zusammenhang mit § 236 verletzt haben.

---

[3] KK/*Lutter*[2] 2.

[4] *Hüffer*[9] 2; KK/*Lutter*[2] 2; Spindler-Stilz/*Marsch-Barner*[2] 2.

[5] KK/*Lutter*[2] 3; Spindler-Stilz/*Marsch-Barner*[2] 3; MK/*Oechsler*[2] 3; MünchHdBAG-*Krieger*[3] § 61, 43.

[6] *Hüffer*[9] 3; KK/*Lutter*[2] 3; Spindler-Stilz/*Marsch-Barner*[2] 3.

[7] MK/*Oechsler*[2] 3; Spindler-Stilz/*Marsch-Barner*[2] 3.

[8] Baumbach/Hueck/*Zöllner* GmbHG[19] § 58e, 17; Spindler-Stilz/*Marsch-Barner*[2] 3.

DRITTER UNTERABSCHNITT

Kapitalherabsetzung durch Einziehung von Aktien. Ausnahme für Stückaktien

§ 237
Voraussetzungen

(1) [1]Aktien können zwangsweise oder nach Erwerb durch die Gesellschaft eingezogen werden. [2]Eine Zwangseinziehung ist nur zulässig, wenn sie in der ursprünglichen Satzung oder durch eine Satzungsänderung vor Übernahme oder Zeichnung der Aktien angeordnet oder gestattet war.

(2) [1]Bei der Einziehung sind die Vorschriften über die ordentliche Kapitalherabsetzung zu befolgen. [2]In der Satzung oder in dem Beschluß der Hauptversammlung sind die Voraussetzungen für eine Zwangseinziehung und die Einzelheiten ihrer Durchführung festzulegen. [3]Für die Zahlung des Entgelts, das Aktionären bei einer Zwangseinziehung oder bei einem Erwerb von Aktien zum Zwecke der Einziehung gewährt wird, und für die Befreiung dieser Aktionäre von der Verpflichtung zur Leistung von Einlagen gilt § 225 Abs. 2 sinngemäß.

(3) Die Vorschriften über die ordentliche Kapitalherabsetzung brauchen nicht befolgt zu werden, wenn Aktien, auf die der Ausgabebetrag voll geleistet ist,

1. der Gesellschaft unentgeltlich zur Verfügung gestellt oder
2. zu Lasten des Bilanzgewinns oder einer anderen Gewinnrücklage, soweit sie zu diesem Zweck verwandt werden können, eingezogen werden oder
3. Stückaktien sind und der Beschluß der Hauptversammlung bestimmt, daß sich durch die Einziehung der Anteil der übrigen Aktien am Grundkapital gemäß § 8 Abs. 3 erhöht; wird der Vorstand zur Einziehung ermächtigt, so kann er auch zur Anpassung der Angabe der Zahl in der Satzung ermächtigt werden.

(4) [1]Auch in den Fällen des Absatzes 3 kann die Kapitalherabsetzung durch Einziehung nur von der Hauptversammlung beschlossen werden. [2]Für den Beschluß genügt die einfache Stimmenmehrheit. [3]Die Satzung kann eine größere Mehrheit und weitere Erfordernisse bestimmen. [4]Im Beschluß ist der Zweck der Kapitalherabsetzung festzusetzen. [5]Der Vorstand und der Vorsitzende des Aufsichtsrats haben den Beschluß zur Eintragung in das Handelsregister anzumelden.

(5) In den Fällen des Absatzes 3 Nr. 1 und 2 ist in die Kapitalrücklage ein Betrag einzustellen, der dem auf die eingezogenen Aktien entfallenden Betrag des Grundkapitals gleichkommt.

(6) [1]Soweit es sich um eine durch die Satzung angeordnete Zwangseinziehung handelt, bedarf es eines Beschlusses der Hauptversammlung nicht. [2]In diesem Fall tritt für die Anwendung der Vorschriften über die ordentliche Kapitalherabsetzung an die Stelle des Hauptversammlungsbeschlusses die Entscheidung des Vorstands über die Einziehung.

Übersicht

Schrifttum

Becker Der Ausschluss aus der Aktiengesellschaft, ZGR 1986, 385; *T Bezzenberger* Erwerb eigener Aktien durch die AG, 2002; *Bley* Der Gläubigerschutz bei Einziehung von Aktien nach § 192 Abs 3 AktG 1937, ZAkDR 1942, 281; *Brodmann* Erwerb eigener Aktien und Einziehung von Aktien, ZBlHR 1932, 49; *Brodmann* Die Einziehung von Aktien im Entwurf des Aktienrechts, DGWR 1936, 104; *Bunte* Die Abschließung der Aktiengesellschaft gegen Außenstehende in den Niederlanden, Deutschland und der Schweiz, 1969; *Friedewald* Die personalistische Aktiengesellschaft, 1991, S 54 ff; *Grunewald* Der Ausschluß aus Gesellschaft und Verein, 1987; *Luther* Die genossenschaftliche AG, 1978; *Maier-Reimer* Vereinfachte Kapitalherabsetzung durch Verschmelzung?, GmbHR 2004, 1128; *Petersen* Vereinfachte Kapitalherabsetzung durch Verschmelzung?, GmbHR 2004, 728; *Quassowski* Die Vorschriften der Aktienrechtsnovelle über Publizität, eigene Aktien und Einziehung von Aktien, JW 1931, 2914; *Reichert//Harbarth* Veräußerung und Einziehung eigener Aktien, ZIP 2001, 1441; *Reinisch* Der Ausschluß von Aktionären aus der Aktiengesellschaft, 1992; *Rieckers* Ermächtigung des Vorstands zu Erwerb und Einziehung eigener Aktien, ZIP 2009, 700; *Terbrack* Kapitalherabsetzende Maßnahmen bei Aktiengesellschaften, RNotZ 2003, 89; *Terbrack* Kapitalherabsetzung ohne Herabsetzung des Grundkapitals? – Zur Wiedereinführung der Amortisation im Aktienrecht, DNotZ 2003, 734; *Tielmann* Die Einziehung von Stückaktien ohne Kapitalherabsetzung, DStR 2003, 1796; *Weiß* Die Einziehung von Aktien aus dem Gewinn gemäß § 227 HGB, ZBlHR 1927, 396; *Wiedemann* Übertragung und Vererbung von Mitgliedschaftsrechten bei Handelsgesellschaften, 1964, S 86 ff; *Wieneke/Förl* Die Einziehung eigener Aktien nach § 237 Abs 3 Nr 3 AktG – Eine Lockerung des Grundsatzes der Vermögensbindung?, AG 2005, 189; *Wiese* Zur Sanierung durch Einziehung von Aktien, SozPraxis 1940, 502; *Zöllner* Kapitalherabsetzung durch Einziehung von Aktien in vereinfachten Einziehungsverfahren und vorausgehender Erwerb, FS Doralt, 2004, S 751. Vgl im Übrigen die Schrifttumsnachweise Vor § 222.

I. Gesetzesgeschichte

1 Vorläufer der Kapitalherabsetzung durch Einziehung von Aktien war die sog **Amortisation**. Bei dieser war umstritten, ob es sich um eine Form der Kapitalherabsetzung handelte oder ob die Einziehung auch ohne Kapitalherabsetzung möglich war (s Vor § 222, 77). Der Aktienrechtsgesetzgeber 1937 klärte die Frage im ersteren Sinne (s Vor § 222, 83), so dass seitdem stets eine Kapitalherabsetzung vorlag[1]. Die Amortisation, also die Vernichtung der Mitgliedschaft ohne gleichzeitige Reduktion des Grundkapitals, war fortan nicht mehr zulässig (anders bei der GmbH, vgl § 34 GmbHG).

---

[1] Ebenso KK/*Lutter*[2] 3 f.

2 Die Regelung im Aktiengesetz von 1965 entsprach im Wesentlichen § 192 AktG 1937[2]. Der Ausdruck „aus der Jahresbilanz sich ergebenden Reingewinns" wurde durch den Begriff „Bilanzgewinn" ersetzt. Abs 3 Nr 2 erhielt den Zusatz „soweit sie zu diesem Zweck verwandt werden können", um klarzustellen, dass Bilanzgewinn und Rücklagen nur im Rahmen des Gesetzes (§ 58) und der Satzung zur Einziehung von Aktien verwandt werden dürfen. § 237 Abs 3 Nr 2 schaffte also keine eigenständige Grundlage für die Verwendung dieser Mittel[3].

3 **Art 36 der Kapitalrichtlinie** machte verbindliche Vorgaben für die Kapitalherabsetzung durch Einziehung (zu Einzelheiten s Vor § 222, 99), denen das damalige deutsche Recht weitgehend entsprach. Durch das Gesetz zur Umsetzung der Publizitätsrichtlinie musste lediglich § 237 Abs 2 S 2 eingefügt werden; der bisherige S 2 wurde zu S 3[4] (zu Einzelheiten s Vor § 222, 89). Das **BiRiLiG**[5] ersetzte in Abs 3 Nr 2 die Worte „freie Rücklage" durch „andere Gewinnrücklage", in Abs 5 die „gesetzliche Rücklage" durch „Kapitalrücklage", ohne dass damit eine inhaltliche Änderung einhergehen sollte[6].

4 Mit dem StückAG führte der Gesetzgeber zusätzlich zur Nennbetragsaktie die **Stückaktie** ein und nahm umfangreiche Änderungen bei den Vorschriften zu Kapitalmaßnahmen vor. In § 237 ersetzte er die Worte „Gesamtnennbetrag der eingezogenen Aktien" durch „auf die eingezogenen Aktien entfallenden Betrag"[7]. Allerdings erwies sich die Änderung der Vorschrift als unzureichend, so dass der Gesetzgeber sich zu **Nachbesserungen** gezwungen sah: (1) Das TransPuG führte in Abs 3 die Bestimmung der Nr 3 für Stückaktien ein[8]. Dadurch wurde dem Umstand Rechnung getragen, dass die Einziehung von Stückaktien nicht zwingend zu einer Herabsetzung des Kapitals führen muss, sondern sich das vorhandene Kapital nur auf weniger Aktionäre verteilt[9]. Die Gesellschaft kann bei Stückaktien also wählen, ob sie die Einziehung mit einer Herabsetzung des Grundkapitals kombinieren will oder nicht. Der Hauptversammlungsbeschluss muss daher festlegen, welcher der beiden Wege beschritten wird. Enthält er dazu keine Angaben, bleibt es wegen der Regel-Ausnahme-Formulierung des § 237 dabei, dass die Einziehung zu einer Kapitalherabsetzung führt[10]. (2) Bei dieser Nachbesserung des § 237 vergaß der Gesetzgeber jedoch, die sich daraus ergebenden Folgen für Abs 5 zu berücksichtigen. Geht die Einziehung nicht mit einer Kapitalherabsetzung einher, bedarf es keiner Einstellung eines Betrags in die Kapitalrücklage[11]. Man hätte also die in Abs 5 enthaltene Pflicht zur Einstellung eines der Herabsetzung entsprechenden Betrags in die Kapitalrücklage auf die Nrn 1 und 2 eingrenzen müssen. Dieses Versäumnis korrigierte der Gesetzgeber mit dem UMAG[12], indem er nach „Absatzes 3" den Zusatz „Nr 1 und

---

[2] Hierzu und zum Folgenden *Kropff* AktG 1965, S 324 f. Zur Geschichte der Kapitalherabsetzung im Allgemeinen s Vor § 222, 72 ff.

[3] KK/*Lutter*[2] 1.

[4] Art 1 Nr 31 des Gesetzes zur Durchführung der Zweiten Richtlinie des Rates der Europäischen Gemeinschaften zur Koordinierung des Gesellschaftsrechts v 13.12.1978, BGBl I 1959.

[5] Art 2 Nr 49 des Gesetzes zur Durchführung der Vierten, Siebenten und Achten Richtlinie des Rates der Europäischen Gemeinschaften zur Koordinierung des Gesellschaftsrechts – Bilanzrichtlinien-Gesetz – v 19.12.1985, BGBl I 2355.

[6] Beschlussempfehlung und Bericht des Rechtsausschusses, BT-Drucks 10/4268, S 46, 127.

[7] Art 1 Nr 33 des Gesetzes über die Zulassung von Stückaktien v 25.3.1998, BGBl I 590.

[8] Art 1 Nr 25 des Gesetzes zur weiteren Reform des Aktien- und Bilanzrechts, zu Transparenz und Publizität (Transparenz- und Publizitätsgesetz) v 19.7.2002, BGBl I 2681.

[9] RegE TransPuG, BT-Drucks 14/8769, S 24.

[10] RegE TransPuG, BT-Drucks 14/8769, S 24.

[11] RegE UMAG, BT-Drucks 15/5092, S 25.

[12] Art 1 Nr 18 des Gesetzes zur Unternehmensintegrität und Modernisierung des Anfechtungsrechts (UMAG) v 22.9.2005, BGBl I 2802.

Nr 2" einfügte. (3) Eine weitere notwendige Folgeänderung der Einführung von Stückaktien, nämlich die Anpassung des Wortlauts von § 237 Abs 4, § 238 und § 239, hat der Gesetzgeber bislang übersehen (s § 237, 111, § 238, 1, § 239, 1).

Der Aktienrechtsgesetzgeber 1937 hatte die Regelung eingeführt, dass es keine Einziehung von Mitgliedschaften ohne gleichzeitige Kapitalherabsetzung geben darf (s o 1). Mit der Einführung der Stückaktie und der Möglichkeit, einzelne Aktien einzuziehen, ohne das Grundkapital insgesamt herabzusetzen (Abs 3 Nr 3), hat er sich nun teilweise wieder von diesem Grundsatz verabschiedet und die Kapitalherabsetzung durch Einziehung der Amortisation angenähert. Die Neuregelung der Amortisation im Recht der Kapitalherabsetzung ist zu Recht als systematisch verfehlt kritisiert worden[13], denn in der Sache findet keine Kapitalherabsetzung statt (s a Vor § 222, 88). 5

II. Grundlagen

1. Die beiden Arten der Einziehung

Die Vorschrift unterscheidet zwischen der Kapitalherabsetzung durch **Zwangseinziehung** (mit den Unterformen der angeordneten und der gestatteten Einziehung) einerseits und der Kapitalherabsetzung durch **Einziehung eigener Aktien** (mit den Unterformen Einziehung früher bereits erworbener Aktien und noch zu erwerbender Aktien) andererseits. Beide Arten der Einziehung unterscheiden sich also dadurch, ob eigene oder fremde Aktien eingezogen werden sollen. Für beide Arten der Einziehung stehen zwei Verfahren zur Verfügung, nämlich das ordentliche (Abs 2) und das vereinfachte Verfahren (Abs 3 bis 5) (s u 85 ff, 98 ff). 6

Jede der genannten Arten der Einziehung setzt stets eine **Ermächtigung** voraus: Die Zwangseinziehung ist nur zulässig, wenn sie in der ursprünglichen Satzung oder durch eine Satzungsänderung vor Übernahme oder Zeichnung der Aktien angeordnet war oder wenn die Satzung eine Einziehung nach entsprechendem Hauptversammlungsbeschluss gestattet war (Abs 1 S 2). Handelt es sich um eine Einziehung eigener Aktien, reicht ein Hauptversammlungsbeschluss aus. Eine Satzungsermächtigung ist nicht notwendig, da die Gesellschaft eigene Aktien einzieht und die Aktionäre daher keines besonderen Schutzes bedürfen[14]. 7

Von der Ermächtigung zur Einziehung ist die spätere Einziehungshandlung zu unterscheiden, die die Mitgliedschaft vernichtet (vgl § 238 S 3). 8

2. Regelungsgegenstand und -zweck

a) **Die rechtliche Natur der Einziehung.** Die Einziehung von Aktien ist ihrer rechtlichen Natur nach die **Vernichtung** einzelner (nicht aller) Aktien durch eine Rechtshandlung der AG unter Aufrechterhaltung der übrigen Aktien und daher unter Fortbestand der Gesellschaft[15]. Sie geht – sieht man vom Fall der Einziehung von Stückaktien ohne 9

---

[13] *Busch* in Marsch-Barner/Schäfer, Handbuch börsennotierte AG[2], § 49, 21 f; *Hüffer*[9] 34b; Spindler-Stilz/*Marsch-Barner*[2] 33; *DAV-Handelsrechtsausschuß* NZG 2002, 115, 118 f; *Ihrig/Wagner* BB 2002, 789, 795 f; Heidel/*Terbrack*[3] 73; *Terbrack* DNotZ 2003, 734, 735; *ders* RNotZ 2003, 89 116; *Wieneke/Förl* AG 2005, 189, 191; K Schmidt/Lutter/*Veil*[2] 41; soweit ersichtlich aA allein *Seibert* NZG 2002, 608, 612.

[14] *Becker* in Bürgers/Körber 5; *Hüffer*[9] 5.

[15] RG JW 1908, 310; *Hüffer*[9] 5.

Kapitalherabsetzung ab (§ 237 Abs 3 Nr 3) – immer mit einer Herabsetzung des Grundkapitals einher. Dazu im Einzelnen: (1) Es handelt sich stets um die Vernichtung einzelner Aktien. Aufgrund der Einziehung erlischt die Mitgliedschaft des betroffenen Aktionärs im Ganzen. Dadurch unterscheidet sich die Kapitalherabsetzung durch Einziehung von Aktien wesentlich von den beiden anderen Arten der Kapitalherabsetzung (Nennwertherabsetzung einerseits und Zusammenlegung andererseits). Bei diesen beiden Arten bleibt die Mitgliedschaft als solche bestehen; sie wird inhaltlich nur umgestaltet. Bei der Nennwertherabsetzung wird der Nennwert herabgesetzt, bei der Zusammenlegung werden mehrere Aktien zu einer einzigen vereinigt und bestehen in dieser Form weiter (§ 222, 46 ff). Im Gegensatz zu den beiden anderen Formen der Kapitalherabsetzung betrifft die Einziehung nicht alle Aktien bzw alle Aktien einer Gattung, sondern einzelne Mitgliedschaftsrechte und daher nur einen Teil der Aktionäre[16]. (2) Da durch die Einziehung einzelne Aktien vollständig zum Erlöschen gebracht werden, ist mit ihr regelmäßig (zur Ausnahme des § 237 Abs 3 Nr 3 s 4, 107) eine Herabsetzung des Grundkapitals (der Grundkapitalziffer) verbunden. Denn das Grundkapital kann nicht größer sein als die Summe der Nennwerte der einzelnen Aktien (§§ 1 Abs 2, 8 Abs 4). (3) Da nur ein Teil der Aktien vernichtet wird, bleiben die übrigen Aktien und damit auch die AG bestehen. Die Einziehung erfolgt durch **eine Rechtshandlung der Gesellschaft** und kann nicht durch Dritte ausgelöst werden. Dies unterscheidet sie etwa von der Auflösung der Gesellschaft, die aus Gründen des Gemeinwohls durch Gerichtsurteil (§ 396) erfolgen kann.

10 Aus dem Gesagten folgt, dass die Einziehung eine **Doppelnatur** aufweist[17]. Einerseits dient sie der **Vernichtung von Mitgliedschaftsrechten** (ausführlich u 14) und damit dem Ausschluss von Gesellschaftern. Die Herabsetzung des Grundkapitals (soweit nicht die Ausnahme von Abs 3 Nr 3 greift) ist nur notwendige Folge, nicht aber primäres Ziel der Maßnahme. Andererseits ist sie – neben der Nennwertherabsetzung (§ 222 Abs 4 S 1) und der Zusammenlegung von Aktien (§ 222 Abs 4 S 2) – **die dritte Art der Durchführung einer Kapitalherabsetzung.** In diesem Fall zielt die Maßnahme primär auf eine Kapitalherabsetzung (ausführlich u 13) und die Vernichtung der Mitgliedschaften ist das Mittel dazu. Gegenüber den beiden anderen Arten der Durchführung (Nennwertherabsetzung und die Zusammenlegung von Aktien) weist sie drei Besonderheiten auf. (1) Die Einziehung führt – sieht man vom Fall des Abs. 3 Nr 3 ab – nicht zu einer Umgestaltung der Mitgliedschaft, sondern zu deren Vernichtung. (2) Sie betrifft nicht gleichmäßig alle Aktien, sondern nur einzelne Aktien oder Aktiengattungen. (3) Nennwertherabsetzung und Zusammenlegung stehen in einem Stufenverhältnis, da eine Zusammenlegung von Aktien erst erfolgen darf, wenn eine Nennwertreduktion nicht ausreicht, um die Kapitalherabsetzung durchzuführen (§ 222 Abs 4 S 2, s o § 222, 52 ff). Demgegenüber steht die Einziehung in keinem Subsidiaritätsverhältnis zu den beiden anderen Arten der Durchführung der Kapitalherabsetzung, sondern neben diesen. Aus diesem Grunde bedurfte der Schutz der Gläubiger und Aktionäre bei der Einziehung einer eigenständigen Regelung.

11 **b) Gläubiger- und Aktionärsschutz.** Die Einziehung ist nur mittels der gesetzlich angeordneten Verfahren und in den gesetzlich zugelassenen Fällen möglich. Die **Satzung kann keine weitergehenden Fälle** der Einziehung von Aktien (zB eine Amortisation, wie sie § 34 GmbHG vorsieht) zulassen[18]. Der **zwingende Charakter von § 237** dient der Gewährleistung eines ausreichenden Gläubigerschutzes, da stets die gesetzlich vorgesehe-

[16] KK/*Lutter*[2] 6.
[17] MK/*Oechsler*[2] 2.
[18] *Hüffer*[9] 1.

nen Schutzmechanismen zu beachten sind. So greift bei der Einziehung im ordentlichen Verfahren über § 237 Abs 2 S 1 die Schutzvorschrift des § 225. Bei der Einziehung im vereinfachten Verfahren besteht kein finanzielles Risiko für die Gläubiger, weil der Erwerb der Aktien unentgeltlich (Abs 3 Nr. 1) oder zulasten möglicher Dividendenausschüttungen (Abs 3 Nr 2) erfolgt und zudem eine Pflicht zur Dotierung der Kapitalrücklage im Umfang der eingezogenen Aktien besteht (Abs 5); bei Abs 3 Nr 3 findet gar keine Kapitalherabsetzung statt. Zudem ist § 240 zu beachten, der die zutreffende Information der Gläubiger sicherstellen will (s § 240, 3).

Der Schutz der Aktionäre wird dadurch gewährleistet, dass die Einziehung fremder Aktien nur zulässig ist, wenn sie in der ursprünglichen Satzung oder durch eine Satzungsänderung vor Übernahme oder Zeichnung der Aktien angeordnet oder gestattet war (Abs 1 S 2). Der Aktionär erwirbt eine bereits mit der Möglichkeit der Einziehung belastete Mitgliedschaft. Ein Schutzbedürfnis entfällt, wenn es sich um die Einziehung eigener Aktien der Gesellschaft handelt. Gleiches gilt für den – im Gesetz nicht angesprochenen – Fall, das alle Aktionäre dem Hauptversammlungsbeschluss über die Einziehung zustimmen. In der Sache handelt es sich um eine Satzungsänderung, mit der die Einziehung angeordnet wird. Die Voraussetzungen der Satzungsänderung sind einzuhalten. **12**

3. Zweck der Einziehung

a) **Einziehung zum Zweck der Kapitalherabsetzung.** Das Gesetz beschränkt die Zulässigkeit der Kapitalherabsetzung durch Einziehung von Aktien **nicht auf bestimmte Zwecke**[19]. Sie kann daher, wie die ordentliche Kapitalherabsetzung (s § 222, 41 ff), unterschiedlichen Zwecken, wie der Rückzahlung des Kapitals, der Sanierung oder der Auffüllung der Kapitalrücklage dienen. Sie kann insbesondere auch stattfinden, wenn die zu Stützungszwecken oder sonst nach § 71 erworbenen eigenen Aktien in absehbarer Zeit nicht mehr auf den Markt gebracht werden können und deshalb eine Anpassung des satzungsmäßigen Grundkapitals an den wirklichen Vermögensstand der Gesellschaft geboten erscheint oder nach § 71c Abs 3 vorgeschrieben ist. Dient die Einziehung einem dieser Zwecke, steht das Ziel der Kapitalherabsetzung im Vordergrund. Ihr kommt in diesem Fall die Funktion einer weiteren Art der Kapitalherabsetzung – neben Nennwertherabsetzung und Zusammenlegung – zu (s o 10). In der Praxis ist zunehmend zu beobachten, dass der Weg über § 71 Abs 1 Nr 8 gewählt wird und die Einziehung eigener Aktien nach § 71 Abs 1 Nr 6 iVm § 237 verdrängt. **13**

b) **Einziehung zum Zweck der Veränderung des Mitgliederbestands.** Die Einziehung kann aber auch der Vernichtung (vgl § 238 S 3) eines konkret bezeichneten Mitgliedschaftsrechts dienen[20], zB um eine personalistisch geprägte Gesellschaft in ihrer Mitgliederstruktur (Zugehörigkeit zu einer Familie oder einem Berufsstand) zu erhalten und einen Aktienerwerb durch oder eine Vererbung an Familienfremde „rückgängig" zu machen[21]. In diesem Fall steht die Umgestaltung des Kreises der Aktionäre im Vordergrund und die Kapitalherabsetzung ist nur notwendige Begleiterscheinung (s o 10). Da die Einziehung von Aktien erfahrungsgemäß nachträglich nur schwer in der Satzung zu verankern sein wird, sollten Gesellschaften, die auf einen geschlossenen Aktionärskreis **14**

---

[19] MK/*Oechsler*[2] 4; *Hüffer*[9] 4.

[20] *Hüffer*[9] 4; KK/*Lutter*[2] 13; MK/*Oechsler*[2] 4; *Reinisch* Der Ausschluß von Aktionären, S 20.

[21] *Hüffer*[9] 4; *Lutter* FS Vieregge, 1995, S 603, 615.

Wert legen, bereits bei der Gründung der Gesellschaft entsprechende Vorkehrungen treffen[22]. Erweisen sich diese später als unnötig, lassen sie sich – im Vergleich zur nachträglichen Einführung – leicht wieder aufheben. In der Praxis übernimmt heute vielfach der Squeeze out die Funktion, die früher der Einziehung zukam (s Vor § 222, 29).

15 c) **Angabe des Zwecks.** Der mit der Einziehung verfolgte Zweck ist **im Beschluss der Hauptversammlung zwingend anzugeben** (§§ 237 Abs 2 S 1, 222 Abs 3 bzw § 237 Abs 4 S 4).

4. Satzungsänderung

16 Die Kapitalherabsetzung durch Einziehung erfordert wegen der notwendigen Anpassung der Angaben gem § 23 Abs 3 Nrn 3 u 4 eine Satzungsänderung (s Vor § 222, 32 ff). Folglich sind neben den §§ 237 ff auch die §§ 179, 180 f zu beachten[23]. Handelt es sich um eine Einziehung aufgrund einer Satzungsermächtigung ohne Hauptversammlungsbeschluss (Abs 1 S 2), muss lediglich der bisherige Satzungstext angepasst werden. Eine Delegation der Fassungsänderung auf den Aufsichtsrat nach § 179 Abs 1 S 2 ist sinnvoll.

5. Grenzen der Einziehung

17 a) **Mindestnennbetrag und Kapitalschnitt.** Die Einziehung betrifft immer nur einzelne Aktien, nie aber alle Aktien der Gesellschaft, denn ein Beschluss der Hauptversammlung, durch den alle noch vorhandenen Aktien eingezogen werden, käme einer Auflösung gleich, die jedoch speziell geregelt ist (vgl § 262)[24]. Davon abgesehen, besteht keine Begrenzung des Ausmaßes der Einziehung, solange das herabgesetzte Grundkapital dem gesetzlichen **Mindestkapital** (§ 7) entspricht. Wird es unterschritten, muss die Einziehung mit einer gleichzeitigen Wiedererhöhung auf diesen Mindestnennbetrag kombiniert werden (§§ 237 Abs 2 S 1, 228)[25].

18 Umstritten ist, ob es auch eine Kapitalherabsetzung im Wege der Einziehung **auf Null** mit anschließender Wiedererhöhung geben könne. Es drängt sich die Parallele zur Kapitalherabsetzung im Wege der Nennwertherabsetzung und der Zusammenlegung auf, bei der man von der Zulässigkeit der Herabsetzung auf Null ausgeht (s § 228, 7), da Herabsetzung und sofortige Wiedererhöhung in einem untrennbaren Zusammenhang stehen. Allerdings gestalten Nennwertherabsetzung und Zusammenlegung die Mitgliedschaft nur um und es bleibt zumindest ein Rest in Form des Bezugsrechts erhalten. Anders verhält es sich bei der Einziehung, die die Mitgliedschaft komplett – also auch in Bezug auf das Bezugsrecht – vernichtet, so dass eine Gesellschaft ohne Gesellschafter entstünde. Dieses Ergebnis ließe sich nur vermeiden, wenn man den ausgeschlossenen Aktionären ein Bezugsrecht zugestehen würde[26]. Damit würde man zu der kuriosen Unterscheidung kommen, dass ein einzelner, von der Zwangseinziehung betroffener Aktionär aus der Gesellschaft ausgeschlossen würde, ohne dass ihm ein Bezugsrecht zustünde. Werden dagegen alle Aktionäre ausgeschlossen, müsste allen ein Bezugsrecht eingeräumt werden, um zu verhindern, dass eine Keinmann-AG entstünde. Im Ergebnis nimmt die Gegenansicht damit eine Umgestaltung der Rechtsfolge der Einziehung vor, die sie in dieser

[22] Ebenso KK/*Lutter*² 13.
[23] MK/*Oechsler*² 6; *Hüffer*⁹ 3.
[24] *Hüffer*⁹ 5.
[25] KK/*Lutter*² 15; MünchHdB-AG-*Krieger*³ § 62, 2.
[26] So MK/*Oechsler*² 81.

Schärfe aber nicht deutlich macht[27]. Daher muss mindestens eine Mitgliedschaft erhalten bleiben[28].

b) **Einziehung im Konkurs und in der Auflösung.** Die Einziehung von Aktien **während der Insolvenz** ist zulässig, soweit die Einziehung nicht dem Zweck des Insolvenzverfahrens widerspricht[29]. Beispielsweise kann auf diesem Wege eine Sanierung durchgeführt werden. Zudem kann die Einziehung eigener Aktien das Insolvenzverfahren vereinfachen. Auch im Zustand der **Auflösung** außerhalb des Insolvenzverfahrens ist die Einziehung möglich[30]. **19**

c) **Einziehung und Finanzmarktstabilisierung.** Finanzunternehmen unterliegen – solange sie von staatlichen Rettungsangeboten Gebrauch machen – Einschränkungen bei allen Maßnahmen, die zu einer Kapitalausschüttung an die Gesellschafter führen. Dies betrifft auch die Einziehung von Aktien (zu Einzelheiten s Vor § 222, 46 f). **20**

6. Abgrenzung von anderen Rechtsinstituten

Die Einziehung unterscheidet sich aufgrund ihrer Wirkungen auf den Bestand der einzelnen Aktie und auf die Höhe der Grundkapitalziffer von einigen, auf den ersten Blick ähnlichen Rechtsinstituten: **21**

Bei der **Kaduzierung** (§ 64) handelt es sich um den Ausschluss von Aktionären, die mit der Zahlung der geforderten Einlage säumig sind. Sie verlieren ihre Mitgliedschaft zugunsten der Gesellschaft; das Anteilsrecht selbst besteht aber weiter und kann einem Erwerber angeboten werden (§ 65). **22**

Die **Kraftloserklärung** (§ 72) bezieht sich auf die Aktienurkunde als Wertpapier. Sie nimmt dem Aktionär nicht das Mitgliedschaftsrecht, sondern will ihn bei Verlust der Aktienurkunde davor schützen, dass ein redlicher Dritter die Aktienurkunde kraft Rechtsschein erwirbt. Weiterhin dient die Kraftloserklärung dazu, inhaltlich unrichtig gewordene Aktienurkunden einzuziehen (§ 73). Die in § 226 vorgesehene Kraftloserklärung von Aktien erfolgt nach der Zusammenlegung von Aktienrechten, da die ausgegebenen Urkunden durch die mit der Kapitalherabsetzung verbundene Umgestaltung der Anteilsrechte unrichtig geworden sind (s § 226, 15). **23**

Der **Erwerb eigener Aktien** durch die Gesellschaft (§ 71) bewirkt nur ein zeitweiliges Ruhen aktienrechtlicher Befugnisse (§ 71b), lässt aber den Bestand der Aktie unberührt. Mit der Wiederveräußerung der Aktien leben diese Rechte wieder auf. Die Einziehung hat im Zusammenhang mit eigenen Aktien insofern eine Bedeutung, als der Erwerb eigener Aktien der Vorbereitung der Kapitalherabsetzung durch Einziehung dient (§ 71 Abs 1 Nr 6). Zudem besteht ein weiterer Zusammenhang. Eigene Aktien sind einzuzie- **24**

---

[27] Bezeichnend MünchHdB-AG-*Krieger*[3] § 62, 2 „im Wege der Einziehung kann *wohl* auch eine Kapitalherabsetzung auf Null erfolgen"; MK/*Oechsler*[2] 81 „Entgegen ablehnender Stimmen *scheint* dies aufgrund von § 228 Abs 2 Satz 1 möglich" (Hervorh jeweils vom Verf).

[28] *Hüffer*[9] 24; aA MünchHdB-AG-*Krieger*[3] § 62, 2; MK/*Oechsler*[2] 81; K Schmidt/Lutter/*Veil*[2] 28.

[29] *Hüffer*[9] 1; KK/*Lutter*[2] 16; MK/*Oechsler*[2] 7; aA *Schilling* Voraufl 41.

[30] RGZ 125, 114, 118 ff (zur GmbH); *Hüffer*[9] 1; KK/*Lutter*[2] 16; MünchHdB-AG-*Krieger*[3] § 62, 3; MK/*Oechsler*[2] 7; *Schilling* Voraufl 41; aA *Feine* in Ehrenbergs Handbuch, Bd 3, Abt III, § 26, S 360.

hen, wenn sie unter Verstoß gegen § 71 Abs 1 und 2 erworben und nicht innerhalb eines Jahres bzw drei Jahren wieder veräußert wurden (§ 71c Abs 3).

25 Daneben kennt das Gesetz noch die **Einziehung nach dem Erwerb eigener Aktien** gem § 71 Abs 1 Nr 8 S 6 durch den Vorstand. Sofern die Hauptversammlung dem Vorstand eine entsprechende Ermächtigung erteilt hat, entscheidet dieser nach pflichtgemäßem Ermessen über die Einziehung, ohne dass es eines weiteren Hauptversammlungsbeschlusses bedürfte. Dabei wird man davon ausgehen müssen, dass diese Vorschrift sich nur auf Aktien bezieht, die nach der Nr 8 erworben wurden und nicht auch auf andere eigene Aktien, die die Gesellschaft zu anderen Zwecken erworben hatte oder erwirbt[31]. Andernfalls wären die Vorgaben in § 237 zur Einziehung eigener Aktien überflüssig. Zur Abgrenzung beider Institute s u 108.

26 Keine Einziehung im Sinne einer Vernichtung des Aktienrechts ist die **Auslosung.** Hierunter ist eine Satzungsbestimmung zu verstehen, nach der der Aktionär verpflichtet wird, unter bestimmten Bedingungen sein Aktienrecht auf einen Dritten, zB den Staat oder die Gesellschaft zu übertragen. Mit Recht hat das Reichsgericht angenommen, dass es sich um eine zulässige Ausgestaltung des Aktienrechts **durch die Satzung** handelt, dem zwingende Vorschriften des Aktienrechts (vgl §§ 23 Abs 5, 54 Abs 1) nicht entgegenstehen[32]. Eine Verminderung des Grundkapitals und damit eine Gefährdung der Gläubigerinteressen ist ausgeschlossen, wenn die Einlösung der Aktien nicht aus Mitteln der Gesellschaft, sondern Dritter erfolgt. Zulässig ist dabei auch die Gestaltung eines Ankaufsfonds, der aus Gewinnen gebildet wird, die dem dritten Erwerber nach einem Vertrage mit der Gesellschaft zustehen. Der Beschluss verstößt auch nicht gegen den Grundsatz der gleichmäßigen Behandlung der Aktionäre und gegen den Grundsatz, dass Umstände in den persönlichen Verhältnissen des einzelnen Aktionärs nicht zur Entziehung der Aktienrechte führen dürfen. Die Aktionäre können auf die Einhaltung derselben gerade verzichten und sich in Folge dessen auch einer entsprechenden Satzungsbestimmung unterwerfen. Wenn das Aktiengesetz die Einziehung des Aktienrechts mit der Folge des Untergangs und den Ausschluss des einzelnen Aktionärs wegen Nichterfüllung der Einlagepflicht kennt, begegnet es auch keinen Bedenken, wenn die Satzung eine Bestimmung enthält, wonach die Mitgliedschaft auf Dritte gegen Entgelt übergeht. Hierfür spricht auch der Umstand, dass der Aktionär sich auch an einer AG beteiligen kann, die nach Zeitablauf oder bei Eintritt eines bestimmten Ereignisses aufgelöst wird. Die Auslosung ist demgegenüber nur ein Minus. Auch § 54 Abs 1 steht nicht entgegen, denn er begrenzt nur die Verpflichtung der Aktionäre zur Leistung der Einlage, hindert aber nicht den Übergang ihrer Rechte auf Dritte gemäß besonderer Satzungsbestimmungen. Die einzige Einschränkung, die man machen muss, besteht darin, dass eine **materielle Beschlusskontrolle** stattzufinden hat, wenn die Auslosung nur Teile der Aktionäre treffen kann und die Satzung nicht im Vorhinein festlegt, wer genau von der Auslosung betroffen sein wird (§ 222, 33). Lehnt man die Zulässigkeit einer statutarisch vorgesehenen Auslosung entgegen der hier vertretenen Ansicht ab, bleibt stattdessen eine **schuldrechtlich** vereinbarte Auslosung möglich[33]. Zur Absicherung werden die Aktien in der Praxis bei einem Treuhänder verwahrt.

---

31 S o *Merkt* § 71, 297 sowie MK/*Oechsler*[2] § 71, 279; aA *Reichert/Harbarth* ZIP 2001, 1141, 1450.

32 RGZ 120, 177; Baumbach/*Hueck*[13] Vorb § 237, 6; *Hüffer*[9] 2; *Grunewald* Ausschluss, S 199; *Schilling* Voraufl 3; aA *Becker* ZGR 1986, 383, 395 f; KK/*Lutter*[2] 10; Spindler-Stilz/*Marsch-Barner*[2] 6; Münch-HdBAG-*Krieger*[3] § 62, 1.

33 So KK/*Lutter*[2] 11 mwN.

Ob es einen **Ausschluss von Aktionären aus wichtigem Grund gibt**, war lange streitig[34], wird aber heute zu Recht ganz überwiegend bejaht[35]. Die Einziehung ist das probate Mittel, um die Mitgliedschaft zu vernichten[36] (dazu u 55). **27**

7. Auswirkung der Einziehung auf Rechte Dritter

Zu den Auswirkungen auf die Rechte siehe zunächst Vor § 222, 44 f. Darüberhinaus ist anzumerken, dass die Gesellschaft den Genussrechtsinhabern eine Abfindung schuldet, wenn sie aufgrund der Bedingungen der Genussrechte das Genusskapital parallel zu einer Zwangseinziehung herabsetzen darf. Entgegenstehende AGB wären unwirksam[37]. **28**

III. Die Zwangseinziehung (Abs 1 S 1 Alt 1)

1. Begriff und Reichweite

Eine Zwangseinziehung liegt vor, wenn die Gesellschaft **Aktien einzieht, die ihr nicht selbst gehören.** Die Aktien müssen also im Eigentum einer anderen Person stehen, wozu auch abhängige Unternehmen oder eine 100 %ige Tochtergesellschaft zählen, wie die §§ 71d S 4, 71c Abs 3 zeigen. Die gesetzliche Terminologie ist missverständlich: Entgegen dem Wortsinn erfolgt die *Zwangs*einziehung **ohne Rücksicht auf den Willen des betroffenen Aktionärs.** Eine Zwangseinziehung liegt also selbst dann vor, wenn sie mit seinem Einverständnis erfolgt[38]. Die Einziehung erfolgt durch eine einseitige Handlung der Gesellschaft, die auch in einer Kündigung gegenüber den betroffenen Aktionären bestehen kann, wenn die Satzung oder der Hauptversammlungsbeschluss dies vorsieht. Die Zwangseinziehung ist die stärkste Form des **Eingriffs in die Mitgliedschaft.** Sie ist folglich nur zulässig, wenn sie in der Satzung angeordnet oder gestattet ist, die jeweilige Aktie also vom Moment ihrer Entstehung an unter der Möglichkeit der Einziehung stand (dazu unten 32 ff). **29**

Die Zwangseinziehung kann **jede Aktienkategorie betreffen**, also Inhaber- und Namensaktien, vinkulierte Aktien, Stamm- und Vorzugsaktien, verbriefte und unverbriefte Aktien. Eingezogen werden können auch nicht voll einbezahlte Aktien, wie § 66 Abs 3 und § 225 Abs 2 Satz 2 und der Umkehrschluss aus § 237 Abs 3 zeigen (wobei es sich nicht um eine Sanktion für säumige Aktionäre handelt, zur Abgrenzung zwischen Einziehung und Kaduzierung s o 22). Die Voraussetzungen und Bedingungen der Zwangseinziehung können für das ursprüngliche Aktienkapital und für Aktien aus verschiedenen Kapitalerhöhungen oder für einzelne Aktienkategorien unterschiedlich geregelt werden[39]. Die der Einziehung unterliegenden Aktien müssen weder Namensaktien noch vinkulierte Namensaktien sein, da das Gesetz keine entsprechende Vorgabe macht[40]. Die Zwangseinziehung ist im Übrigen ein Instrument, um tracking-stocks wieder zu beseitigen[41]. **30**

Das Gesetz sieht die Zwangseinziehung in zwei Ausprägungen vor. Bei der **angeordneten Zwangseinziehung** (s u 45 ff) gibt die Satzung detailliert vor, unter welchen Vor- **31**

---

34 Eingehend *Grunewald* Ausschluss, S 50 ff; *Becker* ZGR 1986, 383, 387 ff, 397 ff.

35 *Busch* in Marsch-Barner/Schäfer, Handbuch börsennotierte AG², § 49, 12 mwN.

36 *Becker* ZGR 1986, 383, 409 ff; KK/*Lutter*² 12, 118 ff.

37 MK/*Oechsler*² 27.

38 *Hüffer*⁹ 5; KK/*Lutter*² 22.

39 Vgl statt vieler KK/*Lutter*² 32.

40 KK/*Lutter*² 33 mwN zur früher vertretenen aA.

41 Zu Einzelheiten *Cichy/Heins* AG 2010, 181, 190; *Fuchs* ZGR 2003, 167, 211 ff; *Tonner* IStR 2002, 317, 323.

aussetzungen der Vorstand bestimmte oder bestimmbare Aktien einziehen muss. Die Hauptversammlung ist für die Entscheidung nicht zuständig (vgl zu Abs 6 unten 123 ff). Bei der **gestatteten Zwangseinziehung** (s u 60 ff) enthält die Satzung nur die generelle Ermächtigung zur Einziehung bestimmter oder bestimmbarer Aktien, ohne jedoch die Einziehungsgründe und das Einziehungsverfahren detailliert vorzugeben. Vielmehr ist es Aufgabe der Hauptversammlung, über die Einziehung zu beschließen. Bei der gestatteten Zwangseinziehung kann die Satzung auch eine Regelung enthalten, wonach bestimmte Einziehungsgründe festgelegt werden, aber die Entscheidung über die Einziehung – im Unterschied zur angeordneten Zwangseinziehung – bei der Hauptversammlung liegen soll. Die **Vorteile** der angeordneten Zwangseinziehung liegen in dem unkomplizierten Einziehungsverfahren nach Abs 6 und dem Umstand, dass die in der Satzung genannten Einziehungsgründe keiner sachlichen Rechtfertigung bedürfen und nicht am Grundsatz der Gleichbehandlung zu messen sind (s u 57 einerseits und 61 ff andererseits). Ihr **Nachteil** besteht in der Starrheit der Regelung. So kommt aufgrund der Notwendigkeit, im Vorhinein die Einziehungsgründe präzise umschreiben zu müssen, eine angeordnete Zwangseinziehung aus wichtigem Grund nicht in Betracht (s u 55). Es ist jedoch möglich, parallel beide Arten der Zwangseinziehung in der Satzung zu verankern: Für bestimmte Fälle wird eine Zwangseinziehung angeordnet und im Übrigen wird subsidiär die Zwangseinziehung gestattet. Beide Formen der Zwangseinziehung setzen eine Ermächtigung in der Satzung voraus, so dass die nachfolgenden Ausführungen (s u 32 ff) für sie beide gelten.

2. Ermächtigung in der Satzung (Abs 1 S 2)

32 a) **Ursprungssatzung und Satzungsänderung.** Die Zwangseinziehung ist nur in Bezug auf solche Aktien zulässig, bei denen diese Maßnahme vor der Übernahme oder Zeichnung der Aktien bereits in der Satzung verankert war (Abs 1 S 2). Diese gesetzliche Vorgabe soll sicherstellen, dass die Aktionäre vorhersehen können, in welchen Fällen die Einziehung droht, und Erwerber von Aktien anhand der Satzung erkennen können, dass sie eine von vornherein mit der Möglichkeit der Einziehung belastete Mitgliedschaft erwerben. Es sind folgende Gestaltungen zu unterscheiden:

33 (1) Bei der **Gründung übernommene Aktien** unterliegen der Zwangseinziehung nur, wenn sie in der ursprünglichen Satzung angeordnet ist. Sofern nichts Abweichendes geregelt wird, gilt die Bestimmung zur Zwangseinziehung für alle Aktien, also die ursprünglichen und diejenigen, die später durch Kapitalerhöhung entstehen[42]. Fehlt in der ursprünglichen Satzung eine Ermächtigung, kann eine Zwangseinziehung nur erfolgen, wenn alle betroffenen Aktionäre ihr zustimmen (s u 38).

34 (2) Handelt es sich um Aktien aus einer **Kapitalerhöhung**, so muss sich die Anordnung der Zwangseinziehung aus dem Inhalt der Satzung ergeben, der im **Zeitpunkt der Zeichnung** der neuen Aktien maßgebend ist. Fehlt in der ursprünglichen Satzung eine entsprechende Bestimmung, unterfallen die jungen Aktien nur dann der Zwangseinziehung, wenn eine solche zuvor im Wege einer Satzungsänderung eingeführt wurde. Die Satzungsänderung wird mit ihrer Eintragung ins Handelsregister wirksam (§ 181 Abs 3). Ein Teil des Schrifttums meint, es komme nicht auf den Moment der Eintragung der Satzungsänderung an; ausreichend für eine Unterwerfung der jungen Aktien unter die mögliche Zwangseinziehung sei, dass die Satzungsänderung und die Kapitalerhöhung gleichzeitig erfolgten, denn die nachfolgende Zeichnung erfolge auf Grundlage des Kapi-

---

42 KK/*Lutter*[2] 24.

talerhöhungsbeschlusses, der die Möglichkeit der Zwangseinziehung vorsehe[43]. Diese Ansicht überzeugt nicht[44], da § 237 Abs 1 S 2 gerade eine wirksame Satzungsgrundlage für die Einziehung voraussetzt, nicht lediglich eine bevorstehende. Wollte man auf eine im Entstehen befindliche Satzungsänderung abstellen, käme es faktisch auf die Kenntnis der künftigen Aktionäre von diesem Vorgang an. Die demnächst wirksam werdende Satzungsänderung taucht im Zeichnungsschein nicht auf; dort sind nur Nebenverpflichtungen iSd § 55 aufzuführen (§ 185 Abs 1 Nr 2) und mehr nicht. Der Zeichner, der sich kurz vor der Zeichnung im Handelsregister über die aktuelle Satzung informiert, kann nicht erkennen, dass er der Zwangseinziehung unterliegt, und hat auch sonst keine Möglichkeit der Kenntniserlangung. Nicht überzeugen kann auch der Einwand, die AG könne die Zeichner im Zeichnungsschein davon in Kenntnis setzen. Eine solche Möglichkeit hat der Gesetzgeber in § 185 nicht vorgesehen und das zu Recht. Ein späterer Erwerber dieser jungen Aktien könnte nie allein anhand der Eintragung im Handelsregister feststellen, ob seine Aktie schon der Einziehung unterliegt oder nicht. Konsequenterweise müsste man bei späteren Erwerbern zwischen solchen unterscheiden, die zufällig Kenntnis vom Inhalt des Zeichnungsscheins haben und solchen, die dies nicht haben. Die so bestehende Rechtsunsicherheit wäre unzumutbar[45]. Es kommt daher nicht auf die Kenntnis des Zeichners an[46], sondern allein auf den objektiven Umstand, ob am Tag der Abgabe der Zeichnungserklärung die Satzungsänderung, die die Zwangseinziehung erlaubt, bereits eingetragen und damit wirksam war. Der Zeichner soll erkennen können, auf was er sich einlässt. Dies setzt eine vorherige Eintragung ins Handelsregister voraus. Vor dem Hintergrund der Tatsache, dass die Zeichnung eine empfangsbedürftige Willenserklärung darstellt, wird im Schrifttum die Frage diskutiert, ob die Satzungsänderung im Zeitpunkt der Abgabe oder des Zugangs der Zeichnung bei der Gesellschaft vorliegen müsse. Maßgebend muss der Moment der Abgabe der Willenserklärung des Zeichners sein, da dies der Moment seiner Entscheidungsfindung ist[47]. Vor dem Hintergrund von § 27 Abs 4 HRV, wonach im Handelsregister allein der Tag der Eintragung vermerkt wird, bedarf diese Ansicht einer Ergänzung. Da die Handelsregistereintragungen nicht minutengenau vorgenommen werden, ist zu verlangen, dass die Zeichnung **am Tag nach der Eintragung der Satzungsänderung** abgegeben wird. Ist sie am gleichen Tag abgegeben, kann sich der Zeichner darauf berufen, die soeben eingeführte Möglichkeit der Zwangseinziehung ergreife seine Aktien nicht.

(3) Werden die neuen Aktien im Wege des **mittelbaren Bezugsrechts** begeben (§ 186 **35**
Abs 5), kommt es auf den Zeitpunkt der Zeichnung der jungen Aktien durch das Kreditinstitut und nicht auf den späteren Erwerb durch die Bezugsberechtigten an[48].

(4) Bei **Options- und Wandelanleihen** kommt es nach überwiegender Meinung da- **36**
rauf an, dass am Tag der Bezugs- bzw Wandelerklärung die Satzungsregelung über die Einziehung bereits in Kraft getreten ist[49]. Da die Inhaber der Options- und Wandelanleihen diese jedoch uU weit vor diesem Zeitpunkt erwerben, vertrauen sie darauf, dass ihre Finanzinstrumente unbelastet von einer Zwangseinziehung sind, zumal eine solche sicherlich den Preis des Finanzinstruments beeinflussen dürfte. Aus Gründen des Anlegerschutzes ist daher zu verlangen, dass die Möglichkeit der Zwangseinziehung bereits

---

43 *Schilling* Voraufl 10.

44 Ebenso *Becker* in Bürgers/Körber 8; *Hüffer*^{9} 7; KK/*Lutter*^{2} 26; MünchHdB-AG-*Krieger*^{3} § 62, 6; Spindler-Stilz/*Marsch-Barner*^{2} 9; MK/*Oechsler*^{2} 19, 22.

45 So auch KK/*Lutter*^{2} 26.

46 So ausdrücklich MK/*Oechsler*^{2} 23.

47 *Becker* in Bürgers/Körber 8; MK/*Oechsler*^{2} 19.

48 *Hüffer*^{9} 6; KK/*Lutter*^{2} 27.

49 Spindler-Stilz/*Marsch-Barner*^{2} 8; KK/*Lutter*^{2} 27; *Hüffer*^{9} 6; MK/*Oechsler*^{2} 20.

zum Zeitpunkt des Erwerbs der Bezugsrechte in der Satzung verankert war[50]. Nicht der Zeitpunkt der Ausübung des Bezugsrechts, sondern derjenige seines Erwerbs ist für die Entscheidung des Anlegers maßgebend.

37 (5) Mit dem Begriff der **Übernahme** ist der *originäre* Aktienerwerb ohne Zeichnung gemeint (vgl § 29 und o 33), nicht aber der abgeleitete Erwerb kraft Rechtsgeschäft oder der Erwerb kraft Universalsukzession[51]. Der Begriff erfasst auch die Übernahme einer Gratisaktie. Eine solche unterliegt nach einer Ansicht dann der Zwangseinziehung, wenn auch die Ausgangsaktie, von der die Gratisaktie abgeleitet ist, dieser unterliegt (§ 216 Abs 1)[52]. Die Gegenauffassung[53] meint, die gleichzeitige Beschlussfassung über Einführung der Zwangseinführung und Kapitalerhöhung aus Gesellschaftsmitteln reiche aus, um der Gesellschaft zu ermöglichen, die Gratisaktien später wieder einzuziehen[54]. Dies allein ist jedoch kein Argument, denn der Zweck heiligt nicht die Mittel. Entscheidend ist, dass der Wortlaut von § 237 Abs 1 S 2 „vor“ eindeutig ist. Man wird daher nicht nur verlangen müssen, dass der Beschluss über die Einführung der Zwangseinziehung in derselben Hauptversammlung vor dem Beschluss über die Ausgabe der Gratisaktien gefasst wird. Vielmehr ist auch bei der Eintragung ins Handelsregister auf die richtige Reihenfolge der Eintragung beider Beschlüsse zu achten; diese muss zudem erkennbar sein, um späteren Erwerbern der Gratisaktien die Möglichkeit der Zwangseinziehung entgegenhalten zu können. Die vorliegende Gestaltung unterscheidet sich im Übrigen von derjenigen der Aktienzeichnung, bei der man verlangt, dass die Möglichkeit der Zwangseinziehung bereits vor Abgabe der Zeichnungserklärung wirksam wurde (s o 34), um gegenüber dem Zeichner Gültigkeit zu haben. Eines solchen Schutzes bedarf es bei der Entstehung von Gratisaktien nicht, denn die (Gratisaktien übernehmenden) Altaktionäre haben über ihre mitgliedschaftsrechtlichen Rechte (Ladung zur Hauptversammlung, Teilnahme- und Stimmrecht) an der Entstehung der mit der Möglichkeit der Einziehung belasteten Gratisaktien mitgewirkt. Gleichwohl kann es für die Frage, ob die Zwangseinziehung für die Gratisaktien gilt, nicht auf die subjektive Kenntnis der Aktionäre von den Hauptversammlungsbeschlüssen ankommen, die einem späteren Erwerber gerade nicht entgegengehalten werden kann[55]. Entscheidend abzustellen ist daher auf den objektiv nachprüfbaren Umstand, dass die Zwangseinziehung vor der Eintragung der Kapitalerhöhung aus Gesellschaftsmitteln eingetragen wurde.

38 b) **Satzungsänderung mit Rückwirkung auf bestehende Aktien.** Mit **Zustimmung der betroffenen Aktionäre**[56] – bei Zulassung der Einziehung für alle Aktien also mit Zustimmung aller Aktionäre – kann die Zwangseinziehung auch noch nach der Übernahme oder Zeichnung in der Satzung angeordnet oder ihre Voraussetzungen erleichtert werden[57]. Abs 1 S 2 dient nämlich dem Schutz der Aktionäre, die folglich hierauf auch verzichten können. Zudem weist ein Teil des Schrifttums auf eine Analogie zu § 180 Abs 2 hin[58]. Die Zulassung einer Satzungsänderung mit Rückwirkung auf bestehende Aktien

---

[50] MünchHdB-AG-*Krieger*[3] § 62, 6; *Busch* in Marsch-Barner/Schäfer, Handbuch börsennotierte AG[2], § 49, 3.

[51] *Hüffer*[9] 6.

[52] KK/*Lutter*[2] 28; *Hüffer*[9] 6 f.

[53] MünchHdB-AG-*Krieger*[3] § 62, 6; MK/*Oechsler*[2] 21; so wohl auch *Busch* in Marsch-Barner/Schäfer, Handbuch börsennotierte AG[2], § 49, 3.

[54] So ausdrücklich MK/*Oechsler*[2] 21.

[55] Anders aber wohl MK/*Oechsler*[2] 23.

[56] Zu den Anforderungen an die Zustimmung vgl die Kommentierung zu § 180.

[57] KG KGJ 31 A 164, 170; Baumbach/*Hueck*[13] 2; *Becker* in Bürgers/Körber 22; *Godin/Wilhelmi*[4] 8; *Hüffer*[9] 8; KK/*Lutter*[2] 29 f; MünchHdB-AG-*Krieger*[3] § 62, 6 und Fn 6; *Schilling* Voraufl 10; *Schlegelberger/Quassowski*[3] § 192, 13.

[58] KK/*Lutter*[2] 29 f.

unterliegt starker Kritik für den Fall, dass an betroffenen Aktien ein Pfandrecht oder Nießbrauch bestellt ist. Komme es zur Einziehung, gingen die Rechte der Pfandgläubiger und Nießbrauchsberechtigter unter, weshalb § 1276 Abs 1 S 1 iVm Abs 3 BGB analog anzuwenden sei. Ein verpfändetes Recht könne also nur mit **Zustimmung des Pfandgläubigers oder Nießbrauchsberechtigten** aufgehoben oder verändert werden[59]. Dieser Einwand überzeugt jedoch nicht. Pfandgläubiger und Nießbrauchsberechtigte sind unstreitig auch gegen sonstige Strukturmaßnahmen, wie Fusion, Umwandlung oder Eingliederung, oder gegen den Ausschluss des Bezugsrechts nicht geschützt[60]. Es müssten schon besondere Anhaltspunkte im Gesetz vorhanden sein, um gerade bei der Einziehung einen weitergehenden Schutz zu rechtfertigen. Solche sind nicht ersichtlich, zumal sich das Pfandrecht[61] und der Nießbrauch am Einziehungsentgelt[62] fortsetzen. Im Übrigen wird auch die Bestimmung des § 1276 BGB falsch interpretiert. Das Tatbestandsmerkmal „aufheben" meint die einseitige Willenserklärung des Gläubigers/Verpfänders oder einen Vertrag mit dem unmittelbaren Ziel der Rechtsaufgabe. Bei gesellschaftsrechtlich vermittelten Rechten liegt eine Aufgabe nur vor, wenn der Gesellschafter/Verpfänder auf Individualrechte vermögensrechtlicher Art verzichtet[63], nicht aber, wenn seine gesellschaftsrechtliche Stellung verändert wird. Bei der GmbH ist daher anerkannt, dass keine Zustimmung erforderlich ist, wenn der Gesellschafter seinen Anteil zur Verfügung stellt (§ 27 GmbHG) oder wenn er seinerseits kündigt oder bei der Einziehung seines Anteils gemäß § 34 Abs 2 GmbHG[64], sofern die Satzung die Einziehung bei der Bestellung des Pfandrechts bereits vorsah. Dem Pfandgläubiger werden durch die Pfandbestellung gerade keine mitgliedschaftlichen Kompetenzen eingeräumt. Wollte man nun aber die Einziehung seiner Zustimmung unterwerfen, würde man aber genau das tun. Der Pfandgläubiger muss daher Satzungsänderungen hinnehmen, selbst wenn sie sich faktisch negativ auf seine Rechtsstellung auswirken[65]. Warum nun gerade die Einführung der Einziehung mit Rückwirkung davon ausgenommen sein soll[66], ist nicht ersichtlich, solange der Verpfänder/Nießbraucher dadurch ausreichend geschützt wird, dass sich Pfandrecht und Nießbrauch am Einziehungsentgelt fortsetzen.

Eine Satzungsänderung mit Rückwirkung auf bestehende Aktien kann theoretisch **39** auch dadurch herbeigeführt werden, dass die von einer Zwangseinziehung betroffenen Aktionäre auf die Erhebung einer Anfechtungsklage wegen Verletzung der Satzungsermächtigung[67] verzichten. Dies setzt allerdings voraus, dass der Handelsregisterrichter den Beschluss eingetragen hat (Abs 2 S 1 iVm § 223), was regelmäßig nicht der Fall sein dürfte, da die Gesetzesverletzung evident ist und das Register damit eine Eintragung gerade nicht vornehmen darf (vgl § 223, 22)[68].

---

[59] MK/*Oechsler*[2] 24; KK/*Lutter*[1] 16; Spindler-Stilz/*Marsch-Barner*[2] 10.

[60] KK/*Lutter*[2] 29 f.

[61] MK BGB/*Damrau*[5] § 1274, 66; *Müller* GmbHR 1969, 4, 36; aA *Becker* GmbHR 1940, 259, 263; *Buchwald* GmbHR 1959, 254, 255 und 256.

[62] *Becker* in Bürgers/Körber 22.

[63] MK BGB/*Damrau*[5] § 1276, 8.

[64] MK BGB/*Damrau*[5] § 1276, 8.

[65] RGZ 139, 224, 228 ff; MK BGB/*Damrau*[5] § 1274, 61 (s aber die folgende Fn).

[66] So aber MK BGB/*Damrau*[5] § 1274, 61, der nicht prüft, ob der von ihm thematisierte rückwirkende Ausschluss der Verpfändung von Gesellschaftsanteilen auf das bereits bestellte Pfandrecht noch Einfluß haben kann.

[67] Bei gänzlich fehlender Satzungsermächtigung liegt dagegen ein Fall der Nichtigkeit vor, s u 43.

[68] *Hefermehl* in Geßler/Hefermehl § 237, 15; im Ergebnis auch KK/*Lutter*[2] 54; wohl auch *Hüffer*[9] 8, der aber auf die Frage, ob der Beschluss im ersten Schritt überhaupt eingetragen werden darf, nicht eingeht.

40 c) **Änderung und Aufhebung der Ermächtigung.** Eine Änderung oder Aufhebung der Ermächtigung zur Zwangseinziehung muss im Wege der Satzungsänderung erfolgen. Wollen die Aktionäre die Zwangseinziehung erleichtern, belasten sie dadurch die Aktionäre. Folglich gelten die in Rn 32 ff genannten Voraussetzungen für die Geltung dieser Satzungsänderung gegenüber künftigen Aktienzeichnern und -übernehmern. Wollen die Aktionäre dagegen die in der Satzung vorgesehene Möglichkeit der Zwangseinziehung abschaffen oder zugunsten der Aktionäre erschweren, werden die Aktionäre begünstigt. Diese Änderung wirkt folglich für alle Aktien, auch soweit diese bereits vor der Satzungsänderung gezeichnet oder übernommen waren, sofern der satzungsändernde Beschluss keine abweichende Regelung trifft[69]. Werden durch die Aufhebung allerdings Sonderrechte von Aktionären berührt, so müssen diese zustimmen.

41 d) **Ausnahme.** Die Voraussetzung der vorherigen Anordnung oder Zulassung der Zwangseinziehung in der Satzung gilt ausnahmsweise nicht, wenn das Gesetz selbst die Einziehung anordnet (vgl die Kommentierungen zu §§ 71d S 4, 71c Abs 3).

42 e) **Folgen eines Verstoßes gegen Abs 1 S 2.** Die Rechtsfolgen eines Verstoßes gegen Abs 1 S 2 sind streitig. Die früher herrschende Meinung sah einen Hauptversammlungsbeschluss, der ohne Ermächtigung nach Abs 1 S 2 erfolgte, als nichtig an[70], da die Zwangseinziehung den schwersten Eingriff in die Mitgliedschaft darstelle und eine solche ohne ausreichende Ermächtigung daher mit dem Wesen der AG unvereinbar sei (§ 241 Nr 3). Die jüngere Gegenansicht sah den Beschluss lediglich als anfechtbar an[71]. Ein Verstoß gegen § 241 Nr 3 liege schon deshalb nicht vor, weil Abs 1 S 2 nur dem Aktionärsschutz diene und sie nicht zu den wesentlichen Grundlagen der Aktiengesellschaft gehöre. Auch werde das im öffentlichen Interesse liegende Vertrauen des Publikums auf die Sicherheit der Aktien durch den einzelnen (anfechtbaren) Hauptversammlungsbeschluss nicht mehr beeinträchtigt als durch jeden anderen Beschluss, der zum Aktionärsschutz erlassene Vorschriften verletze. Nicht überzeugen könne auch der Gedanke, dass die Vorschrift überwiegend zum Schutz der Gläubiger erlassen worden sei, denn dem Gläubigerschutz diene der Abs 2, wonach die Vorschriften über die ordentliche Kapitalherabsetzung zu befolgen und insbesondere Zahlungen an die Aktionäre gemäß § 225 Abs 2 gesperrt sind. Bei der Einziehung nach freiwilligem Erwerb seien die Gläubiger auch nicht mehr geschützt. Ein Grund für einen zusätzlichen Schutz bei der Zwangseinziehung sei daher nicht ersichtlich.

43 Die heute herrschende Meinung[72] differenziert zu Recht nach der Art des Fehlers: Fehlt jegliche Ermächtigung in der Satzung, liegt ein Fall der Nichtigkeit vor, denn in diesem Fall muss ein Aktionär nicht mit einem Verlust der Mitgliedschaft rechnen. Wird

---

69 *Hüffer*[9] 9; KK/*Lutter*[2] 31; im Ergebnis auch MK/*Oechsler*[2] 16, der jedoch meint, eine Satzungsänderung könne keine Geltung für bereits bestehende Aktien beanspruchen; die Satzungsänderung stelle ein Verzichtsangebot der AG dar, das die Aktionäre konkludent annähmen; grundsätzlich aA wohl *Godin/Wilhelmi*[4] 15.

70 So zuletzt noch *Schlegelberger/Quassowski*[3] § 192, 13; Baumbach/*Hueck*[13] 5 mwN zu dieser früher verbreiteten Ansicht.

71 *Schilling* Voraufl 11; *Hefermehl* in Geßler/Hefermehl § 237, 15; KK/*Lutter*[2] 54. Ebenso *Godin/Wilhelmi*[4] 4, die nicht die Anfechtbarkeit, sondern zusätzlich die Unwirksamkeit der Einziehung mangels Zustimmung annehmen.

72 *Becker* in Bürgers/Körber 52; *Busch* in Marsch-Barner/Schäfer, Handbuch börsennotierte AG[2], § 49, 8; *Hüffer*[9] 42; Spindler-Stilz/*Marsch-Barner*[2] 43; MünchHdB-AG-*Krieger*[3] § 62, 19; MK/*Oechsler*[2] 25; K Schmidt/Lutter/*Veil*[2] 53 f.

eine in der Satzung vorhandene Ermächtigung lediglich überschritten, ist der Beschluss dagegen nur anfechtbar. Da grundsätzlich die Möglichkeit der Zwangseinziehung bestand, muss der Aktionär den Hauptversammlungsbeschluss prüfen und ggf innerhalb der Anfechtungsfrist gegen ihn vorgehen. Diese Erwägungen gelten nicht nur für die gestattete Zwangseinziehung, die naturgemäß auf einem Hauptversammlungsbeschluss beruht, sondern auch für den eher seltenen Fall, dass bei der angeordneten Zwangseinziehung der Vorstand einen Hauptversammlungsbeschluss herbeiführt (s u 124).

Zur Durchführung des Hauptversammlungsbeschlusses bei der gestatteten Zwangseinziehung und zur Durchführung der Satzungsermächtigung bei der angeordneten Zwangseinziehung nimmt der Vorstand jeweils die Einziehungshandlungen vor. Sind diese fehlerhaft, ist die Handlung ohne Wirkung (zu Einzelheiten s § 238, 27). **44**

3. Die angeordnete Zwangseinziehung

a) **Begriff und notwendiger Satzungsinhalt. aa) Überblick.** Eine **angeordnete** Zwangseinziehung liegt nur dann vor, wenn die Satzung genau umschreibt, dass bei Vorliegen bestimmter Voraussetzungen die Einziehung vorzunehmen und durchzuführen ist. Die Satzung muss also die Einziehungsgründe, die Art und Weise der Durchführung der Einziehung sowie das zu zahlende Entgelt (Abfindung) genau regeln. Die konkrete Umsetzung dieser Satzungsvorgaben stellt dann nur noch eine Verwaltungsmaßnahme dar, die dem Vorstand überantwortet wird; ein Hauptversammlungsbeschluss ist entbehrlich (Abs 6), da die eine Willensbildung der Aktionäre bereits mit Beschlussfassung über die Satzungsvorgaben zur Einziehung erfolgt ist. Liegen die in der Satzung genannten Voraussetzungen vor, ist der Vorstand zur Zwangseinziehung berechtigt und verpflichtet. Die vom Gesetz verlangte Bestimmtheit der Satzungsvorgabe dient einerseits dem **Zweck**, die Zuständigkeitsordnung in der AG zu wahren; die an sich für derart schwere Eingriffe in die Mitgliedschaft zuständige Hauptversammlung wird durch den Vorstand verdrängt. Dies soll nur möglich sein, wenn die Voraussetzungen der Zwangseinziehung in der Satzung so detailliert angegeben werden, dass der Verwaltung **kein Ermessensspielraum** verbleibt[73]. Andererseits schützt die Bestimmtheit potentielle Aktionäre, für die beim Erwerb der Aktien die sachlichen Voraussetzungen und die Grenzen der Zwangseinziehung vorhersehbar werden. **45**

Eine Zwangseinziehung kann nicht in der Weise angeordnet werden, dass **eigene Aktien** einzuziehen seien, denn dadurch würde die maßgebende Entscheidung dem Vorstand übertragen werden, der mit dem Erwerb der Aktien die Bedingungen für die Zwangseinziehung auslösen könnte[74] (zur gesetzlichen Ausnahme s o 41). **46**

bb) Angaben zu Umfang, Art und Weise der Einziehung. In der Satzung ist anzugeben, um welchen **Betrag** das Grundkapital herabzusetzen ist bzw wie die Höhe der Herabsetzung bestimmt wird, **wie** die Zwangseinziehung erfolgen soll, **in welcher Höhe** und **zu welcher Zeit/in welchem Zeitraum** sie ausgeführt werden soll. Festzulegen ist weiterhin, **ob und welches Entgelt** zu zahlen ist oder wie dessen **Höhe** bestimmt wird[75]. Sollen nur **bestimmte Aktiengattungen** oder **bestimmte Aktien** eingezogen werden, so muss sich das ebenfalls aus der Satzung ergeben. Dabei ist insbesondere festzulegen, wie bei gleich- **47**

---

[73] *Becker* in Bürgers/Körber 7; KK/*Lutter*[2] 34; *Hüffer*[9] 10; MünchHdB-AG-*Krieger*[3] § 62, 7; aA *Godin/Wilhelmi*[4] 13 (für die Auswahl der Aktien).

[74] *Hüffer*[9] 13; KK/*Lutter*[2] 35.

[75] KG KGJ 31 A 164, 170; KGJ 45 A 172, 173 f; KK/*Lutter*[2] 34.

zeitiger oder aufeinander folgender Einziehung von Aktien mehrerer Gattungen das Verhältnis der Einziehung der einzelnen Gattungen und die Reihenfolge geordnet ist, ob die Bestimmungen durch das Los erfolgen soll, wie viele Aktien jährlich eingezogen werden sollen und wie das Entgelt aufgebracht werden soll. Es muss also ein **Einziehungsplan** in der Satzung aufgestellt werden. Nur die rein technische Art der Ausführung der Zwangseinziehung, also zB die Wahl des Zeitpunktes innerhalb der von der Satzung festgesetzten Frist, die Einzelheiten der in der Satzung vorgesehenen Auslosung uä kann dem Vorstand überlassen werden. Liegt einer der in der Satzung geregelten Einziehungsgründe vor, muss die Verwaltung die Einziehung vornehmen. Tut sie dies nicht, stellt dies eine Pflichtverletzung dar, die Anlass für eine Haftung nach § 93 sein kann[76].

48 cc) **Angaben zu möglichen Einziehungsgründen.** Werden die Einziehungsgründe in der **Ursprungssatzung** festgelegt, sind die Gründer wegen des bei der Gründung bestehenden Einstimmigkeitserfordernisses frei in deren Ausgestaltung[77]. Wird die Zwangseinziehung dagegen erst **nachträglich eingeführt**, sind die für Satzungsänderungen geltenden allgemeinen Schranken[78], insbesondere der Grundsatz der Gleichbehandlung (§ 53a), zu beachten.

49 Folgende Einziehungsgründe sind möglich: (1) Zwar besteht kein **Recht der Aktionäre auf Zwangseinziehung** ihrer Aktien, auch wenn die Zwangseinziehung in der Satzung grundsätzlich angeordnet oder zugelassen ist. Jedoch kann ein solches Recht als Sonderrecht einzelner Aktionäre durch die Satzung bestimmt werden[79]. Der Aktionär erhält auf diese Weise die Möglichkeit, aus der AG auszuscheiden; eine Satzungsbestimmung könnte folgendermaßen formuliert werden: „Dem Aktionär X steht das Recht zu, seine Mitgliedschaft zu **kündigen**. Macht er hiervon Gebrauch, sind seine Aktien innerhalb einer Frist von einem Monat nach Zugang der Kündigung bei der AG einzuziehen".

50 (2) Möglich ist es, die betroffenen Aktien **bereits in der Satzung zu identifizieren**[80] oder aber eine **Auslosung** der einzuziehenden Aktien vorzusehen (s a § 222, 33)[81]; eine Satzungsbestimmung könnte wie folgt lauten: „In den Jahren 2010 bis 2019 werden jährlich je 10 % der Aktien der Gattung X eingezogen. Die betroffenen Aktien werden durch Los ermittelt".

51 (3) Es kann festgelegt werden, dass **vinkulierte Namensaktien** einzuziehen sind, wenn die Gesellschaft die Zustimmung zur Übertragung (§ 68 Abs 2) verweigert[82]. Hiergegen wird zu Recht eingewandt, mit dieser Satzungsermächtigung gebe man der Verwaltung carte blanche, denn die Verwaltung könne die Zustimmung zur Übertragung der Aktien verweigern und habe auf diese Art die Möglichkeit, die Zwangseinziehung auszulösen. Dies verstoße gegen das nach § 237 Abs 1 S 2 geltende Bestimmtheitsgebot, also die zwingende Vorgabe, dass der Verwaltung gerade kein Ermessensspielraum zustehen dürfe[83]. Allerdings bedeutet dies nicht, dass jegliche Einziehung im Zusammenhang mit der Versagung der Zustimmung zur Übertragung ausgeschlossen wäre[84]. Man wird vielmehr verlangen müssen, dass die Gesellschaft gemäß § 68 Abs 2 S 3 den Aufsichtsrat oder die Hauptversammlung über die Erteilung der Zustimmung entscheiden lässt. Alternativ kann die Gesellschaft die Gründe für die Verweigerung der Zustimmung in der Sat-

---

[76] *Hüffer*[9] 10.
[77] *Hüffer*[9] 11.
[78] Ausführlich *Wiedemann* § 179, 158 ff.
[79] *Becker* in Bürgers/Körber 11; MK/*Oechsler*[2] 33; MünchHdB-AG-*Krieger*[3] § 62, 8; aA KK/*Lutter*[2] 43.
[80] MünchHdB-AG-*Krieger*[3] § 62, 8.
[81] KK/*Lutter*[2] 36; MünchHdB-AG-*Krieger*[3] § 62, 8.
[82] *Hüffer*[9] 12; KK/*Lutter*[2] 36; Spindler-Stilz/*Marsch-Barner*[2] 12; *Becker* in Bürgers/Körber 12.
[83] MK/*Oechsler*[2] 31.
[84] So aber offenbar MK/*Oechsler*[2] 31.

zung festlegen. In beiden Fällen steht der Verwaltung kein Ermessen bei der Verweigerung der Erlaubnis zur Übertragung der Aktien und damit bei der Zwangseinziehung zu.

(4) Die Zwangseinziehung kann auch vom **Eintritt einer Bedingung** abhängig gemacht werden. Die Satzung kann beispielsweise auch bestimmen, dass eine ganze **Aktiengattung** zu einem bestimmten Termin oder Ereignis einzuziehen ist[85]. **52**

(5) Aus dem Grundsatz der gleichmäßigen Behandlung aller Aktionäre wird von Teilen des Schrifttums gefolgert, die Zwangseinziehung dürfe nicht von **Umständen** abhängig gemacht werden, die nur **in den persönlichen Verhältnissen des einzelnen Aktionärs liegen**[86]. Der Gleichbehandlungsgrundsatz kann jedoch durch die Satzung aufgehoben oder eingeschränkt werden. Wird jemand trotz einer die Einziehung zulassenden Satzungsbestimmung Aktionär, unterwirft er sich dieser Bestimmung. Für diese Auslegung spricht auch das gesetzlich geregelte Beispiel der vinkulierten Namensaktie, bei der die Gesellschaft die Zustimmung aus in der Person des Erwerbers liegenden Umständen verweigern kann. Es ist daher heute anerkannt, dass die persönlichen Verhältnisse der Aktionäre (zB Tod oder Insolvenz des Aktionärs, Pfändung seiner Aktien, Übertragung der Aktien an einen Familienfremden) einen Einziehungsgrund darstellen können, sofern dieser Grund jeden Aktionär treffen kann[87]. Nach heute herrschender Meinung können aber auch Einziehungsgründe vorgesehen werden, die von vornherein allein einzelne Aktionäre treffen[88]. **53**

(6) Unbedenklich ist eine Bestimmung der Satzung, dass **jährlich ein bestimmter Teil des Reingewinns** zum Erwerb und zur Einziehung von Aktien verwendet wird, oder dass der Hauptversammlung das Recht eingeräumt wird, in dieser Weise über den Reingewinn zu verfügen (vgl Abs 3 Nr 2, Abs 4). **54**

(7) Die Gesellschaft kann in ihrer Satzung vorsehen, dass bei Vorliegen eines **wichtigen Grundes** der Aktionär seine mitgliedschaftliche Stellung verliert und die Aktien zwangseingezogen werden (s o 27). Die angeordnete Zwangseinziehung setzt jedoch eine präzise Umschreibung des Einziehungsgrundes voraus (s o 45). Die Formulierung „wichtiger Grund“ erfüllt diese Voraussetzung nicht[89], denn sie ist inhaltlich nicht bestimmt genug, um zu verhindern, dass der Verwaltung ein – ihr nicht zustehendes – Ermessen eingeräumt würde. Daher kommt für den Ausschluss eines Aktionärs aus wichtigem Grund regelmäßig nur die gestattete Zwangseinziehung in Betracht, bei der es eines Hauptversammlungsbeschlusses bedarf. **55**

Keinen Einziehungsgrund stellt die **Nichtleistung der Einlage** dar. Die Gesellschaft kann auf Erfüllung klagen oder eine Kaduzierung nach §§ 63 f in die Wege leiten[90]. Erfüllt ein Aktionär eine nach § 55 **zulässigerweise** festgelegte **Nebenleistungspflicht** nicht oder nicht gehörig, kann die Zwangseinziehung seiner Aktien erfolgen, wenn sie für diesen Fall in der Satzung angeordnet ist[91]. Sieht die Satzung dagegen **unzulässigerweise Zusatzpflichten** vor, die über die Tatbestände von §§ 54, 55 hinausgehen, dürfen **56**

85 MünchHdB-AG-*Krieger*[3] § 62, 8; *Hüffer*[9] 12.

86 *Hefermehl* in Geßler/Hefermehl § 237, 14 und *Schlegelberger/Quassowski*[3] § 192, 9 unter Berufung auf RGZ 120, 177, 180.

87 Unstr, vgl statt vieler Baumbach/*Hueck*[13] 2; MünchHdB-AG-*Krieger*[3] § 62, 8.

88 *Becker* in Bürgers/Körber 11; KK/*Lutter*[2] 37, 39; MK/*Oechsler*[2] 36; MünchHdB-AG-*Krieger*[3] § 62, 8; aA noch *Schilling* Voraufl 12.

89 *Becker* in Bürgers/Körber 13; KK/*Lutter*[2] 42.

90 KG in OLGR 27, 471; OLG Karlsruhe OLGR 43, 309 f; Baumbach/*Hueck*[13] 2; *Godin/Wilhelmi*[4] 12; MK/*Oechsler*[2] 37.

91 *Henze* § 55, 60 sowie Baumbach/*Hueck*[13] 2, § 55, 14; MK/*Bungeroth*[3] § 55, 29; MK/*Oechsler*[2] 38; aA *Godin/Wilhelmi*[4] 12.

diese nicht – auch nicht mittelbar durch die Möglichkeit einer Einziehung – durchgesetzt werden[92]. Auch darf die Einziehung nicht als Grundlage einer vom Gesetz nicht vorgesehenen Disziplinierung von Aktionären dienen (zB Einziehung von Aktien, wenn Aktionär abweichend abstimmt)[93]. Zulässig sind dagegen **schuldrechtliche Nebenabreden,** die durch entsprechende schuldrechtliche Übertragungsverpflichtungen (nicht aber durch eine Einziehung[94]) abgesichert werden können[95].

57 **b) Keine weiteren materiellen Schranken.** Da die Anordnung der Zwangseinziehung in der Gründungssatzung der Gesellschaft verankert ist, beruht die Möglichkeit einer Einziehung auf der Zustimmung aller Aktionäre; sie werden durch das Bestimmtheitsgebot ausreichend geschützt. Einer **sachlichen Rechtfertigung der Einziehung bedarf es daher nicht.** Gleiches gilt für den Fall einer nachträglichen Einführung der Zwangseinziehung, da eine solche nur zulässig ist, wenn die Möglichkeit der Einziehung zum Zeitpunkt des Erwerbs der Aktien in der Satzung verankert war, wodurch die Aktionäre ausreichend gewarnt waren[96]. Aufgrund der präzisen Umschreibung der Kriterien für eine angeordnete Zwangseinziehung stellt sich auch nicht die Frage, ob eine sachlich nicht gerechtfertigte **Ungleichbehandlung** vorliegt.

58 **c) Rechtsfolgen einer fehlenden Bestimmtheit der Satzungsregelung.** Fehlt eine der in 47–55 genannten wesentlichen Vorgaben in der Satzung oder sind die Vorgaben zu unbestimmt, sind die Tatbestandsvoraussetzungen der angeordneten Zwangseinziehung nicht erfüllt. Man wird die Satzungsbestimmung jedoch in eine **gestattete Zwangseinziehung** (dazu sogleich 60 ff) umdeuten können[97].

59 **d) Zuständigkeit für die Entscheidung.** Über die angeordnete Zwangseinziehung entscheidet der Vorstand (Abs 6 S 1). Es bedarf keines Hauptversammlungsbeschlusses (Abs 6 S 2), da die Satzung aufgrund der Notwendigkeit einer inhaltlich bestimmten Regelung bereits alle Entscheidungsgrundlagen enthält (zu Einzelheiten s u 123 ff).

4. Die gestattete Zwangseinziehung

60 **a) Begriff und notwendiger Satzungsinhalt.** Eine gestattete Zwangseinziehung liegt vor, wenn die Satzung die generelle Möglichkeit der Zwangseinziehung vorsieht, ohne das Verfahren und die Einziehungsgründe so detailliert zu regeln, dass sich alle Voraussetzungen aus der Satzung ergeben. Die in der Satzung offen gelassenen Einzelheiten in Bezug auf das Einziehungsverfahren und den Einziehungsgrund werden dann dem **Hauptversammlungsbeschluss vorbehalten**[98]. Eine Delegation auf ein anderes Organ ist unzulässig[99]. Die Hauptversammlung kann aus einem der in Rn 49 ff genannten Gründe

---

92 RG JW 1928, 2622, 2624 f; OLG Karlsruhe OLGR 43, 309 f; MünchHdB-AG-*Krieger*³ § 62, 8; Spindler-Stilz/*Marsch-Barner*² 13; *Grunewald* Ausschluss, S 55; *Terbrack* RNotZ 2003, 89, 110; KK/*Lutter*² 39.

93 *Becker* in Bürgers/Körber 15; *Hüffer*⁹ 13; KK/*Lutter*² 40.

94 MK/*Oechsler*² 38.

95 KK/*Lutter*² 41.

96 Spindler-Stilz/*Marsch-Barner*² 11; KK/*Lutter*² 38; MünchHdB-AG-*Krieger*³ § 62, 9; *Becker* in Bürgers/Körber 14.

97 KK/*Lutter*² 34; MK/*Oechsler*² 35; MünchHdB-AG-*Krieger*³ § 62, 7; *Hüffer*⁹ 10 aE; *Becker* in Bürgers/Körber 16.

98 *Hüffer*⁹ 15; KK/*Lutter*² 44; Spindler-Stilz/*Marsch-Barner*² 15; MK/*Oechsler*² 42; MünchHdB-AG-*Krieger*³ § 62, 10; aA *Grunewald* Ausschluss, S 232 f; ungenau KG KGJ 31 A 164, 170. Abweichend die Rechtsprechung zum Personengesellschafts- und GmbH-Recht, vgl Ulmer/Habersack/Winter/*Ulmer* § 34, 41 ff; Scholz/*HP Westermann*¹⁰ § 34, 41 ff.

99 KK/*Lutter*² 44.

die Einziehung beschließen; zusätzlich kommt bei der gestatteten Zwangseinziehung auch eine Einziehung aus wichtigem Grund in Betracht[100]. Auch wenn die Satzung die Einziehungsgründe und das Verfahren nicht regeln muss[101], empfehlen sich in der Satzung gewisse Vorgaben, insbesondere über das zu gewährende Entgelt und die Auswahl der einzuziehenden Aktien. Unterbleibt dies, wird das Interesse an einer Beteiligung an der Gesellschaft stark gemindert; auch erschwert dies die Veräußerung der Aktien und die Bildung eines angemessenen Aktienkurses.

b) Materielle Schranken

aa) Sachliche Rechtfertigung. Da die gestattete Zwangseinziehung eine Vernichtung der Mitgliedschaft bewirkt, greifen die von der Rechtsprechung entwickelten Grundsätze (zur materiellen Beschlusskontrolle s § 222, 29) ein, wonach schwere Eingriffe in die Rechtsstellung des Aktionärs im Interesse der Gesellschaft **sachlich gerechtfertigt**, also angemessen und verhältnismäßig, sein müssen. Dies gilt auch dann, wenn die Satzung bereits konkrete Einziehungsgründe vorgibt, denn ob die Hauptversammlung von der Ermächtigung überhaupt Gebrauch macht oder nicht, steht – anders als bei der angeordneten Zwangseinziehung (s o 57) – in ihrem Ermessen[102]. Keiner sachlichen Rechtfertigung bedarf nur eine Zwangseinziehung, die dem Ziel einer Teilliquidation des Gesellschaftsvermögens (Rückzahlung von Teilen des Kapitals an die Aktionäre, Erlass von Einlagepflichten) dient, denn in diesem Fall ist ein Maßstab, an dem das Interesse der Gesellschaft zu messen wäre, nicht ersichtlich[103]. 61

bb) Gleichbehandlungsgrundsatz. Die Hauptversammlung ist bei der gestatteten Einziehung an den Grundsatz der gleichmäßigen Behandlung der Aktionäre (§ 53a) gebunden. Da die Einziehung naturgemäß nur einen Teil der Aktien betrifft, ist eine vollständige Gleichbehandlung nie möglich. Sofern nicht die Satzung gewisse Vorgaben für die Bestimmung der einzuziehenden Aktien enthält oder die betroffenen Aktionäre einer ungleichmäßigen Behandlung zustimmen, darf die Hauptversammlung zumindest nicht willkürlich entscheiden. Folgende Konstellationen sind zu unterscheiden: (1) Betrifft die Satzungsermächtigung eine Aktienkategorie und werden **alle Aktien dieser Kategorie** eingezogen, entsteht kein Gleichbehandlungsproblem. (2) Ist von der Einziehung nur ein Teil der Aktien oder der Aktiengattung betroffen, ohne dass dieser Teil in der Satzung genauer spezifiziert wäre, kann die Gleichbehandlung über das anzuwendende Verfahren (**Auslosung**) hergestellt werden. (3) Will die Gesellschaft gezielt und gegen den Willen der Betroffenen einzelne Aktien einziehen, um den Aktionärsbestand zu verändern, ist das Herausgreifen dieser Aktien dann gerechtfertigt, wenn **in der Person des Aktionärs ein sachlicher Grund** vorliegt. Allein der Umstand, dass Aktien auf eine familienfremde Person übergegangen sind, reicht nur aus, wenn dies in der Satzung verankert war. Als sachlicher Grund anerkannt ist jedoch der Umstand, dass die Person das gedeihliche Miteinander der Aktionäre gefährdet, indem sie völlig grundlos und sachwidrig Aktionärsrechte ausübt („Störenfried"[104]). Hierfür reicht es nicht aus, wenn die Person gegen die Mehrheit stimmt. Vielmehr muss es sich um eine dauerhafte sowie schwerwiegende 62

---

[100] *Hüffer*[9] 15; *Grunewald* Ausschluss, S 52 ff. Anders ist dies bei der angeordneten Einziehung, vgl o Rn 55.

[101] AA KGJ 31 A 164, 170; 45 A 172, 175.

[102] *Grunewald* Ausschluss, S 80, 232 f; *Hüffer*[9] 16; KK/*Lutter*[2] 47; MünchHdB-AG-*Krieger*[3] § 62, 11; MK/*Oechsler*[2] 44 f; *Reinisch* Der Ausschluß von Aktionären, S 23; Spindler-Stilz/*Marsch-Barner*[2] 11, 15.

[103] KK/*Lutter*[2] 47; MünchHdB-AG-*Krieger*[3] § 62, 11 jeweils mwN.

[104] KK/*Lutter*[2] 48.

Störung der inneren Ordnung der AG handeln und es darf kein milderes Mittel als die Einziehung in Betracht kommen[105]. In einem solchen Fall liegt ein **wichtiger Grund** vor, der eine Zwangseinziehung rechtfertigt[106]. Die Schwierigkeit besteht in der Praxis darin, eine solche Situation zu belegen.

63 Vergleicht man die möglichen Anwendungsfälle der gestatteten mit denen der angeordneten Einziehung, fällt auf, dass die angeordnete Einziehung einen deutlich besseren Schutz vor einer Überfremdung der Gesellschaft erlaubt[107]. Um diese Schwäche der gestatteten Einziehung abzumildern, sollte die Satzung die entscheidenden Kriterien enthalten, nach denen die Hauptversammlung entscheiden soll (zB eine Familienquote, Aufzählung wichtiger Gründe in der Person eines Aktionärs). Sind diese statutarischen Vorgaben erfüllt, stellt sich im Hinblick auf diese Kriterien auch kein Gleichbehandlungsproblem mehr[108].

64 cc) **Einziehung als Druckmittel.** Wie bereits in anderem Zusammenhang festgestellt, darf die Zwangseinziehung nicht dazu dienen, unzulässige statutarische Pflichten oder zulässige, aber lediglich schuldvertragliche Nebenpflichten durchzusetzen; eine solche Satzungsregelung wäre unzulässig (s o 56). Gleiches gilt in Bezug auf einen entsprechenden Hauptversammlungsbeschluss[109], der ebenfalls nicht dazu genutzt werden darf, dem Aktionär faktisch zusätzliche Pflichten aufzuerlegen.

65 c) **Zuständigkeit für die Entscheidung.** Über die gestattete Zwangseinziehung entscheidet die Hauptversammlung. Absatz 6 findet keine Anwendung.

5. Das Einziehungsentgelt (Abfindung)

66 a) **Die angeordnete Einziehung. aa) Notwendigkeit einer Satzungsregelung.** Weder die Art 36 und 37 der Kapitalrichtlinie (s Vor § 222, 99 f), noch das deutsche Aktienrecht enthalten Vorgaben in Bezug auf die Höhe der zu zahlenden Abfindung. Bei der **angeordneten Einziehung** muss die Satzung nähere Bestimmungen treffen und darf diese Frage gerade nicht dem Vorstand überlassen (s o 45). Die Satzung muss entweder die genaue Höhe regeln oder aber eine Regelung enthalten, nach der die Höhe bestimmbar ist[110] (Anknüpfung an einen Referenzwert, zB den Börsenkurs oder Bestimmung nach der Ertragswerts- oder der Discounted Cash Flow-Methode aufgrund einer Bewertung durch einen Sachverständigen). Bewertungsstichtag ist der Tag des Wirksamwerdens der Kapitalherabsetzung (§ 238). Die Grenzen der Ausgestaltung des Einziehungsentgelts hängen vom Zweck der Einziehung ab:

67 **bb) Höhe des Entgelts bei Einziehung zum Zwecke der Kapitalherabsetzung.** Verfolgt die Gesellschaft das **Ziel einer Kapitalherabsetzung**, stellt die Einziehung lediglich eine weitere Art der Durchführung der Kapitalherabsetzung dar (s o 10). In diesem Fall hängt die Höhe des festzusetzenden Entgelts vom Zweck der Kapitalherabsetzung ab. (1) Dient sie der Verlustdeckung oder der Auffüllung der Rücklagen, liegt es in der Natur der

---

105 Eine solche Gestaltung findet sich im schweizerischen Recht. Das Bundesgericht hatte über die Auflösung einer AG aus wichtigem Grund wegen der Störungen durch einen Gesellschafter zu entscheiden (Art 736 Nr 4 OR) und stellte eine solche Extremsituation fest, BGE 105 II 114 („Togal").

106 KK/*Lutter*² 50.

107 Ebenso die Einschätzung von KK/*Lutter*² 49, 52.

108 KK/*Lutter*² 53.

109 MünchHdB-AG-*Krieger*³ § 62, 10; KK/*Lutter*² 46; *Hüffer*⁹ 16.

110 MK/*Oechsler*² 63; KK/*Lutter*² 69.

Maßnahme, dass die Gesellschaft gar kein Entgelt zahlt[111]. Eine solche Maßnahme kommt allerdings nur unter Beachtung des Gleichbehandlungsgrundsatzes infrage[112]. Andernfalls ist sie nur zulässig, sofern die Betroffenen ihr zustimmen. (2) Dient sie der Rückzahlung von Kapital, gelten die allgemeinen Vorgaben, die auch bei einer Kapitalrückzahlung nach § 222 zu beachten sind. Im Schrifttum herrscht im Ergebnis weitgehende Einigkeit, dass das Einziehungsentgelt in dem Nennbetrag der Aktien bzw bei nennwertlosen Aktien in dem auf sie entfallenden Anteil besteht[113]. Diese Lösung kann allerdings im Einzelfall zu großen Verwerfungen führen, da bei ihr die Gefahr eines Missbrauchs der Mehrheitsmacht besteht, wenn nicht alle Aktionäre gleichmäßig von der Einziehung betroffen sind: Ist der innere Wert der Aktien wesentlich höher als der Nennwert oder anteilige Wert der Aktien, bewirkt die Einziehung zum Nennwert eine Wertverschiebung von den Ausscheidenden hin zu den verbleibenden Aktionären. Hier hilft der bisweilen anzutreffende Hinweis, es seien die gleichen Vorgaben, wie bei § 222 zu beachten, nicht weiter. Denn bei der Kapitalherabsetzung durch Reduktion des Nennwerts oder durch Zusammenlegung bleiben die Betroffenen nach der Kapitalherabsetzung noch Gesellschafter und partizipieren weiterhin an einem evtl höheren inneren Wert der Aktien, während die Einziehung dazu führen kann, dass Kleinaktionäre ganz aus der Gesellschaft gedrängt und so die verbleibenden Aktionäre massiv begünstigt werden. Dieses Problem lässt sich nur dadurch lösen, dass man zusätzlich die Regeln zur Anwendung bringt, die für die Einziehung zum Zwecke des Ausschlusses der Aktionäre gelten (dazu sogleich u 68 ff)[114].

cc) **Höhe des Entgelts bei Einziehung zum Zwecke des Ausschlusses von Aktionären.** **68**
Erfolgt die Einziehung mit dem **Ziel** eines Ausschlusses von Aktionären, sind für die Bestimmung der Abfindungshöhe folgende Gesichtspunkte maßgebend: Nach Auffassung des **Bundesverfassungsgerichts** ist es von Verfassungs wegen geboten, bedeutsame Eingriffe in die mitgliedschaftliche Stellung eines Aktionärs (zB durch Strukturmaßnahmen) so auszugestalten, dass die Interessen der Klein- bzw Minderheitsaktionäre angemessen gewahrt werden. Art 14 Abs 1 GG gebiete dabei eine „volle Entschädigung zum Verkehrswert“, wobei der Börsenkurs nicht unberücksichtigt bleiben dürfe[115]. Die Rechtsprechung hat diese Vorgaben des Bundesverfassungsgerichts inzwischen in Entscheidungen zu §§ 305, 320b und 327b[116] umgesetzt; sie wendet zur Bestimmung des Verkehrswerts ganz überwiegend das Ertragswertverfahren[117] an; ein etwaiger Börsenkurs stellt die Untergrenze der Abfindung dar. Wegen der weiteren Einzelheiten zur Berechnung kann auf die Kommentierung zu den genannten Vorschriften verwiesen werden. Die dort genannten Grundsätze sind auch für § 237 relevant[118].

Die früher herrschende Meinung vertrat den Standpunkt, dass die Satzung auch ein **69**
geringeres Einziehungsentgelt festsetzen oder die Einziehung ohne Entgelt anordnen oder zulassen dürfe[119]. Diese Ansicht ist – zumindest soweit sie pauschal für alle Fallgruppen

---

111 MünchHdB-AG-*Krieger*[3] § 62, 12; KK/*Lutter*[2] 58; K Schmidt/Lutter/*Veil*[2] 18.
112 KK/*Lutter*[2] 58.
113 Statt vieler KK/*Lutter*[2] 59; K Schmidt/Lutter/*Veil*[2] 18.
114 Ebenso KK/*Lutter*[2] 59.
115 BVerfGE 100, 289, 302 f; dazu ausführlich *Hüffer*[9] § 305, 20b.
116 Zuletzt BGH NJW 2010, 2657.
117 Vgl den Überblick bei *Sethe/Weber* Die Wurzeltheorie als Mittel zur Korrektur von Unternehmensbewertungen nach der Ertragswertmethode, GesKR 2010, 129, 130 mwN.
118 Ebenso etwa *Becker* in Bürgers/Körber 23; MK/*Oechsler*[2] 64; MünchHdB-AG-*Krieger*[3] § 62, 13.
119 Baumbach/*Hueck*[13] 4; *Hefermehl* in Geßler/Hefermehl § 237, 13; *Schilling* Voraufl 15; im Ergebnis auch *Terbrack* RNotZ 2003, 89, 111; anders aber *Godin/Wilhelmi*[4] 14.

der Einziehung vertreten wird – durch die Rechtsprechung des Bundesverfassungsgerichts überholt. Zu Recht wird heute ein völliger **Ausschluss der Abfindung** als unzulässig angesehen[120]. Im Übrigen ist nach dem Typus der Gesellschaft zu differenzieren: (1) Bei **börsennotierten Gesellschaften** muss das Entgelt – entsprechend den Vorgaben des Bundesverfassungsgerichts – nach dem Verkehrswert bemessen werden, wobei der Börsenkurs die Untergrenze darstellt; eine in den Statuten festgelegte Unterschreitung des Verkehrswerts ist unzulässig[121]. Gerade weil sich die Gesellschaft an den Kapitalmarkt wendet, um öffentlich Gelder einzusammeln, ist aus Gründen des Anlegerschutzes eine Absenkung der Abfindung unzulässig. Es wäre ein Wertungswiderspruch zu § 327b. (2) Handelt es sich dagegen um eine **personalistisch geprägte Gesellschaft**, bei der die Zahlung eines Entgelts in Höhe des Verkehrswerts die Vermögensverhältnisse der Gesellschaft überfordern und ihre Liquidierung nach sich ziehen würde, lässt die heute herrschende Meinung auch eine statutarische Absenkung der Abfindung zu[122]. Der ausscheidende Aktionär müsse auf das Interesse der übrigen Aktionäre an der Fortführung des Unternehmens Rücksicht nehmen. Bei personalistisch geprägten Gesellschaften könne man deshalb auf die Grundsätze, die zur Abfindung des ausscheidenden GmbH-Gesellschafters entwickelt worden seien[123], zurückgreifen. Gegen diesen Standpunkt erhebt *Veil* **systematische Einwände**; wenn die §§ 305, 327b jeweils eine Abfindung zum Verkehrswert vorschrieben, könne für § 237 nichts anderes gelten[124]. In der Tat stellen diese Vorschriften gerade nicht auf eine Börsennotierung ab. Allerdings ist sehr fraglich, ob es sich bei den von §§ 305, 327b erfassten Gesellschaften um solche handelt, die *personalistisch* geprägt sind. Gesellschaften, die einen Beherrschungs- oder Gewinnabführungsvertrag abschließen oder die zum Mittel des Squeeze-Out greifen, sind regelmäßig von einem Mehrheitsaktionär dominiert. Nimmt eine solche AG eine Einziehung vor, ist die Interessenlage mit der in §§ 305, 327b niedergelegten gesetzlichen Wertung vergleichbar, weshalb vom Mehrheitsaktionär auch verlangt werden kann, den ausscheidenden Aktionären den Verkehrswert zu bezahlen. Handelt es sich dagegen um eine personenbezogene AG mit geschlossenem Gesellschafterkreis, in der niemand einen dominierenden Einfluss ausübt, wird man die zu § 34 GmbHG entwickelten inhaltlichen Grenzen bei der Gestaltung der Abfindungshöhe übernehmen können. Bei diesem Typus sind auch Abfindungen unterhalb des Verkehrswerts zulässig.

70 Abfindungsbeschränkungen dürfen nicht so konzipiert sein, dass sie ausschließlich die **Gläubiger** eines Gesellschafters treffen, indem sie etwa eine unentgeltliche oder reduzierte Einziehung allein für den Fall der Zwangsvollstreckung in die Aktie oder bei Insolvenz des Aktionärs vorsehen, im übrigen aber eine Abfindung zum Verkehrswert. Statutarische Beschränkungen der Abfindung (soweit sie zulässig sind, s o 69) müssen vielmehr so ausgestaltet sein, dass sie gleichermaßen für den Fall des Ausschlusses wie für den Fall

---

[120] *Busch* in Marsch-Barner/Schäfer, Handbuch börsennotierte AG[2], § 49, 10; *Grunewald* S 174 ff; MünchHdB-AG-*Krieger*[3] § 62, 13; K Schmidt/Lutter/*Veil*[2] 17; KK/*Lutter*[2] 65; MK/*Oechsler*[2] 65 f; im Ergebnis wohl auch *Hüffer*[9] 17 („fragwürdig“).

[121] *Becker* in Bürgers/Körber 25; *Busch* in Marsch-Barner/Schäfer, Handbuch börsennotierte AG[2], § 49, 10; KK/*Lutter*[2] 67; MK/*Oechsler*[2] 67; *Zöllner/Winter* ZHR 158 (1994) 59, 63; aA *Hüffer*[9] 17; MünchHdB-AG-*Krieger*[3] § 62, 13, die bei allen AG eine Abfindung unterhalb des wirklichen Werts für zulässig erachten.

[122] *Becker* in Bürgers/Körber 25; *Busch* in Marsch-Barner/Schäfer, Handbuch börsennotierte AG[2], § 49, 10; KK/*Lutter*[2] 67; MK/*Oechsler*[2] 67; im Ergebnis auch *Hüffer*[9] 17; MünchHdB-AG-*Krieger*[3] § 62, 13.

[123] Ausführlich Scholz/*HP Westermann*[10] § 34, 25 ff; *Hueck/Fastrich* in Baumbach/Hueck, GmbHG[19], § 34, 25 ff.

[124] K Schmidt/Lutter/*Veil*[2] 17.

der Pfändung oder Insolvenz gelten[125]. Ist dies der Fall, müssen die Gläubiger dies hinnehmen, denn sie können nur in die Vermögenswerte vollstrecken, die dem Gesellschafter zustehen.

Zulässig ist eine Satzungsregelung, wonach ein den Verkehrswert der Aktien **übersteigendes Entgelt** gezahlt werden darf[126]. Die Ungleichbehandlung der verbleibenden Aktionäre ist durch die in der Gründungssatzung enthaltene Regelung gerechtfertigt[127]. Wurde die Einziehung im Wege der Satzungsänderung eingefügt, ist die Ungleichbehandlung der verbleibenden Aktionäre gerechtfertigt, wenn alle Aktionäre der Satzungsänderung zugestimmt hatten. Die Gläubiger werden ausreichend durch die Ausschüttungssperre geschützt (dazu sogleich unter 76). 71

Sieht die Satzung eine **Sachausschüttung** (etwa in Form von Wertpapieren) vor, ist dies zulässig, da die Aktionäre mit Zeichnung oder Erwerb der Aktien wussten, dass sie eine derartige Realabfindung erhalten können. Die bei Sachausschüttungen ansonsten zu verlangende Zustimmung der betroffenen Aktionäre (zu Einzelheiten s § 222, 40, § 225, 77) erfolgte hier bereits mit dem Erwerb der Aktien[128]. Umstritten ist, ob die Sachausschüttung nur zum Verkehrswert[129] oder auch zum Buchwert[130] erfolgen darf. Hierfür sind die oben aufgezeigten Grenzen maßgebend, was insbesondere bedeutet, dass bei börsennotierten Gesellschaften immer nur eine Abfindung zum Verkehrswert zulässig ist. 72

b) Die gestattete Einziehung

aa) Satzungsregelung über das Entgelt. Bei der gestatteten Einziehung kann die Satzung das Entgelt regeln, muss es aber nicht[131]. Enthält die Satzung eine Regelung, sind für sie die soeben für die angeordnete Einziehung geschilderten inhaltlichen Grenzen zu beachten[132]: Dient die Einziehung der Sanierung oder dem Verlustausgleich, darf sie entschädigungslos erfolgen; dient sie dem Ausschluss, muss die Abfindung bei börsennotierten Gesellschaften und Gesellschaften mit dominierendem Aktionär dem Verkehrswert entsprechen. Bei den personenbezogenen Gesellschaften mit geschlossenem Gesellschafterkreis kann sie auch geringer sein; die zur Abfindung bei § 34 GmbHG aufgestellten Grenzen gelten entsprechend. Je größer der Abstand zwischen festgesetzter Abfindung und Ertragswert allerdings ist, desto höhere Anforderungen muss man an das Vorliegen einer sachlichen Rechtfertigung an den Hauptversammlungsbeschluss (s o 61) stellen, mit dem die Gesellschaft von der Gestattung Gebrauch macht[133]. Die Satzung kann auch 73

---

125 RGZ 142, 373, 377 – zur GmbH; BGHZ 65, 22, 28 f; 144, 365, 366 f; *Becker* in Bürgers/Körber 24; *Hüffer*[9] 17; *Hueck/Fastrich* in Baumbach/Hueck, GmbHG[19], § 34, 30.

126 Heute unstr, vgl KK/*Lutter*[2] 63; MünchHdB-AG-*Krieger*[3] § 62, 13; aA noch *Schilling* Voraufl 15.

127 Einer besonderen sachlichen Rechtfertigung bedarf es nicht, s o 57.

128 Für die Zulässigkeit auch *Busch* in Marsch-Barner/Schäfer, Handbuch börsennotierte AG[2], § 49, 10 mwN; zur Frage, ob die Sachausschüttung nur zum Verkehrswert oder auch zum Buchwert erfolgen darf *Hüffer*[9] § 58, 33.

129 *Hüffer*[9] § 58, 33.

130 *Busch* in Marsch-Barner/Schäfer, Handbuch börsennotierte AG[2], § 49, 10 mwN.

131 *Hüffer*[9] 18; enger MK/*Oechsler*[2] 64, der meint, in der Satzung müsse zumindest ein angemessenes Entgelt festgesetzt werden. Praktische Unterschiede zu dem hier vertretenen Standpunkt ergeben sich jedoch nicht.

132 Einen größeren Gestaltungsspielraum sieht – allerdings ohne nähere Begründung – *Busch* in Marsch-Barner/Schäfer, Handbuch börsennotierte AG[2], § 49, 10.

133 MünchHdB-AG-*Krieger*[3] § 62, 13.

einen höheren als den Verkehrswert vorschreiben (s o 71), wobei die Gläubiger in diesem Fall durch die Ausschüttungssperre geschützt sind (dazu sogleich unter 76).

74 **bb) Beschluss der Hauptversammlung über das Entgelt.** Enthält die Satzung dagegen keine Regelung, muss die Hauptversammlung[134] das Entgelt im Kapitalherabsetzungsbeschluss festsetzen. Dabei steht ihr kein freies Ermessen zu und darf ihr auch nicht eingeräumt werden; vielmehr muss sie ein dem Wert der Aktien angemessenes Entgelt gewähren[135]. Angemessen ist grundsätzlich der innere Wert der Aktien, der sich nach der Vermögens- und Ertragslage der Gesellschaft (entsprechend §§ 305 Abs 3 S 2, 320b Abs 1 S 5, 327b Abs 1) bemisst. Damit wird regelmäßig der Ertragswert zur Anwendung kommen[136], wobei der Börsenwert die Untergrenze darstellt[137]. Bewertungsstichtag ist der Tag des Wirksamwerdens der Kapitalherabsetzung[138]. Die Hauptversammlung kann auch einen niedrigeren oder höheren Wert festsetzen. Auch hier gilt jedoch, dass – je größer der Abstand zwischen festgesetzter Abfindung und Ertragswert ist – desto höhere Anforderungen muss man an das Vorliegen einer sachlichen Rechtfertigung für den Hauptversammlungsbeschluss (s o 61) stellen[139]. Unterlässt die Hauptversammlung eine Festsetzung des Entgelts, ist der Beschluss **anfechtbar**. Wird er gleichwohl eingetragen, steht den Betroffenen eine angemessene Abfindung zu[140].

75 **cc) Sachausschüttung.** Auch bei der gestatteten Einziehung (zur Zulässigkeit bei der angeordneten Einziehung s o 72) ist eine **Sachausschüttung** zulässig. War sie bereits in der Satzung vorgesehen, bedarf es keiner gesonderten Zustimmung der betroffenen Aktionäre mehr, da sie mit Zeichnung oder Erwerb der Aktien wussten, dass sie eine derartige Realabfindung erhalten können. Anders als bei der angeordneten Einziehung bedarf die gestattete Einziehung jedoch der sachlichen Rechtfertigung des die Einziehung auslösenden Hauptversammlungsbeschlusses (s o 61). Dabei sind auch die Auswirkungen der Sachausschüttung zu berücksichtigen. Fehlt eine Satzungsregelung über die Sachausschüttung, müssen die betroffenen Aktionäre ihr zustimmen (zu den Gründen s § 222, 40, § 225, 77).

76 **c) Gläubigerschutz.** Zusätzlich zu den soeben geschilderten Vorgaben zur Höhe der Abfindung, die der Wahrung der Aktionärsinteressen dienen, sind die Vorgaben zu beachten, die zum Schutze der Gläubiger bestehen. Eine Auszahlung des Einziehungsentgelts darf nur erfolgen, wenn eine der beiden im Gesetz vorgesehenen Ausnahmen vom Verbot der Einlagenrückgewähr gem § 57 vorliegt: (1) Beim ordentlichen Einziehungsverfahren darf **maximal der Nominalbetrag** (Zahlung zu oder unter pari), um den das Kapital herabgesetzt wird, an die Aktionäre ausgezahlt werden (§ 237 Abs 2 S 1 iVm § 225 AktG). Eine über diesem Betrag hinausgehende Auszahlung ist nicht möglich[141]. Will die Gesellschaft eine **höhere Auszahlung** vornehmen, weil der innere Wert die Aktien höher als der Buchwert ist, geht dies nur im vereinfachten Verfahren. (2) Bei diesem

---

[134] AA allein K Schmidt/Lutter/*Veil*² 20 (Vorstand).

[135] MK/*Oechsler*² 64, 66; KK/*Lutter*² 71; MünchHdB-AG-*Krieger*³ § 62, 12; *Hüffer*⁹ 18.

[136] Zur Anwendung der Ertragswertmethode generell *Sethe*/*Weber* Die Wurzeltheorie als Mittel zur Korrektur von Unternehmensbewertungen nach der Ertragswertmethode, GesKR 2010, 129, 130 mwN.

[137] *Hüffer*⁹ 18.

[138] RGZ 125, 114, 121 f – zur GmbH; *Hüffer*⁹ 18; KK/*Lutter*² 72.

[139] MünchHdB-AG-*Krieger*³ § 62, 13; enger offenbar KK/*Lutter*² 72, der die Möglichkeit eines niedrigeren Entgelts nicht erörtert.

[140] KK/*Lutter*² 72.

[141] Unstr, vgl etwa *Becker* in Bürgers/Körber 26; *Busch* in Marsch-Barner/Schäfer, Handbuch börsennotierte AG², § 49, 16.

dürfen Auszahlungen vorgenommen werden, wenn sie zulasten des Bilanzgewinns oder einer anderen Gewinnrücklage, soweit dafür verwendbar (dazu unten 106), erfolgen (§ 237 Abs 3 Nr 2). Verfügt die Gesellschaft also über ausreichende freie Mittel, kann sie auch höhere Entgelte festsetzen und auszahlen. Eine gegen diese Grundsätze verstoßende Zahlung stellt eine verbotene Einlagenrückgewähr dar mit der Folge der Nichtigkeit von Verpflichtungs- und Verfügungsgeschäft (§ 57 Abs 1 AktG iVm § 134 BGB)[142]. Wird ein Hauptversammlungsbeschluss gefasst, der eine Einziehung unter Verstoß gegen das Verbot vorsieht, ist dieser nichtig (§ 241 Nr 3 AktG)[143]. Neben diesen Vorgaben im Hinblick auf die Höhe der möglichen Auszahlung sind bei der Einziehung im ordentlichen Verfahren die Vorgaben des § 225 (**Sicherheitsleistung** und **Auszahlungssperre**) zu beachten (dazu unten 93 ff). Bei der Einziehung im vereinfachten Verfahren finden diese gläubigerschützenden Vorkehrungen dagegen keine Anwendung (dazu unten 119 ff).

d) **Gerichtliche Kontrolle der Entgelthöhe.** Schuldet die Gesellschaft eine angemes- **77**
sene Abfindung und entspricht die in der Satzung festgesetzte oder von der Hauptversammlung beschlossene Entschädigung nicht der Angemessenheit, können die Aktionäre nach dem SpruchG vorgehen. Zwar nennt § 1 SpruchG den vorliegenden Fall nicht ausdrücklich, doch belegt die Gesetzgebungsgeschichte, dass die Regelung nicht als abschließende Aufzählung zu verstehen ist[144]. Sie wird daher auch auf vergleichbare Gestaltungen ausgedehnt[145]. Angesichts der Vergleichbarkeit der Interessenlage mit den vom SpruchG erfassten Gestaltungen der §§ 305 Abs 3 S 2, 320b Abs 1 S 5, 327b Abs 1 ist eine analoge Anwendung des SpruchG auf die Abfindung nach § 237 zu befürworten[146].

IV. Einziehung nach Erwerb durch die Gesellschaft (Abs 1 S 1 Alt 2)

1. Unterschiede zur Zwangseinziehung

„Einziehung nach Erwerb“ bedeutet das gleiche, was bis zur Aktiennovelle 1931 als **78**
„freiwillige Einziehung“ bezeichnet wurde. Die neue Fassung will Zweifel, die sich aus der früher gebrauchten Bezeichnung ergaben, ausschließen. Da der rechtliche Akt der Einziehung im Sinne der Vernichtung des Aktienrechts erst nach dem Erwerb der Aktien durch die Gesellschaft stattfindet, richtet sich die Einziehung nicht gegen den bisherigen Inhaber der Aktie, denn dieser hat seine Mitgliedschaft schon vorher, nämlich durch die Übertragung der Aktie an die Gesellschaft, freiwillig aufgegeben. Infolge dessen bedarf die Einziehung durch Erwerb auch **keiner Ermächtigung** in der Satzung (vgl Abs 1 S 1 und 2)[147]. Ausreichend ist vielmehr ein Beschluss der Hauptversammlung (vgl Abs 2 iVm

142 MK/*Oechsler*[2] 70; MünchHdB-AG-*Krieger*[3] § 62, 14.

143 MünchHdB-AG-*Krieger*[3] § 62, 14.

144 Begründung und Beschlussempfehlung des Rechtsausschusses, BT-Drucks 15/838, S 16.

145 BGH NZG 2008, 658; *Büchel* NZG 2003, 793, 794; *Emmerich* in Emmerich/Habersack, Aktien- und GmbH-KonzernR[6], § 1 SpruchG, 4; *Grunewald* ZIP 2004, 542, 543; *Hüffer*[9] Anh § 305, § 1 SpruchG 6; KK SpruchG/*Wasmann* § 1, 3; MK/*Volhard*[2] § 1 SpruchG, 4; *van Kann/Hirschmann* DStR 2003, 1488, 1490; *Vetter* ZHR 168 (2004) 8, 40; zweifelnd *Bungert/Mennicke* BB 2003, 2021, 2022; aA *Krämer/Theiß* AG 2003, 225, 241 (zum Delisting).

146 *Becker* in Bürgers/Körber 26; MK/*Volhard*[2] § 1 SpruchG, 4; *Hüffer*[9] Anh § 305, § 1 SpruchG 7; enger aber *Hüffer*[9] § 237, 18; („de lege ferenda sinnvoll“); aA auch MünchHdB-AG-*Krieger*[3] § 62, 13.

147 Unstr vgl *Becker* in Bürgers/Körber 27. Im Falle des § 71c Abs 3 ist die Gesellschaft sogar verpflichtet, eine Einziehung vorzunehmen.

§ 222 Abs 1 S 1 bzw § 237 Abs 4 S 1)[148]. Dass eigene Aktien stets und ohne besondere Ermächtigung in der Satzung eingezogen werden dürfen, beruht auch auf der Erwägung, dass auf diese Weise das im Hinblick auf die Kapitalerhaltung problematische Halten eigener Aktien beseitigt wird (§ 71c Abs 3 ordnet die Einziehung sogar zwangsweise an)[149]. Aufgrund der freiwilligen Aufgabe der Mitgliedschaft gestaltet sich auch die Frage der Abfindung des Aktionärs unproblematisch: Das Entgelt wird durch das Rechtsgeschäft bestimmt, auf Grund dessen der Erwerb erfolgt, also regelmäßig durch das Kaufgeschäft (zu Einschränkungen s u 79 ff). Eingezogen werden dürfen auch Aktien, die noch nicht voll eingezahlt sind (arg e contr aus Abs 3)[150].

2. Erwerb der Aktien

79 Unter „Erwerb" ist jeder dingliche Übergang des Aktienrechts auf die Gesellschaft zu verstehen; die Art des schuldrechtlichen Geschäfts ist irrelevant. Die Einziehung eigener Aktien erfolgt regelmäßig im Wege des Erwerbs von den bisherigen Aktionären. Erfolgt der Erwerb entgeltlich, gilt er nur dann nicht als **verbotene Einlagenrückgewähr**, wenn die Voraussetzungen eines Erwerbs eigener Aktien nach §§ 71 ff gegeben sind (§ 57 Abs 1 S 2). Auch in der Preisgestaltung ist die Gesellschaft nicht frei; sie darf die Aktien nur zu marktgerechten Bedingungen erwerben. Zahlt sie einen überhöhten Erwerbspreis, handelt es sich um eine verbotene Einlagenrückgewähr[151].

80 Zum Schutze der Gläubiger gilt bei einer Einziehung nach entgeltlichem Erwerb der Aktien (bei einem unentgeltlichen Erwerb bedarf es logischerweise keiner Ausschüttungssperre, vgl auch Abs 3 Nr 1) zudem die **Ausschüttungssperre** des § 225 Abs 2. Wie der Wortlaut von § 237 Abs 2 S 3 zeigt, greift die Ausschüttungssperre jedoch nur, wenn die Aktien „zum Zwecke der Einziehung", also gem § 71 Abs 1 Nr 6, erworben wurden[152]. Ist die Einziehung der Aktien geplant, scheidet wegen § 225 Abs 2 ein **Aktienrückkauf über die Börse** aus, an der gerade Lieferung gegen sofortige Zahlung vorausgesetzt wird[153]. Zieht die Gesellschaft dagegen Aktien ein, die sie nicht in zeitlichem und sachlichem Zusammenhang mit der Kapitalherabsetzung erworben hat (insb gem § 71 Abs 1 Nr 8), greift die Ausschüttungssperre nicht ein; die Gläubiger werden in diesem Fall jedoch durch § 71 Abs 2 AktG und § 272 Abs 1a HGB geschützt. Greift die Ausschüttungssperre ein, darf die AG das Entgelt nicht auszahlen. Tut sie es trotzdem, greifen die oben § 225, 66 genannten **Rechtsfolgen** (insb der Rückzahlungsanspruch aus § 62) ein. Zahlt sie unter Berufung auf die Auszahlungssperre das Entgelt vorerst nicht aus, stellt sich die Frage, wie der Verkäufer geschützt wird. Ein Teil des Schrifttums verweist auf die allgemeinen Regeln[154]. Ein anderer Teil wird konkreter und meint, es liege ein Fall vorübergehender **Unmöglichkeit** vor[155]. Dies überzeugt nicht, denn Geldschulden werden nie unmöglich. Den althergebrachten Grundsatz „Geld hat man zu haben" fand der Gesetzgeber so selbstverständlich, dass er ihn nicht ausdrücklich in das neue Schuldrecht übernommen hat[156]. Es kann sich daher nur um einen Fall des **Verzugs** handeln. Dieser

[148] Ebenso *Hüffer*[9] 19; aA allerdings ohne nähere Begründung K Schmidt-Lutter/*Veil*[2] 23.
[149] Ebenso MK/*Oechsler*[2] 72.
[150] KK/*Lutter*[2] 79.
[151] Zu Einzelheiten s oben § 57 sowie *Hüffer*[9] § 57, 16.
[152] *Becker* in Bürgers/Körber 27; KK/*Lutter*[2] 80 f, 91; MK/*Oechsler*[2] 76; K Schmidt/Lutter/*Veil*[2] 31.
[153] *Busch* in Marsch-Barner/Schäfer, Handbuch börsennotierte AG[2], § 49, 16.
[154] KK/*Lutter*[2] 81.
[155] MK/*Oechsler*[2] 77.
[156] Staudinger/*Löwisch*/*Caspers*, 2009, § 275, 72 mwN.

setzt Fälligkeit der Leistung voraus. Da sich das Verbot der Auszahlung aus § 225 Abs 2 S 1 gerade nur an die AG richtet, bindet es nicht beide Vertragsparteien (andernfalls müsste die Nichtigkeit und nicht nur die Rückforderbarkeit der entgegen § 225 Abs 2 erfolgten Leistung angeordnet sein[157]). Es beeinflusst also auch nicht die Fälligkeit der Leistung. Da bei Geldschulden das Verschulden wegen des genannten Grundsatzes „Geld hat man zu haben" feststeht, kann der Verkäufer seinen Zinsschaden als Verzugsschaden geltend machen. Wusste er, dass die AG den Kauf zum Zwecke der Einziehung tätigte, kann die AG den Einwand des **Mitverschuldens** geltend machen. Kommt es zwischen der AG und dem Veräußerer der Aktie zum Streit über diese Frage, trägt die AG die Beweislast für den von ihr erhobenen Einwand, zumal sie aufgrund ihrer Sachnähe die Frage, ob die Aktien zum Zwecke der Einziehung erworben wurden oder nicht, als einzige beantworten kann[158]. Einer separaten **Aufklärungspflicht** der AG gegenüber dem Aktionär, ob sie die eigenen Aktien *zum Zwecke der Einziehung* erwirbt oder nicht, bedarf es nicht[159]. Es liegt eine Obliegenheit vor und die AG schadet sich selbst, wenn sie den Verkäufer der Aktien nicht aufklärt und damit den Verzugsschaden schuldet.

Erwirbt die Gesellschaft eigene Aktien **unter dem Nennwert**, um sie einzuziehen, oder **81** verwendet sie früher unter dem Nennwert erworbene Aktien zur Einziehung, so macht sie einen Buchgewinn, da das Grundkapital trotz des geringen Aufwandes stets um den Nennwert der erworbenen Aktien herabgesetzt werden muss, um zu erreichen, dass die Summe der noch verbleibenden Aktien dem Wert des herabgesetzten Grundkapitals entspricht. Den Buchgewinn kann sie beliebig verwenden[160]. Sind die einzuziehenden Aktien **mit einem Aufschlag** erworben, was in den Grenzen von § 57 Abs 1 S 2, also zu marktgerechten Preisen, zulässig ist (s o 79), kann die Herabsetzung doch ebenfalls nur um den Betrag ihres Nennwertes geschehen. Der Mehraufwand muss aus anderen Mitteln getilgt werden, etwa aus einem Gewinnvortrag oder einer Gewinnrücklage[161]. In diesem Fall kommt allerdings nicht das ordentliche, sondern nur das vereinfachte Einziehungsverfahren in Betracht[162] (s o 76).

3. Eigene Aktien

Durch die Einziehung vernichtet die Gesellschaft nur ihr gehörende eigene Aktien. **82** Damit eine Einziehung nach Erwerb überhaupt möglich ist, muss die Gesellschaft im Zeitpunkt der Einziehungshandlung (s § 238, 14 ff) Inhaberin der Aktien sein. Es genügt nicht, dass die Gesellschaft in diesem Zeitpunkt einen schuldrechtlichen Anspruch auf Übertragung des Aktienrechts hat; vielmehr muss sie **dinglich berechtigt** sein (bei unverbrieften Mitgliedschaftsrechten im Wege der Abtretung nach den §§ 398 ff, 413 BGB und bei verbrieften im Wege der Übereignung nach den §§ 929 ff BGB). Der Rechtsgrund des Erwerbs ist ebenso unerheblich wie die Frage, ob das schuldrechtliche Geschäft nichtig (vgl insb § 71 Abs 4 S 2), anfechtbar, unwirksam oder auf andere Weise fehlerhaft ist und die Gesellschaft daher die Aktien zurückgewähren müsste[163]. Es

---

157 Statt vieler Spindler-Stilz/*Marsch-Barner*² § 225, 26.
158 Im Ergebnis ebenso MK/*Oechsler*² 76 (der allerdings von einem anderen Lösungsansatz her kommt).
159 So aber MK/*Oechsler*² 77; KK/*Lutter*² 81.
160 *Becker* in Bürgers/Körber 27.
161 *Hüffer*⁹ 19.
162 *Busch* in Marsch-Barner/Schäfer, Handbuch börsennotierte AG², § 49, 10, 16 aE, der auch auf die parallele Regelungsstruktur bei § 71 Abs 1 Nr 8 hinweist.
163 *Hüffer*⁹ 20; MünchHdB-AG-*Krieger*³ § 62, 15a; KK/*Lutter*² 77.

kommt nicht darauf an, ob der Erwerb nach § 71 zulässig ist oder nicht. Denn ein Verstoß gegen § 71 berührt die dingliche Rechtslage nicht (vgl § 71 Abs 4 S 1). Die Gesellschaft darf nur eigene Aktien einziehen, nicht aber auch solche, die ihr nach § 71d zugerechnet werden[164]; eigene Aktien, die ein Dritter oder ein abhängiges Unternehmen für ihre Rechnung erworben hat, oder solche, die die Gesellschaft als Pfand genommen hat, kann diese erst einziehen, wenn die Aktien auf sie übertragen worden sind.

4. Erwerb nach Einziehungsbeschluss

83 Der Erwerb muss nicht schon im Zeitpunkt des Beschlusses der Hauptversammlung über die Einziehung stattgefunden haben; er kann diesem Beschluss auch zeitlich nachfolgen, denn die Hauptversammlung kann beschließen, erst noch zu erwerbende Aktien einzuziehen, und zwar in bestimmter Höhe oder bis zu einem bestimmten Betrage[165] (sinnvollerweise sollte er eine Regelung für den Fall enthalten, dass der geplante Erwerb ganz oder teilweise nicht vollzogen werden kann[166]). Die Kapitalherabsetzung ist dann unter der Bedingung beschlossen, dass der Erwerb der Aktien erfolgt. § 71 Abs 1 Nr 6 sieht einen solchen nachträglichen Erwerb geradezu vor, wenn er den Erwerb eigener Aktien auf Grund eines Beschlusses der Hauptversammlung zur Einziehung nach den Vorschriften über die Herabsetzung des Grundkapitals gestattet (wobei die **10 %-Grenze** des § 71 Abs 2 S 1 für den Erwerb nach § 71 Abs 1 Nr 6 **nicht gilt**, vgl statt dessen § 71c Abs 2 u 3). Fraglich ist, ob in diesem Fall ein **Sonderbeschluss** der Aktiengattungen notwendig ist. Dies wird von einem Teil des Schrifttums abgelehnt unter Hinweis darauf, dass die betroffenen Aktionäre ihre Aktien ja nicht der Gesellschaft verkaufen müssten und so ausreichend geschützt seien[167]. Diese Ansicht überzeugt nicht, denn § 222 Abs 2 S 1 und S 2 fordert bei Vorhandensein mehrerer stimmberechtigter Aktiengattungen einen Sonderbeschluss jeder Aktiengattung und zwar selbst dann, wenn die konkrete Aktiengattung von der Kapitalherabsetzung gar nicht betroffen ist (s § 222, 34 mwN). Da es bei der Einziehung immer auch um die Zusammensetzung des Aktionärskreises insgesamt geht, kann es nicht allein auf die individuelle Betroffenheit einzelner Aktionäre und damit auf die Entscheidung, an die Gesellschaft zu verkaufen oder nicht, ankommen, was die Gegenansicht aber unterstellt. Zudem kommt dem Sonderbeschluss in der Hauptversammlung eine Warnfunktion zu (s § 222, 34 mwN), die die Gegenansicht ebenfalls vernachlässigt. Der Sonderbeschluss ist nur entbehrlich, wenn es sich um eine Einziehung im vereinfachten Verfahren handelt (s u 114).

5. Umfang der Satzungsautonomie

84 Die Satzung kann die Kapitalherabsetzung durch Einziehung von Aktien nach Erwerb beschränken, sie namentlich nur unter bestimmten Bedingungen zulassen. Jedoch kann diese Art der Einziehung, wie die Kapitalherabsetzung überhaupt, durch die Satzung nicht völlig ausgeschlossen werden, da dadurch unter Umständen ein gedeihliches Leben

---

164 *Hüffer*[9] 20; MK/*Oechsler*[2] 73; KK/*Lutter*[2] 77.

165 KK/*Lutter*[2] 78; MK/*Oechsler*[2] 74; Münch-HdB-AG-*Krieger*[3] § 62, 15a.

166 *Busch* in Marsch-Barner/Schäfer, Handbuch börsennotierte AG[2], § 49, 11.

167 *Busch* in Marsch-Barner/Schäfer, Handbuch börsennotierte AG[2], § 49, 14; *Tielmann* in Happ, Aktienrecht, Formular 14.05 Rn 8; *Hillebrandt/Schremper* BB 2001, 533, 537; Spindler-Stilz/*Marsch-Barner*[2] 24. Der von *Busch* aaO als andere Ansicht zitierte *Hirte* in Schmidt/Riegger RWS Forum Gesellschaftsrecht 1999, 2000, S 211, 241, nimmt zu dieser Frage gar nicht Stellung.

der Gesellschaft gänzlich unmöglich gemacht werden könnte[168]. Die für den Einziehungsbeschluss erforderliche Stimmenmehrheit richtet sich nach § 237 Abs 2 S 1 iVm § 222 Abs 1 S 1. Daher ist gem § 222 Abs 1 S 2 nur eine Erhöhung, aber keine Absenkung der für den Einziehungsbeschluss erforderlichen Mehrheit möglich (s u 86)[169].

V. Das ordentliche Einziehungsverfahren (Abs 2)

1. Die grundsätzliche Geltung

Das Gesetz unterscheidet zwischen dem ordentlichen (§ 237 Abs 2) und dem ausnahmsweise anwendbaren vereinfachten Einziehungsverfahren (§ 237 Abs 3 bis 5). Beim ordentlichen Einziehungsverfahren wird auf die Vorschriften über die **ordentliche Kapitalherabsetzung** verwiesen (Abs 2 S 1). Mit diesem Verweis verdeutlicht der Gesetzgeber zudem, dass die Einziehung von Aktien nur in Form der Kapitalherabsetzung erfolgen kann (s o 1). Der Verweis ist **zwingend**. Die Vorschriften über die **vereinfachte Kapitalherabsetzung** mit den für diese geschaffenen Erleichterungen finden auf die Kapitalherabsetzung durch Einziehung von Aktien **keine Anwendung**. Abgesehen von der in Abs 3 festgesetzten Ausnahme sind bei der Einziehung von Aktien die Vorschriften über die ordentliche Kapitalherabsetzung stets zu befolgen, gleichgültig zu welchem Zwecke die Einziehung geschieht und ob es sich um eine Einziehung nach Erwerb oder eine zwangsweise Einziehung handelt und ob die letztgenannte in der Satzung angeordnet oder nur gestattet ist. Bei der angeordneten Einziehung bedarf es jedoch keines Beschlusses der Hauptversammlung und auch **keiner Sonderbeschlüsse** anderer Aktiengattungen[170], da die Einzelheiten bereits in der Satzung geregelt sind; ausreichend ist daher eine Entscheidung des Vorstands (Abs 6, dazu unten 123 ff). **85**

2. Der Hauptversammlungsbeschluss

Sieht man von der angeordneten Einziehung und der in § 71 Abs 1 Nr 8 S 6 geregelten Einziehung eigener Aktien ab, bedarf die Einziehung stets eines Beschlusses der Hauptversammlung. Für die Bekanntmachung der Tagesordnung und Einberufung der Hauptversammlung gilt das gleiche wie bei der ordentlichen Kapitalherabsetzung (s § 222, 10 ff). Die Bekanntmachung muss also den Wortlaut des zu fassenden Beschlusses über die Kapitalherabsetzung nach **Höhe** und **Art** (durch Einziehung von Aktien unter deren näherer Bezeichnung, durch **Zwangseinziehung** oder **nach Erwerb**) und den **Zweck** der Kapitalherabsetzung (zB Rückzahlung von Grundkapital) angeben. Der Beschluss der Hauptversammlung erfordert die einfache *Stimmen*mehrheit (relative Mehrheit) nach § 133 und die *Kapital*mehrheit von drei Vierteln des bei der Abstimmung vertretenen Grundkapitals (s § 222, 17). Die Satzung kann eine größere Mehrheit und noch weitere Erfordernisse bestimmen (§ 222 Abs 1). Beim Vorhandensein mehrerer Gattungen von Aktien sind **Sonderbeschlüsse** jeder Gattung zu fassen (§ 222 Abs 2). Eine Verschiedenheit der Aktiengattungen besteht auch dann, wenn die Gesellschaft nach der Satzung nur bestimmte Arten von Aktien oder die einzelnen Arten unter verschiedenen Bedingungen einziehen könnte[171]. **86**

---

[168] *Hüffer*[9] 19; KK/*Lutter*[2] 75: MünchHdB-AG-*Krieger*[3] § 62, 15.

[169] MK/*Oechsler*[2] 75.

[170] *Busch* in Marsch-Barner/Schäfer, Handbuch börsennotierte AG[2], § 49, 14; *Volhard/Goldschmidt* FS Lutter, 2000, S 779, 787.

[171] *Hüffer*[9] 23.

87 Aktionäre, deren Aktien zwangsweise oder nach Erwerb eingezogen werden sollen, können an der Abstimmung über die Kapitalherabsetzung teilnehmen[172]. Dagegen gewähren die einzuziehenden **eigenen Aktien** kein Stimmrecht, wenn sie der Gesellschaft schon im Zeitpunkt der Abstimmung gehören. Auch aus Aktien, die ein anderer für Rechnung der Gesellschaft erworben hat, kann die Gesellschaft das Stimmrecht nicht ausüben, denn aus solchen und eigenen Aktien stehen der Gesellschaft keine Rechte zu (§§ 71d, 71b). Auch dem Dritten, der die Aktien für Rechnung der Gesellschaft erworben hat, steht kein Stimmrecht zu (§§ 71d Satz 4, 71b). Umstritten ist, ob es ein Stimmverbot für den Fall gibt, dass ein Aktionär **aus wichtigem Grund in seiner Person ausgeschlossen** wird. Da § 136 kein solches Stimmverbot für diesen Fall vorsieht und das Aktienrecht auch kein allgemeines Prinzip des Stimmrechtsausschlusses bei Interessenkonflikten kennt[173], wird man ein Stimmverbot verneinen müssen[174]. Möglich bleibt daher allein eine (mit einer positiven Feststellungsklage kombinierte) Anfechtungsklage unter Hinweis darauf, dass die Stimmrechtsausübung im konkreten Einzelfall treuwidrig war[175].

88 Der Beschluss legt fest, dass es sich um eine Kapitalherabsetzung durch Einziehung von Aktien im Wege der Zwangseinziehung oder im Wege der Einziehung nach Erwerb handelt. Im Übrigen muss der Beschluss denselben **inhaltlichen Erfordernissen** genügen wie im Falle der ordentlichen Kapitalherabsetzung (s § 222, 22 ff). Daher ist die Höhe des Herabsetzungsbetrags anzugeben; bloße Berechenbarkeit reicht aus[176]. Der **Mindestnennbetrag** des § 7 darf nicht unterschritten werden, wobei die Regelung des § 228 auch für die Einziehung gilt. Nicht möglich ist jedoch die Herabsetzung des Kapitals auf Null, da dies eine Keinmann-AG zur Folge hätte (s o 18).

89 Der Hauptversammlungsbeschluss muss, soweit es nicht schon in der Satzung geschehen ist, alle wesentlichen Punkte der Einziehung regeln (§ 237 Abs 2 S 2[177]). Er muss also alles das enthalten, was bei der angeordneten Zwangseinziehung in der Satzung bestimmt sein muss (s im Einzelnen o 45 ff). Wie im Falle der angeordneten Zwangseinziehung kann es weder dem freien Ermessen des Vorstandes überlassen werden, ob die Einziehung erfolgen soll, noch welche Aktien konkret einzuziehen sind (hiervon ist für den Fall der Einziehung künftig zu erwerbender Aktien eine Ausnahme zu machen, s o 83), noch unter welchen Bedingungen, insbesondere ob sie gegen Entgelt und gegen welches stattfinden soll. Nur die technische Art der Ausführung kann auch hier dem Vorstand überlassen werden.

90 Gemäß §§ 237 Abs 2 S 1, 223 ist der Hauptversammlungsbeschluss vom Vorstand in vertretungsberechtigter Zahl und dem Vorsitzenden des Aufsichtsrats zur Eintragung in das Handelsregister anzumelden. Die Kontrolle des Registerrichters erstreckt sich auch auf die Frage, ob eine Ermächtigung für die Einziehung in der Satzung vorhanden war; fehlte diese oder war sie nicht ausreichend, ist der Hauptversammlungsbeschluss nichtig oder anfechtbar (s o 43) und der Registerrichter wird die Kapitalherabsetzung nicht eintragen (zu Einzelheiten s § 223, 17 ff). Im Unterschied zur ordentlichen Kapitalherabsetzung, bei der bereits die Eintragung des Beschlusses zu deren Wirksamkeit führt (§ 224),

---

172 RG in JW 1927, 1421 f; *Hüffer*⁹ 23a; KK/*Lutter*² 83.

173 *Hüffer*⁹ § 136, 18 mwN.

174 *Hüffer*⁹ 23a; MK/*Oechsler*² 79; aA *Becker* ZGR 1986, 383, 386, 405; *Busch* in Marsch-Barner/Schäfer, Handbuch börsennotierte AG², § 49, 14; *Grunewald* Ausschluss, S 117, 108 f; MünchHdB-AG-*Krieger*³ § 62, 17; KK/*Lutter*² 83; Spindler-Stilz/*Marsch-Barner*² 24; *Terbrack* RNotZ 2003, 98, 112 f; K Schmidt/Lutter/*Veil*² 27.

175 *Hüffer*⁹ 23a.

176 *Hüffer*⁹ 24; *Zöllner* FS Doralt, 2004, S 751, 764 ff.

177 Zur Geschichte der Norm s o 3.

bedarf es bei der Einziehung zusätzlich noch der Durchführung der Einziehung; § 224 wird also durch § 238 verdrängt (siehe dort). Der Registerrichter macht die Eintragung bekannt und unterrichtet die Gläubiger über ihr Recht auf Sicherheitsleistung (§ 225 Abs 1 S 2). Die Anmeldung und Eintragung der Kapitalherabsetzung können gem § 239 Abs 2 mit der Anmeldung und Eintragung ihrer Durchführung verbunden werden. Der mit der Einziehung unrichtig gewordene Satzungstext ist zu berichtigen, was ebenfalls anzumelden ist (s § 239, 4). Handelt es sich dagegen um eine angeordnete Zwangseinziehung, erfolgt die Einziehung durch Entscheidung des Vorstands nach Abs 6. Diese Entscheidung ist nicht eintragungsfähig und daher nicht anzumelden (zum Streitstand s u 126 sowie § 238, 11). Anzumelden ist allein die Durchführung nach § 239.

3. Der Gläubigerschutz

a) **Begrenzung der Höhe des Abfindungsentgelts.** Bei einer angeordneten oder gestatteten Zwangseinziehung (Abs 1 S 1 Alt 1), die im ordentlichen Verfahren nach Abs 2 durchgeführt wird, folgt aus dem Generalverweis auf die Vorschriften zur ordentlichen Kapitalherabsetzung (Abs 2 S 1), dass eine Auszahlung an die Aktionäre nur in Höhe des Nennwerts der Aktien bzw des auf sie entfallenden Anteils am Grundkapital erfolgen darf (s o 76), denn die Summe der Aktien muss stets dem Grundkapital entsprechen. Beabsichtigt die Gesellschaft, ein Entgelt über pari auszuzahlen, weil der innere Wert der Aktien höher ist, kann sie dies durch eine Einziehung im vereinfachten Verfahren erreichen (s o 76). **91**

Erwirbt die Gesellschaft zum Zwecke der Einziehung eigene Aktien (Abs 1 S 1 Alt 2), gilt dies nur dann nicht als **verbotene Einlagenrückgewähr**, wenn die Voraussetzungen eines Erwerbs eigener Aktien nach §§ 71 ff gegeben sind (§ 57 Abs 1 S 2). Auch in der Preisgestaltung ist die Gesellschaft nicht frei; sie darf die Aktien nur zu marktgerechten Bedingungen erwerben (zu Einzelheiten s o 79, 81). **92**

b) **Anspruch auf Sicherheitsleistung.** Gem § 237 Abs 2 S 1 richtet sich der Gläubigerschutz bei einer Kapitalherabsetzung durch Einziehung von Aktien nach den Vorschriften des § 225 Abs 1 und 3[178]. Dieser Verweis gilt sowohl für die (angeordnete oder gestattete) Zwangseinziehung als auch für die Einziehung nach Erwerb, die im *ordentlichen* Einziehungsverfahren durchgeführt werden. Danach steht allen Gläubigern (mit Ausnahme der in § 225 Abs 1 S 3 genannten), deren Forderungen vor Bekanntmachung des Beschlusses über die Kapitalherabsetzung begründet worden sind, ein Anspruch auf Sicherheitsleistung zu, wenn sie sich rechtzeitig melden und nicht Befriedigung verlangen können (§ 225 Abs 1 S 1). Eine rechtzeitige Meldung liegt vor, wenn sich der Gläubiger innerhalb von sechs Monaten ab Bekanntmachung der Kapitalherabsetzung (§ 224) bzw im Falle des § 237 Abs 6 ab Eintragung der Durchführung der Einziehung (§ 239 Abs 1) bei der AG meldet. Die Gläubiger sind in der Bekanntmachung der Eintragung auf dieses Recht hinzuweisen (§ 225 Abs 1 S 2). Der Anspruch auf Sicherheitsleistung steht den Gläubigern unabhängig davon zu, ob auf Grundlage der Herabsetzung des Grundkapitals Zahlungen an die Aktionäre geleistet werden oder nicht (§ 225 Abs 3). Er besteht somit auch dann, wenn eine Zahlung an die Aktionäre nicht in Frage kommt, zB wenn früher nach § 71 Abs 1 erworbene Aktien eingezogen werden. Dabei ist auch unerheb- **93**

[178] Unstr vgl statt vieler *Hüffer*[9] 27. Zu Recht weist MK/*Oechsler*[2] 88 darauf hin, dass aus § 237 Abs 2 S 3 kein Umkehrschluss gezogen werden dürfe, wonach § 225 Abs 1 und 3 keine Anwendung fänden.

lich, welcher Tatbestand des § 71 zum Erwerb der eigenen Aktien verwirklicht wurde. Damit unterscheidet sich Abs 2 S 1 von dessen S 3, bei dem nur ein Erwerb nach § 71 Nr 6 erfasst ist (s u 97).

c) **Ausschüttungssperre für das Entgelt**

94 aa) **Anwendungsbereich des Abs 2 S 3.** Für die **Zahlung des Entgelts,** das Aktionären bei einer Zwangseinziehung oder bei einem Erwerb von Aktien zum Zwecke der Einziehung gewährt wird, oder für die **Befreiung** dieser Aktionäre von der **Einlagepflicht bei nicht voll eingezahlten Aktien** gilt die Ausschüttungssperre des § 225 Abs 2 sinngemäß (Abs 2 S 3). Die Vorschrift gilt nur, wenn die Bestimmungen über die ordentliche Kapitalherabsetzung Anwendung finden, nicht aber im Falle des vereinfachten Einziehungsverfahrens nach Abs 3. Zu den **Rechtsfolgen** eines Verstoßes gegen die Ausschüttungssperre s § 225, 66 ff.

95 bb) **Ausschüttungssperre bei der Zwangseinziehung.** Der in Abs 2 S 3 enthaltene Verweis bezieht die Vorschrift des § 225 Abs 2 auf das Entgelt, das den Aktionären bei einer gestatteten oder angeordneten **Zwangseinziehung** gewährt wird. Die Vergütung, die den ihre Mitgliedschaft verlierenden Aktionären als Ausgleich für diesen Verlust gewährt wird, darf ihnen nicht ausbezahlt werden, bevor seit Bekanntmachung der Eintragung bzw im Falle des § 237 Abs 6 seit Bekanntmachung der Durchführung der Kapitalherabsetzung sechs Monate verstrichen sind, und bevor den Gläubigern, die sich rechtzeitig gemeldet haben, Befriedigung oder Sicherheit gewährt worden ist. Eine Befreiung der Aktionäre von der Verpflichtung zur Leistung von Einlagen wird nicht vor dem bezeichneten Zeitpunkt und nicht vor Befriedigung oder Sicherstellung der Gläubiger wirksam, die sich rechtzeitig gemeldet haben. Aus der Vorschrift des Abs 2 S 2 in Verbindung mit der eine Ausnahme darstellenden Bestimmung des Abs 3 ergibt sich zudem, dass die Einziehung von Aktien im Wege der ordentlichen Kapitalherabsetzung auch zulässig ist, wenn die Aktien nicht voll eingezahlt sind und das Aufgeld über den Nennbetrag nicht geleistet ist (s o 78 aE).

96 Die Ausschüttungssperre bezieht sich zum einen unmittelbar auf den Kaufpreis oder die Vergütung, die den betroffenen Aktionären bei der Zwangseinziehung zu leisten ist. Zum anderen dürfen die durch die Kapitalherabsetzung gewonnenen Beträge vor Erfüllung dieser Voraussetzungen auch nicht mittelbar den Aktionären zugutekommen (s § 225, 65). Deshalb darf der zu verteilende Gewinn nicht unter Zugrundelegung des durch die Einziehung herabgesetzten Grundkapitals berechnet, und nicht, soweit er sich durch die Kapitalherabsetzung erhöht, ausbezahlt werden, bevor die Voraussetzungen des § 225 Abs 2 erfüllt sind. Ebenso darf ein Buchgewinn, der durch Erwerb der Aktien unter dem Nennwert erzielt wird, nur zur Gewinnverteilung verwendet, also der Gewinnberechnung zugrunde gelegt werden, wenn das Sperrhalbjahr abgelaufen und die Gläubiger sichergestellt oder befriedigt sind. Der Jahresgewinn kann aber schon vorher bedingt unter Berücksichtigung dieses Buchgewinns berechnet und festgestellt werden. Der so berechnete Gewinn kann voll ausbezahlt werden, sobald nachträglich die Voraussetzungen des § 225 Abs 2 erfüllt sind.

97 cc) **Ausschüttungssperre bei der Einziehung nach Erwerb.** Weiterhin erfasst der in Abs 2 S 3 enthaltene Verweis das Entgelt, das für einen Erwerb von Aktien zum Zwecke der Einziehung gezahlt wird. Die soeben für die Ausschüttungssperre bei der Zwangseinziehung gemachten Ausführungen gelten sinngemäß. Der Verweis erfasst allerdings dem eindeutigen Wortlaut nach nur „den Erwerb von Aktien zum Zwecke der Einziehung". Die Ausschüttungssperre gilt also nur für den Erwerb nach § 71 Abs 1 Nr 6, nicht aber

auch für die übrigen Fälle des Erwerbs eigener Aktien (zu Einzelheiten, wie Aktienrückkauf über die Börse und Beweislastfragen s o 80). Die Anwendung der Ausschüttungssperre ist deshalb notwendig, weil für die Nr 6 gerade nicht die gläubigerschützende Regelung des § 71 Abs 2 gilt. Zur Frage der Verwendung eines Buchgewinns s o 81.

VI. Das vereinfachte Einziehungsverfahren (Abs 3–5)

1. Allgemeines

Als **Ausnahme** von dem Erfordernis der Einhaltung der Vorschriften über die ordentliche Kapitalherabsetzung erlaubt Abs 3 ein vereinfachtes Einziehungsverfahren, wenn Aktien eingezogen werden, auf die der Nennbetrag oder der höhere Ausgabebetrag voll geleistet ist, und wenn zusätzlich entweder **98**

1. die Aktien der Gesellschaft unentgeltlich zur Verfügung gestellt werden oder
2. die Aktien zu Lasten des Bilanzgewinns oder einer anderen Gewinnrücklage (soweit diese Positionen zu diesem Zweck verwendet werden dürfen) eingezogen werden oder
3. wenn es sich um Stückaktien handelt und der Hauptversammlungsbeschluss bestimmt, dass durch die Einziehung das Kapital nicht herabgesetzt wird, sondern sich der Anteil der übrigen Aktien am Grundkapital entsprechend erhöht.

Das vereinfachte Einziehungsverfahren bietet folgende Vorteile: (1) Die Vereinfachung, **99**
die das Verfahren nach Abs 3 mit sich bringt, betrifft vor allem den **Gläubigerschutz**, da § 225 nicht anzuwenden ist. Die Ausnahmen des Abs 3 sind gerechtfertigt, weil in allen Ausnahmefällen die sonst mit der Einziehung von Aktien verbundene Gefährdung der Gläubiger nicht oder nur in geringerem Maße vorhanden ist. Im Falle der Nr 1, unentgeltliche Zurverfügungstellung der Aktien, erfolgt eine Auszahlung aus dem Vermögen der Gesellschaft überhaupt nicht. Im zweiten Fall geschieht die Einziehung nur zu Lasten des Bilanzgewinns oder einer anderen Gewinnrücklage, somit zu Lasten von Vermögensteilen der Gesellschaft, die entweder zur Ausschüttung an die Aktionäre dienen oder der freien Verfügung der Gesellschaft unterliegen. Eine mittelbare Benachteiligung der Gläubiger tritt auch in den beiden Ausnahmefällen wie bei jeder Kapitalherabsetzung durch die Herabsetzung der satzungsmäßigen Grundkapitalziffer insofern ein, als dadurch die Funktion des Grundkapitals als Garantiefonds zugunsten der Gläubiger auf einen geringeren Betrag beschränkt wird. Den Ausgleich schafft hier bis zu einem gewissen Grade die Vorschrift des Abs 5, nach der in den Fällen des Abs 3 in die gesetzliche Rücklage ein Betrag einzustellen ist, der dem Gesamtnennbetrag der eingezogenen Aktien gleichkommt. Im dritten, mit dem StückAG eingefügten (s o 4) Ausnahmefall, der Einziehung von Stückaktien ohne Kapitalherabsetzung, bleibt das Grundkapital insgesamt unverändert und verteilt sich nur anders unter den (noch vorhandenen) Aktionären; hier ist keine Beeinträchtigung von Gläubigerinteressen zu befürchten. (2) Die Einziehung in den Fällen des Abs 3 erleichtert es der Gesellschaft, sich von dem oft unerwünschten Besitz eigener Aktien zu befreien. (3) Sie ermöglicht es auch der Verwaltung, eine günstige Gelegenheit zum Erwerb eigener Aktien zu benutzen, ohne Gefahr zu laufen, dass die Verwendung dieser Aktien zu einer Einziehung durch die erschwerten Erfordernisse der ordentlichen Kapitalherabsetzung (Dreiviertelmehrheit, gesonderte Abstimmung) vereitelt wird. (4) Eine weitere Vereinfachung wird durch die anderen **Mehrheitserfordernisse** (s u 111 ff) erreicht.

2. Zulässigkeit beider Arten der Einziehung

100 Die Einziehung im vereinfachten Verfahren nach Abs 3 ist sowohl bei der angeordneten und gestatteten Zwangseinziehung als auch bei der nach Erwerb zulässig[179]. Abs 3 befreit aber nur von den Vorschriften über die ordentliche Kapitalherabsetzung, nicht aber von den Erfordernissen des Abs 1, so dass es neben den dort genannten Arten der Einziehung keine weiteren nach Abs 3 gibt. Klarstellend ist zudem darauf hinzuweisen, dass das vereinfachte Einziehungsverfahren nach Abs 3 nicht zu verwechseln ist mit der vereinfachten Kapitalherabsetzung nach den §§ 229 ff. Beide sind strikt zu trennen, was sich ua daran zeigt, dass auch die §§ 237 ff nur auf einzelne Vorschriften zur ordentlichen, nicht aber zur vereinfachten Kapitalherabsetzung Bezug nehmen (zur einzigen Ausnahme s u 122).

3. Voraussetzungen

101 a) **Volle Leistung der Einlage.** Für alle drei Ausnahmetatbestände des Abs 3 ist erforderlich, dass auf die einzuziehenden Aktien der Nennbetrag oder der höhere Ausgabebetrag voll geleistet ist. Der Ausgabebetrag bestimmt sich nach § 9 und den Vorgaben der Satzung. Er schließt das Agio ein. Die Volleinzahlung muss spätestens in dem **Zeitpunkt** bewirkt sein, in dem die Einziehung wirksam werden soll, also wenn der Kapitalherabsetzungsbeschluss eingetragen wird oder im Moment der Einziehungshandlung, soweit diese der Eintragung nachfolgt (§ 238)[180]. Die Einziehung kann unter der **Bedingung** beschlossen werden, dass die Volleinzahlung bis zu dem bezeichneten Zeitpunkt nachfolgt. Der Registerrichter kann vor der Eintragung den Nachweis der Vollzahlung fordern. Ist die Volleinzahlung nicht geleistet, so kann die Einziehung nur unter Einhaltung der Vorschriften über die ordentliche Kapitalherabsetzung, insbesondere der Gläubigerschutzbestimmungen vor sich gehen. Der Beschluss der Hauptversammlung kann also umgedeutet werden; allerdings müssen dann auch die übrigen Voraussetzungen einer Einziehung im ordentlichen Verfahren vorliegen (Mehrheit etc)[181]. Die Voraussetzung der Volleinzahlung dient dem **Gläubigerschutz.** Die volle Einlage, einschließlich des Aufgeldes, soll der Gesellschaft zur Verfügung stehen. Würde die Einziehung ohne Volleinzahlung erfolgen, so würde mit dem Wirksamwerden der Einziehung die Einlagepflicht der Aktionäre erlöschen, denn die Einlagepflicht ist Teil der Mitgliedschaft. Die Vorschrift dient dem öffentlichen Interesse. Gegen Abs 3 verstoßende Satzungsbestimmungen oder Hauptversammlungsbeschlüsse sind nichtig (§ 241 Nr 3)[182]. Eine Umdeutung in einen Beschluss im ordentlichen Kapitalherabsetzungsverfahren setzt – wie bereits erwähnt – voraus, dass die dafür geltenden Vorgaben (insb die Mehrheit in der Hauptversammlung) eingehalten sind[183].

102 b) **Unentgeltlich zur Verfügung gestellt (Abs 3 Nr 1).** Unentgeltlichkeit liegt vor, wenn die Gesellschaft für die Aktien weder eine **Gegenleistung** erbracht hat noch eine solche schuldet. Auf die Art der Gegenleistung kommt es nicht an. Verspricht die Gesellschaft als „Kaufpreis" also Dienste, Lieferungen etc, fehlt es an der Unentgeltlichkeit.

103 Der Begriff **„zur Verfügung stellen"** ist weit auszulegen und meint sowohl das Überlassen der Aktie an die Gesellschaft zum Zwecke der Einziehung, ohne dass es zu einer

---

179 KK/*Lutter*² 92; MünchHdB-AG-*Krieger*³ § 62, 21; teilweise aA *Godin/Wilhelmi*⁴ 23.

180 *Hüffer*⁹ 31; KK/*Lutter*² 94; MK/*Oechsler*² 92; MünchHdB-AG-*Krieger*³ § 62, 21a.

181 KK/*Lutter*² 95.

182 *Hüffer*⁹ 31; KK/*Lutter*² 95; MK/*Oechsler*² 101; *Tielmann* DStR 2003, 1796.

183 MK/*Oechsler*² 101; K Schmidt/Lutter/*Veil*² 35.

Änderung der dinglichen Berechtigung kommt[184], als auch die Übereignung an die Gesellschaft[185]. Der Rechtsgrund für den Erwerb ist unerheblich. Daher sind die Aktien auch dann unentgeltlich zur Verfügung gestellt, wenn die Gesellschaft sie ohne Gegenleistung einziehen darf (zB zum Zwecke der Sanierung, s o 67, 73)[186].

Die Einziehung unentgeltlich zur Verfügung gestellter Aktien ist zulässig, gleichgültig, wann sie der Gesellschaft überlassen wurden. Der Zeitpunkt kann also vor oder nach der Beschlussfassung über die Einziehung liegen. Sie müssen spätestens in dem **Zeitpunkt** der Gesellschaft zur Verfügung stehen, in dem die Einziehung wirksam werden soll[187]. **104**

Die früher hM war der Ansicht, dass die Aktien dann nicht unter Nr 1 fielen, wenn die Gesellschaft sie in der Bilanz aktiviert habe[188]. Diese Ansicht ist aufgrund der gesetzlichen Neuregelung in § 272 Abs 1a HGB[189] überholt[190]. Eigene Aktien sind stets auf der Passivseite zu buchen. **105**

c) **Einziehung zu Lasten des Bilanzgewinns oder einer anderen Gewinnrücklage (Abs 3 Nr 2).** Die Kosten für den Erwerb der Aktien, bei denen es sich nicht notwendig um eigene handeln muss[191], werden aus Gesellschaftsmitteln beglichen, nämlich entweder aus dem Bilanzgewinn oder aus einer anderen Gewinnrücklage, soweit diese Positionen dafür verwendbar sind. Mit **Bilanzgewinn** (§ 158 Abs 1 Satz 1 Nr 5) ist das Vermögen der Gesellschaft gemeint, das als Bilanzgewinn zur Verteilung gelangen könnte, so dass ein evtl Verlustvortrag zunächst in Abzug zu bringen ist. Der dann zur Verfügung stehende Betrag muss so hoch sein, dass er die Erwerbskosten deckt. Der denkbare Bilanzgewinn wird also durch die Kosten des Aktienerwerbs geschmälert. Wie der Wortlaut der Nr 2 ausdrücklich verlangt, muss der Bilanzgewinn für die Zwecke der Einziehung noch zur Verfügung stehen. Hieran fehlt es, wenn die Satzung eine anderweitige Gewinnverwendung vorschreibt (vgl § 58 Abs 1), der Gewinn wegen eines Gewinnabführungsvertrags gebunden ist oder die Hauptversammlung bereits über die Gewinnverwendung beschlossen hat (§ 174). Der Begriff der **anderen Gewinnrücklage** bezieht sich auf § 266 Abs 3 A III Nr 4 HGB[192]. Der dort gebuchte Betrag muss die Erwerbskosten der Aktien vollständig decken und nicht durch einen Verlustvortrag gemindert sein. Wie beim Bilanzgewinn auch darf der Teil der Rücklagen, der – sei es durch die Satzung, sei es durch Hauptversammlungsbeschluss – für andere Zwecke bestimmt ist, nicht für die Einziehung verwendet werden[193]. Wird die Zweckbindung des Gewinns oder der anderen Gewinnrücklagen durch Satzungsänderung bzw Hauptversammlungsbeschluss aufgehoben, kann die Rücklage für die Einziehung verwendet werden. Die Aufhebung kann zugleich mit der Kapitalherabsetzung beschlossen werden. Bei einem Verstoß gegen die Zweckbindung des Gewinns oder der anderen Gewinnrücklagen oder bei einem Eingriff in einen bereits bestehenden Dividendenanspruch ist der Hauptversammlungsbeschluss anfechtbar[194]. **106**

---

184 *Hüffer*[9] 32; K Schmidt/Lutter/*Veil*[2] 37.

185 *Hüffer*[9] 32; aA wohl Baumbach/*Hueck*[13] 9.

186 KK/*Lutter*[2] 96; Spindler-Stilz/*Marsch-Barner*[2] 30; MünchHdB-AG-*Krieger*[3] § 62, 22.

187 *Zöllner* FS Doralt, 2004, S 751, 754.

188 Statt vieler *Schilling* Voraufl 29 sowie KK/*Lutter*[2] 97 ff, der einen differenzierten Standpunkt einnahm.

189 Geändert durch Art 1 Nr 23 lit b des Gesetzes zur Modernisierung des Bilanzrechts (Bilanzrechtsmodernisierungsgesetz – BilMoG) vom 25.5.2009, BGBl I, 1102.

190 Unzutreffend daher K Schmidt/Lutter/*Veil*[2] 36. Zu den nach altem Recht bestehenden Einwänden gegen diese Ansicht *Hüffer*[9] 33.

191 KK/*Lutter*[2] 105; *Hüffer*[9] 34; aA noch *Godin/Wilhelmi*[4] 23.

192 Zu Recht legt KK/*Lutter*[2] 192 den Tatbestand dahingehend aus, dass Abs 3 Nr 2 auch bei einem Gewinnvortrag anwendbar sei.

193 *Hüffer*[9] 34; Spindler-Stilz/*Marsch-Barner*[2] 31.

194 KK/*Lutter*[2] 102; *Hüffer*[9] 34; Spindler-Stilz/*Marsch-Barner*[2] 31.

Für die Zwecke der Nr 2 muss **keine Zwischenbilanz** aufgestellt werden; es reicht aus, wenn der Vorstand aufgrund interner Zwischenrechnungen (zB Monatsberichte) eine entsprechende Prognose treffen kann[195]. Erweist sich diese später als unzutreffend, ist der über pari liegende Erwerbspreis als Aufwand zu verbuchen und der Buchwert nach Abs 5 in die Kapitalrücklage zu buchen. Dies gilt auch für den Fall, dass dadurch ein Bilanzverlust entsteht oder vergrößert wird.

107 **d) Einziehung von Stückaktien ohne Kapitalherabsetzung (Abs 3 Nr 3).** Das vereinfachte Einziehungsverfahren gilt schließlich für den Fall, dass **Stückaktien** (§ 8 Abs 3) eingezogen werden und die Hauptversammlung im Einziehungsbeschluss bestimmt, dass auf die verbleibenden Aktien ein entsprechend höherer Anteil am Grundkapital entfällt (sog reverse stock split). Die Regelung beruht auf dem Transparenz- und Publizitätsgesetz von 2002 (s 4) und geht auf eine Empfehlung der Corporate Governance-Kommission zurück[196]. Während bislang die Einziehung von Aktien stets auch eine Kapitalherabsetzung darstellte, durchbricht Nr 3 dies für Stückaktien. Damit führt der Gesetzgeber die früher bestehende Möglichkeit der Amortisation (§ 227 HGB aF, dazu oben 1 sowie Vor § 222, 77) für den Fall von Stückaktien wieder ein (zur Kritik s o 5).

108 Die Nr 3 setzt zunächst voraus, dass die Einziehung überhaupt eines Hauptversammlungsbeschlusses bedarf; somit erfasst sie nicht den Fall, dass *der Vorstand* gem § 71 Abs 1 Nr 8 S 6 ermächtigt wird, Aktien unter Erhöhung der Kapitalquote der übrigen Aktionäre einzuziehen. Weiterhin muss die Hauptversammlung – damit die Nr 3 einschlägig ist – in ihrem Beschluss die Erhöhung der Kapitalquote als alleiniges Verfahren oder als Wahlmöglichkeit vorsehen. Wird im Beschluss (versehentlich oder absichtlich) die Möglichkeit der Einziehung ohne Kapitalherabsetzung nicht erwähnt, bleibt es wegen des Regel-Ausnahme-Verhältnisses dabei, dass die Einziehung nur im Wege der Kapitalherabsetzung erfolgen kann[197].

109 Die nach Abs 5 erforderliche Umbuchung des auf die eingezogenen Aktien entfallenden Betrags des Grundkapitals in die Kapitalrücklage ist nicht notwendig, da keine Kapitalherabsetzung stattgefunden hat; dies hat der Gesetzgeber mit dem UMAG nachträglich klargestellt (s o 4). Die Interessen der Gläubiger können dann gefährdet sein, wenn die Gesellschaft die Aktien zu teuer einkauft und es dadurch faktisch zu einer Ausschüttung von Gesellschaftsvermögen an die Aktionäre kommt. Dieser Gefahr will eine Ansicht dadurch begegnen, dass die Voraussetzungen von Abs 3 Nrn 1 bzw 2 auch bei Nr 3 verlangt; die Gesellschaft dürfe Stückaktien nur einziehen, wenn ihr diese unentgeltlich zur Verfügung gestellt wurden oder sie diese aus dem Bilanzgewinn oder den anderen Gewinnrücklagen bezahlt habe[198]. Diese Ansicht übersieht den Schutz der Regelung des § 57 Abs 1 S 2 und die aus ihr folgende gesetzliche Wertung (s o 79), die hier entsprechend herangezogen werden kann.

---

[195] *Kessler/Suchan* BB 2000, 2529, 2530; Spindler-Stilz/*Marsch-Barner*[2] 32; *Busch* in Marsch-Barner/Schäfer, Handbuch börsennotierte AG[2], § 49, 20; K Schmidt/Lutter/*Veil*[2] 40.

[196] *Baums* (Hrsg), Bericht der Regierungskommission Corporate Governance, 2001 = BT-Drucks 14/7515, S 105 Rn 234.

[197] RegE TransPuG, BT-Drucks 14/8769, S 24; *Tielmann* DStR 2003, 1796, 1799; aA offenbar *Hüffer*[9] 34a aE; kritisch auch Heidel/*Terbrack*[3] 74; *Terbrack* DNotZ 2003, 734, 738.

[198] Spindler-Stilz/*Marsch-Barner*[2] 33; *Busch* in Marsch-Barner/Schäfer, Handbuch börsennotierte AG[2], § 49, 22; *Wieneke/Förl* AG 2005, 189, 194 f; K Schmidt/Lutter/*Veil*[2] 42; zu Recht aA *Rieckers* ZIP 2009, 700, 705.

4. Keine weiteren Fälle der Einziehung im vereinfachten Verfahren

Abs 3 ist insoweit **zwingend**, als die Ausnahmefälle des Abs 3 nicht durch die Satzung vermehrt werden können (s o 11). Dagegen verstoßende Satzungsbestimmungen und Hauptversammlungsbeschlüsse sind nichtig (§ 241 Nr 3). Die Satzung kann jedoch die Einziehung im vereinfachten Verfahren erschweren oder ganz ausschließen. Sie kann etwa bestimmen, dass eine Einziehung zu Lasten des Bilanzgewinns nicht oder nur zu einem bestimmten Bruchteil desselben geschehen darf. Dagegen verstoßende Hauptversammlungsbeschlüsse sind nur anfechtbar, da sie nur die Belange der Aktionäre berühren. 110

5. Rechtsfolgen

a) **Der Hauptversammlungsbeschluss** (Abs 4). aa) **Beschlusserfordernisse.** Die gestattete Zwangseinziehung und die Einziehung nach Erwerb bedürfen auch im vereinfachten Verfahren nach Abs 3 Nr 1 bis 3 eines Hauptversammlungsbeschlusses (Abs 4 S 1). Dagegen reicht bei der angeordneten Zwangseinziehung ein Vorstandsbeschluss (Abs 6). Auch bei § 71 Abs 1 Nr 8 S 6 bedarf es keines gesonderten Hauptversammlungsbeschlusses über die Einziehung; dieser ist im Beschluss über den Erwerb der eigenen Aktien enthalten. Der Wortlaut von Abs 4 ist missverständlich, da er von der „Kapitalherabsetzung" spricht, obwohl in Abs 3 Nr 3 gerade keine solche erfolgt. Es besteht jedoch Einigkeit, dass es sich dabei um ein Redaktionsversehen handelt[199]. 111

Für den Beschluss genügt die **einfache Mehrheit** des § 133 Abs 1 (Abs 4 S 2), obwohl die Einziehung eine Satzungsänderung darstellt. Die Satzung kann eine größere Mehrheit und weitere Erfordernisse (zB neben der Stimmenmehrheit auch eine Kapitalmehrheit und die gesonderte Abstimmung nach Aktiengattungen) bestimmen (Abs 4 S 3)[200]. Da Abs 4 Satz 3 der Vorschrift des § 222 Abs 1 S 2 nachgebildet ist, gilt auch hier, dass eine Satzungsregelung über Erleichterungen bei der erforderlichen Mehrheit unzulässig ist[201]. 112

Da durch den Beschluss das Grundkapital bzw die Zahl der Stückaktien herabgesetzt wird, ist auch die **Satzungsurkunde** zu ändern. Weil diese Änderung die notwendige Folge der Einziehung ist, genügt für beide Beschlüsse die einfache Mehrheit. Es bedarf also nicht eines besonderen Beschlusses über die Neufestsetzung des Grundkapitals bzw der Zahl der Stückaktien mit der für Satzungsänderungen im Allgemeinen erforderlichen Mehrheit und Form[202]. 113

Das Gesetz betont stets, dass bei Vorhandensein mehrerer Aktiengattungen ein **Sonderbeschluss** dieser Aktionäre erforderlich ist (vgl §§ 222 Abs 2, 229 Abs 2, 237 Abs 2). Aus dem Fehlen dieses Erfordernisses in Abs 4 S 2 folgt im Umkehrschluss, dass beim Vorhandensein mehrerer Aktiengattungen keine gesonderte Abstimmung geboten ist[203]. Sollen Vorzugsaktien eingezogen werden, wendet die herrschende Meinung die allgemeine Regel des § 141 Abs 1 an, so dass für die Wirksamkeit des Beschlusses die Zustim- 114

---

199 K Schmidt/Lutter/*Veil*² 44; *Tielmann* DStR 2003, 1796, 1798; *Terbrack* DNotZ 2003, 734, 741 f.

200 *Hüffer*⁹ 35.

201 *Hüffer*⁹ 35.

202 MünchHdB-AG-*Krieger*³ § 62, 25; *Hüffer*⁹ 35.

203 Ebenso Baumbach/*Hueck*¹³ 10; *Godin/Wilhelmi*⁴ 25; *Hüffer*⁹ 35; MK/*Oechsler*² 103; MünchHdB-AG-*Krieger*³ § 62, 25; *Schlegelberger/Quassowski*³ § 192, 37; *Terbrack* DNotZ 2003, 734, 742; K Schmidt/Lutter/*Veil*² 44; *Zöllner* FS Doralt, 2004, S 751, 762; aA KK/*Lutter*² 109.

mung der Vorzugsaktionäre erforderlich sei[204]. Dies überzeugt nicht, denn es geht nicht um die Aufhebung des Vorzugs, sondern um die Einziehung der Aktie insgesamt.

115 Für die Hauptversammlung gelten die **allgemeinen Vorschriften** über die Einberufung der Versammlung, die Einberufungsfrist, die Bekanntmachung der Tagesordnung, die Ausübung des Stimmrechts und die Bekanntmachung des Wortlauts der zu beschließenden Satzungsänderung. Der Einziehungsbeschluss kann – wie bei der ordentlichen Kapitalherabsetzung auch – in einer außerordentlichen Hauptversammlung gefasst werden. Wird die Kapitalherabsetzung erst nach der Beschlussfassung über die Verteilung des Bilanzgewinns beschlossen, kann die Hauptversammlung aber nicht mehr über den Gewinn zum Zwecke der Einziehung nach Nr 2 verfügen, da durch den Gewinnverwendungsbeschluss ein unwiderruflicher Anspruch der Aktionäre auf Auszahlung des Gewinnes entstanden ist (s o 106).

116 **bb) Inhalt des Beschlusses.** Wie bei der ordentlichen Kapitalherabsetzung ist in dem Hauptversammlungsbeschluss der **Zweck** der Kapitalherabsetzung anzugeben (Abs 4 S 4). Auch die **Art der Herabsetzung** (durch Einziehung der näher zu bezeichnenden Aktien im Wege der einfachen Einziehung) ist anzugeben. Zudem muss der Beschluss – ebenfalls wie bei der ordentlichen Kapitalherabsetzung – alle wesentlichen Punkte regeln, insbesondere, ob die Einziehung **zwangsweise** oder **nach Erwerb** stattfinden soll. Die in Abs 5 angeordnete Einstellung des durch die Kapitalherabsetzung frei werdenden Betrags in die Kapitalrücklage erfolgt dagegen nicht im Kapitalherabsetzungsbeschluss, sondern mit dem nächsten Jahresabschluss (s u 121)[205].

117 **cc) Anmeldung.** Der Vorstand und der Vorsitzende des Aufsichtsrats haben den Beschluss zur Eintragung in das Handelsregister anzumelden (Abs 4 S 5). Ermächtigt die Hauptversammlung den Vorstand zur Einziehung von Stückaktien ohne Kapitalherabsetzung, kann sie zugleich eine Ermächtigung aussprechen, die Zahlenangabe in der Satzung insoweit anzupassen. Die Satzungsanpassung ist beim Handelsregister anzumelden[206]. Diese in Abs 3 Nr 3 aE enthaltene Regelung stellt einen Systembruch zu § 179 Abs 1 dar[207]. Der Registerrichter prüft ua auch, ob die Voraussetzungen des vereinfachten Einziehungsverfahrens vorlagen und kann entsprechende Nachweise (zB über die Volleinzahlung) verlangen. Da die Einziehung eine Satzungsänderung zur Folge hat, ist auch bei Einziehung im vereinfachten Verfahren die Eintragung des Beschlusses erforderlich, damit er wirksam wird (§§ 181 Abs 3, 238). Wegen der weiteren Erfordernisse der Wirksamkeit der Einziehung vgl § 238.

118 **dd) Rechtsfolgen von Verfahrensverstößen.** Fehlt es an der Volleinzahlung der Einlage, liegt Nichtigkeit vor, s o 101; wurde gegen die Zweckbindung von Bilanzgewinn oder anderer Gewinnrücklage verstoßen oder ein Gewinnverwendungsbeschluss missachtet, ist der Hauptversammlungsbeschluss über die Einziehung im vereinfachten Verfahren anfechtbar (s o 106). Im Übrigen gelten für Zuwiderhandlungen gegen die Vorschriften des Abs 4 die Rechtsfolgen, wie bei Beschlüssen im Wege einer ordentlichen Kapitalherabsetzung (vgl § 222, 71 ff), entsprechend.

---

204 *Hüffer*[9] 35; MK/*Oechsler*[2] 104; Spindler-Stilz/*Marsch-Barner*[2] 34; K Schmidt/Lutter/*Veil*[2] 44; wohl auch *Terbrack* DNotZ 2003, 734, 744; zu Recht aA MünchHdB-AG-*Krieger*[3] § 62, 25.

205 *Hüffer*[9] 36.

206 RegE TransPuG, BT-Drucks 14/8769, S 24.

207 *Tielmann* DStR 2003, 1796, 1798.

b) **Gläubigerschutz**

aa) Einstellung in die Kapitalrücklage (Abs 5). Durch die Einziehung der Aktien nach Abs 3 Nrn 1 und 2 und die damit verbundene Herabsetzung des Grundkapitals wird die in der Grundkapitalziffer liegende Bindung des Kapitals zugunsten der Gesellschaftsgläubiger zum Teil aufgehoben. Es ist künftig nur das herabgesetzte Grundkapital auf der Passivseite der Bilanz einzustellen. Dadurch würde eine erhöhte Gewinnverteilung an die Aktionäre auf Kosten der Gläubiger ermöglicht werden. Um diese Gefahr zu bannen, ist in den Fällen des Abs 3 Nr 1 und Nr 2 in die Kapitalrücklage (§§ 266 Abs 3 A II, 272 Abs 2 HGB) ein Betrag in Höhe der Summe einzustellen, der auf die eingezogenen Aktien entfällt (Abs 5). Bei Nennbetragsaktien handelt es sich also um den auf die eingezogenen Aktien entfallenden Gesamtnennbetrag, bei Stückaktien um die Summe der auf die eingezogenen Aktien entfallenden anteiligen Beträge (§ 8 Abs 3 S 3). In der Sache handelt es sich somit um eine Umbuchung auf der Passivseite. Durch diese Einstellung in die Kapitalrücklage bleibt ein dem herabgesetzten Teil des Grundkapitals entsprechender Betrag zugunsten der Gläubiger gebunden, da die Kapitalrücklage der Bindung des § 150 Abs 3 und 4 unterliegt. **119**

Im Falle der Nr 3 bedarf es dieser Einstellung in die Kapitalrücklage nicht, da das Kapital nicht herabgesetzt wird und die Interessen der Gläubiger daher nicht gefährdet sind. Dies hat der Gesetzgeber mittlerweile ausdrücklich klargestellt (zu Art 1 Nr 18 UMAG s o 4), so dass die zuvor bestehende Notwendigkeit einer teleologischen Reduktion des Abs 5 entfällt. **120**

Die Einstellung in die Kapitalrücklage ist zum Zeitpunkt des Wirksamwerdens der Kapitalherabsetzung (§ 238) vorzunehmen, also in dem Jahresabschluss, der auf die Kapitalherabsetzung folgt[208]. Unterbleibt die Umbuchung, ist der Abschluss gem § 256 Abs 1 Nrn 1, 4 nichtig[209]. Gleiches gilt für einen darauf beruhenden Gewinnverwendungsbeschluss (§ 253 Abs 1 S 1). Die verantwortlichen Organmitglieder haften bei einem Verstoß nach §§ 93, 116 für evtl Schäden. Die Einstellung in die Kapitalrücklage ist entspr § 240 S 2 in GuV auszuweisen (s § 240, 8 mwN auch zur früher vertretenen Gegenansicht). **121**

bb) Analoge Anwendung von § 233. Die Kapitalherabsetzung durch Einziehung im vereinfachten Verfahren kann auch zu Sanierungszwecken genutzt werden, indem der in die Kapitalrücklage eingestellte Betrag zum Ausgleich eines Jahresfehlbetrags oder Verlustvortrags verwandt wird[210]. Auf diese Weise würde der Gesellschaft der Ausgleich von Verlusten aus dem Buchgewinn ermöglicht, was wiederum dazu führen könnte, dass sie eine frühere oder höhere Gewinnausschüttung vornehmen kann, denn ohne diesen Ausgleich hätte ein späterer Überschuss erst einmal zur Verlustdeckung verwendet werden müssen. Es ist fraglich, ob auf diese Situation § 233 analog anzuwenden ist (eine direkte Anwendung scheidet aus, s o 100). Bei oberflächlicher Betrachtung unterscheidet sich der nach § 237 Abs 3–5 abgewickelte Sanierungsfall aus der Sicht des Gläubigerschutzes in nichts von dem einer vereinfachten Kapitalherabsetzung. Ein Teil des Schrifttums plädiert daher für eine analoge Anwendung von § 233[211]. Gewinn dürfe solange nicht ausgeschüttet werden, bis die gesetzliche Rücklage und die Kapitalrücklage zusammen 10 % **122**

---

208 MünchHdB-AG-*Krieger*[3] § 62, 26.
209 KK/*Lutter*[2] 114; MünchHdB-AG-*Krieger*[3] § 62, 26.
210 KK/*Lutter*[2] 113; MünchHdB-AG-*Krieger*[3] § 62, 26a.
211 Baumbach/*Hueck*[13] 12; *Bley* ZAkDR 1942, 281, 282 f; *Godin/Wilhelmi*[4] 23; MK/*Oechsler*[2] 109; *Schilling* Voraufl 34.

des herabgesetzten Grundkapitals erreichten (§ 233 Abs 1). Die Ausschüttung einer Dividende von mehr als 4 % während der in § 233 Abs 2 bestimmten Sperrzeit sei nur unter den in § 233 Abs 2 genannten Voraussetzungen zulässig. Diese Ansicht erweist sich – ebenso wie die Gegenansicht, die die analoge Anwendung ablehnt[212] – als zu undifferenziert: Anders als bei den §§ 229 ff wird bei der Einziehung im Wege des vereinfachten Verfahrens gerade nicht vorweg die gesetzliche Rücklage und die Kapitalrücklage aufgelöst (vgl im Einzelnen § 229 Abs 2), so dass Abs 1 und 3 von § 233 schon von ihrem Regelungszweck (s § 233, 2) nicht passen. Wenn überhaupt, kann es folglich nur um die analoge Anwendung von § 233 Abs 2 gehen. Dabei ist wie folgt zu differenzieren: § 237 Abs 3 Nr 2 kann von vornherein außer Betracht bleiben, denn diese Vorschrift setzt das Vorhandensein eines Gewinns oder anderer Gewinnrücklagen voraus, so dass gar keine Sanierungssituation vorliegt. Für diese Fallgruppe entpuppt sich der Meinungsstreit daher als Irrläufer. Bei § 237 Abs 3 Nr 1 handelt es sich um die Einziehung von Aktien, die der Gesellschaft unentgeltlich zur Verfügung gestellt wurden. Dies kann durchaus zum Zwecke der Sanierung passiert sein. Die Einziehung nach § 237 Abs 3 Nr 1 lässt das Aktivvermögen der Gesellschaft unverändert. Auf der Passivseite der Bilanz kommt es durch die Umbuchung vom gezeichneten Kapital in die Kapitalrücklage zu einer Gläubigergefährdung dergestalt, dass Gewinne nun schneller entstehen und Ausschüttungen künftig leichter möglich sind. Dies ist die Situation, die der Gesetzgeber bei § 233 Abs 2 vor Augen hatte (s § 233, 2). Wenn die Gesellschaft innerhalb von zwei Jahren mehr als 4 % Dividende ausschüttet, unterstellt das Gesetz, dass gar keine Sanierungssituation vorgelegen hat und Gläubiger entsprechend § 233 Abs 2 S 2 zu sichern sind. Gegen diesen Standpunkt könnte man einwenden, dass der Gesetzgeber jüngst § 237 Abs 3 und 5 reformiert und die Anwendung des § 233 gerade nicht angeordnet habe. Dieser Einwand geht jedoch fehl, bedenkt man, mit welcher Hast die Norm eingeführt und zweimal reformiert wurde (s o 4). Man hat nur an Stückaktien gedacht, nicht aber daran, bestehende Meinungsstreite zu klären. Im Ergebnis ist daher § 233 Abs 2 auf Sanierungen im Wege der Einziehung im vereinfachten Verfahren nach § 237 Abs 3 Nr 1 analog anzuwenden. Im Übrigen ist eine Analogie dagegen nicht geboten.

VII. Einziehung durch den Vorstand (Abs 6)

1. Die Entbehrlichkeit des Hauptversammlungsbeschlusses

123 Ist die Zwangseinziehung durch die Satzung **angeordnet**, nicht nur gestattet, muss die Satzung selbst alle wesentlichen Punkte der Einziehung regeln (s o 45 ff). In diesem Falle handelt es sich nur noch um die Ausführung einer bereits feststehenden Maßregel. Für einen Beschluss der Hauptversammlung, die doch nur nach Maßgabe der Satzung erfolgen könnte, ist dann kein Bedürfnis, was Abs 6 S 1 zum Ausdruck bringt. Stattdessen entscheidet der Vorstand (Abs. 6 S 2).

124 Der Vorstand kann aber auch in diesem Falle nach **§ 119 Abs 2** eine Beschlussfassung der Hauptversammlung herbeiführen. § 238 Satz 2 lässt es ausdrücklich zu, dass auch bei angeordneter Zwangseinziehung die Hauptversammlung über die Einziehung beschließt (s § 238, 12). In diesem Fall findet Abs 6 keine Anwendung.

---

[212] *Busch* in Marsch-Barner/Schäfer, Handbuch börsennotierte AG², § 49, 28; *Hüffer*⁹ 39; KK/*Lutter*² 113; Spindler-Stilz/*Marsch-Barner*² 39; MünchHdB-AG-*Krieger*³ § 62, 26a; *Terbrack* RNotZ 2003, 89, 115; K Schmidt/ Lutter/*Veil*² 49.

Die Entscheidung des Vorstands nach Abs 6 ersetzt nur den Beschluss der Hauptversammlung; im Übrigen verbleibt es bei den Vorschriften über die ordentliche Kapitalherabsetzung bzw – wenn die Voraussetzungen der Einziehung im vereinfachten Verfahren gegeben sind – bei den Vorgaben der Abs 3 bis 5[213]. 125

2. Die Entscheidung des Vorstands

Aus der Entbehrlichkeit eines Hauptversammlungsbeschlusses im Falle der angeordneten Zwangseinziehung ergibt sich, dass in diesem Falle an die Stelle des Hauptversammlungsbeschlusses die Entscheidung des Vorstandes über die Einziehung tritt (Abs 6 S 2). Da die Satzung die Zwangseinziehung nur anordnet, diese also nicht automatisch mit dem Eintritt ihrer Voraussetzungen durchgeführt wird, ist eine Entscheidung des Vorstandes erforderlich (und geboten), dass nunmehr die Einziehung erfolgt. Die Entscheidung ist eine Maßnahme der Geschäftsführung. Sie ist identisch mit der Einziehungshandlung iSd § 238 S 3 (s § 238, 14 ff). Da die Entscheidung des Vorstandes an die Stelle des Hauptversammlungsbeschlusses tritt, stellt sich die Frage, ob der Vorstand seine Entscheidung anmelden und das Registergericht sie bekannt machen muss. Dies ist zu verneinen (s § 238, 11). Anzumelden und einzutragen ist daher nur die Durchführung der Einziehung nach § 239 (s § 238, 11). Erst mit diesem Zeitpunkt beginnt daher auch die Frist zur Anmeldung der Forderungen der Gläubiger und das Sperrhalbjahr zu laufen[214]. In der Bekanntmachung sind die Gläubiger auf das Recht, Sicherheit zu verlangen, hinzuweisen (§ 225 Abs 1 S 2). 126

VIII. Die Rechtsfolgen einer fehlerhaften Einziehung

Bei einem Verstoß gegen Abs 1 S 2 ist zu differenzieren: Fehlt jegliche Ermächtigung für eine Zwangseinziehung in der Satzung, liegt ein Fall der Nichtigkeit vor, denn in diesem Fall muss ein Aktionär nicht mit einem Verlust der Mitgliedschaft rechnen. Wird eine in der Satzung vorhandene Ermächtigung lediglich überschritten, ist der Beschluss dagegen nur anfechtbar (s o 43). 127

Der Beschluss über die gestattete Zwangseinziehung bedarf der sachlichen Rechtfertigung, muss also angemessen und verhältnismäßig sein (s o 61). Fehlt sie, ist der Beschluss anfechtbar. Angefochten werden kann er zudem, wenn der Grundsatz der Gleichbehandlung verletzt wurde. Unterlässt die Hauptversammlung bei der gestatteten Zwangseinziehung eine Festsetzung des Entgelts, ist der Beschluss ebenfalls anfechtbar (s o 74). 128

Werden im vereinfachten Verfahren Aktien eingezogen, die nicht voll eingezahlt sind, ist der Hauptversammlungsbeschluss nichtig, denn die Vorschrift dient dem öffentlichen Interesse (s o 101). Gleiches gilt für den Fall, dass die Voraussetzungen von Abs 3 Nr 1 (Unentgeltlichkeit) oder Nr 2 (Zahlung des Erwerbs aus den dort genannten Bilanzposten) nicht vorliegen und der Erwerb daher aus anderen Mitteln bezahlt wird[215]. Eine Umdeutung in einen Beschluss im ordentlichen Kapitalherabsetzungsverfahren setzt voraus, dass die dafür geltenden Vorgaben (insb die Mehrheit in der Hauptversammlung) eingehalten sind. Wird lediglich gegen die Zweckbindung des Gewinns oder der anderen 129

---

213 Auch wenn der Wortlaut von Abs 6 S 2 dies nicht zum Ausdruck bringt, herrscht hierüber Einigkeit, vgl statt vieler *Hüffer*[9] 40.

214 Baumbach/*Hueck*[13] 13; *Godin/Wilhelmi*[4] 27; *Hüffer*[9] 41; KK/*Lutter*[2] 116; MünchHdB-AG-*Krieger*[3] § 62, 27a.

215 *Hüffer*[9] 43; Spindler-Stilz/*Marsch-Barner*[2] 43.

Gewinnrücklagen verstoßen oder in einen bereits bestehenden Dividendenanspruch eingegriffen, ist der Hauptversammlungsbeschluss nur anfechtbar (s o 106). Die Satzung kann die Einziehung im vereinfachten Verfahren erschweren oder ganz ausschließen. Bei einem Verstoß gegen die Satzungsbestimmung ist der Hauptversammlungsbeschluss anfechtbar, da nur die Belange der Aktionäre berührt sind (s o 110).

130 Bei Zuwiderhandlungen gegen Abs 4 gelten die für fehlerhafte Beschlüsse bei einer ordentlichen Kapitalherabsetzung genannten Rechtsfolgen entsprechend (vgl § 222, 71 ff).

131 Bei einem Verstoß gegen Abs 5 gelten die in 121 genannten Rechtsfolgen.

§ 238
Wirksamwerden der Kapitalherabsetzung

[1]Mit der Eintragung des Beschlusses oder, wenn die Einziehung nachfolgt, mit der Einziehung ist das Grundkapital um den auf die eingezogenen Aktien entfallenden Betrag herabgesetzt. [2]Handelt es sich um eine durch die Satzung angeordnete Zwangseinziehung, so ist, wenn die Hauptversammlung nicht über die Kapitalherabsetzung beschließt, das Grundkapital mit der Zwangseinziehung herabgesetzt. [3]Zur Einziehung bedarf es einer Handlung der Gesellschaft, die auf Vernichtung der Rechte aus bestimmten Aktien gerichtet ist.

Übersicht

Schrifttum

Vgl die Schrifttumsnachweise Vor § 222 und bei § 237.

I. Gesetzesgeschichte

Die Vorschrift weicht sprachlich und in der Überschrift von § 193 AktG 1937 ab, da sie nicht das Wirksamwerden der Einziehung, sondern das der Kapitalherabsetzung regelt[1]. Das BiRiLiG[2] ließ die Vorschrift unverändert. Das StückAG ersetzte die Worte „Gesamtnennbetrag der eingezogenen Aktien" durch „auf die eingezogenen Aktien entfallenden Betrag"[3]. Der Wortlaut der Vorschrift berücksichtigt nicht die Einführung von Stückaktien: Soll sich das Grundkapital im Falle der Einziehung von Stückaktien auf die verbleibenden Aktionäre verteilen (§ 237 Abs 3 Nr 3), ihnen also ein höherer Anteil am Kapital zustehen, kommt es zu keiner Herabsetzung des Grundkapitals. Die Einziehung erfolgt in diesem Fall ohne Kapitalherabsetzung (vgl § 237, 4, 111). 1

II. Zweck der Vorschrift

Die Vorschrift regelt den Zeitpunkt des Wirksamwerdens der Kapitalherabsetzung durch Einziehung von Aktien. Diese Frage bedurfte einer eigenständigen Regelung, weil sich das Wirksamwerden der Einziehung vom Wirksamwerden der ordentlichen und der vereinfachten Kapitalherabsetzung unterscheidet. Bei der ordentlichen und der vereinfachten Kapitalherabsetzung ist mit der Eintragung des Kapitalherabsetzungsbeschlusses das Grundkapital herabgesetzt (§ 224 bzw §§ 229 Abs 2, 224). Damit sind zugleich auch die betroffenen Aktienrechte der neuen Grundkapitalziffer angepasst, also herabgesetzt. Wie § 227 zeigt, kann die Durchführung der Kapitalherabsetzung (zB Anpassung der Aktienurkunden) ihrem Wirksamwerden nachfolgen. Anders ist dies bei der Kapitalherabsetzung durch Einziehung. Sie betrifft nicht alle Aktien einer Gattung, sondern vernichtet einzelne Aktienrechte, während andere Aktienrechte bestehen bleiben. Die einzelnen Aktienrechte können nicht untergehen, wenn nicht zugleich die Herabsetzung der Grundkapitalziffer wirksam wird[4]. Umgekehrt kann nicht ein einzelnes Mitgliedschaftsrecht vernichtet werden, ohne dass die Grundkapitalziffer verändert wird. Mithin stehen beide Vorgänge in einem Wirkungszusammenhang[5], und nur wenn beide vorliegen, ist die Kapitalherabsetzung erfolgt. S 1 verdeutlicht dies und stellt für das Wirksamwerden der Einziehung kumulativ auf die **Eintragung des Kapitalherabsetzungsbeschlusses und die Einziehungshandlung** ab. Die Einziehungshandlung ist damit mehr als die bloße Durchführung der Kapitalherabsetzung. Die amtliche Überschrift zu § 238 ist insofern ungenau, als die Norm nicht nur die Wirksamkeit der Kapitalherabsetzung regelt, sondern auch die Wirksamkeit der Einziehungshandlung[6]. 2

S 2 regelt eine Ausnahme von diesem Grundsatz. Entscheidet der Vorstand über die Einziehung aufgrund einer Satzungsermächtigung gem § 237 Abs 6, bedarf es keines Hauptversammlungsbeschlusses mehr, der eingetragen werden müsste. Die Einziehung wird daher allein mit der Einziehungshandlung wirksam. Sind mehrere solcher Handlun- 3

---

1 *Kropff* AktG 1965, S 325. Zur Geschichte der Kapitalherabsetzung im Allgemeinen s Vor § 222, 72 ff.

2 Art 2 Nrn 42–50 des Gesetzes zur Durchführung der Vierten, Siebenten und Achten Richtlinie des Rates der Europäischen Gemeinschaften zur Koordinierung des Gesellschaftsrechts – Bilanzrichtlinien-Gesetz – v 19.12.1985, BGBl I 2355.

3 Art 1 Nr 34 des Gesetzes über die Zulassung von Stückaktien (Stückaktiengesetz – StückAG) v 25.3.1998, BGBl I 590.

4 Sieht man von dem in Rn 1 genannten, nachträglich eingeführten Fall der Einziehung von Stückaktien ab.

5 MK/*Oechsler*[2] 1.

6 KK/*Lutter*[2] 2.

gen erforderlich (zB Einziehung vorhandener und Einziehung noch zu erwerbender eigener Aktien), kommt es auf die letzte Einziehungshandlung an. Die notwendige Publizität wird über § 239 im Nachhinein hergestellt (s u 11).

4 Die Einziehung ist die Rechtshandlung, durch die das einzelne Aktienrecht vernichtet wird. Diesen Umstand hebt Satz 3 hervor, indem er zur Einziehung eine auf Vernichtung der Rechte aus bestimmten Aktien gerichtete Handlung der Gesellschaft fordert.

III. Der Zeitpunkt des Wirksamwerdens der Kapitalherabsetzung (S 1 und S 2)

1. Einziehung aufgrund eines Hauptversammlungsbeschlusses (S 1)

5 a) **Anwendungsbereich von S 1.** S 1 gilt sowohl für die Zwangseinziehung (§ 237 Abs 1 S 1 Var 1) als auch für die Einziehung nach Erwerb (§ 237 Abs 1 S 1 Var 2); er gilt für die Einziehung, die nach den Vorschriften der ordentlichen Kapitalherabsetzung geschieht (§ 237 Abs 2), ebenso wie für die Einziehung im vereinfachten Verfahren nach § 237 Abs 3 bis 5[7].

6 b) **Voraussetzungen von S 1.** Gem S 1 wird die Kapitalherabsetzung durch Einziehung wirksam, wenn **kumulativ** die **Eintragung des Kapitalherabsetzungsbeschlusses** in das Handelsregister und **die Einziehungshandlung** erfolgt sind. Die Einziehungshandlung kann der Eintragung des Einziehungsbeschlusses vorangehen oder nachfolgen[8]; auf die Reihenfolge kommt es nicht an. Sind mehrere Einziehungshandlungen notwendig, müssen sie alle erfolgt sein, um die Kapitalherabsetzung wirksam werden zu lassen[9]. Die Einziehungshandlungen können teils vor, teils nach der Eintragung des Kapitalherabsetzungsbeschlusses in das Handelsregister erfolgen[10]. Die Wirksamkeit tritt nicht stufenweise mit jedem Einziehungsakt ein, sondern mit Vollendung des letzten Akts. Der geschilderte Wirkungszusammenhang (s o 2) spricht dafür, die Kapitalherabsetzung nur insgesamt wirksam werden zu lassen[11].

7 Die Wirksamkeit der Einziehung tritt nicht ein, wenn der Kapitalherabsetzungsbeschluss oder die Einziehung unter einer **Bedingung** oder **Befristung** erfolgt sind (s § 237 52), solange die Bedingung nicht eingetreten oder die Frist nicht abgelaufen ist.

8 Die Eintragung des Hauptversammlungsbeschlusses setzt seine **Anmeldung** beim Handelsregister voraus. Erfolgt die Kapitalherabsetzung durch Einziehung nach den Vorschriften über die ordentliche Kapitalherabsetzung, gilt deren Regelung für die Anmeldung (§ 237 Abs 2 S 1 iVm § 223). Handelt es sich um eine einfache Einziehung, gilt die eigenständige Vorschrift des § 237 Abs 4 S 5.

9 c) **Prüfungskompetenz des Registergerichts.** Der Registerrichter trägt den Kapitalherabsetzungsbeschluss nach der Anmeldung ein. Er darf – genau wie bei den §§ 223, 224 (s § 223, 15 ff) – nur prüfen, ob die Voraussetzungen der Eintragung des Hauptversammlungsbeschlusses selbst vorliegen (zu den Rechtsfolgen fehlerhafter Einziehungen s im Übrigen § 237, 127 ff). Wie § 239 zeigt, hat er nicht festzustellen, ob auch die Einziehungshandlung bereits erfolgt ist. Denn diese kann auch nach der Eintragung stattfinden. Dies bedeutet etwa, dass das Registergericht im Falle der Einziehung eigener Aktien

---

[7] *Hüffer*[9] 3 aE; KK/*Lutter*[2] 3 aE.
[8] *Hüffer*[9] 2.
[9] *Hüffer*[9] 3; MK/*Oechsler*[2] 2.
[10] *Hüffer*[9] 3; MK/*Oechsler*[2] 2.
[11] *Hüffer*[9] 3; MK/*Oechsler*[2] 2; KK/*Lutter*[2] 3.

nach § 237 Abs 1 S 1 nicht überprüfen darf, ob die Gesellschaft bereits Inhaberin der einzuziehenden Aktien geworden ist[12]. Zu den Voraussetzungen der Eintragung gehören allerdings die Voraussetzungen des § 237 Abs 3, die zum Zeitpunkt des Wirksamwerdens der einfachen Kapitalherabsetzung durch Einziehung vorliegen müssen[13]. Stehen die Aktien der Gesellschaft also nicht unentgeltlich zur Verfügung oder finanziert sie deren Erwerb auf eine andere Art und Weise als in § 237 Abs 3 Nr 2 vorgesehen, tritt Nichtigkeit ein, da § 237 Abs 3 die Gläubiger schützen soll (s im Einzelnen § 237, 129)[14].

d) **Rechtswirkungen vor Eintritt der Wirksamkeit.** Bis zu dem Zeitpunkt, zu dem die Einziehung gem § 238 wirksam wird, sind Kapitalherabsetzung und die Einziehungshandlungen schwebend unwirksam[15]. Beide Vorgänge entfalten aber bereits insofern Vorwirkungen, als sie die Gesellschaft binden. Aus diesem Grunde kann die Gesellschaft die Einziehungshandlung nicht mehr ungeschehen machen, nachdem sie gegenüber dem Inhaber der Aktie vorgenommen wurde[16]. Auch kann die Gesellschaft den einmal ins Handelsregister eingetragenen Kapitalherabsetzungsbeschluss nicht mehr einseitig zurücknehmen. Will die Gesellschaft die Kapitalherabsetzung rückgängig machen, muss sie in einer Hauptversammlung den actus contrarius, also eine Kapitalerhöhung, beschließen (s § 222, 69 f)[17]. Die rechtliche Bedeutung der beschlossenen, aber noch nicht wirksamen Kapitalherabsetzung zeigt sich auch daran, dass der Hauptversammlungsbeschluss Gegenstand der Anfechtungsklage sein kann[18]. Sie bindet zudem Personen, die zwischen dem Beschluss und seinem Wirksamwerden Aktionär werden[19]. **10**

2. Einziehung aufgrund Satzungsermächtigung (S 2)

a) **Anwendungsbereich von S 2.** S 2 betrifft den Fall der **durch Satzung angeordneten** (und nicht nur gestatteten) **Zwangseinziehung.** In diesem Falle tritt an die Stelle des Hauptversammlungsbeschlusses die Entscheidung des Vorstandes über die Einziehung (§ 237 Abs 6 S 2). Die Kapitalherabsetzung wird daher allein dadurch wirksam, dass der Vorstand die Einziehungshandlung vornimmt (S 2). Diese Einziehungshandlung aber ist nicht eintragungsfähig und zwar auch nicht analog S 1[20]. Dies belegt eine Gegenüberstellung von § 238 S 1 und 2 einerseits und § 239 S 1 und 2 andererseits. Zudem ergibt es keinen Sinn, dieselbe Einziehungshandlung einmal nach § 238 als Ersatz für den Hauptversammlungsbeschluss und einmal nach § 239 als Durchführung bekannt zu machen. Mangels eintragungsfähigem Hauptversammlungsbeschluss erhalten die Öffentlichkeit und die Gesellschaftsgläubiger erst Kenntnis von der Kapitalherabsetzung, wenn nach § 239 die Durchführung der Kapitalherabsetzung zum Handelsregister angemeldet und eingetragen ist. Die Anmeldung der Durchführung gem § 239 hat zu erfolgen, sobald die Einziehungshandlungen vorgenommen sind und eine etwaige Kündigungsfrist abgelaufen ist. **11**

---

12 MK/*Oechsler*[2] 3.

13 MK/*Oechsler*[2] 3.

14 MK/*Oechsler*[2] 3, § 237, 101.

15 Grundlegend zur schwebenden Unwirksamkeit einer Kapitalherabsetzung RG JW 1935, 3098, 3101 (am Beispiel des fehlenden Sonderbeschlusses aller Aktionärsgruppen).

16 *Schilling* Voraufl 2.

17 *Schilling* Voraufl 2.

18 *Hüffer*[9] § 181, 25.

19 *Hüffer*[9] § 181, 25.

20 MK/*Oechsler*[2] 4, § 237, 115; *Hüffer*[9] § 237, 26, 41; KK/*Lutter*[2] § 237, 116, offensichtlicher Tippfehler in § 238, 5 (statt § 238 muss es § 239 heißen); Spindler-Stilz/*Marsch-Barner*[2] § 237, 41; *Schilling* Voraufl § 237, 40, § 239, 2; *Busch* in Marsch-Barner/Schäfer, Handbuch börsennotierte AG[2], § 49, 31; aA noch Baumbach/*Hueck*[13] § 237, 13; *Hefermehl* in Geßler/Hefermehl § 237, 57.

12 b) **Voraussetzungen von S 2.** S 2 findet jedoch nur dann Anwendung, wenn **tatsächlich** der Vorstand über die in der Satzung angeordnete Zwangseinziehung entschieden hat[21]. Hat der Vorstand nach § 119 Abs 2 einen Beschluss der Hauptversammlung herbeigeführt, etwa weil sich seit der Anordnung der Zwangseinziehung die Verhältnisse geändert haben, greift S 2 nicht ein. Ein Beschluss der Hauptversammlung kann auch dann notwendig sein, wenn die in der Satzung aufgestellten Bedingungen der Einziehung geändert werden sollen, oder wenn neben der in der Satzung angeordneten beschränkten eine weitergehende Kapitalherabsetzung beschlossen werden soll. Dasselbe gilt, wenn gleichzeitig eine andere Maßnahme beschlossen werden soll, über die zwingend die Hauptversammlung entscheiden muss (zB eine Verschmelzung), oder wenn mit der Kapitalherabsetzung eine Kapitalerhöhung verbunden werden soll (s u 28). Jeweils ist es ausreichend, dass diese verschiedenen Maßnahmen – wenn auch nur wirtschaftlich – miteinander zusammenhängen. Eine Beschlussfassung der Hauptversammlung ist ferner nötig, wenn durch die Kapitalherabsetzung der Mindestnennbetrag des Grundkapitals (§ 7) unterschritten wurde und deshalb eine Wiedererhöhung unumgänglich ist (§ 228, s u 28). In all diesen Fällen wird die Kapitalherabsetzung durch Einziehung nach S 1 wirksam; **S 2 findet keine Anwendung.**

3. Keine Rückwirkung

13 Eine Rückwirkung der Einziehung und der damit verbundenen Kapitalherabsetzung auf den Stichtag für die Bilanz des letzten abgelaufenen Geschäftsjahres findet nicht statt, auch nicht bei gleichzeitiger Kapitalerhöhung. Die in den §§ 234, 235 vorgesehenen Ausnahmen bestehen nur für die als Notmaßnahme zugelassene vereinfachte Kapitalherabsetzung. Die Voraussetzungen der §§ 229 ff einerseits und des § 237 Abs 3 bis 5 andererseits sowie die Wirksamkeitsvoraussetzungen (§ 229 Abs 3, 224 einerseits und § 239 andererseits) unterscheiden sich so sehr, dass auch eine analoge Anwendung ausscheidet[22]. Die rückwirkende Sanierung nach den §§ 234, 235 stellt eine reine Buchsanierung dar, die das Mitgliedschaftsrecht unberührt lässt. Im Gegensatz dazu würde bei einer Rückwirkung der Kapitalherabsetzung durch Einziehung die Mitgliedschaft rückwirkend erlöschen.

IV. Die Einziehungshandlung (S 3)

1. Zuständigkeit

14 Zur Einziehung bedarf es einer auf Vernichtung der Rechte aus bestimmten Aktien gerichteten Handlung der Gesellschaft (S 3). Zuständig dafür ist **stets der Vorstand**[23]. Für den Fall der durch Satzung angeordneten Einziehung ergibt sich dies bereits aus § 237 Abs 6 S 2. Aber auch in den übrigen Fällen, in denen die Hauptversammlung die Kapitalherabsetzung durch Einziehung beschlossen hat, ist der Vorstand **allein** zuständig, da die Einziehung der Ausführung eines Hauptversammlungsbeschlusses dient, die nach

---

21 *Hüffer*[9] 4; MK/*Oechsler*[2] 4.

22 MK/*Oechsler*[2] 9; *Hüffer*[9] 6; KK/*Lutter*[2] 5; MünchHdBAG-*Krieger*[3] § 62, 26, 29; *Risse* BB 1968, 1012, 1013; aA *Wiese* SozPr 1940, 502, 504 f; zweifelnd *Busch* in Marsch-Barner/Schäfer, Handbuch börsennotierte AG[2], § 49, 36. Kritisch zu dieser Konzeption des Gesetzgebers *Risse* BB 1968, 1012, 1013.

23 MK/*Oechsler*[2] 5; *Hüffer*[9] 7; KK/*Lutter*[2] 8; MünchHdBAG-*Krieger*[3] § 62, 28; aA (auch Hauptversammlung zuständig) Baumbach/*Hueck*[13] 3; *Godin/Wilhelmi*[4] 2.

§ 83 Abs 2 in die Kompetenz des Vorstands fällt. Er hat jedoch keinerlei Entscheidungsmacht, da die Satzung bzw der Hauptversammlungsbeschluss die Einziehung und ihre Details regeln[24].

2. Der Einziehungsakt

S 3 beschreibt die Einziehungshandlung als Akt, der auf die Vernichtung **bestimmter Aktienrechte** gerichtet ist. Sie muss also objektiv geeignet sein und mit dem Willen vorgenommen werden, die Vernichtung des einzelnen Aktienrechts herbeizuführen. Da die Einziehung eine Handlung der Gesellschaft darstellt, durch die ihr Wille zur Vernichtung des Aktienrechts bekundet wird, muss diese Handlung ihren Willen äußerlich wahrnehmbar in Erscheinung treten lassen. Zwei Fälle sind zu unterscheiden: **15**

(1) Sollen **eigene Aktien der Gesellschaft** eingezogen werden, wird als Einziehungshandlung jeder Vorgang gewertet, durch welche die Aktien als eingezogen gekennzeichnet werden, etwa ein Stempelaufdruck, oder auch die Aussonderung aus anderen Aktien mit entsprechender Kennzeichnung oder Vermerke in den Geschäftsbüchern, im Aktienbuch oder in einer Niederschrift bzw die Einlieferung einer neuen Globalurkunde bei der Clearstream AG[25]. Die Gesellschaft erklärt damit konkludent die Einziehung; diese Erklärung ist nicht empfangsbedürftig[26]. Fraglich ist, ob im Falle der Ermächtigung des Vorstands zur Einziehung bereits der zeitlich vorangehende Einziehungsbeschluss des Vorstands ausreicht. Dies wird man bejahen müssen[27], denn durch das Protokoll der Vorstandssitzung wird der Einziehungswille objektiv nachvollziehbar; einer weiteren äußerlich wahrnehmbaren Umsetzung des Beschlusses durch Abstempelung etc bedarf es nicht. Sie hat nur noch klarstellende Bedeutung. **16**

(2) **Gehören die Aktien einem Dritten** (liegt also ein Fall der Zwangseinziehung vor), erfolgt die Einziehungshandlung durch eine **empfangsbedürftige Willenserklärung** gegenüber dem betroffenen Aktionär[28]. Die **Aktien müssen konkret bezeichnet** werden, was über die Nennung der Person des Inhabers oder durch Kennzeichnung nach Serie, Nummer oä erfolgen kann[29]. Der Zugang der Erklärung richtet sich nach den allgemeinen Vorschriften; ausreichend ist eine Bekanntgabe in den Gesellschaftsblättern[30], sofern die Satzung keine abweichende Regelung enthält und sich die Willenserklärung nicht an namentlich bekannte Aktionäre richtet. Hieraus ergeben sich folgende Möglichkeiten für eine Einziehung: Die Erklärung kann bei Inhaberaktien durch öffentliche Bekanntmachung der einzuziehenden Aktien unter genauer Bezeichnung derselben, etwa durch Veröffentlichung der Auslosungsliste, erfolgen. Sie kann aber auch durch schriftliche oder mündliche Bekanntgabe – auch in der die Einziehung beschließenden Hauptversammlung an die anwesenden Aktionäre – oder in anderer Weise, auch durch schlüssige Handlungen, stattfinden. Die Einziehung kann weiterhin dadurch geschehen, dass die Aktien im Einziehungsbeschluss durch Angabe der Serien und Nummern bezeichnet werden und der Beschluss bei Inhaberaktien öffentlich und bei Namensaktien individuell bekannt gemacht wird. Soweit die Einziehung nach der Satzung oder dem Hauptversammlungsbeschluss durch Kündigung zu geschehen hat, kann die Einziehung auch durch Erklä- **17**

---

[24] KK/*Lutter*[2] 8.

[25] *Riekers* ZIP 2009, 700, 705; *Busch* in Marsch-Barner/Schäfer, Handbuch börsennotierte AG[2], § 49, 33.

[26] *Hüffer*[9] 8; MK/*Oechsler*[2] 5; KK/*Lutter*[2] 7.

[27] AA *Riekers* ZIP 2009, 700, 705.

[28] *Hüffer*[9] 8; Spindler-Stilz/*Marsch-Barner*[2] 8.

[29] KK/*Lutter*[2] 7; Spindler-Stilz/*Marsch-Barner*[2] 8.

[30] Baumbach/*Hueck*[13] 3; *Hüffer*[9] 8; KK/*Lutter*[2] 7; MK/*Oechsler*[2] 5; Spindler-Stilz/*Marsch-Barner*[2] 8.

rung der (empfangsbedürftigen) Kündigung ausgeführt werden. Wurden die Aktien der Gesellschaft zum Zweck der Einziehung übergeben, liegt hierin zugleich ein Verzicht auf den Zugang der Einziehungserklärung entsprechend § 151 S 1 BGB[31].

3. Vernichtung der Aktienurkunde

18 Aus dem Gesagten ergibt sich, dass es für die Einziehung auf die Willenserklärung der Gesellschaft ankommt. Es ist weder erforderlich noch ausreichend, die **Aktienurkunde selbst zu vernichten**[32]. Es ist nicht einmal notwendig, dass die Aktienurkunde überhaupt vorliegt oder dass auf ihr die Vernichtung des Aktienrechts durch Stempelaufdruck oder in anderer Weise kenntlich gemacht wird.

4. Zahlung des Entgelts nicht Voraussetzung

19 Nicht erforderlich ist, dass im Zeitpunkt der Einziehungshandlung das Entgelt schon bezahlt ist[33]. Die Satzung oder der Einziehungsbeschluss kann bestimmen, dass das Entgelt erst nach der Einziehung, etwa aus dem Gewinn späterer Jahre, zu bezahlen ist. Im Zweifel werden freilich Satzung und Einziehungsbeschluss so auszulegen sein, dass ein Aktienrecht erst mit der Leistung des Entgelts vernichtet werden soll.

5. Die Rechtsfolgen der Einziehung

20 a) **Erlöschen der Mitgliedschaft.** Ist die Einziehung wirksam, ist damit das Grundkapital herabgesetzt[34] (sofern nicht ein Fall von Abs 3 Nr 3 vorliegt) und das von der Einziehung betroffene Aktienrecht erlischt[35]. Zwischen dem Aktionär und der Gesellschaft bestehen daher keine mitgliedschaftlichen Rechte und Pflichten mehr (mit Ausnahme der Pflicht zur Einlageleistung nach § 237 Abs 2 S 3, Var 2, die erst mit der Sicherheitsleistung gem § 225 Abs 2 erlischt[36]). Die Aktionäre können insbesondere weder das Stimmrecht noch das Anfechtungsrecht ausüben, noch einen anhängigen Anfechtungsprozess als Anfechtungskläger fortsetzen. Sie können auch keine Ansprüche auf nach dem Wirksamwerden der Einziehung entstandene Gewinnanteile oder einen Abwicklungserlös erheben[37]. Dagegen bleibt der bereits erworbene Anspruch auf Gewinn aus früherer Zeit unberührt[38]. Dieser wie der Anspruch auf das Einziehungsentgelt sind ohne Rücksicht auf ihren gesellschaftsrechtlichen Ursprung reine Gläubigerrechte.

21 b) **Erlöschen von Rechten Dritter.** Mit dem Aktienrecht erlöschen auch die mit ihm verbundenen dinglichen Rechte, zB Nießbrauch und Pfandrecht an dem Aktienrecht, vorbehaltlich der Rechte des Nießbrauchers oder Pfandgläubigers am Einziehungsentgelt.

22 c) **Bedeutung der Aktienurkunde.** Die Aktienurkunde verliert mit der Wirksamkeit der Einziehung ihre Bedeutung als Träger des Aktienrechts; dasselbe gilt für die Gewinnanteilscheine, soweit sie als Rechtsträger in Betracht kommen. Die in diesen Urkunden ursprünglich verbrieften Rechte können nicht mehr mit ihnen übertragen werden. Auch

---

[31] *Becker* in Bürgers/Körber 8; KK/*Lutter*² 7.
[32] *Hüffer*⁹ 8; MK/*Oechsler*² 7; KK/*Lutter*² 9.
[33] *Hüffer*⁹ 9.
[34] *Hüffer*⁹ 5; K Schmidt/Lutter/*Veil*² 5.
[35] *Hüffer*⁹ 5; MK/*Oechsler*² 8; K Schmidt/Lutter/*Veil*² 5.
[36] MK/*Oechsler*² 8; K Schmidt/Lutter/*Veil*² 6.
[37] BGH NJW 1998, 3646, 3647 – zur GmbH; *Hüffer*⁹ 5; Spindler-Stilz/*Marsch-Barner*² 6.
[38] Spindler-Stilz/*Marsch-Barner*² 6; MK/*Oechsler*² 8.

ein gutgläubiger Dritter erwirbt durch die Übertragung keine Rechte[39] (zur Möglichkeit von Schadensersatzansprüchen s u 24). Nur soweit dem Aktionär noch Ansprüche auf das Einziehungsentgelt oder Dividenden aus der Zeit vor der Kapitalherabsetzung zustehen, bleiben diese in der Aktie verkörpert und sie ist noch als Wertpapier anzusehen[40].

Macht der von der Einziehung betroffene Aktionär Ansprüche aus seiner bisherigen Mitgliedschaft (**Zahlung des Einziehungsentgelts** und **rückständiger Gewinnanteile**) geltend, steht der Gesellschaft ihrerseits ein Zug um Zug zu erfüllender Anspruch auf **Herausgabe der Urkunden** zu (§ 797 S 1 BGB analog)[41]. Für den Fall, dass die Gesellschaft von sich aus die Urkunden aus dem Verkehr ziehen will und die Aktionäre aber auf eine entsprechende Aufforderung nicht reagieren, bejaht ein Teil des Schrifttums die Möglichkeit einer klageweisen Geltendmachung des Herausgabeanspruchs[42]. Der Gesetzgeber hat jedoch für den Fall, dass die Aktienurkunde durch eine Veränderung der rechtlichen Verhältnisse unrichtig geworden ist, gerade das Verfahren der Kraftloserklärung nach § 73 vorgesehen, das auch in der vorliegenden Konstellation zur Anwendung kommt[43]. Zwar könnte man argumentieren, nicht nur der Rechtsverkehr habe ein Interesse an der Kraftloserklärung der Urkunden; hinzu komme das Interesse der Gesellschaft, die Ansprüche der Altaktionäre rasch zu befriedigen, um den Vorgang der Einziehung abzuschließen. Dieses Interesse ist jedoch – ähnlich wie beim Annahmeverzug im allgemeinen Schuldrecht – durch die Hinterlegungs- und Verjährungsvorschriften ausreichend geschützt. **23**

Während ein Teil des Schrifttums den Vorstand als **berechtigt** ansieht, das **Verfahren nach § 73 durchzuführen**[44], meint *Lutter*, er sei im Rahmen einer ordnungsgemäßen Geschäftsführung bei § 238 dazu **verpflichtet**[45]. Grundsätzlich steht die Frage der Einleitung eines Verfahrens nach § 73 im pflichtgemäßen Ermessen des Vorstands[46]. Hat die Gesellschaft die Unrichtigkeit der Urkunden selbst herbeigeführt *und* besteht die Gefahr der Irreführung des Publikums, ist dieses Ermessen des Vorstands auf Null reduziert[47]. In dieser Konstellation wird teilweise sogar die Eigenschaft von § 73 als Schutzgesetz iSv § 823 Abs 2 BGB bejaht[48]. Eine Ermessensreduktion auf Null liegt bei § 238 deshalb vor, weil die Gesellschaft die Unrichtigkeit der Urkunden verursacht hat und das Publikum gefährdet wird, da die im Umlauf befindlichen Aktienurkunden keine Mitgliedschaft mehr verbriefen und ein Rechtsscheinerwerb ausscheidet (s o 22)[49]. **24**

Die Vorschrift des § 226 über die Kraftloserklärung von Aktien ist nur dazu bestimmt, die Kapitalherabsetzung durch Zusammenlegung von Aktien durchzuführen. Sie ist auf die Kapitalherabsetzung durch Einziehung von Aktien nicht anwendbar (s § 226, 9). **25**

---

39 *Becker* in Bürgers/Körber 11; MK/*Oechsler*[2] 7; KK/*Lutter*[2] 9.

40 *Becker* in Bürgers/Körber 12; KK/*Lutter*[2] 9.

41 *Becker* in Bürgers/Körber 12; *Hüffer*[9] 5; MK/*Oechsler*[2] 8.

42 Baumbach/*Hueck*[13] 3; *Schilling* Voraufl 11; aA *Becker* in Bürgers/Körber 12; *Hüffer*[9] 5; MK/*Oechsler*[2] 7; KK/*Lutter*[2] 9; MünchHdBAG-*Krieger*[3] § 62, 29a.

43 *Hüffer*[9] 5; MK/*Oechsler*[2] 7; Spindler-Stilz/*Marsch-Barner*[2] 5; *Godin/Wilhelmi*[4] 6.

44 *Hüffer*[9] 5; *Schilling* Voraufl 11; MK/*Oechsler*[2] 8; Spindler-Stilz/*Marsch-Barner*[2] 5.

45 KK/*Lutter*[2] 9.

46 *Hüffer*[9] § 73, 1, 4; *Haider* AG 1998, 1, 6.

47 *Becker* in Bürgers/Körber 5; *Hefermehl/Bungeroth* in Geßler/Hefermehl § 73, 20; MK/*Oechsler*[3] § 73, 14.

48 *Hefermehl/Bungeroth* in Geßler/Hefermehl § 73, 20; MK/*Oechsler*[3] § 73, 14.

49 MK/*Oechsler*[3] § 73, 14; iE auch KK/*Lutter*[2] 9.

26 Die Aktienurkunde, welche die Gesellschaft bei der Einziehung erhalten hat, darf sie nicht wieder ausgeben[50]. Sie kann sie jedoch für neu auszugebende Aktien (bei einer Kapitalerhöhung) mit entsprechendem Vermerk (Stempelaufdruck) verwenden.

27 d) **Fehlerhafter Einziehungsakt.** Die Einziehungshandlung bedarf einer **wirksamen Ermächtigung.** Eine solche fehlt, wenn der Hauptversammlungsbeschluss oder die Satzungsbestimmung unwirksam bzw nichtig sind[51] oder wenn der Vorstand andere Maßnahmen ergreift als von der Hauptversammlung oder der Satzung vorgesehen[52]. Gleiches gilt für den Fall, dass der Vorstand nach § 237 Abs 6 fehlerhaft entschieden hat[53]. Die Einziehungshandlung ist dann ohne Wirkung[54]. Wird das Mitgliedschaftsrecht **nicht bestimmt genug oder gar falsch bezeichnet**, ist die Einziehungshandlung ebenfalls unwirksam[55]. In allen genannten Fällen können die Rechte aus dem Aktienrecht weiterhin geltend gemacht werden. Die Gesellschaft muss eine Berichtigung der Kapitalziffer im Handelsregister beantragen. Das Registergericht kann diese auch von Amts wegen korrigieren (§§ 398, 395 FamFG)[56].

V. Kapitalherabsetzung unter den Mindestbetrag

28 § 228 gilt auch für die Kapitalherabsetzung durch Einziehung von Aktien, jedenfalls soweit sie nach den Vorschriften der ordentlichen Kapitalherabsetzung erfolgt (§ 237 Abs 2, s § 228, 1). § 228 muss aber auch sinngemäß angewendet werden, soweit diese Vorschriften nicht befolgt zu werden brauchen (§ 237 Abs 3), denn die Vorschrift des § 7 über den Mindestnennbetrag des Grundkapitals muss stets eingehalten werden[57]. Für die Kapitalherabsetzung durch Einziehung von Aktien folgt daraus, dass sie nicht wirksam werden kann, wenn durch die Kapitalherabsetzung der Mindestnennbetrag des Grundkapitals unterschritten und dieses nicht zugleich wieder auf diesen Betrag erhöht wird und wenn nicht gleichzeitig die Kapitalerhöhung wirksam wird. Es muss hiernach nicht nur die Kapitalherabsetzung eingetragen und die Einziehung erfolgt sein; vielmehr müssen auch der Kapitalerhöhungsbeschluss und die Durchführung der Kapitalerhöhung eingetragen sein. Erst wenn alles dies zusammentrifft, ist das Grundkapital herabgesetzt und die Einziehung wirksam geworden. Auch hier sind die Beschlüsse nichtig, wenn sie und die Durchführung der Erhöhung nicht binnen sechs Monaten nach der Beschlussfassung in das Handelsregister eingetragen worden sind (§ 228 Abs 2). Soweit ein Kapitalherabsetzungsbeschluss nicht nötig ist, weil es sich um eine in der Satzung angeordnete Zwangseinziehung handelt (§ 237 Abs 6), kommt die Eintragung eines solchen Beschlusses nicht in Betracht. Es müssen dann nur die Kapitalherabsetzung, der Kapitalerhöhungsbeschluss und seine Durchführung eingetragen werden.

---

50 Baumbach/*Hueck*[13] 3.
51 *Hüffer*[9] 10; K Schmidt/Lutter/*Veil*[2] 8.
52 KK/*Lutter*[2] 10.
53 *Hüffer*[9] 10; K Schmidt/Lutter/*Veil*[2] 8.
54 *Hüffer*[9] 10; KK/*Lutter*[2] § 237, 55; abweichend *Krieger* ZHR 158 (1994) 35, 52 f; MünchHdB-AG-*Krieger*[3] § 62, 19, der die Grundsätze der fehlerhaften Gesellschaft anwenden will.
55 MK/*Oechsler*[2] 6.
56 *Hüffer*[9] 10; MK/*Oechsler*[2] 6; K Schmidt/Lutter/*Veil*[2] 8; KK/*Lutter*[2] 10.
57 KK/*Lutter*[2] 10 aE.

§ 239
Anmeldung der Durchführung

(1) [1]Der Vorstand hat die Durchführung der Herabsetzung des Grundkapitals zur Eintragung in das Handelsregister anzumelden. [2]Dies gilt auch dann, wenn es sich um eine durch die Satzung angeordnete Zwangseinziehung handelt.

(2) Anmeldung und Eintragung der Durchführung der Herabsetzung können mit Anmeldung und Eintragung des Beschlusses über die Herabsetzung verbunden werden.

Übersicht

Schrifttum

Vgl die Schrifttumsnachweise Vor § 222 und bei § 237.

I. Gesetzesgeschichte

Die Vorschrift weicht von § 194 AktG 1937 insofern ab, als der Vorsitzende des Aufsichtsrats oder dessen Stellvertreter bei der Anmeldung nicht mehr mitzuwirken brauchen[1]. Auf ihre Mitwirkung wurde verzichtet, weil die Eintragung der Durchführung nur deklaratorische Wirkung hat und der Anmeldung daher im Gegensatz zu der nach § 223 (s o § 223, 2) eine geringere Bedeutung zukommt. Die Norm ist seit 1965 unverändert. Sie hat aber durch die Einführung des elektronischen Handelsregisters zum 1.1.2007 indirekt weit reichende Änderungen erfahren (vgl die Nachweise bei § 223, 1). Die Einführung der Einziehung ohne gleichzeitige Kapitalherabsetzung berücksichtigt der Wortlaut der Norm nicht (vgl dazu bereits § 237, 4, 111, § 238, 1). **1**

II. Zweck der Vorschrift

Die Vorschrift verlangt, dass die Durchführung einer Kapitalherabsetzung durch Einziehung zum Handelsregister anzumelden ist; zugleich bestimmt sie die anmeldepflichtigen Personen (Abs 1 S 1). Anmeldung und Eintragung der Durchführung der Kapitalherabsetzung haben – wie bei der ordentlichen und der vereinfachten Kapitalherabsetzung (s § 227, 2, § 229, 58) – nur **deklaratorische Bedeutung**[2]. Es wird dadurch nur der **Vorgang der Durchführung publiziert**. **2**

Abs 1 S 2 verdeutlicht, dass die Pflicht zur Anmeldung auch besteht, wenn es sich um eine durch die Satzung angeordnete Zwangseinziehung handelt. In diesem Fall hat die **3**

---

[1] *Kropff* AktG 1965, S 325. Zur Geschichte der Kapitalherabsetzung im Allgemeinen s Vor § 222, 72 ff.

[2] Baumbach/*Hueck*[13] 2; KK/*Lutter*[2] 2; *Riekers* BB 2009, 700, 705; Spindler-Stilz/*Marsch-Barner*[2] 1.

Eintragung besondere Bedeutung, weil hier ein Kapitalherabsetzungsbeschluss der Hauptversammlung nicht erforderlich ist und die Öffentlichkeit nicht schon durch die Eintragung eines solchen Beschlusses auf die Veränderung der Kapitalgrundlage der Gesellschaft hingewiesen wurde.

4 Die Anmeldung der Durchführung der Kapitalherabsetzung nach § 239 ist zu unterscheiden von der Anmeldung des Kapitalherabsetzungsbeschlusses nach § 238 (s §§ 237 Abs 2 S 1, 223 bzw § 237 Abs 4 S 5). **Beide Verfahren können miteinander verbunden werden**, wie Abs 2 zeigt. Daneben muss die mit der Kapitalherabsetzung notwendig verbundene Satzungsänderung (s Vor § 222, 32 ff) angemeldet werden, sofern dies nicht schon mit der Anmeldung des Hauptversammlungsbeschlusses gem § 238 Abs 1 S 1 erfolgt ist. Erfolgt die Einziehung von Stückaktien ohne Herabsetzung des Grundkapitals, ist eine Berichtigung der Aktienzahl in der Satzung erforderlich. Hierzu kann gem § 237 Abs 3 Nr 3 Halbs 2 AktG der Vorstand ermächtigt werden.

III. Die Anmeldung der Durchführung (Abs 1)

1. Begriff der Durchführung

5 Die Kapitalherabsetzung durch Einziehung ist durchgeführt, wenn der Vorstand der Gesellschaft alle notwendigen Einziehungshandlungen vorgenommen hat[3]. Er muss also den Aktionären gegenüber die Einziehungserklärung abgeben und bei eigenen Aktien deren Einziehung durch eine äußerlich wahrnehmbare Handlung vollziehen (s § 238, 15 ff). Nicht zur Durchführung zählen die Einreichung von Aktienurkunden der betroffenen Mitgliedschaften (s § 238, 18), deren Kraftloserklärung nach § 73 (s § 238, 23 f) oder die Zahlung des Einziehungsentgelts[4]. Insoweit kann der Ablauf der sechsmonatigen Sperrfrist (§ 237 Abs 2 S 3, 225 Abs 2 S 1) abgewartet werden[5].

6 Wie Satz 2 verdeutlicht, ist es für die Anmeldung gleichgültig, ob es sich um eine von der Hauptversammlung beschlossene oder um eine zwangsweise in der Satzung angeordnete Kapitalherabsetzung durch Einziehung handelt (S 2). S 2 kommt **klarstellende Bedeutung** zu[6]. Nachdem § 238 gerade beide Formen ausnahmsweise unterschiedlich behandelt (vgl § 238 S 1 einerseits und dessen S 2 andererseits), verdeutlicht § 239 Abs 1 S 2, dass in Bezug auf die Anmeldung der Durchführung beide Formen der Kapitalherabsetzung (wieder) gleich behandelt werden. Für die Gläubiger der Gesellschaft ist S 2 bedeutsam, da sie bei der angeordneten Zwangseinziehung mangels einzutragendem Hauptversammlungsbeschluss (s § 238, 11) erstmals von der Kapitalherabsetzung erfahren[7].

2. Rechtsnatur und Zuständigkeit

7 Die Anmeldung zum Handelsregister ist Verfahrenshandlung und – je nach Einzelfall – auch Organisationsakt, aber kein Rechtsgeschäft[8]. Bedingungen und Befristungen

---

[3] *Hüffer*[9] 2.

[4] *Becker* in Bürgers/Körber 2; *Hüffer*[9] 2; Spindler-Stilz/*Marsch-Barner*[2] 3; MK/*Oechsler*[2] 2; K Schmidt/Lutter/*Veil*[2] 2.

[5] Ebenso Spindler-Stilz/*Marsch-Barner*[2] 3.

[6] *Hüffer*[9] 5.

[7] *Hüffer*[9] 5.

[8] BayObLGZ 1985, 82, 83, 87; *Hüffer*[9] § 36, 2; GK HGB/*Hüffer*[4] § 8, 42 f; Ulmer/*Ulmer* § 7, 19; aA KK/*Lutter*[2] § 223, 7; Lutter/Hommelhoff/*Bayer* GmbHG[17] § 7, 1 (jeweils Verfahrenshandlung); Schlegelberger/*Hildebrandt* HGB[5] § 12, 10 (Rechtsgeschäft).

sind daher ebenso unzulässig wie die Geltendmachung von Willensmängeln. Die Vorschriften über Rechtsgeschäfte finden jedoch Anwendung, soweit sie inhaltlich übertragbar sind. So ist es nach § 130 Abs 2 BGB unmaßgeblich, ob die anmeldende Person nach der Anmeldung geschäftsunfähig wird oder stirbt[9].

Für die Anmeldung ist das Amtsgericht (§§ 8 Abs 1 HGB, § 23a Abs 1 Nr 2, Abs 2 Nr 3 GVG, § 376 Abs 1 FamFG) **sachlich zuständig.** Die **örtliche Zuständigkeit** richtet sich nach dem Sitz der Gesellschaft (§ 14), wobei die Zuständigkeit auf das Amtsgericht am Sitz des Landgerichts konzentriert ist (§ 376 Abs 1 FamFG), sofern nicht das Landesrecht oder die Vereinbarung mehrerer Bundesländer eine abweichende örtliche Zuständigkeit begründet (§ 376 Abs 2 FamFG). Hat die Gesellschaft einen Doppelsitz[10], ist die Durchführung bei jedem der zuständigen Amtsgerichte anzumelden[11]. Zweigniederlassungen der Gesellschaft werden nur noch beim Register am Sitz der Gesellschaft geführt (§ 13 Abs 1 HGB)[12]. Die Durchführung muss daher nicht mehr in das Register der Zweigniederlassung eingetragen werden. Die früher in § 13c Abs 4 HGB aF enthaltene Verpflichtung, so viele Stücke der Anmeldung nebst Anlagen beizufügen, wie Zweigniederlassungen vorhanden sind, ist daher entfallen[13]. **Funktional zuständig** ist der Rechtspfleger (§ 3 Nr 2 lit d RPflG) und nicht der Richter, da es sich bei der Durchführung nicht um eine Satzungsänderung handelt (§ 17 Nr 1 lit b RPflG). Anders ist dies, falls die Anmeldung der Durchführung mit der Anmeldung der Satzungsänderung verbunden wird (Abs 2). 8

3. Anmeldepflichtige Personen, Unterlagen und Anmeldezeitraum

Der Vorstand ist in **vertretungsberechtigter Zahl** (§ 78) verpflichtet, die Anmeldung im Namen der AG vorzunehmen. Sofern bei der Gesellschaft eine unechte Gesamtvertretung (§ 78 Abs 3) vorgesehen ist, darf auch ein Prokurist bei der Anmeldung mitwirken[14]. Denn bei der unechten Gesamtvertretung gilt gerade nicht die Beschränkung des § 49 Abs 1 HGB auf Geschäfte, die der Betrieb des Handelsgewerbes mit sich bringt[15]. Im Abwicklungsstadium treten die Abwickler an die Stelle des Vorstands (§ 269). Wie § 12 Abs 1 S 2 HGB zeigt, ist bei Beachtung der Form auch eine rechtsgeschäftliche Bevollmächtigung Dritter – auch eines Prokuristen – zulässig[16]. Der Vorsitzende des Aufsichtsrats muss – im Unterschied zu §§ 237 Abs 2 S 1, 223 bzw § 237 Abs 4 S 5 – nicht mitwirken (s o 1). Zur Form der Anmeldung vgl § 223, 11. 9

Eine besondere Frist für die Anmeldung bestimmt das Gesetz nicht. Gleichwohl ist man sich einig, dass die Anmeldung unverzüglich zu erfolgen hat, sobald die Kapitalherabsetzung durchgeführt ist[17]. **Unterlagen** sind nicht beizufügen[18]. Eine unterlassene 10

---

9 OLG Dresden OLGR 4, 22, 23; s *Röhricht* § 36, 29.

10 Dazu *Brändel* § 5, 29 ff; *Hüffer*[9] § 5, 10.

11 *Hüffer*[9] § 36, 2.

12 Nach Art 61 Abs 6 EGHGB werden die Registerakten der auf der Grundlage der §§ 13 bis 13c HGB aF eingetragenen Zweigniederlassungen beim Gericht der Zweigniederlassung geschlossen. Es wird von Amts wegen der Vermerk eingetragen, dass die Eintragungen nur noch bei dem Gericht des Hauptsitzes fortgeführt werden.

13 Art 1 Nr 4 des EHUG (s § 223 Fn 3).

14 KG JW 1938, 3121; KK/*Lutter*[2] 2; *Hüffer*[9] 4; *Wiedemann* § 181, 8.

15 Aus diesem Grund ermächtigt die Prokura gerade nicht zu Grundlagengeschäften und zu Anmeldungen zum Handelsregister, vgl BGHZ 116, 190, 193 = NJW 1992, 975 mit zust Anm *Joost* ZIP 1992, 463; Baumbach/*Hopt* HGB[34] § 49, 2.

16 KK/*Lutter*[2] 2; *Hüffer*[9] 43; MK/*Oechsler*[2] 3; *Terbrack* RNotZ 2003, 89, 96.

17 Statt vieler *Hüffer*[9] 3; MK/*Oechsler*[2] 3.

18 *Hüffer*[9] 3.

Anmeldung stellt eine Pflichtwidrigkeit gegenüber der Gesellschaft dar, die Grund für eine Abberufung sein kann (§§ 84 Abs 3, 103 Abs 3)[19]. Die Mitglieder des Vorstands und des Aufsichtsrats, wenn er es an der nötigen Überwachung fehlen ließ, haften der Gesellschaft für den durch die Unterlassung der Anmeldung entstandenen Schaden (§§ 93, 116)[20]. Ein Schaden ist freilich kaum denkbar. Dritte, auch die Gläubiger, können keinen unmittelbaren Schadensersatzanspruch aufgrund einer verzögerten Anmeldung geltend machen, da es sich bei § 239 nicht um ein Schutzgesetz im Sinne des § 823 Abs 2 BGB handelt[21]. Das einzige direkte Druckmittel steht somit dem Registerrichter zu, der den Vorstand durch **Zwangsgelder** zur Anmeldung anhalten kann (§ 14 HGB iVm § 407 Abs 1 HS 2)[22].

4. Die Prüfung durch den Registerrichter

11 Der Rechtspfleger beim Registergericht prüft **formell**, ob die Anmeldung ordnungsgemäß erfolgte, und **materiell**, ob die Kapitalherabsetzung durch Einziehung durchgeführt wurde. Er hat sich also zu vergewissern, ob die Summe der geringsten Ausgabebeträge (§ 9 Abs 1) dem herabgesetzten Grundkapital entspricht (§ 8 Abs 4)[23]. Hierbei reicht eine Plausibilitätsprüfung aus. Nur sofern Zweifel bestehen, hat das Registergericht von Amts wegen alle zur Feststellung der Tatsachen erforderlichen Ermittlungen vorzunehmen und die geeignet erscheinenden Beweise aufzunehmen (§ 29 FamFG); es kann den Vorstand anhalten, alle zur Prüfung notwendigen Nachweise vorzulegen[24]. Dem Registergericht steht dagegen nicht die Befugnis zu, den Kapitalherabsetzungsbeschluss zu überprüfen, der als Satzungsänderung bereits vor seiner Eintragung geprüft worden ist[25]. Nur im Fall der angeordneten Zwangseinziehung erfolgt eine vertiefte materielle Prüfung, weil ihr kein Hauptversammlungsbeschluss, sondern eine Vorstandsentscheidung vorausgeht, die mangels Eintragungsfähigkeit (s § 238, 11) keiner registerrechtlichen Kontrolle unterliegt und deren Rechtmäßigkeit daher zu überprüfen ist[26].

12 Liegen die Eintragungsvoraussetzungen vor, trägt der Registerrichter gemäß § 43 Nr 6 lit a HRV in Spalte 6 ein[27], dass die Kapitalherabsetzung durch Einziehung von Aktien durchgeführt ist, und gibt dies gemäß § 10 HGB bekannt (s o § 223, 24 ff).

IV. Die Verbindung gemäß Abs 2

13 Gemäß Abs 2 kann die Anmeldung der Durchführung der Kapitalherabsetzung mit der Anmeldung der Herabsetzung des Grundkapitals nach § 237 verbunden werden[28]. Dies hat den Vorteil der Kostenersparnis (s u 14). Die Verbindung beider Anmeldungen ist selbstverständlich nur möglich, wenn zur Zeit der Anmeldung die Kapitalherabsetzung auch bereits durchgeführt wurde. Ob die Verbindung beider Anmeldungen neben der Kostenersparnis weitere Rechtsfolgen hat, ist streitig (dazu im Einzelnen § 227, 9 ff).

---

19 *Hüffer*[9] 4.
20 *Becker* in Bürgers/Körber 3; *Hüffer*[9] 4.
21 *Becker* in Bürgers/Körber 3; *Hüffer*[9] 4; MK/*Oechsler*[2] 3.
22 KK/*Lutter*[2] 2; *Becker* in Bürgers/Körber 3.
23 *Hüffer*[9] 6; Spindler-Stilz/*Marsch-Barner*[2] 6.
24 *Hüffer*[9] 6.
25 *Hüffer*[9] 6.
26 *Hüffer*[9] 6; MK/*Oechsler*[2] 5; Spindler-Stilz/*Marsch-Barner*[2] 6; Heidel/*Terbrack*[3] 6.
27 *Hüffer*[9] 7.
28 Weiterhin ist eine Verbindung mit der Anmeldung der Satzungsänderung gem § 181 möglich, s Vor § 222, 32 ff und *Hüffer*[9] 8; MK/*Oechsler*[2] 6; zur Fassungsänderung s KK/*Lutter*[2] 5.

Weiterhin ist umstritten, ob beide Registerverfahren verbunden werden können, wenn der Beschluss über die Kapitalherabsetzung die **Einziehung eigener Aktien** vorsieht, welche die Gesellschaft noch erwerben muss. Der Kapitalherabsetzungsbeschluss müsse vorher eingetragen werden, da andernfalls die Gefahr bestünde, dass die Gesellschaft die noch nicht wirksame Kapitalherabsetzung mit einfacher Mehrheit rückgängig mache und damit den Gläubigerschutz des § 225 unterlaufe[29], obwohl der Erwerb eigener Aktien nicht mehr rückgängig gemacht werden könne. Dieser Gefahr könne nur durch eine Bindung der Hauptversammlung begegnet werden, die durch die Eintragung des Hauptversammlungsbeschlusses vor dessen Durchführung erreicht werde. Zwar kann die Hauptversammlung die Kapitalherabsetzung mit einfacher Mehrheit rückgängig machen (dazu s § 222, 69), doch bedeutet dies nicht, dass die Möglichkeit der Verbindung der Registerverfahren eingeschränkt werden müsste[30]. Ein solches Erfordernis kann man § 71 Abs 1 Nr 6 nicht entnehmen. Die notwendige Sicherung findet sich in § 71c Abs 2 und 3.

V. Kosten

Die Eintragung in das Handelsregister ist kostenpflichtig (§ 79 Abs 1 KostO). Die **14** Gebühr wird jedoch nicht nach dem Geschäftswert (§ 41a Abs 1 Nr 4 lit b KostO), sondern nach dem Aufwand erhoben. Sie bestimmt sich nach Ziff 2400 der nach § 79a KostO erlassenen Handelsregistergebührenverordnung[31]. Zwar erwähnt diese ausdrücklich nur die Durchführung der Kapitalerhöhung, doch wird man sie entsprechend auf die Durchführung der Kapitalherabsetzung anwenden müssen[32]. Werden die Eintragung nach § 237 und diejenige nach § 239 verbunden, fällt die Gebühr nur einmal an[33].

29 *Godin/Wilhelmi*[4] 4; *Hefermehl* in Geßler/Hefermehl 2; KK/*Lutter*[2] 4.

30 *Hüffer*[9] 9; *Hefermehl/Bungeroth* in Geßler/Hefermehl § 71, 120; MünchHdBAG-*Krieger*[3] § 62, 30; Spindler-Stilz/*Marsch-Barner*[2] 2; *Becker* in Bürgers/Körber 7; Heidel/*Terbrack*[3] 11; wohl auch *Busch* in Marsch-Barner/Schäfer, Handbuch börsennotierte AG[2], § 49, 35; *Thielmann* in Happ, Aktienrecht[3] Aufl 14.04 Rn. 10; unentschieden MK/*Oechsler*[2] 7.

31 Verordnung über Gebühren in Handels-, Partnerschafts- und Genossenschaftsregistersachen (Handelsregistergebührenverordnung – HRegGebV) v 30.9.2004, BGBl I 2562, zuletzt geändert durch Art 1 der Verordnung v 29.11.2010, BGBl I 1731.

32 *Becker* in Bürgers/Körber § 227, 8; *Hüffer*[9] § 227, 10.

33 *Hüffer*[9] § 227, 10.

VIERTER UNTERABSCHNITT

Ausweis der Kapitalherabsetzung

§ 240

[1]Der aus der Kapitalherabsetzung gewonnene Betrag ist in der Gewinn- und Verlustrechnung als „Ertrag aus der Kapitalherabsetzung" gesondert, und zwar hinter dem Posten „Entnahmen aus Gewinnrücklagen", auszuweisen. [2]Eine Einstellung in die Kapitalrücklage nach § 229 Abs. 1 und § 232 ist als „Einstellung in die Kapitalrücklage nach den Vorschriften über die vereinfachte Kapitalherabsetzung" gesondert auszuweisen. [3]Im Anhang ist zu erläutern, ob und in welcher Höhe die aus der Kapitalherabsetzung und aus der Auflösung von Gewinnrücklagen gewonnenen Beträge

1. zum Ausgleich von Wertminderungen,

2. zur Deckung von sonstigen Verlusten oder

3. zur Einstellung in die Kapitalrücklage

verwandt werden.

Übersicht

Schrifttum

Vgl die Schrifttumsnachweise Vor § 222.

I. Gesetzesgeschichte

1 § 240 trat an die Stelle von § 190 AktG 1937, der – wie die systematische Stellung der Norm zeigte – nur für die vereinfachte Kapitalherabsetzung galt[1]. Zudem war die Vorschrift auf den Fall der Rückwirkung beschränkt. Durch die Umstellung der Norm „hinter die Klammer" in einen eigenen Unterabschnitt hat der Gesetzgeber verdeutlicht, dass sie **nun für alle drei Arten der Kapitalherabsetzung gilt**. Da das Aktiengesetz 1965 in der Gewinn- und Verlustrechnung allgemein den Ausweis der Auflösung von Rücklagen verlangte (§ 157 Abs 1 Nr 30 aF), musste dies auch für jede Form der Kapitalherabsetzung gelten. Daher wurde eine entsprechende Pflicht in S 1 verankert. Eine gesonderte Regelung zum Ausweis der Erträge aus der Auflösung der Rücklagen war entbehrlich, da diese Frage bereits in § 157 aF geregelt war. Gem § 190 S 2 AktG 1937 war in der GuV

[1] Hierzu und zum Folgenden *Kropff* AktG 1965, S 325 f. Zur Geschichte der Kapitalherabsetzung im Allgemeinen s Vor § 222, 72 ff.

zudem anzugeben, ob und in welcher Höhe die aus der Kapitalherabsetzung und der Auflösung von Rücklagen gewonnenen Beträge zum Ausgleich von Wertminderungen, zur Deckung sonstiger Verluste oder zur Einstellung in die gesetzliche Rücklage verwandt wurden. Diese Angaben mussten nun im Geschäftsbericht (heute: Anhang) gemacht werden (§ 160 Abs 2 aF). Der Gesetzgeber versah die Norm nicht mit einer amtlichen Überschrift, da sie die einzige Vorschrift im Vierten Unterabschnitt ist, der seinerseits eine Überschrift trägt, die den Zweck der Norm bereits zum Ausdruck bringt.

2 Das BiRiLiG[2] fasste die Vorschrift sprachlich neu, um sie den geänderten Begrifflichkeiten anzupassen. Die Worte „offene Rücklagen" in S 1 und S 3 wurden durch „Gewinnrücklagen" ersetzt. Die Worte „gesetzliche Rücklage" in S 2 und S 3 ersetzte man durch „Kapitalrücklage". S 3 wurde dahingehend geändert, dass anstelle des „Geschäftsberichts" nun vom „Anhang" gesprochen wird.

II. Zweck und Reichweite der Vorschrift

3 Die **zwingende**[3] Vorschrift regelt den Ausweis der aus der Kapitalherabsetzung gewonnenen Beträge in der GuV und im Anhang. Sie ergänzt die §§ 275–288 HGB und die §§ 158, 160. Sie dient vor allem der **Information der Aktionäre, aber auch der Gläubiger** über die tatsächliche Ertragslage der Gesellschaft[4] und über die Verwendung des Buchertrags aus der Kapitalherabsetzung[5]. Eine solche Information ist vor allem dann notwendig, wenn die Kapitalherabsetzung mit Rückwirkung erfolgt (vgl §§ 234, 235), weil durch die damit verbundene „Glättung der Bilanz"[6] die Gefahr eines falschen Eindrucks entsteht. Um dem vorzubeugen, schreibt § 240 drei Maßnahmen vor: Der aus der Kapitalherabsetzung gewonnene Buchertrag ist in der GuV gesondert auszuweisen (S 1). Gleiches gilt für Einstellungen in die Kapitalrücklage, die gem § 229 Abs 1 und § 232 vorgenommen wurden (S 2). Der Nachweis der Verwendung der durch die Kapitalherabsetzung und die Auflösung von Rücklagen gewonnenen Mittel erfolgt im Anhang (S 3).

4 Die Vorschrift bezieht sich ausdrücklich nur auf den **Betrag, der durch die Kapitalherabsetzung gewonnen** wird. Dagegen regelt die Norm nicht, wie die Beträge auszuweisen sind, die durch die nach § 229 Abs 2 notwendige **Auflösung der gesetzlichen Rücklage und der Kapitalrücklage** (s § 229, 35 ff) gewonnen werden. Hier finden daher die allgemeinen Vorschriften Anwendung, so dass § 158 Abs 1 S 1 Nrn 2 und 3 gelten[7], wonach die Beträge in der GuV nach dem Posten Jahresüberschuss/Jahresfehlbetrag auszuweisen sind. Anwendbar ist auch das Ausweiswahlrecht des § 158 Abs 1 S 2, so dass die Angaben statt in der GuV auch im Anhang gemacht werden dürfen[8].

---

[2] Art 2 Nr 50 des Gesetzes zur Durchführung der Vierten, Siebenten und Achten Richtlinie des Rates der Europäischen Gemeinschaften zur Koordinierung des Gesellschaftsrechts – Bilanzrichtlinien-Gesetz – v 19.12.1985, BGBl I 2355.

[3] *Hüffer*[9] 2; KK/*Lutter*[2] 10.

[4] *Hüffer*[9] 1; KK/*Lutter*[2] 3; Spindler-Stilz/*Marsch-Barner*[2] 1; MK/*Oechsler*[2] 1; *Wahlers* in Küting/Weber, Handbuch der Rechnungslegung[5], § 240, 2.

[5] *Kropff* AktG 1965, S 326; *Hüffer*[9] 1; KK/*Lutter*[2] 3; MK/*Oechsler*[2] 1.

[6] *Wahlers* in Küting/Weber, Handbuch der Rechnungslegung[5], § 240, 2.

[7] *Kropff* AktG 1965, S 326; *Wahlers* in Küting/Weber, Handbuch der Rechnungslegung[5], § 240, 3.

[8] *Hüffer*[9] 1; *Wahlers* in Küting/Weber, Handbuch der Rechnungslegung[5], § 240, 3.

III. Zeitpunkt der Ausweisung

§ 240 schweigt zu der Frage, auf **welches Geschäftsjahr** er sich bezieht. Es ist aber selbstverständlich, dass die Vorgänge in der Rechnungslegung für dasjenige Geschäftsjahr darzustellen sind, in dem sie wirksam werden. Handelt es sich um eine Kapitalherabsetzung mit Rückwirkung (§ 234), ist die Norm also für das letzte vor der Beschlussfassung abgelaufene Geschäftsjahr zu beachten[9]. In allen anderen Fällen greift sie für das Geschäftsjahr, in dem die Kapitalherabsetzung wirksam wird (§§ 224, 229 Abs 3, 238)[10]. 5

IV. Ausweis des Buchertrags aus der Kapitalherabsetzung (S 1)

Der aus der Kapitalherabsetzung gewonnene Buchertrag ist als „Ertrag aus der Kapitalherabsetzung" in der GuV gesondert auszuweisen, und zwar hinter dem Posten „Entnahmen aus Gewinnrücklagen" (§ 158 Abs 1 Satz 1 Nr 3). Dieser Posten in der GuV ist weder in § 275 HGB noch in § 158 enthalten, sondern wird durch § 240 S 1 geschaffen. Die Norm gilt sowohl für die **ordentliche** und die **vereinfachte** Kapitalherabsetzung als auch für die **Kapitalherabsetzung durch Einziehung von Aktien**, die der AG unentgeltlich zur Verfügung gestellt wurden[11]. Der **Betrag errechnet** sich aus dem Unterschied zwischen dem alten und dem neuen, herabgesetzten Kapital. Da § 240 ausdrücklich bestimmt, dass der Buchertrag aus der Kapitalherabsetzung in die GuV einzustellen ist, stellt sich die Frage, ob der Gesetzgeber damit das **Ausweiswahlrecht** des § 158 Abs 1 S 2 ausschließen wollte. Ein Teil des Schrifttums nimmt dies unter Hinweis auf den Wortlaut an[12]. Damit aber macht diese Ansicht einen Unterschied zwischen dem Ausweis des Betrags aus der Kapitalherabsetzung und dem Ausweis der Auflösung der Rücklagen, bei dem sie der Gesellschaft gerade das Ausweiswahlrecht zugesteht (s o 4). Diese Ansicht führt zu völlig unpraktikablen Ergebnissen und ist daher abzulehnen: (1) Die Gesellschaft müsste den aus der Kapitalherabsetzung gewonnenen Buchertrag zwingend in der GuV ausweisen, könnte aber hinsichtlich der Einstellungen aus aufgelösten Rücklagen (§ 229 Abs 2, s o 4) das Ausweiswahlrecht nutzen und sie im Anhang berücksichtigen, obwohl beide aus demselben Vorgang resultieren. (2) Wenn die Ansicht gerade darauf verweist, zum Schutze der Gläubiger müsse der Ort, an dem der Ertrag ausgewiesen werde, *eindeutig* feststehen[13], verkennt sie, dass das für den Gläubiger entscheidende und nun herabgesetzte gezeichnete Kapital in der Bilanz zu finden ist und nicht in der GuV. Wenn ein Gläubiger die Erträge der Gesellschaft analysiert, dürfte es für ihn kaum einen Unterschied machen, ob er den Buchgewinn aus der Kapitalherabsetzung in der GuV oder im Anhang findet; er wird immer beides lesen. Wenn der Gesetzgeber ein Wahlrecht vorsieht, geht er davon aus, dass ein Gläubiger auch in der Lage ist, dies zur Kenntnis zu nehmen. (3) Berücksichtigt man den Umstand, dass unstreitig das Ausweiswahlrecht ein- 6

---

[9] Spindler-Stilz/*Marsch-Barner*[2] 2; MK/*Oechsler*[2] 2; *Wahlers* in Küting/Weber, Handbuch der Rechnungslegung[5], § 240, 12.

[10] *Godin/Wilhelmi*[4] 2; *Hüffer*[9] 2; Spindler-Stilz/*Marsch-Barner*[2] 2; MK/*Oechsler*[2] 2; *Wahlers* in Küting/Weber, Handbuch der Rechnungslegung[5], § 240, 12.

[11] *Brönner* § 158, 21; *Adler/Düring/Schmaltz*[6] § 158 AktG, 23; KK/*Claussen*[2] §§ 275–277 HGB, 158 AktG, 134; KK/*Lutter*[2] 5; Spindler-Stilz/*Marsch-Barner*[2] 2.

[12] *Becker* in Bürgers/Körber 3; Heidel/*Terbrack*[3] 3; *Hüffer*[9] 3, § 158, 8; MK/*Oechsler*[2] 3; K Schmidt/Lutter/*Kleindiek*[2] 3, § 158, 10; Spindler-Stilz/*Marsch-Barner*[2] 3; *Wahlers* in Küting/Weber, Handbuch der Rechnungslegung[5], § 240, 6.

[13] So ausdrücklich MK/*Oechsler*[2] 3.

heitlich für alle Posten der GuV ausgeübt werden muss[14], lässt der Sinn und Zweck der Regelung in § 158 Abs 1 S 2 nur eine Lösung zu, nämlich der Gesellschaft das Ausweiswahlrecht für alle mit der Kapitalherabsetzung verbundenen Positionen zu gewähren. (4) Soweit sich die Gegenansicht auf den Wortlaut von § 240 beruft, misst sie diesem eine zu große Bedeutung zu, die von der Entstehungsgeschichte gerade nicht gestützt wird. Der hier interessierende Teil des Wortlauts von § 240 stammt aus dem Jahr 1965. Der Gesetzgeber nahm dabei in den Materialien auf § 157 aF Bezug[15], der noch kein Ausweiswahlrecht kannte. Das Ausweiswahlrecht wurde erst mit dem BiRiLiG[16] eingeführt. Es war im ursprünglichen RegE[17] nicht enthalten, sondern wurde erst vom Rechtsausschuss vorgeschlagen[18]. Dieser hat an keiner Stelle Erwägungen zu der Frage angestellt, welche Auswirkungen das Wahlrecht auf andere Vorschriften hat, welche die Aufstellung der GuV betreffen. Vor diesem Hintergrund kann man dem Wortlaut keine so weitreichende Bedeutung zumessen, wie dies die Gegenansicht tut. (5) Im Übrigen entwertet die Gegenauffassung das Wahlrecht des § 158 Abs 1 S 2 in Geschäftsjahren mit Kapitalherabsetzung. Auch ihre Vertreter sind nämlich der Ansicht, dass das Wahlrecht nur einheitlich ausgeübt werden kann. Konsequenterweise müssten sie verlangen, dass die Gesellschaft das Wahlrecht in Jahren mit Kapitalherabsetzung insgesamt nicht nutzen darf, wenn der Posten des § 240 S 1 nicht in den Anhang aufgenommen werden darf[19]. Soweit aber gehen selbst sie nicht. Festzuhalten bleibt damit, dass der Gesellschaft das Ausweiswahlrecht sowohl hinsichtlich des Buchertrags aus der Kapitalherabsetzung als auch hinsichtlich der Beträge aus der Auflösung der Rücklagen zusteht. Wenn sie es nutzt, muss sie es allerdings einheitlich für alle Posten nutzen[20].

7 Wie § 298 HGB zeigt, werden die für den Einzelabschluss geltenden Vorschriften für den **Konzernabschluss** entsprechend angewandt, „soweit seine Eigenart keine Abweichung bedingt". Nach hM findet § 158 im Konzernabschluss jedoch keine Anwendung, da die Norm zusätzliche Informationen zur Gewinnverwendung vorschreibt, der Konzernabschluss aber gerade nicht Grundlage der Gewinnverwendung ist[21]. Da § 240 auf § 158 Bezug nimmt und ebenfalls Fragen der Gewinnverwendung regelt, wird man seine Anwendung mit dergleichen Argumentation verneinen müssen[22].

V. Ausweis der Zuweisung an die Kapitalrücklage (S 2)

8 Nach **§ 229 Abs 1** kann eine vereinfachte Kapitalherabsetzung auch dazu dienen, Beträge in die Kapitalrücklage einzustellen (s § 229, 20, 27 ff). Nach **§ 232** ist ein bei der Kapitalherabsetzung zum Zwecke des Ausgleichs von Wertminderungen oder der

---

14 *Adler/Düring/Schmaltz*[6] § 158 AktG, 28; *Hüffer*[9] § 158, 7.

15 *Kropff* AktG 1965, S 326.

16 Art 2 Nr 25 des Gesetzes zur Durchführung der Vierten, Siebenten und Achten Richtlinie des Rates der Europäischen Gemeinschaften zur Koordinierung des Gesellschaftsrechts – Bilanzrichtlinien-Gesetz – v 19.12.1985, BGBl I 2355.

17 RegE BiRiLiG, BT-Drucks 10/317.

18 BT-Drucks 10/4268, S 43 f.

19 Hierauf weist *Brönner* § 158, 21 zu Recht hin.

20 *Brönner* § 158, 21; *Adler/Düring/Schmaltz*[6] § 158 AktG, 24.

21 *Winkeljohann/Lust* in Beckscher Bilanzkommentar § 298, 44; KK/*Claussen/Scherrer*[2] § 298, 77; *Adler/Düring/Schmaltz*[6] § 298 HGB, 195 ff.

22 K Schmidt/Lutter/*Kleindiek*[2] 4; *Adler/Düring/Schmaltz*[6] § 298, 200; aA Grosskomm BilanzR/*Kraft* § 298, 144. Zur Kapitalkonsolidierung nach einer Kapitalherabsetzung im Konzern s Grosskomm BilanzR/*Kraft* § 301, 185 ff.

Deckung sonstiger Verluste nicht für diese Zwecke benötigter Betrag in die Kapitalrücklage einzustellen (s § 232, 4 ff). In beiden Fällen schreibt Satz 2 den **gesonderten Ausweis** als „Einstellung in die Kapitalrücklage nach den Vorschriften über die vereinfachte Kapitalherabsetzung" vor. § 240 erwähnt nicht den Fall der Kapitalherabsetzung durch Einziehung von Aktien, bei der nach **§ 237 Abs 5** ein Betrag in die Kapitalrücklage einzustellen ist. Auch hier ist jedoch eine Gegenbuchung in der GuV erforderlich. Es besteht daher Einigkeit, dass S 2 auf diesen Fall entsprechend anzuwenden ist[23]. Die Benennung des Buchungspostens ist anzupassen („Einstellung in die Kapitalrücklage nach den Vorschriften über die Kapitalherabsetzung durch Einziehung von Aktien" oder „Einstellung in die Kapitalrücklage nach § 237 Abs 5"). Die Vorschrift ist schließlich auf Fälle anzuwenden, in denen analog § 232 Beträge in die Kapitalrücklage einzustellen sind (s § 232, 14 ff)[24].

S 2 ergänzt den Ausweis des Buchertrags nach S 1 und sorgt dafür, dass die Kapital- **9**
herabsetzung insgesamt erfolgsneutral verbucht wird[25]. Im Anhang ist zu erläutern, ob und in welcher Höhe die aus der Kapitalherabsetzung und aus der Auflösung von Gewinnrücklagen gewonnenen Beträge in die Kapitalrücklage eingestellt wurden (Satz 3). Anders als bei S 1 lässt S 2 der Vorschrift offen, an welcher Stelle der Ergänzungsgliederung gem § 158 der Ausweis der Einstellung von Beträgen in die Kapitalrücklage erfolgt. Ein Teil des Schrifttums befürwortet einen Posten nach der Nr 3 („Entnahmen aus Gewinnrücklagen")[26], doch ist an dieser Stelle bereits der Buchertrag aus der Kapitalherabsetzung zu verbuchen (s o 6). Geeigneter erscheint daher die Einstellung nach Nr 4 („Einstellungen in Gewinnrücklagen")[27].

VI. Erläuterungen im Anhang (S 3)

S 3 der Vorschrift ergänzt § 160. Im Anhang ist zu erläutern, ob und in welcher Höhe **10**
die aus der Kapitelherabsetzung und aus der Auflösung von Rücklagen gewonnenen Beträge – und zwar jeweils getrennt – zum Ausgleich von Wertminderungen (Nr 1), zur Deckung von sonstigen Verlusten (Nr 2) oder zur Einstellung in die Kapitalrücklage (Nr 3) verwandt werden. Um ein zutreffendes Bild zu vermitteln, ist auch über die Herkunft der Verluste und Wertminderungen zu berichten[28]. Diese besonderen Angaben gem S 3 sind auch dann zu machen, wenn die Wertminderungen und Verluste nicht erst im Berichtsjahr, sondern schon in früheren Geschäftsjahren entstanden sind[29]. Bei der vereinfachten Kapitalherabsetzung können alle drei Varianten auftreten. Auch bei der ordentlichen Kapitalherabsetzung kann sich ein Erläuterungsbedarf ergeben, wenn die Kapitalherabsetzung nicht der Rückzahlung der Einlagen dient. Werden bei einer Kapitalherabsetzung durch Einziehung die Aktien unentgeltlich zur Verfügung gestellt oder

---

23 KK/*Lutter*[2] 7; Spindler-Stilz/*Marsch-Barner*[2] 4; MK/*Oechsler*[2] 6; *Wahlers* in Küting/Weber, Handbuch der Rechnungslegung[5], § 240, 9; aA noch *Schilling* Voraufl 3.

24 *Becker* in Bürgers/Körber 4; *Hüffer*[9] 5 aE: K Schmidt/Lutter/*Kleindiek*[2] 6; MK/*Oechsler*[2] 4.

25 *Wahlers* in Küting/Weber, Handbuch der Rechnungslegung[5], § 240, 8.

26 *Adler/Düring/Schmaltz*[6] § 158 AktG, 26; *Hüffer*[9] 4; K Schmidt/Lutter/*Kleindiek*[2] 5; Spindler-Stilz/*Marsch-Barner*[2] 4.

27 *Brönner* § 158, 23; KK/*Claussen*[2] §§ 275–277 HGB, 158 AktG, 137; *Wahlers* in Küting/Weber, Handbuch der Rechnungslegung[5], § 240, 8 mwN.

28 *Becker* in Bürgers/Körber 6; *Hüffer*[9] 6; KK/*Lutter*[2] 8.

29 Baumbach/*Hueck*[13] 2c; *Hüffer*[9] 6; MK/*Oechsler*[2] 7.

erfolgt die Einziehung zulasten des Bilanzgewinns oder einer Rücklage, sind die Beträge ebenfalls im Anhang zu erläutern.

11 Der Wortlaut von § 240 verlangt eine Erläuterung im Anhang, „ob und in welcher Höhe" die aus der Kapitelherabsetzung und aus der Auflösung von Rücklagen gewonnenen Beträge verwandt wurden. Aufgrund dieses Wortlauts stellt sich die Frage, ob die Gesellschaft im Anhang auch eine Angabe machen muss, wenn sie diese Mittel nicht verwandt hat (**Fehlanzeige**). Es sind jedoch nur die tatsächlich vorgenommenen Verwendungen anzugeben (vgl § 265 Abs 8 HGB); auch der Sinn und Zweck von § 240 (s o 3) spricht für diese Lösung[30].

VII. Nichtigkeit und Anfechtbarkeit bei Verstoß

12 Wird gegen die zwingenden Vorgaben von § 240 verstoßen, ist der Bestätigungsvermerk gem § 322 HGB zu versagen[31]. § 240 S 1 und 2 sind Vorschriften über die Gliederung der Gewinn- und Verlustrechnung. Ihre Nichtbeachtung wird man in der Regel nicht als eine wesentliche Beeinträchtigung der Klarheit und Übersichtlichkeit der Gewinn- und Verlustrechnung anzusehen haben, die eine Nichtigkeit des Jahresabschlusses nach § 256 Abs 4 zur Folge hätte[32]. Ein Verstoß gegen Satz 1 und 2 in dem von der Hauptversammlung festgestellten Jahresabschluss macht den Feststellungsbeschluss auch nicht anfechtbar. Nur wenn neben dem Verstoß gegen § 240 auch noch ein solcher gegen materielle Gläubigerschutzbestimmungen begangen wird (zB gegen § 232, 237 Abs 5), liegt regelmäßig ein Fall der Nichtigkeit nach § 256 Abs 1 Nr 4 vor[33].

---

[30] *Wahlers* in Küting/Weber, Handbuch der Rechnungslegung[5], § 240, 10.

[31] Unstr MünchHdBAG-*Krieger*[3] § 60, 4; Spindler-Stilz/*Marsch-Barner*[2] 6; MK/*Oechsler*[2] 8.

[32] KK/*Lutter*[2] 10; MünchHdBAG-*Krieger*[3] § 60, 4; *Wahlers* in Küting/Weber, Handbuch der Rechnungslegung[5], § 240, 13.

[33] *Hüffer*[9] 7; Spindler-Stilz/*Marsch-Barner*[2] 6; MK/*Oechsler*[2] 8.